Cycle 2

S'inspirer de la pédagogie Montessori pour faire classe

Marie **Gabriel**

W0381123

RETZ
editions-retz.com

En dépit des apparences, ce livre n'est pas qu'une aventure individuelle.

Merci à Nicolas, mon mari, qui a cru en ce projet bien avant moi, et m'a encouragée constamment à le mener jusqu'au bout.

Merci à mes parents, pour avoir su partager leurs idéaux et m'avoir permis de construire les miens.

Merci à mes enfants, pour leur grande autonomie et leur grande patience durant ce travail.

Merci à Sophie et à Émilie, pour leur confiance, leur amitié, leur relecture, et toutes ces discussions qui nous ont fait tant avancer.

Merci à tous les élèves qui sont passés dans ma classe, mes meilleurs maitres.

ISBN : 978-2-7256-3640-2

Direction éditoriale : Céline Lorcher
Correction : Laure-Anne Voisin
Mise en page : STDI

Cet ouvrage est conforme à la nouvelle orthographe
www.orthographe-recommandee.info

N° de projet : 10241973
Dépôt légal : mars 2018
Achevé d'imprimer en France en mars 2018
sur les presses de l'imprimerie CHIRAT - N° 201802.0097

FSC www.fsc.org
MIXTE
Papier issu de sources responsables
FSC® C022030

Sommaire

L'organisation
Comment mettre en œuvre ces principes en classe ?

Le français

Les mathématiques

Les autres domaines

Introduction

Être enseignant aujourd'hui, c'est certainement répondre à d'autres défis que ceux des générations passées. Les repères sociaux et familiaux sont différents de ceux d'un temps où la reproduction était la norme. Les règles sont mouvantes. Les codes langagiers et comportementaux changent aussi vite que les inventions techniques transforment le rapport à la norme et au savoir. Dans ces conditions, enseigner doit s'inventer et se réinventer chaque jour. Il n'est plus question de prétendre faire « comme on a toujours fait » ou « comme on faisait avant ». Et pourtant, on voit ressortir en force d'anciens noms, d'anciennes recettes… et dans les médias, on se demande parfois s'il faudrait à nouveau porter une blouse. C'est dans ce contexte que revient en nombre dans notre société le nom de Montessori.

On peut certainement dire sans trop risquer de se tromper que Maria Montessori a été l'une des plus grandes pédagogues du XXe siècle, une femme au destin extraordinaire. Elle est restée longtemps en France associée à une forme de pédagogie alternative peu connue et peu employée. Et voilà qu'elle retrouve aujourd'hui une belle notoriété, jusqu'à donner son nom à des rayons de magasins de jouets !

Qu'a-t-elle à apporter à notre monde actuel ? Pourquoi est-il intéressant de la redécouvrir ? Comment adapter sa pensée et son travail gigantesque aux élèves d'aujourd'hui, à la société de ce début de XXIe siècle, et à notre système éducatif ?

Le nom de Maria Montessori est souvent associé à tout ce dont notre école rêve : une différenciation pédagogique, des enfants calmes et autodisciplinés, une école bienveillante où chaque enfant va à son rythme… le tout suivant une méthode qui a pu être caricaturée de façon très simpliste. On pense connaitre sa pensée grâce à quelques slogans, mais elle est en fait bien plus complexe, et nous échappe parfois.

Il est donc nécessaire et essentiel de replonger dans son œuvre abondante pour y retrouver quelques fondamentaux, et prendre des repères stables afin de s'inspirer de son travail aujourd'hui, en tenant compte des ressemblances mais aussi des différences de notre école avec celle de son temps, en prenant également en considération les différentes découvertes pédagogiques, didactiques ou cognitives qui ont été faites depuis ces années où elle a construit pas à pas sa méthode. Il n'est qu'à regarder les photos des éditions d'époque de sa *Pédagogie scientifique* pour se rendre compte de l'écart existant, et de la nécessité d'adapter. Il n'est pas question de relire

Maria Montessori pour retourner en arrière, mais de s'en saisir afin d'en faire une pédagogie toujours active et vivante, qui réponde aux besoins et aux attentes d'aujourd'hui. On risque en passant de la trahir, mais il n'est pas d'autre moyen de la faire vivre.

Pour créer une pédagogie d'inspiration montessorienne dans nos classes ordinaires, il faut accepter quelques contraintes fondamentales, et il parait donc nécessaire de l'adapter :

– à notre pays : Maria Montessori était italienne, et la langue française a des spécificités qui induisent des modes d'enseignement de la lecture et de l'étude de la langue en particulier, mais qui ont également un impact en mathématiques dans notre système de numération ;

– à notre époque : depuis un siècle, nous avons connu l'arrivée massive dans nos écoles de la littérature de jeunesse, du numérique… et les connaissances concernant les sciences cognitives ne cessent de se développer ;

– aux programmes de l'Éducation nationale (ceux de référence de cet écrit sont les programmes de 2015) : adapter la progression, les matières et les compétences à évaluer.

Cette adaptation peut se faire en classe, de manière empirique : on essaie, on regarde ce qui fonctionne, on adapte… C'est de cette façon très pragmatique qu'a travaillé Maria Montessori pour construire sa pédagogie, en essayant et en observant les enfants.

J'ai choisi de le faire également à la lumière d'autres auteurs, de recherches, de découvertes pédagogiques qui ont été faites depuis. Maria Montessori était une véritable scientifique, et j'aime à penser qu'il lui paraitrait évident de se tourner vers d'autres recherches, elle qui a cherché à son époque à comprendre et utiliser les travaux de certains de ses collègues, par exemple ceux des docteurs Seguin ou Itard.

Cette adaptation nécessite donc également une réflexion à la fois globale et poussée dans chaque matière. Chaque système éducatif doit trouver une cohérence afin que les élèves puissent construire leurs compétences. Aller chercher dans tous les sens est nécessaire, mais il est essentiel de digérer tous ces apports en un système, et non pas en rester à un inventaire des bonnes idées. Pour cela, il faut avoir des principes éducatifs en ligne de mire, et retrouver une certaine harmonie. On se rend vite compte lorsque l'on pratique en classe qu'il est difficile de conserver une cohésion et un équilibre au niveau du temps attribué à chaque discipline si on a choisi par exemple de travailler la méthode A en grammaire, la B en production d'écrits, la C en lecture, la D en compréhension… Si chaque méthode prise isolément a pu faire preuve de son efficacité, même à travers des recherches rigoureuses, passer d'une méthode à l'autre, même si leurs principes sont justifiés par la didactique, est chronophage et parfois même incohérent.

Le premier objectif de mon travail a précisément été de réussir à trouver une cohérence, à imaginer un équilibre, précaire par définition, à reconstruire chaque jour... afin de faire se rencontrer les idées de Maria Montessori adaptées au monde d'aujourd'hui et celles des pédagogues qui ont proposé d'autres approches, celles des chercheurs qui ont testé des dispositifs d'apprentissage.

Le second objectif a été et est toujours de mettre en œuvre cet équilibre dans ma classe, avec passion et humilité, afin d'en tester les limites concrètes, d'en tirer des questions théoriques et de tenter des réponses pratiques.

J'ai essayé de trouver des réponses concrètes et transposables en classe, donc par définition évolutives et imparfaites.

Je tiens à préciser que je n'ai pas de formation spécifique labellisée Montessori. Comme beaucoup, j'ai été curieuse, intéressée, voire emballée, alors j'ai lu ses livres. Je les ai lus avec un regard bienveillant et exigeant. Bienveillant, car je pensais alors que la pensée de cette grande dame m'apporterait bien des réponses, et parce que j'avais décidé d'en tirer le meilleur. Exigeant, car je ne pouvais me contenter d'hagiographies ou de témoignages d'écoles payantes dans lesquelles le recrutement fausse forcément la donne. J'avais beaucoup de questions, d'attentes. Je cherchais des réponses. L'œuvre de Maria m'a accompagnée, pas à pas. Mon travail de chaque jour en classe prenait en compte les lectures de la veille, mes réflexions de la nuit. J'ai expérimenté, tâtonné, cherché. Je ne me suis pas contentée d'appliquer. J'ai tenté de comprendre les points de résistance, les blocages, de chercher ailleurs des éléments d'analyse des réussites et des échecs. C'est donc tout à la fois un travail intellectuel et pratique, une recherche plus qu'un aboutissement, que je présente ici. Je ne suis pas (je ne suis plus) une adepte inconditionnelle, une montessorienne pure et dure qui ne conçoit l'école et l'éducation qu'à travers son prisme. Mais j'ai appris beaucoup grâce à ce travail, et je partage ici, avec l'idée d'écrire le livre que j'aurais aimé trouver lorsque j'ai commencé mes recherches sur cette pédagogie.

Je vous propose donc des graines de Montessori à planter dans votre classe, avec quelques autres belles graines qui s'harmonisent bien avec elles... On sait aujourd'hui que les associations entre plantes peuvent être extrêmement bénéfiques et créer un jardin plus durable et beaucoup plus agréable à regarder ! Je vous propose aussi quelques notions théoriques pour aider à leur pousse harmonieuse. Il reste tout le travail du jardinier, parfois fatigant, parfois même ingrat, mais souvent source de nombreuses satisfactions et même d'émerveillement. J'espère que vous prendrez autant de plaisir à jardiner que j'en ai pris, et que j'en prends à vous partager mes plants.

Qui était Maria Montessori ?

Pour ceux qui ne la connaissent pas encore, je vous propose un petit préambule pour la présenter rapidement.

Maria Montessori était une femme au destin hors du commun. Italienne née en 1870, elle a été la première femme médecin de son pays, ce qui témoigne de son extraordinaire volonté et de son désir précoce de ne pas rester enfermée dans des préjugés. Elle s'est ensuite occupée d'enfants handicapés, que l'on disait « idiots ». C'est pour eux qu'elle a commencé à préparer du matériel pédagogique, et qu'elle a dépassé encore une fois les préjugés de son temps pour montrer que ces enfants étaient éducables. En 1907, elle lance sa grande expérience, en ouvrant à Rome sa première « casa dei bambini », la maison des enfants, pour des enfants très défavorisés du quartier Sans Lorenzo, livrés à eux-mêmes toute la journée. Elle affine alors sa méthode pédagogique en testant son matériel, en observant les réactions des enfants, en adaptant les meubles et les objets à leur petite taille. Cette innovation de l'époque est d'ailleurs la pratique montessorienne la plus universellement répandue dans les écoles maternelles. Les résultats obtenus avec ces enfants pourtant en grande difficulté sont presque miraculeux, tant au niveau de leur comportement que de leurs apprentissages. On vient de partout pour observer son début de méthode.

Elle crée alors d'autres écoles, et mène parallèlement un travail de psychologue et de philosophe pour construire une théorie de l'enfant, de son développement, de son rôle social. Elle accorde une place centrale à l'éducation pour mener l'humanité vers la paix, après avoir traversé les deux guerres mondiales. Elle construit également un système pédagogique très élaboré, toujours appliqué aujourd'hui dans les classes montessoriennes. Elle écrit de nombreux livres pour y exposer ses idées, qui sont presque tous traduits en français et réédités chez Desclée de Brouwer. Elle est invitée par de nombreux pays afin d'aider à la mise en place de la politique éducative, notamment aux Pays-Bas et en Inde. Dans ses dernières années, elle parcourt le monde, donnant des conférences et visitant les très nombreuses écoles qui se réclament de sa pédagogie. Elle meurt en 1952, après avoir laissé son fils continuer son œuvre.

Aujourd'hui, on estime que 22 000 écoles affichent le label Montessori dans le monde entier. En France, ce sont des écoles privées, souvent hors contrat, qui pour la plupart accueillent des enfants de 3 à 6 ans. Cependant, de nombreux enseignants s'inspirent de ses principes. En effet, les valeurs mises en avant par Maria Montessori rencontrent celles de notre temps qui veut prendre en compte l'enfant en tant que personne : la bienveillance, l'autonomie, le bien-être, l'éducation multisensorielle…

Avant de faire le chemin qui nous permettra d'adapter ces valeurs dans notre école élémentaire française, il ne faut pas oublier que la pédagogie montessorienne suppose une cohérence, qu'elle est un système. Prendre le matériel sans mettre en œuvre l'ambiance ou l'autonomie, ça peut être utile, mais cela ne change pas notre pédagogie. Je vous propose donc pour commencer un aperçu rapide de son système pédagogique, qui sera découpé dans la suite de cet ouvrage pour la clarté du propos :

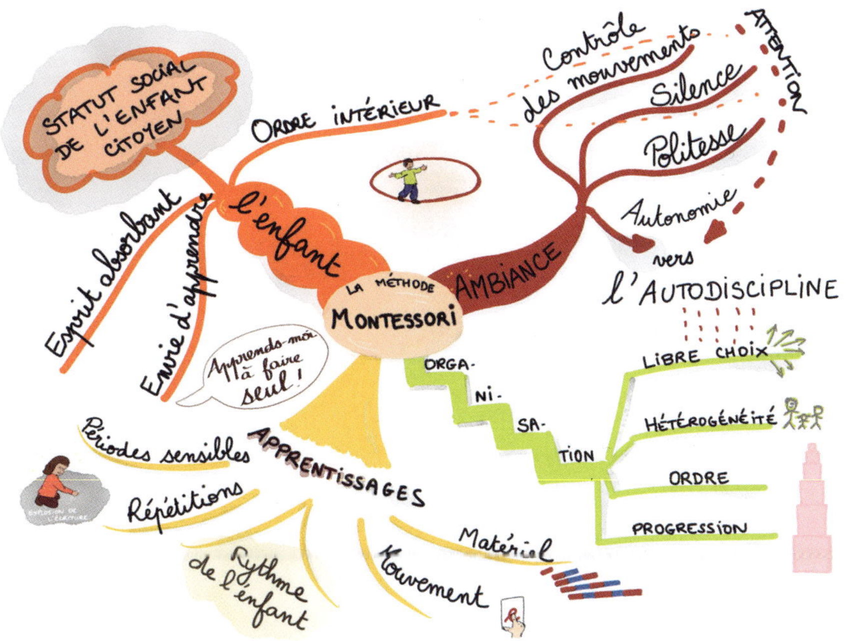

Le système pédagogique de Maria Montessori

Les causes — Pourquoi chercher d'autres pratiques ?

On attend des enseignants actuel une très grande professionnalité et la capacité de concevoir des actions de formation adaptées à leurs élèves. On leur demande une grande expertise pédagogique et didactique. Le rêve d'uniformisation de Jules Ferry pour qui chaque élève de France devait travailler la même page du même manuel le même jour est bien loin, comme le sont les écoles normales pour la formation des enseignants, qui souhaitaient leur enseigner une norme suivie par tous.

On exige aujourd'hui des enseignants un haut niveau universitaire, afin qu'ils puissent mener à bien leurs missions en étant réflexifs et inventifs, en s'appuyant sur leurs connaissances théoriques et en tenant compte de la diversité des élèves.

Cette idée généreuse devient parfois une réelle difficulté. Il faut se former, s'informer, il faut chercher, expérimenter… Il n'existe plus de réponse toute faite, il faut s'adapter à ses élèves. Enseigner est devenu une situation complexe, mais il est parfois si long et difficile de tout réinventer que cette complexité devient difficulté. D'autant plus que de nouveaux défis s'ouvrent devant l'École : l'inclusion, la lutte contre les inégalités sociales, la prise en compte des besoins des élèves, etc.

On cherche donc, en suivant Maria Montessori, des pistes nouvelles pour nous aider à repenser notre métier, à le réinventer et à s'y sentir mieux.

1

Agir contre les inégalités

Le constat

Année après année, les enquêtes PISA de comparaison internationale montrent que l'école française accentue les écarts sociaux. Voici ce que nous dit le rapport de l'enquête de 2015[1] :

« Dans tous les pays et économies participant à l'enquête PISA 2015, les élèves de 15 ans les plus défavorisés (quartile inférieur de l'indice du milieu socioéconomique) sont moins susceptibles de réussir à l'école que leurs camarades plus favorisés (quartile supérieur de l'indice du milieu socioéconomique). La différence de résultats entre ces deux groupes d'élèves est particulièrement marquée en France, où la relation entre performance et milieu socioéconomique des élèves est l'une des plus fortes parmi les pays et économies participant à l'enquête PISA 2015. En d'autres termes, plus on vient d'un milieu défavorisé en France, moins on a de chances de réussir à l'évaluation PISA 2015. »

En juin 2016, une étude de la Direction de l'évaluation, de la prospective et de la performance montre que ces inégalités sont creusées dès l'école primaire :

« Un indice de position sociale a été déterminé à partir de la PCS[2] du responsable de chaque élève. Les élèves sont alors classés selon cet indice, en cinq groupes, des 20 % les plus défavorisés socialement aux 20 % les plus favorisés. Parmi les élèves les plus favorisés socialement, les taux de maitrise avoisinent 90 %. Un échelonnement des taux de maitrise des compétences est observé entre les cinq groupes. Chez les plus défavorisés, les taux de maitrise sont alors respectivement de 68,9 % et de 54,7 %, pour la compétence 1 et la compétence 3. »[3] La compétence 1 correspond à la maitrise de la langue et la compétence 3 aux mathématiques et sciences.

1. http://www.oecd.org/pisa/PISA-2015-Brochure-France.pdf
2. PCS : professions et catégories socioprofessionnelles.
3. http://cache.media.education.gouv.fr/file/2016/67/1/depp-ni-2016-18-evaluation-numerique-competences-socle-debut-sixieme-niveaux-performance-contrastes-selon-academies2_597671.pdf

Les inégalités suivant les pays : PISA 2015

Graphique I.6.6 ▪ **Performance moyenne en sciences et intensité du gradient socio-économique**

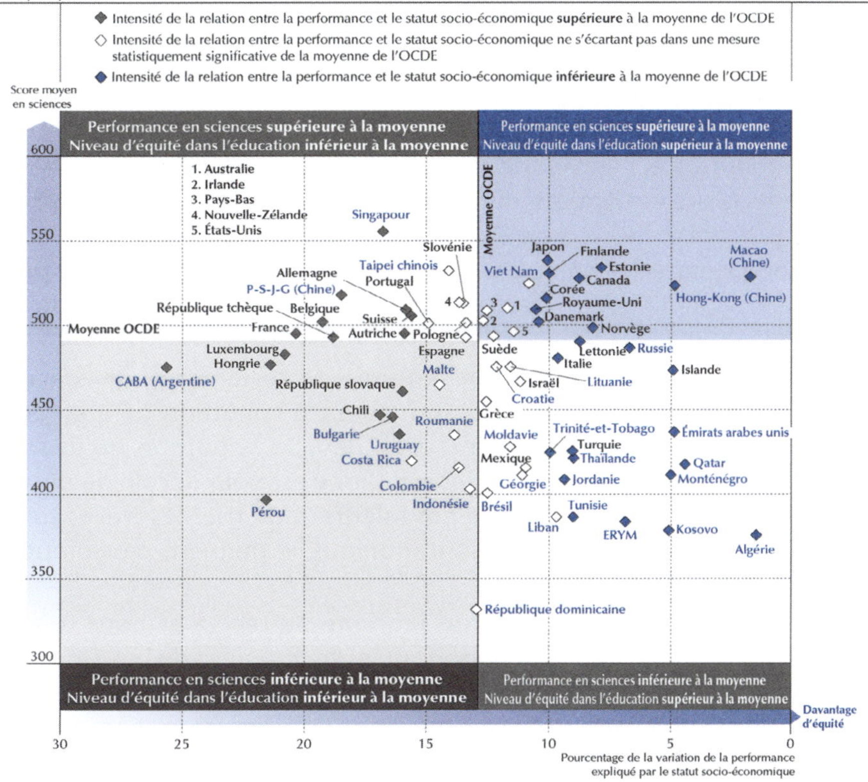

Remarques : Le coefficient de corrélation entre le score moyen en sciences d'un pays/d'une économie et l'intensité du gradient socio-économique s'établit à 0.17.

Seuls sont inclus les pays et économies disposant de données.

Source : OCDE, Base de données PISA 2015, tableau I.6.3a.

StatLink http://dx.doi.org/10.1787/888933432747

Quelles inégalités ?

Avant de vouloir aller plus loin sur ce thème dont les médias se sont emparés parfois de façon simpliste, il est important de prendre le temps de faire un point sur l'égalité et l'inégalité. Les rapports pointent que l'école française est inégalitaire, qu'elle creuse les écarts. Et, pour enrayer ce phénomène, il est demandé aux enseignants de faire de la « différenciation pédagogique », d'adapter au niveau de chaque élève et de faire progresser tous les enfants, tout en incluant tous les élèves d'une classe d'âge. Cela peut paraitre contradictoire : faire progresser chacun, chacun à son niveau, au nom de l'égalité. Cette injonction écrite dans les programmes de 2015 peut créer des difficultés, des résistances ou même des effets pervers, si elle conduit à maintenir à un niveau toujours inférieur les plus faibles, pendant que les meilleurs peuvent avancer à leur rythme.

C'est qu'il n'est pas facile de s'entendre sur ce dont on parle, et il devient indispensable pour parler de la même chose de comprendre les différentes versions de l'égalité. Marcel Crahay, professeur de pédagogie théorique et expérimentale à l'université de Liège puis à l'université de Genève, a largement éclairé ces notions dans son ouvrage clef : *L'école peut-elle être juste et efficace ?*[4] Je résume ici son point de vue qui peut nous aider à mieux comprendre les enjeux de l'égalité. Il existe trois manières principales d'envisager l'égalité, classées ici dans l'ordre de leur apparition dans notre système scolaire :

– **L'égalité des chances** : il parait légitime de réclamer pour chacun le droit d'acquérir une formation de son choix, à condition qu'il en ait les capacités, en acceptant des résultats inégaux, à condition qu'ils soient proportionnels aux aptitudes de départ. L'idée est pour l'école de détecter de façon objective ou scientifique des talents et de trier les élèves suivant des procédures scientifiques d'orientation qui ne tiennent pas compte du milieu d'origine.

– **L'égalité de traitement** : il parait légitime de réclamer pour tous des apprentissages fondamentaux et donc un enseignement de base identique pour tous. Comme pour l'égalité des chances, on accepte des résultats inégaux s'ils sont le reflet d'une différence de capacité et non de traitement. On exige un enseignement de qualité pour tous, en dénonçant les écoles ghettos, les classes de niveaux…

– **L'égalité des acquis** : il parait légitime de réclamer pour tous un niveau de base, que chaque élève doit acquérir quels que soient son histoire, son milieu, ses aptitudes… Il ne s'agit plus de se retrancher derrière le respect des spécificités personnelles pour légitimer une attitude pédagogique qui transforme les différences de départ en inégalités de résultats. On refuse de voir dans les caractéristiques individuelles (motivation, intérêts, style cognitif ou aptitude spécifique) des potentialités ou des freins indélébiles.

Marcel Crahay résume ainsi la difficulté de choisir entre ces types d'égalité pour notre société :

« Le problème sera de déterminer quels types d'effet ont le plus de valeur à nos yeux. Il faudra déterminer s'il est légitime ou non d'investir ceux qui ont les plus grandes facilités d'apprentissage, du devoir de contribuer aux progrès de ceux qui éprouvent des difficultés, plutôt que de les pousser à maitriser de plus en plus d'unités-matières. Il s'agit bien d'un dilemme

4. Marcel Crahay, *L'école peut-elle être juste et efficace ?*, De Boeck, 2000.

Les égalités à l'école

Égalité des chances	**Égalité de traitement**	**Égalité des acquis**
Chacun peut accéder à la formation de son choix selon ses capacités, sans tenir compte de son milieu d'origine.	Chacun bénéficie d'un enseignement de base identique, quel que soit le milieu de scolarité.	Chacun doit acquérir des compétences de base, quels que soient son milieu d'origine ou ses aptitudes.

éthique puisqu'il convient de fixer la priorité entre le droit à l'épanouissement maximal des potentialités personnelles et le devoir de solidarité. »[5]

Les programmes scolaires d'aujourd'hui et la demande sociale semblent aller vers cette exigence de l'égalité des acquis. Le socle commun en est le signe, tel qu'il est présenté sur le site du ministère de l'Éducation nationale : « Le "socle commun de connaissances et de compétences" présente ce que tout élève doit savoir et maitriser à la fin de la scolarité obligatoire. Il rassemble l'ensemble des connaissances, compétences, valeurs et attitudes nécessaires pour réussir sa scolarité, sa vie d'individu et de futur citoyen. »[6]

Donc l'école d'aujourd'hui veut mettre en place l'égalité des acquis de base. Il ne s'agit plus de fournir aux élèves la même chose et d'attendre de voir ce que chacun pourra en tirer. Il s'agit de réussir à équiper chacun d'entre eux d'un bagage minimum, de compétences de base. La difficulté vient du fait que ce travail doit prendre en compte la diversité des élèves et de leur rythme de développement. Même si les valeurs et le constat sont partagés, nous avons besoin de pistes concrètes nous prouvant qu'une telle école est possible.

Maria Montessori il y a plus d'un siècle a proposé une méthode s'adressant à des enfants très différents et d'âges différents, avec l'idée de leur assurer les apprentissages de base. Elle a eu à cœur de s'adresser à des enfants réputés inéducables, handicapés ou socialement exclus. Elle pensait qu'il fallait leur donner un bagage minimum, afin qu'ils puissent construire eux-mêmes le reste de leurs connaissances. Ce socle minimum n'était pas

---

5. Marcel Crahay, *L'école peut-elle être juste et efficace ?*, De Boeck, 2000.

6. http://www.education.gouv.fr/cid2770/le-socle-commun-de-connaissances-et-de-competences.html

institutionnel. Elle exprimait ainsi ce qu'elle devait apporter à un enfant : « Notre devoir est donc de lui offrir les "moyens" de s'instruire et de lui conserver pures les sources de la vie intellectuelle et de la vie du sentiment. Le reste viendra de soi. Comme disaient nos pères, l'instruction "nécessaire" se limite à "lire, écrire et compter", parce que l'homme ne peut trouver ces choses de lui-même. »[7]

Sans aucun doute, les compétences de base qu'elle estimait nécessaires à son époque sont un peu différentes aujourd'hui, à l'ère du numérique et de la forte baisse du nombre d'emplois non qualifiés, mais son histoire et ses découvertes peuvent encore nous guider sur cette piste.

7. Maria Montessori, *Pédagogie scientifique*, tome III, éditions ESF, 1970.

Travailler dans des classes très hétérogènes

Le modèle de la classe

Nous sommes très démunis devant la diversité de nos élèves et l'hétérogénéité de nos classes. Celle-ci est voulue pour l'inclusion de tous, qui reprend alors cette belle idée de l'égalité des acquis. Mais, dans la réalité, nous avons ces élèves à gérer dans un système qui reste grandement celui de la classe traditionnelle : un maitre, et une grosse vingtaine d'élèves d'un niveau référencé, qui devrait correspondre à leur classe d'âge.

Ce modèle de classe n'est pourtant pas le seul, même s'il est tellement ancré dans notre culture que nous n'en imaginons pas facilement un autre. Historiquement, ce sont les frères des écoles chrétiennes qui ont développé cet enseignement dit « simultané », avec l'objectif de dépasser le préceptorat dans lequel l'adulte ne s'adressait qu'à un enfant à la fois. D'autres voies ont été expérimentées à d'autres moments dans la construction du cadre scolaire, et notamment l'enseignement mutuel : les grands élèves devaient enseigner à des plus petits, dans de très grandes classes pouvant dépasser la centaine d'élèves. Les élèves de différents âges étaient mélangés. Tout l'enseignement ne passait pas par le maitre. Un autre modèle testé a été celui des écoles centrales, dans lequel les élèves pouvaient suivre des cours de différents niveaux selon les matières et leur parcours personnel. Mais tout au long du XIXe et surtout du XXe siècle, c'est le système de l'enseignement direct et simultané devant une classe qui s'est imposé, et qui structure encore la plupart de nos écoles.

Cependant, aujourd'hui, plusieurs logiques tirent sur ce système dans des directions opposées, nous obligeant à trouver des réponses innovantes : l'inclusion scolaire de tous les élèves d'une classe d'âge, le développement du numérique qui modifie la relation au savoir, une éducation des élèves plus respectueuse de leur rythme, la classe inversée qui introduit un nouveau rapport au travail…

Les modèles de la classe en France

Préceptorat	Enseignement mutuel	Écoles centrales	Méthode simultanée
Un pédagogue enseigne à un enfant	Des élèves expérimentés assistent un professeur dans des classes très nombreuses	L'élève va suivre les cours de son niveau dans chaque domaine	Le maitre s'adresse au groupe pour ne négliger aucun enfant
Télémaque de Fénelon *L'Émile* de Rousseau Apprentissage, compagnonnage	Andrew Bell en Angleterre École française du milieu du XIXe siècle	Joseph Lakanal et les écoles centrales expérimentées durant la Révolution	Frères des écoles chrétiennes École de la Troisième République

Alain Boissinot évoque à ce sujet dans un article intitulé *Un peu d'histoire : la classe, un modèle pédagogique en question*[1] « un repositionnement du professeur. Cette logique repositionne le professeur comme organisateur des apprentissages plus que comme émetteur des savoirs : ce n'est pas moins de professionnalisme, c'est un professionnalisme partiellement différent. »

Il ajoute plus loin : « Ces logiques nouvelles se cherchent. Mais il est probable que la classe de l'avenir aura un nouveau visage. Plus souple et diversifiée que la classe actuelle, elle pourrait être une unité de "vie scolaire" plus qu'un principe exclusif d'organisation des enseignements. »

Maria Montessori a déjà proposé il y a un siècle **une nouvelle organisation et un repositionnement du professeur**. Elle prônait des classes multi-âges. Cette organisation a plusieurs avantages : elle permet de laisser aux élèves le temps dont ils ont besoin pour chaque acquisition, de ne pas introduire de compétition entre les élèves et même d'instaurer un système d'entraide entre les plus grands et les plus petits. Ce système repose sur l'autonomisation des élèves et le rôle très différent du professeur : il ne conduit pas un enseignement, il accompagne les élèves dans leurs apprentissages. C'est le sens de sa formule sans doute la plus célèbre : « Aide-moi à faire seul. » Commencer à s'approprier son travail nous indique un moyen d'aider les élèves, en organisant leurs apprentissages plus qu'en transmettant notre savoir. Il est parfois très difficile de lâcher prise ainsi, de laisser plus

1. AEF Dépêche n° 505962 - Paris, le 31/08/2015 16:24:00 - Éducation et Jeunesse.

de liberté à ses élèves. En tant qu'enseignants, nous avons peur de perdre le contrôle : contrôle de la classe et de sa discipline, contrôle de l'activité des élèves, de ce qu'ils font et de ce qu'ils apprennent. Mais en même temps, il y a un moment où nous nous rendons compte que le contrôle nous rassure, mais que cette posture ne nous permet pas d'aider chacun de nos élèves. Nous cherchons autre chose. Cela nous demande d'acquérir de nouvelles postures professionnelles.

C'est pour cela que la pédagogie montessorienne peut nous ouvrir un chemin : elle a voulu que tous les enfants, même en difficulté sociale ou cognitive, aient accès à un enseignement de base. Elle a intégré dans sa pédagogie l'hétérogénéité des classes, en en faisant même un indispensable. Elle a proposé un dispositif dans lequel chaque élève avance à son rythme.

Gérer l'hétérogénéité

Maria Montessori a commencé par travailler pour des enfants en grande difficulté, des enfants qu'on disait « idiots ». Elle s'est pour cela inspirée de travaux de médecins ou d'éducateurs qui travaillaient avec ces enfants, comme les médecins Itard (et l'enfant sauvage de l'Aveyron) ou Seguin... Son premier matériel était destiné à ces enfants déficients. Elle a ensuite travaillé pour des enfants en grande difficulté sociale, les enfants des quartiers populaires de Rome, jamais scolarisés, livrés à eux-mêmes. Elle ne s'est pas adressée au départ aux enfants favorisés, ou même aux classes ordinaires. Elle était sans concession sur les difficultés des enfants. Elle a même écrit en 1949 dans *La Formation de l'homme*, son dernier ouvrage : « Aujourd'hui, la plupart des enfants que l'on rencontre sont instables, paresseux, désordonnés, violents, entêtés, désobéissants, etc. » Ces paroles résonnent d'une façon très contemporaine.

Par certains aspects, les enfants et les classes d'aujourd'hui ressemblent à ces enfants : sans vouloir verser dans le « c'était mieux avant » dont on comprend bien en lisant ces lignes de 1949 qu'il n'est qu'une illusion, on peut constater un changement de posture des élèves d'aujourd'hui : ils ne sont plus élevés pour obéir et faire juste ce qu'on leur demande, ils ont grandi avec des écrans et souvent loin de la nature, souvent dans des familles aux structures éclatées. Mais, contrairement au siècle dernier, ceux qui sont dans la plus grande précarité sociale ont tout de même besoin de l'école et de ses acquis de base, car il n'existe quasiment plus de métiers qu'ils pourront exercer sans diplôme, là où les « cancres » d'autrefois trouvaient une place à la mine, aux champs ou à l'usine. La volonté d'inclusion scolaire et le besoin d'école pour tous afin de trouver une place dans la société créent une demande forte en termes d'apprentissages, et des classes de plus en plus hétérogènes. Dans ces conditions, la pédagogie traditionnelle, frontale, celle qui a été construite par notre histoire scolaire française (un maitre explique à des élèves attentifs qui s'exercent ensuite), celle qui finalement est plus une idée qu'un modèle qui a réellement fonctionné, ne marche plus du tout. Il faut trouver d'autres voies.

L'école inclusive arrive avec ses nouveaux défis, des idéaux généreux et globalisants, qui nous demandent d'être inventifs et de sortir de nos schémas. Les programmes eux-mêmes font de cette gestion de l'hétérogénéité une prescription, sans entrer dans le détail de sa mise en œuvre :

« Les enfants qui arrivent au cycle 2 sont très différents entre eux. Ils ont grandi et ont appris dans des contextes familiaux et scolaires divers qui influencent fortement les apprentissages et leur rythme. La classe s'organise donc autour de reprises constantes des connaissances en cours d'acquisition et si les élèves apprennent ensemble, c'est de façon progressive et chacun à son rythme. Il s'agit de prendre en compte les besoins éducatifs particuliers de certains élèves (élèves allophones nouvellement arrivés, en situation de handicap, éprouvant des difficultés importantes à entrer dans l'écrit, entrant nouvellement à l'école, etc.) qui nécessitent des aménagements pédagogiques appropriés. »[2]

C'est certainement en partie pour cela qu'on retrouve aujourd'hui les travaux de nombreux pédagogues qui avaient travaillé sur la personnalisation des apprentissages, et que Maria Montessori revient à la mode, malgré la mauvaise connaissance de sa pédagogie, si peu enseignée… Il devient alors nécessaire de connaitre ce qui s'est fait avant, et de trouver comment en faire des réponses d'avenir.

Maria Montessori avait bâti un système permettant à chaque élève d'avancer à son rythme, construit autour du rythme de l'enfant. Elle a pour cela beaucoup observé leurs besoins, leurs progrès. Revenir sur ses pas permet de trouver un chemin pour nous aider à trouver des solutions concrètes de mise en œuvre d'une différenciation pédagogique, de prise en compte du rythme de chacun.

2. Bulletin officiel spécial, n° 11, 26 novembre 2015.

Permettre et encourager le développement de l'enfant

La vision montessorienne de l'enfant

Au-delà d'une simple pédagogie, Maria Montessori a développé également une théorie du développement de l'enfant et des rapports entre les adultes et les enfants. Elle considère que l'enfant a une nature particulière, qui le rend plus sensible que les adultes. Pour elle, l'homme fait une erreur en ne considérant l'enfant que comme un homme en devenir qu'il faut « dresser ». Avec des mots forts, elle parle même de « la bataille entre l'enfant et l'adulte »[1] et expose son idée du développement de l'enfant :

« La vieille idée superficielle que le développement de l'individu est progressif et uniforme demeure intacte. L'idée erronée selon laquelle l'adulte doit faire entrer l'enfant dans le moule voulu par la société continue à régner. [...]

La clé du problème réside dans le fait suivant : la personnalité humaine des enfants et celle des adultes sont dotées de caractéristiques et diffèrent fortement. L'enfant n'est pas un adulte en miniature. Il est, d'abord et avant tout, le détenteur d'une vie personnelle qui a des caractéristiques et un but spécifiques. »[2]

Aujourd'hui encore, ces mots peuvent résonner en nous, nous poser la question de notre vision anthropologique ou philosophique de l'éducation. Le grand apport de Maria Montessori est de ne pas se contenter de donner une méthode, mais de proposer une vision de l'enfant et de l'éducation.

Ce n'est pas si souvent qu'un pédagogue nous donne sa vision, élève le débat. Ce n'est pas souvent non plus que l'on prend le temps d'aller voir

1. Maria Montessori, *L'Éducation et la Paix*, Desclée de Brower, 1949.
2. *Ibid*.

les valeurs cachées derrière les méthodes, préoccupés que nous sommes à trouver des solutions concrètes. Or, enseigner uniquement avec des recettes techniques n'est pas très enrichissant pour l'enseignant. Et cela peut même être un vrai souci lorsque l'on se rend compte qu'on utilise une méthode qui n'est pas en phase avec nos valeurs.

Maria Montessori croit qu'il faut protéger l'enfant, lui donner une place importante, l'écouter et écouter ses besoins. Elle construit ainsi une première tentative d'éducation positive, terme que l'on retrouve aujourd'hui dans la discipline positive ou la psychologie positive : « Avec l'ancienne manière, on prétend défendre la liberté de l'enfant, mais on le laisse sans habileté ni volonté, puisqu'on y substitue celle de l'adulte. Nous entendons, au contraire, que notre éducation ne soit pas négative ; elle n'est pas destinée à empêcher, mais à intensifier et à affiner. »[3]

C'est pour cela qu'elle fait confiance au libre choix de l'enfant par exemple, qu'elle le laisse progresser à son rythme. Par contre, elle ne pense pas du tout que l'éducation ne compte pas, et il faut se garder de ce contresens trop courant, selon lequel l'enfant grandirait tout seul et qu'il ne faudrait lui donner aucune contrainte. Il suffit de se plonger dans sa lecture : « Croyez-moi, les tentatives de l'éducation dite moderne qui cherchent simplement à délivrer les enfants d'oppressions supposées ne prennent pas le bon chemin. Il ne suffit pas de laisser les élèves faire tout ce qu'ils veulent, de les amuser avec des occupations frivoles, de les faire retourner presque à l'état sauvage. Il ne s'agit pas de "libérer" les enfants de certains liens. »[4]

Les relations entre les adultes et les enfants

Maria Montessori souhaite également que l'enfant se développe globalement et ne limite pas le rôle de l'enseignant à la transmission de savoirs. Elle veut une école qui éduque et non qui se contente de maintenir la discipline nécessaire à l'apprentissage. C'est un débat qui traverse toute l'histoire de l'éducation. Or, même pour les tenants de l'école comme lieu de transmission, notre école française est encore trop souvent bâtie sur un rapport de force. La salle de classe y est parfois transformée en une arène dans laquelle le maitre fait face aux élèves[5]. Cette situation

3. Maria Montessori, *La Découverte de l'enfant*, in *Pédagogie scientifique*, Desclée de Brouwer, 1958.
4. Maria Montessori, *La Formation de l'homme*, Desclée de Brouwer, 2005.
5. J'emprunte cette image à Francis Imbert, *L'Impossible Métier de pédagogue*, ESF Éditeur, 2000.

est insupportable pour les enseignants comme pour les élèves, qui développent alors des comportements de plus en plus antagonistes.

Denis Meuret, professeur émérite en sciences de l'éducation à l'université de Bourgogne-Franche-Comté, a analysé pour le Conseil scientifique de la FCPE, principale fédération de parents d'élèves, les résultats de la dernière édition de l'étude internationale PISA (datée de 2015), qui évalue les compétences des élèves de 15 ans, mais aussi l'ambiance de travail en classe : la France est le pays où « la discipline dans la classe est ressentie comme la plus dégradée non seulement au sein de l'OCDE, mais dans l'ensemble des 72 pays Pisa ».[6]

Pour calculer cet index de « climat de discipline », l'étude PISA a interrogé les élèves sur la fréquence des situations suivantes : les élèves n'écoutent pas ce que dit le professeur ; il y a du bruit et du désordre ; les élèves ne peuvent pas bien travailler ; les élèves ne commencent à travailler que longtemps après le début du cours ; le professeur doit attendre longtemps que les élèves se calment. À titre de comparaison, les pays asiatiques ont de très bons indices de discipline, ainsi que les pays anglo-saxons, alors qu'ils ne sont pas les plus répressifs dans les classes.

Là encore, la France se distingue par des différences plus marquées entre milieux sociaux. « Dans tous les pays, le climat est plus dégradé dans le quart le plus défavorisé des écoles. Mais l'écart de discipline entre écoles favorisées et défavorisées en France est un des plus élevés de l'OCDE », pointe Denis Meuret dans son rapport. Nous avons vu ci-dessus que l'enquête Pisa 2015 avait déjà fait ce même constat d'inégalités en matière de performances scolaires.

Sortir de ces rapports de force entre les enfants et les adultes est pourtant non seulement possible mais indispensable. Là encore, Maria Montessori nous ouvre le chemin de l'autodiscipline et du développement moral. Sa méthode prône l'installation d'une ambiance permettant à l'élève de se prendre en charge et de se développer dans un cadre serein et non agressif.

---

6. http://www.fcpe.asso.fr : « Les notes du Conseil scientifique » n° 2, mars 2017.

4

Construire les citoyens de demain

Une éducation morale et spirituelle

Maria Montessori avait une haute ambition : non seulement enseigner, éduquer, mais également former un citoyen, aller plus loin que le seul apport de compétences ou de connaissances. Elle voulait former un homme futur capable de réfléchir, de vivre en démocratie. Il faut dire qu'elle a vécu deux conflits mondiaux, et que la paix à laquelle elle aspire ne peut se comprendre que dans ce contexte. Agnès Dutheil, travaillant sur l'éducation positive[1], s'est posé la même question : pourquoi les Allemands de 1933, pourtant globalement instruits et éduqués, ont-ils suivi en masse Hitler ? Quelle éducation faut-il mettre en avant afin que nos enfants ne soient pas seulement des élèves obéissants et compétents, mais aussi qu'ils développent leur conscience morale ? Maria Montessori proposait une éducation à la paix, souhaitait éduquer l'enfant dans son ensemble, comme nous le montrent les titres de nombreux ouvrages : *L'Éducation et la Paix*, *La Formation de l'homme*, *Éduquer le potentiel humain*… « Le problème de l'éducation présente aujourd'hui une importance générale. Il faut que sa solution aide et protège le développement de l'homme. C'est en aidant à l'amélioration de l'individu que l'éducation doit améliorer la société. »[2]

En catholique engagée, elle parlait même de former l'âme des enfants, de la tirer vers la sainteté. Elle a des positions très philosophiques et même métaphysiques et religieuses de l'éducation. Sa parole est souvent empreinte de citations de la Bible ou d'élans spirituels. Cela a été sans aucun doute un grand frein à la diffusion de ses idées en France, où la laïcité en éducation est une valeur forte et passionnelle. Laïciser sa morale me parait cependant possible, à la lumière par exemple des recherches sur la conscience morale.

Maria Montessori va au-delà de la fonction d'enseignement, et assume la fonction d'éducation. « On ne peut la [l'éducation] laisser de côté en

1. Agnès Dutheil, *La Psychologie positive avec les enfants*, Eyrolles, 2015.
2. Maria Montessori, *De l'enfant à l'adolescent*, Desclée de Brouwer, 2004.

feignant de croire qu'elle ne joue qu'un rôle mineur dans la vie des gens, qu'elle n'est qu'un moyen d'enseigner les rudiments de la culture aux jeunes. On doit d'abord la voir dans la perspective du développement des valeurs, en particulier morales, en chaque personne. »[3]

La transformation de la société

Maria Montessori va plus loin que les simples théories de l'éducation, et il me semble qu'il est très utile de connaitre sa pensée, qui a quelque chose de très contemporain : « Il ne suffit pas de prêcher un principe abstrait ou de tenter d'en persuader les autres. C'est à une "grande œuvre" que nous sommes appelés. Voici la très importante tâche sociale qui nous attend : mettre en acte la valeur potentielle de l'homme, lui permettre d'atteindre le développement maximum de ses dynamismes, le préparer vraiment à changer la société humaine, à la faire passer sur le plan supérieur.

Bien sûr, l'homme social ne peut être créé d'un seul coup à partir de rien. Les hommes d'aujourd'hui sont devenus adultes après avoir été, dans leur enfance et leur adolescence, réprimés, isolés et incités à poursuivre uniquement des intérêts personnels. Ils ont été mis sous la férule d'adultes aveugles. Ceux-ci, trop [enclins] à négliger les valeurs de la vie, n'ont fixé aux enfants qui leur étaient confiés d'autre but que celui, égoïste et mesquin, de réussir à obtenir un bon emploi dans la société.

[...] Une éducation qui réprime et rejette les suggestions de la conscience morale, qui fait obstacle au développement de l'intelligence, qui condamne des pans entiers de la population à l'ignorance, est un crime. »[4]

On peut penser encore aujourd'hui que c'est également ce dont notre monde a besoin, de former des citoyens, bien autant qu'à l'époque de Maria Montessori. Les évènements récents, les difficultés de notre démocratie, nous montrent chaque jour la fragilité de la paix ainsi obtenue. Notre société et notre démocratie ont besoin d'hommes et de femmes capables de conscience morale, et pas seulement instruits. Maria Montessori pensait que l'école avait un rôle à jouer dans cette éducation. La suivre sur le chemin des méthodes utilisées, c'est également la suivre sur ce terrain. C'est un engagement individuel et sociétal fort, que chacun d'entre nous peut décider de prendre.

---

3. Maria Montessori, *L'Education et la Paix*, Desclée de Brouwer, 1949.
4. *Ibid.*

Le climat

Comment mettre en place une ambiance optimale ?

Nous avons fait le tour des questions qui peuvent nous amener à suivre le chemin tracé par Maria Montessori et à essayer d'adapter sa pédagogie dans une classe très normale de l'Éducation nationale. Je vous propose maintenant de suivre ce chemin, de partir des principes découverts par cette grande dame, de les enrichir de principes et de découvertes plus récentes, et d'arriver à des propositions concrètes de mise en place.

La principale difficulté est de s'en inspirer sans la dénaturer : Maria Montessori a construit un ensemble cohérent, dans lequel chaque élément de sa pédagogie se tient aux autres, et dans lequel tout se rapporte à une conception bien particulière de l'enfant. Prendre des morceaux isolés risque de ne pas être efficace et de nous laisser sur notre faim. Il est donc nécessaire de retrouver une cohérence et de l'articuler avec les contraintes et les programmes de l'Éducation nationale.

La seconde difficulté est de partager des situations et des organisations de classe sans prescrire : chaque enseignant qui souhaite s'engager dans cette voie doit connaitre les propos et les idées de Maria Montessori, mais chacun doit garder son libre arbitre sur la mise en place concrète, et les pistes évoquées ici doivent rester des réflexions et des idées à débattre et à adapter.

Enfin, nous n'aborderons dans cette partie que ce que Maria Montessori appelait « l'ambiance », que nous appellerions aujourd'hui plutôt le climat scolaire. Pour la clarté du propos, les principes d'apprentissage et d'enseignement sont dans une autre partie. Mais ces deux aspects sont intimement liés, et il est impossible de comprendre l'un sans l'autre, et inversement.

5

Le développement de la discipline chez l'enfant

La discipline intérieure de Maria Montessori

Toute la conception montessorienne des apprentissages ne peut être dissociée de la mise en place d'un climat de classe, d'une « ambiance » visant à l'autodiscipline et à l'autonomie des élèves. La liberté donnée aux élèves ne fonctionne que dans un cadre intériorisé par les enfants.

Discipline et liberté

Il ne s'agit pas de miser sur l'éducation familiale pour installer directement les enfants dans une posture d'élèves en classe. Il s'agit d'éduquer les enfants, de les « normaliser[1] ». Ce travail vise à faire des enfants des élèves actifs intellectuellement, et non juste des êtres obéissants et passifs. Tout repose sur un équilibre nécessaire entre la discipline et la liberté laissée aux élèves, comme il est exposé ici :

« **Discipline et liberté** – Voici une autre objection facile pour les partisans de l'école commune : comment obtenir la *discipline* dans une classe d'enfants libres de se mouvoir ?

Certes, nous avons une conception différente de la *discipline* ; la discipline doit, elle aussi, être active. N'est pas discipliné un individu rendu artificiellement silencieux et immobile comme un paralytique. C'est un individu anéanti, non discipliné.

Nous appelons discipliné un individu qui est maitre de lui et qui peut, par conséquent, disposer de lui-même, ou suivre une règle de vie.

1. Terme employé par Maria Montessori pour parler des enfants parvenus à l'autodiscipline dans la classe.

Cette *discipline* active n'est pas facile à obtenir ; mais elle contient en elle un principe élevé d'*éducation* ; c'est bien autre chose que la condamnation à l'immobilité.

Il est nécessaire que la maitresse ait une technique spéciale pour conduire l'enfant à une telle discipline ; mais il marchera ensuite toute sa vie dans cette voie, avançant toujours vers un but de perfection. De même que l'enfant qui apprend à se mouvoir habilement et à se contenir ne se prépare pas seulement à l'école, mais à la vie, et devient un *individu correct par habitude et par pratique* dans ses manifestations sociales les plus usuelles, de même l'enfant se plie maintenant à une discipline qui n'est pas limitée au niveau scolaire, mais s'étend au milieu social. »[2]

À l'époque de Maria Montessori, le renversement est de taille. La discipline qui prévalait alors était majoritairement une discipline passive et misant sur l'obéissance : « Notre but est de discipliner l'activité, non pas d'immobiliser l'enfant et de le rendre passif.

Une classe où tous les enfants auraient une activité utile, intelligente et consciente, sans manifester aucune impolitesse, me paraitrait une classe bien disciplinée.

Aligner les enfants, assigner à chacun sa place et prétendre qu'ils y restent tranquilles, en observant l'ordre convenu, cela peut être atteint par la suite ; mais comme une manifestation d'*éducation collective*. »[3]

Ainsi, il s'agit de prendre le temps nécessaire, voire de laisser le temps nécessaire aux enfants afin qu'ils puissent avancer dans leur discipline intérieure, qu'ils intègrent les principes de l'autodiscipline, afin de pouvoir être autonomes en classe. Cette « normalisation » ne s'acquiert pas rapidement et doit être accompagnée. Les enfants ont donc en classe une marge de liberté, ils peuvent choisir leur travail, le lieu où ils vont s'installer, les camarades avec lesquels ils vont travailler… C'est ainsi dans le mouvement et l'exercice de leur volonté qu'ils vont progresser. Néanmoins, il ne s'agit pas de faire de l'autodiscipline un préalable aux apprentissages tels qu'ils sont pensés, d'attendre que les enfants soient « normalisés » pour les laisser choisir leur travail. La discipline n'est pas un prérequis, elle se construit avec les apprentissages, avec le libre choix, avec le mouvement.

---

2. Maria Montessori, *Pédagogie scientifique*, éditions ESF, 1970.
3. *Ibid.*

Le développement de l'autodiscipline chez l'enfant

Pour comprendre comment faire, Maria Montessori observe le développement moral des enfants, notamment en vue de leur apporter des activités en lien avec leurs besoins :

– **Dans sa petite enfance**, l'enfant ne sait pas se contrôler et reste très dépendant. Il est souvent gouverné par des instincts. C'est pour cela qu'elle propose des exercices de vie pratique qui visent à le rendre indépendant et aussi à acquérir le contrôle et la coordination de ses mouvements par des « exercices de patience, d'exactitude et de répétitions »[4]. Il apprend les premières règles de politesse et le respect des autres enfants et adultes.

– **À partir de 7 ans**, il faut élargir cette éducation morale : il n'est plus question uniquement de mouvements, mais d'éveil de la conscience morale : il s'agit de présenter aux élèves des règles en demandant leur adhésion lors des différents projets menés en classe. « C'est à 7 ans que se dessine un commencement d'orientation vers les questions morales, vers le jugement des actes. »[5]

Lorsqu'il a atteint ce stade, l'enfant a acquis le contrôle de lui-même et peut montrer une véritable discipline intérieure. Il est enthousiaste à l'idée de faire ce que l'adulte lui demande et lui fait confiance. Il serait prêt à faire n'importe quoi pour lui. Il est donc très important de ne jamais abuser de cette confiance aveugle.

Le rôle de l'enseignant sera donc de soutenir le développement de cette volonté. Pour cela, il est indispensable de permettre à l'enfant d'être actif au sein de la classe, car la volonté ne se développe que dans l'action. L'intelligence permet d'analyser les situations et la volonté de contrôler les mouvements. C'est en permettant à ces deux facultés de se développer que l'enseignant amène l'enfant au contrôle de lui-même.

Le rôle de l'ambiance de la classe

Si l'enfant doit apprendre à se concentrer non par des injonctions extérieures, mais par sa propre volonté, cela signifie que le rôle de l'enseignant est alors de lui permettre de trouver des activités qui vont occuper son corps et son esprit : « Pour progresser dans une telle expansion, l'enfant, laissé libre dans son activité, doit trouver dans l'ambiance quelque chose d'organisé en rapport direct avec son organisation intérieure qui se développe en suivant les lois naturelles. »[6] Il va donc falloir réfléchir à la façon

4. Maria Montessori, *De l'enfant à l'adolescent*, Desclée de Brouwer, 2004.
5. *Ibid.*
6. Maria Montessori, *Pédagogie scientifique*, éditions ESF, 1970.

d'organiser la classe pour permettre cette liberté tout en gardant un cadre sécurisant et ordonné.

Une telle conception de la discipline pose bien sûr la question du rôle du règlement et des sanctions, car il est bien évident que les enfants n'entrent pas tous dans l'autodiscipline sans sortir parfois du cadre. Maria Montessori préconisait l'isolement, mais avec toujours du matériel pour occuper les mains. Pour elle, il était vraiment essentiel d'occuper les enfants de manière positive, d'occuper leur corps, de permettre leurs mouvements : « Quant aux punitions, nous nous sommes plusieurs fois trouvées devant des enfants qui dérangeaient les autres, sans prendre garde à nos exhortations ; observés par le médecin, il s'agissait bien souvent d'enfants normaux. Nous mettions alors une petite table dans un coin de la salle pour isoler le dérangeur, le faisant assoir dans un petit fauteuil, en face de ses compagnons, et lui donnant tous les objets qu'il désirait. Cet isolement a toujours réussi à le calmer : de sa place, il voit l'ensemble des camarades, et leur manière d'agir est une *leçon objective* plus efficace sur son comportement que ne peut l'être la parole de la maitresse ; ressentant peu à peu les avantages d'être avec les autres, il souhaite faire comme eux. »[7]

Résumé de l'approche de l'ambiance montessorienne

Accepter et encourager les mouvements des enfants, médiatisés par des situations d'apprentissage, leur permet petit à petit de construire leur concentration et leur attention.

Leur permettre le contrôle de l'erreur permet de dédramatiser l'échec et donne aux élèves de multiples occasions de renforcer leur estime d'eux-mêmes et de leurs capacités à apprendre.

Encourager les élèves à choisir leur activité permet de leur apprendre à se prendre en charge, accroit leur motivation et leur capacité à savoir ce qu'ils apprennent et pourquoi, et ainsi redonne du sens aux apprentissages et aux activités scolaires.

La classe doit être un lieu sans punition ni récompense, afin de permettre à l'enfant de trouver une motivation intérieure. Elle ne doit pas être un lieu de compétition, mais un lieu d'entraide.

7. Maria Montessori, *Pédagogie scientifique*, éditions ESF, 1970.

Le développement moral de l'enfant

D'autres chercheurs ont tenté de comprendre ce développement moral de l'enfant pour voir comment nous pouvions le développer et l'accompagner.

Le pionnier en la matière reste le psychologue américain Lawrence Kohlberg, qui a proposé un modèle du développement moral par stades, en tentant de comprendre les causes des choix moraux des enfants.

Le développement moral selon Kohlberg

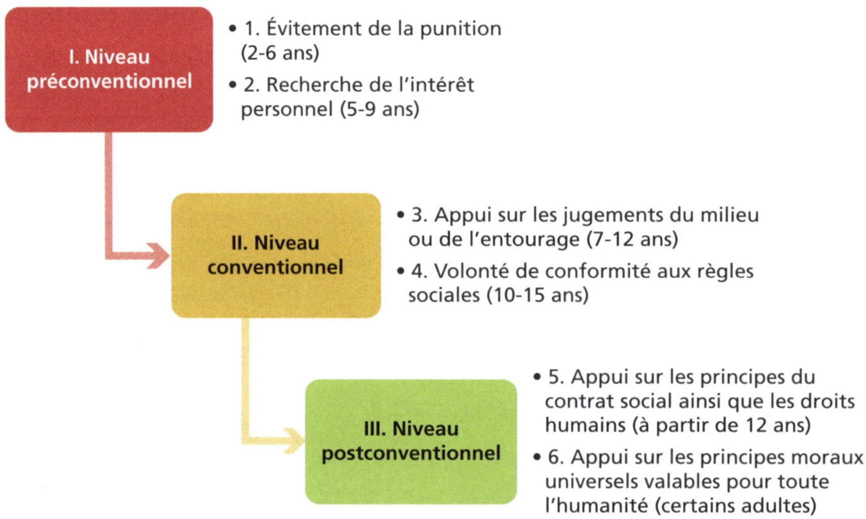

Cette approche modélisante a depuis été enrichie et critiquée, notamment parce qu'on sait que les individus ne passent pas tous de la même façon d'un stade à l'autre, et que la situation influence les décisions des sujets. Mais elle a le mérite de nous montrer que l'enfant évolue petit à petit, qu'on ne peut pas exiger de lui une attitude morale supérieure dès 6 ans, et qu'il est important de l'aider à progresser dans ce domaine.

Ce que nous apprend Lawrence Kohlberg, qui rejoint les observations de Maria Montessori, c'est que l'enfant entre 6 et 8 ans est en train de passer d'un stade à l'autre. Il est en train de construire une référence morale externe, différente de la seule recherche de son intérêt personnel immédiat. Il peut prendre en compte les demandes sociales. Mais si ce passage n'est pas automatique et externe, nous pouvons tout de même le faciliter. Si nous-mêmes, en tant qu'enseignants, restons enfermés dans un système de punitions, comment demander à l'enfant d'en sortir ?

Je me souviens d'une discussion en classe autour d'une fiche sur les droits et les devoirs. On demandait aux enfants – entre autres propositions – s'ils avaient le droit de faire pipi dans la piscine, ce qui les faisait beaucoup rire. Je leur demandais de justifier leur réponse. La petite fille de CP interrogée n'arrivait pas à aller plus loin que cette réponse : « On n'a pas le droit parce que sinon on va être punis. » Elle n'avait pas tort. Mais elle était enfermée dans le niveau 1 de Kohlberg. D'autres élèves ont pris la parole, ont parlé de la propreté, du bien commun… Nous avons traité d'autres exemples. Et ce n'est que quelques jours plus tard que cette même petite fille est venue me voir en me disant toute fière : « Tu sais, je sais pourquoi on n'a pas le droit de faire pipi dans la piscine, c'est parce que ce n'est pas propre et que ça ne respecte pas les autres. » Ce que j'en retiens, c'est que l'école a un rôle à jouer dans l'évolution des enfants vers un stade moral plus élevé, surtout lorsque certains parents semblent malheureusement enfermés avec leurs enfants dans le premier stade. Certains adultes sont ainsi capables de rester à ce premier stade lorsqu'ils ne ralentissent en voiture que devant un radar, par peur de la punition, sans avoir intégré le fait que les règles du Code de la route sont un bien commun nécessaire à la sécurité de tous. Il est alors nécessaire d'expliciter les raisons des droits et des devoirs, afin que les élèves puissent les intégrer et progresser.

L'évolution morale des enfants n'implique pas automatiquement leur discipline intériorisée. En effet, ce n'est pas parce que nous avons conscience de la valeur morale d'une action que nous parvenons à la mettre en pratique. Il n'y a qu'à regarder notre comportement d'enseignants pour voir que notre comportement nous emmène parfois loin de nos idées morales. Pour que les enfants parviennent à cette autodiscipline, il faut non seulement que leur jugement moral puisse s'élever, mais aussi qu'ils maitrisent leurs pulsions physiques et émotionnelles, leur besoin de bouger comme leur manque de recul face aux émotions qu'ils ressentent dans l'instant.

Comme le dit très bien Thomas Gordon : « Les élèves "incontrôlables" n'ont pas besoin qu'on les contrôle, mais qu'on développe leur contrôle intérieur, ce qui requiert des relations où les besoins de chacun sont respectés. »[8] C'est le sens de l'apprentissage de l'autodiscipline de Maria Montessori, que l'on retrouve aussi chez d'autres pédagogues.

8. Thomas Gordon, *Enseignants efficaces, Enseigner et être soi-même*, Les éditions de l'homme, 2005.

Les autres approches de l'autodiscipline

Maria Montessori était l'une des pionnières de cette approche, mais ce n'est pas la seule. D'autres courants proposent des outils un peu plus concrets mais qui peuvent servir la mise en place d'une ambiance bienveillante et permettant l'autonomie. Ils me semblent donc compatibles dans une approche conforme aux programmes, et sont parfois facilitants car ils proposent aux enseignants des démarches plus cadrées.

Les pédagogies coopératives

D'autres courants pédagogiques ont travaillé sur cette façon de faire accéder les élèves à l'autodiscipline. C'est le cas par exemple des pédagogies coopératives (depuis Célestin Freinet) ou de la pédagogie institutionnelle (depuis Jean Oury). Ces pédagogies ont une approche plus cadrée de cette éducation, et proposent des outils qui permettent une mise en place plus concrète. C'est pourquoi il me semble intéressant de s'y référer. Elles présentent de grandes similitudes dans l'esprit et peuvent permettre aux enseignants d'approcher la mise en place du climat de classe d'une autre manière.

La pédagogie institutionnelle se reconnait souvent grâce à un système d'évaluation venu tout droit du monde des arts martiaux : **les ceintures**. Les enfants commencent à la ceinture blanche et changent de couleur de ceinture suivant leurs progrès. L'intérêt principal de cette approche est qu'ils peuvent se situer dans la classe, dans une dynamique essentiellement ascendante. On ne perd pas sa ceinture, car on grandit.

Il s'agit donc de faire correspondre à chaque couleur de ceinture un niveau de maitrise de l'autodiscipline. Ces niveaux sont gradués, et doivent pouvoir être repérés par des actes précis et mesurables. On peut garder par exemple comme repères pour la coopération :

– **blanc** : dérange le travail des enfants de la classe ;
– **jaune** : fait des efforts pour effectuer son travail sans déranger les autres ;
– **orange** : ne dérange pas la classe mais ne se soucie pas du groupe ;

– **vert** : rend des services à la classe ;

– **bleu** : pense aux intérêts de la classe avant de penser aux siens ;

– **marron** : est en mesure d'être référent pour le fonctionnement de la classe.

Mais il est important de décliner ces termes en objectifs précis pour les enfants, afin qu'ils puissent eux-mêmes évaluer leur comportement et le faire évoluer. Il faut rester dans des demandes réalisables pour tous les élèves, il ne s'agit pas d'imaginer les faire tous devenir les clones d'un éventuel élève modèle. Un exemple de grille utilisable en classe est proposé p. 45.

Sylvain Connac a longuement décrit ce système :

« Les ceintures sont un outil pensé dans un esprit éducatif et pour des visées pédagogiques précises. Il s'agit de faire en sorte que chacun :

– connaisse et soit reconnu dans son niveau de maitrise, dispose d'un statut symbolisé par la couleur de sa ceinture ;

– sache avec précision quels efforts et quel travail il doit fournir pour « grandir », c'est-à-dire obtenir une ceinture supérieure (on dit « plus foncée ») ;

– lorsqu'il se reconnait trop de difficultés face à un problème qu'il doit résoudre, s'appuie sur les compétences de ses pairs matérialisées par des gommettes de couleur affichées sur un tableau de ceintures ;

– propose son aide aux enfants plus "petits", qui ont une ceinture "plus claire" et ainsi les incite à grandir. »[1]

Pour inciter les élèves à coopérer et à s'entraider, il est important de demander aux élèves de le faire en l'explicitant dans les items retenus pour les ceintures. Ainsi, pour progresser, il faut non seulement que l'élève fasse son travail et respecte les règles, mais il faut également qu'il ait un comportement altruiste, et construise la notion de bien commun. Ce sont des compétences qui ne sont pas toujours demandées explicitement, et qui pourtant sont fondamentales pour la formation des citoyens d'une démocratie.

On peut ajouter quelques principes :

– **Une ceinture obtenue ne peut plus être retirée.** Si un enfant transgresse une règle, il est rappelé à l'ordre, voire sanctionné, mais cela peut être considéré comme un écart passager. L'enfant doit sentir qu'il doit grandir, être tiré vers le haut, que ce processus de socialisation et de moralisation est sans retour.

1. Sylvain Connac, *Apprendre avec les pédagogies coopératives, Démarches et outils pour l'école*, ESF, 2009.

– **L'enfant demande au conseil d'élèves à changer de ceinture** : c'est l'enseignant qui décide, en écoutant éventuellement l'avis des élèves plus avancés. Il peut différer le passage, en disant qu'il va observer l'enfant plus attentivement jusqu'à la semaine suivante. Il est important de donner quelques exemples concrets pour justifier le choix.

– **L'enfant n'a pas plus de pouvoir parce que son niveau est plus avancé** : il est par contre une référence, il va pouvoir aider les autres, et les attentes envers lui seront plus fortes. Il ne s'agit pas de le récompenser, mais de reconnaitre que son comportement a progressé et d'accentuer la confiance qu'on place en lui.

– Il est très important de **ne pas mettre les élèves en compétition** pour garder un climat coopératif : il s'agit pour chaque enfant de prouver qu'il peut progresser par rapport à lui-même, pas qu'il est meilleur qu'un autre. On peut pour aller plus loin demander à un élève plus avancé d'aider, de prendre en charge à certains moments délicats (se ranger, choisir un atelier...) un élève plus en difficulté.

– Il faut **nuancer son jugement pour attribuer les ceintures** : il ne s'agit pas d'une grille d'observation stricte. Il faut savoir récompenser l'enfant qui a fait beaucoup d'efforts, malgré quelques ratés, et montrer une exigence plus forte envers les élèves qui restent dans leur passivité confortable.

L'objectif de ce dispositif est de permettre aux élèves d'avancer, de grandir, de se situer par rapport à la demande et de pouvoir envisager tranquillement quel pas il lui faudra faire pour avancer sur la prochaine marche.

La discipline positive

La discipline positive est une approche qui encourage chez l'enfant le développement de compétences sociales dans un esprit de respect mutuel, que ce soit en famille, à l'école ou dans toute autre société. La discipline positive est une approche de l'éducation basée sur les philosophies d'Alfred Adler (1870-1937) et de Rudolf Dreikurs (1897-1972), tous deux psychiatres autrichiens.

« On peut éduquer les enfants à la fois dans la fermeté et dans la bienveillance. La plupart du temps, l'éducation par les punitions n'entraine que rancœur, revanche, rébellion ou retrait. La bienveillance ne signifie pas céder aux demandes des enfants, les protéger des frustrations, voler systématiquement à leur secours, les gâter avec excès, intervenir à chaque instant. L'approche proposée est centrée sur la recherche de solutions, et propose de regarder les comportements inappropriés comme des opportunités d'apprentissage. »[2]

Ce courant éducatif, qui n'est donc pas exclusivement scolaire, propose quelques outils concrets pour régler les conflits ou les manquements :

– Les **conséquences naturelles** se produisent sans aucune intervention de l'adulte : si on marche sous la pluie, on est mouillé. Bien sûr, elles ne peuvent pas s'appliquer quand l'enfant est en danger, ou quand ces conséquences interfèrent avec les droits des autres. Mais il est parfois suffisant de les verbaliser avec les enfants.

– Les **conséquences logiques** sont énoncées par un adulte. Elles doivent être reliées au comportement (pas de généralisation du type : *Tu es un menteur*), exprimées de façon respectueuse, raisonnables et reliées à une règle connue à l'avance. Par exemple, si un enfant tapote avec son crayon sur la table et fait du bruit, on peut lui donner le choix suivant : soit parvenir à arrêter, soit remettre son crayon à la maitresse et faire son travail plus tard… Elle répond ainsi à la règle qui dit qu'on ne gêne pas les autres dans leur travail. Il est donc très important d'impliquer les enfants au préalable en définissant ensemble les règles de fonctionnement.

– La **recherche de solutions** consiste à permettre aux enfants d'apprendre à régler un conflit, à trouver une solution, à réparer… Le processus devient plus important que le résultat final et les changements se mettent en place dans le temps. Accepter qu'une solution, une compétence, se construise par étapes va à l'encontre des habitudes d'une société orientée vers le résultat. Là encore, la solution doit être reliée, respectueuse, raisonnable et aidante.

Pour aider les enfants dans cette recherche de solution, plusieurs moyens sont proposés :

– Le **temps de pause** : il est souvent inutile de rechercher des solutions dans l'immédiateté, lorsque les esprits sont échauffés. L'objectif est d'attendre de se sentir mieux pour accéder à ses capacités de raisonnement. On propose aux enfants de construire ensemble un processus qui servira à calmer les esprits : le temps de pause. Lors d'un moment calme, il faudra l'expliquer, créer un espace dans la classe, établir un protocole à l'avance ;

– Les **questions de curiosité** : il s'agit d'aider l'enfant à explorer les conséquences de ses choix, en le questionnant avec empathie et curiosité, en essayant de comprendre et de lui permettre de comprendre lui-même les raisons qui l'ont fait agir ainsi ;

2. Jane Nelsen et Béatrice Sabate, *La Discipline positive, En famille, à l'école, comment éduquer avec fermeté et bienveillance*, Marabout, 2014.

– La **roue des choix** : c'est un outil plus concret, à construire avec les élèves, listant les différentes solutions qui s'offrent à lui pour résoudre un problème.

Le **temps d'échange en classe** (TEC) est une rencontre régulière et planifiée, dédiée à l'apprentissage de compétences sociales essentielles au développement de l'enfant. Les objectifs et bénéfices attendus sont nombreux, parmi lesquels on peut trouver :

– enseigner le respect mutuel ;

– apprécier, remercier, complimenter ;

– apprendre à ne pas gérer les problèmes à chaud et se centrer sur les solutions.

Afin de renforcer son efficacité, il est recommandé de suivre un format défini : on commence par les compliments et les appréciations, puis, on passe au suivi des solutions/stratégies précédemment mises en place ; ensuite, on traite des sujets mis à l'ordre du jour ; enfin, on planifie les activités du groupe classe. Le TEC est une variante du conseil d'élèves. Les objectifs sont très semblables, même si les outils diffèrent un peu.

En plus de ces principes et de ces outils, la discipline positive insiste elle aussi sur le fait que les élèves doivent évoluer petit à petit, qu'il est inutile de souhaiter qu'ils atteignent du premier coup les objectifs fixés. Utiliser l'encouragement est une façon efficace de les faire avancer : reconnaitre les progrès, non pas la perfection, et se centrer sur l'amélioration. On peut ainsi encourager les enfants en redirigeant leurs comportements inappropriés, en identifiant les qualités ou les compétences mises en œuvre dans le comportement et en amenant l'enfant à s'en servir de façon utile et constructive. Le cœur du processus est d'apprendre à l'enfant à regarder ses erreurs comme des opportunités d'apprentissage, lui permettre de les réparer, encourager l'autoévaluation et l'autonomie. On peut régulièrement lui demander : *Comment aimerais-tu t'améliorer ? De quoi as-tu besoin pour atteindre ton objectif ?* Ce qui le place dans une dynamique positive.

Et dans la classe ?

Un apprentissage explicite

Le comportement d'élève s'apprend. Il est différent de celui qu'on attend des enfants chez eux ou dans d'autres lieux de socialisation. Il est fortement codé. Il n'est pas un préalable aux apprentissages, il en fait partie, les deux se construisant en parallèle. Il est totalement illusoire de penser que l'enfant qui arrive dans notre classe a acquis ce comportement à la maison. Bien sûr, si le cadre familial se rapproche du cadre scolaire, ce sera plus simple. Mais nous ne pouvons pas compter là-dessus.

Comme dans les écoles de Maria Montessori, dans le déroulement de la classe, chaque geste ou posture des élèves fait l'objet d'un apprentissage explicite et entrainé : se mettre en rang, entrer en classe, se tenir pour écrire, pour écouter… Rien n'est tenu pour acquis. Le rappel régulier et parfois ritualisé fait partie de l'apprentissage, comme le calcul mental ou l'orthographe : *On arrive dans le couloir, que fait-on ? On écoute un camarade, comment se tient-on ?*

Des codages aident à la mémorisation et au rappel : par exemple, je lève mes doigts un par un pour que les élèves se mettent en situation d'écoute, je fais trois rappels pour le silence, puis on arrête…

Et surtout, pour instaurer un climat de confiance, je demande souvent leur avis et leur soutien aux autres élèves : « *A. n'arrive pas à rester en place : comment pourrait-on l'aider ?* » Les enfants ont souvent des solutions, et surtout cela évite les stigmatisations, cela crée un climat coopératif et bienveillant.

Des règles construites en commun

Le règlement doit être établi ensemble en début d'année. Il doit servir de référence. Il distingue les lois, les règles et la politesse :

– Il est très important de poser tout de suite **les lois de la classe**, liées à ses objectifs, et exprimées en termes positifs, par exemple : *Nous sommes à l'école pour travailler ; chaque enfant a le droit de travailler dans le calme et la tranquillité. Chaque enfant a le droit d'être respecté.*

– Ensuite, nous pouvons donner **les règles** qui aident à respecter ces lois, toujours en termes positifs : règles de comportement en classe et de respect entre les camarades, règles de sécurité corporelle et affective. Il est indispensable de passer beaucoup de temps à reprendre avec les élèves les raisons de ces règles, pour aller plus loin que le trop souvent entendu : « On n'a pas le droit parce qu'on va être puni. »

– Enfin, il faut expliciter aux élèves **les usages de politesse** en cours, en leur faisant comprendre que ces usages peuvent varier suivant les cultures, mais qu'elles sont importantes dans chaque culture. Ils peuvent alors comprendre l'intérêt de respecter ces usages, et ce d'autant plus que les adultes de l'école leur montreront l'exemple.

Il me semble que les élèves doivent à tout prix comprendre l'utilité et l'intérêt des règles de la classe : pouvoir préserver leur liberté, notamment celle de travailler.

Le conseil d'élèves

Principes généraux

Le conseil d'élèves est un moment fort de la construction du climat de la classe, venu des pédagogies coopératives. Le conseil d'élèves tel qu'on le pratique en classe peut s'inspirer également du TEC de la discipline positive. Il est le lieu des apprentissages de l'enseignement moral et civique, et il apparait d'ailleurs ainsi dans les programmes de 2015. Il a lieu chaque semaine. Il est institutionnalisé, ritualisé assez fortement, afin que les élèves puissent s'y investir en toute sécurité. Un cahier sert à garder une trace de ce qui se dit. Étant donné l'âge des élèves, l'enseignant peut prendre les rôles de président et de secrétaire jusqu'à ce qu'un élève soit à la ceinture bleue et puisse demander le rôle de président de séance.

Il est institué que chacun peut s'exprimer lors de ce conseil, mais la place de l'enseignant reste différente : il n'est pas question d'être « à égalité » avec les élèves, il est par contre question de prendre leur parole en compte, de les écouter et de les rassurer sur leur place dans la classe.

Maria Montessori avait à cœur de faire des enfants des citoyens au même titre que les adultes, de leur donner leur place dans la société en leur donnant de vrais droits. Elle avait même imaginé une assemblée d'enfants qui siègerait institutionnellement à côté de celle des adultes, avec un ministre de l'Enfance. Si sa vision sociale de l'enfant n'est toujours pas réalisée, le conseil d'élèves est une toute petite tentative de donner à l'élève une place institutionnelle dans la classe.

Déroulement

Le déroulement du conseil est très ritualisé :

– **L'ouverture** : le conseil commence par la phrase rituelle : « Le conseil des élèves est ouvert ». La ritualisation est très importante, elle est une façon d'institutionnaliser le conseil, de lui donner une place importante. Les élèves y tiennent beaucoup. Puis, il est important de faire un rapide retour sur le compte rendu de la semaine dernière. On relit rapidement les notes prises, et on fait le point sur ce qui devait être fait.

– **Les joies et les félicitations**. Les élèves répondent à des questions telles que : « *Qu'est-ce qui s'est bien passé cette semaine ? Qu'est-ce que ou qui est-ce que vous avez apprécié ?* » Les élèves s'expriment dans l'ordre souhaité, chacun leur tour. Afin de permettre aux élèves d'accéder petit à petit au langage argumentatif, qui est un élément crucial de la pensée, on peut leur demander de justifier leurs réponses, en relançant avec des « *Pourquoi ? Peux-tu nous expliquer ?...* » Avec le temps, ils prennent l'habitude de formuler une explication à chacune de leurs interventions.

Le rôle de l'enseignant est donc d'essayer de les relancer afin de leur permettre de creuser leur réflexion, en reformulant si nécessaire, et en leur demandant souvent « *Pourquoi ?* » ou d'autres questions d'élucidation. Il est important de ne jamais porter du jugement sur ce que les élèves expriment. On peut se permettre parfois de dire son avis, si on pense que cela peut permettre au groupe d'avancer. On essaie ainsi de faire réfléchir les élèves sur leur avancée dans les apprentissages, de leur permettre de mettre en avant ce qui leur plait à l'école, pourquoi c'est agréable d'avoir compris une notion difficile, comment on reconnait le plaisir d'apprendre... Lorsque les élèves parlent du scolaire, il est toujours très intéressant d'amener les échanges sur des compétences métacognitives en leur posant des questions : « *Pourquoi as-tu aimé les mathématiques ? Quel moment est le plus agréable : quand tu cherchais ou quand tu trouvais ? Tu es heureux d'avoir enfin réussi à lire ce livre en entier : comment te sens-tu après cet effort ?* » Les élèves peuvent ainsi exprimer le goût de l'effort, du défi, de la difficulté surmontée, de l'aide apportée... ou l'entendre au moins s'ils ne l'ont pas encore expérimenté.

– **Les problèmes à résoudre**. Les enfants peuvent exposer les problèmes rencontrés dans la semaine et qui n'ont pas été résolus. Il s'agit souvent de problèmes de vivre ensemble. Il s'agit dans ces moments de garder le cap pour que le conseil d'élèves ne tourne pas au tribunal. On ne distribue pas de punitions. On cherche des solutions : réparations, conséquences logiques, solutions pour le futur. La question que je pose souvent est : « *Que peut-on faire pour aider M ? Quelles solutions peut-on trouver ensemble ?* » On écoute d'abord les enfants impliqués, puis chaque élève peut proposer une solution. On choisit une solution, et elle est notée. On ne règle jamais de problème si l'un des protagonistes est absent. On peut demander à un enfant de s'engager devant les autres à faire un effort pour... L'instant est alors solennel. Il est noté. Il ne faut pas que cela soit trop souvent et surtout que l'effort en question soit irréalisable, pour ne pas placer l'enfant en situation de manquement à sa parole et en échec face à la classe.

Parfois, quand les problèmes tiennent de la vie de la classe, on peut trouver une nouvelle règle ou une nouvelle organisation (nouveau métier, nouvelle disposition...).

– **Les projets de classe**. Le conseil est également le lieu où peuvent s'élaborer et se vivre les projets de classe, à l'initiative des élèves ou de l'enseignant. On peut rebondir sur la parole d'un élève, poser une question en lien avec la vie de la classe, ou laisser venir les propositions. Les élèves peuvent donner leur ressenti, faire part de leurs joies ou de leurs difficultés dans un projet engagé ou en discussion. On peut faire le point sur un projet en cours, l'infléchir ou lui donner une nouvelle dynamique.

– **Les ceintures de comportement**. À la fin, les élèves qui pensent pouvoir changer de ceinture en font la demande, et le conseil examine leur demande. L'enseignant donne son avis, en demandant le leur aux élèves qui ont déjà une ceinture plus élevée. On peut refuser, reporter en demandant un effort particulier sur un point précis, donner la ceinture à l'essai ou accepter directement.

– **La fermeture**. Elle est ritualisée elle aussi, afin de bien conclure ce temps de parole, et le conseil d'élèves est fermé par une formule rituelle de clôture.

Difficultés

La principale difficulté réside dans la prise de parole de l'enseignant : il faut la doser afin de soutenir la parole des élèves, d'assumer son rôle d'adulte référent : ne pas laisser les élèves tout faire, soutenir leur réflexion et même poser des questions qui leur permettent de l'approfondir, ou encore parfois formuler une conclusion partielle. Mais en même temps, on doit leur laisser réellement cet espace de parole. « Tenir conseil ne signifie pas de la part de l'enseignant renoncer à exercer le pouvoir, mais utiliser son pouvoir pour structurer un espace-temps de liberté. »[1]

Je me permets parfois d'intervenir comme un élève, pour dire moi aussi ce que j'ai aimé ou évoquer un problème qu'il faut résoudre. Je le fais rarement, mais le plus honnêtement possible.

---

1. Claude Laplace, *Pratiquer les conseils d'élèves et les assemblées de classes*, Chroniques sociales, 2008.

J'essaie de ne pas influencer les décisions prises, même discrètement comme savent le faire les enseignants, d'une flexion de la voix ou du regard… Il est important que les élèves puissent affirmer leur avis, même contraire au mien. Par contre, je reste garante des lois de la classe et refuse systématiquement toute décision contraire à ces lois (rappel : les lois de base, celles qui garantissent le respect des personnes et des biens, et desquelles découlent les règles de vie de la classe, qui elles peuvent être négociables).

Une autre difficulté est de faire parler les petits parleurs, ceux qui ne lèvent jamais le doigt. Je ne tiens pas à les obliger, mais je les relance de temps en temps, afin qu'ils se sentent à leur place et puissent évoluer. Souvent, je note de réels progrès au cours de l'année et tous les élèves finissent par participer.

Pour voir plus loin

En plus des compétences sociales et civiques et des compétences langagières, ce conseil est un moment idéal pour parler de l'école et des apprentissages. De nombreux élèves ont pu dire leur joie d'avoir appris de nouvelles choses, même dans la difficulté, et leur confiance dans le fait de pouvoir par la suite surmonter d'autres difficultés. J'aime faire de ce conseil non seulement un temps d'apprentissage du vivre ensemble, de résolution des problèmes et des conflits, mais aussi un moment pour apprendre à apprendre, pour parler de ce qu'on apprend et comment on l'apprend, des ressentis devant un échec ou une réussite, de l'importance de l'école… bref, de tous ces savoirs sur les savoirs qui manquent tant aux élèves en difficulté alors qu'ils sont souvent l'essence de ce qui fait de bons élèves.

Le conseil ne peut pas être un « gadget ». Dans la pédagogie coopérative, le conseil de coopérative est le socle. Ce n'est pas pour rien. Il signifie quelque chose de notre vision de l'élève et des relations éducatives : « N'en déplaise aux autoritaires, la transgression, au même titre que la loi elle-même, est indispensable au grandissement. Il faut donc lui faire une place, tout en continuant à lui résister. Posture contradictoire difficile à tenir, mais indispensable. Apprendre à obéir donne accès à une morale, et ce n'est pas peu. Mais oser désobéir amène un jour à se forger une éthique, à oser faire des choix. L'autonomie de l'enfant, d'une certaine manière, ne peut s'acquérir que contre l'enseignant.

Quel enseignant peut-il s'empêcher de rêver parfois à une classe complètement pacifiée, obéissante, dans laquelle les élèves acceptent avec joie les savoirs qu'il présente à leur appétit de connaitre, et travaillent avec persévérance ? Avec, en plus, la reconnaissance… La démocratie se caractérise pourtant par la présence et l'accueil du conflit. »[2]

Une fois que les élèves ont bien compris l'intérêt de ce dispositif, qu'ils ont pu expérimenter que leur parole y est accueillie avec respect, que les solutions recherchées le sont pour le bien de tous et afin que chacun puisse grandir (et non pour servir de défouloir au groupe), le conseil est un temps attendu dans la classe. C'est une respiration, un moment où la classe en tant que collectif reprend son souffle, s'accepte, se construit. La parole devient un moyen de régler les problèmes, d'exister. Les élèves même petits sont alors très efficaces pour trouver des idées ou pour proposer des solutions. Ils apprennent à se féliciter, à repérer dans la semaine ce qui leur a plu. Nous apprenons à les écouter et à entendre leurs solutions. Nous apprenons à leur laisser leur place, à collaborer avec eux, selon le vœu de Maria Montessori exprimé clairement : « Ce qu'il faut d'abord, c'est établir une collaboration avec les enfants. […] Tous nos efforts n'aboutiront à rien tant que nous n'aurons pas remédié à la grande injustice faite aux enfants et cela en coopérant avec eux. »[3]

Le message clair et les étapes de résolution de problèmes

Quelques séances d'enseignement moral et civique sont consacrées à l'apprentissage de méthodes de résolution de problèmes : le message clair et les étapes de résolution de problème de la discipline positive.

Le message clair est un protocole venu du Canada pour enseigner à résoudre un conflit par les mots. Il reprend largement les étapes connues dans la communication non violente (CNV) : *Je vais te dire un message clair : je me sens…. quand…… Est-ce que tu comprends ? J'aimerais que…..*

Il s'agit de laisser s'exprimer les émotions pour permettre l'empathie et la compréhension mutuelle. Ce qui est particulier avec le message clair, c'est que c'est une formulation très cadrée, donc accessible aux jeunes enfants, ce qui ouvre son enseignement à toutes sortes de jeux de rôles ou de jeux théâtraux. Comme il est fondé sur l'expression des émotions, un préalable sera de travailler sur le vocabulaire des émotions, souvent approximatif chez les enfants. On peut même employer pour cela des cartes de nomenclature.

---

2. Claude Laplace, *Pratiquer les conseils d'élèves et les assemblées de classes*, Chroniques sociales, 2008.
3. Maria Montessori, *L'Éducation et la Paix*, Desclée de Brouwer, 1949.

On peut aussi enseigner aux enfants **les quatre étapes de la résolution de problèmes** de la discipline positive :

– se retirer du conflit (temps de pause) ;

– en parler de façon respectueuse (partager son ressenti, écouter le ressenti de l'autre, reconnaitre sa part de responsabilité) ;

– se mettre d'accord sur une solution à mettre en place ;

– demander de l'aide si on ne parvient pas à résoudre le problème sans l'intervention d'un adulte.

Une roue des choix peut aider les élèves à choisir un mode de résolution de conflit. Elle doit être construite avec eux, en fonction des idées déjà trouvées auparavant, et débattues par exemple en conseil d'élèves :

Exemple de roue des choix

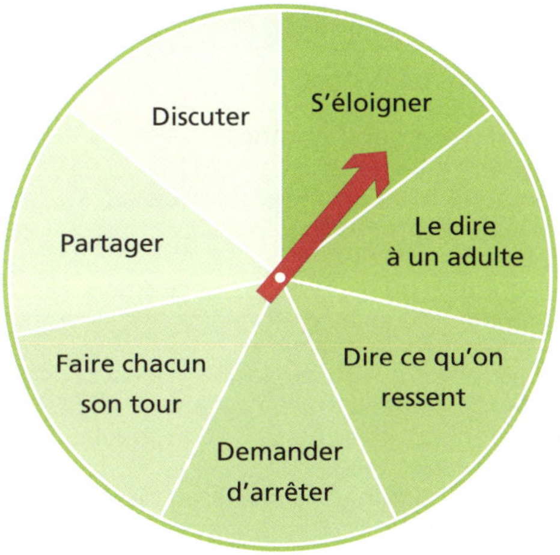

Les ceintures de comportement

Pour se repérer dans leur progression vers l'autodiscipline, les élèves se voient attribuer une ceinture de comportement. On se réfère ainsi à une grille reprenant la progression, qui peut être adaptée avec les élèves.

À chaque conseil, l'enseignant peut proposer à chaque élève une piste de progrès, un petit pas envisageable, pour continuer de progresser dans le tableau. Inutile de demander à un petit garçon qui ne tient pas en place de se contrôler toute la journée du jour au lendemain. Par contre, on peut lui demander d'entrer en classe calmement quatre fois par jour, le lui rappeler avant chaque entrée, le féliciter ensuite. Il voit que c'est possible et il est fier de lui. On peut ensuite petit à petit augmenter les exigences. On construit ainsi le comportement d'élève comme les autres compétences, pas à pas. Chaque semaine, le conseil d'élèves permet de revenir sur ces compétences, et de situer chaque élève par rapport à sa progression personnelle.

Il est nécessaire d'être souple dans l'attribution des ceintures. L'idée n'est pas celle d'une évaluation certificative, pour laquelle chaque critère doit être examiné à la loupe, mais celle d'une évaluation formatrice, qui permette à l'élève de progresser toujours plus. Si l'élève doit entrer calmement dans la classe, qu'il l'a fait chaque jour sauf un, que ça lui a demandé de nombreux efforts… On peut choisir de lui donner sa ceinture, pour le féliciter et l'encourager.

Exemple de grille de ceintures de comportement

	Pour avoir cette ceinture, je dois :
Blanche	✧ Faire partie de la classe.
Jaune	✧ Bien me tenir dans les rangs. ✧ Essayer de travaille sans gêner. ✧ Lever le doigt et attendre pour parler. ✧ Être poli avec les autres. ✣ Avoir mon matériel. ✣ Prendre soin du matériel de la classe.
Orange	✧ Travailler dans le silence. ✧ Ne pas faire mal aux autres. ✧ Respecter les décisions du conseil. ✧ Respecter les autres (ne pas se moquer). ✣ Avoir un casier bien rangé. ✣ Ranger correctement le matériel de la classe.
Vert	✧ Travailler seul en étant concerné. ✧ Entrer calmement en classe. ✧ Faire correctement son métier. ✧ Ne jamais créer de problèmes en récréation. ✧ Essayer d'aider mes camarades. ✣ Avoir ma table toujours bien rangée. ✣ Choisir un travail adapté à mes besoins.
Bleu	✧ Ne jamais gêner la classe. ✧ Aider les autres sans donner la réponse. ✧ Essayer de résoudre les disputes entre mes camarades. ✣ Présenter correctement mon travail. ✣ Progresser de manière autonome.
Marron	✧ Ne jamais gêner la classe. ✧ Circuler dans l'école sans incident. ✧ Être capable de rappeler les règles aux autres. ✧ Être capable d'aider les autres à résoudre leurs disputes. ✣ Présenter à la classe un travail autonome. ✣ Progresser de manière autonome.

Le temps de pause

Lorsque l'attitude d'un enfant perturbe la classe et que le rappel ne suffit pas, il est possible d'instaurer dans la classe une « chaise de pause ». On peut ensuite entreprendre de trouver ce qu'on pourrait faire pour profiter de ce temps : prendre un atelier qui permet un mouvement lent et contrôlé, respirer profondément, écouter les sons de la classe, prendre la « posture de la grenouille »[4]…

Dans les faits, c'est souvent l'occasion pour les élèves de se calmer, et cela constitue un sas symbolique. Si véritablement ils gênent encore leurs camarades, il est possible de les isoler dans le couloir quelques instants, porte ouverte, afin de permettre au reste de la classe de retrouver le calme.

Assurer une place au corps des élèves

Entre 6 et 8 ans, un enfant n'est pas qu'un « apprenant », un cerveau prêt à apprendre. Il est aussi un corps en pleine croissance, avec des besoins, et notamment celui de bouger. Les enfants de 6 ans capables spontanément de rester assis durant une heure et demie sur leur chaise sans en bouger sont tout de même minoritaires, et heureusement. Il vaut mieux prendre en compte leur corps que subir leurs débordements, d'autant plus qu'on apprend aussi par le corps : c'est l'intelligence kinesthésique. Maria Montessori a initié tout son matériel sur ce postulat que le geste aide l'intelligence (voir la partie « Les modèles »).

On peut alors agir dans deux directions :

– autoriser tout en les organisant les déplacements dans la classe, permettant ainsi aux élèves de « se dégourdir les jambes », de décharger leur énergie et ainsi de ne pas orienter leurs efforts sur le maintien de l'immobilité mais sur la tâche à effectuer ;

– utiliser du matériel pour les apprentissages, et en premier lieu le matériel pensé par Montessori. L'élève qui doit faire un geste met en œuvre sa mémoire kinesthésique, et se met en action. L'élève qui se contente d'écouter ou de regarder peut se permettre d'être passif.

Cet aspect sera évoqué plus longuement dans la partie « Les modèles ».

4. https://www.youtube.com/watch?v=WnxOoifQ398

Apprendre à se calmer et à se concentrer

Pour Maria Montessori, le calme et la concentration sont le résultat de l'activité manuelle et intellectuelle. On peut également aider l'enfant en lui proposant de cours moments de relaxation. En début de CP, de nombreux élèves sont incapables de s'arrêter de bouger juste une minute, de laisser leur corps au repos. Il est possible de travailler sur des exercices de relaxation inspirés de la pleine conscience : respirer, bâiller, relâcher ses muscles. On peut également travailler sur des postures inspirées du yoga et adaptées aux enfants. Il peut s'agir de mouvements lents sur la respiration, de postures d'équilibre ou de concentration, de travail sur les visualisations. Ce travail se fait sur dix à quinze minutes à la fin des séances de sport. C'est un travail de relaxation en mouvement, bien plus facile pour de jeunes enfants que les exercices statiques ou de méditation. Les enfants doivent bouger mais en contrôlant leurs gestes, en les mêlant à la respiration. Ils bougent lentement, doivent rester en équilibre. Ce sont des activités courtes et fréquentes, qui permettent aux élèves de prendre conscience de leur corps et de s'exercer à « se concentrer », puisqu'on le leur demande très régulièrement.

Inclure tous les élèves

Dans la classe, certains élèves nous posent plus de problèmes que d'autres. Ils n'ont pas les codes, sont très longs à se normaliser… Certains présentent des troubles du comportement plus ou moins marqués. Leur inclusion en classe ordinaire est un défi. Ils nous obligent à changer de regard, sous peine de voir leur inclusion n'apporter que des difficultés en classe. La seule solution pour réussir ces inclusions est de mettre à contribution tous les élèves. Il faut que chaque personne de la classe soit investie de la mission de faire réussir cet élève, de l'aider à progresser petit à petit. S'il se sent stigmatisé, exclu, il va s'enfoncer encore plus dans un comportement excluant et insupportable. Si le reste de la classe se sent dérangé, il va se sentir enfermé dans sa place de dérangeur. C'est le bien connu syndrome de la prophétie auto-réalisatrice, l'effet Pygmalion.

Pour casser cet effet, chaque problème posé est renvoyé à tous les élèves : *Comment l'aider ?* La dynamique autour de cet élève doit être inclusive, il doit se sentir porté par les autres. Cette dynamique va permettre petit à petit à l'élève en question de grandir et d'évoluer, mais les autres élèves vont également comprendre et acquérir des compétences civiques fondamentales : respecter et accueillir les différences, connaitre et mettre en œuvre des solutions aux différents conflits, être bienveillant et patient... Chaque élève de la classe va pouvoir bénéficier de cet apprentissage, et tous vont profiter de cette inclusion pour grandir. À condition que l'impulsion vienne de l'enseignant, et que la classe garde le cap, malgré les réelles difficultés. Parfois, ce sont alors les enfants qui vont pouvoir aider l'enseignant à bout de patience !

Je ne résiste pas à ce sujet à vous livrer la conclusion du récit de l'inclusion de Peter, enfant présentant de graves troubles du comportement, dans une classe montessorienne américaine : « Dans une communauté d'enfants, quand les lois sont définies, les valeurs respectées et les principes appliqués sans menace de punition, mais avec conviction absolue, avec foi, espérance et amour, même les membres les plus rejetés trouveront leur place. Personne n'est parfait, mais en soutenant Peter, nous nous sommes rapprochés de notre nature supérieure. Les enfants de la communauté ne peuvent pas développer les vastes régions de leur psyché sans l'inclusion d'enfants comme Peter. Lorsqu'ils évoluent dans une communauté sans enfants violents et coléreux, ils ne peuvent pas faire l'expérience de la force de leur espoir, et de leur amour d'eux-mêmes et de l'autre. S'ils ne sont pas impliqués au quotidien dans la vie des enfants, ces pouvoirs demeurent abstraits, à peine compris et aussi faibles, inutiles et atrophiés qu'un membre dont on ne se sert pas. C'est la *pratique* des mathématiques et de la lecture, et non pas leurs théories, qui les rend utiles dans nos vies bien au-delà des années d'école. De même, c'est la pratique de nos valeurs qui les rend utiles tout au long de notre existence. »[5]

5. Donna Bryant Goertz, *Quand l'école s'adapte aux enfants*, Desclée de Brouwer, 2014.

La place et le rôle de l'enseignant

Enseigner avec ses valeurs

Travailler ainsi en suivant une philosophie de l'éducation autant qu'une pédagogie, c'est affirmer certaines valeurs. Enseigner n'est pas un métier neutre. C'est souvent un choix déterminé, sous-tendu par des valeurs fondamentales qui nous portent en tant qu'individus. Ces valeurs sont le plus souvent tournées vers les élèves, que l'on veut aider, éduquer, former…

Une de nos difficultés, voire une souffrance, peut venir de notre exigence interne d'agir en fonction de nos valeurs propres, alors que nous avons le sentiment de ne pas y parvenir, pour des raisons externes (organisation du système éducatif, affectation non conforme à ses souhaits…) ou internes (*Je ne comprends pas, je ne sais pas faire…*).

Trouver ou retrouver le sens de ce pourquoi on a choisi ce métier est très important. Si on peut rarement jouer sur les contraintes externes, on peut s'accorder du temps en interne pour retrouver ce plaisir d'enseigner. Le grand avantage de la pédagogie montessorienne, c'est qu'elle nous permet de reprendre contact avec un enfant. Par exemple, lorsque je m'assieds à côté d'un enfant pour l'entendre lire, pour l'aider à réaliser un atelier, et que les autres sont en autonomie, je peux me concentrer sur son devenir, il n'est plus noyé dans la masse de la classe, je peux me dire que je suis en accord avec mon idée de ne laisser aucun élève de côté.

De même, mes valeurs de bienveillance, qui me disent qu'il faut encourager un enfant, que les reproches ne sont pas efficaces… peuvent être rapidement mises à mal devant le comportement inadapté d'un élève qui me fait sortir de mes gonds. Je reste dépitée de mon manque de patience et de mon impulsivité. Seule la mise en place d'outils de régulation pourra me permettre de progresser moi aussi : dire qu'on en parlera au conseil, demander à l'élève de quoi il a besoin pour stopper ce comportement insupportable… La mise en place de l'ambiance montessorienne aide à la prise de recul nécessaire et me permet de m'améliorer.

Une préparation différente

Cette pédagogie un peu différente implique un travail de préparation différent également. Le travail principal n'est plus d'animer, mais de préparer l'ambiance et de la faire vivre.

« Ce travail délicat n'est pas du tout facile pour la maitresse, et cependant le matériel lui suggère chaque détail. Elle doit être soulagée le plus possible du travail de préparation et de recherche, car très grande est sa tâche de discrète intervention. Nous avons travaillé pour elle en préparant le matériel ; nous avons été les ouvriers et nous avons confectionné tous les objets nécessaires à la vie. Il ne lui reste que de "vivre et faire vivre".

Que ceci nous fasse comprendre encore mieux combien est hors de la vérité ce concept pédagogique "moderniste" qui interprète la liberté dans l'école, en se bornant à dire à la maitresse : "Cherchez à correspondre aux besoins de vos élèves, sans vous préoccuper d'aucune autorité." Quand nous demandons à une maitresse de correspondre aux besoins de la vie intérieure de l'homme, nous lui demandons une très grande chose. Elle ne pourra jamais l'accomplir, si d'abord nous n'avons pas pensé à la seconder en lui offrant tout le nécessaire. »[1]

Ce que Maria Montessori souhaitait offrir à la maitresse, afin de la libérer d'un trop grand travail, c'est un matériel éprouvé et la méthode pédagogique qui va avec. Elle préparait les phrases supports du travail de grammaire, les opérations. Dans ses ouvrages, tout est prêt, tout est écrit. Elle souhaitait libérer l'enseignant de ce travail de conception, estimant que l'essentiel n'était pas là mais dans l'adaptation aux élèves et leur observation fine.

Par contre, elle ne dispensait en aucune manière l'enseignant de la maitrise du sujet qu'il devait enseigner. L'enseignant doit acquérir des connaissances et se préparer soigneusement. Il n'est pas question de « pédagogisme » centré uniquement sur l'élève qui estimerait inutile les connaissances scientifiques ou disciplinaires. Bien avant l'invention du triangle pédagogique par Jean Houssaye en 1986, les trois pôles sont bien présents dans la pédagogie montessorienne :

1. Maria Montessori, *Pédagogie scientifique*, volume II, éditions ESF, 1970.

Le triangle didactique en pédagogie montessorienne

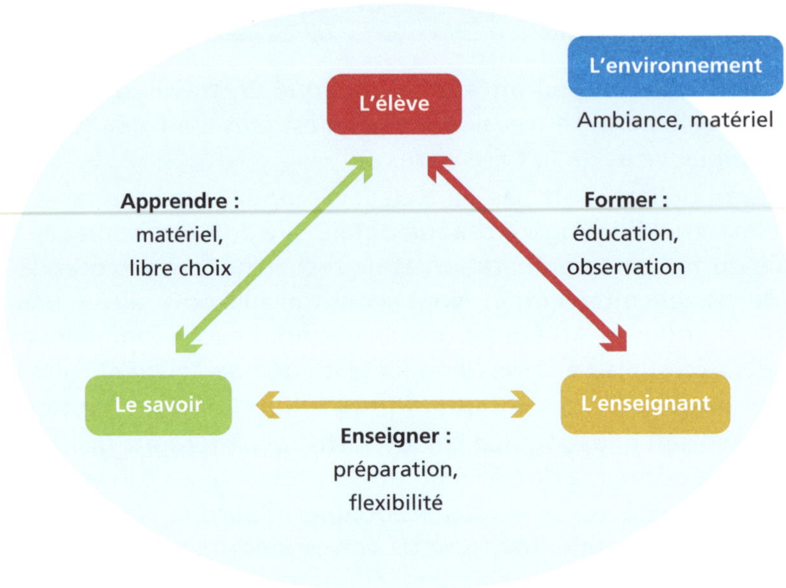

Avant la classe, le travail de préparation est un peu différent : il s'agit avant tout du choix et de la préparation des ateliers, de leur disposition et de leur rangement. Au niveau des apprentissages, il s'agit de bien prévoir l'articulation entre les temps collectifs et les temps de travail individuel. Nous y reviendrons longuement dans la partie « Les modèles ».

Un changement de posture : observer ses élèves

Lorsqu'on change de système pour les élèves, il est évident que cela entraine également chez l'enseignant un changement de posture, mais aussi d'évaluation… Et ce changement de posture n'est pas toujours facile pour un enseignant. C'était déjà le cas à l'époque de Maria Montessori : « Une maitresse, même intelligente, qui a compris nos principes, éprouve de grandes difficultés à les mettre en pratique. Elle a du mal à comprendre son rôle apparemment *passif*, comparable à celui de l'astronome, immobile devant son télescope, tandis que les mondes roulent vertigineusement à travers l'espace. Il est vraiment difficile d'admettre que la vie, et ce qui en découle, a son autonomie, et que, pour l'étudier, saisir ses secrets, il faut l'observer sans intervenir. La maitresse a appris depuis trop longtemps à représenter l'unique activité libre de l'école, dont le but insoupçonné est d'étouffer l'activité des élèves. Aussi quand, désireuse de suivre nos préceptes, elle n'obtient pas l'ordre et le silence, elle regarde autour d'elle, désolée, appelant le monde à témoin de son innocence. En vain lui répète-t-on que le désordre du premier moment est nécessaire ! Elle souffre de ne rien faire d'autre que de subir en se demandant si elle ne devrait pas démissionner puisqu'elle n'est plus la maitresse.

Mais quand elle commence, par la suite, à discerner les actes à empêcher de ceux qui sont à observer, elle éprouve comme un vertige, et se demande si elle ne sera pas inférieure à sa tâche nouvelle. »[2]

Il faut savoir devenir non interventionniste, se placer en retrait, pour observer ses élèves. Je l'ai souvent lu, mais il a été bien plus long pour moi de parvenir à le mettre en place. Ne pas sauter sur chaque minute qui passe pour parler et imprégner mes élèves de mes connaissances… pour les laisser apprendre par eux-mêmes, observer leurs progrès et préparer la progression optimale pour eux. Observer également quel atelier plait à cet enfant si difficile, quelle stratégie met en œuvre cet autre élève habituellement en difficulté en maths… Cette posture n'est pas courante chez les enseignants.

« En effet, quand l'enfant s'éduque par lui-même et que le contrôle et la correction de l'erreur sont cédés au matériel, il ne reste plus à la maitresse qu'à *observer*.

Elle enseigne peu, observe beaucoup ; par-dessus tout, sa fonction consiste à diriger les activités psychiques des enfants et leur développement physiologique. […]

Les maitresses doivent savoir clairement que leur devoir est de *guider*, et que *l'exercice individuel* est l'œuvre de l'enfant. »[3]

Voici donc les postures identifiées par Maria Montessori : préparer, observer, guider… Pour en parler avec des termes issus de recherches plus actuelles, nous allons suivre Dominique Bucheton[4]. Elle définit une posture comme une structure préconstruite (on dit aussi *schème*), qui peut concerner des pensées, des paroles ou des actions, et qui est convoquée en réponse à une situation. Les sujets peuvent changer de posture au cours de la tâche.

---

2. Maria Montessori, *Pédagogie scientifique*, éditions ESF, 1970.
3. *Ibid.*
4. Dominique Bucheton, Yves Soulé, *L'Atelier dirigé d'écriture au CP, Une réponse à l'hétérogénéité des élèves*, Delagrave, 2009.

Elle a longuement analysé et décrit les « postures d'étayage », celles qui permettent de rendre compte de la diversité des conduites de l'activité des élèves par les enseignants pendant la classe. On peut donc se servir de cette typologie pour affiner l'analyse des nouvelles postures à privilégier. Dominique Bucheton décrit donc six postures principales identifiées :

– Une posture de **contrôle** : elle vise à mettre en place un certain cadrage de la situation : par un pilotage serré de l'avancée des tâches, l'enseignant cherche à faire avancer tout le groupe en synchronie.

– Une posture d'**accompagnement** : l'enseignant apporte, de manière latérale, une aide ponctuelle, en partie individuelle en partie collective, en fonction de l'avancée de la tâche et des obstacles à surmonter.

– Une posture de **lâcher-prise apparent** : l'enseignant assigne aux élèves la responsabilité de leur travail et l'autorisation à expérimenter les chemins qu'ils choisissent.

– Une posture de **surétayage** ou contre-étayage : variante de la posture de contrôle, le maitre, pour avancer plus vite, si la nécessité s'impose, peut aller jusqu'à faire à la place de l'élève.

– Une posture d'**enseignement** : l'enseignant formule, structure les savoirs, les normes, en fait éventuellement la démonstration.

– Une posture dite du « **magicien** » : par des jeux, des gestes théâtraux, des récits frappants, l'enseignant capte momentanément l'attention des élèves.

Dans la classe, nous passons sans cesse d'une posture à une autre, suivant nos préoccupations, nos choix et nos compétences.

Si l'on reprend cette typologie, on se rend compte que l'enseignant traditionnel emploie essentiellement les postures de contrôle et d'enseignement. Il pilote tout le groupe classe, qui avance au même rythme. Il sait ce que chaque enfant fait à chaque moment, et ce qu'il est censé apprendre.

Les postures vers lesquelles nous pousse la pédagogie montessorienne, comme toutes les pédagogies actives, sont des postures d'accompagnement et de lâcher-prise apparent. Il s'agit d'accepter que les élèves n'avancent pas tous en même temps et de les accompagner dans leur progression, de manière discrète. Le lâcher-prise n'est qu'apparent bien sûr, car l'ambiance mise en place et les règles de libre choix sont un cadrage fort. Il ne s'agit pas de laisser tout faire ! Une des clés de la réussite de ces postures est l'observation. L'enseignant doit bien connaitre ses élèves, savoir où ils en sont. Durant les temps d'ateliers autonomes, il va s'assoir à côté d'un élève, regarde ce qu'il fait, écoute un autre lire une page ou deux… Il peut combiner ces observations à celles qu'il fait lors de la correction des travaux sur le cahier ou tout autre support. Grâce à cette connaissance, il peut ensuite plus facilement aiguiller un élève sur le choix de tel ou tel atelier, inciter un élève à lire tel ou tel livre, décider de présenter un nouveau matériel…

Les autres postures sont tout de même présentes dans la classe, et l'enseignant expert est celui qui sait naviguer entre elles, s'adapter au moment et aux besoins des élèves : la nécessité de l'explicitation implique également des moments où la posture d'enseignement s'impose, l'organisation de la classe nécessite des moments de contrôle, les gestes théâtraux servent à souder la classe ou à retrouver l'attention des élèves.

Les postures enseignantes

Contrôle	Accompagnement	Lâcher-prise apparent	Surétayage	Enseignement	Magicien
• pilotage serré : « tout le monde en même temps » • posture magistrale	• temps donné aux élèves pour leur recherche • aide ponctuelle • orientation vers les ressources	• responsabilisation des élèves • confiance • observation	• aide importante, voire trop importante « à la place de » • produit fini parfait	• formulation et structuration des savoirs • gestes didactiques précis • moment opportun	• jeux, gestes théâtraux • émotion, temps forts dans la classe

Postures privilégiées de la pédagogie montessorienne (Accompagnement, Lâcher-prise apparent)

Prendre en compte l'enseignant comme personne

Maria Montessori tenait à ce que l'enfant soit respecté comme une personne, ne soit pas malmené, nié, rejeté. Il m'apparait aujourd'hui fondamental d'avoir cette même exigence pour l'enseignant. L'enseignant, comme l'enfant, est un être à part entière, une personne, qui ne peut pas devant la classe se contenter de n'être qu'un professionnel. L'institution doit prendre en compte cet aspect profondément humain de chaque enseignant, et du métier en lui-même, car elle risque sans cela de faire ce que Maria Montessori lui reproche de faire avec les élèves : des personnes insatisfaites, tiraillées, voire aigries, qui ne peuvent exprimer dans leur classe toutes leurs capacités.

Le métier d'enseignant suppose bien sûr des compétences professionnelles, mais aussi des compétences personnelles : « La tâche de la maitresse est double ; il faut qu'elle connaisse le travail qu'on attend d'elle, et le rôle réservé au "matériel", c'est-à-dire aux "moyens de développement". Il est difficile de préparer "théoriquement" cette maitresse ; elle doit "se former elle-même", apprendre à observer, à être calme, patiente, et humble, à contenir ses propres impulsions ; sa tâche est éminemment *pratique*, sa mission délicate. Elle a plus besoin d'un *tremplin* pour son âme que d'un livre pour son intelligence. »[5]

Il revient donc à l'enseignant de se prendre en charge, d'apprendre à se connaitre, de tenir compte de ses besoins les plus importants, d'aménager tant que faire se peut son espace pour se sentir bien dans sa classe. Ce n'est qu'ainsi qu'il permettra à son tour aux élèves d'être bien dans sa classe.

Toute cette construction d'une ambiance bienveillante dans la classe m'a été très utile. Mettre en place ces outils est fondamental. Mais voilà, dans ma vraie vie de maitresse, ça ne se passe bien sûr pas toujours comme ça. Quand A. vient de me couper la parole pour la cinquième fois, quand Y. a les pieds en l'air et la tête sous la table, quand C. vient se plaindre pour la troisième fois de la récréation que S. n'est plus sa copine, il m'arrive de râler, de m'énerver, d'ignorer, de crier ou de punir… Rien de bien méchant, rien de bien satisfaisant non plus. Ces moments me laissent un sentiment de malaise, de mécontentement, même de colère, après l'élève bien sûr, mais avant tout après moi-même. Quand la fatigue est trop forte, cet agacement s'auto-alimente, et la fin de la journée est pénible pour tout le monde. Et quand le calme est revenu, il me reste cette idée que je ne suis pas vraiment capable de mettre en œuvre toute cette théorie. Ou alors je repars le lendemain matin en me disant qu'aujourd'hui je vais me contrôler et que tout va aller mieux.

Il m'a fallu bien des années pour comprendre que le contrôle n'est pas la solution, que je ne suis pas un robot dont les sentiments et les réactions seraient dictés par un programme défini par avance. Avancer dans cette voie est un chemin compliqué, car il faut accepter de travailler avec ses sentiments et pas seulement contre.

La communication non-violente nous apprend que nos émotions et notre réaction à ces émotions viennent souvent d'un besoin en souffrance. Là où nous avons tendance à vouloir contrôler notre réaction, elle propose d'exprimer notre besoin. Bien sûr, il n'est pas question de faire porter sur les élèves la responsabilité de combler notre besoin. Mais à nous de le prendre en compte, peut-être en changeant d'organisation. C'est ce

5. Maria Montessori, *Pédagogie scientifique*, éditions ESF, 1970.

que préconise également Thomas Gordon[6], qui incite élèves et professeurs à exprimer clairement leurs besoins, avec des messages commençant par « *je* » (et non par « *tu* »), et de trouver avec les élèves une solution « gagnant – gagnant ».

Par exemple, je m'énerve car j'ai besoin de calme pour donner des explications. Je reproche à mes élèves de ne pas me permettre d'avoir ce calme. Ou je me reproche à moi-même de ne pas être capable de demander les choses avec le calme que je demande aux élèves. Bref, c'est une situation difficile pour tout le monde.

Comment faire un pas de côté ? Peut-être peut-on commencer par accepter son besoin, l'exprimer clairement : « J'ai besoin de calme pour expliquer la consigne »... et accepter en miroir le besoin des élèves : « Vous avez besoin de bouger ou de discuter entre vous. » C'est alors qu'on pourra ensemble chercher des solutions : « Que pouvons-nous faire ? » Il faudra ensuite lister et évaluer rapidement les solutions proposées, afin d'en choisir une qui puisse satisfaire tout le monde. Cette méthode peut sembler chronophage. Elle est rapide quand on la pratique régulièrement. Et surtout elle a le mérite de me permettre de m'exprimer, de rester une personne adulte et responsable, de ne pas me sentir comme une cocotte-minute qui maintient la pression autant que possible... et qui finit par exploser !

Apprendre à déplacer le curseur

La méthode pédagogique idéale n'existe pas, montessorienne ou non. Tout acte d'éducation nécessite un travail d'adaptation permanente et un jeu d'équilibriste continu. Notre professionnalité d'enseignant est moins de chercher à appliquer une pédagogie que de chercher sans cesse à tenir un nécessaire équilibre. C'est une situation complexe, comme celles que nous proposons à nos élèves : elle n'est pas forcément compliquée, mais il n'existe pas une seule procédure pour y parvenir. Toute action éducative et toute œuvre d'enseignement consistent à ajuster un curseur : entre le collectif et l'individuel, le transmissif et le constructivisme, le concret et l'abstrait, le simple et le complexe, le répétitif et le réflexif, l'interventionnisme et le laisser-faire... Tout l'art de l'éducateur est de placer ce curseur de la façon la plus efficiente, grâce à la connaissance effective de

6. Thomas Gordon, *Enseignants efficaces, Enseigner et être soi-même*, Les éditions de l'homme, 2005.

ses élèves, de leurs aptitudes et de leurs difficultés, en tenant compte des obstacles, des contraintes, de ses propres capacités. Il n'est pas possible de placer ce curseur de façon théorique et donnée une fois pour toutes. S'il y a eu tant de penseurs en éducation, s'il y a tant de débats sur l'école, c'est justement parce que la solution toute faite n'existe jamais, que toute théorie doit tenir compte des faits… et quand les faits sont autant liés à des facteurs humains que dans une classe, il ne peut y avoir de vérité unique. Seulement, pour placer ce curseur, la bonne volonté du maitre et son bon sens, s'ils sont fondamentaux, ne suffisent pas toujours. Il est donc nécessaire qu'il soit conscient des choix qu'il fait, et qu'il les fasse en connaissance de cause. Autant le dire tout de suite, tout choix est un renoncement. Si nous avons si souvent en tant qu'enseignants le sentiment de ne pas pouvoir tout faire, c'est parce que nous devons choisir, placer le curseur, et que nos choix signifient que nous ne pourrons pas tout faire. Nous ne pourrons pas faire lire tous les livres, faire faire tous les exercices, toutes les expériences, tous les projets…

« La maitresse doit éviter le superflu, mais ne doit pas oublier le nécessaire. L'apport du superflu et le manque du nécessaire sont les deux principales erreurs ; la ligne de démarcation entre ces deux extrêmes indique le niveau de la perfection. Le but à atteindre est d'établir avec ordre l'activité spontanée de l'enfant.

Aucun maitre ne peut fournir à un élève l'agilité qu'il acquiert par la gymnastique ; il doit se perfectionner de lui-même. »[7]

Placer le curseur signifie tout de même l'idée d'un continuum. S'il y a rupture, on ne peut plus le déplacer de façon fluide. Ce que cela signifie, c'est qu'on ne peut pas sans risque piocher dans chaque pédagogie sans faire l'effort de rendre tout cela cohérent. Pour les élèves comme pour nous. Je prends un exemple simple : il va être très compliqué pour des élèves de suivre une progression de numération si le matériel et les codes employés changent en fonction du manuel, du fichier ou du site internet sur lequel le maitre sera allé piocher exercices et leçons… Si la dizaine est un bâton bleu par ici et une barrette rouge par là, cela crée une difficulté pour les élèves les plus fragiles. Cela ne signifie pas qu'il ne faille pas changer de représentations : il faut le faire, au contraire, pour permettre aux élèves de s'approprier le concept, mais il faudra accompagner les élèves dans ce passage, expliquer ce qu'on vise derrière. On recrée alors la cohérence. Si on prépare des exercices d'entrainement, il faut trouver des exercices cohérents avec le matériel ou les représentations utilisées. De même, et c'est plus complexe, il faut retrouver cette cohérence dans

7. Maria Montessori, *Pédagogie scientifique*, éditions ESF, 1970.

les démarches. Si on souhaite mettre en place une démarche expérimentale en sciences, les documents ne seront pas les mêmes que pour une démarche inductive.

Quelques exemples de curseurs à déplacer

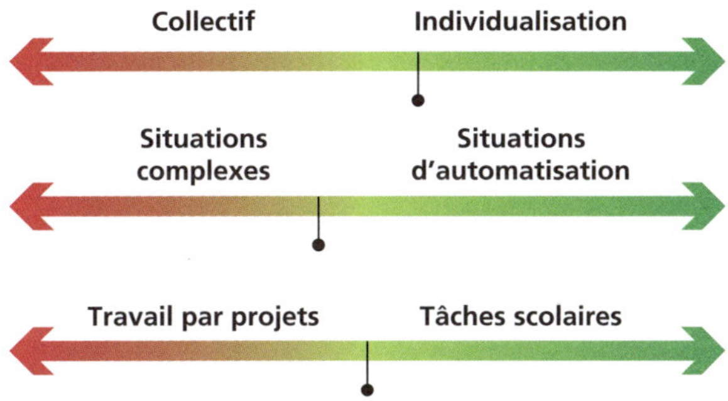

Cela signifie qu'il ne sera pas efficace de se contenter de prendre de petits bouts de Maria Montessori sans les mettre en cohérence avec ce qui se passe dans la classe. Si on n'adopte pas tout son système (et on ne peut pas l'adopter intégralement dans l'Éducation nationale), il faut le mettre en cohérence avec le reste. Ce n'est qu'à ce prix qu'on pourra ajuster le curseur, trouver l'équilibre entre ses apports et ce qu'on connait du reste. Mon travail se place dans ce cadre : rendre cohérente une pédagogie moderne avec des apports de Maria Montessori, mettre à jour les continuums.

Le travail de l'enseignant est donc de choisir, c'est-à-dire d'accepter de renoncer, de rendre cohérents ses choix, et enfin de placer le curseur. C'est une tâche complexe, qui nécessite une vraie culture pédagogique, une analyse *a posteriori* des choix effectués comme point d'appui aux choix futurs, et une bonne connaissance des élèves et de soi-même pour placer le curseur. Son travail est également, en situation de classe, de savoir mobiliser ses savoirs et ses réflexions, en tentant de ne pas se laisser envahir par ses émotions et ses ressentis immédiats. Préparer la classe est un vrai travail, faire classe en est un autre, qui ne consiste pas uniquement à mettre en œuvre ce qui a été préparé. Pour cela aussi, une préparation et une formation semblent indispensables.

Nous allons suivre maintenant le reste du chemin, chercher d'autres graines, celles des bases théoriques et des méthodes d'apprentissage.

Les modèles — Comment les élèves apprennent-ils ?

Le cycle 2 est le premier de l'école élémentaire, celui des apprentissages fondamentaux. Il comporte le CP, le CE1 et le CE2, et s'adresse donc à des enfants de 6 à 8 ans. C'est un âge charnière, celui qui fait passer de la petite enfance à l'enfance, qui fait accéder à la lecture et au raisonnement abstrait.

Maria Montessori a divisé ses écoles en trois classes d'âge :

– de la naissance à 7 ans, c'est le premier âge, lui-même séparé en trois : les deux premières années, durant lesquelles l'enfant n'est pas scolarisé ; puis le jeune enfant de 3 à 5 ans, accueilli dans la maison des enfants ; enfin, l'enfant de 6 à 7 ans, qui commence à développer des relations avec les autres et à s'ouvrir au monde, et qui fait ses apprentissages fondamentaux dans les classes enfantines.

– de 7 à 12 ans, l'enfant entre dans un âge de l'abstraction, alors qu'il perd ses premières dents. Maria Montessori parle d'imagination pour désigner cette capacité à travailler sans support concret, et à inférer des résultats.

– de 12 à 18 ans, c'est l'adolescence.

Maria Montessori a commencé par travailler pour les enfants de moins de 7 ans. Elle a ensuite élargi sa méthode à l'enseignement élémentaire, mais pour les enfants ayant déjà acquis les bases : « La première élémentaire est complètement abolie chez nous, puisqu'elle est intégrée par notre classe enfantine. » Les élèves des écoles Montessori arrivent donc en classe « élémentaire » en sachant lire et écrire, et en connaissant le système de numération et les bases du calcul.

Nous voyons bien que notre cycle 2 français se situe un peu à la jonction de la petite enfance et de l'enfance. Dans bien des pays, d'ailleurs, l'école élémentaire et/ou obligatoire commence à 7 ans.

Les organisations scolaires

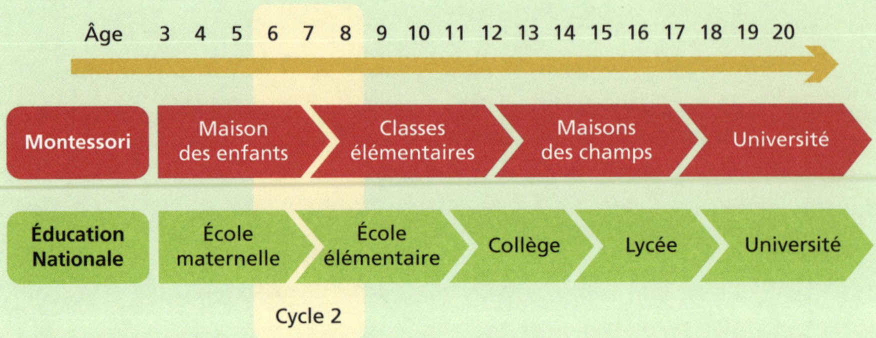

Ces différences nous empêchent donc de transposer simplement la pédagogie montessorienne dans nos classes françaises, en plus de toutes les contraintes institutionnelles. Nous nous adressons, surtout au CP, à des enfants en pleine transformation. Il faut donc chercher des pistes pédagogiques du côté de la petite enfance, et d'autres chez les plus grands.

Pour envisager une adaptation, il faut donc comprendre en profondeur quelles conceptions des apprentissages sont en œuvre dans ces classes.

Une conception des apprentissages

Les principes généraux

Dans *L'Enfant*, Maria Montessori récapitule brièvement les principes de sa méthode, découverts lors de son travail dans la première maison des enfants, celle qu'elle avait ouverte à Rome pour les enfants de 3 à 6 ou 7 ans :

1. *Travail individuel*
   Répétition de l'exercice
   Libre choix
   Contrôle du travail
   Analyse des mouvements
   Exercices de silence
   Bonnes manières dans les contacts sociaux
   Ordre dans l'ambiance
   Propreté et soin de sa personne
   Éducation des sens
   Écriture indépendante de la lecture
   Écriture précédant la lecture
   Lecture sans livres
   Discipline dans la libre activité
2. *Abolition des récompenses et des punitions*
   Abolition des syllabaires
   Abolition des leçons collectives
   Abolition des programmes et des examens
   Abolition des jouets et de la gourmandise
   Abolition de la chaire du maitre enseignant

Décrits de cette manière, ces principes voulaient surtout prendre le contre-pied de ce qui se passait dans les classes contemporaines, largement basées sur le cours magistral, l'écoute passive, la mise en place d'un système strict de punitions et de récompenses. Il y avait là un aspect un peu révolutionnaire, il faut bien le dire. Et même encore maintenant, certains de ces principes nous semblent difficiles ou impossibles à mettre en place.

Cela dit, ils donnent en quelques expressions l'image d'une classe dans laquelle les élèves travaillent seuls dans le calme. Maria Montessori nous dit qu'on peut enseigner aux élèves le bon fonctionnement d'une classe, sans compter uniquement sur leur « bonne éducation » pour qu'ils soient obéissants et silencieux, sans compter surtout sur ce que nous les enseignants imaginons être l'« éducation ». Car un enfant bien élevé n'est pas le même dans toutes les familles, et tous les enfants n'ont pas les codes de ce qui est attendu à l'école. Nous entendons souvent que les enseignants avant ne faisaient qu'enseigner, alors que maintenant... C'est oublier un peu vite qu'ils vérifiaient la propreté des ongles et de l'arrière des oreilles de leurs élèves, qu'ils étaient tenus à des leçons de morale, qu'ils enseignaient, d'une façon qui parait insupportable aujourd'hui, aux jeunes filles à être de bonnes épouses toujours de bonne humeur en apportant les chaussons de leur mari le soir et en leur servant leur diner. Un petit détour vers les manuels anciens nous vaccine très rapidement contre les discours passéistes et les « c'était mieux avant... », tout comme la description que fait Maria Montessori des petits élèves qu'elle a pris en charge à Rome nous fait tout de suite douter de leur supériorité éducative sur les élèves que nous avons devant nous. Différents, certes, près d'un siècle nous sépare ! Mais pas meilleurs. Notre défi d'aujourd'hui est de nous adapter, de trouver des méthodes efficaces, sans regretter ni larmoyer.

Je vais donc revenir sur une mise en œuvre adaptée et progressive des principes montessoriens en classe. Dans le même temps, nous verrons comment rendre plus efficients encore les dispositifs imaginés par Maria Montessori, à la lumière des avancées faites depuis par des pédagogues ou des chercheurs.

Les élèves acteurs de leurs apprentissages

Maria Montessori propose un modèle d'apprenant qui nous interpelle encore aujourd'hui. Pourquoi ?

C'est un élève actif, qui prend en charge ses apprentissages et qui semble motivé. Toutes les recherches en éducation et en neurosciences montrent que les élèves qui réussissent sont ceux qui sont actifs dans leurs apprentissages, et soulignent le rôle de l'engagement dans la réussite scolaire.

Le libre choix

Le principe premier de la pédagogie montessorienne est que l'apprentissage doit partir de l'enfant : c'est lui qui choisit ce avec quoi il veut travailler.

Par conséquent, l'idée générale de l'organisation d'une classe pour Maria Montessori repose sur ce qu'elle nomme le libre choix. Concrètement, chaque apprentissage correspond à un matériel. Ce matériel est rangé dans l'ordre de sa difficulté. L'enfant va ainsi choisir le matériel avec lequel il veut travailler. Et il le fait en fonction de son besoin d'apprendre. Lorsqu'il a terminé et qu'il veut apprendre à utiliser un nouveau matériel, il doit demander à ce que lui soit expliqué son fonctionnement, par l'enseignant ou par un élève plus avancé. L'enfant choisit ce qu'il veut faire, sans que cela lui soit imposé par un adulte. Il progresse ainsi à son rythme, en passant le temps qu'il estime nécessaire sur chaque activité.

Cette liberté a un double rôle positif dans l'acte d'apprendre : elle est source de motivation, car l'enfant, prenant la décision, est concerné par son apprentissage ; elle est source de travail réflexif, car l'enfant apprend petit à petit à choisir ce dont il a besoin, et donc à savoir ce qu'il sait déjà, ce qu'il ne sait pas encore et ce qu'il a besoin d'exercer encore. Cette compétence « métacognitive » est une compétence fondamentale dans l'acquisition de l'autonomie. Les enseignants se plaignent régulièrement que les élèves ne se prennent pas en charge, notamment dans le travail personnel : une entrée par le libre choix leur permet d'apprendre dès le plus jeune âge à prendre en charge en partie leur progression dans un espace balisé pour cela.

La liberté voulue par Maria Montessori n'est en aucun cas une liberté absolue. Il n'est pas question de dire à l'enfant : « Fais ce que tu veux ! » Plusieurs règles encadrent ce travail personnel :

« Chaque objet doit avoir son emplacement déterminé où il reste tant qu'il n'est pas en usage. Un enfant ne peut en prendre un qu'à l'endroit où il est "exposé au libre choix", et le remettre, après usage, à cette même place, dans des conditions identiques à celles où il l'a pris.

C'est-à-dire qu'aucun enfant ne peut en finir avec un exercice sur la seule satisfaction de sa première impulsion ; mais il doit amener son travail jusqu'au bout, exerçant ainsi sa volonté pour respecter les règles qui dirigent son milieu. Jamais un enfant ne peut céder son matériel à un camarade, ni le prendre de lui.

Cette organisation, instituée dès le début, élimine toute compétition. L'objet qui n'est pas exposé n'existe pas pour celui qui le cherche. »[1]

L'enfant est ainsi accompagné dans son choix par l'environnement : il sait quels ateliers il peut choisir, et il sait qu'il va devoir aller jusqu'au bout de son travail. Cette dernière compétence n'est pas facile pour les enfants :

1. Maria Montessori, *La Découverte de l'enfant*, in *Pédagogie scientifique*, Desclée de Brouwer, 1958.

quand ils n'ont pas l'habitude de ce type de travail, ils ont tendance à sauter de matériel en matériel, changeant rapidement d'activité, abandonnant dès le premier effort. Là encore, c'est un apprentissage pour eux de comprendre l'intérêt d'aller jusqu'à la fin, de fournir l'effort demandé.

La présentation du matériel se fait petit à petit, en fonction de l'avancée et des progrès de l'enfant. Elle peut être faite par l'enseignant ou par un autre élève plus avancé, à un élève seul ou à un petit groupe :

« Peu à peu, selon les indications établies par la méthode après une longue expérience, la maitresse "présente" tantôt une pièce, tantôt une autre du matériel, selon l'âge de l'enfant et la progression systématique des objets.

Mais cette présentation n'est qu'un premier geste qui sert à faire connaissance, et rien de plus. C'est seulement après que commencent les actes importants. Selon les attraits variés, l'enfant choisira spontanément parmi les objets qui lui ont déjà été présentés.

Le matériel est exposé ici : l'enfant n'a qu'à tendre la main pour le saisir. Il peut poser l'objet choisi là où il lui plait : sur une petite table près de la fenêtre ou dans un coin obscur, ou sur un petit tapis étendu par terre, et s'en servir en répétant l'exercice autant de fois qu'il en éprouvera le besoin. »[2]

Voici donc un autre intérêt de ce libre choix : la possibilité de la répétition.

La répétition des exercices

Le fait de laisser les ateliers « anciens » en libre-service permet aux élèves de réactiver les compétences anciennes, ce qui favorise leur passage en mémoire à long terme. Maria Montessori explique : « En observant les enfants, nous avons vu qu'ils s'exercent beaucoup pour apprendre quelque chose. Ils répètent un exercice jusqu'à cent voire deux cents fois sans s'ennuyer. En fait, ils trouvent une telle répétition paisible et rassurante. »[3]

Dans les années 1880, le psychologue Ebbinghaus a publié les résultats d'études réalisées sur lui-même de mémorisation de listes d'éléments dénués de sens, donc neutres et sans traitement. Il construit alors un graphique reprenant ses découvertes :

2. Maria Montessori, *La Découverte de l'enfant*, in *Pédagogie scientifique*, Desclée de Brouwer, 1958.
3. Maria Montessori, *L'Enfant*, Desclée de Brouwer, 1936, 2004, 2006.

La courbe de l'oubli d'Ebbinghaus

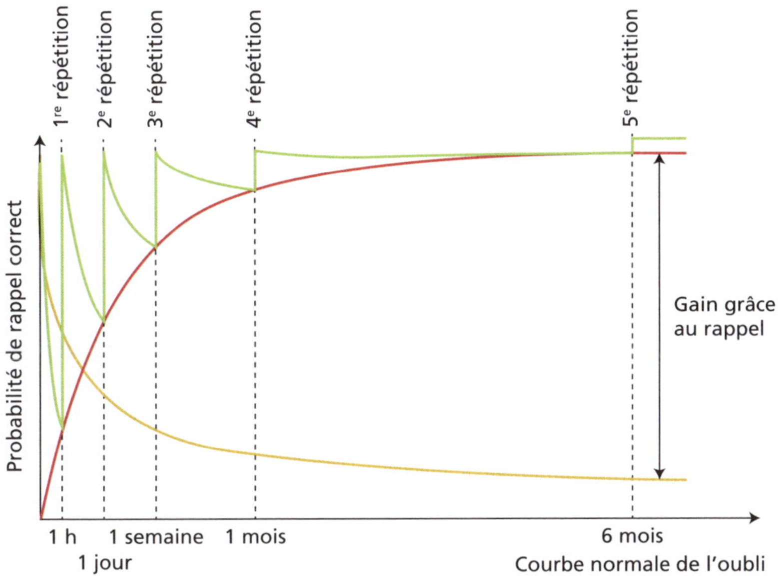

Grâce à cette « courbe de l'oubli », Ebbinghaus découvre les effets du « surapprentissage » : en répétant quelque chose plus de fois que ce qui est généralement nécessaire pour le mémoriser, de manière différée, on peut atteindre l'état de surapprentissage, qui garantit que l'information sera plus difficile à oublier, inscrite en mémoire à long terme. Ces découvertes mettent au jour le fait que le premier apprentissage nécessite une grande dépense cognitive, mais que l'oubli est très rapide. Le second apprentissage est plus persistant et la dépense nécessaire pour retenir la liste est moins grande, et chaque apprentissage suivant sera plus simple et plus efficace.

Cette courbe de l'oubli nous donne quelques principes nécessaires à un apprentissage sur le long terme :

– Le premier apprentissage nécessite un important effort cognitif, pour une mémorisation à très court terme.

– Les apprentissages suivants sont plus simples et la mémorisation est de plus en plus longue.

– Pour rappeler la même quantité d'éléments, les apprentissages suivants peuvent s'effectuer selon des périodes de temps de plus en plus longues (écarts expansés).

– Après plusieurs réapprentissages, on considère qu'il y a surapprentissage et que les éléments sont acquis sur un terme long.

Le fonctionnement du libre choix qui laisse à la disposition des élèves des entrainements différents durant de longues périodes leur permet donc de s'entrainer de nombreuses fois, avec des périodes d'écart si besoin, et donc d'ancrer leurs connaissances à plus long terme, en même temps qu'elle permet de mettre en place des phases d'entrainement très différenciées.

Le contrôle de l'erreur

Le matériel est pensé pour contenir en lui-même le contrôle de l'erreur. Il peut être autocorrectif (contenant la réponse), mais ce n'est pas forcément le cas. Parfois, il s'agit juste d'avoir placé toutes ses cartes, de vérifier que les perles ramassées peuvent former des dizaines… Cette composante est très importante, au-delà du fait qu'elle permet une plus grande autonomie de l'élève : un apprentissage dans lequel il n'y aurait pas d'erreur à rectifier ou de précision à exiger ne serait qu'une tâche d'exécution ou de renforcement.

Disposer de la réponse assez tôt après l'effort de résolution ou de questionnement a un effet positif à long terme. Cette propriété du matériel permet de fournir les réponses immédiatement, et non pas loin dans le temps comme c'est très souvent le cas dans le cadre d'une correction différée, renforçant en cela les acquisitions.

De plus, cela permet à l'élève d'avoir moins peur de se tromper et lui donne l'habitude de vérifier son résultat. Sur un cahier, un élève peut être bloqué par la peur de faire une erreur. Il peut aussi fermer le cahier sitôt l'exercice fait, sans même penser à se relire ou à vérifier la vraisemblance de son résultat, et sans jamais s'occuper de la correction faite ensuite par l'enseignant. Le travail sur le matériel permet d'éviter ces deux difficultés très courantes dans la classe.

Concrètement, un matériel autocorrectif donné à un élève qui n'en a pas l'habitude donne souvent lieu à des stratégies de contournement : l'élève triche ! C'est par la verbalisation du « *comment on apprend* » et de « *ce qu'on a appris lors de l'atelier* » qu'on pourra petit à petit faire prendre conscience à l'élève de la nécessité pour lui de travailler honnêtement. Il faut qu'il se rende compte de l'efficacité de l'apprentissage. L'élève le plus efficace est ainsi guidé par une motivation intrinsèque, il souhaite apprendre pour progresser lui-même, et pas seulement pour éviter des conséquences désagréables à court terme. Bien sûr, il faudra aussi pour cela qu'il ait besoin de transférer ces apprentissages sur d'autres supports.

Le plaisir d'apprendre

Maria Montessori pensait que la vraie activité de l'enfant était d'apprendre, et que l'enfant n'était heureux qu'en apprenant : « C'est une pulsion subconsciente qui, à l'âge de la croissance, de la construction de l'individu, le pousse à se développer. Elle seule peut rendre les enfants vraiment heureux et les inciter aux plus grands efforts pour y parvenir. »[4]

Elle insiste sur le fait que les élèves ne doivent pas s'ennuyer à l'école, demandant aux enseignants d'être passionnants, captivants. De même, la liberté qu'elle propose aux élèves n'est pas celle d'apprendre seulement ce qu'ils aiment : l'enseignant doit préalablement éveiller leur intérêt, rendre l'objet d'apprentissage désirable, que ce soit pour lui-même ou parce qu'il permet à l'élève de se dépasser. C'est pourquoi des temps collectifs sont indispensables, et le rôle d'enrôlement de l'enseignant important.

Mon expérience m'a souvent montré que les enfants aiment apprendre pour le plaisir de maitriser de nouvelles connaissances. J'ai longtemps pensé que c'était sans intérêt pour un enfant d'apprendre par exemple les conjugaisons, qu'il n'en voyait pas l'intérêt, qu'il le faisait pour faire plaisir à l'adulte. Un jour, avec un groupe d'élèves de CE1, lors d'une séance sur la conjugaison des verbes qui me paraissait très difficile, les élèves ne comprenaient pas, écrivaient des verbes de manière fantaisiste, sans vérifier par passage à l'oral que la forme proposée existait, ou sans maitriser assez l'oral pour que cette vérification puisse s'opérer. Je les sentais découragés. J'ai alors sorti les petits verbes rouges, des verbes difficiles, des temps dont nous n'avions jamais parlé. Ils se sont concentrés, ont cherché, trié, et ont refait le tableau. Lors du bilan de fin de séance, j'ai entendu : « J'ai aimé faire de la conjugaison parce que j'ai commencé à comprendre. »

Le conseil d'élèves m'offre de multiples occasions d'entendre ces phrases : « J'ai aimé faire les soustractions à retenues parce que c'était dur mais j'ai compris » ; « J'ai aimé faire la grammaire parce que je ne savais pas que les mots étaient différents et maintenant je sais », etc.

Ce plaisir juste d'apprendre ne vient pas forcément tout seul. Il s'entretient. Il nécessite :

– de partager notre plaisir de découvrir, de dire ce qu'on aime, ou pas. Longtemps, je me suis interdit d'intervenir personnellement. Maintenant, j'exprime mes gouts : « J'aime ce livre parce qu'il me fait penser à mon enfance, j'aime cet auteur parce qu'il joue avec les mots, j'aime le calcul mental parce que je sens mon cerveau marcher, etc. » ;

– de donner très souvent l'occasion aux élèves d'exprimer ce désir d'apprendre : les bilans de fin de séance et les conseils d'élèves sont l'occasion idéale pour cela. Je les incite beaucoup à donner leur sentiment :

4. Maria Montessori, *La Formation de l'homme*, Desclée de Brouwer, 2005.

« Comment te sentais-tu au début de ce travail ? et maintenant ? Comment aider R. qui est découragé parce qu'il n'y arrive pas ? » ;

– de fixer des objectifs aux élèves, afin qu'ils puissent progresser : c'est le rôle du cahier de progrès. Et maintenant, quand je dis : « Aujourd'hui, on va apprendre quelque chose de difficile », j'ai des « Ouais !! » dans la classe et une bonne qualité d'écoute.

Et dans la classe ?

Voici donc le point central : comment organiser sa classe pour prendre en compte ces principes ? Comment procéder pour faire adhérer les élèves à ces principes ?

La première étape est d'introduire progressivement un peu de liberté de choisir dans le fonctionnement. Cela nécessite d'avoir une activité correspondant à une compétence à enseigner ou à entrainer. Le fait que l'enfant choisisse son activité le rend actif dans le processus d'apprentissage. Le choix est le premier acte motivationnel de l'élève. En faisant cela, il pose un acte de décision d'apprendre.

On peut faire confiance aux élèves, en leur enseignant explicitement comment travailler en autonomie et prendre ainsi en charge une partie de leurs apprentissages. On peut leur enseigner, dès les petites classes (et cela se fait d'ailleurs largement plus en maternelle qu'à l'école élémentaire) à choisir le travail qui leur permettra de progresser. Cette autonomie leur permet un travail métacognitif très important (*Qu'est-ce que je vais apprendre ? Comment ? Avec quoi ?*).

Cette autonomie se construit pas à pas, surtout avec des élèves qui n'ont jamais fonctionné ainsi. Il faut dans un premier temps les encourager sans leur annoncer tout de suite qu'ils sont libres de faire ce qu'ils veulent, mais plutôt en les guidant vers des activités positives.

Ce n'est qu'une fois qu'ils connaissent plusieurs activités que l'enseignant peut les laisser choisir. L'enseignant propose au départ une activité, puis deux ou trois entre lesquelles les élèves peuvent choisir. On augmente ainsi progressivement le nombre de propositions, en fonction des avancées dans chaque matière et de la façon dont les élèves maitrisent le matériel. Enfin, il arrive un moment où certains élèves n'ont même plus besoin qu'on leur propose les activités, car ils sont capables de les réaliser seuls et de bout en bout. Les autres élèves suivront progressivement la même démarche. La liberté se donne donc graduellement.

Un tel système de travail autonome ne se met pas en place en une fois. Au départ, il faut déjà faire le travail de préparation du matériel et des ateliers. On pourra reprendre la plupart des activités concrètes utilisées par

Maria Montessori (voir la partie sur le matériel). Mais ces activités peuvent aussi être un travail d'entrainement sur fiches, des cartes autocorrectives, des livres à lire, une tâche plus complexe à réaliser (projet d'écriture, exposé à préparer), l'utilisation d'une application numérique… ce qui permet aussi de varier les supports et d'avoir suffisamment d'activités.

Dans un premier temps, les élèves doivent connaitre le fonctionnement de chaque matériel. Il est très délicat de compter sur le fait que les élèves retiennent la règle de plusieurs tâches nouvelles en une fois. Il faudra donc un peu de temps avant la mise en route du système.

Très concrètement, en début d'année de CP, avec des élèves qui n'ont jamais fonctionné en libre choix, on peut commencer par un travail en ateliers de type « maternelle », que les élèves investissent parfaitement : un atelier dirigé où l'enseignant présente un nouveau matériel et des ateliers d'entrainement. Lorsque plusieurs activités ont été présentées, l'atelier dirigé devient le lieu de l'apprentissage du travail autonome : l'enseignant demande aux élèves quelles activités ils ont besoin de faire et pourquoi. Il les guide au besoin. Puis, il supervise leur mise au travail.

Une deuxième piste concrète consiste à utiliser un outil inventé par une autre figure de premier plan des pédagogies actives : il s'agit du plan de travail de Célestin Freinet.

Un exemple de plan de travail

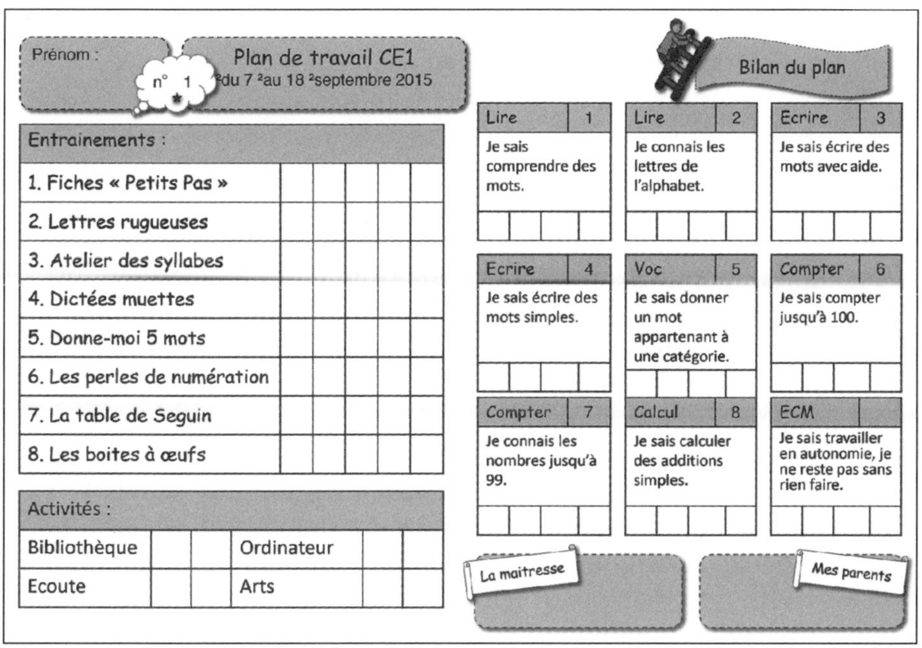

Prénom :

Plan de travail CE1

n° 1 du 7 au 18 septembre 2015

Entrainements :					
1. Fiches « Petits Pas »					
2. Lettres rugueuses					
3. Atelier des syllabes					
4. Dictées muettes					
5. Donne-moi 5 mots					
6. Les perles de numération					
7. La table de Seguin					
8. Les boites à œufs					

Activités :					
Bibliothèque			Ordinateur		
Ecoute			Arts		

Bilan du plan

Lire 1 – Je sais comprendre des mots.	Lire 2 – Je connais les lettres de l'alphabet.	Ecrire 3 – Je sais écrire des mots avec aide.
Ecrire 4 – Je sais écrire des mots simples.	Voc 5 – Je sais donner un mot appartenant à une catégorie.	Compter 6 – Je sais compter jusqu'à 100.
Compter 7 – Je connais les nombres jusqu'à 99.	Calcul 8 – Je sais calculer des additions simples.	ECM – Je sais travailler en autonomie, je ne reste pas sans rien faire.

La maitresse

Mes parents

L'élève a une fiche sur laquelle figurent différents éléments qu'il doit travailler : le libre choix s'exerce alors sur cette fiche, qui peut comporter à la fois des activités concrètes à aller chercher dans la classe et du travail sur des supports plus traditionnels (fichiers, cahiers). Ce plan de travail peut être collectif (et écrit au tableau) ou individuel. Dans ce dernier cas, il est donc différent d'un élève à un autre. Faire autant de plans de travail que d'élèves est un travail certainement trop fastidieux, mais on peut juste adapter pour les élèves qui ne suivent pas la progression générale. Il s'agira ensuite de trouver une périodicité au renouvèlement du plan de travail (souvent d'une à trois semaines). Cette adoption du plan de travail est un excellent passage pour les enseignants qui veulent introduire du libre choix alors que c'est une nouveauté pour eux et pour les élèves : elle permet à l'enseignant de ne pas perdre le contrôle et aux élèves de ne pas se sentir lâchés d'un seul coup. Le plan de travail permet tout de même d'introduire petit à petit les principes du libre choix, la répétition des exercices, le contrôle de l'erreur.

Il est indispensable également d'expliciter et d'écrire ensemble les règles pour ce travail : être autonome, être silencieux, aller jusqu'au bout d'une activité, choisir un travail à son niveau. Ces règles devront certainement être souvent rappelées, enseignées au même titre que le reste du comportement d'élève.

Le travail en libre choix peut être proposé lors de plusieurs moments distincts :

– à la fin d'un travail, pour les plus rapides,

– pour des élèves en autonomie lorsque l'enseignant souhaite travailler avec un seul groupe (présentation d'une notion, d'un matériel nouveau, atelier dirigé d'écriture ou de lecture),

– lors de plages dédiées, durant lesquelles tous les élèves sont en libre choix, et durant lesquelles l'enseignant se rend disponible pour aider au choix, reprendre une explication, écouter les progrès en lecture, encourager, observer...

Dans une classe ordinaire, ces moments de libre choix s'articulent avec des temps collectifs ou de travail de groupe : nous en reparlerons dans la partie sur la gestion du temps.

Enfin, afin que les élèves effectuent un véritable travail métacognitif, il est très efficace d'organiser systématiquement une phase de bilan en fin de travail, pour que plusieurs élèves puissent répondre à ces deux questions simples : « Qu'as-tu appris aujourd'hui ? Et comment as-tu fait ? » Ce temps permet aux élèves de verbaliser leurs apprentissages, à l'enseignant de réexpliquer ou de corriger une mauvaise utilisation, d'aiguiller un élève vers un autre atelier, de dire quel élève sera ressource pour aider sur tel ou tel travail… Il permet aux autres élèves de réentendre le fonctionnement de tel ou tel matériel, de se demander où ils en sont eux-mêmes et de se projeter dans la prochaine fois. Ce temps ne doit pas être très long, mais devenir un temps efficace et au cours duquel chaque enfant sent que son travail a été important.

Le mouvement

N'oubliant pas sa formation de médecin, Maria Montessori nous propose de prendre en compte le corps de l'enfant, et surtout de prendre appui sur le mouvement pour apprendre.

• La main pour apprendre

L'élève n'apprend pas en écoutant, d'où la proposition de Maria Montessori d'abolir les leçons collectives, celles où l'élève n'est que le réceptacle du savoir du maitre. Il a besoin d'activité cognitive, et souvent, lorsque l'enfant est jeune, il est plus facile de le mettre en activité intellectuelle à l'aide d'une activité concrète. En tout cas la passivité du corps est rarement synonyme d'activité cognitive intense.

C'est l'intuition de Maria Montessori, qui fait de la main l'un des premiers instruments d'apprentissage : « L'organe moteur qui caractérise l'homme, c'est la main, au service de l'intelligence, pour la réalisation du travail. »[5]

Elle a donc mis en place du matériel qui utilise les mains : dans un premier temps, avec le matériel de vie pratique, les enfants apprennent à ajuster leurs gestes, à les rendre plus précis et plus efficaces. C'est encore au cycle 2 un apprentissage important : certains élèves arrivent avec une motricité difficile, des gestes non contrôlés et parfois maladroits. Or, les gestes d'écriture notamment nécessitent une motricité fine bien développée. La préparation de la main consiste donc en différents exercices, dont le dessin décoratif et géométrique à partir d'emporte-pièces de formes différentes.

En parallèle, les élèves utilisent leurs mains avec d'autres matériels avec lesquels ils réalisent un geste pour apprendre.

Le mouvement du corps et de la main sont donc des vecteurs essentiels de l'apprentissage : « Le mouvement est le facteur essentiel dans la

5. Maria Montessori, *L'Enfant*, Desclée de Brouwer, 1936, 2004, 2006.

construction de l'intelligence qui se nourrit et vit des connaissances prises dans l'ambiance extérieure. Les idées abstraites elles-mêmes naissent du contact avec la réalité, et la réalité se saisit par le mouvement. Les idées les plus abstraites, comme celles de l'espace et du temps, sont conçues par l'esprit au moyen du mouvement. Celui-ci est donc le trait d'union entre l'esprit et le monde ; c'est l'instrument spirituel qui réalise doublement l'action : dans la conception intérieure exacte et dans l'exécution extérieure. »[6]

L'utilisation du mouvement concret de la main a diverses utilités. Tout d'abord elle rend les élèves actifs, et non récepteurs passifs. Ensuite, elle permet un ancrage plus profond dans la mémoire en utilisant en plus de la mémoire visuelle et sémantique (les plus employées à l'école), la mémoire sensorimotrice. Aujourd'hui, les recherches montrent l'importance pour certains enfants de cette mémoire et de cette intelligence kinesthésique. Enfin, elle permet une meilleure attention et une meilleure concentration, ce qui est un facteur essentiel à l'apprentissage. En effet, nous sommes plus attentifs lorsque nous avons un mouvement à effectuer. Les chercheurs commencent à découvrir le rôle important à cet égard du cervelet. Cet organe, qui se situe juste derrière notre tronc cérébral, joue un rôle essentiel dans le maintien de l'attention et de la concentration… et de la planification et la coordination des mouvements. Ils pensent ainsi que faire bouger les élèves active leur cervelet, focalise leur attention sur la tâche, et donc indirectement favorise la création de réseaux de neurones (ou le renforcement de ceux-ci)… et donc permet l'apprentissage ! [7]

Le besoin de mouvement

Dans la classe traditionnelle, on tient peu compte des besoins corporels de l'enfant, placés loin derrière les besoins de discipline des enseignants. « Tiraillé entre son propre désir de bouger et les limites imposées par l'adulte, l'élève ne peut aborder la tâche à accomplir avec toute la disponibilité, toute la concentration nécessaire. De plus, nous avons parfois tendance à ne présenter du travail que la version sérieuse, ennuyeuse… en oubliant de considérer la dimension ludique, élévatrice et médiatrice, qui fait du travail, de l'enseignement, un acte d'ouverture au monde. »[8] Maria Montessori a présenté une autre voie, corroborée depuis par d'autres médecins (comme le pédiatre Guy Vermeil), qui a pu montrer que l'absence de mouvement est bien plus fatigante pour l'enfant en pleine croissance que trop de mobilité.

6. Maria Montessori, *L'Enfant*, Desclée de Brouwer, 1936, 2004, 2006.

7. John Medina, *Les 12 Lois du cerveau*, LEDUC.S Éditions, 2010.

8. Véronique Girard et Marie Joseph Chalvin, *Un corps pour comprendre et apprendre*, Nathan pédagogie, 1997.

Un autre pionnier de l'éducation nouvelle en France, Roger Cousinet, faisait ce constat que « le maitre passe presque moins de temps à parler lui-même qu'à empêcher ses élèves de parler »[9]. Maria Montessori proposait en son temps de substituer l'activité de l'élève à la parole du maitre, par des exercices concrets qui ancrent corporellement les apprentissages.

Elle tenait compte ainsi du sens kinesthésique des élèves qui apprennent grâce au mouvement, à l'orientation et à la spatialisation. « Les élèves qui mettent en avant ce mode d'apprentissage sont souvent repérés en classe comme agités, remuants. Lorsque leur "dressage" est réussi du point de vue de l'enseignant, ils sont souvent en danger sur le plan scolaire. De même, l'enseignant qui immobilise sa classe et la préfère figée et docile est souvent peu gestuel et statique. Il ne facilite pas les choses aux visuels qui ont tant besoin de créer et de voir des images pour mémoriser et acquérir de nouveaux apprentissages. »[10]

Tolérer du mouvement dans la classe ne signifie pas le désordre, et l'ordre est une préoccupation essentielle chez Montessori. « L'important est donc que l'enfant choisisse et exécute lui-même ses gestes en toute spontanéité. Ces mouvements constructeurs ont des caractéristiques bien déterminées : il n'est pas question d'impulsions désordonnées ou étourdies. Il ne s'agit pas de courir, de sauter, de manier des objets au hasard, semant le désordre et la destruction. Le mouvement constructeur prend la forme d'actions que l'enfant a vu accomplir par les adultes. »[11]

L'enseignant explique donc le mouvement silencieux et ordonné, tente à la fois d'utiliser le potentiel d'énergie de ses élèves tout en maintenant son autorité et la loi sécurisante pour le groupe. Les déplacements, les mouvements corporels et les gestes de décontraction sont silencieux. Il s'agit aussi de proposer plus de travail autonome et de pédagogie différenciée, de substituer les conseils individuels aux cours magistraux.

L'agitation tranquille est nécessaire pour une bonne mémorisation chez certains élèves. Ils ont besoin d'une liberté de corps et d'esprit.

• Et dans la classe ?

Il est indispensable d'enseigner le déplacement dans le calme, et même de faire un schéma des déplacements. En début d'année, on ne perd pas de temps à faire régulièrement des exercices pour montrer par où passer

9. Roger Cousinet, *Une méthode de travail libre par groupes*, Éditions du Cerf, Paris, 1945.

10. Véronique Girard et Marie Joseph Chalvin, *Un corps pour comprendre et apprendre*, Nathan pédagogie, 1997.

11. Maria Montessori, *L'Enfant*, Desclée de Brouwer, 1936, 2004, 2006.

pour aller d'une table à un meuble sans faire le tour, en faisant le moins de bruit possible.

Ensuite, les élèves peuvent en respectant ces règles se déplacer dans la classe suivant leurs besoins : aller chercher un matériel, un mouchoir, aller aux ordinateurs... Bien entendu, il est nécessaire de rappeler ces règles à certains moments, car elles peuvent être vite oubliées, mais elles permettent de prendre en compte le besoin de mouvement des élèves.

En ce qui concerne les apprentissages, il est important de travailler sur du matériel concret et de montrer les gestes en les verbalisant. Par exemple, lors de l'atelier du serpent positif où les élèves doivent remplacer des barrettes de perles colorées (unités) par des barrettes de perles dorées (dizaines), l'enfant doit faire le geste de prendre les barrettes colorées, de les mettre de côté et de mettre à la place une barrette dorée. Le geste doit être enseigné de façon rigoureuse et progressive. Il s'agit d'opérations complexes et qui demandent de travailler avec beaucoup de concentration et d'ordre. En comptant avec le cavalier (qui repère où l'enfant est en train de compter), mais surtout en mettant les barrettes de côté, on peut faire toutes sortes d'erreurs par simple inattention.

En demandant aux élèves un geste précis, on leur permet de perfectionner leur mouvement et de mémoriser par l'observation et par le geste les compléments à 10.

Du concret vers l'abstrait

En lien avec son approche par le mouvement, une autre raison du regain d'intérêt pour la pédagogie de Maria Montessori est son approche concrète. Les enfants qui arrivent en classe n'ont pas forcément manipulé beaucoup de jeux ou de matériel. Du temps de la première école romaine de Maria Montessori, c'était parce que ces enfants étaient trop pauvres et n'avaient rien à manipuler. De nos jours, certains élèves manquent cruellement de perception du temps, d'organisation dans l'espace, d'attention et de références concrètes car ils évoluent dans un monde essentiellement numérique, entre tablettes et consoles... Pour certains, la manipulation concrète est très réduite, ainsi que l'approche par le mouvement. Ils n'ont pas stimulé ces canaux d'apprentissage. Et pourtant, ces élèves ont toujours autant besoin de manipuler du matériel, de sentir dans leurs mains les perles à compter, la forme de la sphère du verbe, le grain de la lettre A...

De plus, parfois, une trop grande dépendance à l'univers numérique prive les enfants d'occasions de prise d'initiatives. Ils sont trop souvent dans une posture passive, ils ne prennent pas l'initiative d'apprendre. Certains sont juste posés là, dans la classe, à écouter sagement ainsi que leurs parents le leur ont demandé, sans imaginer qu'ils doivent se mettre en activité pour apprendre.

L'approche concrète et le libre choix d'activité leur permettent de retrouver le plaisir d'apprendre et exigent d'eux qu'ils se mettent au travail.

Cette manipulation doit durer le temps nécessaire à l'appropriation du concept avant de passer à l'écrit, à l'abstrait. Un passage trop rapide à l'abstrait peut angoisser certains élèves, les perdre, leur faire penser qu'ils n'y arrivent pas.

Mais le passage par le concret doit rester… un passage. Il est fondamental que les élèves apprennent à abstraire. La manipulation correcte et répétée du matériel ne trouvera son utilité que si elle peut être prolongée par les écritures abstraites. À partir du cycle 2, il parait donc fondamental de compléter les approches concrètes, notamment par l'utilisation du langage : « Au cycle 2, on ne cesse d'articuler le concret et l'abstrait. Observer et agir sur le réel, manipuler, expérimenter, toutes ces activités mènent à la représentation, qu'elle soit analogique (dessins, images, schématisations), ou symbolique, abstraite (nombres, concepts). Le lien entre familiarisation pratique et élaboration conceptuelle est toujours à construire et reconstruire, dans les deux sens. »[12]

Il s'agit là notamment des mathématiques, dont les nouveaux programmes parlent comme d'un langage : « Les mathématiques participent à l'acquisition des langages scientifiques : compréhension du système de numération, pratique du calcul, connaissance des grandeurs. Les représentations symboliques transcrivent l'observation, l'exploration et le questionnement des objets et de la réalité du monde. »[13] Lorsque les enfants ont bien compris le sens de ce qu'ils font à l'aide du matériel concret, ils doivent donc être guidés sur la voie de la symbolisation et de l'écriture des notions abordées. Maria Montessori avait remarqué que lorsqu'on laisse les élèves libres d'appendre, ils abandonnent un jour le matériel pour passer à la phase abstraite, trop heureux d'accéder ainsi à une plus grande expertise, de prendre conscience de leurs propres besoins. Elle avait également observé que les enfants de 6 ou 7 ans passent à une phase abstraite. Ce qu'elle nomme leur imagination leur permet d'inférer ce qu'ils ne peuvent pas observer. Mais ce passage ne se fait pas aisément pour certains élèves, d'où l'intérêt de les accompagner, de systématiser le rapport entre réel et symboles, puis d'abandonner le concret.

---

12. Bulletin officiel spécial n° 11 du 26 novembre 2015.
13. *Ibid.*

Dans la classe, le travail sur le matériel concret doit donc alterner avec le travail sur l'ardoise, les cahiers ou d'autres supports afin de permettre aux élèves d'écrire et de symboliser. À ce titre, il m'a toujours paru fondamental que les élèves puissent prendre en charge la totalité de l'écriture d'une phrase en français ou en mathématiques, et ne restent pas trop longtemps aux cases à remplir, ce qui est souvent le cas de manière trop restrictive dans les fichiers proposés aux élèves.

Une approche systémique

Un autre aspect est l'aspect systémique des progressions montessoriennes. Nos progressions usuelles dans l'Éducation nationale sont basées sur une théorie de l'empilement des difficultés et/ou des concepts. Nous partons de 1 et nous avançons par étapes vers les grands nombres. Nous enseignons le A, puis le E, on y ajoute un L, et on enseigne la lecture syllabe par syllabe. Nous partons du nom et nous ajoutons le déterminant, le verbe, l'adjectif... Nous enseignons le présent, puis le futur, puis le passé...

Bien entendu, il n'est pas possible de ne pas découper les apprentissages, de ne pas permettre aux élèves de mémoriser petit à petit... mais ce découpage les empêche souvent d'accéder au système en tant qu'entité globale porteuse de sens. Ils entrent eux aussi dans cette représentation qu'ils doivent empiler les connaissances, quand les neurosciences sont en train de montrer ce que l'on avait déjà remarqué empiriquement : les connaissances se construisent en s'appuyant les unes sur les autres, en faisant système. C'est ce que disait Maria Montessori : « Voici donc un principe essentiel de l'éducation : enseigner les détails, c'est apporter la confusion ; établir la relation entre les choses, c'est apporter la connaissance. »[14]

Une partie du matériel de Maria Montessori propose aux élèves de pouvoir directement avoir accès au système. Dès le départ, ils comprennent que l'unité qu'ils sont en train d'étudier fait partie d'un tout, que le but de leur apprentissage est de comprendre ce tout. C'est ainsi qu'elle propose aux enfants pour comprendre le système décimal d'aller tout de suite jusqu'à 9999.

Elle propose également aux élèves d'expérimenter avec ces perles directement les quatre opérations, ce qui leur permet de les situer immédiatement les unes par rapport aux autres. Le plateau des symboles de grammaire contient les dix symboles, les élèves comprennent que chaque mot y aura sa place. L'alphabet est présenté complet.

14. Maria Montessori, *De l'enfant à l'adolescent*, Desclée de Brouwer, 2004.

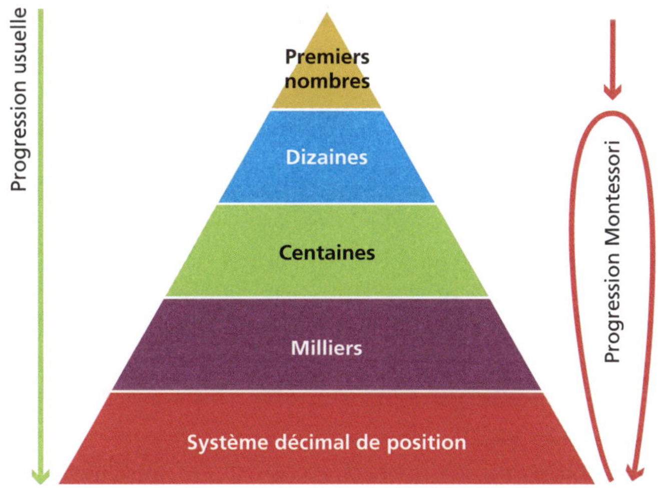

De même, notre vision de l'enseignement de l'histoire et de la géographie consiste à partir de l'élève et à éloigner ses repères petit à petit. C'est une approche qui permet la construction lente du temps et de l'espace. Mais elle n'est pas toujours en phase avec les préoccupations des enfants de 6 à 8 ans, qui posent beaucoup de questions sur l'origine du monde, de la Terre, des planètes, qui se passionnent pour les dinosaures, les chevaliers… Maria Montessori leur propose des récits sur les origines, les grands récits qui répondent à leurs questionnements existentiels et leur montrent d'un coup l'étendue du temps, même s'ils n'en comprennent pas immédiatement les différentes unités.

Sans abandonner bien sûr le nécessaire découpage des tâches en unités plus simples, Maria Montessori propose donc aux élèves de découvrir très tôt dans l'apprentissage que les éléments séparés appartiennent à un système : ils peuvent ainsi ancrer les connaissances les unes par rapport aux autres, ce qui aide à une meilleure compréhension et une meilleure mémorisation.

On peut les aider dans cette démarche en leur proposant d'autres outils plus récents permettant cette vision du système et les liens entre les connaissances, les cartes mentales par exemple…

Le nourrissage culturel

Pour Maria Montessori, l'enfant de 6 ans est prêt à entrer dans un second plan de son développement dans lequel l'imagination va tenir plus de place.

Elle pense alors qu'après plusieurs années à se concentrer sur le réel, le pratique et le sensoriel, l'enfant peut et doit apprendre à se situer par rapport aux autres, mais aussi à se situer dans l'espace et dans le temps et commencer à acquérir les rudiments de la culture littéraire. Cela passe dans sa vision des choses par ce qu'elle appelle « l'éducation cosmique » : elle souhaite sortir de l'enseignement traditionnel de l'histoire, de la géographie et des sciences, raconter l'histoire de l'homme et de la matière de manière liée, donner à voir aux enfants le commencement des temps. Les élèves de cet âge sont fascinés par l'origine du monde. Maria Montessori leur propose des **récits d'explication** qui constituent à la fois des éléments de culture fondamentaux et des éléments de compréhension du monde. De même, elle leur propose l'accès progressif à des textes littéraires, par l'audition de la lecture faite par l'enseignant. Elle explique : « La maitresse peut donc, par ses lectures, faire pénétrer l'enfant dans les différents champs d'action de l'esprit. »[15]

Cette préoccupation rejoint les recherches de Serge Boimare. Pour aider des adolescents en rupture scolaire à apprendre à lire, Serge Boimare part des mythes anciens et des récits des origines. Il a montré que les enfants qu'il appelle « empêchés de penser »[16] peuvent voir leur curiosité repartir grâce à un **nourrissage culturel** qui permet par la littérature (et donc le langage, la lecture) de calmer leurs angoisses et de leur donner envie de grandir. Cette approche me parait très importante car elle propose des solutions concrètes, mais aussi parce qu'elle redonne une place à la pédagogie pour des élèves dont on nous dit qu'ils relèvent d'autre chose.

Maria Montessori avec ses grands récits et ses lectures à voix haute apportait à sa manière ce nourrissage culturel et ces réponses aux questions existentielles des élèves. Sa volonté d'élever l'âme de l'enfant parait quelque peu désuète, mais peut-être remise au goût du jour en suivant Serge Boimare. Les enfants de notre société n'ont plus accès à ces récits. Durant longtemps, pour le meilleur ou pour le pire, la religion (et le catéchisme) proposait aux enfants ces récits primitifs, qui racontent la violence et la vie dans toutes ses dimensions. Les contes pour enfants, non édulcorés, faisaient aussi partie de ces récits dans lesquels les enfants pouvaient lire leur propre vie, leurs propres difficultés, peurs ou angoisses. De nos jours, les récits pour enfants, malgré la richesse de la littérature de jeunesse, sont souvent pleins de bons sentiments et ne montrent que la partie lisse de la société. Les enfants connaissent moins les récits fondateurs, les grands mythes, les contes, les récits bibliques. Les enfants dont l'histoire personnelle est compliquée, violente ou abandonnée se sentent exclus de cette littérature. Rester au niveau

15. Maria Montessori, *Pédagogie scientifique*, éditions ESF, 1970.
16. Serge Boimare, *Ces enfants empêchés de penser*, Dunod, 2016.

des enfants, ne pas leur donner des clés pour une lecture complexe du monde complexe dans lequel ils vivent n'est pas toujours la bonne solution.

Il me parait intéressant, au niveau des apprentissages, de ne pas oublier cette partie des récits des origines, tant au niveau littéraire qu'au niveau historique. Nos élèves ont besoin de se situer aussi dans l'histoire de l'humanité, de faire partie de cette histoire collective. Il est donc important de trouver des temps pour ce nourrissage culturel, la lecture de contes, de récits fondateurs. Avec des élèves de cet âge, on peut lire des contes traditionnels, des contes des origines, des récits mythologiques ou des contes philosophiques.

Serge Boimare propose quelques éléments pour structurer ces temps qu'il nomme « culture humaniste » en trois temps forts, liés les uns aux autres, d'une durée de quinze à vingt minutes chacun :

– le nourrissage culturel, débutant toujours par de la lecture à voix haute par le professeur de textes fondamentaux en lien avec le programme ;

– l'entrainement à parler et à débattre, encadré et guidé par le professeur et en lien direct avec l'apport culturel ;

– l'entrainement à écrire, toujours en lien avec l'apport culturel et l'entrainement à parler.

Cette démarche devient le support de l'enseignement des savoirs fondamentaux :

– Les activités d'apprentissage de la lecture trouvent dans les textes ayant servi de support au nourrissage culturel un support de premier choix pour mobiliser l'intérêt des débutants comme de ceux qui doivent approfondir leur compréhension du texte écrit.

– Les activités d'apprentissage, les règles de l'écrit (orthographe, grammaire, organisation de la phrase…) sont travaillés à partir des écrits sollicités dans l'heure de culture humaniste et de passages de récits lus à haute voix par le professeur.

– Les activités permettant d'accéder à la numération et au sens de l'opération se font à partir d'évènements et de situations proposées par le récit.

Ce que nous pouvons retenir de cette approche, c'est que la littérature dans la classe ne doit pas servir uniquement de récréation, ou de support pour lire ou comprendre. La littérature doit pouvoir prendre pour les élèves le sens profond qu'elle a eu dans l'histoire de l'humanité : elle doit les faire grandir, elle doit toucher la profondeur de leur sensibilité afin qu'ils puissent comprendre, à leur niveau, les grandes questions de la vie. L'école ne peut pas ignorer cette dimension fondamentale de la littérature, qui aide à vivre, à comprendre les émotions qui les animent, qui peut faire bouger leur désir d'apprendre ou de comprendre.

Enrichir la pédagogie Montessori

La place des compétences complexes

Il me semble que c'est le principal point à compléter dans la conception des apprentissages de Maria Montessori.

Raisonner par compétences

La notion de compétence est devenue centrale dans l'enseignement d'aujourd'hui, et dans les programmes institutionnels. Pour Maria Montessori, l'objectif était de faire acquérir des connaissances. Pour Philippe Perrenoud, « au-delà de cette acquisition, indispensable, la compétence se situe *au-delà des connaissances*. Elle ne se forme pas par l'assimilation de savoirs supplémentaires, généraux ou locaux, mais par la construction d'un ensemble de dispositions et de schèmes qui permettent de mobiliser les connaissances en situation, en temps utile et à bon escient. À l'école, les élèves apprennent des formes de conjugaison, des faits géographiques ou historiques, des règles grammaticales, des lois physiques, des procédés, des algorithmes, par exemple pour effectuer une division par écrit ou écrire une équation du second degré. Savent-ils pour autant dans quelles circonstances et à quel moment appliquer ces connaissances ? C'est à la mise en relation pertinente de connaissances préalables et d'un problème qu'on reconnait une compétence ! »[1]

Cette notion n'existait pas chez Maria Montessori. Il est donc nécessaire de relier les connaissances apportées par le matériel et les entrainements à des situations, des problèmes dans lesquels elles devront être employées.

En mathématiques par exemple, les programmes de 2015 le recommandent explicitement : « Au cycle 2, la résolution de problèmes est au centre de l'activité mathématique des élèves, développant leurs capacités à chercher, raisonner et communiquer. Les problèmes permettent d'aborder de nouvelles notions, de consolider des acquisitions, de provoquer des questionnements. Ils peuvent être issus de situations de vie de classe ou de situations rencontrées

1. Philippe Perrenoud, *Construire des compétences dès l'école*, ESF Éditeur, 2008.

dans d'autres enseignements, notamment *Questionner le monde*. »[2] C'est ainsi que lors de l'atelier dirigé qui amène une nouvelle notion, par exemple la multiplication, il conviendrait de partir d'un problème. Le matériel montessorien permettra de représenter les éléments du problème, puis de le résoudre. L'écriture mathématique viendra ensuite. Le matériel permet aux élèves un entrainement procédural, mais il faudra revenir vers des problèmes variés pour qu'ils puissent savoir à quel moment utiliser la multiplication et le faire… Bien entendu, l'acquisition de connaissances déclaratives et procédurales, comme la compréhension de la multiplication et plus tard la mémorisation des tables, sont indispensables. Mais il est également nécessaire d'être bien au clair sur les compétences que l'on souhaite faire acquérir aux élèves, sur celles des programmes, afin de ne pas enfermer les élèves dans la seule acquisition de connaissances ou de procédures.

Complexifier les situations

Lorsqu'on prépare sa classe, on doit donc placer le curseur entre ces deux grandes options :

– le découpage des compétences complexes en petites unités simples, à enseigner séparément ; dans ce cadre, le problème est le transfert de ces compétences ;

– l'enseignement de la compétence dans sa complexité : c'est plus compliqué à programmer et à faire faire en autonomie.

Plus une tâche est simple, plus elle peut être faite en autonomie, mais moins elle est transférable en situation complexe (écriture d'un texte, lecture d'un album, résolution de problème). Plus une tâche est complexe, moins elle est automatisable.

Trouver un équilibre entre ces deux sortes de tâches est fondamental dans la préparation de la classe, ainsi que dans le transfert explicite des tâches simples vers les tâches complexes. Il est très important pour les élèves de ne pas rester que sur un type d'activité ou un autre.

Il est donc indispensable de compléter les approches matérielles proposées par Maria Montessori par des tâches complexes : lire et comprendre des livres, écrire des textes entiers, résoudre des problèmes mathématiques… Ces tâches peuvent être faites de manière étayée ou en autonomie, individuellement ou en petits groupes. Une des dérives de l'enseignement tel qu'il a été pensé par Maria Montessori est de faire des enfants de parfaits exerciseurs, rapides et efficaces pour traiter des informations telles qu'elles lui ont été présentées. Il ne faut donc pas oublier, pour éviter cette dérive, de leur fournir l'occasion de mettre en œuvre ces compétences

2. Bulletin officiel spécial, n° 11, 26 novembre 2015.

dans d'autres cadres, sans quoi une partie des élèves ne sauront faire seuls ce transfert.

C'est un apport de taille à sa pédagogie, mais la personnalité même de Maria Montessori et sa conception de la pédagogie nous montrent qu'elle n'était pas rigide. Son approche n'était pas dérivée d'une méthode au sens strict mais d'une observation fine de l'enfant. Il semble donc très important aujourd'hui de ne pas retenir uniquement le matériel en oubliant l'esprit. Je pense qu'il est indispensable d'éviter la simple reproduction et de permettre aux enfants de favoriser leur créativité et d'accéder à la complexité.

Faire varier l'activité cognitive des élèves

Certains chercheurs ont essayé de classer les activités cognitives des élèves. George A. Miller, psychologue américain, professeur de psychologie à l'université de Princeton, propose un schéma hiérarchique des processus mentaux assez simple, qui nous permet facilement d'analyser notre pratique quotidienne et de la compléter :

Schéma hiérarchique des processus mentaux de Miller

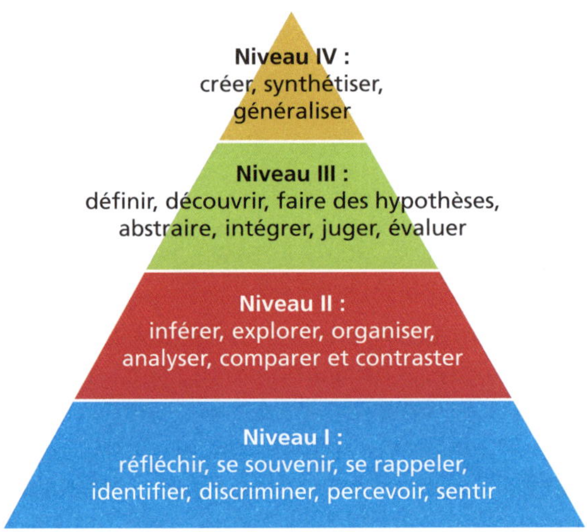

On voit bien de quelle manière les activités prévues par Maria Montessori aident l'enfant à franchir essentiellement les deux premiers niveaux de ces processus, et combien elles aident l'enfant à percevoir, mémoriser, analyser et organiser. On voit bien aussi qu'elle a prévu peu d'activités susceptibles de faire travailler les niveaux III et IV, qui correspondent plus à des compétences complexes.

Par exemple, en sciences, elle permet aux élèves de percevoir directement les objets d'étude, en préconisant l'observation directe, ce qui est un progrès par rapport aux leçons de choses de son époque. Par contre, elle n'a pas encore imaginé précisément les démarches d'investigation que nous savons mettre en œuvre actuellement, et qui permettent l'élaboration d'hypothèses, de conclusion, de généralisation…

Il est donc indispensable de compléter son approche par une variation des démarches employées dans la classe en fonction des objectifs demandés. On peut imaginer différentes façons de complexifier le travail des élèves : travailler par projets incluant toute la classe, laisser aux élèves la possibilité de mener de petits projets seuls ou en petits groupes (préparer un exposé, un écrit long,…), inventer de nouveaux ateliers (production d'écrits, résolution de problèmes…). Le travail des compétences complexes peut donc se faire durant le temps de libre choix ou à d'autres moments.

Les interactions entre les élèves

Pour Maria Montessori, l'éducation devait aider les élèves à apprendre les relations sociales : « L'éducation doit promouvoir à la fois le développement de l'individualité et celui de la société. […] Il est tout aussi nécessaire de développer l'individualité de l'enfant que de le faire participer à une vraie vie sociale. »[3]

Par contre, on connait de sa pédagogie essentiellement le travail individuel et silencieux. Elle voulait en cela s'opposer au travail magistral en grand groupe où tous les élèves apprennent en même temps, en écoutant. Elle préconisait l'individualisation surtout pour les élèves les plus jeunes, de 3 à 5 ans. On peut ainsi avouer avoir été impressionné par le silence qui règne dans les classes Montessori et donc par la concentration des élèves, mais oser dire également ses inquiétudes : il y a peu d'échanges verbaux entre les enfants et très peu de temps collectifs riches pour les apprentissages langagiers. Or l'Éducation nationale met bien l'accent sur l'importance du langage oral et des interactions sociales, dès la maternelle.

Il est donc très important là encore d'alterner les différents moments en classe, entre le travail individuel et silencieux et le travail en interaction avec les autres.

Dans les classes montessoriennes, cette individualisation est moins présente à partir de 6 ou 7 ans. L'enfant est alors en âge de collaborer avec les autres. « Étudier et penser appellent l'association, tout comme le travail manuel. Celui qui se livre à un travail trop difficile pour lui a besoin de

3. Maria Montessori, *L'Enfant*, Desclée de Brouwer, 1936, 2004, 2006.

s'associer avec d'autres individus ; mais, même pour comprendre, l'aide des autres est nécessaire. »[4] Les interactions entre les élèves sont donc nécessaires aux apprentissages, et les enfants progressent grâce aux autres. On retrouve ici une affirmation qui a été mise en avant bien plus tard par le courant socioconstructiviste.

Dans la classe, les âges sont mélangés, et le tutorat largement encouragé. Lorsqu'un enfant veut apprendre à manipuler un nouveau matériel, il peut demander aux autres plus avancés ou plus âgés de l'aider ou de lui présenter le matériel. De nombreuses études ont été menées sur le tutorat entre élèves. Elles ont largement conclu à l'intérêt de ce système. Mais l'un des enseignements de ces études semble surprenant au premier abord : ce système est avant tout bénéfique pour le tuteur, pour l'élève qui explique. On pense qu'il sait déjà et qu'il n'a pas grand-chose à apprendre de ce dispositif, mais il est maintenant prouvé que l'effort qu'il fait pour expliquer, verbaliser et ajuster son propos à son interlocuteur lui permet de passer à un stade d'expertise.

Ne pensons donc pas que Maria Montessori est passée à côté de l'aspect fondamentalement social des apprentissages, que l'on connait bien aujourd'hui. Elle proposait aux élèves à partir de 6 ans de mener de petits projets en groupes : projets d'écriture, de lecture… Dans ce cadre, les élèves devaient travailler ensemble de façon le plus autonome possible. On peut réintroduire dans nos classes cette entrée par les projets choisis par groupes. Les programmes encouragent même la mise en projet des élèves à leur initiative : « Coopérer et réaliser des projets convoquent tous les enseignements. La démarche de projet développe la capacité à collaborer, à coopérer avec le groupe en utilisant des outils divers pour aboutir à une production. »[5]

Il est donc très important dans la vie de la classe de ne pas en rester à ce stade individuel, mais de permettre aux enfants à plusieurs moments de travailler en groupes, de se poser des questions, de mener des investigations ou des projets communs. C'est de plus une compétence sociale très importante que de savoir coopérer ou collaborer dans la classe.

L'enseignement explicite

• Laisser l'élève construire ses connaissances…

Au-delà de ses choix pédagogiques liés aux élèves, Maria Montessori s'est également intéressée au rôle de l'enseignant. Elle a ainsi développé une théorie de la leçon :

4. Maria Montessori, *De l'enfant à l'adolescent*, Desclée de Brouwer, 2004.
5. Bulletin officiel spécial, n° 11, 26 novembre 2015.

« La leçon est un appel à l'attention : c'est la présentation d'un objet dont la maitresse explique l'usage, et dont elle donne le nom. L'objet, s'il correspond aux besoins intérieurs de l'enfant et s'il représente le moyen de le satisfaire, l'entraine dans une activité prolongée, parce qu'après s'en être emparé, il s'en sert en répétant son exercice.

Les mots ne sont pas toujours nécessaires : souvent, il est suffisant de montrer simplement comment on se sert de l'objet. Mais quand il faut parler et initier l'enfant à l'usage des différents matériels, la caractéristique de cette leçon, c'est la brièveté ; sa perfection réside dans la recherche du "minimum nécessaire et suffisant". Dante aurait pu enseigner ces maitres quand il disait : "... que tes mots soient comptés".

Une leçon deviendra d'autant plus parfaite qu'elle comptera le minimum de mots ; il faut apporter un soin spécial pour préparer la leçon, compter et choisir les mots qui devront être prononcés.

Il faut aussi qu'elle soit simple et dépouillée de tout ce qui n'est pas la stricte vérité. Que la maitresse ne se répande pas en de vaines paroles, c'est la première qualité ; la seconde est un dérivé de la première : chaque mot compte et doit exprimer la vérité.

La troisième qualité de la leçon, c'est son objectivité ; il faut que la personnalité de la maitresse disparaisse, et que seul l'objet sur lequel elle veut attirer l'attention de l'enfant reste en évidence. La leçon brève et simple est tout au plus une explication de l'objet et de l'usage que l'enfant peut en faire.

La maitresse observera alors si l'enfant s'intéresse à l'objet présenté, comment il s'y intéresse, pendant combien de temps, etc. ; et elle aura soin de ne jamais oublier de suivre celui qui n'a pas semblé s'intéresser à sa proposition. »[6]

Pour Maria Montessori, la leçon est un discours sur le matériel. C'est une invitation à s'en saisir, à l'utiliser correctement. Ce n'est pas un discours théorique, sur un objet d'apprentissage abstrait. C'est également une leçon brève et simple, dont on retient souvent qu'il faut parler le moins possible. Peu d'explications, et rien à voir avec la leçon traditionnelle ou la démonstration mathématique. Elle s'oppose à ces classes où seul l'enseignant travaille, au tableau, devant une classe passive et résignée. Elle souhaite juste que l'enfant puisse utiliser correctement le matériel, afin de construire lui-même ses concepts et sa connaissance.

6. Maria Montessori, *La Découverte de l'enfant,* in *Pédagogie scientifique,* Desclée de Brouwer, 1958.

Rendre explicites les notions, les procédures et les motivations

Depuis, de nouvelles études tendent à montrer que les enfants ont besoin d'un enseignement explicite, que c'est un moyen efficace de lutter contre les inégalités scolaires. Avant d'aller plus loin, il faut se méfier de ce terme « explicite », terriblement polysémique, et qui peut créer des malentendus. Nous retiendrons donc la définition du dossier de l'Institut français de l'éducation (Ifé) : « L'explicitation est donc une tentative perpétuelle de l'enseignant avec ses élèves pour les accompagner à lire des situations avec des notions théoriques et à construire avec eux des notions théoriques à partir des situations. »[7] Il semble donc très intéressant d'enrichir la présentation voulue par Maria Montessori par deux sortes d'explicitations :

« – explicitation du pourquoi : explicitation des finalités de la tâche (apprentissages visés, par exemple)

– explicitation du comment : explicitation des procédures, stratégies ou connaissances à mobiliser pour traiter la tâche. »[8]

Expliciter et faire expliciter

Cette explicitation se comprend parfois surtout comme une parole magistrale : l'enseignant doit être explicite, doit faire passer un message aux élèves. Cette parole, pour être entendue par les élèves, doit être claire, précise, et courte. Un élève de 6 ans ne peut pas écouter en se concentrant, c'est-à-dire dans une posture d'écoute active, durant un temps long. L'explicitation peut donc être rapide et concise, et n'est pas forcément liée à un moment collectif.

En effet, l'Ifé décrit différentes façons d'être explicite dans la classe :

« Enseigner plus explicitement est donc un processus qui se joue à plusieurs niveaux : qui explicite quoi à qui, quand et comment ?

– **L'enseignant explicite aux élèves** : entre discours et situations, l'enseignant explicite les apprentissages visés (pourquoi), les tâches, les procédures et les stratégies (comment) et les apprentissages réalisés (institutionnalisation) selon une scénarisation didactique et pédagogique anticipée, ajustable au fil du déroulement des activités et réactions des élèves. On parlera alors de clarté cognitive.

---

7. http://centre-alain-savary.ens-lyon.fr/CAS/education-prioritaire/ressources/theme-1-perspectives-pedagogiques-et-educatives/realiser-un-enseignement-plus-explicite/enseigner-plus-explicitement-un-dossier-ressource
8. *Ibid.*

– **L'élève s'explicite à lui-même et explique à l'enseignant** : "Comment fais-tu ?" Cette simple question posée à l'élève par l'enseignant favorise une conscientisation de ses processus intellectuels et l'encourage à une activité mentale qui favorise le développement d'une capacité réflexive et ce dès le plus jeune âge. Pour ce faire l'élève a besoin de compétences langagières qui doivent être enseignées. Les nouveaux programmes demandent régulièrement à l'élève d'expliquer à l'enseignant autant que de s'expliquer à lui-même sa démarche intellectuelle. Sylvie Cèbe précise qu'il lui semble utile d'expliciter pendant l'activité : "il est important que les élèves soient conscients que l'explicitation des procédures rend leurs activités bien plus efficaces et que du coup ces procédures conscientisées sont transférables".

– **Les élèves s'explicitent entre eux** : c'est au maitre que revient l'organisation des conditions de l'explicitation des processus intellectuels de métacognition. De telles pratiques, lorsqu'elles existent, sont souvent intégrées dans les organisations ordinaires de classe et initiées par des questionnements du type "comment faites-vous pour... ?". Jacques Bernardin fait le constat que la capacité réflexive s'entraine chez les élèves dès le plus jeune âge. Lorsque les élèves explicitent à voix haute la manière dont ils s'y prennent pour mémoriser l'orthographe du mot "longtemps", l'explication va bénéficier à celui qui explique, du fait qu'il conscientise sa démarche en la mettant en mots. Pour les autres élèves, le dévoilement des "façons de faire" des autres peut permettre d'engranger pour eux-mêmes lors d'une nouvelle tâche similaire, dès lors que l'élève en percevra les similarités, bien évidemment. »[9]

Ainsi, l'organisation des enseignements doit prévoir des temps durant lesquels une parole d'explicitation aura sa place, parole du maitre ou des élèves. L'enseignant doit veiller à cette verbalisation, nécessaire aux apprentissages.

Laisser des traces de l'explicitation

Un autre élément de cette explicitation concerne la présence de traces écrites. Maria Montessori n'en parle pas. Dans sa volonté de ne pas utiliser de manuels et de rompre avec un enseignement passif, elle n'y accorde pas d'importance. Or, l'écriture, comme le langage que l'on vient d'évoquer, aide à la structuration des savoirs, mais aussi à leur mémorisation.

La trace écrite constitue donc la mise à l'écrit, individuelle ou collective, d'un savoir élaboré en classe. Ce savoir peut être une connaissance, une procédure, une attitude...

---

9. *Ibid.*

En ce sens, la trace écrite constitue un lieu précieux pour les apprentissages des élèves, mais aussi pour le travail de l'enseignant.

Du côté des élèves, les traces écrites servent de mémoire des apprentissages et d'outils pour les travaux à venir. Elles sont construites avec les élèves après une phase de recherche, d'observation ou d'essais. Leur construction peut passer par une phase individuelle, mais nécessite également une mise en commun pour élaborer un objet de savoir commun.

Elles permettent de conscientiser les apprentissages, de se rendre compte de ce qu'on apprend, de mobiliser l'attention des élèves et de susciter des rétroactions. Dans le cas où on veut enseigner des compétences, elles permettent d'expliciter celles-ci, les procédures à employer. Elles participent pleinement à l'acquisition de la compétence 2 du socle commun « Les méthodes et outils pour apprendre ».

Elles peuvent prendre la forme de leçons à apprendre, mais pas forcément. La verbalisation elle-même permet aux élèves de comprendre ce qu'on attend d'eux. Ils doivent pouvoir également s'en servir comme ressource, et il s'agit donc de leur permettre d'y revenir.

C'est souvent aussi la trace pour les parents du travail fait en classe, ainsi que pour les autres professeurs (remplaçants, année suivante).

Du côté enseignant, le fait d'avoir préparé ces traces permet de déterminer les notions à structurer, la façon de les partager avec de jeunes élèves. La réflexion en amont permet à l'enseignant de savoir ce qu'il va enseigner. Transmettre un savoir savant à de jeunes élèves, en restant compréhensible tout en s'éloignant le moins possible de la réalité scientifique demande un travail préparatoire réfléchi.

L'enseignant s'approprie ainsi les savoirs, les procédures, imagine ou découvre des passages, des aides. Il doit pour lui-même formuler les explications qu'il pourra donner et les outils qu'il pourra apporter. Cette verbalisation lui évitera d'être démuni devant les élèves au moment d'expliquer une notion ou une procédure qui lui parait tellement simple ou évidente... qu'il ne sait pas l'expliquer.

Concrètement, en fonction des compétences programmées, il est intéressant d'essayer de préparer bien en amont de la séance la façon dont on peut expliquer cette compétence à de jeunes enfants, la forme que cette trace pourra prendre.

– Lors de la séquence, on peut prévoir des moments de structuration où nous arriverons **collectivement** à une formulation proche de ce qui était prévu. On peut utiliser des affiches A3 pour écrire toutes les découvertes, avec des petits dessins ou des exemples. Ce peut-être aussi un schéma, une carte mentale, une liste... Ces affiches sont construites au fur et à mesure de l'avancée des apprentissages… ou parfois d'un seul coup lors d'une phase récapitulative.

Ces affiches « s'empilent » sur le tableau, mémoire accumulative de tous les apprentissages. À chaque moment de reprise d'une compétence, à chaque fois qu'on en a besoin, lors d'un atelier autonome ou d'un moment collectif, on peut retrouver la trace d'un apprentissage dans les affiches et les relire ensemble.

Exemple d'empilement d'affiches en maths et en français

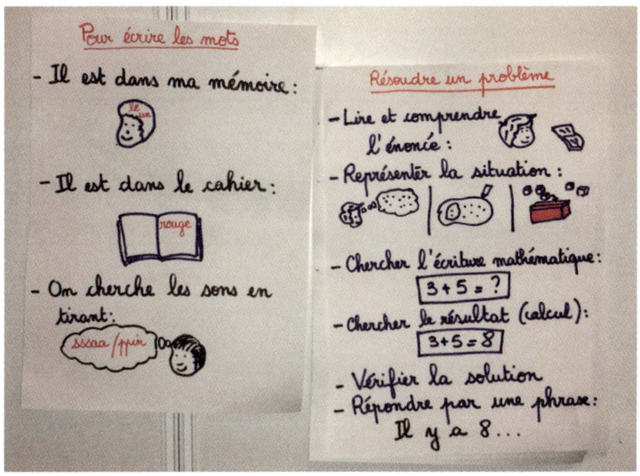

Récapitulatif sous forme de carte mentale

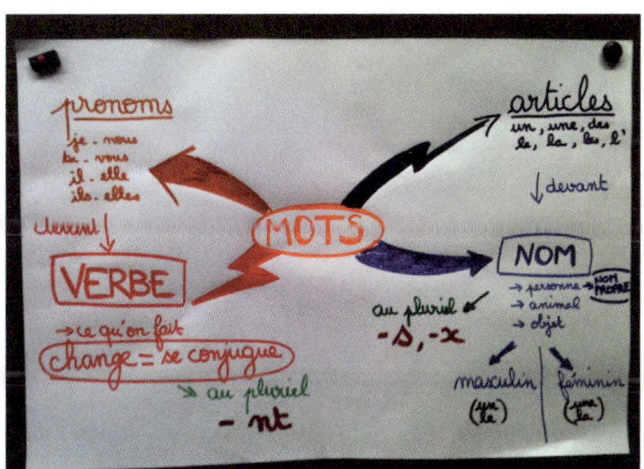

– Parallèlement, il est utile de distribuer ou de faire copier aux élèves une **trace écrite individuelle** reprenant les affiches. Il faut alors prévoir un endroit pour les collecter, comme un cahier outil en français et un en mathématiques. On peut ensuite les renvoyer souvent à cette mémoire afin qu'ils découvrent que c'est un outil pour eux. Parfois, on peut leur demander de les relire à la maison, pour fixer les procédures, ou se les remémorer. C'est également un outil intéressant pour les parents pour aider leurs enfants et suivre leurs avancées.

Exemple de traces écrites individuelles

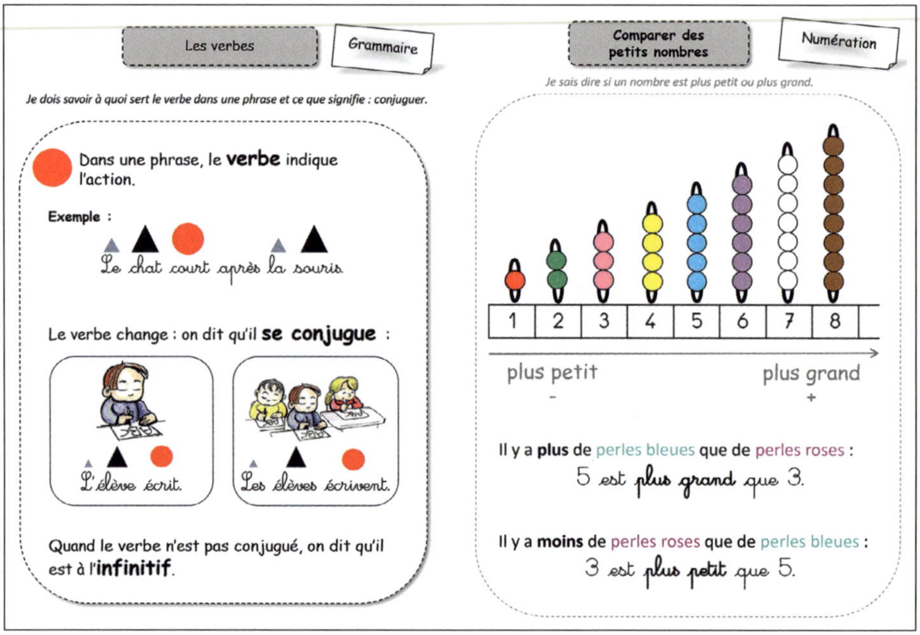

Comme toujours, il n'y a pas une seule façon de faire valable pour tout. Il faut donc adapter sa réflexion au mieux lors de la préparation. Voici quelques questions à se poser pour construire une trace écrite :

- Quel contenu ?
- Quelle place dans le processus d'apprentissage ?
- Quelle construction, quelle forme ?
- Quelle appropriation par l'élève, quelle part personnelle ?
- Quelle utilisation, quelle réactivation ?
- Comment la faire évoluer ?
- Comment l'adapter, la différencier ?

Synthèse

Charles Hadji, dans *Comment impliquer l'élève dans ses apprentissages ?*[1], fait dix propositions pour une école plus efficace. Il m'a paru intéressant de les reprendre et de les croiser avec les propositions de Maria Montessori, afin de renforcer son système dans le sens d'une plus grande efficacité :

1. S'impliquer et s'investir dans son travail (pour l'enseignant) : croire à ce qu'on fait, être un acteur optimiste, être un enseignant réflexif, se sentir responsable, imaginer, construire, réguler son action : se lancer dans l'aventure d'une classe plus « montessorienne » peut être une source de motivation, de recherche… qui peut nous faire passer d'un sentiment diffus d'impuissance à la réflexion et la construction d'un nouveau système.

2. Essayer de comprendre ce qui se passe dans la tête de l'élève : s'efforcer d'accéder aux processus mentaux et aux démarches des élèves, exploiter les erreurs caractéristiques, traiter l'erreur comme un outil pour enseigner en instaurant un rapport positif à l'erreur… S'assoir à côté d'un enfant pour lui montrer un atelier, puis le regarder faire ses premiers pas est très instructif. Nous avons déjà parlé de l'erreur moins dénigrée par le travail sur du matériel, mais la posture du maitre à côté de l'élève en atelier, comme éventuel soutien mais surtout comme observateur, est une posture privilégiée pour l'analyse des erreurs des élèves et la compréhension de leurs difficultés.

3. Faire faire l'expérience de l'autocontrôle et de la maitrise : faire réaliser l'apprentissage de la réussite, accepter l'erreur, donner confiance à l'élève, faire de l'auto-évaluation une pratique courante, expliciter les critères de réussite (ce qui fait de l'auto-évaluation une condition de l'autonomie), élaborer des dispositifs permettant de travailler seul, organiser la spirale de l'accroissement de l'autorégulation. Le libre choix permet à l'élève de reprendre en partie la main sur ses apprentissages. Le contrôle de l'erreur lui permet aussi de connaitre les critères de réussite et de s'auto-évaluer, ainsi que le système de livret de progrès ou de portfolio que l'on peut trouver en complément.

1. Charles Hadji, *Comment impliquer l'élève dans ses apprentissages ?*, ESF éditeur, 2012.

4. Privilégier la prise de distance, cognitive et métacognitive : apprendre la conduite réfléchie, apprendre l'autorégulation, dans un double mouvement pour acquérir de nouvelles stratégies, inhiber les stratégies inefficaces, développer l'auto-observation, observer les processus et exercer un regard critique. Sur ce point, il me semble indispensable d'ajouter à la période de libre choix un temps de mise en commun de ce qu'on a appris, justement pour permettre cette prise de distance et ouvrir le champ des possibles. À la fin de chaque atelier, les élèves sont invités à dire ce qu'ils ont appris, et comment ils l'ont fait. En faisant cela, ils construisent un discours métacognitif, ils mettent des mots sur leurs apprentissages et permettent aux autres de pouvoir exercer un regard critique.

5. Doter l'apprenant d'un répertoire de stratégies d'apprentissage : stratégies cognitives, répétition, mémorisation, organisation, structuration interne, élaboration, stratégies métacognitives, anticipation, planification, surveillance, monitoring et contrôle, évaluation, contrôle terminal. Le bilan de fin d'ateliers peut être le moment d'explicitation des différentes stratégies : en posant la question du comment, on permet aux autres élèves d'entendre la variété des modes d'apprentissage. En proposant un matériel varié, on élargit le choix des élèves.

6. Proposer des activités pour favoriser l'apprentissage autorégulé : activités authentiques et complexes, activités interdisciplinaires, projet de longue durée... Maria Montessori avait pensé ces objectifs autour des sorties scolaires proposées aux élèves après 7 ans, et il est courant de trouver de tels travaux dans les écoles Montessori, partant des idées des élèves. Il va donc falloir ne pas oublier ces activités de projets authentiques, tournées vers l'extérieur de l'école, qui permettent aux élèves d'utiliser leurs connaissances et d'en produire d'autres.

7. Concevoir des situations de nature à stimuler un pilotage réfléchi : implication active des élèves, interactions sociales face au problème à résoudre, utilisation de diverses modalités de symbolisation. Le travail de Maria Montessori n'a pas été beaucoup tourné vers les interactions sociales et les activités de groupes en ce qui concerne les élèves les plus jeunes, mais elle en a montré l'intérêt pour les élèves de plus de 7 ans. On en connait aujourd'hui largement les bénéfices, tout comme ceux de la coopération.

8. Réduire la charge cognitive pesant sur les tâches scolaires ; trier pour aller à l'essentiel, favoriser l'acquisition de schémas, favoriser la séquentialisation des tâches, dégager l'apprenant des tâches parasites. Maria Montessori était très sensible à cet aspect des choses : même les « leçons » devaient être dites avec un minimum de mots, le matériel juste nécessaire. Les dernières recherches des neurosciences sur l'attention, dont nos élèves semblent si souvent cruellement manquer, montrent qu'il faut en effet éviter tout parasitage, les petits dessins mignons sur les bords des fichiers, les affichages pleins de couleurs…

9. Réduire la charge affective par la régularisation des émotions et de l'affect : réguler la motivation, renforcer la valeur de la tâche, renforcer le sentiment d'efficacité personnelle, réguler l'émotion : le travail en libre choix, le contrôle de l'erreur permettent aux élèves de se voir progresser sans être renvoyés à leurs erreurs. L'ambiance bienveillante accentue cette caractéristique.

10. Minimiser les risques pour le sujet apprenant : associer les apprenants aux critères de réussite, reconnaitre la pluralité des points de vue, laisser une place à l'erreur et au tâtonnement, outiller la démarche d'auto-évaluation, rendre les apprenants pleinement acteurs : le travail dans une classe montessorienne, avec le contrôle de l'erreur et une évaluation positive et formatrice, permet effectivement que le processus d'apprentissage ne soit pas source de peur ou de souffrance, et que l'élève puisse prendre le risque de se tromper sans trop d'appréhension.

L'organisation — Comment mettre en œuvre ces principes en classe ?

Si Maria Montessori a pu inventer et adapter l'organisation de ses classes en fonction de ces découvertes, on peut se demander comment tenir compte des contraintes de notre système scolaire pour s'en inspirer. Les formes scolaires ont changé, les contraintes institutionnelles et matérielles sont différentes mais bien réelles. Un passage est pourtant possible, un équilibre entre ces contraintes et ce qu'on imagine être l'idéal de l'école, montessorienne ou non. Des choix didactiques et pédagogiques sont envisageables.

L'enseignant passe beaucoup de temps à prendre des décisions : des grandes décisions touchant à l'organisation, à l'emploi du temps, au choix des méthodes et des supports… mais aussi des microdécisions rapides et presque automatisées tout au long de la journée de classe. Ces décisions sont prises en fonction de facteurs multiples et très divers, comme des choix éthiques, le style d'enseignant qu'on voudrait être, la nécessité de se préserver à long terme, quelques lectures théoriques, les expériences passées, les émotions instantanées…

Dans le quotidien de la classe, pour mettre en œuvre les principes montessoriens, il faut réfléchir à différents aspects : l'organisation des différents moments de la classe, l'organisation des espaces en lien avec l'utilisation de matériel, l'organisation des moments de travail individuel pour introduire du libre choix, voire même l'organisation de la répartition des classes. Pour chacun de ces aspects, il s'agit de trouver des réponses innovantes et évolutives, qui s'adapteront au mieux aux besoins des élèves.

12

L'organisation temporelle

L'articulation des temps collectifs et des temps individuels

Quand on souhaite se lancer dans la mise en place de principes montessoriens, une grande interrogation est l'articulation des temps collectifs et des temps individuels dans la classe. Comment donc mettre en œuvre cette phrase des programmes : « La classe s'organise donc autour de reprises constantes des connaissances en cours d'acquisition et si les élèves apprennent ensemble, c'est de façon progressive et chacun à son rythme. »[1] ? Comment permettre à 25 enfants d'avancer à leur rythme et ensemble ?

• Individuel ou collectif ?

Tous les courants de l'éducation nouvelle et des pédagogies actives ont eu une influence sur les moyens de faire avancer les élèves à leur rythme. On peut penser à Decroly, Claparède, Freinet ou Montessori... Ils ont souvent voulu mettre en œuvre ces quatre principes fondamentaux :

- connaitre les spécificités de chaque élève ;
- donner des tâches motivantes, qui font sens pour l'élève ;
- permettre à l'élève de passer par la manipulation concrète ;
- individualiser l'apprentissage.

L'idéal pourrait être ainsi décrit : chaque élève fait des progrès réguliers, avance à son rythme, s'implique activement, sélectionne et dirige lui-même ses tâches, joue un rôle dans l'évaluation de ses progrès, et dispose d'un matériel adapté à ses besoins.

Cependant, il semble établi désormais que laisser les élèves totalement libres de faire leur parcours n'est pas l'option la plus égalitaire. Si c'est ce que proposait effectivement Maria Montessori dans ses classes, et surtout

1. Bulletin officiel spécial, n° 11, 26 novembre 2015.

dans les petites classes, c'était dans un contexte où elle n'obéissait pas à un programme national. On trouve des éléments de réflexion dans le livre de Marcel Crahay[2] : à l'aide d'études et de méta-analyses, il montre tout d'abord que laisser strictement à chaque élève le soin de bâtir sa progression accentue les différences entre les élèves. Dans le même sens, Jacques Bernardin, du Groupe français d'éducation nouvelle (GFEN), alerte sur une dérive possible : « [Certaines réponses] aux difficultés des élèves se traduisent par une adaptation des tâches dans le sens de la simplification, de la fragmentation, d'un surcroit d'aide qui, en fait, au lieu d'aider les élèves, viennent enkyster et accroitre la différence par rapport aux autres élèves, et donc participe à assoir les difficultés alors même que l'on voudrait les résoudre. Et tout ça à l'insu des enseignants… »[3].

Si l'on vise l'égalité des acquis de l'école de base (le socle commun), on a besoin de faire avancer toute la classe tout en ménageant des moments pour de la personnalisation. C'est ainsi que Marcel Crahay propose un modèle inspiré de la pédagogie de maitrise, s'appuyant sur la méta-analyse très complète de Kulig and Cie sur les effets de la pédagogie de maitrise : elle montre qu'au niveau du collège l'utilisation d'une pédagogie qui n'utilise que l'individualisation s'avère légèrement plus efficace que l'enseignement traditionnel, alors qu'une pédagogie qui combine des phases différenciées et des phases collectives est encore plus efficace. En se référant à ces études, il peut conclure à « la supériorité générale des effets engendrés par ce type d'approche pédagogique sur les expériences où l'enseignement collectif est totalement abandonné. »[4]

La réponse se présente donc comme un jeu d'équilibriste : on va devoir réfléchir à l'équilibre et la cohérence entre moments collectifs et moments individuels.

Les moments collectifs

Répondre aux nécessités de notre programme national nécessite de bâtir une progression collective et de passer par des moments collectifs : par exemple la découverte du matériel, la construction du sens dans une perspective socioconstructiviste pour certains concepts, la structuration explicite (leçon, capsule vidéo), la mémorisation… et ce, même si les élèves ne sont pas tous arrivés au même point dans leurs découvertes.

---

2. Marcel Crahay, *L'école peut-elle être juste et efficace ?,* De Boeck, 2013.
3. http://centre-alain-savary.ens-lyon.fr/CAS/education-prioritaire/ressources/theme-1-perspectives-pedagogiques-et-educatives/realiser-un-enseignement-plus-explicite/enseigner-plus-explicitement-un-dossier-ressource
4. Marcel Crahay, *L'école est-elle juste et efficace ?,* De Boeck, 2000.

Cela rassure, d'une part, et, d'autre part, assure une culture commune, une première approche d'une notion, une structuration explicite du contenu, une variété de compétences à entrainer, voire un détour par une compétence voisine qui peut faire sens et éclairer la compétence mal maitrisée. En grammaire, par exemple, la connaissance du nom peut éclairer par contraste celle du verbe encore fragile. En mathématiques, la compréhension de la centaine peut renforcer la compréhension de la dizaine. De plus, ces temps permettent d'autres modes de travail dont nous avons déjà parlé : verbalisation, explicitation, travaux de groupes, travaux en projets…

Mais ces temps collectifs n'en sont pas moins à réfléchir : ils ne doivent pas devenir des temps uniquement de transmission orale des savoirs. Et ils peuvent prendre des formes variées, notamment au niveau du regroupement : par petits groupes, avec tutorat pour assurer la compréhension des plus en difficulté… Les séances d'entrainement sont particulièrement propices à la variété des approches : collectif, individuel, tutorat ou ateliers de remédiation dirigés, suivant les contraintes de la gestion de la classe et les besoins des élèves.

Les moments individuels

En plus de ces temps collectifs, il est nécessaire de garder des temps individuels. Traditionnellement, ces temps individuels sont destinés à des exercices d'entrainement écrits, tous les élèves faisant le même exercice, puis suit une correction orale collective.

La volonté d'introduire des principes montessoriens dans sa classe implique d'introduire de la personnalisation et du libre choix dans ces temps. En fonction de l'enseignant, des élèves, de l'objet étudié, du moment de l'année, la fonction de ces temps peut différer :

– On peut proposer un temps de recherche sous forme de manipulation de matériel. Par exemple, je présente le matériel du serpent positif pour travailler les compléments à 10, par petits groupes (quatre ateliers dirigés de quinze minutes) ou collectivement. Ensuite, je laisse ce matériel à disposition pour que les élèves puissent manipuler seuls, se poser des questions, trouver comment ça marche. Lorsque tous auront pu utiliser le matériel, nous pourrons reprendre collectivement, introduire l'écriture mathématique, structurer en créant l'affiche des compléments à 10, mémoriser, entrainer par écrit…

– On peut utiliser ces temps de libre choix dans des moments d'entrainement différenciés : chaque enfant va choisir un atelier pour réviser une notion qu'il ne maitrise pas encore parfaitement, parmi toutes les propositions.

– On peut profiter de ces moments pour faire de la remédiation : l'enseignant repère quelques enfants avec la même difficulté, il leur propose de travailler ensemble sur cette difficulté précise, les autres enfants étant autonomes. Par exemple, pendant que l'ensemble de la classe travaille en lecture, je prends les plus en difficulté dans ce domaine pour leur proposer des dictées muettes. Ils en profitent ainsi pour progresser en lecture, mais aussi en autonomie dans cet atelier qu'ils pourront refaire ensuite lorsqu'ils seront seuls.

– On peut utiliser ces temps d'autonomie pour faire mémoriser des résultats. Une fois que les résultats des tables de multiplication sont découverts et structurés, les élèves se servent de la table de Pythagore ou de la multiplication concrète pour mémoriser les résultats en classe.

– On peut aussi réserver des plages horaires uniquement destinées à du travail individualisé, sans lien particulier avec une séance, pour permettre aux élèves de s'entrainer et de réviser, et se rendre disponible pour les observer ou les aider individuellement. Pour cela, ils peuvent prendre appui sur leur cahier de progrès (voir p. 128). Ils peuvent s'entrainer pour pouvoir valider une compétence, même si elle a déjà été étudiée, et même échouée auparavant. L'enseignant peut alors contrôler que leur travail correspond à une compétence qu'ils doivent améliorer. Pour cela, ils disposent du matériel et de fiches d'entrainement.

Exemple de construction d'une séquence de travail avec intégration de temps de travail autonomes en libre choix :

Schéma des temps individuels (en couleurs claires) au cours d'une séquence d'enseignement

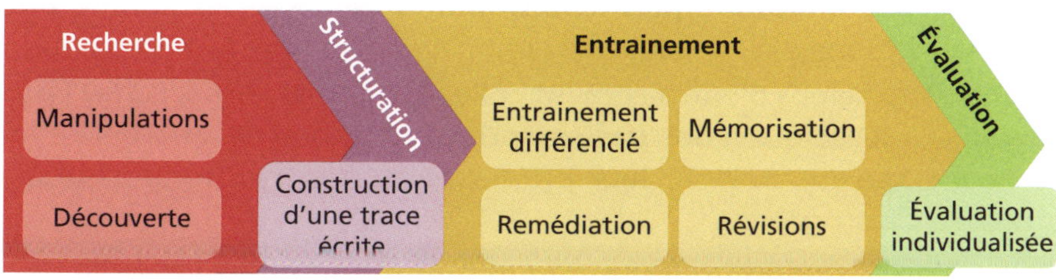

La programmation des apprentissages

Nous avons l'habitude dans notre pratique d'établir des progressions ou des programmations des notions que nous voulons aborder, par exemple par période. Cela nous permet de prévoir et de balayer tout le programme.

Ce travail de préparation n'existe pas dans une école Montessori, où la progression est celle du matériel, suivie par celles des élèves à leur rythme.

Là encore, il y a un équilibre à trouver lorsque l'on veut travailler avec ces principes en école ordinaire. Nous avons des programmes à respecter. Nous avons vu qu'il est important de suivre un cursus commun, afin de ne pénaliser personne. Réfléchir en amont et construire une progression, inscrite dans une programmation d'année, est un garde-fou indispensable : savoir où on va, ce qui va être fait après... Elle peut reprendre la progression montessorienne du matériel, par exemple en mathématiques. Dans ce cas, la présentation du matériel et les temps de structuration peuvent être faits en commun, alors que les phases d'entrainement ou de remédiation seront des occasions de différencier le travail. Si on ne se sent pas encore capable de travailler uniquement avec le matériel Montessori, on peut aussi utiliser une progression externe, celle d'un manuel ou d'une méthode.

Cette même articulation peut se retrouver dans les séquences d'apprentissage : on travaille de manière collective telle ou telle compétence, puis on l'exerce et on l'évalue de manière individuelle.

Concrètement, plusieurs options peuvent cohabiter :

– Construire la notion à partir d'un problème, en classe entière, même si certaines tâches peuvent se faire en groupe. Après cette phase de recherche, mettre en commun en verbalisant les découvertes, puis, si c'est le moment, structurer (affichage de la découverte, trace écrite, vidéo...). Ensuite, l'entrainement sera individualisé, en partie ou en totalité ;

– Construire la notion à partir du matériel, en individuel ou en petits groupes. Ensuite, la structuration se fait collectivement ;

– Se servir des temps d'entrainement individualisé et autonome pour prendre un groupe d'élèves qui en a besoin afin de refaire la manipulation ;

– Se servir des temps d'entrainement collectif (ardoise, fiche, cahier) pour évaluer les élèves qui n'ont pas compris la notion et les reprendre lors d'un autre travail, ou pour leur proposer un atelier différent qui leur permettra de progresser.

L'emploi du temps

L'emploi du temps n'est donc pas représentatif des temps de travail individuels ou collectifs, qui sont plus choisis en fonction de la place dans la séance.

Maria Montessori a longuement travaillé sur les rythmes de l'enfant, bien avant les chercheurs d'aujourd'hui comme François Testu. Les enfants qu'elle a observés n'étaient pas les mêmes, avaient des conditions de vie très différentes des enfants que nous accueillons aujourd'hui dans les classes, et pourtant, plusieurs de leurs conclusions pourraient se recouper.

***Courbe de mise au travail de Montessori,** in* Pédagogie scientifique, *tome I*

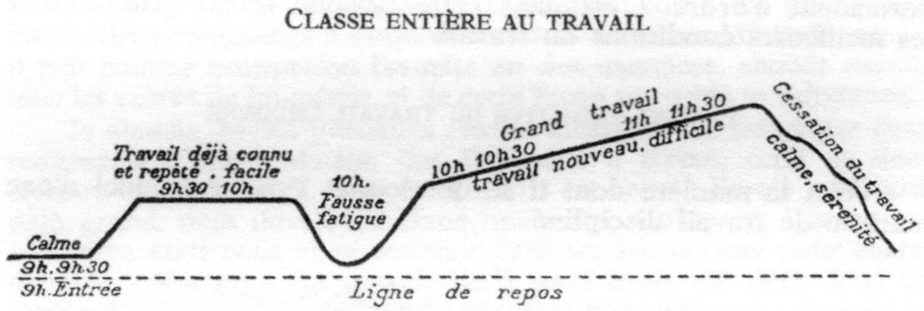

Pour elle, l'évolution du rythme dans la journée des enfants « normalisés » (c'est le terme qu'elle emploie pour parler des enfants qui sont entrés dans l'autodiscipline) suit cette courbe : début de matinée calme, puis première phase de travail, phase de désorganisation, puis travail plus consistant jusqu'à 11 h 30 où l'attention redescend. La grande différence, c'est qu'elle préconise de ne pas faire sortir ou se défouler les enfants vers 10 heures, car alors ils se réorganisent spontanément pour atteindre un travail plus difficile.

« Si, dans la période de fausse fatigue, à dix heures, la maitresse inexpérimentée, interprétant comme désordre le phénomène de suspension ou de préparation au grand travail, intervient, rappelle la classe à l'ordre, la fait reposer, etc., alors l'agitation persiste et le travail suivant ne s'organise pas. Les enfants ne sont pas calmes, ils restent dans un état anormal. C'est-à-dire que, s'ils sont interrompus dans leur cycle, ils perdent tous les caractères qui sont liés à une *fonction intérieure régulièrement* et *complètement accomplie*. »

François Testu, chronobiologiste, professeur d'université, a lui aussi longuement étudié le rythme de vie de l'enfant. Il a également construit des courbes de la vigilance des enfants. Dans un rapport publié avec d'autres chercheurs, il conclut :

« Les fluctuations journalières peuvent différer sous l'influence de l'âge, de facteurs de personnalité et/ou de situation, notamment l'aménagement des temps d'activité et de repos.

Il s'agit donc de proposer des emplois du temps journalier (c'est la priorité), hebdomadaire et annuel adaptés pour favoriser le développement harmonieux de l'activité intellectuelle et physique des élèves, notamment ceux qui ne maitrisent pas encore la tâche à exécuter. Car ce sont principalement les élèves confrontés aux difficultés scolaires et ne maitrisant pas la tâche qui présentent les fluctuations les plus marquées. L'aménagement du temps constitue alors l'un des moyens de lutte contre l'échec scolaire. Ainsi, la priorité se situe d'abord au niveau de la journée. »[5]

Courbes de vigilance de François Testu

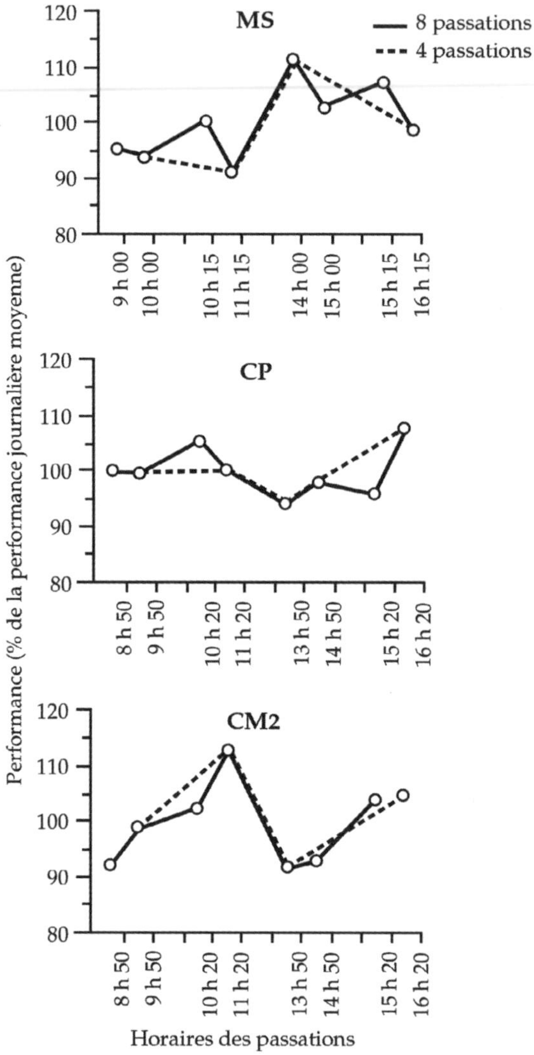

Il s'agit donc de bâtir un emploi du temps journalier qui tient compte des contraintes de l'école. Les heures de début et de fin de classe sont souvent non négociables.

5. http://ipubli-inserm.inist.fr//handle/10608/44

Lorsque nous avons peu de prise sur les horaires hebdomadaires et la répartition annuelle, nous devons donc mettre le plus grand soin à créer un emploi du temps journalier le plus adapté possible.

En ce qui concerne l'heure des récréations, cela dépend de la taille de l'école et du conseil des maitres. Lorsqu'elle est mal placée, au moment où les enfants commencent à être concentrés, elle arrive souvent quand les élèves sont en plein travail et on peut entendre régulièrement des « oh, non » au moment de la sonnerie.

Les ateliers en autonomie peuvent être placés lors des moments de creux des débuts de matinée et d'après-midi. Les enfants entrent en classe et ont besoin de temps pour se mettre en route. Ils sont peu vigilants mais plutôt calmes. On peut alors en profiter pour leur permettre de s'entrainer à leur rythme et prendre le temps de les accompagner dans cette tâche.

Je vous propose à titre d'**exemple des déroulements de journée type**, à adapter localement à chaque situation :

Au CP :

9 h 00	Rituels : langue orale, questionner le monde (temps)
9 h 15	Ateliers de lecture/écriture en autonomie : dictées muettes, lettres rugueuses, boites de phonologie, écriture… En atelier dirigé : temps d'apprentissage
10 h 15	Bilan
10 h 30	Récréation
10 h 50	Calcul mental en classe entière (soit tous ensemble, soit un groupe à l'écrit et un groupe sur l'ardoise)
11 h 10	Mathématiques : un groupe en découverte/structuration/remédiation ; l'autre en plan de travail ou entrainement autonome. Parfois, tous en autonomie
11 h 45	Bilan
12 h 00	Pause méridienne
14 h 00	Lecture autonome et lecture de niveau 2 en remédiation dirigée
14 h 30	EPS
15 h 00	Récréation
15 h 15	Découverte du monde, arts, anglais, éducation civique
16 h 15	

En CP/CE1 :

<table>
<tr><td>9 h 00</td><td colspan="2">Rituels</td></tr>
<tr><td>9 h 15</td><td>Français en autonomie (préparation lecture, cahier d'écrivain, ou plan de travail…)</td><td>Lecture dirigée (nouveau texte, nouveau son à découvrir)</td></tr>
<tr><td>9 h 45</td><td>Français dirigé (leçon, lecture compréhension, dictée…)</td><td rowspan="2">Écriture en autonomie, puis travail autonome</td></tr>
<tr><td>10 h 15</td><td>Travail autonome</td></tr>
<tr><td>10 h 30</td><td colspan="2">Récréation</td></tr>
<tr><td>10 h 50</td><td colspan="2">Calcul mental en classe entière (soit tous ensemble, soit un groupe à l'écrit et un groupe sur l'ardoise)</td></tr>
<tr><td>11 h 10</td><td colspan="2">Mathématiques : un groupe en découverte/structuration/remédiation ; l'autre en plan de travail ou entrainement autonome. Parfois, tous en autonomie</td></tr>
<tr><td>11 h 45</td><td colspan="2">Bilan</td></tr>
<tr><td>12 h 00</td><td colspan="2">Pause méridienne</td></tr>
<tr><td>14 h 00</td><td colspan="2">Lecture autonome et lecture de niveau 2 en remédiation dirigée</td></tr>
<tr><td>14 h 30</td><td colspan="2">EPS</td></tr>
<tr><td>15 h 00</td><td colspan="2">Récréation</td></tr>
<tr><td>15 h 15</td><td colspan="2">Découverte du monde, arts, anglais, éducation civique</td></tr>
<tr><td>16 h 15</td><td colspan="2"></td></tr>
</table>

Le temps d'apprendre et les périodes sensibles

Au-delà de l'emploi du temps, le temps d'une classe Montessori demande… une adaptation aux enfants. Le libre choix signifie que c'est le rythme de l'enfant qui prime, que c'est ce dernier qui choisit en fonction de ce que lui dictent ses instincts profonds d'apprendre. Cela est indissociable pour Maria Montessori du respect de sa personne et de ses périodes sensibles.

Maria Montessori a ainsi défini par l'observation des périodes qu'elle a appelées périodes sensibles : « Il s'agit de sensibilités spéciales, qui se trouvent chez les êtres en voie d'évolution, c'est-à-dire dans des stades de l'enfance. Elles sont passagères et se limitent à l'acquisition d'un caractère déterminé. Une fois ce caractère développé, la sensibilité cesse. »[6] L'enfant passerait ainsi par différents stades durant lesquels son intelligence est particulièrement avide d'apprendre à dénombrer, puis à écrire, à lire, avant de passer à autre chose.

Dans cette conception, l'enfant choisit de travailler ce dont il a besoin pour se développer à ce moment, et si la période sensible est passée, le développement sera plus long et plus compliqué. C'est pour cette raison également que le libre choix est fondamental dans la pédagogie montessorienne, afin que chaque enfant réponde à son impulsion.

C'est un aspect très difficile à appliquer dans une école ordinaire qui programme, qui classe par âge et qui évalue. Combien de temps attendre que l'enfant soit prêt à apprendre à lire ? Bien sûr, les programmes nous disent : « Au cycle 2, l'élève a le temps d'apprendre. » Mais personne ne se risquerait à attendre que tout vienne de l'enfant et de sa sensibilité. Au CP, la pression sur l'apprentissage de la lecture est très forte, de la part de tous les acteurs.

Bien sûr, nous nous rendons bien compte par moments qu'un élève n'apprend pas parce qu'il n'est pas prêt, qu'il n'est pas disponible ou qu'il n'a pas les prérequis.

Comment concilier ce temps de l'apprentissage contre lequel on lutte souvent en vain, et l'organisation si cloisonnée de notre école et de ses programmes ? Nous avons vu qu'il semble être plus efficace en termes d'égalité des acquis de suivre une progression collective globale et de permettre aux élèves de revenir sur les autres apprentissages lors de phases d'entrainement, de remédiation ou de consolidation. Il semble que ce soit dans ces phases qu'on peut donner plus ou moins de temps aux enfants. On peut leur permettre de revenir sur des acquis encore fragiles, que la suite de la progression leur aura permis de consolider. Par exemple, la mémorisation du nom des nombres de 11 à 16 n'est pas toujours facile au CP. Si on permet aux élèves de continuer des ateliers sur ce thème bien après, lorsqu'ils ont avancé sur leur compréhension du système de numération, cela peut leur donner un nouveau temps d'apprentissage plus efficace. Revenir sur le verbe lorsqu'on a vu le nom peut également permettre de trouver d'autres procédures, en comparant les différences entre les deux notions. On peut tout à fait imaginer également permettre à des élèves plus avancés d'aller plus loin, en leur présentant rapidement du matériel plus avancé, ou en leur demandant de réinvestir leurs acquis dans des compétences complexes.

Dans ce cadre, attendre que l'enfant soit prêt ne signifie pas que les enfants n'apprennent pas, mais qu'ils ont besoin d'apprendre autre chose.

---

6. Maria Montessori, *L'Enfant*, Desclée de Brouwer, 1936, 2004, 2006.

13

L'organisation spatiale

La disposition

La disposition d'une classe est un aspect très important de l'enseignement. Elle fait partie de l'ambiance de la classe. Elle n'est pas qu'un aspect du fonctionnement, elle est le résultat d'un type d'enseignement. Elle place les élèves et l'enseignant dans une posture particulière. Une organisation soigneusement pensée est indispensable.

La classe reflète aussi la vie intérieure de l'enseignant, tout comme une maison. Le rangement, l'ordre, la clarté… comptent énormément.

Maria Montessori accordait une très grande importance à la disposition et à l'ordre. Elle demandait à ses enseignantes de fleurir les classes. Les enfants étaient partie prenante du maintien de cette ambiance. Des locaux clairs, aérés, propres, sans bruits excessifs, favorisent le travail et font baisser la fatigue.

Différentes études ont cherché à montrer l'influence de l'organisation spatiale sur la réussite des élèves. Par exemple, Peter Barrett, Fay Daviesb, Yufan Zhangb et Lucinda Barrett, de l'université de Salford (Royaume-Uni), ont pu calculer l'impact de variables architecturales dans la réussite des élèves.[1]

Le premier apport de l'étude est de ramener l'impact architectural au niveau de la salle de classe. Les auteurs n'ont pas trouvé de lien entre l'organisation de l'école, la largeur des couloirs, par exemple, et les résultats des élèves. Ils invitent à se tourner vers la salle de classe, celle-ci étant un espace de vie (et non de passage) de l'élève.

Leurs conclusions montrent **trois types de variables** :

– **les variables liées à l'environnement** : ce sont celles qui sont nécessaires pour le confort physique : la lumière, le niveau sonore, la température, la qualité de l'air et des « liens avec la nature ». Chacun des paramètres a été étudié individuellement. La lumière naturelle est connue pour réguler les cycles veille/sommeil et le niveau optimal de l'éclairage naturel est encore à l'étude. Les niveaux sonores dans les salles de classe sont généralement bien au-delà des conditions optimales pour la compréhension de la parole.

1. http://www.sciencedirect.com/science/article/pii/S0360132315000700

Maria Montessori accordait une grande importance au silence, proposant même aux enfants des leçons de silence. L'étude montre également l'importance de l'aération de la salle de classe, et de la présence d'éléments naturels : plantes, vue sur un jardin...

– **Les variables liées à la personnalisation** : elles concernent tout ce qu'on place dans la classe pour la personnaliser, l'adapter aux élèves, et qui rendra l'environnement optimal pour l'apprentissage des élèves. Par exemple, l'étude montre l'intérêt d'espaces plus spécifiques dans lesquels l'enfant peut ressentir une certaine intimité : coin bibliothèque, espace d'écriture... De même, lorsque les enfants se sentent propriétaires de la salle de classe, lorsqu'ils ont participé à sa mise en place, ils peuvent développer un plus fort sentiment de responsabilité. Les salles de classe et les couloirs qui présentent les productions des élèves, des projets, des expositions... permettent une plus grande participation et une plus grande implication dans les processus d'apprentissage.

– **Le principe de stimulation** : il se rapporte à la façon de rendre l'environnement passionnant et dynamisant. Il mesure par exemple la complexité, c'est-à-dire la façon dont les différents éléments de la pièce se combinent pour créer un environnement visuellement soit cohérent et structuré, soit aléatoire et chaotique. On sait que l'attention et la concentration jouent une importance cruciale dans les apprentissages. Les études ont pu montrer que le maintien de cette attention dans les environnements de classe peut être particulièrement difficile pour les jeunes enfants si les caractéristiques visuelles de la classe imposent à leur capacité d'attention encore fragile un maintien actif pour retrouver les objectifs de la tâche et ignorer les distractions. Une certaine sobriété est de mise dans les affichages, les fiches de travail ou les ateliers, afin que l'attention des enfants ne soit pas perturbée par les petits dessins, que nous sommes tentés d'y semer pour rendre ces supports plus ludiques.

Pour permettre aux élèves de travailler en petits groupes, de coopérer, on peut disposer leurs tables par groupes de cinq ou six élèves. Il peut être intéressant de garder un ilot libre pour les activités en groupes différents : ateliers dirigés de présentation d'un matériel, de remédiation, travail collectif...

Suivant cette étude, on pourra également **organiser la classe en différents espaces** :

– **un coin regroupement**, qui permet d'organiser des temps collectifs au cours desquels la proximité permet l'attention, les échanges, la manipulation, etc. ;

– **une bibliothèque** bien fournie, afin que les élèves puissent y expérimenter le plaisir de choisir des livres et de les lire de façon de plus en plus autonome ;

– **un centre de français**, pour reprendre la terminologie canadienne, où seront disposés les ateliers connus des élèves en français : dictées muettes, livrets de conjugaisons, cartes d'écriture, etc. ;

– **un centre de mathématiques** contenant lui tout le matériel de mathématiques ;

– **un centre d'arts**, autour d'un poste avec un casque : CD de musiques, d'histoires à écouter, matériel d'arts suivant les projets en cours, reproductions d'œuvres vues en classe, etc. ;

– à côté du centre d'arts (pour partager le poste audio) ou du centre numérique, on peut imaginer **un coin d'anglais**, dans lequel les élèves pourraient feuilleter les albums étudiés, des imagiers, écouter des histoires ou des chansons et des comptines en anglais.

Bibliothèque, ateliers de français et coin regroupement

Matériel de mathématiques à disposition

Il est possible d'installer également **un centre pour questionner le monde** à alimenter en fonction de l'avancée des projets dans la classe et du matériel présenté aux élèves. On ne propose que du matériel dont l'utilisation a été modélisée, comme des jeux d'électricité, des engrenages (avec fiches de construction), les maquettes de la classe à reconstituer, une mappemonde, voire un microscope… Il est important d'adapter le matériel en fonction du vécu, comme les maquettes, les dents, des objets techniques, des radios, des loupes, des balances, des leviers, des livres sur le thème, des fiches techniques, des cartes nomenclatures, des jeux adaptés. Là encore, cette organisation permet aux enfants de manipuler même si le matériel n'existe qu'en un seul exemplaire. On peut ensuite prévoir un temps de mise en commun et de débat sur ce qui y a été fait.

Si on en est équipé, il est intéressant d'installer un **coin numérique** : ordinateurs ou tablettes numériques avec logiciels d'entrainement, microscope numérique, appareil photo, webcam…

Exemples de disposition de classe

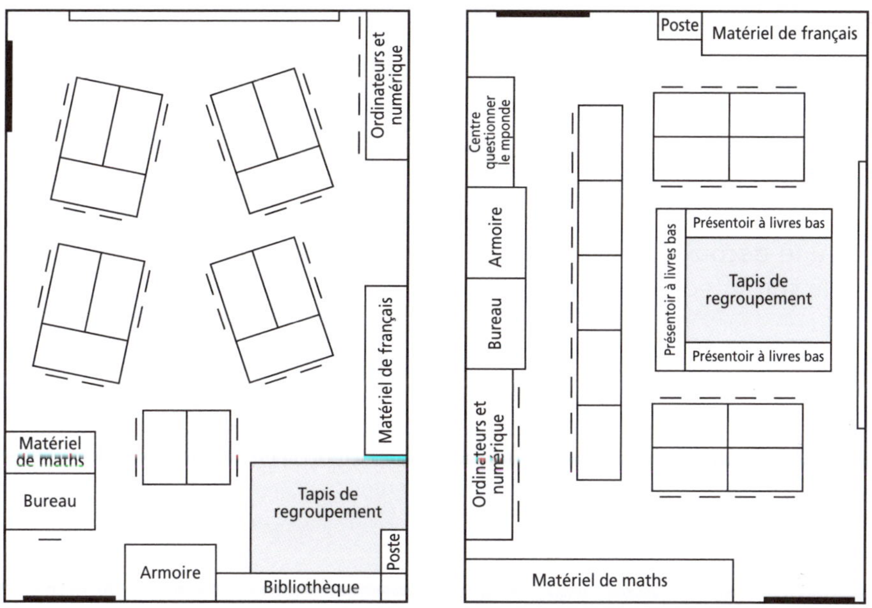

Dans tous les cas, il sera fondamental de modéliser chaque utilisation, et pourquoi pas de préparer un affichage évolutif et très simple pour chaque coin indiquant comment s'en servir. Se servir de pictogrammes permet aux enfants de faire le lien entre les coins, le matériel, la discipline enseignée, l'emploi du temps, éventuellement le plan de travail, ou encore le code d'évaluation.

L'ordre

Maria Montessori accordait une grande importance à l'ordre. La classe devait être bien rangée, les élèves devaient apprendre à placer les ateliers à leur place. Elle voit l'ordre extérieur comme le reflet de l'ordre intérieur et de l'autodiscipline.

Ce qui est sûr, c'est que lorsqu'on propose du matériel aux élèves, il est rapidement nécessaire de leur apprendre à le ranger. Sinon, il devient vite inutilisable. C'est un temps indispensable, et qui peut avoir une utilité didactique : ranger les lettres de l'alphabet mobile dans l'ordre alphabétique, les perles dans l'ordre croissant, la magie des nombres par unités… Cet ordre-là est le reflet de l'organisation interne des savoirs à apprendre.

Les enfants ressentent assez rapidement ce besoin de rangement : à plusieurs reprises, dans ma classe, la demande est venue des élèves : « Maitresse, on devrait ranger. » Au départ, j'acquiesçais rapidement, et je prenais péniblement du temps pour le faire le matin ou le soir. À un conseil d'élèves, la demande est revenue différemment : « Maitresse, on voudrait ranger la classe. » Soit. La semaine suivante, je leur ai laissé le dernier quart d'heure. Et j'ai fait l'expérience sensible, à mon tour, de l'importance pour mes élèves de ranger eux-mêmes leur classe : ils rangeaient les ateliers, taillaient les crayons de couleur, remettaient de l'ordre dans leur case, replaçaient les livres de la bibliothèque. Pour certains élèves, c'est une découverte importante et à refaire de nombreuses fois avant qu'elle soit intégrée.

Le regroupement des élèves

Les différents groupements

Nos classes traditionnelles sont bâties sur le regroupement par niveau, dont on voudrait qu'il corresponde aujourd'hui également à une classe d'âge. Les classes montessoriennes étaient avant tout des classes multi-âges, dans lesquelles les enfants n'étaient pas forcément séparés par niveaux. Ce mode de regroupement permet que chaque élève puisse avancer à son rythme, d'autant qu'il n'y a pas de parcours collectif. L'accès au matériel est possible même si celui-ci est en nombre plus restreint, tous les élèves n'en ayant pas besoin en même temps.

Dans notre système scolaire, de telles classes n'existent pas vraiment. Si l'on trouve des classes à plusieurs niveaux, chaque élève est tout de même inscrit dans un niveau dont il est censé maitriser les compétences en fin d'année. Les élèves restent groupés à certains moments dans leur niveau. Cependant, ces classes offrent tout de même aux élèves des passerelles : lors des moments de libre choix, ils peuvent aller vers des travaux dont ils ont besoin, quel que soit le niveau attribué. De plus, elles permettent aux plus jeunes d'anticiper ce qui les attend, de voir comment ils vont grandir : « Le jeune enfant ne se sent pas en compétition avec le grand, il éprouve pour lui de l'admiration et des sentiments de dévouement. Il voit en lui le modèle de son propre triomphe, qui est certain, car l'enfant va grandir, sinon il mourrait. »[1] Les élèves les plus âgés connaissant le fonctionnement de la classe, il suffit aux plus jeunes de les observer pour comprendre comment agir.

De plus, les interactions entre enfants aident grandement à l'apprentissage. Lev Vygotsky a souligné le premier l'importance de l'interaction sociale dans le développement de la connaissance chez l'enfant. Ces découvertes des sociaux-constructivistes avaient déjà été observées par Maria Montessori : « Celui qui prend conscience de sa propre valeur devient enclin à l'association ; il représente une énergie. Nous avons vu comment

1. Maria Montessori, *La Formation de l'homme*, Desclée de Brouwer, 1996.

l'association entre les enfants se produisait spontanément, toute seule, pour penser et pour comprendre. Il semble que la véritable compréhension aille de pair avec la discussion, avec la critique, avec le consentement des autres. Il faut que le plaisir de connaitre soit aussitôt communiqué à autrui. C'est dans cette communication que se développe l'enthousiasme. »[2] Il s'agit donc de permettre aux élèves de discuter, de construire ensemble leurs connaissances.

Pour favoriser ces interactions, dans le quotidien de la classe, les modes de groupement des élèves peuvent varier :

– L'enseignant peut s'adresser à la classe entière pour des temps de consigne, d'explicitation, de mise en projet, les conseils d'élèves... Ces temps doivent être courts et bien définis.

– Pour la présentation d'un nouveau matériel, la résolution d'un problème nouveau..., l'enseignant peut s'adresser à un petit groupe d'élèves : il est ainsi plus proche d'eux, peut les faire participer plus activement, les faire manipuler, s'assurer de leur compréhension. Des groupes hétérogènes permettent à ce moment aux élèves d'échanger, de s'appuyer les uns sur les autres.

– Pour un travail d'entrainement spécifique, un temps de remédiation ou de mémorisation, il est possible pour l'enseignant de s'adresser à un petit groupe homogène dont on a repéré les mêmes besoins chez les élèves.

– L'enseignant peut également choisir de ne travailler qu'avec un élève, pour l'aider sur une difficulté ponctuelle, pour lui présenter un atelier à son niveau s'il est très différent de celui du reste de la classe, dans un sens ou dans l'autre, ou pour profiter d'un temps d'observation privilégié. C'est ainsi que j'essaie de prendre régulièrement chaque enfant individuellement pour l'entendre lire un texte à son niveau et observer ses réussites et ses difficultés.

Tutorat et coopération

Dans la classe, l'enseignant ne peut pas se rendre présent pour tous les élèves qui en ont besoin en même temps. Il est donc très utile de mettre en place des systèmes permettant la coopération et le tutorat. « Celui qui se livre à un travail trop difficile pour lui a besoin de s'associer avec d'autres individus ; mais, même pour comprendre, l'aide des autres est nécessaire. La collaboration spontanée est une manifestation vraiment

2. Maria Montessori, *De l'enfant à l'adolescent*, Desclée de Brouwer, 2004.

révélatrice. »[3] Ces relations d'aide ou de coopération peuvent prendre plusieurs formes suivant qu'elles sont plus ou moins formelles et plus ou moins asymétriques. Sylvain Connac[4] en propose un schéma très éclairant :

Les déclinaisons de la coopération

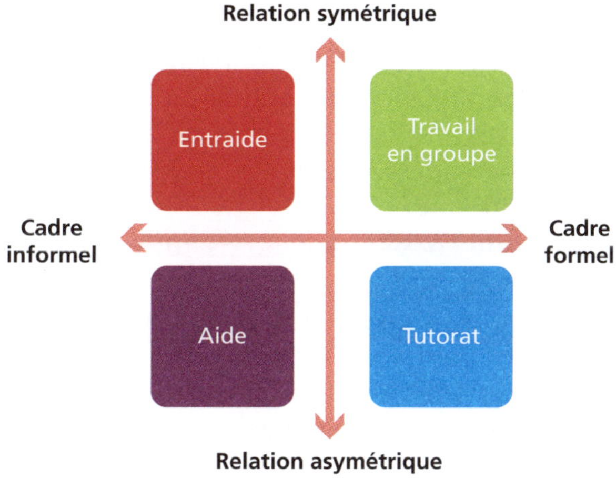

Dans le groupement ordinaire des élèves en classe, la disposition en ilots de travail permet la constitution de groupes hétérogènes. Dans chacun de ces groupes, on peut placer un ou plusieurs élèves qui pourront être une ressource. On pourra enseigner explicitement aux élèves comment demander de l'aide en chuchotant, une consigne oubliée, une manipulation inconnue… et comment y répondre tout aussi silencieusement en renvoyant aux outils de la classe et sans donner la réponse : traces écrites, matériel… Ce sont ces mêmes groupes hétérogènes qui seront les groupes des ateliers dirigés. Lors des conseils d'élèves, on peut revenir régulièrement sur ces procédures d'aide et de coopération, les encourager, afin que chaque élève se sente responsable de la réussite de tous.

On peut également profiter des moments de bilan en fin de période de travail autonome pour désigner des élèves « experts » qui pourront aider les autres. Par exemple, tel élève vient d'expliquer qu'il sait remplir le tableau des nombres sans erreurs. L'enseignant le désigne alors comme personne ressource aux yeux des autres : ceux qui ne savent pas encore faire ce travail peuvent lui demander de l'aide lors d'une prochaine période. Il peut être noté comme tel sur un support explicite, comme le

3. Maria Montessori, *De l'enfant à l'adolescent*, Desclée de Brouwer, 2004.

4. Sylvain Connac, *La Personnalisation des apprentissages, Agir face à l'hétérogénéité, à l'école et au collège*, ESF Éditeur, 2012.

tableau des « Je sais ». Souvent, des binômes se forment alors pour le travail suivant.

Les études qui ont étudié ces formes de tutorat ont montré que, dans ces interactions, chaque enfant a beaucoup à gagner : l'enfant aidé ne reste pas seul devant ses difficultés, il peut entendre de nouvelles explications, ou même apprendre par imitation ou par observation. Le tuteur ne perd pas non plus son temps : il réactive ses connaissances, explicite, et parfois doit même inventer de nouvelles procédures ou construire des stratégies. Les élèves qui pratiquent ces formes d'aide ou de tutorat peuvent donc progresser dans leurs compétences orales, cognitives et métacognitives, mais aussi sociales et morales.

Toutes ces conduites de coopération ou de tutorat doivent être enseignées pour être efficaces. On peut modéliser comment aider un élève par l'exemple, ou encore s'assoir auprès d'un binôme pour aider à la relation de tutorat. On peut aussi filmer ou enregistrer un binôme pour les regarder ensuite, les analyser et en tirer des conclusions. Les pédagogies institutionnelles proposent également de faire passer aux élèves un brevet de tuteur, qui leur permet de montrer qu'ils ont les compétences pour aider les autres.

Le matériel

Dans une démarche avant tout pragmatique, Maria Montessori a repris ou créé un matériel pédagogique qui a été petit à petit corrigé à partir de ses observations, de manière à ce qu'il corresponde à des fonctions précises.

Ce matériel a été classé en différentes catégories :

– **Le matériel de vie pratique** était destiné aux enfants des petites classes (3-6 ans), afin de leur permettre d'apprendre des gestes de la vie de tous les jours, de les rendre autonomes tout en affinant leurs gestes : transvaser, lacer, nettoyer, boutonner, attraper, emboiter, visser et dévisser…

– **Le matériel d'éducation sensorielle** était lui aussi destiné aux plus jeunes, afin d'affiner leurs perceptions et d'éduquer leurs sens : classer les couleurs, les sons, les matières, les volumes…

– **Le matériel pour apprendre le langage** concerne les élèves un peu plus âgés. Il faut se souvenir que Maria Montessori proposait aux enfants le matériel pour commencer l'apprentissage de l'écriture et de la lecture dans les petites classes : les alphabets mobiles, les lettres tactiles, les cartes de nomenclature…

– **Le matériel de mathématiques** s'adresse aux élèves dès 4 ans : on commence par les grandes barres rouges pour comparer, les jetons… pour finir par les fractions ou les décimaux.

– **Le matériel de botanique, géographie et zoologie** s'adresse également aux plus âgés.

Pour Maria Montessori, ce matériel devait être simple et facile d'accès, solide et de taille adaptée aux plus jeunes. Nous le connaissons souvent sous la forme inventée au début du XXe siècle, donc avec des matériaux simples et parfois oubliés aujourd'hui dans les classes : du bois, du tissu, des perles de verre… Garder de nos jours cette fabrication, à l'heure où le plastique serait plus économique, a quelquefois une influence déterminante : certains y voient une portée écologique, des matériaux naturels, sains, et parfois faciles à fabriquer soi-même.

Un autre aspect important est leur sobriété : les chercheurs travaillant sur l'attention des élèves montrent aujourd'hui que les élèves sont vite distraits par les illustrations, les petits détails que nous ne voyons même pas. Plus ils sont jeunes, plus ils voient le détail au détriment du tout. Plus le matériel est décoré, moins il est investi pour ce qu'il est : du matériel d'apprentissage. Sans être austère, il est nécessaire que le matériel mis à la disposition des élèves soit sobre et simple. C'est sans doute l'une des raisons de l'attrait qu'exerce le matériel conçu par Maria Montessori aujourd'hui.

Le matériel concret

Voici un tableau synthétique du matériel Montessori de base pour le cycle 2. On peut y ajouter bien d'autres éléments de travail autonome, et notamment des étiquettes ou des cartes que l'on peut fabriquer soi-même.

EN FRANÇAIS		EN MATHÉMATIQUES	
À partir du CP		À partir du CP	
	les lettres rugueuses	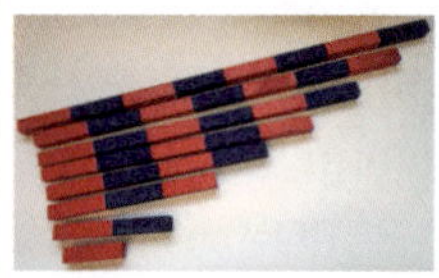	les grandes barres rouges et bleues
	l'alphabet mobile		la boite de jetons
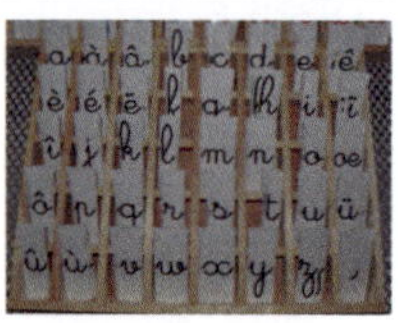	l'alphabet noir	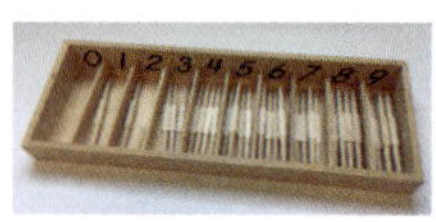	les fuseaux
	les dictées muettes		la magie des nombres (perles dorées et symboles)
	le plateau des encastrements (ou formes à dessin)		les tables de Seguin

EN FRANÇAIS		EN MATHÉMATIQUES	
À partir du CP		À partir du CP	
	des cartes de nomenclature		les perles colorées
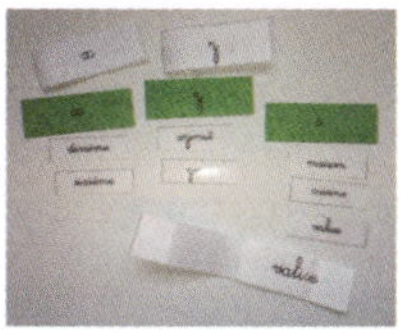	les pochettes de lecture		les timbres
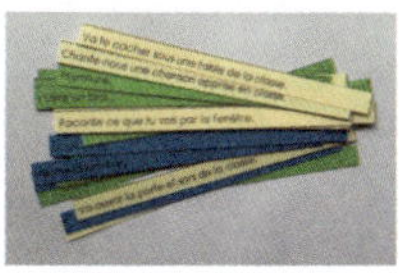	les billets de lecture		la chaine de 100
	les petits livres		le tableau de 100
		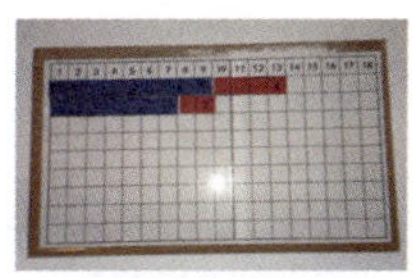	les réglettes additives et soustractives
		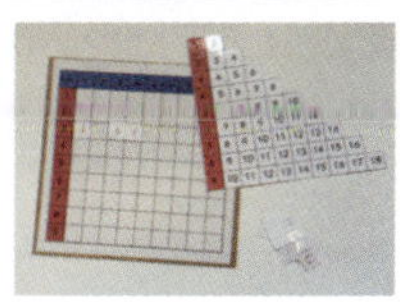	la table de l'addition
			les tiroirs de géométrie

EN FRANÇAIS		EN MATHÉMATIQUES	
À partir du CE1		À partir du CE1	
	les symboles de grammaire		la chaine de 1 000
	les boites de grammaire	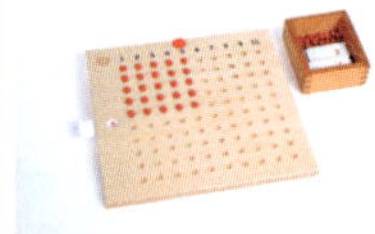	la table de multiplication concrète
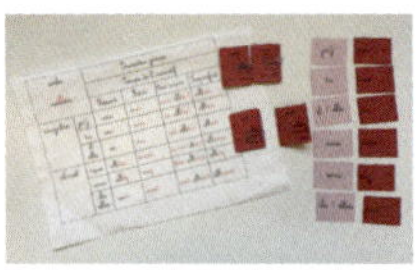	les petits verbes rouges		la table de la multiplication
			le petit boulier

Je ne vais pas ici détailler l'utilisation du matériel. Maria Montessori l'a très bien fait elle-même dans ses différents ouvrages. On trouve en outre de très nombreux sites Internet détaillant les ateliers ou proposant même du matériel à télécharger. J'y reviendrai brièvement dans les dernières parties qui parleront des différentes matières scolaires.

Équiper sa classe avec ce matériel a un cout, bien sûr. Il n'est pas toujours évident de pouvoir faire ce genre d'investissement à long terme dans les classes dans lesquelles nous enseignons. Beaucoup de sites proposent en outre de vous faire fabriquer le matériel. C'est parfois possible, même s'il faut tenir compte de la nécessaire solidité du matériel, qui sera bien sollicité, et de la déception qu'on peut ressentir lorsque du matériel, qui nous a demandé beaucoup de temps de fabrication est cassé, mâchouillé ou perdu !

L'investissement peut cependant être rendu réalisable grâce à différents aspects :

– le libre choix permet de n'avoir qu'un seul atelier de chaque sorte : les enfants ne travaillent pas sur le même matériel en même temps. Montessori y voyait un intérêt supplémentaire, puisqu'elle empêche la compétition entre les enfants ;

– le travail à partir du matériel et sur des supports très simples (ardoises et cahiers) évite d'avoir à acheter des fichiers onéreux.

On peut également ajouter à ce matériel qui a un siècle des ateliers fabriqués ou imaginés par l'enseignant, ou d'autres enseignants, qui permettront un travail suivant les principes que nous venons de détailler. Par exemple, en grammaire, on peut imprimer de petits textes et demander aux élèves de compter les phrases, les lignes, les mots… de souligner les phrases interrogatives… Il est assez facile maintenant d'imprimer et de plastifier des fiches de ce genre, ce qui permet aux élèves de travailler de façon réversible, et donc de se tromper. On peut y ajouter la correction au dos où sur une fiche rangée dans la classe, afin de faciliter le contrôle individuel.

Les supports

Maria Montessori ne parlait pas de cahiers. Elle commençait le travail sur une ardoise, qui est toujours un élément indispensable de la classe, parce qu'il permet de dédramatiser les erreurs, de s'entrainer et d'être contrôlé rapidement par le maitre.

Structuration et trace écrite

Il est important de réfléchir ensuite aux supports qui serviront aux élèves. Ils peuvent être collectifs ou individuels. Les recherches récentes en psychologie cognitive ont montré que ce qui permet aux élèves d'apprendre, c'est de faire des liens entre ce qu'ils sont en train d'apprendre et ce qu'ils connaissent déjà. Une connaissance qui n'est reliée à aucune autre est inutile et ne peut être utilisée. De même, la verbalisation des acquis est très importante dans les processus d'acquisition de savoirs ou de savoir-faire. Une connaissance qui n'est pas mise en mots ne sert à rien, comme le disait déjà Hegel : « La pensée ne devient précise que lorsqu'elle trouve le mot. Je ne suis conscient de ce que je pense que lorsque je suis capable de le formuler, de l'expliciter dans des mots. » Les temps collectifs doivent ainsi être le support de la parole comme instrument essentiel de la pensée. Un enfant qui ne fait que recevoir une parole entendue sans se la répéter pour lui-même ne se l'approprie pas. Nous en faisons l'expérience lorsque nous entendons une émission de radio sans y prendre garde et sans activer notre langage intérieur, et sans savoir ce qui s'y dit ni parfois même de quoi ça parle.

Il est donc nécessaire de permettre aux élèves d'exprimer leurs découvertes, leurs connaissances, et d'en garder une trace. Les affichages et les cahiers sont les premiers outils pour cette construction, comme nous l'avons vu précédemment.

Cahiers et exercices d'entrainement

Organiser sa classe de manière plus montessorienne ne signifie pas l'abandon des outils de la classe traditionnelle. Maria Montessori en parle peu. Elle parle surtout d'abandonner les manuels et les méthodes. Il me semble que c'est surtout l'esprit de ces méthodes, à suivre pas à pas et très transmissives, qu'elle souhaite abandonner.

Les méthodes proposées aujourd'hui par la plupart des éditeurs pour le cycle 2 prennent essentiellement la forme de fichiers d'exercices, associés ou non à un manuel. Ces fichiers présentent certains avantages : la progression est toute faite, le support tout préparé, le programme est balayé… mais aussi des risques : le premier est de réduire l'enseignement au remplissage de fichiers. Or, le temps de manipulation, de compréhension, d'explicitation… ne peut se faire sur ce support. Le fichier doit rester un mode d'entrainement. Le deuxième est de vouloir à tout prix que tous les enfants avancent au même rythme tout le temps. On ne peut pas revenir en arrière pour permettre aux élèves de revoir une notion qu'ils n'ont pas acquise, il n'y a plus de place dans le fichier. Le troisième est le risque d'empêcher les élèves de penser. En effet, afin de rendre le travail plus rapide, le travail dans les fichiers consiste souvent en un remplissage de cases vides. Or, les élèves ont besoin, pour mettre en œuvre une pensée, d'écrire des choses signifiantes, des écritures mathématiques complètes, des phrases complètes… Un dernier risque est pour les enseignants : s'ils se contentent de faire remplir le fichier, leur rôle devient celui d'un répétiteur.

Une bonne façon d'utiliser ces fichiers, s'ils paraissent vraiment nécessaires, est de s'en servir au rythme des élèves, comme entrainements. Le fichier est donc une banque d'exercices que l'enfant peut sortir lors des temps d'entrainement en libre choix, afin de s'entrainer sur une notion qu'il aura déjà bien comprise. La difficulté sera alors de choisir le fichier le plus efficace pour cette tâche. Comme l'achat de ces fichiers constitue tout de même un budget non négligeable, il est également possible de s'en passer, et d'utiliser d'autres supports pour les entrainements : le matériel, bien sûr, mais aussi des fiches autocorrectives, des fiches photocopiées, et des cahiers traditionnels.

Exemples de supports

- Un grand cahier de lecture (code et textes à lire)
- Un petit cahier outils en français : langage oral, compréhension et littérature, écriture (outils pour écrire), étude de la langue → 4 onglets
- Un petit cahier de liaison
- Un petit cahier de devoirs
- Un cahier d'entrainement : réglures évolutives (écriture)
- Un cahier d'écrivain
- Un petit cahier outils de maths (et dictionnaire des nombres)
- Un grand cahier de QLM/EMC, 4 onglets : A. Vivant, objets et matière ; B. Espace et temps ; C. Organisation du monde ; D. Enseignement moral et civique
- Un grand cahier d'enseignements artistiques
- Un cahier de poésie et chant
- Un cahier d'anglais
- Une pochette A4 à rabats élastiques pour ranger toutes les fiches photocopiées. À la fin de chaque période, le contenu de la pochette est classé, terminé et agrafé afin de pouvoir l'archiver et de vider la pochette.

Montessori et le numérique

Bien sûr, Maria Montessori n'a pas réfléchi sur ce sujet, quoique… Dans sa vision de l'enseignement des adolescents, elle insiste sur la nécessité d'enseigner aux enfants la faculté d'adaptation. Elle explique : l'enfant « doit être habitué à se servir de machines : machines à écrire, à tricoter, à tisser ; machines à calculer, à imprimer, à photographier, à développer ; cinémas, microscopes, phonographes et radios, machines électriques (…) C'est un organe multiforme de la vie de l'homme moderne. »[1] L'enfant doit ainsi apprendre à vivre en comprenant que le pouvoir que lui confèrent ces machines ne doit pas le pousser à vivre en dehors de la société, mais qu'il

1. Maria Montessori, *De l'enfant à l'adolescent*, Desclée de Brouwer, 2004.

doit aller de pair avec des devoirs nouveaux et un haut sens des responsabilités. Ce programme garde toute son actualité, et il est tout à fait nécessaire d'enseigner en effet aux enfants les limites et les utilisations raisonnées du numérique.

En outre, l'engouement actuel autour de la pédagogie montessorienne se retrouve sur la toile et tous les supports numériques. Les fabricants et éditeurs ont largement tenté la transposition de cette pédagogie sur ces nouveaux supports. Ils en ont décliné de nombreux outils, essentiellement sous forme d'applications pour tablettes numériques. Il n'y a qu'à taper le nom Montessori dans une « boutique » d'applications (Apple Store ou Play Store) pour se rendre compte de leur nombre et de leur diversité.

Ces adaptations sont souvent séduisantes, surtout pour le jeune public généralement fasciné par le travail sur tablette. Elles reprennent la plupart du temps le matériel existant, représenté numériquement.

Leur principal défaut est bien sûr la difficulté de garder le côté concret et sensoriel du matériel de départ. Je pense aux perles par exemple, que les élèves égrènent pour compter, et qui seront plus difficiles à dénombrer si on ne peut pas les toucher.

Sur les tablettes, ces logiciels ou applications peuvent néanmoins parfois garder la notion de geste de la main si chère à Maria Montessori. Par exemple, le tableau de nombres qui permet à l'enfant de faire glisser des étiquettes virtuelles sur le tableau reprend les caractéristiques gestuelles de l'atelier concret.

Souvent, le contrôle de l'erreur est simplifié, dévolu à l'application, qui donne à l'enfant une indication immédiate de ses réussites ou de ses erreurs.

Il existe plusieurs façons d'envisager leur utilisation en classe. Ils peuvent :

– être le prolongement de l'atelier, pour multiplier les supports ;

– remplacer un atelier que l'on n'a pas en classe ;

– renforcer les apprentissages lorsqu'ils enrichissent le travail de l'atelier de départ, par exemple en assurant une progression ou un suivi.

La correction des travaux et l'évaluation

La correction

Le problème de la correction des travaux des élèves est une préoccupation importante, tout comme elle est une grande partie du travail des enseignants. Pour Maria Montessori, l'évaluation devait toujours être positive, mais surtout, le matériel devait permettre à l'élève de contrôler et de corriger ses erreurs tout seul.

Ce que nous enseignent les sciences cognitives, c'est que l'enfant pour progresser a besoin d'un retour sur son exercice, qu'il soit fait par le matériel ou par l'enseignant. Emmanuel Procyk et Martine Meunier nous expliquent donc que « trop souvent condamnée en classe comme une faute, l'erreur est pour le cerveau une information comme les autres, utile et nécessaire pour progresser sur le chemin de l'apprentissage ».

« Notre cerveau fait constamment des prédictions sur les résultats de ses actes. En cas d'erreur de prédiction, il ajuste ses choix suivants. »

« Ces données montrent à quel point il est important d'encourager les personnes, et notamment les plus jeunes, à explorer leur environnement tout en tenant compte des messages d'erreur comme autant d'indices qui les guident vers leur but. En un mot, il ne faut pas punir les erreurs, au risque de tarir l'exploration et de pénaliser l'apprentissage. » [1]

Cependant, nous avons dit qu'il est important que les élèves puissent passer au langage abstrait et symbolique et s'entrainer sur des cahiers. Cela implique forcément une correction écrite des écrits, qui doit donner à l'élève une indication claire sur le travail effectué.

La correction (ou le retour sur le travail des élèves) n'est pas toujours « formative » pour l'élève, ni informative pour le parent :

– lorsqu'il n'y a aucun écrit de l'enseignant sur le cahier d'exercices de l'élève et donc aucune information sur la réussite de l'élève ;

1. Cerveau et Psycho.fr n° 87, avril 2017 : *Apprendre de ses erreurs, quand l'échec forge le cerveau.*

– lorsque dans la marge des cahiers, le seul écrit de l'enseignant consiste en notes ou appréciations du type *assez bien*, ou encore en feux de couleur, pictogrammes ou smileys.

Lorsque ne figurent que des annotations globalisantes (les notes et leurs variations : ab, C +, ☹), l'attention de l'élève (et de ses parents) se focalise sur ces formes de jugement qui ne permettent pas d'analyse. Pour que l'enfant puisse se saisir de cette correction comme d'un moyen d'avancer, il semble intéressant de faire apparaitre les réussites et les progrès à faire. L'enseignant écrit alors une rapide analyse. Lors de la reprise des cahiers, l'élève relit ces annotations, il doit apprendre à en tenir compte pour sa prochaine réalisation.

On peut garder en mémoire la démarche de correction et de feedback en production d'écrit proposée par Mireille Brigaudiot[2], la démarche VIP : Valoriser, Interpréter, Poser l'écart.

– Valoriser, c'est donner de la valeur à une production quelle qu'elle soit, tout en renforçant l'estime de soi des élèves pour les encourager à continuer.

– Interpréter, c'est comprendre et faire comprendre à l'élève ce qu'il a fait. C'est une interprétation cognitive qui permet de différencier. On s'intéresse à ce que dit l'élève de ce qu'il a fait, à ce qu'il croit qu'il sait, et on lui dit ce qu'on pense qu'il a fait et qu'il sait. L'enseignant a alors un rôle de « miroir cognitif » et les élèves font de très gros progrès métacognitifs.

– Poser l'écart, c'est montrer à l'élève quelle aurait été la meilleure façon de procéder, la norme. C'est également montrer quel chemin il reste à parcourir. À ce moment, le maitre détient l'expertise.

Pour les exercices récurrents (écriture, calculs…), une autre possibilité très intéressante consiste à observer quelques pages de cahier anonymes, de repérer les critères de réussite et d'établir une petite grille d'auto évaluation. Cette courte grille sera collée à la fin de chaque travail pour que les élèves puissent s'autoévaluer, de manière à acquérir petit à petit les bons automatismes de manière consciente. Cette évaluation peut aussi se faire par deux :

Exemple de grille d'autocontrôle pour la copie au CP

Je vérifie mon travail

1. Je respecte les lignes.	
2. Je n'oublie rien (date, copie…).	
3. Mon crayon est bien taillé.	

2. Mireille Brigaudiot, *Première maitrise de l'écrit : CP, CE1 et secteur spécialisé*, Hachette éducation, 2006.

Cet « autocontrôle » permet à l'enfant non seulement de faire progresser ses compétences, mais de dédramatiser l'erreur. Par ce moyen il se rend aussi compte qu'il peut prendre en charge une partie de l'évaluation, dans l'objectif de faire mieux et de s'assurer que le travail est conforme aux attentes.

L'évaluation

L'évaluation par l'enseignant

Ce travail de correction est l'un des aspects du travail d'évaluation des élèves que nous devons effectuer. Dans le cadre de l'enseignement dans une classe de l'Éducation nationale, nous avons des évaluations à remettre régulièrement. Cependant, cette évaluation au cycle 2 n'est pas certificative, elle est voulue formative et bienveillante :

« L'évaluation, tournée vers les élèves dans une visée essentiellement formative, accompagne les apprentissages, qui se fondent sur des propositions ouvertes favorisant la diversité des réponses. Le professeur prend appui sur l'observation des élèves dans la pratique et lors de la prise de parole, pour valoriser et encourager. »[3]

Voilà donc de nouvelles pratiques d'évaluation, qui peuvent compléter, voire remplacer, les traditionnels « contrôles » écrits : proposer, observer. On peut faire le lien ici avec le nécessaire travail d'observation par l'enseignant décrit par Maria Montessori.

L'observation des élèves est une compétence centrale de l'enseignant. Elle permet de voir ce que l'élève sait faire en situation. Mais encore faut-il savoir ce qu'on observe. Viviane Bouysse[4] analyse ainsi ce geste professionnel : on peut observer des comportements, des attitudes, des démarches, des procédures, des productions, des réalisations… que l'on peut ainsi mettre en relation avec les attendus des programmes.

On peut également se saisir de deux formes d'observation :

– L'observation spontanée, au cours des activités et de la vie de la classe. Pour qu'elle soit efficace, l'enseignant doit avoir en tête des références et des observables possibles, ce qui est difficile lorsqu'on débute, ou quand on commence dans une section. Il faut avoir des repères, construire et activer

3. Bulletin officiel spécial, n° 11, 26 novembre 2015.

4. Viviane Bouysse, conférence sur *L'évaluation en maternelle*, mercredi 25 novembre 2015, Nîmes.

une grille mentale. Au départ, il est possible de se construire une grille explicite, avec des repères venus de l'extérieur, pour avoir des indicateurs.

– L'observation préparée, lors d'une situation particulières, pour vérifier telle ou telle compétence chez certains élèves ou toute la classe. Cette observation peut servir à affiner un diagnostic, à prendre conscience de difficultés particulières ou au contraire à mesurer des progrès.

L'autoévaluation

Dans l'optique de faire de l'évaluation un moment utile aux élèves, il est indispensable de les impliquer pour une partie dans leur évaluation, afin qu'ils sachent où ils en sont et ce qu'ils doivent travailler.

Ce qui manque aux élèves en difficulté, c'est de savoir ce qu'ils font à l'école, comment et pourquoi on apprend, et parfois de mettre en route une pensée. D'où l'importance de travailler sur les compétences « méta », qui leur permettent de parler de ce qu'ils apprennent et de comment ils apprennent.

C'est en ce sens que les moments de bilan à la fin des périodes de travail en libre choix sont très utiles. Le travail sous la forme de plan de travail écrit peut être utile également, s'il montre d'une manière ou d'une autre les compétences travaillées.

Une autre option consiste à équiper les élèves d'un **cahier de progrès ou cahier des apprentissages**, un peu à la manière de ce qui se fait en maternelle. Ce cahier, ou livret… doit contenir les principales compétences à travailler dans l'année. Quand une compétence est évaluée, elle est codée comme telle dans le cahier. Pour permettre aux élèves de se situer dans leur apprentissage, on peut utiliser l'idée de l'échelle, et leur dire, si ce n'est pas réussi : « Bon, tu es en bas de l'échelle, mais on va continuer d'apprendre, tu vas monter graduellement, la prochaine fois, on vise orange… » C'est en ce sens que c'est un cahier de progrès et non un cahier de réussites. Dans le cahier de réussite, on ne note que les compétences réussies, afin d'éviter les phénomènes de comparaison et de pointer des échecs.

Le cahier de progrès ne peut noter les progrès que si l'on propose de réévaluer les compétences échouées. S'il n'y a qu'une évaluation avant de passer à la compétence suivante, effectivement, il n'y a pas de progrès, et le cahier devient juste une évaluation sommative. L'idée est de dire : on monte les marches (je reprends l'échelle !), on reprend ce qui ne marche pas et on note les progrès, et passer du rouge au orange est un progrès, tout comme du orange au bleu.

L'échelle des acquisitions

A	Parfait, tu réussis à utiliser ce que tu as appris. Tu pourras certainement aider les autres à progresser.
AR	Tu utilises ce que tu as appris, mais avec encore parfois quelques erreurs. Continue !
ECA	Tu as encore du mal, il y a encore des choses à travailler. Tu dois pouvoir progresser avec l'aide d'un adulte ou d'un camarade.
NA	Tu ne sais pas encore faire. Nous allons reprendre depuis le début.

On peut également utiliser l'idée d'une flèche montrant les différents niveaux de maitrise d'une compétence, et sur laquelle placer l'élève. Tout le travail consiste alors à décliner ces niveaux de compétence afin d'avoir des observables pour que l'élève puisse se placer :

Pour évaluer une compétence

Copier de manière experte

Échelon 1 :	**Échelon 2 :**	**Échelon 3 :**	**Échelon 4 :**
écrire des mots en cursive.	copier des phrases par mots ou groupes de mots dans une écriture lisible et soignée.	copier et transcrire un texte court dans une écriture lisible et soignée.	Copier et transcrire rapidement un texte d'une dizaine de lignes dans une écriture lisible et soignée.

NIVEAU DE MAÎTRISE

Cela étant, dans la réalité de la classe, on peut proposer les évaluations formelles aux élèves à d'autres moments qu'en fin d'apprentissage, en fin de séquence. Il s'agit alors de proposer d'autres évaluations régulièrement, même rapides. Par exemple : « J'ai vu que tu réussis à faire les additions, maintenant ; si tu veux, j'en écris cinq sur ton cahier et on voit où tu en es. » Ce qui est important, là encore, c'est que l'enfant puisse recommencer son évaluation : c'est à cette seule condition que les progrès seront marqués dans le cahier. Il faudra alors prévoir plusieurs emplacements pour visualiser les différentes évaluations. La disposition sous forme de cartes d'apprentissage permet ces retours. De plus, des cartes collectives peuvent être affichées en classe, afin que les élèves comprennent bien ce qu'on est en train d'apprendre et ce sur quoi ils vont être évalués.

Évaluer les progrès avec une carte d'apprentissage

ÉCRITURE				8
Je sais copier un texte très court dans une écriture lisible.				
21/11	4/2	15/4		

L'utilisation de ce livret est donc forcément très liée à ce qui se passe en classe, au statut des erreurs, et donc de la couleur rouge : est-elle vue comme la couleur de l'échec ou comme celle du début de l'apprentissage ? L'élève a-t-il le droit de recommencer une évaluation ?

C'est en travaillant dans cet esprit que l'on pourra évaluer les élèves de façon positive, sans stigmatiser par conséquent leurs erreurs ou leurs difficultés, en respectant leur rythme d'acquisition.

Venu du Canada, il existe un autre outil d'évaluation formative et autonome : le **portfolio**. Concrètement, cela peut être une pochette, un cahier, un casier, un outil numérique. On propose aux élèves d'y placer des éléments significatifs de leur progression, des passages importants de leurs apprentissages, afin qu'ils puissent se rendre compte de leurs progrès. Au début, c'est l'enseignant qui leur propose : « Dis donc, tu t'es vraiment beaucoup appliqué pour écrire ce texte, et il est vraiment bien mieux que ce que tu savais faire avant, je te propose de le mettre dans ton portfolio ! » Ou : « Ça y est, tu sais maintenant ranger les nombres dans l'ordre croissant, alors que tu n'y arrivais pas avant, on va mettre la fiche dans le portfolio. » Mais l'objectif, quand ils en ont compris l'utilité, c'est que cela vienne d'eux : « Cette lecture-là, je la garde dans mon portfolio, c'est la première fois que j'arrive à lire un texte si long. » Ce qui est fondamental, bien sûr, c'est de dater les éléments du portfolio. Et d'accepter des compétences de tous ordres : une récréation sans histoires, un travail bien présenté, une performance en athlétisme, un magnifique travail d'arts visuels… Une production, un post-it, une photocopie du cahier, tout peut convenir. Et même pourquoi pas des réalisations extrascolaires ?

Ce qui est important, c'est de le remplir, c'est que l'élève se sache capable de… Ce sont des petites pierres posées pour visualiser le chemin et se souvenir qu'on peut le faire, et qu'on est capable d'avancer, d'apprendre ce qu'on ne savait pas… et de le montrer à ses parents, à son entourage.

Le portfolio appartient à l'élève, qui en est maitre et qui le gère, qui choisit ce qu'il veut y mettre et ce qu'il préfère garder. C'est une voie d'autonomisation et d'autoévaluation.

Les devoirs

Voici une différence fondamentale entre la pédagogie Montessori et les attentes de la plupart des acteurs de l'école publique… les devoirs à la maison. Ils font tellement partie de la culture de l'Éducation nationale, même s'ils ne sont pas obligatoires, qu'il semble impossible de s'en passer. Les parents les demandent, même jugent les capacités d'un enseignant aux devoirs donnés. Ils les craignent également, tant ils peuvent devenir l'objet d'un rapport de force et de moments difficiles à la maison.

Les devoirs sont une cause de creusement des inégalités, car ils reportent à la maison une partie des apprentissages. Mon expérience m'a également montré qu'une partie des parents, persuadés de bien faire, mais démunis face à l'enseignement de la lecture, peuvent nuire à l'apprentissage en employant des méthodes contreproductives : ils font appendre la lecture par cœur, lisent un mot et le font répéter, punissent à la première erreur… malgré les conseils prodigués avec conviction en début d'année. On pourrait faire le même constat face à l'apprentissage des leçons, des tables ou des poésies… Ce n'est pas une critique : il est tout à fait normal que les parents ne soient pas des spécialistes de l'enseignement. Mais en même temps, ces temps sont l'occasion pour les enfants et les parents de parler de l'école, ce qui est plutôt un facteur favorisant. Ils peuvent également permettre aux parents d'aider réellement leurs enfants, lorsqu'ils détectent une difficulté, ou de les entrainer de manière adaptée.

Maria Montessori n'a jamais prévu de donner des devoirs. Sa méthode fondée sur le libre choix et la manipulation de matériel rend d'emblée caduque toute velléité de retour à la maison. C'est je pense l'une des raisons du succès de cette méthode en maternelle et de la difficulté de sa mise en place en primaire.

Néanmoins, on peut imaginer plusieurs solutions à ce problème. En effet, les devoirs sont normalement la reprise d'une activité menée en classe. Il s'agit la plupart du temps de lire/relire (un texte, une leçon) ou de mémoriser (une leçon, une poésie, des résultats d'opérations…). Nous avons déjà évoqué le fait que des activités collectives sont importantes, avec des temps de structuration explicite. Ces activités donnent lieu à des traces qui pourront être le support des devoirs.

Lorsque les devoirs sont un entrainement (lecture, par exemple), on peut conserver l'esprit du libre choix et de la progression plus individuelle en donnant de la lecture sur des supports différents. Par exemple, au CP ou au CE1, on peut prévoir des fiches « gammes de lecture » graduées, sous forme de tableaux de mots et de syllabes. Les élèves choisissent une fiche en fonction de leur niveau, et tous doivent la lire à la maison. Il m'arrive de faire de même avec les livres de ma bibliothèque : chaque enfant choisit un livre à son niveau afin de le lire à la maison. Différencier les supports sans changer l'intitulé des devoirs permet une adaptation simplifiée. Les parents peuvent ainsi échanger avec leurs enfants de ce qui se passe à l'école, et des raisons des choix des enfants.

Ce qui semble important, c'est que les devoirs à la maison ne soient pas à un niveau totalement différent de ce qui se fait en classe, ainsi qu'un temps d'échange constructif avec les parents qu'ils permettent un réel travail au bon niveau pour chaque enfant.

Le français

Le travail sur le langage est un point fondamental de l'apprentissage des enfants, parce qu'il est nécessaire à l'expression, mais aussi à la pensée. Il occupe donc bien sûr une grande place dans la pédagogie de Maria Montessori, comme dans toute pédagogie. Au cycle 2, l'apprentissage de la langue se construit à travers le langage oral et écrit simultanément : « Si l'écriture dirige et perfectionne le mécanisme du langage articulé chez l'enfant, la lecture aide le développement des idées, en développant le langage. Enfin, l'écriture aide le langage physiologique, et la lecture, le langage social. »[1]

Pour accompagner ces apprentissages en un temps où le livre imprimé était un objet rare et très codifié à l'école, Maria Montessori a imaginé un matériel concret permettant à l'enfant d'agir sur la langue. C'est toujours cet aspect actif de l'apprentissage si important pour les élèves en difficulté qui l'inspire. Son matériel permet une entrée concrète et, dans le même temps, il permet une mise à distance de la langue : si le verbe est toujours représenté par une sphère, l'enfant peut s'extraire du sens pour comprendre qu'on peut réfléchir sur les verbes de manière générale, en tirer une abstraction. C'est paradoxalement le passage par un « concret » de la langue qui va aider sa conceptualisation.

Il s'agira ensuite de permettre aux élèves de réinvestir ces connaissances dans des situations plus complexes de lecture et d'écriture, à la lumière des auteurs d'aujourd'hui qui apportent des éclairages divers et complémentaires.

---

1. Maria Montessori, *La Découverte de l'enfant*, in *Pédagogie scientifique*, Desclée de Brouwer, 1958.

Le langage oral

Un apprentissage naturel pour Maria Montessori

Maria Montessori a beaucoup observé comment les jeunes enfants apprennent à parler, et l'enseignement du langage est au centre de ses préoccupations. Sans doute que son expérience avec les enfants « idiots » qui ne parvenaient pas à apprendre à parler a-t-elle eu une influence. Elle pensait que les enfants apprenaient à parler de manière naturelle, qu'il fallait suivre et accompagner leurs progrès. La suite consistait pour elle essentiellement en un apport de lexique : « Chez l'enfant, au cours de l'élaboration du langage (la langue maternelle), celui-ci se construit dès le départ sur la base des sons des mots et de la grammaire, c'est-à-dire de l'ordre dans lequel les mots doivent être placés pour exprimer une pensée. C'est la première construction fondamentale, qui s'achève, peu après l'âge de deux ans, avec un nombre relativement limité de mots. Puis, le langage s'enrichit spontanément de mots nouveaux, qui trouvent un ordre déjà établi prêt à les accueillir tous. »[1] Elle en a retenu l'importance de l'apport de mots nouveaux, avec du matériel tel que les cartes de nomenclature, que nous retrouverons plus loin.

Elle a aussi insisté énormément sur l'importance de la bonne prononciation. Le travail phonologique est un travail indispensable, tant pour assurer la bonne articulation des sons de la langue que pour préparer la lecture. Les enfants pour se faire comprendre doivent pouvoir articuler correctement.

Pour Maria Montessori, cet apprentissage a lieu par mimétisme, parce que l'enfant de cet âge est à sa période sensible du langage, et il est « normal » pour l'enfant d'apprendre à parler. L'adulte est là pour rectifier et apporter des formes plus exactes, comme le recommandent d'ailleurs les programmes de 2015 : « L'attention du professeur portée à la qualité et à l'efficacité du langage oral des élèves et aux interactions verbales reste soutenue en toute occasion durant le cycle.[2] »

---

1. Maria Montessori, *La formation de l'homme*, Desclée de Brouwer, 1996.
2. BO spécial n° 11 du 26 novembre 2015.

Vers un enseignement plus structuré

Pour Maria Montessori, l'apprentissage du langage oral consiste essentiellement à construire des phrases et à les articuler correctement. Son époque ne connait pas le développement théorique sur le discours et sur les compétences langagières nécessaires à la vie sociale et à la mise en place d'une pensée réflexive. La prononciation et le lexique sont importants, mais nous savons maintenant qu'ils ne suffisent pas aux élèves.

On peut ajouter que « les enjeux sociaux de la maitrise de l'oral sont immenses. En effet, les productions orales appellent des jugements sociaux permanents et souvent inconscients qui impliquent des *habitus* culturels. De plus, la compétence orale est souvent essentielle dans les examens [...]. L'aisance à l'oral étant très variable suivant les milieux sociaux, si l'on considère que le système scolaire a pour mission de favoriser la réussite scolaire et sociale dans une perspective de démocratisation, un travail sur cette dimension est d'autant plus nécessaire, dès l'école primaire mais aussi au collège et au lycée. »[3] Par ailleurs, les différences de niveau entre les élèves ne peuvent que creuser les écarts dans tous les autres domaines, du fait du statut de l'oral comme moyen d'apprentissage et d'enseignement. Il semble alors indispensable d'outiller tous les élèves dans ce domaine, afin de réduire ces inégalités autant que possible.

Ceux-ci doivent pouvoir accéder à plusieurs types de discours, et notamment au cycle 2 au discours narratif et au discours argumentatif. Les élèves apprennent donc à parler en fonction des situations, à développer leur discours, à améliorer leurs compétences langagières. Pour cela, ils prennent la parole en classe, et ont un retour sur leur prise de parole. Ils doivent également pouvoir écouter les autres élèves parler : en répétant et en améliorant leurs paroles, ils enrichissent leurs structures syntaxiques, ils emploient un lexique plus large... Ils ont par conséquent également à apprendre à se saisir de l'aspect complexe du langage, sans rester sur des compétences décrochées comme l'acquisition de lexiques ou la prononciation. C'est ce que nous expliquent les programmes de 2015 :

« Développer la maitrise de l'oral suppose d'accepter essais et erreurs dans le cadre d'une approche organisée qui permette d'apprendre à produire des discours variés, adaptés et compréhensibles permettant ainsi à chacun de conquérir un langage plus élaboré. Les séances consacrées à un entrainement explicite de pratiques langagières spécifiques (raconter, décrire, expliquer ; prendre part à des interactions) gagnent à être incluses dans

3. Claudine GARCIA-DEBANC, *Enseigner l'oral ?*, dans *Repère* n° 24/25, 2003.

les séquences constitutives des divers enseignements et dans les moments de régulation de la vie de la classe. »[4]

Or, « faire pratiquer l'oral, en effet, ne suffit pas pour le faire travailler »[5]. Il faut donc enrichir la pédagogie montessorienne par un enseignement structuré de l'oral. On ne peut plus se contenter de classes silencieuses tout le temps.

L'oral est par nature fugace, immédiat. Sauf pour quelques situations très précises, il ne permet pas de revenir sur un premier jet, de corriger les erreurs. « S'il parait nécessaire, dans la perspective d'un apprentissage systématique, de pouvoir revenir sur les productions verbales pour les analyser avec les élèves, ce travail ne semble pas pouvoir s'opérer de façon identique pour l'oral et pour l'écrit. Dans une didactique de l'oral, plutôt que la "réécriture" de l'oral, impossible par définition, il faut probablement concevoir un ensemble de situations présentant une homologie suffisante pour que les élèves puissent les repérer comme familières et y transférer leurs compétences en cours de construction mais en même temps suffisamment variées pour qu'ils aient envie de prendre la parole. »[6] Il parait donc important de fournir fréquemment aux élèves l'occasion de s'exercer sur le même type de discours.

Les propositions de Pierre Peroz permettent d'aller plus loin dans la construction de cet apprentissage, en usant de la répétition et de l'étayage entre pairs. En effet, constatant que l'oral dans la classe est la plupart du temps un échange dirigé par le maitre, il propose le « dialogue pédagogique à évaluation différée » : tous les élèves qui le demandent peuvent s'exprimer, et la règle fondamentale dit qu'on a le droit de répéter ce qui a déjà été dit, « chaque élève s'appuyant sur les réponses précédentes pour répondre »[7]. En favorisant les reformulations, on permet à chaque élève de prendre le temps de construire son discours. « Les enfants ont besoin de temps pour arriver à trouver les formulations adéquates. Ils ont besoin de revenir sur ce qu'ils ont déjà dit. Leur travail lors de la séance de langage, lorsqu'on les laisse travailler, c'est-à-dire parler, s'apparente à celui du scripteur qui se relit et réécrit ce qu'il a déjà écrit. »

---

4. Bulletin officiel spécial, n° 11, 26 novembre 2015.
5. Claudine GARCIA-DEBANC, *Enseigner l'oral ?,* dans *Repère* n° 24/25, 2003.
6. *Ibid.*
7. Pierre Peroz, *Apprentissage du langage oral à l'école maternelle, Pour une pédagogie de l'écoute*, SCEREN CRDP de Lorraine, 2010.

Et dans la classe ?

L'enseignement de l'oral se fait essentiellement en petits ou grands groupes, pour favoriser les interactions, les répétitions et les reformulations. Les moments de travail autonome sont des moments privilégiés pour travailler en atelier dirigé avec un petit groupe d'élèves, autour d'un matériel, d'un problème ou d'un projet… Ce sont des situations idéales pour travailler le langage oral, à condition que l'enseignant garde à l'esprit des objectifs langagiers et laisse le temps et l'espace nécessaire au déploiement des paroles de chaque élève. Même si le travail de départ vise une autre compétence, les élèves peuvent utilement formuler, reformuler, expliquer, raconter… Il s'agira ensuite de prendre des temps de structuration pour revenir sur ces apprentissages langagiers et permettre aux élèves de progresser explicitement.

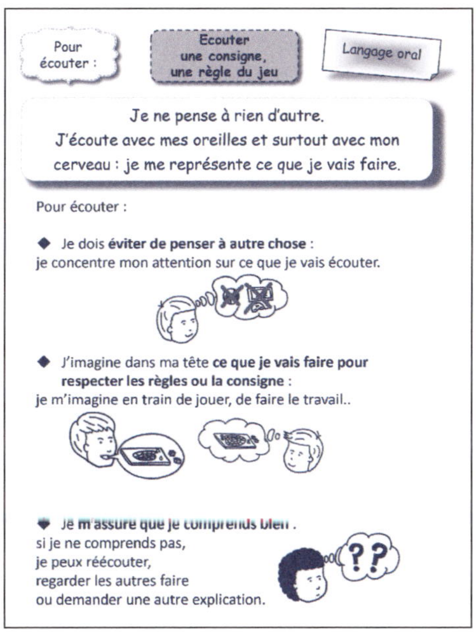

Lors du travail autonome, le travail oral peut aussi exister à travers les dispositifs numériques d'écoute ou d'enregistrement (micros, tablettes numérique). Les élèves peuvent s'enregistrer, éventuellement un peu à l'écart pour ne pas déranger le reste de la classe, pour raconter une sortie, une histoire qu'ils ont lue ou expliquer une règle du jeu… Ils ont la possibilité de se réécouter tout de suite ou en différé, pour revenir sur leur production. Cette production peut aussi être écoutée par l'enseignant en dehors du temps de classe, pour une évaluation du niveau de l'élève. L'élève doit alors savoir qui l'écoutera et quand. Si le travail de structuration a déjà été fait, il s'agit d'un entrainement ou d'un réinvestissement. Le problème matériel est rendu plus simple par l'organisation, un micro suffisant pour la classe si les élèves peuvent passer un par un, l'enseignant pouvant se rendre plus disponible pour un petit groupe d'élèves. Les moments de travail en libre choix deviennent ainsi des moments très importants pour l'apprentissage du langage oral.

Le même matériel peut permettre un travail sur l'écoute, car une autre compétence du domaine oral est de « conserver une attention soutenue lors de situations d'écoute ou d'interactions et manifester, si besoin et à bon escient, son incompréhension »[8]. Dans le coin écoute, les élèves peuvent écouter et réécouter en autonomie des histoires lues, des exercices d'écoute d'une consigne orale visant à une production (dessin, figure, coloriage…), ou encore des productions orales variées sélectionnées par l'enseignant, sur les thèmes scolaires en cours et adaptés à leur âge : émissions de radio, débats… Les élèves ont également besoin de modèles, de situations de référence pour progresser.

Lorsque les élèves auront passé du temps sur ces ateliers d'entrainement, une explicitation structurée est indispensable. Les productions enregistrées par les élèves peuvent devenir des objets de travail commun, pour pouvoir construire avec les élèves les explications nécessaires : « Qu'est-ce qui est réussi dans cette production ? Comment s'y est-il (elle) pris(e) ? Comment l'améliorer ? »

---

8. Bulletin officiel spécial, n° 11, 26 novembre 2015.

L'enseignement initial de la lecture et de l'écriture

L'enseignement de la lecture et de l'écriture au CP est une étape fondamentale de la scolarité des enfants dans notre système scolaire. Ce n'était pas forcément le cas dans les classes montessoriennes : en effet, l'apprentissage initial de la lecture et de l'écriture fait partie du cursus des 3 à 6 ans, l'équivalent de la maternelle. C'est à cet âge que Maria Montessori avait décelé la période sensible correspondant à ce qu'elle avait appelé « l'explosion de l'écriture », suivie bientôt de « l'explosion de la lecture ». Les enfants y apprenaient à leur rythme le principe alphabétique, à partir du matériel adapté. L'apprentissage y était le plus possible une découverte de l'enfant. Elle aurait pu partager une formule d'Emilia Ferreiro : « les enfants s'apprennent à lire ».[1]

Lorsqu'on enseigne au CP, on a rarement l'occasion de travailler avec des élèves qui ont fait ces découvertes en maternelle. Et on n'a pas non plus vraiment le temps d'attendre que chaque élève se mette à vouloir apprendre à lire. La pression parentale et institutionnelle est très forte. Il va donc falloir tenter de rattraper le temps perdu, alors que la période sensible de l'apprentissage du lire/écrire est souvent passée, et que l'on a peu de temps devant nous. C'est une position presque intenable. Et pourtant, nous devons tenter de concilier l'inconciliable et de trouver un passage, entre le temps donné aux enfants par Maria Montessori et le temps fortement contraint de l'Éducation nationale. Là encore, il s'agira pour chaque enseignant de placer le curseur, en fonction de ses élèves et de ses choix pédagogiques.

1. Emilia Ferreiro, *Lire-écrire à l'école : comment y apprennent-ils ? Analyse des perturbations dans les processus d'apprentissage de la lecture et de l'écriture*, CRDP, 1988.

Apprendre à écrire et à lire par soi-même

Pour apprendre à lire, l'enfant doit se rendre compte que le langage écrit est une autre forme du langage oral qu'il connait déjà, qu'il en est la forme symbolique, qu'il le code grâce à des signes graphiques, les lettres. L'enfant doit donc comprendre le « principe alphabétique », c'est-à-dire le fait que ces signes, isolés ou groupés, représentent à l'écrit les sons de la langue orale, et codent des mots qui ont du sens.

Pour Montessori, l'entrée dans le monde écrit se fait par l'écriture, par l'encodage, avant la lecture : « Lecture et écriture mêlées embryonnairement. En outre, l'enseignement de la *lecture* commence en même temps que celle de l'*écriture*. Quand on présente à l'enfant une lettre en émettant le son, il en fixe l'image avec son sens visuel et, en même temps, avec son sens tactilo-musculaire ; il associe le son aux signes relatifs, c'est-à-dire qu'il prend connaissance du langage graphique. Quand *il voit et qu'il reconnait, il lit* ; et quand *il touche, il écrit* ; il initie ainsi sa conscience grâce à deux actions qui, par la suite, se sépareront et constitueront les deux processus différents de la lecture et de l'écriture.

La simultanéité de l'enseignement ou, plus exactement, la fusion des deux gestes initiaux, mettent donc l'enfant *devant une nouvelle forme de langage*, sans que soit déterminé lequel de ces deux gestes devra prévaloir. »[2]

Cet aspect est un point de convergence entre différentes pédagogies actives et les recherches en didactique de la lecture. En effet, l'écriture est un processus actif et visible, alors que la lecture est un processus invisible, et l'enfant qui n'a pas de représentation claire du processus mental de la lecture peut rester passif à regarder un texte ou à le répéter, en pensant qu'il lit. Célestin Freinet part également de l'écriture dans sa méthode naturelle : les élèves doivent écrire dès le départ leur phrase du jour en écriture approchée. Les programmes de 2015 font le même constat : « Cet apprentissage {de la langue française} est conduit en écriture et en lecture de façon simultanée et complémentaire. »[3]

La spécificité de la méthode montessorienne vient de la préparation de la main : Maria Montessori pense que l'enfant en âge d'apprendre le principe alphabétique (vers 4 ans) n'a pas assez de motricité fine pour former les lettres, par conséquent elle choisit de l'outiller en le faisant manipuler des lettres toutes faites. Il apprend à écrire et à lire en composant des mots. La classe est donc équipée de différents alphabets, initialement prévus

2. Maria Montessori, *La Découverte de l'enfant*, in *Pédagogie scientifique*, éditions ESF, 1970.
3. Bulletin officiel spécial, n° 11, 26 novembre 2015.

pour les plus petits, mais qui seront encore nécessaires à certains élèves plus âgés et apportent une progressivité aux apprentissages :

– **Les lettres rugueuses** (ou douces) sont destinées à l'apprentissage des lettres et du son qu'elles font : ce sont des cartons sur lesquels on a collé des lettres en relief, à l'origine en papier de verre, mais que l'on peut remplacer par de la feutrine. L'enfant passe son doigt dessus pour exercer sa mémoire kinesthésique. Il s'agit de permettre aux élèves de faire une découverte sensorielle des lettres et de les faire mémoriser deux par deux avec le son associé. Les lettres rugueuses sont une base incontournable de l'entrée dans l'écrit. Elles renseignent également l'enfant sur le mouvement de l'écriture (amorce, sens et trajectoire du geste).

– **Le grand alphabet mobile coloré** : il s'agit d'un alphabet aux lettres détourées, afin de continuer d'utiliser le geste de la main comme aide à la mémorisation. Les voyelles et les consonnes sont de deux couleurs différentes (traditionnellement rouges et bleues).

– **L'alphabet mobile** : bien plus facile à réaliser, il est formé de petits cartons sur lesquels sont imprimées les lettres, encore de deux couleurs.

– **L'alphabet noir** : l'étape suivante est un alphabet entièrement noir imprimé sur des cartons plus petits et plus nombreux, pour pouvoir écrire des phrases entières.

Avec ces alphabets, l'enfant n'encode que des mots signifiants. Il est important non seulement qu'il comprenne le principe alphabétique, mais aussi le caractère symbolique du langage écrit : l'écrit ne code pas seulement de l'oral, il code des mots qui ont un sens.

Ce travail d'encodage peut être commencé dès la maternelle, avec les noms des objets de la classe. Afin de structurer ces apprentissages, on peut aussi proposer des mots de difficulté croissante à encoder, par exemple en proposant leur dessin sur des cartes. C'est ce que Maria Montessori appelle les **dictées muettes**.

Par contre, la progression envisagée pour l'italien n'est pas toujours adaptée au français. Par exemple, les premiers mots sont des mots de trois lettres : ils sont souvent désuets et comportent parfois des difficultés, comme la lettre *c*… Il n'est pas sûr en plus que la longueur du mot soit en rapport avec sa difficulté de lecture en français. La structure des syllabes est certainement un indicateur plus efficace de la difficulté, ainsi que le nombre de graphèmes complexes et de lettres de différentes valeurs (c, g, h…). Une syllabe en CCV[4] (*blé, cru*) ou CVC (*roc, bac*) est plus difficile à lire qu'un mot de deux syllabes en CV (*moto, lama*). Un mot commençant par une V est d'emblée plus difficile également à encoder. On peut donc prévoir dans la classe un tel matériel gradué afin de faire découvrir et mémoriser petit à petit tous les sons du français. Pour les sons complexes (formés de deux ou trois lettres), on peut commencer par des cartes comportant le phonème en entier, avant de proposer aux élèves de tout encoder avec l'alphabet noir.

4. C pour consonne et V pour voyelle.

Cette « conquête de la lecture » peut avoir lieu dès la maternelle, et Maria Montessori proposait ce matériel dès 3 ou 4 ans. L'enfant explore ainsi la langue écrite à son rythme, en apprenant les lettres et en les associant aux sons. Il peut découvrir de façon sensorielle les éléments constitutifs puis l'organisation de la langue écrite : les sons, les lettres, puis la formation des mots, l'organisation des mots pour former les phrases. Toute cette préparation débouche un beau jour, et parfois vraiment du jour au lendemain, sur ce que Maria Montessori appelait « l'explosion de la lecture », ce moment que tous les enseignants de CP connaissent bien, quand l'enfant se met à déchiffrer tout ce qui lui passe sous les yeux.

D'autres matériels permettent de renforcer l'apprentissage de la lecture :

– **Les pochettes de lecture**. Ce matériel, qu'on appelle aussi, en France, « carnets de lecture » ou « enveloppes homophoniques », répond à une difficulté spécifique de la langue française : le nombre beaucoup plus important de graphèmes que de phonèmes. Ainsi, plusieurs graphies peuvent coder un même son et une même lettre peut se prononcer de différentes façons. Il y a aussi de nombreuses lettres muettes. Notre langue n'est pas phonétiquement transparente comme l'italien. Ces difficultés particulières s'imposent à l'enfant dès le début de l'apprentissage conjoint de la écriture-lecture. Il est donc essentiel de l'aider à les surmonter. Les pochettes de lecture présentent à l'enfant les combinaisons de lettres les plus courantes pour représenter un son donné. L'enfant s'entraine à lire les graphèmes complexes et les mémorise par son travail de tri et de classement. On les utilise en suivant une progression, des plus simples et des plus fréquentes pour aller vers les plus complexes et les plus rares.

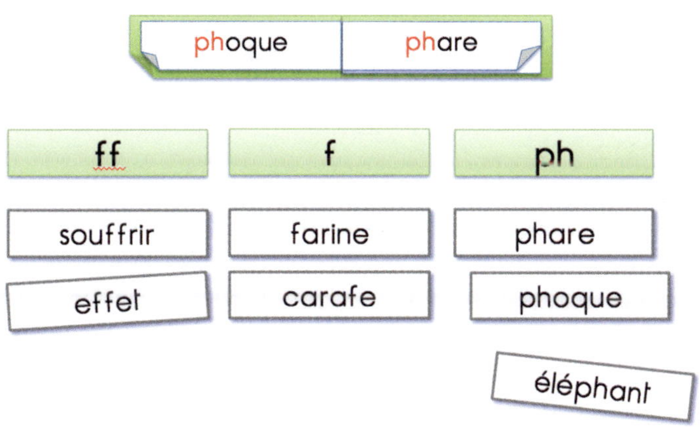

– **Les cartes de nomenclature**. Elles servent au départ à l'apprentissage du vocabulaire et peuvent également servir en lecture : il s'agit alors d'associer un mot et son image, puis vérifier à l'arrière de la carte.

farine

Les autres approches de l'enseignement de la lecture

Conférence de consensus : lire, comprendre, apprendre

Les 16 et 17 mars 2016 à l'ENS de Lyon s'est tenue une grande conférence de consensus, qui a travaillé plusieurs jours sur la question suivante : *Comment soutenir le développement de compétences en lecture ?* Un jury composé de personnes très diverses, présidé par Jean-Émile Gombert, a écouté des spécialistes et des chercheurs évoquer leurs travaux et leurs convictions en ce qui concerne l'enseignement de la lecture, et a émis une synthèse de ces recommandations. C'est donc un texte passionnant[5] à la lumière duquel on peut ajuster sa pratique et relire les intuitions de Maria Montessori. Voici un aperçu de ces recommandations :

1. Identifier les mots :

– Enseigner le principe alphabétique aux élèves afin qu'ils acquièrent la capacité d'analyser les mots à l'oral pour en identifier les composants phonologiques (les syllabes puis les phonèmes) dès la GS.

– Introduire au moins une dizaine de correspondances graphèmes/phonèmes, dès le début du CP, afin de permettre aux élèves de décoder des mots de façon autonome.

– Faire faire régulièrement des exercices d'écriture parallèlement à ceux de lecture dès le CP.

– Faire régulièrement lire les élèves à haute voix.

5. http://www.cnesco.fr/wp-content/uploads/2016/09/CCLecture_recommandations_jury.pdf

– Poursuivre l'analyse phonologique et l'étude des correspondances graphèmes/phonèmes tant que l'élève éprouve des difficultés à oraliser les mots écrits, cela tout au long du cycle 2, voire du cycle 3.

2. Développer la compréhension :

– Développer le vocabulaire et la compréhension orale dès l'école maternelle.

– Consacrer un temps conséquent à l'étude de la langue par un travail systématique sur la dimension linguistique (études d'abord à l'oral de la morphologie, familles de mots, variété des structures syntaxiques et des types de textes…), dès l'école maternelle et tout au long de la scolarité obligatoire.

– Privilégier un enseignement explicite de la compréhension pour tous les élèves et le prolonger aussi longtemps que nécessaire pour les élèves moyens ou faibles afin d'en faire des lecteurs autonomes.

3. Préparer « l'entrée en littérature » :

– Enseigner l'identification des différents types de textes (poème, roman, texte documentaire, etc.) et inciter les élèves à réfléchir sur leurs pratiques.

– Faire de la classe un lieu d'écoute et de parole.

4. Lire pour apprendre :

– Consacrer un temps d'apprentissage à la lecture des textes dans chaque discipline.

– Développer des stratégies de lecture-compréhension.

– Contribuer à la lecture de documents dans toutes les disciplines et participer à des projets interdisciplinaires.

5. Lire à l'heure du numérique :

– Former les enseignants à l'utilisation des nouveaux outils pédagogiques, notamment numériques.

– Assurer le développement d'habiletés complexes qui caractérisent la lecture en environnement numérique.

6. Prendre en compte la diversité des élèves :

– Faire de l'accès aux compétences de lecture et de compréhension un objectif prioritaire pour tous les élèves, y compris les élèves en difficulté scolaire.

– Identifier les principaux obstacles rencontrés dans l'apprentissage de la lecture pour ensuite proposer des démarches et des outils adaptés, notamment pour les élèves présentant des troubles spécifiques des apprentissages.

Ouzoulias et l'oiseau de la lecture

André Ouzoulias (1951-2014), psychopédagogue et formateur d'enseignants qui a beaucoup éclairé l'enseignement de la lecture, a également mis l'accent sur le projet de lecteur de l'élève. Pour Maria Montessori, l'apprentissage de la lecture n'intervenait que lorsque l'enfant était prêt et le choisissait. Dans le cadre de l'Éducation nationale, il est bien plus difficile d'attendre trop longtemps une fois que l'élève est au CP. Il est alors nécessaire que les enseignants prennent conscience de la motivation des élèves et de leur niveau de représentation de ce qu'est la lecture (en s'appuyant sur des témoignages d'élèves, des tentatives de lecture infructueuses et en observant leurs essais d'écriture). Ils peuvent ensuite commencer l'apprentissage de la lecture par des activités leur permettant de faire évoluer leurs représentations sur l'écrit (le rôle des blancs, reconnaitre et nommer les lettres composant l'écrit, repérer et différencier accents et ponctuation), et associer, dès le départ, lecture et production d'écrit afin de faire repérer aux élèves toutes ces particularités, en situation de production.

Il conviendrait donc travailler sur le projet de lecteur, pour mettre à jour et étoffer les raisons culturelles et fonctionnelles pour lesquelles l'enfant s'engage dans l'apprentissage de la lecture : l'enfant a besoin d'un but, de sens, de savoir ce qu'est apprendre à lire, et pourquoi s'engager dans cet apprentissage. On peut l'aider en travaillant aussi les facteurs linguistiques et encyclopédiques favorisant la compréhension, les connaissances sur la fonction des écrits, la conceptualisation de la langue (sens conventionnel de la lecture, relation entre quantité d'oral et quantité d'écrit, relation entre nombre de mots à l'oral et à l'écrit, segmentation de l'écriture en mots, connaissance du langage technique, repères typographiques de la phrase), les facteurs de développement des capacités d'identification (capital mots, connaissance des lettres, conscience phonologique), le geste d'écriture, la production d'écrits.

Ouzoulias a également proposé une représentation de l'acte de lire, que l'on peut reprendre avec les élèves : c'est l'oiseau de la lecture[6].

---

6. André Ouzoulias, *L'Apprenti-lecteur en difficulté*, Retz, 1996.

Ce plan peut être illustré par le dessin suivant: **l'oiseau de lecture**

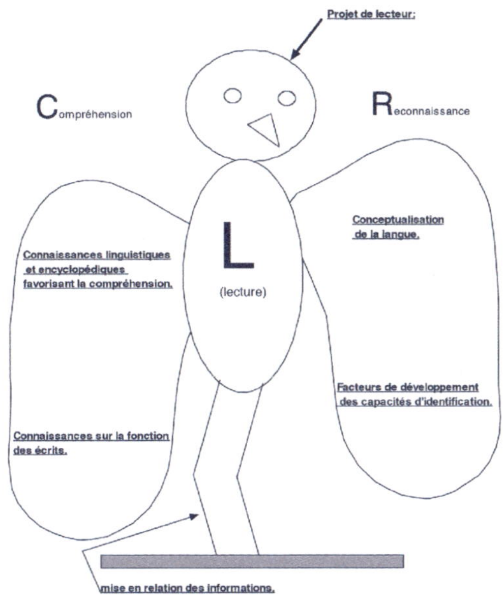

$$L = C \times R$$

• Michel Zorman et le décodage

Michel Zorman a effectué des recherches pour trouver des processus efficaces d'enseignement du décodage[7]. Il retient pour cela quatre grands principes : afficher clairement l'objectif de la leçon, montrer les stratégies en pensant à haute voix, fournir un feedback immédiat en confrontant les points de vue, permettre une pratique régulière et intensive. Il propose un dispositif par petits groupes d'élèves, pendant que les autres travaillent en autonomie, en réduisant les effectifs des groupes aux plus gros besoins. Les séances doivent être régulières, pour renforcer la mémorisation, courtes et intensives pour permettre aux élèves de se concentrer. Il propose un apprentissage structuré avec une programmation rigoureuse qui permet de travailler les mêmes compétences plusieurs fois en variant les modalités de réponse.

Les élèves doivent savoir au préalable ce qu'ils apprennent, ce qu'ils ont à faire, pourquoi et comment ils doivent le faire : il faut donc rendre explicites les objectifs et les procédures.

La réussite développe l'estime de soi et la motivation intrinsèque, indispensables aux apprentissages. Il est donc important d'encourager et de valoriser les réponses, de favoriser les reprises en chœur pour permettre

7. Michel Zorman, *Décodage*, éditions de la Cigale, 2013.

aux élèves de réussir ensemble ce qu'ils ne sont pas encore capables de réussir seuls. De plus, il est important de laisser aux élèves le temps d'apprendre grâce à des séances très répétitives.

Les séances doivent être intégrées aux activités de lecture de la classe pour que les élèves puissent facilement transférer leurs acquisitions dans d'autres contextes.

Lors des ateliers, les élèves se voient remettre des lettres imprimées sur des cartes, avec des couleurs différentes pour les voyelles et les consonnes, et doivent encoder des syllabes et des mots. Les nouveaux sons sont présentés deux par deux, à l'aide d'un mot repère qui aide à la mémorisation. C'est un travail très proche des dictées muettes, mais fait en petits groupes pour profiter des interactions entre élèves.

Les cinq au quotidien

Il s'agit d'un système d'éveil aux plaisirs et de gestion de l'apprentissage (et de la pratique) de la lecture et de l'écriture mis au point par deux enseignantes (Gail Moser Boushey et Joan Moser) de l'État de Washington, aux États-Unis.

Il s'agit en fait, chaque jour, de diviser la classe en cinq équipes dont le niveau de lecture ou le niveau langagier des membres est semblable. Chacune des équipes fera un atelier relié de près ou de loin à la lecture pendant une période d'environ quinze minutes. Au cours de la semaine, chaque équipe fera un atelier différent chaque jour (une rotation permet à tout le monde de faire toutes les activités à l'intérieur d'une semaine). Voici les cinq ateliers qui sont généralement adoptés par les enseignants :

– **Lecture avec mon professeur** : l'enseignant lit une histoire ou un texte avec ses élèves en leur apportant une aide spécialisée pour développer les stratégies de lecture.

– **Lecture à un ami** : généralement en équipes de deux, les élèves lisent chacun leur tour à l'autre, ils lisent ensemble.

– **Écouter la lecture** : écoute d'un texte ou d'une histoire audio avec ou sans le texte sous les yeux.

– **Étude de mots** : jeux et exercices autour de listes de mots pour développer le vocabulaire et l'orthographe.

– **Écriture** : les élèves écrivent seuls : ils peuvent juste encoder ou s'entrainer à produire des textes.

Certains enseignants remplacent l'un des ateliers mentionnés plus haut par un atelier de « **Lecture seul** » (l'élève prend un livre et le lit par lui-même).

Cette structuration des ateliers autonomes autour de la lecture peut être une option d'organisation différente. Bien sûr, elle ne permet pas dans un premier temps le libre choix, mais elle introduit un travail autonome riche et diversifié, et permet à l'enseignant de se mettre en posture d'accompagnement.

Jocelyne Giasson : un modèle de prévention à trois niveaux

Cette auteur québécoise propose elle aussi un dispositif différencié pour aider les élèves dans l'apprentissage de la lecture[8] :

Niveau 1 : un enseignement de qualité proposé à tous les élèves suffit pour 80 % des élèves. Ses principaux éléments sont un programme de lecture de qualité, des stratégies d'intervention pertinentes et un temps suffisant consacré à l'enseignement (90 minutes par jour).

Niveau 2 : une intervention différenciée est nécessaire pour les 20 % des élèves dont la prévention primaire n'a pas été suffisante, 30 minutes par jour en plus, par petits groupes de quatre ou cinq élèves. Les interventions de niveau 2 sont plus explicites et plus systématiques que celles de niveau 1. À la fin de la première période d'intervention, l'élève peut sortir du programme, bénéficier d'une autre période de niveau 2 ou être dirigé vers le niveau 3.

Niveau 3 : pour les 5 % d'élèves très faibles lecteurs, on ajoute deux séances de 30 minutes par jour, en plus des 90 minutes de base, en petits groupes ou individuellement. Cet enseignement est plus intensif et plus différencié, et les évaluations sont plus fréquentes.

Ce système montre que les élèves n'ont pas les mêmes besoins. Au sein de la classe, il est possible de mettre en œuvre des temps de libre choix qui soient dans le même temps des temps d'enseignement de niveau 2 : l'enseignant accompagne dans ces temps les élèves qui relèvent de ce niveau, quitte à réduire le nombre de propositions d'ateliers pour ces élèves afin de les faire progresser au mieux. Le niveau 3 peut se faire durant les temps d'APC.

Mireille Brigaudiot : la phrase cadeau et la phrase du jour

Au CP, on peut choisir de garder des temps de lecture collectifs afin de faire interagir et expliciter les élèves. Le travail sur la phrase cadeau de Mireille Brigaudiot[9] peut être un repère. C'est la toute première lecture, celle qui a lieu chaque jour en début d'année. Elle permet aux enfants d'essayer

8. Jocelyne Giasson, *La Lecture*, De Boeck, 2005.

9. Mireille Brigaudiot, *Première maitrise de l'écrit : CP, CE1 et secteur spécialisé*, Hachette éducation, 2006.

de lire et de découvrir les systèmes de la langue. Elle se poursuivra par la phrase du jour. L'enseignant invente l'énoncé. Il doit être court, simple sur les plans de la syntaxe et du vocabulaire, et en rapport direct avec la vie de la classe. L'enseignant explique clairement le double enjeu : lire et/pour comprendre : « Je vais écrire quelque chose au tableau ; aujourd'hui c'est deux phrases. Elles parlent de vous, de nous, de ce qui se passe ici dans cette classe. Vous allez essayer de lire parce que quand vous aurez lu, vous comprendrez quelque chose que j'ai envie de vous dire. » Les premières remarques des élèves sont toujours des reconnaissances visuelles de lettres. Or, il ne faut pas les laisser dans ces activités « faciles ». Il faut attirer leur attention sur le sonore et le sens. L'enseignant modélise, explicite ou fait expliciter chaque stratégie employée pour le déchiffrage. Il insiste sur l'impossibilité de deviner, explique du vocabulaire, montre que la lecture apprend quelque chose. Cette approche rend actif le processus de lecture, comme recherche de sens.

Mireille Brigaudiot propose ensuite aux élèves d'écrire chaque jour une phrase du jour.

Stanislas Dehaene : les neurones de la lecture

Stanislas Dehaene n'est pas un pédagogue mais un psychologue cognitiviste et neuroscientifique français, un scientifique qui a essayé de comprendre comment fonctionnent les neurones de la lecture[10]. Il a pu déterminer les étapes de l'apprentissage de la lecture du jeune enfant. Celui-ci passe par trois grandes phases : l'étape picturale, brève période où l'enfant « photographie » quelques mots ; l'étape phonologique, où il apprend à décoder les lettres en sons ; et l'étape orthographique, où s'automatise la reconnaissance des mots. L'imagerie cérébrale montre que plusieurs circuits cérébraux se modifient, notamment ceux du cortex occipito-temporal gauche. L'apprenti-lecteur se livre à un processus de « tâtonnement cérébral », qui reproduit en quelques années les essais et erreurs qui ont ponctué l'évolution culturelle millénaire de l'écriture.

Stanislas Dehaene détaille ces trois étapes. La première étape de la lecture, qui survient vers 5 ou 6 ans, est logographique ou picturale. L'enfant parvient à reconnaitre son prénom, son nom de famille et d'autres mots (comme des marques publicitaires à la forme visuelle saillante). Mais il a du mal à reconnaitre ces mêmes mots dans une typographie différente. Pour progresser, l'enfant doit développer la deuxième voie de lecture, celle qui associe chaque chaine de lettres à sa prononciation par une

10. Stanislas Dehaene, *Les Neurones de la lecture*, Odile Jacob, 2007.

procédure de conversion des graphèmes en phonèmes. C'est l'étape du b-a ba, avec une attention particulière portée aux graphèmes complexes (ch, eau, str, sp, ct, etc.). L'enfant acquiert alors une conscience phonémique. La troisième étape, l'étape orthographique, permet à l'enfant de mettre en place un vaste répertoire d'unités visuelles de taille variable. À cette étape, les mots rares sont lus plus lentement que les autres, déjà connus.

La lecture globale est plus aisée que la décomposition syllabique seulement pour les vingt ou trente premiers mots reconnus par un système cortical. L'identification des lettres et des graphèmes, si elle demande initialement plus d'efforts, donne de meilleurs résultats à moyen et long terme. De plus, l'imagerie cérébrale met en évidence que la lecture globale active une région de l'hémisphère droit, région inappropriée, diamétralement opposée à celle de la lecture experte.

Les régularités de l'orthographe, ainsi que la généralisation de la procédure de lecture à des mots nouveaux, ne peuvent être apprises que grâce aux correspondances établies entre graphèmes et phonèmes. Plus vite l'étape du décodage est automatisée, mieux l'enfant peut se concentrer sur le sens du texte. La transparence grapho-phonologique d'une langue est un indicateur de rapidité d'apprentissage de la lecture pour la population : en quelques mois, un enfant finlandais ou italien sait lire n'importe quel mot de sa langue, il ne fera pas de dictée ni n'apprendra à épeler les mots. À l'inverse, les enfants français, danois et surtout anglais mettront plusieurs années à converger vers une lecture efficace. « Même à 9 ans, un enfant français ne lit pas aussi bien qu'un petit Espagnol de 7 ans, et il faut près de deux ans d'enseignement supplémentaire pour qu'un petit Anglais atteigne enfin le niveau d'un enfant français. »

Et dans la classe ?

On peut retenir de ces approches quelques repères pour la classe :

• Faire écrire et encoder

Les méthodes de lecture sont ce qu'elles disent être, et donc bien souvent oublient le travail d'écriture… et il n'existe quasiment pas de méthodes d'écriture ! Il ne faut pourtant pas oublier combien il est fondamental d'écrire dès le début, pour apprendre à lire. C'est un acte volontaire, conscient, qui produit un résultat visible. C'est en outre un point de convergence majeur entre tous les didacticiens et pédagogues de la lecture. Dans un premier temps, pour les élèves qui ne maitrisent pas bien la calligraphie, l'encodage de mots puis de phrases se fera à l'aide des alphabets mobiles. Les enfants peuvent encoder les mots prévus par la progression des dictées muettes, mais aussi des mots qui sont importants pour eux, qui font sens. Assez rapidement, on pourra aussi écrire de petits textes, collectivement ou individuellement. Pour cela, on peut utiliser le système des ateliers dirigés d'écriture (voir p. 165).

Il est important d'écrire chaque jour, sans lasser les élèves, de varier les situations et les supports. C'est même prescrit dans les programmes de 2015. On peut également choisir de travailler à partir de la phrase du jour en écriture approchée, comme dans la « méthode naturelle » de Freinet ou l'entrée dans l'écrit de Mireille Brigaudiot : les enfants se mettent d'accord à l'oral sur une phrase, ou un élève par jour propose sa phrase, et tous les élèves doivent l'écrire comme ils le pensent. Ils sont donc en position de chercheurs, actifs. Lors de la mise en commun, les explicitations et les échanges entre les enfants font ressortir les points forts du principe alphabétique, mais aussi de l'orthographe et du système de la langue. C'est une activité très riche et très formatrice. Cette phrase peut alors devenir la lecture du jour.

Impliquer tous les élèves

Nous avons vu qu'il parait nécessaire dans une classe ordinaire de garder des temps collectifs, garants d'une progression commune et stimulant les interactions entre les élèves. Pour la lecture, on peut donc avoir une base commune, surtout en début d'année, qui peut être un manuel de lecture ou juste une progression basée sur la vie de la classe.

Pour ces temps de progression collective, il s'agit de bien réfléchir au mode de groupement. On s'aperçoit vite qu'il n'est pas efficace de s'adresser trop longtemps à la classe entière en début d'année, car les élèves décrochent vite en collectif. On peut même garder en début d'année le système des ateliers de la maternelle : par exemple quatre groupes et quatre rotations de quinze minutes. Cela permet de faire participer tous les élèves, d'avoir un rythme de classe vivant et d'être proche des difficultés des élèves. Le groupe qui travaille en lecture avec l'enseignant (combinatoire, travail avec étiquettes, stratégies de lecture) peut ainsi manipuler, rechercher, et chaque enfant peut lire les mots découverts. Pour les groupes en autonomie, cela peut être du travail sur les ordinateurs ou autres supports numériques, de l'écriture (sur ardoise, lettres rugueuses, sable, tablettes… bref, activités graphiques), de la lecture autonome (livres sans paroles, imagiers à épeler). Très rapidement, les élèves en autonomie pourront lire seuls des petits albums gradués, puis utiliser le matériel de la classe en libre choix.

Pour l'encodage, le travail des dictées muettes de Maria Montessori est très intéressant car il est dissocié de l'acte graphique et peut donc être utilisé dès le tout début d'année. Bien sûr, là encore, les activités en autonomie doivent correspondre à un matériel ou une consigne déjà présentés.

À partir de la rentrée de novembre, lorsque les élèves commencent à devenir autonomes, on peut conserver le système d'ateliers pour la lecture individuelle, mais travailler la lecture d'albums ou de textes plus complexes en collectif sur des temps assez brefs. Par exemple, les élèves sont assis sur le tapis du coin regroupement, on découvre la lettre des correspondants, ou je lis un album et il manque un morceau important qu'ils doivent déchiffrer…

Faire de la lecture une situation de recherche active

Il faut absolument que les élèves découvrent que la lecture est une tâche active, mais dont l'activité est invisible : donc il faut que la recherche du sens soit importante pour les élèves, qu'ils aient besoin de comprendre. Le support pour la lecture est apporté par l'enseignant en début d'année (sur le modèle de la phrase cadeau) et lu, déchiffré, travaillé durant l'atelier dirigé ou le temps collectif. C'est là que les élèves doivent découvrir que la lecture est une recherche de sens, et ce dès le début de l'année. On va donc présenter ce temps comme un temps de recherche. Du coup, le nouveau son devient le problème à résoudre, car les élèves en ont besoin pour lire leur texte. C'est pourquoi le texte vient toujours avant le son : on découvre le texte, on résout les problèmes en découvrant le son. Le lendemain, on structure et on mémorise le son et le graphème associé.

On peut travailler aussi explicitement sur le projet de lecteur, surtout pour les élèves qui paraissent fragiles, et expliciter les différentes facettes de la lecture grâce à un oiseau inspiré de celui d'André Ouzoulias.

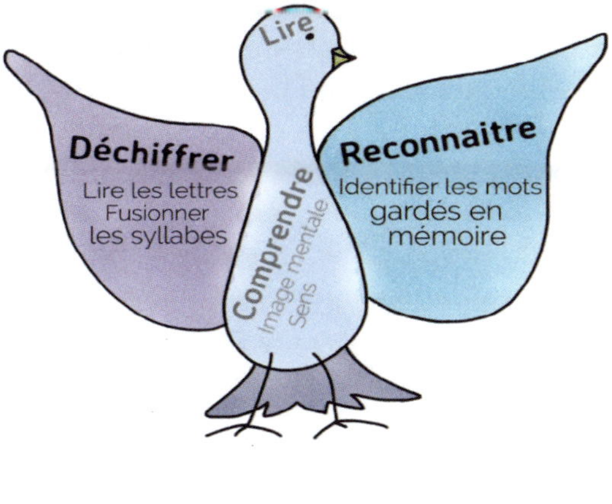

Adopter un rythme rapide d'introduction des sons

En début de CP, on travaille plus sur le code, la phonologie, apprendre les lettres, les voyelles, et le principe alphabétique. Il semble important de faire une progression précise sur le code et les stratégies de lecture, sans attendre de voir ce qui va venir dans un premier temps, d'aller assez rapidement au départ, pour pouvoir lire assez vite des textes signifiants. Maria Montessori préconisait d'introduire les lettres trois par trois, Michel Zorman deux par deux. Cela dépend bien entendu des lettres qui sont plus ou moins fréquentes et plus ou moins bien connues à la sortie de la maternelle par les élèves. Les retours fréquents sur les correspondances graphophonologiques déjà étudiées permettront d'ancrer les apprentissages, sans attendre que chaque son soit acquis séparément. Les ateliers autonomes permettent aux élèves de s'exercer ensuite à leur rythme et de revenir sur les lettres et les sons non mémorisés. Les lettres rugueuses permettent la mémoire kinesthésique. Les boites à sons entrainent la phonologie.

S'il est indispensable de travailler en phonologie de manière précise et rigoureuse, surtout en début d'année, il n'est pas nécessaire d'en faire un préalable. La conscience phonologique se construit en parallèle de l'apprentissage de la lecture.

Donner des supports déchiffrables

Afin de rendre les élèves le plus autonomes possible dans leur apprentissage de la lecture, il est intéressant de s'appuyer sur des textes que les élèves peuvent déchiffrer en intégralité ou à 90 %, et se servir du sens pour leur permettre d'inférer ce qui manque. Il est important aussi de ne pas donner trop de mots à reconnaitre globalement en début d'année pour ne pas donner aux élèves une représentation fausse de la lecture, ainsi que l'explique S. Dehaene.

Pour permettre aux élèves de progresser en ayant des supports déchiffrables à leur niveau, rien ne vaut une bibliothèque de classe bien fournie, et classée par niveau. Pour les élèves de CP, il existe des séries graduées permettant une progression très lente et adaptée. Pour les plus grands, on peut utiliser les livres de la bibliothèque de la classe et demander aux élèves d'employer la méthode canadienne des cinq doigts : dès que l'enfant rencontre un mot qu'il ne connait pas, il lève un doigt. S'il a levé les cinq doigts de la main avant la fin de la première page, c'est que le livre est trop difficile et qu'il faut en choisir un autre. On peut aussi coder les livres en fonction de leur difficulté.

Garder du temps pour d'autres activités de français

La plupart des méthodes de lecture sont très chronophages et occupent tout l'horaire de français si on les suit scrupuleusement. Même si l'on tient à conserver une méthode de lecture, il est important de garder du temps pour d'autres activités, de la lecture en bibliothèque surtout, des ateliers de lecture, d'écriture, de la production d'écrit en quantité, un peu d'étude de la langue, pouvoir prendre du temps pour écrire une lettre aux correspondants, un livre collectif ou une affiche par groupes, pour lire un documentaire en lien avec la découverte du monde… Toutes les activités proposées dans les méthodes ne sont pas forcément efficaces, surtout si elles ne sont pas au niveau de l'enfant, trop simples ou trop compliquées : c'est alors du temps perdu.

Employer les exercices de lecture avec modération

Les consignes des exercices de lecture sont souvent compliquées et demandent beaucoup de temps de passation, les élèves sont plus attachés à remplir correctement les cases qu'à lire et mettre du sens. En outre, certains élèves sont bloqués par leur motricité quand ils ne maitrisent pas assez bien les gestes de l'écriture. Le temps passé à faire ces exercices de lecture ne parait pas toujours efficient. Il est parfois plus utile de lire et d'encoder durant ces temps d'entrainement. Pour cela, laisser un accès à la bibliothèque garnie de livres de niveaux gradués et aux ateliers d'encodage. Le travail par ateliers autonomes permet aux élèves d'être plus motivés et d'avancer à leur rythme.

Mémoriser grâce à tous les sens

Certains élèves ont du mal à mémoriser le nom des lettres et les graphèmes. Leur permettre d'associer un geste peut les aider. La gestuelle de Borel-Maisonny favorise la mémorisation du son et de la lettre. Elle n'est cependant pas obligatoire et ne doit être systématisée que pour les élèves en difficulté pour lesquels elle semble utile. Les lettres rugueuses permettent également d'utiliser la mémoire kinesthésique.

Avec les lettres de l'alphabet mobile, les élèves peuvent aussi associer un mouvement à leur découverte de l'encodage, et ainsi être actifs. Le rangement dans la boite de chaque lettre facilite la mémorisation de l'alphabet et fait partie intégrante du travail. Le travail en autonomie privilégie la posture active dans l'apprentissage, tout en cherchant à éviter la posture d'écoute passive.

Différencier tout en gardant le même rythme

Assez rapidement, certains élèves peinent à lire les textes de la classe, pour différentes raisons. Souvent, ils ont du mal à mémoriser le nom des lettres et le son associé. Parfois, ils ont du mal à fusionner. On peut alors leur proposer un parcours « *bis* », un peu plus lent, reprenant ce qui a été vu en début d'année, en plus du parcours ordinaire. Les élèves suivent la lecture avec les autres, afin de pouvoir entrainer leur compréhension et bénéficier des interactions avec les autres élèves. Puis, lors d'un créneau de renforcement (comme le propose Jocelyne Giasson), pendant que les bons lecteurs ont un plan de travail autonome, ils peuvent suivre un autre parcours qui leur permet de revoir systématiquement les lettres et les syllabes, en prenant plus de temps cette fois. La fiche de lecture *bis* sera à relire à la maison, à la place ou en plus de la fiche de la classe en fonction de l'élève, et en accord avec les parents. Elle peut aussi être un entrainement en autonomie ou en tutorat lors d'autres moments de la classe.

Enseigner le plaisir de lire !

Ne pas oublier le plaisir… Pour cela, on peut penser à améliorer les conditions matérielles d'une lecture agréable : coin bibliothèque en libre-service, diversité des livres choisis pour les élèves, coussins pour se mettre à l'aise, lecture en proximité avec l'enseignant, lecture à deux… Il faudra aussi proposer des livres en lien avec les thèmes étudiés ou les auteurs étudiés, permettre aux élèves de lire et relire les mêmes livres. Accorder un temps pour parler de ce qu'on aime dans les livres, pour laisser s'exprimer les sentiments face à la lecture d'un livre est important également.

La compréhension et la littérature

Maria Montessori, les billets et les livres

De nombreuses fausses idées circulent sur la mise en place d'un enseignement de la compréhension et de la littérature chez Maria Montessori. Il est vrai que dans les petites classes, sa conception de la lecture est très « mécanique » et ne parle pas beaucoup de compréhension. Cependant, elle est bien consciente du fait que cela ne suffit pas, et affine cet enseignement dans le tome III de sa *Pédagogie scientifique*. Elle souhaite également que les enseignants ne tiennent pas compte uniquement du résultat sous forme de lecture à voix haute par l'élève pour juger de sa lecture.

Dans un premier temps, elle propose à l'enfant de manifester sa compréhension par l'exécution : « L'enfant choisit un billet (dans les séries graduées et préparées), le lit mentalement et puis exécute l'action indiquée sur le billet. » Les billets commencent par des phrases très simples, et vont jusqu'à de petites scènes à jouer comme au théâtre, à plusieurs. C'est une activité très simple à mettre en place au début du cycle.

On a souvent l'idée également que la pédagogie de Maria Montessori n'aime ni les livres ni la littérature. C'est vrai que dans ses grands principes (voir p. 63), elle parle de l'abolition des livres et des syllabaires. Il me semble ne pas faire de contresens en insistant sur le fait que ce sont les livres d'apprentissage de la lecture qu'elle souhaite abolir, les syllabaires sans intérêt. Pour les enfants de plus de 6 ans, elle-même propose de petits livres, composés « avec un soin scrupuleux »[1] grâce à des phrases racontant le vécu des enfants. Elle évoque ainsi la littérature de jeunesse :

« C'est ainsi que nous avons provoqué la passion de la lecture. Les enfants veulent "lire", "lire", "lire". On recueille des livres un peu à la hâte, mais ceux-ci ne suffisent jamais à l'avidité des enfants. Nous avons dû reconnaitre souvent que la littérature enfantine est très pauvre pour répondre à de si grands besoins. C'est pourquoi, voulant nous en tenir d'abord aux

1. Maria Montessori, *Pédagogie scientifique*, tome III, éditions ESF, 1970.

livres italiens, nous avons dû bientôt recourir à beaucoup de traductions de livres étrangers et créer une "petite bibliothèque" [2]».

Maintenant que la littérature de jeunesse est si riche et si diverse, il semble indispensable que chaque classe ait une bibliothèque. Les livres y sont classés par degré de difficulté. Au CP, il est très important d'avoir des livres très simples, moins littéraires, qui permettent rapidement aux élèves de se plonger dans les supports réels de la lecture. Il existe des séries graduées, très utilisées par exemple au Québec.

Lors des temps de libre choix, les élèves peuvent se rendre à la bibliothèque et choisir un livre de leur niveau. Ils s'appuient pour cela sur le codage préétabli. Sur le modèle d'auteurs canadiens qui utilisent largement ce système de libre choix de lecture, je leur propose aussi la méthode de choix des cinq doigts : dès qu'ils rencontrent un mot qu'ils ne parviennent pas à lire, les enfants lèvent un doigt de leur main gauche. S'ils ont levé les cinq doigts avant la fin de la première page, c'est que le livre n'est pas encore à leur portée. Ces auteurs, comme Jocelynne Prenoveau[3], expliquent que les élèves apprennent le plus à lire sur des livres dont ils peuvent lire aisément 90 % des mots. Ils peuvent ainsi s'appuyer sur le sens et cette facilité pour découvrir les 10 % restants.

Maria Montessori préconise pour contrôler la compréhension de demander aux élèves de raconter ce qu'ils ont lu. Elle recommande aussi de travailler sur des textes lus par la maitresse.

Roland Goigoux et Sylvie Cèbe et le travail de la compréhension explicite

On ne peut pas ignorer aujourd'hui le formidable travail fait par ces auteurs[4]. Ils ont pensé un modèle d'enseignement de la compréhension novateur, car il ne compte pas sur les simples ressources de l'élève apprenant à lire, qui se mettrait naturellement à comprendre ce qu'il lit. L'enseignant doit enseigner explicitement les différentes composantes de la compréhension, afin que les élèves puissent les réinvestir en situation complexe de lecture d'un texte.

2. Maria Montessori, *Pédagogie scientifique*, tome III, éditions ESF, 1970.
3. Jocelyne Prenoveau, *Cultiver le goût de lire et d'écrire, Enseigner la lecture et l'écriture par une approche équilibrée*, Chenelière éducation 2007.
4. Roland Goigoux et Sylvie Cèbe, *Lectorino, lectorinette*, Retz, 2013.

La compréhension et ses compétences, par Goigoux et Cèbe

Compétences narratives
Réception – Production

Compétences inférentielles
Reformulation – Expansion
États mentaux

Autorégulation

Compétences lexicales
Acquisition – Mémorisation
Réemploi

Compétences de décodage
Automatisation

Pour eux, la compréhension et la mémorisation des informations sont facilitées lorsque les enseignants incitent leurs élèves à construire des représentations visuelles des situations évoquées dans les textes : mime ou jeu dramatique (on retrouve l'idée des billets à mimer de Maria Montessori), dessin... Il est donc important de privilégier les tâches qui incitent les élèves à un traitement actif. En corolaire, il ne faut pas compter sur les questionnaires de lecture pour enseigner la compréhension, car ils donnent la mauvaise habitude de placer la compréhension des élèves sous la dépendance des questions.

Roland Goigoux et Sylvie Cèbe proposent également d'encourager l'écriture privée au brouillon pour que les élèves justifient et recherchent avant la mise en commun, durant laquelle l'enseignant fera argumenter le plus possible. On retrouve ici des points de convergence avec la démarche proposée par Serge Boimare sur le nourrissage culturel.

Pour que les élèves progressent, il faut consacrer beaucoup de temps à faire appliquer une même procédure dans de nombreuses tâches. Les ateliers autonomes peuvent constituer un bon entrainement répétitif, après une phase explicite collective.

Le modèle de Jacqueline Giasson

Jacqueline Giasson donne le modèle d'un enseignement explicite qui doit rendre le lecteur autonome. « Il est curieux de constater que deux approches aussi différentes l'une de l'autre que "apprendre à lire par les cahiers d'exercices" et "apprendre à lire en lisant" pèchent toutes les deux par le même excès, celui de tenir pour acquis que le lecteur deviendra automatiquement autonome par la seule répétition de la tâche de lecture. »[5] Il s'agit donc d'aller plus loin que la simple répétition des exercices

5. Jocelyne Giasson, *La Compréhension en lecture*, Gaëtan Morin éditeur, 1990.

de lecture et d'équiper les élèves en leur enseignant des stratégies utiles de compréhension : lire par groupes de mots, contrôler sa compréhension… L'enseignant, en tant que lecteur, peut expliciter aux apprentis quelles sont les stratégies employées par le lecteur accompli et comment ces stratégies peuvent être appliquées dans un contexte fonctionnel.

Chaque stratégie ainsi découverte est entrainée pour elle-même avant d'être réinvestie dans la lecture d'autres textes, suivant une démarche précise :

– Définir la stratégie et préciser son utilité. On peut lui donner un nom.

– Rendre le processus transparent : expliciter verbalement ce qui se passe dans la tête d'un lecteur accompli durant le processus.

– Interagir avec les élèves et les guider vers la maitrise de la stratégie, plutôt en petits groupes pour que les élèves confrontent leurs conceptions.

– Favoriser l'autonomie dans l'utilisation de la stratégie. Consolider son emploi dans des situations de lecture cadrées.

– Assurer l'application de la stratégie. Inciter les élèves à utiliser la stratégie dans leurs lectures personnelles. Insister sur quand l'utiliser.

Et dans la classe ?

• Travailler la compréhension en lien avec tout le français

Le travail sur la compréhension gagne à être fait en lien avec le travail en lecture (décodage), en écriture ou en étude de la langue. Cela permet d'être cohérent : quand on a bien compris comment fonctionne un texte narratif, on peut en écrire un, on a besoin par exemple d'employer des connecteurs ou d'utiliser le passé. Les programmes de 2015 demandent explicitement d'aller dans ce sens. De plus, travailler sur des thèmes et des supports différents est chronophage.

On peut ainsi travailler sur des textes très variés, offrant une variété d'approches. On peut également lire un texte choisi pour la force de son récit, avec l'objectif du nourrissage culturel, et partir de ce texte (ou d'une partie) pour enseigner le décodage et une stratégie de compréhension explicitement.

• Lire des textes aux enfants

Les élèves ont besoin d'entendre des textes forts et d'un niveau supérieur à ce qu'ils sont capables de déchiffrer seuls au cycle 2. Il faut donc leur lire des histoires, à voix haute, très fréquemment, et en faire le support des activités de compréhension. Les élèves aiment qu'on leur relise les mêmes histoires, et cela leur permet d'affiner petit à petit leur compréhension, d'entendre des éléments nouveaux, d'épaissir leur vision des personnages, de valider les hypothèses de la première lecture. On peut également leur lire des textes longs en leur apprenant ainsi comment lire par épisodes ou par chapitres, en se remémorant le début de l'histoire, en imaginant la suite.

Maria Montessori appelait cela les « auditions », lues par une maitresse qui doit « être une artiste comme une diseuse »[6]. Elle proposait aux enfants de dessiner durant ces lectures, des dessins abstraits ou décoratifs, afin d'occuper leurs mains pour leur permettre d'être attentifs. L'expérience montre qu'en effet cette méthode qui parait paradoxale peut être très efficace quand le dessin ne demande pas d'inspiration.

Choisir des livres variés

Dans la classe, au moment de choisir un support, nous sommes souvent attirés par des albums qui nous plaisent à nous en tant qu'adultes, ou plus matériellement que nous connaissons bien, et nous avons parfois peur de sortir un peu de ce cadre. Il est important de varier les textes offerts aux enfants, et de ne pas hésiter à aller vers des textes dont les sujets paraissent plus lourds, plus sérieux ou plus difficiles. Pour certains enfants, l'école sera le seul lieu où ils pourront entendre ce genre de textes. Maria Montessori avait sélectionné des textes italiens pour leur côté édifiant et littéraire, des textes religieux, *L'Éducation de l'enfant sauvage de l'Aveyron*, *La Case de l'oncle Tom*… Serge Boimare propose de travailler à partir des textes mythiques ou des contes traditionnels pour aider les élèves à dépasser leur peur d'apprendre, médiatiser leurs désirs et leurs pulsions violentes. En plus du travail de compréhension, facilité par l'intérêt profond que suscitent ces textes, ils donnent aux élèves une culture fondamentale et leur permettent d'accéder à la littérature.

Travailler explicitement sur des stratégies de compréhension

À partir de ces lectures magistrales, un travail collectif (en petits groupes essentiellement) est nécessaire pour expliciter une ou plusieurs stratégies de compréhension, suivant une progression préétablie.

6. Maria Montessori, *Pédagogie scientifique*, tome III, éditions ESF, 1970.

Exemple de progression pour le cycle 2 :

- Prendre conscience de sa compréhension : détecter des anomalies
- Interpréter correctement les connecteurs spatiaux et temporels
- Comprendre et exprimer les causes et conséquences plus ou moins implicites d'actions décrites dans un texte
- À partir d'un questionnaire imagé ou non, retrouver les personnages d'une histoire et leurs différentes reprises anaphoriques
- Comprendre les éléments de la structure narrative d'un récit (personnages, temps, lieu), la chronologie et les liens de causalité
- Comparer l'état initial et l'état final de ce récit
- Suivre les états mentaux des personnages pour mieux comprendre
- Comprendre les pensées des personnages pour lire entre les lignes
- Se fabriquer une représentation mentale d'un texte
- Reformuler pour mieux comprendre et mieux raconter
- Inférer ce qui n'est pas écrit : se servir de ses connaissances pour lire entre les lignes
- Raisonner pour comprendre, se souvenir et montrer qu'on a compris
- Inférer le sens des expressions et des mots inconnus en utilisant le contexte
- S'entrainer à trouver, à rédiger et à justifier les réponses aux questions de lecture

Utiliser les temps d'ateliers autonomes pour l'entrainement

Pour permettre aux élèves d'entrainer les stratégies de compréhension, on peut proposer plusieurs ateliers autonomes, inspirés des principes montessoriens et des recherches canadiennes.

– **Les billets d'ordres** sont très utiles dans les débuts du cycle, pour enseigner la compréhension en lien avec le décodage, l'enfant devant agir et donc contrôler qu'il a bien compris ce qu'il a lu. Maria Montessori avait bâti une progression à partir du vocabulaire, par exemple : *Va poser un stylo sur la chaise. Va poser un stylo sous la chaise. Va poser un stylo devant la chaise.*) Elle s'appuyait aussi sur des structures de phrases. Dans le même ordre d'idées, on trouve également des exercices demandant de tracer ou de colorier un dessin en respectant les consignes.

– On peut proposer des **exercices spécifiques de compréhension**, après l'étude d'une stratégie. Par exemple, après le travail sur les lieux de l'histoire, on peut proposer des petits textes dans lesquels il s'agit de repérer les lieux, qui sont clairement identifiés puis juste inférés, par exemple : *Maman pousse son caddie. Elle le remplit avec du fromage, du pain… Puis elle passe à la caisse. Où se trouve-t-elle ?*

– Les élèves peuvent enfin exercer les stratégies étudiées en **lisant des livres de la bibliothèque** de leur niveau, puis en remplissant une fiche. Par exemple, si on a travaillé sur les pensées des personnages, la fiche demandera d'identifier ces pensées au début et à la fin et d'expliquer pourquoi il y a eu un changement, elle sera utilisable quel que soit le livre.

Rendre l'élève acteur de sa compréhension

La compréhension est une activité interne. Certains élèves ne se représentent même pas ce qu'est cet acte, et restent désespérément passifs devant un texte, même s'ils savent le déchiffrer. Il faut leur apprendre à lire ou à écouter « avec le cerveau allumé ». Pour cela, passer par le mouvement est très efficace et peut débloquer les élèves qui ne sont pas à l'aise avec la parole. Nous avons évoqué les billets d'ordre de Montessori, qui sont une première étape. Pour des textes plus complexes, on peut après lecture proposer aux élèves de les jouer, de les mimer, de les représenter avec des petits personnages… ou de les dessiner pour mieux les comprendre. Ainsi, le sens du texte et le poids des mots deviennent concrets. La lecture peut être liée avec la vie réelle, et les élèves sont conscients qu'ils doivent prendre appui sur leur expérience du monde pour comprendre.

La production d'écrits

S'engager dans un travail sur l'écriture, et plus particulièrement dans ce qu'on a longtemps appelé la production écrite, ressemble à une promenade dont chaque détour montre de nouveaux paysages, sans qu'il soit facile de déterminer à quoi peut ressembler la région, et comment faire pour se l'approprier en entier. Les façons de faire, les entrées, les méthodologies sont si diverses, que je me dis à chaque lecture : *En voilà une bonne idée...* et en même temps : *Comment articuler tout cela en vrai dans la classe ?*

C'est que le défi de l'enseignement de l'écriture est double :

– C'est une tâche complexe dont le titre même est polysémique qui regroupe des compétences empruntées à tout le reste du français et même ailleurs... et qui ne sera maitrisée qu'en fin de scolarité obligatoire, voire après.

– L'application réelle des bonnes idées dans la classe est souvent très compliquée et se heurte à de nombreuses contraintes techniques...

Depuis le début de mes années d'enseignement, surtout au CP, des tas de questions se sont posées, que l'on peut résumer en une seule : faut-il rester sur la méthode des petits pas avec des activités très scolaires, encadrées et progressives, ou se lancer dans des projets pleins de sens mais compliqués ? Mon penchant naturel vers l'équilibre me ferait penser que la vérité est dans l'aller-retour entre les deux... mais pour garder la cohérence recherchée, ces allées et venues doivent se nourrir l'une de l'autre.

Montessori et l'écrit conforme

Maria Montessori n'a pas travaillé explicitement cet aspect. À son époque, l'objectif était surtout que les élèves puissent encoder, transcrire en mots ce qu'ils voulaient dire. La société n'attendait pas plus de ces enfants. Et l'orthographe italienne transparente ne nécessitait pas non plus un très long apprentissage. Il est donc nécessaire d'actualiser ses propositions.

Pour elle, l'écriture se construit avec la connaissance de la langue, et particulièrement l'étude de la construction des phrases. Elle souhaite enrichir l'écriture en faisant étudier aux élèves des phrases de plus en plus complexes et en leur permettant d'acquérir un lexique plus riche et plus précis. Son approche de la production d'écrits lui confère une dimension très normative : l'essentiel est d'écrire de façon conforme. On ne s'intéresse pas tellement au contenu, à ce que l'élève veut dire. Il est donc nécessaire de prendre en compte de nouvelles attentes pour construire cet enseignement : « Les élèves sont par ailleurs confrontés à des tâches de production d'écrits : production d'une phrase en réponse à une question, production d'une question, élaboration d'une portion de texte ou d'un texte entier. Ils commencent à identifier les particularités de différents genres de textes à partir de plusieurs textes appartenant à un même genre. Ils apprennent à écrire des textes de genres divers. Avec l'aide du professeur, ils établissent les caractéristiques du texte à produire et ses enjeux. Pour passer à l'écriture, ils s'appuient sur des textes qu'ils ont lus et recueillent des ressources pour nourrir leur production : vocabulaire, thèmes, modes d'organisation mais aussi fragments à copier, modèles à partir desquels proposer une variation, une expansion ou une imitation ; ils s'approprient des stéréotypes à respecter ou à détourner. Avec l'aide du professeur, ils prennent en compte leur lecteur. »[1]

Dominique Bucheton et l'atelier dirigé d'écriture

Afin de permettre aux élèves de se lancer dans la démarche de production d'écrits en les accompagnant au plus près, Dominique Bucheton propose de faire travailler les élèves en ateliers dirigés[2], favorisant proximité, individualisation, tâtonnement, hétérogénéité des élèves, échanges… « Il est dirigé, piloté par un enseignant très expert qui ne lâche pas une minute son petit équipage (cinq à sept élèves) attelé à une tâche difficile, une aventure, une exploration qu'ils ne peuvent réussir seuls. »[3] Une grande importance est donnée à la régularité du dispositif.

Tous les élèves, sur deux semaines, vont à l'atelier d'écriture par groupes hétérogènes de six élèves. L'enseignant est en posture d'accompagnement, assis au milieu des élèves. Le reste de la classe est en autonomie, ce qui est facile dans la configuration de la pratique du travail en libre choix. On propose alors aux élèves d'écrire une phrase ou un texte, en s'aidant des savoirs appris lors des séances de lecture et de français, des ressources des livres étudiés, des interactions avec les autres élèves, de l'aide de l'enseignant en dernier recours.

1. Bulletin officiel spécial, n° 11, 26 novembre 2015.
2. Dominique Bucheton, Yves Soulé, *L'Atelier dirigé d'écriture au CP*, Delagrave, 2009.
3. Dominique Bucheton, *Refonder l'enseignement de l'écriture*, Retz, 2013.

La consigne est le plus souvent commune, mais la production est individuelle : l'enseignant est là aussi pour aider à la recherche de ce qu'on va écrire, sa mise en mots, la correction syntaxique… et le passage du langage oral vers un langage écrit.

Pour faciliter le travail, la gestion du temps et de l'espace est spécifique et routinisée. L'atelier comporte plusieurs phases, et dure entre quarante-cinq minutes et une heure :

– Phase 1 : Il s'agit d'aider les élèves dans la phase de planification, d'invention du texte. Il faut motiver les élèves, construire avec eux le sens et le statut scolaire de l'activité, se mettre d'accord sur les règles du travail collectif.

– Phase 2 : « L'accompagnement de la mise en mots du texte est délicat car il s'agit pour l'enseignant de veiller à l'avancée rapide et synchrone de tout le monde, tout en s'arrêtant sur des points de difficulté qui surgissent de manière imprévue et qui méritent une exploration collective. Il est en état d'observation maximale, d'analyse des erreurs, réussites, blocages. Il ajuste ses réponses et son aide. C'est un moment épuisant, sur le fil didactique. »[4]

– Phase 3 : l'enseignant revient sur les productions de chacun et les examine par rapport à la consigne, mais aussi aux normes du langage écrit. Cette dernière phase sert d'évaluation formative, pour l'enseignant comme pour l'élève. L'enseignant institue le geste de « relecture – contrôle ». En matière d'écriture, c'est un geste premier pour apprendre à se relire attentivement, mais également pour apprendre à contrôler son propre rapport à la norme.

L'atmosphère coopérative que permet ce travail très proche entre l'enseignant et les élèves, permet de faire bouger les postures de chacun. On peut ainsi apprendre à échanger, à s'entraider, à coopérer… dans différents travaux d'écriture. « Une règle essentielle demeure : il s'agit de réaliser, à plusieurs et avec l'accompagnement proche de l'enseignant, une tâche dont l'enjeu est élevé et que les élèves ne peuvent réaliser seuls ou simplement à plusieurs en travail de groupe. »[5]

André Ouzoulias et l'écriture

Dans ce texte, André Ouzoulias résume de façon parfaitement claire les enjeux de la production d'écrit au cycle 2. Il me parait utile de vous le proposer dans son intégralité[6] :

4. Dominique Bucheton, *Refonder l'enseignement de l'écriture*, Retz, 2013.
5. *Ibidem.*
6. http://www.ac-grenoble.fr/ais74/IMG/ouzoulias_10_raisons.pdf

10 (bonnes) raisons de faire écrire pour enseigner la lecture :

1. Dans les tâches d'écriture, plus que de lecture, l'élève doit mobiliser son attention en permanence sur le texte. Quand la classe lit, il peut rester inattentif.

2. Écrire un texte l'aide à comprendre que l'écriture note le langage (elle ne représente pas les choses).

3. Quand il produit son texte, l'élève doit rester attentif à la fois au sens (ce qu'il veut dire), au langage (comment il va le dire) et à la langue (comment « ça s'écrit »). Alors, par-delà la segmentation du texte en mots, des mots en syllabes et des syllabes en lettres, par-delà le langage même, c'est la représentation mentale qui renait à chaque lecture.

4. Produire un texte aide l'élève à comprendre en quoi consiste l'acte de lire.

5. Pour produire un texte, il faut le formuler préalablement : le langage devient un objet qu'il faut manipuler et que l'écriture permet de manipuler consciemment.

6. Pour écrire, il faut commencer à gauche avec les premières lettres du premier mot et poursuivre ainsi vers la droite (du moins, en français). En lecture, les mots sont d'abord perçus sur le modèle des images, c'est-à-dire comme des unités perceptives non orientées.

7. L'écriture oblige à inscrire sur la page les lettres les unes après les autres. Elle conduit ainsi naturellement à l'épellation, c'est-à-dire à un traitement analytique du mot qui dépasse la perception globale.

8. L'écriture fréquente de textes va aider l'élève à mémoriser « avec », « au », « dans », « et », « la », « qui », « un », etc., ces « petits mots » hyperfréquents, mais dépourvus de charge sémantique, qui constituent pourtant la plus grande partie des mots de tous les textes.

9. Quand l'enfant écrit un texte, il doit constamment naviguer entre les microstructures et la macrostructure, les plus petites unités (mots et lettres) et le sens global, en passant par les mésostructures (groupes de mots et phrases).

10. Quand l'enfant écrit SON texte, tous les problèmes qu'il a dû résoudre, toutes les solutions qu'il a trouvées et toutes les découvertes qu'il a faites laissent dans sa mémoire une trace durable, car c'était SON projet et c'est devenu SON texte.

Et dans la classe ?

• Mettre en place des ateliers dirigés d'écriture

Au cycle 2, les élèves ont besoin d'être accompagnés dans leurs premiers pas d'écriture, afin de gagner leur autonomie. On peut donc mettre en place un atelier d'écriture, dès le début d'année, en essayant par exemple de prendre deux groupes de cinq ou six élèves chaque semaine, afin que chaque élève passe tous les quinze jours. Chaque groupe a besoin de 40 à 50 minutes. L'objectif est d'oser des tâches complexes et difficiles, et les accompagner. « Il s'agit de s'approcher au plus près des élèves dans leur différence pour les comprendre et travailler avec. »[7]

---

7. Dominique Bucheton, *Refonder l'enseignement de l'écriture*, Retz, 2013.

Il sera question à ce moment d'écrire des textes suivant une consigne liée aux projets ou à la lecture. Dans le même temps, c'est un temps d'enseignement de quelques stratégies d'écriture. Cet accompagnement permettra à l'enfant d'acquérir des démarches qu'il pourra réinvestir lors de temps d'écriture autonome.

Enseigner une démarche, structurer, sans encadrer trop les écrits des élèves

Lors des ateliers d'écriture, il s'agit d'enseigner des procédures aux élèves au moment où ils en ont besoin. Ces enseignements doivent être explicites et structurés, afin de pouvoir servir à nouveau.

Ces apprentissages feront donc l'objet d'une trace écrite (affichage et cahier), afin que les élèves puissent s'y référer plus tard. Ils prennent un peu la forme des mini leçons, sauf qu'ils ne précèdent pas forcément l'écriture.

Par contre, il me semble important, pour que ces règles soient comprises et intégrées, qu'elles répondent à un besoin pour les élèves (et non pour la programmation de l'enseignant). Ce qui ne signifie pas qu'il n'y a pas d'apprentissage explicite ni de progression. Il s'agit de jouer à l'équilibriste en s'approchant au plus près des besoins des élèves. Je sais à l'avance quelles stratégies je veux leur faire acquérir, je dois ensuite saisir le bon moment.

Exemple de stratégies d'écriture à enseigner :

- Je trouve une idée et je fais la phrase entière dans ma tête.
- J'écris de gauche à droite.
- Je sépare les mots par des espaces.
- Je mets une majuscule au début de la phrase et un point à la fin.
- Pour écrire un mot, je peux le retrouver dans ma mémoire ou dans la classe. Sinon, je sépare en syllabes et j'étire les sons.
- Je relis mon texte pour vérifier qu'il veut dire quelque chose.
- Je n'utilise pas toujours les mêmes mots, je cherche d'autres mots pour dire la même chose.
- Je mets des mots de liaison entre les phrases pour écrire un récit.

Écrire tous les jours

En plus de ces ateliers, il est important que les élèves puissent écrire très régulièrement. Les activités d'encodage, par exemple les dictées muettes, permettent déjà d'écrire chaque jour. Pour des écrits plus complexes, il s'agit de prendre un peu de temps pour écrire un mot, une phrase, dont on a besoin pour le travail qu'on est en train de faire : une phrase de bilan de sciences, la réponse à une question de lecture, une information aux parents, une trace écrite… saisir chaque occasion des apprentissages et de la vie de la classe pour faire écrire les élèves en leur donnant la possibilité d'utiliser les compétences travaillées lors des ateliers d'écriture. Ces occasions permettent aussi de varier les types d'écriture : écriture collective, écriture collaborative, écriture individuelle, dictée à l'adulte…

Écrire dans toutes les matières permet également aux élèves d'apprendre, de « penser le stylo à la main » selon l'expression de Bucheton : « Penser le stylo à la main n'est pas spontané en français, et encore moins dans les autres disciplines scolaires. Cette conduite réflexive nécessite des apprentissages scolaires, des conditions d'usage, des moments spécifiques, des supports conservés et valorisés. »[8]

Les narrations de recherche en mathématiques sont un exemple : demander aux élèves comment ils s'y sont pris pour résoudre un problème ouvert.

En plus de ces occasions, il est important d'installer des ateliers d'écriture autonome dans les temps d'autonomie, par exemple :

– l'écriture de textes libres ;

– l'« écriture-autocollants », très prisée des élèves : ils choisissent un autocollant figuratif, le collent sur leur feuille et écrivent le texte correspondant ;

Exemple d'écriture-autocollant autonome au CP

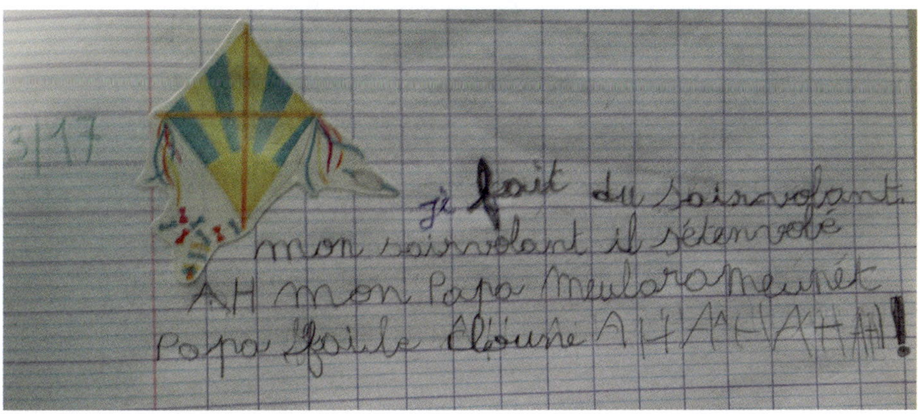

8. *Ibidem.*

– les lanceurs d'écriture : ce sont des fiches qui proposent des petites activités d'écriture (listes, fins de texte…) ;
– le carnet de lecteur : il s'agit de noter ses impressions de lecture.

Enseigner le code en même temps que la démarche

Lors de l'atelier d'écriture, il est très important d'enseigner aux élèves les procédures à leur portée qui leur permettront d'écrire le plus rapidement possible en respectant la norme (orthographe, grammaire…). Il peut s'agir d'utilisation d'outils (aller chercher l'orthographe d'un mot), de procédures écrites (mettre un s au pluriel)…

« On ne peut pas enseigner l'écriture sans consacrer du temps à l'orthographe. Sans elle, adieu la fluidité nécessaire pour bien dire, adieu la lecture facile de la personne qui doit lire. »[9]

En retour, on ne peut pas restreindre l'enseignement de l'écriture à un enseignement de normes, et à leur évaluation. « S'agit-il d'exiger la maitrise et donc l'application des normes ? Mais alors, lesquelles ? Toutes ? Normes phrasiques, textuelles, syntaxiques, orthographiques, sémantiques, pragmatiques ? A-t-on pris la mesure que ces apprentissages ne demandent pas que des routines répétitives mais s'inscrivent dans des rapports épistémiques différents selon les élèves ? Ils prennent ou non du sens pour eux, sont pris en charge cognitivement par des modes de penser, de catégoriser très divers d'un élève à l'autre. Cet apprentissage des normes a besoin d'être régulièrement et précocement pratiqué et automatisé en contexte d'écriture réelle pour être incorporé durablement.

Une étude faite entre deux classes de CP montre que les élèves pratiquant de manière régulière un atelier d'écriture (une petite phrase ou deux puis un petit texte en fin d'année) progressent davantage que la classe voisine où cette pratique n'est pas mise en place. »[10]

Valoriser les essais

Les essais font partie de la production. Ils peuvent même constituer cette production dans le cadre d'écritures courtes. Ils ont donc leur place dans le cahier d'écrivain, ils sont conservés. Par contre, on peut écrire un mot ou une recherche sur l'ardoise si on veut vraiment pouvoir raturer. Le premier jet peut constituer le seul, notamment dans le cadre de l'écriture

---

9. Yves Nadon, *Écrire au primaire*, Chenelière Éducation.
10. Dominique Bucheton, *Refonder l'enseignement de l'écriture*, Retz, 2013.

libre. Dans le cadre d'un projet, on va jusqu'à la publication. Pour les autres productions, c'est à évaluer en fonction des besoins des élèves et des contraintes de la classe.

Utiliser un cahier d'écrivain

Il est très intéressant de travailler avec un cahier d'écrivain : en effet, les élèves ont besoin de routines, d'habitudes faciles à remettre en œuvre pour se lancer dans l'écriture. Ce cahier d'écrivain sert dès le premier jet, qui peut être écrit directement sur le cahier. Suivant les objectifs, l'enseignant peut demander aux élèves de recopier, d'améliorer ou non le texte. Enfin la phase finale pourra être faite sur une jolie feuille, de manière à donner envie de s'appliquer, avec un espace pour illustrer. Si la production donne lieu à publication (courrier, production collective...), on pourra en garder une trace dans le cahier d'écrivain.

Par contre, ce cahier doit rester un cahier où on aime écrire, surtout dans le cadre de l'écriture libre. Je ne corrige pas au rouge. Je lis les premiers jets avec attention, en me centrant sur le fond, et en donnant mon avis. « Il y a urgence à enfermer son stylo rouge dans la trousse lors de la première lecture d'un texte, pour pouvoir entendre ce que le texte commence à murmurer ! »[11] Je me dis que Maria Montessori aurait aimé cette phrase, elle qui avait tant à cœur de permettre aux enfants de libérer leur vraie personnalité.

Proposer des outils pour écrire

Il est important que les élèves puissent utiliser les écrits de la classe comme outils de référence : les textes de lecture, les étiquettes de lecture, les affichages, les traces écrites du cahier de français, les listes de mots, les albums et imagiers de la bibliothèque.

On peut ensuite modéliser en atelier dirigé comment se servir de ces références : elles sont au service de ce qu'on veut écrire, elles ne sont pas des modèles à recopier intégralement.

L'utilisation d'un référent des mots est également intéressante, comme les cartes de nomenclature, à mettre sur le mur de mots, à archiver ensuite, à utiliser en lecture, vocabulaire, grammaire, écriture... pour constituer un capital de référence. Inutile de tout mettre à disposition sans le travailler avec les élèves, cela ne servira pas !

---

11. *Ibidem*.

Donner du temps

Les élèves ont besoin de temps pour écrire, pour revenir sur leurs écrits, peut-être les réécrire. Au-delà de l'atelier d'écriture, je pense à prévoir du temps pour écrire plus librement, ou revenir sur un texte commencé en atelier dirigé. On peut aussi lors de ces ateliers écrire plusieurs fois le même récit, pour affiner l'écriture. Les élèves peuvent ainsi revenir en autonomie sur leur texte entre deux ateliers, ou construire des textes entiers en autonomie.

Évaluer avec recul

Si le produit fini est évalué, le processus l'est tout autant. Cela est particulièrement important lors de l'atelier d'écriture. On peut utiliser le cahier de suivi pour y noter les difficultés et les réussites des élèves. Cette évaluation par l'observation est très importante.

Dans le cahier d'écrivain, il est important de rester discret avec le stylo rouge, de ne pas accentuer les erreurs forcément nombreuses au cycle 2 mais de noter explicitement les réussites. L'enseignant peut alors engager un dialogue avec l'élève sur son cahier, en lui disant ce qu'il pense de son texte : il montre qu'il prend en compte son travail, tout en lui proposant des pistes de progression.

Là encore, il est important de savoir à l'avance ce qu'on va évaluer : le travail préalable sur les niveaux de référence ou le cahier de progrès permettent d'avoir une vue d'ensemble des compétences à évaluer.

Engager les élèves sur des projets d'écriture longue

Dès le CP, et tout au long du cycle, il est important que les élèves s'engagent dans des projets d'écriture au long cours, par exemple un projet par période. Ces projets sont « un levier fort du développement et de l'engagement des élèves, le lieu où se tissent des savoirs et expériences divers. » [12] Ce peut être par exemple l'écriture d'un livre « à la manière de », reprenant des structures découvertes dans un album, la fabrication de panneaux pour la BCD sur lesquels on partage les découvertes faites en sciences… L'idée pour que cet écrit prenne sens est qu'il rencontre des lecteurs, d'autres élèves ou les parents dans un premier temps.

Ces écritures peuvent être portées par un projet de classe, ou par le projet d'un petit groupe d'élèves. Maria Montessori proposait ainsi aux élèves

12. Dominique Bucheton, *Refonder l'enseignement de l'écriture*, Retz, 2013.

de préparer des affiches, des exposés… Le travail à plusieurs permet cet engagement dans la durée et dans la difficulté. Les élèves doivent pouvoir aller jusqu'au bout de leur projet, et donc le montrer, le diffuser ou l'éditer. Le travail de l'enseignant est alors de les laisser mener eux-mêmes leur projet, tout en leur permettant d'acquérir les connaissances et les habiletés nécessaires : fournir un corpus de textes de référence, aider à la caractérisation du genre, aider à la relecture…

22

L'étude de la langue

La grammaire et son système complexe

Maria Montessori accorde une grande part de son travail à la grammaire. Mais ce n'est pas uniquement pour que les enfants connaissent la grammaire, c'est pour qu'ils acquièrent un langage riche et éclairé. C'est pour elle très important que les élèves comprennent non seulement le sens, mais aussi l'utilité et la fonction des mots.

• Une grammaire concrète

Maria Montessori a été guidée là encore par la volonté de faire passer le travail par la main, en utilisant beaucoup des mots écrits sur des petits cartons : les enfants peuvent ainsi concrètement manipuler la langue. « L'enfant cherche à combiner l'article et le nom et les pose l'un à côté de l'autre sur sa table ; l'exercice est guidé par l'oreille, comme l'était la composition des mots avec l'alphabet mobile. Mais toucher des objets réels qui correspondent aux sons fixés par le langage usuel et voir se préciser, entre les mots, des rapports auxquels on n'avait pas pensé, avoir un contrôle extérieur de ces rapports et longuement s'exercer sur ces deux espèces de mots, distincts du chaos des mots emmagasinés dans la pensée, est un exercice évidemment nécessaire. »[1] À ces travaux de tri et de mise en relation s'ajoutent des exercices où les mots sont dans des phrases qui ressemblent à des devinettes, et qu'elle a appelées des « ordres ». Pour faire comprendre ce qu'est un nom, on fait apporter des objets, on propose des phrases sans nom, on change le nom dans la phrase. On retrouve ici ce qu'on appelle maintenant exercices de substitution.

Le mot, qui n'est qu'un concept abstrait, est ici concrétisé sur une étiquette, prêt à être manipulé. Les méthodes actuelles d'entrée dans la grammaire, et je pense en particulier à celle de Françoise Picot, préconisent également ce travail de manipulation de la langue. Les programmes nous disent : « L'étude de la langue s'appuie essentiellement sur des tâches de tri et de classement, donc de comparaison, des activités de manipulation

1. Maria Montessori, *Pédagogie scientifique*, tome III, éditions ESF, 1970.

d'énoncés (substitution, déplacement, ajout, suppression) à partir de corpus soigneusement constitués, afin d'établir des régularités. »[2]

Le matériel créé par Maria Montessori permet en partie ce travail. Ce qui lui manque, c'est la liaison avec les textes lus et écrits par les élèves. Dans le troisième tome de la *Pédagogie scientifique*, les mots, les phrases et même quelques textes sont proposés afin que l'enseignant soit en possession d'une méthode progressive toute prête. Ces éléments sont souvent désuets et devront être adaptés, et il sera nécessaire de faire ce travail de liaison avec les textes de référence de la classe. Ils peuvent toutefois entrer dans la liste des ateliers du libre choix.

Les solides des classes de mots

Pour enseigner les classes de mots, Maria Montessori a développé un système d'enseignement très complet, qui associe des formes et leurs symboles à chaque classe de mots. Les élèves disposent donc de solides, représentant chaque classe de mots, dont la forme et la couleur prennent sens : le nom est une pyramide noire, accompagné de son déterminant qui est une pyramide bleu foncé et d'un éventuel adjectif représenté par une pyramide bleu clair. Le verbe représente l'action, il bouge, comme la sphère rouge qui le représente.

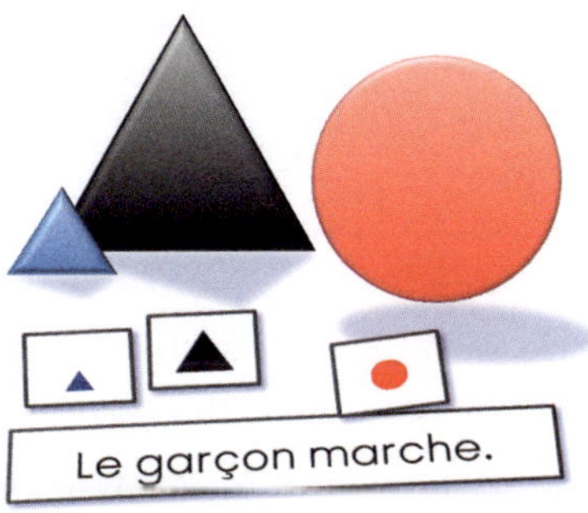

La grammaire initiée de cette façon devient vite ludique pour les élèves, qui touchent, bougent et manipulent les formes et les mots associés. Ils associent ainsi un geste à la grammaire. Et surtout, ils peuvent avoir une manifestation sensible de l'abstraction des mots. En effet, quand on travaille les débuts de la grammaire avec de jeunes enfants, il est très difficile de les détacher du sens des mots, de faire du langage un objet d'étude, de permettre aux élèves d'accéder à des compétences métalangagières.

2. Bulletin officiel spécial, n° 11, 26 novembre 2015.

Associer différents mots à une forme abstraite les aide à bien comprendre qu'on ne s'intéresse pas ici au sens du langage, mais à sa construction.

Lorsque les enfants ont bien manipulé les solides, on peut leur demander de les représenter, et de coder ainsi les différents mots rencontrés.

Les boites de grammaire

Les boites de grammaire sont un matériel intéressant car elles relient la grammaire à la production d'écrit ou à la lecture. Les boites sont séparées en plusieurs compartiments, qui contiennent chacun une classe de mots. La première boite ne contient que des noms et des déterminants. Chaque boite compte ensuite un compartiment de plus pour ajouter une classe de mots, assurant ainsi une progressivité. Un autre compartiment sert à recueillir des phrases construites avec les mots de la boite. On peut ainsi faire travailler les élèves avec les boites contenant juste les classes de mots connus.

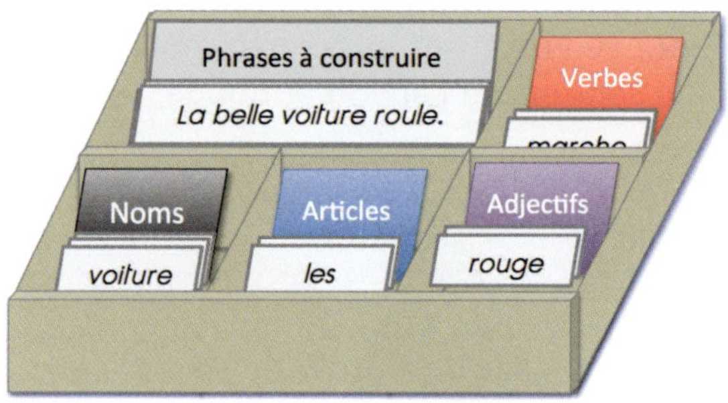

À partir de ce corpus, de nombreuses activités peuvent être envisagées. Les premières sont des activités de tri, de classement, de comparaison… Viennent également des activités d'associations (déterminant + nom + adjectif) ou de transposition en respectant la syntaxe. Les phrases déjà données seront ensuite analysées. Enfin, on peut écrire des phrases signifiantes et comprendre que l'intérêt de cette étude de la langue a une visée immédiate en compréhension ou en production écrite.

Les flèches des fonctions

Pour trouver la fonction des groupes de mots dans la phrase, Maria Montessori avait inventé un jeu de flèches établissant les relations entre les mots. La linguistique a bien changé depuis ces premiers essais, tout comme les demandes institutionnelles. Il est alors nécessaire de le revoir afin d'y intégrer la notion de prédicat. Ce qui est important, c'est de garder pour les élèves la distinction entre classes de mots (représentés par les solides) et fonctions des groupes de mots, dont les relations sont marquées par les flèches.

On pourra ainsi préparer des cartes permettant aux élèves de distinguer dans un premier temps le sujet du prédicat, puis les autres parties de la phrase.

La conjugaison et les petits verbes rouges

Lorsque les élèves ont compris ce qu'est un verbe, on peut commencer à leur montrer l'ensemble du système de conjugaison, afin qu'ils comprennent le statut particulier du verbe. Pour cela, on commence par montrer aux élèves que le verbe porte la marque du temps, grâce à la ligne du temps.

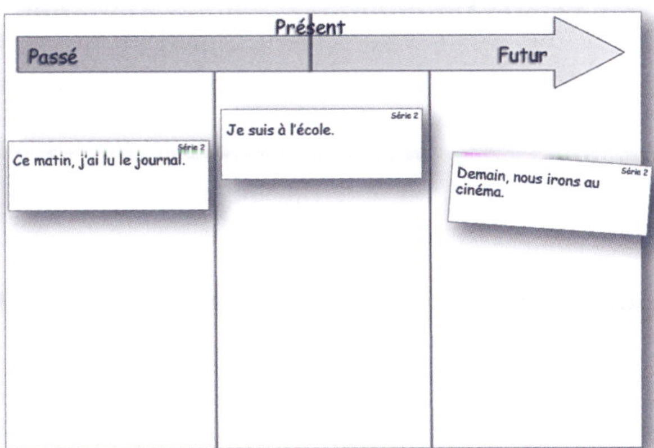

On enseigne ensuite les pronoms personnels, qui prennent la couleur violette, et la même forme que le nom qu'ils remplacent : une pyramide.

Ensuite, on utilise de petits livrets imprimés sur du carton rouge (la couleur du verbe), contenant chacun la conjugaison d'un temps d'un verbe. On peut également utiliser des cartes plastifiées. L'objectif est tout d'abord de trier les formes verbales, puis de les assembler, enfin de les écrire sans modèle sur un support. Il s'agit d'un matériel de mémorisation et d'entrainement.

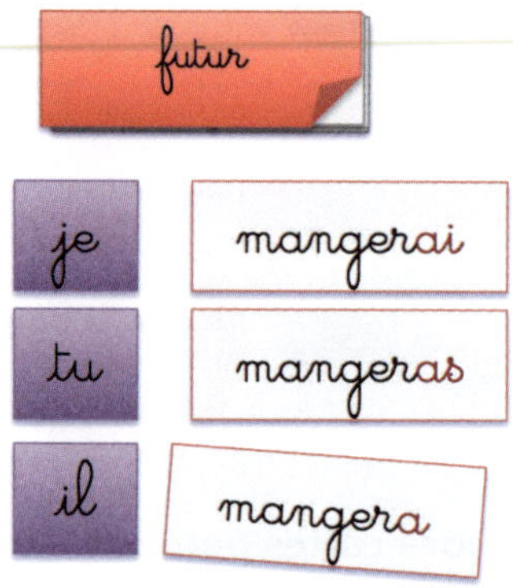

Le vocabulaire

C'est une préoccupation constante de Maria Montessori de permettre aux enfants d'acquérir un lexique riche et varié : « Car l'enfant doit constituer son "patrimoine" de mots : la caractéristique de son langage est justement la pauvreté de son vocabulaire. Il marche vers l'âge dans lequel il aura besoin d'exprimer ses pensées, et il doit donc se fournir du matériel nécessaire pour ce moment. Beaucoup de personnes auront remarqué avec quelle intensité d'attention les enfants écoutent parler, même quand il leur est impossible de comprendre la signification du discours ; ils cherchent à saisir des mots et, parfois, ils le montrent en répétant avec joie un mot qu'ils ont pu retenir. Nous devons répondre à cette tendance de l'enfant et lui offrir un matériel abondant, organisant ensuite des exercices que ses réactions nous feront déterminer et établir. »[3]

Les cartes de nomenclature

Sa première intention est donc de doter les enfants d'un lexique concret riche et précis dès la maternelle. Pour cela, elle invente des cartes imagées,

3. Maria Montessori, *Pédagogie scientifique,* tome III, éditions ESF, 1970.

qu'on appellera assez vite d'une manière un peu savante les cartes de nomenclature. Ces cartes proposent sur le même support le dessin (ou mieux, la photo) d'un objet et son nom. On peut dupliquer cette carte et découper la deuxième entre l'objet et le nom, pour obtenir des cartes à rassembler et un modèle.

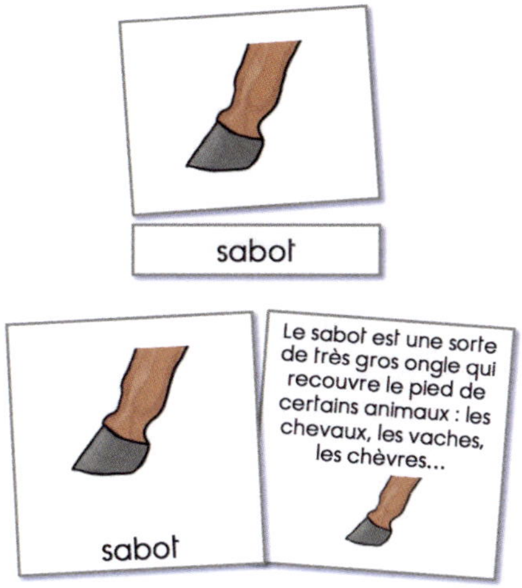

Ces cartes ont de multiples utilisations et en font un matériel indispensable au cours des années : acquisition du vocabulaire, tris et classements, entrainement à la lecture, entrainement à l'orthographe... Montessori s'en sert également pour faire acquérir le vocabulaire spécifique en géographie, en zoologie ou en botanique. On sait aujourd'hui combien le manque de vocabulaire est préjudiciable aux enfants tout au long de leur scolarité. On se rend compte en discutant avec eux combien le sens de la plupart des mots est flou... et combien leur compréhension est approximative. Ce travail spécifique est donc très important. Bien sûr, il ne suffit pas de laisser ces cartes dans un coin de la classe. Il s'agit de les faire vivre, de les fabriquer ou de les ressortir au fur et à mesure de l'étude d'un thème, d'un livre. On peut afficher celles qui servent sur un grand support pour faire un mur de mots. Il faut ensuite les reprendre régulièrement afin que les élèves n'oublient pas leur définition. Lors des ateliers d'entrainement, dès qu'ils sont lecteurs, ils peuvent associer le mot et son image, et de cette façon relire et mémoriser les mots dont le sens aura été découvert ensemble. On peut imaginer aussi, pour les plus rapides, de laisser de nouvelles cartes en libre-service afin que les élèves acquièrent un nouveau vocabulaire en autonomie.

La formation des mots

Plus tard, Maria Montessori propose aux enfants de découvrir les éléments de la fabrication des mots en leur proposant des cartes séparant préfixe, suffixe, et radical.

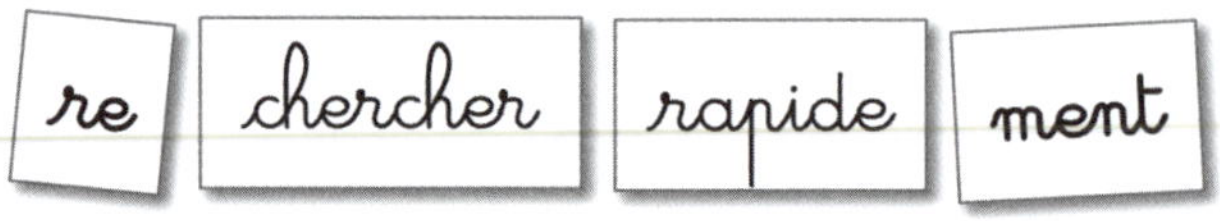

Ce matériel tout simple permet aux élèves de manipuler concrètement les mots, de séparer et d'assembler, de créer des mots ou d'inférer le sens de mots inconnus. Il permet également les tris et les classements lors des phases de recherche ou de découverte. Lors des phases d'entrainement, c'est la répétition du contact avec les mots qui va permettre de les mémoriser et de les utiliser. C'est un matériel facile à fabriquer et à manipuler.

Les familles de mots

Sur le même modèle, on peut proposer aux élèves des cartons avec des mots de la même famille à trier, classer, relier à leur définition. Les cartes de nomenclature peuvent également servir à cette activité. Ce travail sera d'autant plus efficace qu'il est complémentaire des activités de la classe, des thèmes étudiés, du lexique dont on pourra avoir besoin pour écrire… On peut rendre l'apprentissage plus efficace en laissant disponibles les anciennes séries, et d'autres séries pas encore abordées.

L'orthographe

L'orthographe italienne est l'une des orthographes les plus transparentes du monde : un phonème est presque toujours codé par le même graphème. Cela explique sans doute pourquoi Maria Montessori s'est très peu intéressée à cette discipline, pourtant centrale dans les préoccupations françaises. La langue française est au contraire une langue très compliquée, qui contient un très grand nombre de formes arbitraires que les élèves doivent mémoriser. Aussi il est intéressant de se demander comment faire en gardant l'esprit montessorien.

L'orthographe lexicale

La culture française associe immédiatement l'orthographe à la dictée, et c'est pourquoi on pourrait penser que les dictées muettes sont un atelier destiné à l'apprentissage de l'orthographe. Or ce n'est pas vraiment le cas. Les dictées muettes ont été créées pour l'encodage, en vue de l'apprentissage de la lecture. Bien sûr, elles peuvent contribuer à la fixation en mémoire des caractéristiques de ces mots, ou à leur rappel, mais leur progression est construite pour approcher petit à petit les graphèmes du français, et non les difficultés orthographiques. Au contraire même, la plupart des mots ont été choisis afin d'exercer le principe alphabétique, et donc si possible sans difficulté orthographique.

Les cartes de nomenclature peuvent être elles aussi un support à la mémorisation orthographique et au rappel sous forme de dictée muette (l'enfant cache le modèle et écrit le mot sur son ardoise, avant de vérifier).

Mais il est nécessaire pour véritablement apprendre l'orthographe lexicale d'aller plus loin. Tout d'abord, il faut bien penser que tous les élèves ne savent pas comment retenir l'orthographe d'un mot, même si on leur propose comme dans les dictées muettes d'y associer un geste. Avant tout autre apprentissage, il faut donc leur enseigner explicitement des méthodes de mémorisation. Ensuite, cette mémorisation peut être menée de façon autonome.

Pour cela, on peut fabriquer des fiches de travail reprenant l'esprit du matériel de Montessori, et permettant :

– d'aider les élèves à apprendre en leur proposant une méthodologie : lire, épeler, visualiser les difficultés, mémoriser, recopier, tester ses connaissances, s'évaluer ;

– de leur proposer des illustrations pour qu'ils puissent visualiser les difficultés des mots et les retenir : on peut s'inspirer pour cela des images du dictionnaire visu-sémantique du Groupe Romand pour les enfants dys[4] ou celles de l'orthographe illustrée de Mélanie Brunelle[5] ;

– de leur proposer des fiches indépendantes, pour qu'ils puissent choisir les mots qu'ils ont besoin d'apprendre en autonomie, dans un esprit de travail autonome et d'une progression la plus adaptée à chaque élève ;

– de leur proposer de s'évaluer afin qu'ils puissent savoir où ils en sont et tentent de progresser à leur rythme, et pour qu'ils s'appuient sur des acquis : il vaut mieux savoir moins de mots mais les avoir automatisés que de ne rien savoir vraiment ;

– de travailler à partir d'une liste de mots « déconnectés » du travail en classe, afin d'avoir une base de données générale pour une année, à

4. http://www.gre10.ch/orthographe-dessine/
5. http://melaniebrunelle.ca/orthographe-illustree/

adapter si besoin : j'ai donc choisi comme beaucoup de travailler à partir des listes de Dubois Buyse, et plus précisément de la liste actualisée[6].

L'entrainement peut également se faire en classe à partir d'enregistrements qui passent les mots dictés, que l'enfant doit savoir écrire.

L'orthographe grammaticale

L'orthographe grammaticale, elle, ne peut pas s'apprendre uniquement par la mémorisation. Elle est inséparable de la grammaire et de la compréhension de la syntaxe. Elle ne peut pas se passer de la médiation du langage afin que les élèves comprennent les liens entre les mots, les relations entre eux et les accords. Les ateliers autonomes peuvent être des entrainements à certains moments, mais il est indispensable que les élèves puissent travailler ensemble sur ce thème, comparer, justifier, argumenter. Il faut qu'ils puissent petit à petit acquérir une attitude vigilante, un questionnement permanent : *Comment dois-je écrire ce mot ? Pourquoi ?* Pour cela, les activités d'écriture sont très importantes, car il est plus efficace de travailler cette vigilance en situation, pour l'écriture. Après tout, les élèves doivent comprendre que cet apprentissage laborieux de l'orthographe est une nécessité pour l'écriture. Dominique Bucheton a pu montrer que les élèves pratiquant des ateliers d'écriture très réguliers sont meilleurs en orthographe que ceux d'une classe témoin qui écrivaient peu[7].

La priorité lors des temps de libre choix est donc de permettre aux élèves d'écrire des textes, et pas seulement de remplir quelques fiches d'exercices.

6. http://pedagogie.ac-toulouse.fr/lotec/EspaceCahors2/spip/IMG/pdf/14_Echelle_DB_actualisee.pdf

7. Dominique Bucheton, *Refonder l'enseignement de l'écriture*, Retz, 2014.

Les mathématiques

Le matériel de mathématiques imaginé ou repris par Maria Montessori est souvent très connu du grand public, notamment le matériel de la banque. Les grandes barres ou les perles dorées se trouvent même dans des catalogues de jouets pour enfants.

C'est à partir de ce matériel que les enfants peuvent progressivement entrer dans le monde des mathématiques, à partir de cette image réelle qu'ils peuvent se construire des images mentales, et ensuite entrer dans l'abstraction du langage mathématique. C'est précisément l'objectif du cycle 2 : permettre aux élèves de construire les bases des notions abstraites des mathématiques. L'enjeu est qu'ils mettent du sens derrière les symboles abstraits, qu'ils construisent cognitivement la notion de quantité et celle de nombre... Ce sont des compétences majeures pour leur permettre de commencer leur apprentissage des mathématiques.

En travaillant à partir de ce matériel, et en suivant d'autres auteurs, nous pouvons tenter d'accompagner au mieux les élèves dans ces apprentissages fondamentaux, leur laisser le temps et le nombre de manipulations nécessaires à de réels apprentissages, et leur permettre de découvrir petit à petit le système de numération et son langage, ainsi que les premières notions géométriques.

La numération et le calcul

Montessori, le matériel et les nombres

L'esprit mathématique de l'enfant

Maria Montessori parlait « d'esprit mathématique », d'« aptitudes particulières de l'esprit de l'enfant à l'égard des mathématiques »[1], observant que les enfants peuvent rapidement aller très loin dans cette matière dans certaines conditions.

Comme dans l'approche montessorienne du langage, les apprentissages mathématiques se font sans manuel mais par l'intermédiaire d'un matériel concret progressif. Elle insiste à nouveau sur l'aspect très important du mouvement, préalable indispensable à une abstraction qui viendrait spontanément chez les enfants : « Il faut remarquer la facilité avec laquelle, laissant le matériel de côté, ils aiment à écrire les opérations ; ils se livrent alors à un travail mental abstrait, et acquièrent des dispositions pour le calcul mental spontané. »[2]

Le matériel est donc un passage, un moyen vers l'abstraction. Il est destiné à être dépassé, intériorisé : « Les réflexions qui suivent se réfèrent spécialement à l'enseignement de la géométrie et de l'arithmétique. En effet, il s'agit de matières abstraites où l'esprit doit se référer en premier lieu à quelque réalité et poursuivre ensuite dans un champ purement logique. Ceci étant dit, la réalité initiale est en soi-même abstraite et symbolique : lignes, nombres. Cela étant difficilement compréhensible par l'enfant, on a eu recours, dans les premières classes élémentaires, à des représentations matérielles offrant aux sens des quantités en relation avec les nombres, des formes en relation avec la géométrie. »[3]

La numération

Maria Montessori a observé très tôt les difficultés inhérentes à l'apprentissage de la numération, et notamment le fait que les petits enfants qui

1. Maria Montessori, *Pédagogie scientifique,* tome I, éditions ESF, 1970.
2. *Ibidem.*
3. Maria Montessori, *Psycho géométrie*, Desclée de Brouwer, 2007.

comptent peuvent penser que le nombre n'est qu'un numéro, qui désigne un objet. Le matériel qu'elle propose n'est donc pas constitué d'éléments séparés mais d'éléments liés : les barres rouges et bleues, les barrettes de perles colorées… Elle explique ainsi son choix :

« Si l'on se sert, pour compter, de petits objets égaux, pourquoi, en indiquant le premier, dira-t-on 1 ? et pourquoi, en indiquant un autre, dira-t-on 2, et ainsi de suite ? Le petit enfant dit un par rapport à chaque objet nouveau qui s'ajoute, c'est-à-dire : "un, un, un, un, un" au lieu de : "un, deux, trois, quatre, cinq". Le fait que, de l'adjonction d'une nouveauté, s'agrandisse un groupe, et qu'il *faille considérer* cet ensemble qui grandit, constitue précisément *l'obstacle* qui s'oppose à la numération. »[4] J'insiste sur ce point, car nous verrons plus bas que c'est un diagnostic très pertinent des difficultés des élèves encore aujourd'hui, mis au jour entre autres par Rémi Brissiaud.

L'enseignement de la numération passe donc par la manipulation de matériel concret. Les grandes barres bleues et rouges sont en principe destinées à des élèves très jeunes, mais elles peuvent encore être très utiles au CP : en effet, elles permettent aux élèves de comprendre que le nombre désigne la quantité, et de pouvoir tester toutes sortes de combinaisons : en assemblant les barres de 4 et de 1, on obtient la barre de 5.

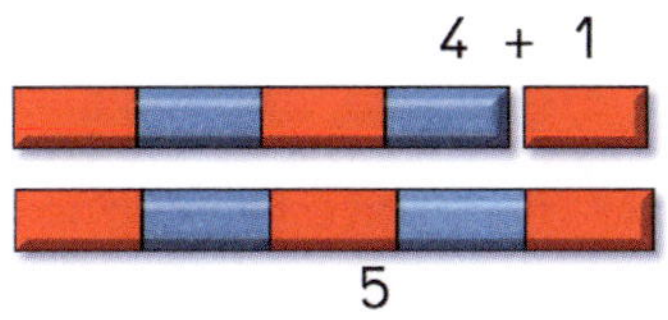

Par la suite, les fuseaux permettent à l'élève de grouper des unités séparées en utilisant les symboles chiffrés. Là encore, chaque case accueillant un nombre donné, l'enfant est amené à bien comprendre le nombre comme quantité, et non comme numérotation d'unités. C'est cet atelier qui permet aussi à l'enfant de prendre conscience du zéro comme ensemble vide.

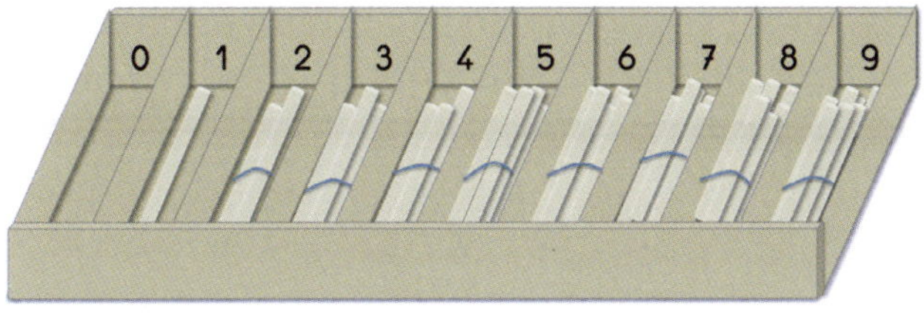

4. Maria Montessori, *La Découverte de l'enfant*, in *Pédagogie scientifique,* Desclée de Brouwer, 1958.

La suite de la numération, avec le système des perles colorées et des perles dorées, continue de présenter aux enfants des quantités déjà assemblées.

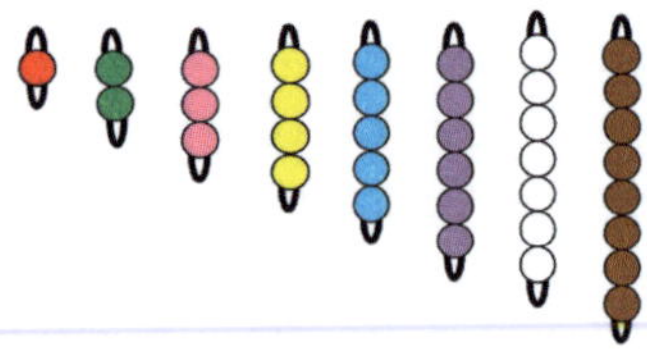

La présentation des perles permet également à l'enfant de percevoir les proportions. Les chaines de perles dorées sont extrêmement efficaces à cet égard : on peut ainsi dérouler à côté d'une barrette de 10 perles la chaine de 100 perles et la chaine de 1 000 perles, et l'élève prend conscience des rapports de quantité.

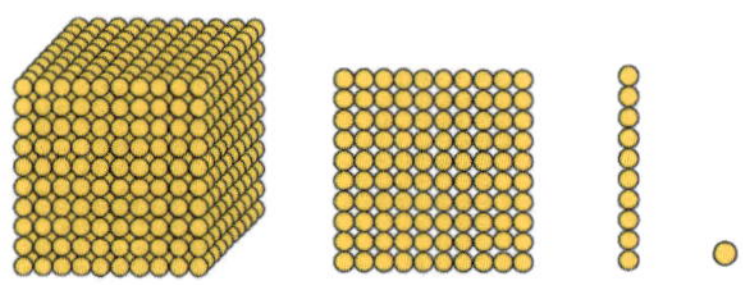

Bien sûr, la compréhension de la numération ne se suffit pas de sa représentation concrète. Il faut écrire les nombres, en maitrisant le système de numération de position. Maria Montessori propose aux élèves un système repris des tables du docteur Seguin, des cartons sur lesquels sont inscrites les dizaines simples, et dont on recouvre le 0 unité d'autres cartons indiquant les unités. Ainsi, l'enfant ne peut pas confondre le 1 représentant une dizaine, accompagné d'un autre nombre, et le 1 représentant les unités. Chaque chiffre reste toujours à sa place. La façon de l'associer au système décimal en perles permet à l'enfant très rapidement de pouvoir symboliser (écrire en chiffres) tous les nombres jusqu'à 9999, même s'il ne sait pas les lire. La compréhension passe avant la mémorisation, levant bien des obstacles à l'enseignement de la numération. C'est tellement gratifiant pour l'enfant que certains montessoriens ont nommé cet atelier « la magie des nombres ».

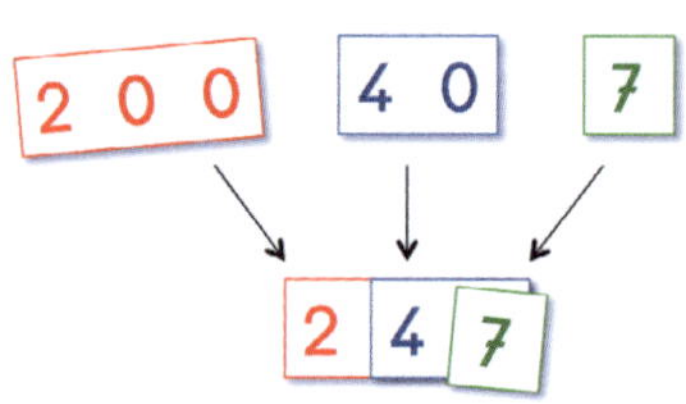

Une progression pour comprendre le système

La progression imaginée par Maria Montessori interpelle l'enseignant d'aujourd'hui. Un peu comme le fera plus tard Stella Baruk en proposant aux élèves d'apprendre les nombres à 2 chiffres en partant du 47, la pédagogie Montessori propose la magie des nombres dès la maternelle, c'est-à-dire un atelier dans lequel les nombres sont étudiés par groupements de 10 jusqu'à 9 999. Elle fait le pari que les élèves peuvent partir du système, le comprendre et l'utiliser avant même de savoir nommer tous les nombres. De même, avec ce même matériel, elle fait manipuler les enfants sur les quatre opérations avant même de commencer à abstraire l'addition. Changer de telle manière la progression habituelle n'est pas si simple. Cependant, passer par le matériel permet aux élèves de comprendre facilement un système complexe. Le pari est inversé : les enfants doivent s'appuyer sur leur construction du nombre et du concept de numération décimale de position avant de mémoriser le nom des nombres. Cela permet d'éviter de façon très efficace l'effet inverse souvent constaté chez les élèves : s'appuyer sur la comptine numérique assez rapidement mémorisée pour construire le concept, avec le risque de rester longtemps sur des procédures non expertes et une abstraction peu rigoureuse.

Comme en grammaire, présenter aux enfants un ensemble plus vaste que celui que l'on leur demande de maitriser permet à leur esprit de synthèse de se mettre en place, alors que c'est très difficile pour de jeunes enfants. Ils comprennent qu'ils sont en train de comprendre, d'apprendre, une partie d'un tout plus vaste. Au lieu d'ajouter petit à petit une pièce à leur puzzle sans comprendre l'image finale, ils peuvent visualiser l'image complète avant de commencer à faire le puzzle. Il me semble qu'en matière de puzzle, avoir une vue même imparfaite de l'image finale peut être très utile.

Les débuts du calcul

Dès que l'enfant manipule des quantités, il fait du calcul. Maria Montessori lui propose donc très vite d'utiliser le matériel de numération pour additionner, soustraire, multiplier et diviser. Dans un premier temps, l'enfant fait le geste et donne le résultat. Assez rapidement, l'enseignant lui explique le vocabulaire associé ainsi que les symboles, et l'enfant écrit l'écriture mathématique de sa manipulation. Dans ce cadre, les mathématiques pour l'enfant sont bien un langage, comme dans les programmes de 2015 : l'enfant fait, puis code ce qu'il a fait. Ce n'est qu'ensuite qu'il pourra utiliser le symbolisme en l'absence de manipulation concrète.

Lorsque l'enfant a bien compris, il doit alors construire lui-même ses « tables » en écrivant les résultats systématiques. C'est une façon de prendre conscience des régularités et de commencer à les mémoriser.

En ce qui concerne le calcul posé, les élèves doivent là encore manipuler énormément avant de pouvoir passer à l'automatisme : « Quand l'élève a fait un certain nombre de ces exercices, il arrive spontanément à "prévoir" les résultats de l'opération sans le matériel d'échange et sans les perles, abrégeant ainsi le procédé mécanique. Quand il "verra" enfin le problème d'un simple coup d'œil, il arrivera à faire des opérations plus difficiles, d'un nombre quelconque de chiffres, par les moyens ordinaires, sans avoir senti aucune fatigue, sans avoir eu à subir de difficiles leçons progressives et d'humiliantes corrections. [...] Il aura beaucoup mieux compris le sens de chaque détail de l'opération que ne seraient probablement en mesure de le comprendre la plupart des jeunes gens de l'École secondaire qui, aux moyens didactiques ordinaires [...]. »[5] Les enfants qui ont bien manipulé posent ensuite leurs opérations sur du papier ligné ou chaque ligne représente une unité de numération d'une couleur différente. Ce procédé est le point de départ des tableaux de nombres colorés, bien connus des enseignants et des élèves d'aujourd'hui.

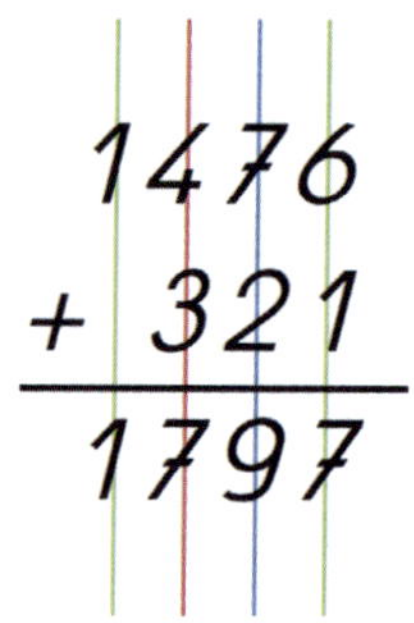

• La mémorisation

Comme pour les autres matières, Maria Montessori a pensé à aider les élèves à mémoriser. Les chiffres rugueux permettent l'apprentissage des chiffres, comme les lettres rugueuses permettaient celles des lettres. Une fois le système décimal bien compris, il faut alors apprendre le nom des nombres. On sait bien maintenant que le français apporte des difficultés particulières dans ce domaine : les nombres de 11 à 16, puis à partir de 70 sont irréguliers. On ne peut faire l'économie de leur mémorisation systématique, même si on peut expliquer l'origine de ces irrégularités.

5. Maria Montessori, *Pédagogie scientifique*, tome III, ESF, 1970.

Pour cela, les écoles françaises montessoriennes proposent des cartes à assembler en trois parties : nombre en lettres, nombre en chiffres et représentation concrète (avec les perles).

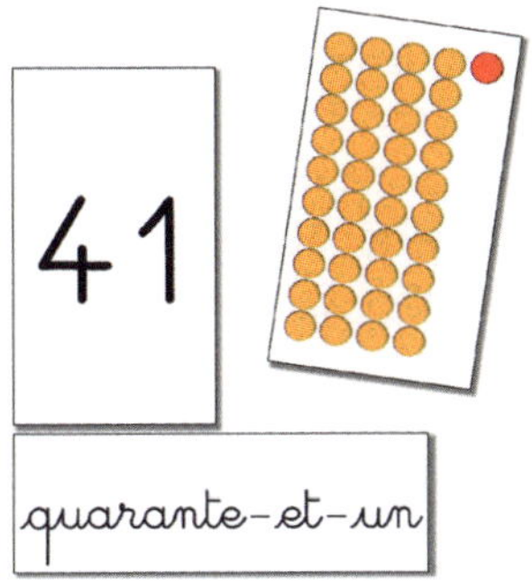

En ce qui concerne les résultats des opérations à connaitre (les fameuses tables), nous venons de voir que l'enfant écrit systématiquement tous les résultats obtenus. Cela commence déjà à aider sa mémorisation. Il construit ensuite les tables sous forme de tableaux (table de Pythagore). On peut donc lui donner des tableaux plastifiés à reconstituer, et même des demi-tableaux afin qu'il utilise la réversibilité pour retenir.

Rémi Brissiaud et la numération

Rémi Brissiaud est un didacticien reconnu des mathématiques. Tentant de comprendre l'effondrement du niveau en mathématiques des écoliers français, il pointe du doigt les difficultés déjà évoquées par Maria Montessori au sujet de l'enseignement de la numération dès le plus jeune âge :

« En fait, depuis la fin du siècle dernier, les résultats scientifiques (enquêtes, procédures expérimentales, études cliniques) vont tous dans le même sens : les élèves les plus fragiles s'enferment dans l'usage de procédures de numérotation. Chez eux, cet emploi de procédures de bas niveau se fossilise. Le plus grave est que tous les ingrédients de l'échec scolaire se mettent alors en place selon un processus "à bas bruit". En effet, le comptage-numérotage permet à ces élèves de résoudre les tâches scolaires "basiques" (garder la mémoire des quantités et des rangs, lire et écrire les nombres à plusieurs chiffres, résoudre des problèmes simples d'addition et de soustraction par numérotation) sans qu'ils construisent un réseau de relations additives ou multiplicatives entre les quantités. Ces élèves réussissant les tâches scolaires "basiques", l'alerte n'est pas émise précocement alors qu'en réalité, faute de construire un réseau de relations entre les quantités, ils n'entrent pas réellement dans le nombre et le calcul. Avant que, dans les années 1990, l'école française se soit mise à valoriser l'usage du comptage-numérotage, 120 000 enfants environ (15 % d'une génération) se trouvaient en difficulté dans leurs apprentissages numériques. Après la valorisation du comptage-numérotage, 40 000 enfants supplémentaires (5 % portant à 20 % le pourcentage total) se sont trouvés en échec prolongé, et cela pour chaque génération d'enfants. La recommandation de favoriser d'emblée des stratégies de décomposition-recomposition doit donc être considérée comme porteuse d'un espoir de réduction de l'échec scolaire concernant le nombre. »[6]

Rémi Brissiaud donne des pistes pour enseigner la numération dès l'école maternelle, mais que l'on peut reprendre largement au cycle 2 :

– enseigner d'abord les décompositions des nombres 2 et 3, puis continuer en insistant longuement sur les décompositions de chaque nombre.

– enseigner le comptage-dénombrement : lorsque l'on dénombre une collection, on ne pointe pas les objets en disant « un, deux, trois,... » mais on les rassemble, et en montrant la collection on peut annoncer son cardinal. On peut aussi dire : « un, et un, deux, et un, trois... » On peut ensuite faire comprendre ainsi le calcul sous jacent : « 1 plus 1, 2 ; plus 1, 3 ;... ». On privilégie ainsi la signification cardinale des mots-nombres.

– abandonner la file numérotée affichée en classe : « La seule présence d'une file numérotée en classe conduit de nombreux élèves au comptage-numérotage, avec des conséquences défavorables au progrès. [...] Concernant l'apprentissage du calcul, les conséquences sont pires. »[7]

Stella Baruk et les mots-nombres

On retrouve chez Stella Baruk, chercheuse en didactique des mathématiques, ce souci très fort d'enseigner la différence entre *nombre* et *numéro*, source d'erreurs chez de nombreux élèves. Elle pointe également la

6. Rémi Brissiaud : *Nouveau programme de maths du cycle 2 : Point fort, point faible* http://www.cafepedagogique.net/lexpresso/Pages/2015/05/06052015Article635664936982867067.aspx

7. Rémi Brissiaud, *Apprendre à calculer à l'école, les pièges à éviter en contexte francophone*, Retz, 2013.

différence plus subtile entre le *nombre*, comme concept abstrait, et le *nombre de*, qui est en fait une quantité. Cette distinction est fondamentale à comprendre déjà pour l'enseignant, qui doit donc se garder d'employer les mots indistinctement. Elle l'est aussi pour l'élève, à qui il s'agit d'expliciter que le *nombre* désigne la quantité, contrairement au *numéro* qui se trouve sur leur boite aux lettres, sur la porte de la classe, sur la plaque de la voiture… et qui n'a pas de rapport avec la quantité.

Elle ajoute également qu'il est indispensable d'ajouter aux manipulations un travail explicite sur le vocabulaire, si important pour comprendre les nombres. Stella Baruk fait de l'apprentissage de la numération un apprentissage du lire/écrire. Cet aspect est sans aucun doute fondamental, surtout dans notre langue française, qui comporte de nombreuses irrégularités en ce qui concerne la nomination des nombres.

C'est ainsi qu'il faut éviter de nommer de la même manière le chiffre 5 si sa place dans la numération de position lui donne une signification différente :

5	5	5
cinq cent	cinquante	cinq

Elle a également la volonté de faire percevoir le système de numération sans en rester au comptage : elle recommande de commencer par expliquer comment écrire 37 avec trente qui commence comme 3, mais dont le *trois* dit autre chose que 3 « uns » (3 paquets de 10), puis de travailler sur 34, 35, 36… en finissant par trente, et en mettant un doigt devant la bouche, parce qu'on n'a plus rien à dire et qu'on a besoin d'un signe pour dire qu'on n'a rien à dire : ce signe c'est zéro, c'est le chiffre du silence. On poursuit avec 40, 50 et 60.

« Reconsidérer la matière, en reconsidérant la façon de travailler, c'est-à dire la manière : l'erreur, dont je n'arrive même plus à penser qu'elle est une erreur quand elle est "fraiche", tant elle est l'auxiliaire la plus sure de qui enseigne, à qui elle renverra les ambigüités de la langue utilisée, les imprécisions d'une formulation, les interrogations sur les "objets" du savoir. Quand un enfant non encore paralysé par la crainte de se tromper répond, il répond avec ce qu'il sait, et non avec ce qu'il ne sait pas. Si cette réponse n'est pas conforme à ce qui est attendu, elle devient question : pourquoi ? Pourquoi ce que je crois être la réponse à la question posée n'est pas vrai ? Analyser les raisons des erreurs fraiches, en constater la "légitimité", leur faire une place à côté de la "vérité" à laquelle on souhaite accéder, telle est cette pédagogie qui mène à l'épistémologie, constant questionnement sur la nature et la forme du savoir proposé ; et qui est combien féconde à quelque niveau que ce soit. [...]

La numération, constitutive de tout le domaine du numérique, nécessairement imposée de façon précoce, est cause de beaucoup d'échecs, car elle est difficile. Or c'est d'elle dont dépend le capital numérique à venir des élèves. Comment se pense, s'écrit un nombre ? Quelles sont les relations entre le lu, le su, le vu et l'entendu ? Comment, à partir de ce bricolage qu'est notre langue numérale, arriver à construire un système "implacablement" cohérent (le système décimal) ? Sans aucun doute avec la langue, car c'est à partir de cette matière première que les enfants entendent ce qu'ils entendent et comprennent ce qu'ils comprennent. L'ignorer, ou la considérer comme le veut la tradition comme un simple "vocabulaire", c'est travailler contre elle, et tuer le sens. »[8]

Stanislas Dehaene et la bosse des maths

Ce chercheur en psychologie cognitive déjà rencontré dans le chapitre sur la lecture pense que la défaillance du système scolaire n'est pas la seule cause des difficultés actuelles des élèves en mathématiques. L'innumérisme (difficultés en numération) proviendrait également de la manière dont notre cerveau engrange les connaissances mathématiques. La plupart des erreurs mathématiques ont un point commun : celui de sauter directement aux conclusions sans réfléchir à la pertinence des calculs effectués. Le problème semble venir de nos circuits neuronaux qui s'automatisent chacun de leur côté, sans se coordonner harmonieusement. Réfléchir à la pertinence des calculs effectués nécessite de mobiliser notre volonté pour analyser le problème et se construire un modèle mental de situation.

« Dans cette perspective, le rôle de l'école n'est pas seulement d'enseigner de l'arithmétique, mais surtout d'apprendre à tisser des liens entre la mécanique des calculs et leur sens. Le bon professeur est un alchimiste qui transmute un cerveau fondamentalement modulaire en une apparence de réseau interactif. Malheureusement les programmes scolaires ne répondent pas toujours à cette exigence. Loin de soulager les difficultés de calcul mental, l'enseignement des mathématiques les exacerbe parfois. »

Les connaissances précoces des enfants ne sont pas toujours bien exploitées. Il faudrait davantage leur présenter des situations concrètes, leur faire comprendre que les opérations mathématiques ont un sens intuitif.

8. http://www.democratisation-scolaire.fr/spip.php?article123

Les enfants peuvent se représenter les opérations à l'aide de leur sens inné des quantités, ils doivent ensuite apprendre à fabriquer des images mentales et à les convoquer.

« Inutile, donc, de bombarder un cerveau juvénile d'axiomes abstraits. La seule stratégie raisonnable d'enseignement des mathématiques me parait passer par un enrichissement progressif de l'intuition des enfants, en s'appuyant sur leurs talents précoces pour la manipulation des quantités et le comptage. On piquera d'abord leur curiosité par des problèmes amusants ; puis on leur exposera, petit à petit, la puissance des raccourcis qu'autorise la notation mathématique symbolique, sans jamais la séparer de l'intuition quantitative ; enfin, on introduira les systèmes formels ou axiomatiques, toujours motivés par une exigence de simplicité. » Sortant un peu de son rôle de chercheur, Stanislas Dehaenne lance ici quelques pistes pédagogiques. Les enfants doivent commencer par manipuler, se construire une représentation. Puis, ils pourront écrire, symboliser, employer le langage mathématique usuel pour coder leurs manipulations, avant de pouvoir s'en passer totalement.

Et dans la classe ?

• Utiliser du matériel concret

Le matériel de mathématiques conçu par Maria Montessori est très utile pour plusieurs raisons : tout d'abord, c'est un matériel agréable et sensitif. Les perles par exemple sont tout de suite prises en main par les élèves pour compter, ils en égrènent chaque grain du bout des doigts. Elles ne sont pas détournées de leur usage pour la fabrication de tours ou de fausses armes à feu comme les cubes emboitables.

De plus, le matériel permet aux enfants de se faire une représentation des quantités, des proportions, des rapports entre les nombres. Ils ont ainsi une approche sensorielle, visuelle, de la différence entre 10 et 100 par exemple.

Le matériel est également une aide à la mémorisation : les chiffres rugueux aident à la mémorisation des chiffres, les tables de Pythagore à compléter aident à la mémorisation des tables de multiplication, les couleurs des perles peuvent aider la mémorisation des compléments à 10…

Un obstacle important à l'utilisation du matériel est… matériel : il faut le posséder, le partager, le ranger ; les élèves jouent avec, le détournent, et la séance se termine dans le bruit et sans beaucoup d'apprentissages.

L'intérêt de l'organisation montessorienne réside dans les temps de libre choix : un ou deux exemplaires de chaque matériel suffisent. Dans un premier temps, on le présente à un petit groupe d'élèves, par exemple en atelier dirigé. Les élèves manipulent, verbalisent, découvrent. Ensuite, ce matériel est laissé à disposition très longtemps, permettant de le reprendre régulièrement pour affiner et automatiser les apprentissages.

On peut également facilement ajouter d'autres éléments au matériel de base de Maria Montessori, s'il est cohérent avec le reste et s'il permet un contrôle de l'erreur. Je pense par exemple à des fiches pour écrire les nombres à partir de représentations des perles, de fiches pour s'entrainer sur les opérations, des fiches proposant des problèmes... On peut les plastifier pour une correction et une répétition plus simples, et pour limiter le nombre de photocopies.

Dénombrer et pas numéroter

Et surtout, ce matériel favorise le comptage-dénombrement. Il s'agit donc lors de l'accompagnement langagier d'être très vigilant, afin d'aider l'enfant à construire une bonne représentation du nombre. Quand on dénombre chaque élément d'une quantité, dire « un, et un, deux, et un, trois... » afin que chaque élément soit désigné comme une unité et non comme un numéro.

On choisit donc de ne pas garder une frise numérique à demeure dans la classe. Il faut éviter aux élèves de recourir au comptage sur la bande pour résoudre chaque problème, pour retrouver l'écriture d'un nombre ou le résultat d'une addition. On peut avoir une bande plastifiée amovible qui sert lors de certaines séquences précises, pour la compréhension de la dimension ordinale des nombres.

De même, lors de l'enseignement du calcul, il est très important que les élèves puissent travailler longtemps sur les décompositions de chaque nombre. Au lieu de commencer par les tables usuelles, celles où on ajoute toujours au même nombre (1 + 1 ; 1 + 2 ; 1 + 3...), on commence par trouver, combiner et mémoriser tout ce qui fait 2, 3, 4...

Faire écrire et symboliser

Lorsque les élèves ont beaucoup manipulé, qu'ils se sont représenté concrètement les quantités dont on parle, il faut qu'ils puissent passer à la symbolisation. En numération, le système montessorien des cartons empilables est très efficace, car il permet de comprendre que les nombres n'ont pas la même valeur suivant leur position. Les élèves peuvent ainsi construire des grands nombres même s'ils ne savent pas les lire : c'est ce qu'on appelle « la magie des nombres ».

En calcul, les élèves écrivent tout d'abord leurs calculs avec des cartes, mais ils sont rapidement amenés à écrire l'écriture mathématique complète : graphiquement, ce n'est pas très compliqué, et cela permet de donner du sens à l'écriture mathématique. Comme l'avait souligné Stella Baruk, et comme le précisent les programmes, l'écriture mathématique est une forme de langage.

De plus, ce passage par l'écriture accompagne le passage vers l'abstraction. Dans bien des cas, ce passage se fait simplement, mais il faut parfois l'accompagner plus explicitement, pour aider les élèves bloqués sur le matériel.

Lorsque l'on fait écrire la totalité des calculs aux élèves, habitude qu'ils prennent très vite, pas besoin de fichiers ou de fiches photocopiées : le cahier du jour convient très bien. On peut réserver l'usage de fiches aux moments où on a besoin de donner des représentations.

Ne pas isoler les concepts

Le grand intérêt de l'atelier des perles dorées est que l'enfant peut se représenter tout de suite le système de numération décimal : on fait des groupes de 10 à chaque niveau.

De même, le travail sur l'introduction du sens des opérations ne peut se faire isolément. Si on se contente de faire des additions durant un mois, les élèves automatisent trop une procédure implicite et incomplète : « Quand je vois deux nombres, je les additionne. » Il est donc important d'introduire le sens des opérations au moins par deux : j'ajoute ou je retire, je multiplie ou je divise.

Il est tout à fait possible ainsi d'utiliser dès le CP l'atelier des perles dorées et les cartons associés, qui permettent de fabriquer les nombres jusqu'à 9 999. L'enfant comprend ainsi que le groupement par 10 est amené à se répéter à chaque échelle, que la position du chiffre indique de quelle unité on parle… Il n'est pas question de lui demander de savoir lire, écrire ou nommer tous ces chiffres dès le CP, mais de lui donner les moyens de raisonner en terme de système numérique. L'utilisation de ce matériel tout au long du cycle 2 lui permet de construire de manière de plus en plus précise un système qu'il aura déjà pu approcher dès le départ, celui de la numération décimale.

Favoriser la création d'images mentales

Les élèves doivent avoir automatisé des procédures, mais ils doivent également pouvoir se représenter ce qu'ils font, afin d'estimer la vraisemblance de leur résultat. Beaucoup d'élèves ne mettent pas en œuvre ces mécanismes de compréhension, ce qui peut se traduire par des résultats comme *7 = 0*, titre d'un ouvrage de Stella Baruk. Comme pour la compréhension en lecture, on peut enseigner très tôt aux élèves à contrôler la vraisemblance de leurs résultats, les habituer à mettre cette procédure en place rapidement. Cela nécessite un travail explicite, des exercices de recherche d'erreurs et d'entrainement de la procédure. Cela peut faire l'objet d'ateliers spécifiques : estimer l'ordre de grandeur d'un résultat, barrer des écritures mathématiques impossibles…

Structurer les connaissances explicitement

On connait l'importance de ces moments dans la création d'images mentales par les enfants. Il est donc important de structurer, d'apporter des représentations imagées et mathématiques des concepts, de les garder en mémoire. Je pense notamment aux compétences procédurales : par exemple, comment ranger dans l'ordre croissant des nombres à trois chiffres ? Même si cette compétence s'appuie sur une bonne connaissance de la numération, il est nécessaire de modéliser une démarche, de la répéter, de l'écrire afin de la retrouver si besoin :

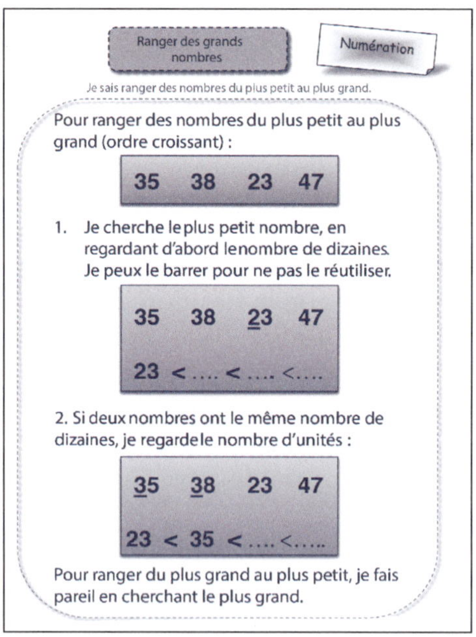
Ranger des grands nombres

Numération

Je sais ranger des nombres du plus petit au plus grand.

Pour ranger des nombres du plus petit au plus grand (ordre croissant) :

35 38 23 47

1. Je cherche le plus petit nombre, en regardant d'abord le nombre de dizaines. Je peux le barrer pour ne pas le réutiliser.

35 38 23 47

23 < …. < …. <….

2. Si deux nombres ont le même nombre de dizaines, je regarde le nombre d'unités :

35 38 23 47

23 < 35 < …. <…..

Pour ranger du plus grand au plus petit, je fais pareil en cherchant le plus grand.

Il me semble important de compléter la pédagogie montessorienne pour permettre de réels temps d'explicitation collective, dont on sait maintenant combien ils sont importants pour l'apprentissage. Pour les phases d'institutionnalisation, quand l'enseignant donne à son tour le vocabulaire ou la procédure experte, nous disposons maintenant de moyens très efficaces : vidéos, diaporamas, photocopies…

Faire mémoriser

La construction des compétences en calcul nécessite que les élèves mémorisent de nombreux résultats. Ce n'est qu'à cette condition qu'ils pourront progresser. On sait que cette mémorisation est difficile, et que de nombreux élèves ne l'effectuent pas chez eux, comme cela leur est souvent demandé. Une partie de cette mémorisation doit donc être prise en charge en classe, afin de réduire les inégalités et de montrer une méthode de mémorisation efficace.

Maria Montessori proposait aux élèves de remplir des tables : à partir du matériel concret, ils construisent les résultats de la table plusieurs fois, afin de s'approprier ces résultats.

La mémorisation des répertoires peut être continuée en classe suivant les principes définis par les études scientifiques :

– la mémorisation se compose du geste de stockage, de révisions programmées et de temps de contrôle ;

– le fonctionnement de la mémoire est dépendant des conditions dans lesquelles elle est sollicitée : la mémoire a besoin de sens, aime que les éléments à mémoriser soient organisés, n'aime pas être surchargée, fonctionne mieux quand il y a un enjeu, a besoin de réactivations régulières, de révisions, de pauses, enfouit ce qui n'est pas rappelé régulièrement.

C'est ainsi que chaque procédure de calcul mental doit être expliquée, appliquée et entrainée. L'utilisation de l'ardoise est adaptée aux premières phases de l'apprentissage. Le support papier est pertinent pour les phases d'entrainement et pour les évaluations.

Tenir compte des difficultés françaises

La langue française rend l'acquisition de la numération parfois difficile car non transparente. Il est donc important d'en tenir compte et d'être très précis dans le lexique utilisé en classe. Par exemple, la distinction entre chiffre, nombre et numéro doit être explicite et intégrée par l'enseignant.

Pour l'enseignement de la numération, le travail avec les cartons Montessori permet aux élèves d'écrire très rapidement des nombres à deux ou trois chiffres, même s'ils ne savent pas les nommer. On peut donc employer de manière transitoire les appellations *dix-un*, *dix-deux*,..., ou *sept dizaines et trois unités*... Les élèves peuvent comprendre le système numérique indépendamment du nom des nombres. Et de la même manière, la connaissance de ces noms ne présuppose pas la compréhension du système.

• Faire résoudre des problèmes

Résoudre des problèmes est une tâche indispensable à la compréhension des mathématiques, des liens entre le concret et l'abstrait, du sens des écritures mathématiques. Elle est si importante qu'elle est la première évoquée par les rédacteurs des programmes de 2015 en mathématiques : « Au cycle 2, la résolution de problèmes est au centre de l'activité mathématique des élèves, développant leurs capacités à chercher, raisonner et communiquer. Les problèmes permettent d'aborder de nouvelles notions, de consolider des acquisitions, de provoquer des questionnements. Ils peuvent être issus de situations de vie de classe ou de situations rencontrées dans d'autres enseignements, notamment Questionner le monde. Ils ont le plus souvent possible un caractère ludique. On veillera à proposer aux élèves dès le CP des problèmes pour apprendre à chercher qui ne soient pas de simples problèmes d'application à une ou plusieurs opérations mais nécessitent des recherches avec tâtonnements. »[9]

La résolution de problèmes est une tâche complexe pour laquelle les élèves doivent utiliser plusieurs compétences : lecture, compréhension, représentation, abstraction, numération, calcul... C'est peut-être pour cela que c'est un type de tâche très peu évoqué par Maria Montessori dans ses écrits, elle qui a le plus souvent fait travailler des tâches simples.

Une approche inspirée de la typologie des problèmes de Gérard Vergnaud consiste à bâtir pour chaque type de problèmes un « schéma type » et une procédure de résolution associée. Cette approche se heurte tout de même pour certains élèves à des problèmes de représentation.

Pour tenter d'y remédier, on peut utiliser une (ou plusieurs) boite(s). Concrètement, ce sont de simples boites à chaussures percées associées à des cubes. Le matériel de la banque en bois de Montessori peut parfaitement convenir. En début d'année, lors de l'introduction du calcul mental, ces boites sont utilisées pour additionner, soustraire, trouver le complément. L'enseignant y ajoute ou en retire des objets, puis demande aux élèves de trouver ce qu'il y a dans le secret de la boite, ou ce qui a été ajouté... et on vérifie en comptant les objets. Il est possible de laisser

---

9. Bulletin Officiel spécial, n° 11, 26 novembre 2015.

à disposition d'un élève en difficulté une boite et des cubes si ça l'aide. Cette boite est donc dès le début associée au calcul.

Lors du travail sur les problèmes, le point de départ peut être de mimer les situations, ou d'utiliser des représentations réalistes des données du problème. Par exemple, on travaille beaucoup au début sur les problèmes du Petit Poucet qui ramasse ou qui perd des cailloux, et les élèves comptent les cailloux.

Ensuite, la boite sert de première marche vers l'abstraction, pour les élèves qui n'arrivent pas à passer directement à une représentation schématique ou mathématique : chaque problème doit pouvoir se vivre avec la boite et les cubes. Pour cela, l'élève doit trouver ce que représentent les cubes, la boite, ce qu'il cherche… Par exemple dans le problème : *Maman avait 15 roses, mais elle a retiré les 6 fleurs fanées… Combien en reste-t-il dans son bouquet ?*, l'élève doit trouver que les cubes représentent les roses et la boite le bouquet… Utilisée ainsi, la boite est un outil efficace vers la représentation abstraite de la situation. Tous les problèmes portant sur les cardinaux peuvent passer par la boite (pour les problèmes sur des nombres ordinaux, il faudra une bande numérique). Comme la boite est dans la classe associée au calcul, c'est aussi un passage vers la représentation mathématique de la situation. C'est une étape importante de l'échelle de progression des stratégies en résolution de problèmes que l'on peut définir avec les élèves comme suit :

Étayage progressif pour la résolution de problèmes

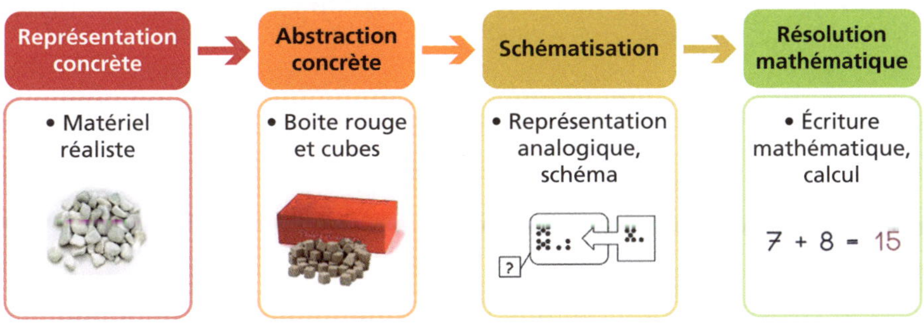

Dans ce petit schéma, la phase de la boite, un peu à la manière d'un oxymore, est nommée la phase d'abstraction concrète… juste pour se souvenir que la première phase de représentation de la réalité de manière conceptuelle peut rester concrète au niveau du matériel, et que l'abstraction de la pensée ne signifie pas forcément l'absence de manipulation.

Il est important que les élèves sachent que la procédure experte, celle vers laquelle ils doivent progresser, est la procédure mathématique. Mais ils doivent pouvoir revenir vers d'autres procédures si besoin, quand ils découvrent un nouveau type de problème, quand ils ne possèdent pas encore les concepts mathématiques (situations de partage...), ou quand ils ne parviennent pas à se représenter un type déjà rencontré. S'ils n'arrivent pas à schématiser, alors ils peuvent utiliser la boite.

Il faut associer à ce travail une explicitation de la démarche méthodologique, afin d'outiller au mieux les élèves :

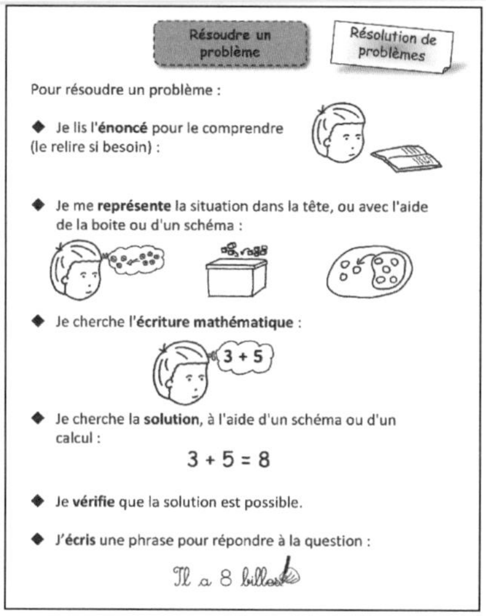

Les élèves pourront progressivement résoudre des problèmes de difficulté graduée en autonomie, grâce aux outils ainsi construits.

La géométrie

La psycho géométrie de Montessori

Le travail de Maria Montessori sur la géométrie est très riche, puisqu'elle a même fait paraitre un de ses premiers livres uniquement sur ce sujet en 1934 : *Psycho géométrie : L'étude de la géométrie fondée sur la psychologie de l'enfant*. Elle y détaille sa méthode avec force définitions et théorèmes, en proposant un matériel très précis. Son principe est toujours le même : il s'agit de partir de la perception tactile pour aller petit à petit vers les constructions plus complexes et la découverte des propriétés des objets géométriques. L'enfant doit longuement expérimenter, sentir, avant d'entendre et de comprendre les notions plus abstraites. « Un enseignement qui s'appuie sur de vastes notions intuitives, obtenues par une grande expérience, est quelque chose de semblable à la lumière qui éclaire ce qui existe déjà et c'est de ceci, en réalité, que l'on doit donner la définition. La définition doit être postérieure à la connaissance et non l'inverse. »[1]

Ainsi, dès l'âge de la maternelle, l'enfant est confronté à un matériel fait de formes géométriques encastrables, toutes de même taille.

On peut parfaitement continuer à utiliser ces formes au début du cycle 2. Ces formes ont plusieurs usages :

– Elles aident l'enfant à sentir ; il doit toucher le bord interne et externe des formes, les encastrer les yeux bandés : « Les mouvements de la main suivant le contour et ce mouvement exécuté lentement, exactement et

1. Maria Montessori, *Psycho géométrie*, Desclée de Brouwer, 2007.

avec une attention extrême, donne une "idée motrice" »[2]. Il peut ensuite faire le travail de différenciation, de tri, de classement…

– Elles procurent à l'enfant de premières notions géométriques lorsqu'il doit les remettre à leur place : le disque entre quelle que soit son orientation, le carré et le triangle équilatéral peuvent entrer de différentes façons, ce qui n'est pas le cas de l'ovale…

– Elles sont le support des premiers tracés. Il est à noter à ce sujet que ce travail de dessin à partir des formes géométriques est pour Maria Montessori tout à la fois un travail de graphisme (préparation de la main à l'écriture), de géométrie (intuition des relations entre les différentes figures) et de dessin (apprentissage d'ornements). Les enfants se servent des formes comme d'un emporte-pièce sur des feuilles de couleur, et remplissent ensuite ces formes avec des traits, tracent des compositions de formes…

– Elles sont le support, après tout le travail sensoriel, des premières définitions de géométrie plane.

Lorsque ce travail sur les premières figures encastrables est terminé, l'élève apprend à tracer des figures lui-même, avec les instruments usuels. Ce travail peut être mené comme une résolution de problèmes, ainsi que le préconisent les programmes. La production de figures est un travail qui permet à l'enfant, par sa répétition, de comprendre de nombreuses propriétés géométriques. Un atelier autonome est donc formé de petites feuilles et du matériel géométrique, afin que l'élève puisse s'entrainer longuement. L'élève est ensuite incité à décorer les figures tracées, à lier ses découvertes géométriques à des découvertes artistiques. C'est également une activité prévue par les rédacteurs des programmes de 2015 : « Les jeux du type portrait, Kim, etc., la construction de frises, pavages, rosaces peuvent contribuer à développer la connaissance des propriétés des figures du programme et du vocabulaire associé. »[3]

Pour la fin du cycle, Maria Montessori propose un matériel de géométrie avancé : il est toujours constitué de formes encastrables. Mais cette fois-ci, chaque figure est divisée en différentes parties. Les séparations s'appuient sur les lignes remarquables (médianes, médiatrices, bissectrices…). Il est à noter que ce matériel est également conçu pour la représentation des fractions.

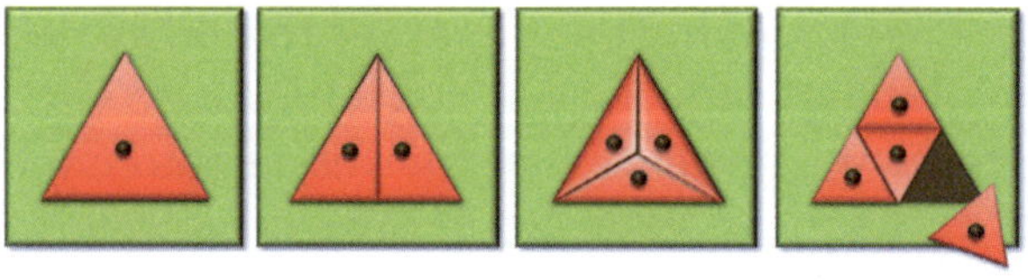

2. Maria Montessori, *Psycho géométrie*, Desclée de Brouwer, 2007.

3. Bulletin officiel spécial, n° 11, 26 novembre 2015.

Enfin, on peut trouver par ailleurs des cartes de nomenclature reprenant les principales définitions de la géométrie, et servant à la mémorisation de ce lexique particulier.

Les trois géométries de Roland Charnay

De l'école au collège on passe par trois sortes de géométries et chaque fois cela demande aux élèves un changement de point de vue. Les difficultés des élèves sont réelles car les ruptures sont implicites.

– Aux cycles 1 et 2 : c'est la **géométrie de la perception** : est vrai ce qui est vu ou perçu comme tel : un carré, un rectangle… La boite à outils de la géométrie est constituée de l'œil et de la main.

– À la fin du cycle 2 et au cycle 3 : c'est la **géométrie instrumentée**. L'élève doit dire pourquoi c'est un carré. Sont vraies les propriétés contrôlées à l'aide d'instruments. La boite à outils de la géométrie est constituée des instruments.

– Au collège : c'est la **géométrie déductive**. Est vrai ce qui est démontré. La boite à outils de la géométrie, ce sont les théorèmes. Pour aider les élèves à passer de la géométrie instrumentée à la géométrie déductive, on leur proposera dans certaines situations d'effectuer un travail géométrique sur un dessin à main levée.

Les trois géométries progressives de Charnay

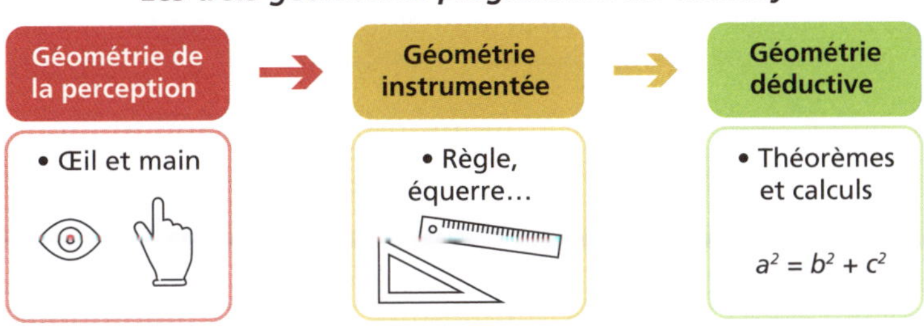

On peut appliquer cette théorie à l'exemple du carré :

– Au CP, le carré qui est reconnu comme carré est celui placé dans la situation prototypique.

– Au CE2, le carré placé dans une situation non prototypique devrait l'être aussi. Au CE2 s'opère le passage délicat entre la 1re et la 2e géométrie (perception/instrumentation) : un carré est logiquement un rectangle mais n'en est pas un visuellement.

– En 6e, devrait être reconnu un carré tracé à main levée avec le codage angle droit et côtés égaux : c'est le codage qui dit que c'est un carré.

Cette approche recoupe les intuitions de Maria Montessori : la phase de perception est la base indispensable pour la suite. Les élèves doivent avoir le temps d'utiliser leurs sens de façon prolongée pour pouvoir ensuite passer à la géométrie instrumentée. Ce passage doit être accompagné de façon explicite afin que les élèves comprennent les prolongements et les ruptures entre les deux géométries.

Et dans la classe ?

Faire toucher

L'approche sensorielle de la géométrie est très importante. Elle en constitue la première étape. Si on passe très vite aux représentations instrumentées, on empêche l'enfant de mémoriser intuitivement de nombreuses propriétés des formes ou des figures. Il est donc très important qu'il puisse avoir à sa disposition du matériel géométrique. Les formes à encastrer sont un matériel que l'on peut utiliser de multiples manières et qui servent au travail de perception.

Le travail proposé par Maria Montessori ne concerne que la géométrie plane. On peut donc également imaginer mettre à disposition des élèves des solides, pour les mêmes raisons. Il existe des solides qui peuvent se démonter comme pour en tracer le patron ou qui peuvent se diviser en différentes parties. Ce matériel doit être longtemps à disposition des élèves.

Faire du lien avec le dessin

Les tracés géométriques peuvent être très rébarbatifs, alors qu'ils deviennent un plaisir dès qu'ils ont une visée décorative. Pensons au plaisir qu'ont les enfants de tracer et de décorer des rosaces. On peut donc s'appuyer sur ce plaisir pour leur proposer en autonomie des feuilles de couleurs et du matériel adapté : les formes encastrables pour les plus petits, règle, équerre et compas en fin de cycle.

De plus, ils ont besoin de ces dessins fréquents pour prendre conscience des formes et des régularités. Par exemple, l'approche de la symétrie est très difficile si l'on commence par donner des figures à compléter en utilisant des tracés géométriques. On peut leur donner de nombreux dessins à compléter par symétrie, rosaces, masques africains… L'enfant dessine à main levée, ce qui n'est pas une symétrie au sens strict, mais en faisant souvent cet exercice il intègre les principes de la symétrie de façon intuitive, avant de pouvoir réaliser des tracés géométriques.

S'entrainer souvent pour affiner son tracé

Souvent, on consacre peu de temps aux séances de production de figures géométriques, et les enfants qui n'y arrivent pas ont peu d'occasions de s'exercer. Or, la motricité fine et la précision exigées par ce type d'exercices demandent au contraire un très long entrainement. Il est donc très utile de proposer aux élèves des ateliers autonomes disponibles souvent, parfois en lien avec le dessin comme on vient de le voir. S'ils ont quelques modèles ou des plans de construction, ils pourront varier leurs dessins et s'entrainer autour de différents concepts géométriques. Lors de la mise en commun, on pourra également revenir sur ces notions géométriques : *Tu as décoré de manière symétrique…* On répond ainsi à cette demande des programmes de 2015 : « La reproduction de figures diverses, simples et composées, est une source importante de problèmes de géométrie dont on peut faire varier la difficulté en fonction des figures à reproduire et des instruments disponibles. »

Faire résoudre des problèmes

C'est une demande très forte des programmes de 2015 : « Les compétences et connaissances attendues en fin de cycle se construisent à partir de problèmes, qui s'enrichissent tout au long du cycle en jouant sur les outils et les supports à disposition. »[4] Comme pour le domaine numérique, il faut enrichir les propositions montessoriennes par la mise en place de résolution de problèmes géométriques. Ces problèmes pourront être résolus dans un premier temps à l'aide du matériel proposé. On vise ensuite, comme dans la partie 6.1, le passage progressif vers plus d'abstraction.

On peut distinguer plusieurs types d'opérations utilisés dans les problèmes :

– localiser,
– reproduire,
– décrire,
– représenter,
– construire.

Chaque type doit faire l'objet d'une procédure explicite. Ensuite, les élèves peuvent faire de tels problèmes en autonomie, à la fin du cycle 2.

4. Bulletin officiel spécial, n° 11, 26 novembre 2015.

Enseigner le lexique

Le lexique géométrique est très précis, mais reprend parfois des termes utilisés dans la vie de tous les jours, ce qui est source de confusion pour les élèves. Il est fondamental que les élèves comprennent cette différence. La géométrie nécessite donc des séances explicites collectives visant à institutionnaliser ce lexique.

Pour cela, on peut construire un support collectif des mots en géométrie, en notant explicitement la différence avec les mots dans le sens commun. La difficulté est d'arriver à des définitions exactes et compréhensibles à 6 ou 8 ans. On peut parfois se contenter d'un dessin.

Les cartes de nomenclature peuvent être également un support pour la précision et la mémorisation du lexique.

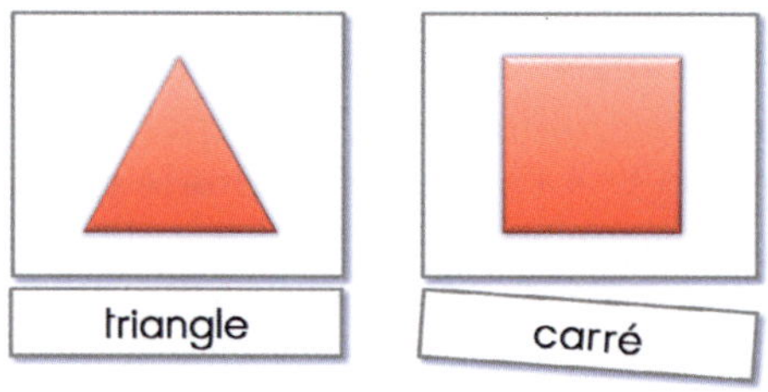

Toutes les activités où les élèves doivent parler, échanger, décrire un solide à reconnaitre ou à construire sont des moyens de préciser le lexique et d'utiliser le lexique déjà vu.

Les autres domaines

C'est certainement dans les autres domaines que le français et les mathématiques que les connaissances et la didactique ont le plus évolué depuis l'époque de Maria Montessori. Le nombre de disciplines enseignées à l'école n'est pas le même. Certains domaines sont quasiment inexistants dans ses travaux, comme l'enseignement de l'EPS, des langues vivantes, des nouvelles technologies... D'autres ont évolué avec l'époque, et notamment celles qui étaient essentiellement basées sur la mémorisation de connaissances académiques, comme l'histoire, la géographie, les sciences, ou même la musique ou le dessin. À l'heure où toutes les connaissances sont disponibles immédiatement sur Internet, la mémorisation n'est plus la priorité. Quant au monde des arts, il a tellement évolué que son enseignement ne peut plus ressembler à ce qu'il était il y a un siècle.

Cependant, certains aspects des travaux de Maria Montessori avaient déjà pour but de permettre aux élèves de s'approprier ces domaines de manière plus active. L'enfant devait découvrir le monde autrement que dans les livres, et la musique avec son corps... Certaines propositions comme celle des grands récits sont très ambitieuses.

Il serait très réducteur de ne garder que quelques puzzles de botanique ou de zoologie. S'inspirer de ses grands principes peut nous donner un autre éclairage sur ces enseignements.

Questionner le monde

Aller découvrir le monde

Si, pour Maria Montessori, l'enfant de 3 à 5 ans pouvait se contenter d'explorer la classe, celui de 6 ans doit aller voir le monde. Elle propose une véritable pédagogie de la sortie, qui fait penser aux longues promenades de Célestin Freinet et de ses élèves dans la campagne autour de l'école. Il n'est pas possible pour ces tenants de l'éducation active d'apprendre le monde entre quatre murs. Les enfants de cet âge ont un réel besoin de découvrir ce qui se passe hors de l'école, ils sont curieux et plein de questions.

« Quand l'enfant sort, nous dit Maria Montessori, c'est bien le Monde lui-même qui s'offre à lui. Au lieu de fabriquer des objets qui représentent des idées et de les enfermer dans une armoire, faisons sortir l'enfant ; montrons-lui les choses dans leur réalité. »[1]

Il s'agit essentiellement de sorties dans la nature, afin que l'enfant puisse éprouver grâce à ses sens toute la vie qui s'y déroule dans sa complexité et sa beauté.

La sortie est de plus une occasion de vivre une expérience avec les autres, de mettre en pratique les enseignements moraux, d'acquérir des connaissances pratiques (préparer le nécessaire, le chemin…), bref, c'est une occasion d'apprendre dans de nombreux domaines.

Planter un jardin

« À notre époque et dans notre société civilisée, les enfants vivent très éloignés de la nature, et rares sont pour eux les possibilités d'entrer en rapport intime avec elle et d'y puiser des expériences directes. »[2] Ces mots de Maria Montessori en 1958 semblent d'une étonnante actualité. Les élèves ont besoin d'étudier la nature dans la nature, et de nombreuses écoles montessoriennes

1. Maria Montessori, *De l'enfant à l'adolescent*, Desclée de Brouwer, 2004.
2. Maria Montessori, *La Découverte de l'enfant*, in *Pédagogie scientifique,* Desclée de Brouwer, 1958.

comportent un jardin tenu par les élèves, avec parfois des animaux. D'ailleurs, l'école imaginée par Maria Montessori pour les adolescents avait pour lieu une ferme, en pleine campagne. Mais dès les petites classes, les enfants sont invités à prendre soin d'un jardin, y compris en y effectuant de grands travaux. Tous leurs sens sont convoqués, pour observer, sentir, gouter, toucher… Le travail autour du vivant se fait à partir de ces travaux.

Une pensée systémique

Maria Montessori tient beaucoup à une éducation systémique, transdisciplinaire, et ne fait pas de séparation entre les sciences, l'histoire, la géographie. L'enfant doit comprendre que tout se tient, que « tout est étroitement lié sur cette planète ». Elle craint une éducation dans laquelle le cloisonnement des disciplines et des apprentissages ne permette pas à l'enfant de retrouver le sens de la globalité. « Apporter des notions détachées, c'est apporter la confusion ; mais il faut que nous puissions déterminer le lien existant entre elles ; et, quand est établie la corrélation entre les notions désormais enchainées les unes aux autres, les détails eux-mêmes trouveront leur lien entre eux. L'esprit, alors, sera satisfait et le désir naitra d'aller plus avant dans la recherche. »[3]

Elle propose donc une approche par des thèmes transversaux : l'eau par exemple, qui permet une approche de la matière, du temps, de l'espace et du vivant…

À l'inverse de ce qui nous est habituellement proposé, à savoir partir de l'enfant et de son univers proche pour élargir progressivement, Maria Montessori propose de partir de l'infini de l'espace et du temps pour arriver à l'enfant lui-même. Elle fait appel à son imagination et à son pouvoir d'émerveillement, en lui racontant une histoire vraie mais extraordinaire. C'est ainsi qu'elle propose des récits fondés à la fois sur la réalité scientifique et historique et sur une certaine forme de poésie. L'adulte conteur doit faire rêver, passionner, éveiller l'envie de prolonger les récits par une multitude de recherches.

Elle va au-delà de la simple connaissance ou compréhension du monde qui nous entoure. Il s'agit également de répondre aux questions métaphysiques des enfants : leur apprendre à comprendre d'où ils viennent, où ils sont, où ils se situent, à qui ils sont rattachés… On trouve de tels enjeux tout à fait bien écrits sous la plume d'Edgar Morin, qui a beaucoup

---

3. Maria Montessori, *De l'enfant à l'adolescent*, Desclée de Brouwer, 2004.

développé la pensée systémique, et qui a écrit en 1999 pour l'UNESCO *Les Sept Savoirs nécessaires à l'éducation du futur*[4] :

« L'éducation du futur devra être un enseignement premier et universel portant sur la condition humaine. Nous sommes en l'ère planétaire ; une aventure commune emporte les humains où qu'ils soient. Ceux-ci doivent se reconnaitre dans leur humanité commune et en même temps reconnaitre la diversité culturelle inhérente à tout ce qui est humain.

Connaitre l'humain, c'est d'abord le situer dans l'univers, non l'en retrancher. Comme nous l'avons vu (chapitre I), toute connaissance doit contextualiser son objet pour être pertinente. "Qui sommes-nous ?" est inséparable d'un "où sommes-nous ?" "d'où venons-nous ?" "où allons-nous ?" ».

Interroger notre condition humaine, c'est donc interroger en premier notre situation dans le monde. [...] L'Humain demeure écartelé, fragmenté en morceaux d'un puzzle qui a perdu sa figure. Ici se pose un problème épistémologique : il y a impossibilité de concevoir l'unité complexe de l'humain par la pensée disjonctive, qui conçoit notre humanité de façon insulaire, en dehors du cosmos qui l'entoure, de la matière physique et de l'esprit dont nous sommes constitués, ainsi que par la pensée réductrice, qui réduit l'unité humaine à un substrat purement bio-anatomique. Les sciences humaines sont elles-mêmes morcelées et compartimentées. Ainsi, la complexité humaine devient-elle invisible et l'homme s'évanouit "comme une trace sur le sable". Aussi, le nouveau savoir, faute d'être relié, n'est ni assimilé, ni intégré. Il y a paradoxalement aggravation de l'ignorance du tout, alors qu'il y a progression de la connaissance des parties. »

Dans *Éduquer le potentiel humain*, Maria Montessori présente les connaissances sur le monde sous la forme d'histoires, de fables, agrémentées d'expériences concrètes (les différents états de la matière et leurs transformations...), de fresques et d'images symboliques qui peuvent nourrir l'imagination de l'enfant. Par l'étude de détails et des prises de conscience, l'enfant parvient à une vision globale du savoir humain (on retrouve les idées d'Edgar Morin) et choisit ses pôles d'intérêts en affinité avec ses propres fondements.

Les démarches

La démarche proposée par Maria Montessori est globalement celle du récit augmenté par l'enseignant : il raconte, prépare et réalise des expériences qui éclairent le phénomène.

4. http://unesdoc.unesco.org/images/0011/001177/117740Fo.pdf

C'est une volonté de se démarquer de la leçon de choses, dispensée par le maitre sur un sujet d'étude qui n'est souvent pas même présent en classe. Mais les moyens actuels et les avancées en didactique des sciences nous permettent d'envisager d'autres démarches en classe, qui sont proposées dans les programmes : « La démarche, mise en valeur par la pratique de l'observation, de l'expérimentation et de la mémorisation, développe l'esprit critique et la rigueur, le raisonnement, le gout de la recherche et l'habileté manuelle, ainsi que la curiosité et la créativité. Des expériences simples (exploration, observation, manipulation, fabrication) faites par tous les élèves permettent le dialogue entre eux, l'élaboration de leur représentation du monde qui les entoure, l'acquisition de premières connaissances scientifiques et d'habiletés techniques. La mise en œuvre de ces démarches d'investigation permet aux élèves de développer des manières de penser, de raisonner, d'agir en cultivant le langage oral et écrit. »[5]

Il s'agit donc d'employer diverses démarches qui rendent les élèves acteurs de leurs apprentissages, ce qui était un objectif de la pédagogie de Maria Montessori.

La démarche centrale dans le domaine scientifique est la démarche d'investigation : s'appuyant sur les conceptions initiales des élèves, puis sur l'élaboration d'un questionnement vis-à-vis d'un problème donné, la démarche proposée débouche sur des hypothèses (prédictions) qu'il conviendra de valider au terme d'une investigation pouvant prendre appui sur : l'expérimentation, l'observation, la recherche sur documents, la réalisation matérielle (construction d'un modèle et recherche de solutions techniques), les enquêtes et visites. Dans la mesure du possible, l'action directe de l'élève sera privilégiée, notamment au travers de l'expérimentation.

Démarche d'investigation

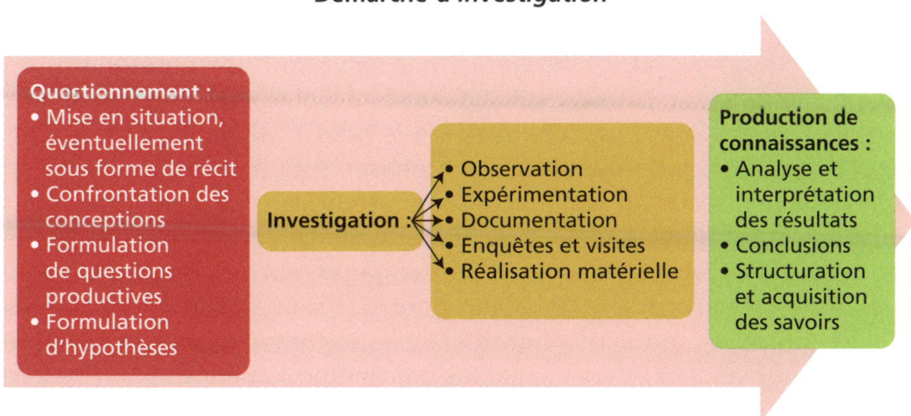

5. Bulletin officiel spécial, n° 11, 26 novembre 2015.

Précisons ici que ces étapes ne constituent pas forcément un déroulement linéaire mais que les allers-retours sont possibles à chaque instant de la démarche. Le récit peut alors prendre place au début et à la fin de la démarche, pour impliquer les élèves et les aider à problématiser, et ensuite pour relier les connaissances ainsi élaborées aux connaissances déjà acquises et aider à leur compréhension et à leur mémorisation.

Et dans la classe ?

Proposer des projets transdisciplinaires

Les programmes de 2015 incitent les enseignants à utiliser leur polyvalence pour faire des liens entre les différentes disciplines, et proposent même des rubriques dédiées intitulées « croisements entre disciplines ». Tout ce qui permet aux élèves de faire des liens entre les disciplines doit être encouragé. Bien sûr, c'est avec le français que des liens serrés s'établiront au plus vite, tant le langage est l'essence même de tout apprentissage et de toute pensée. Mais on peut largement continuer ce travail en classe avec les différents aspects du domaine Questionner le monde, les arts, les mathématiques…

Profiter des ressources locales

Sortir voir le monde est indispensable, et pas toujours si compliqué. Il s'agit de connaitre l'environnement de l'école pour profiter de chaque ressource : un petit bois en pleine ville ou un parc qui propose une petite mare. La pédagogie de la sortie intéresse différents champs :

– **Elle forme un projet** : à l'initiative des élèves ou de l'enseignant, on décide d'aller dans cet endroit. Pourquoi ? Comment ? Qui écrit aux parents ? Qui paie le bus ? Qui prépare le plan ? Même avec des élèves de cet âge, il y a bien des choses à préparer. Il faut les transformer en acteurs de leur sortie, et non en consommateurs. On retrouve ici bien des traits caractéristiques de la classe coopérative. Le conseil d'élèves est le lieu idéal pour débattre des projets et engager leur réalisation. Ensuite, lors de temps particuliers, les élèves pourront préparer le nécessaire. Ils ont besoin de se sentir responsables et autonomes dans une certaine mesure pour voir qu'ils sont capables de grandir. Les enfants ont besoin de pouvoir prendre des initiatives, si on veut ensuite qu'ils puissent se prendre en charge.

– **Elle permet un ancrage local** : demander à un maraicher voisin de nous ouvrir ses serres pour voir ce qui y pousse en lien avec notre jardin, demander à des anciens d'une association de nous accompagner dans le bois voisin pour nous aider à reconnaitre les arbres, préparer des questions pour le jardinier du parc, pour le boulanger du bout de la rue... change le regard des élèves sur des lieux voisins mais qui restent souvent mystérieux. Pas besoin d'aller à l'autre bout du pays, il y a souvent de quoi faire dans l'environnement immédiat de l'école.

– **Elle permet un apprentissage actif** : pour les sciences, on voit assez bien comment rendre les élèves actifs, mais pour la découverte de l'organisation du monde, ce n'est pas toujours évident. On peut penser à leur faire découvrir un itinéraire sur un plan, mais aussi les différences entre les quartiers... et de nombreux écomusées proposent maintenant aux élèves une immersion dans l'histoire récente. Au lieu de regarder des photos, s'assoir sur les bancs d'une classe du siècle dernier reconstituée, écrire avec une plume, prendre place sur un ancien tracteur... sont des expériences qu'on peut trouver dans bien des endroits sur notre territoire. Bien sûr, il faudra verbaliser toutes ces découvertes pour qu'elles deviennent de réels apprentissages.

• Utiliser le geste et la main

Rendre l'élève actif suppose de lui proposer de faire par lui-même. Cela signifie mettre en œuvre de véritables démarches d'investigation dans la classe quand cela s'y prête.

En complément, du matériel peut être mis à disposition des élèves dans les ateliers ou les moments de libre choix. Il peut avoir déjà été utilisé à d'autres moments : par exemple une mappemonde, un thermomètre, des plantes à observer... Cela peut être un matériel de construction. Lors d'une séance sur l'électricité, j'avais pour projet de faire fabriquer des petites voitures électriques avec des briques légos et des petits moteurs. J'ai été très surprise, car mes élèves étaient en difficulté non seulement pour réaliser le montage électrique, mais également pour le montage des roues autour d'un axe. J'ai donc pu laisser le matériel quelque temps dans les ateliers, pour que les enfants puissent s'exercer librement.

Les écoles montessoriennes et les sites vendant du matériel proposent également du matériel pour mémoriser la structure et le vocabulaire associés aux apprentissages scientifiques, et notamment les puzzles de botanique et de zoologie. On peut aussi utiliser les cartes de nomenclature spécifiques. Tout comme le matériel de vocabulaire, ce matériel vient en renforcement et en entrainement après la période de recherche et de découverte.

Pratiquer jardinage et élevage

Cette idée novatrice de Maria Montessori est reprise explicitement dans les programmes : « Observer, comme en maternelle, des manifestations de la vie sur soi, sur les animaux et sur les végétaux. Observer des animaux et des végétaux de l'environnement proche, puis plus lointain. Réaliser de petits écosystèmes (élevages, cultures) en classe, dans un jardin d'école ou une mare d'école. »[6]

Même dans les écoles urbaines, on peut trouver un petit bout de terre à planter, on peut installer des plantes et des jardinières en classe, des aquariums ou des terrariums. L'idéal est de pouvoir faire profiter les élèves d'un vrai petit jardin dont ils doivent s'occuper. L'enseignant doit savoir les guider, mais sans faire à leur place.

Varier les démarches utilisées

Dans ses grands récits, Maria Montessori proposait aux enseignants d'utiliser en même temps différentes démarches enchâssées. Sans aller jusque-là, il est important de proposer aux élèves une grande variété de démarches, qui les rendent actifs :

– la démarche d'investigation documentaire pour découvrir les modes de vie d'autrefois,

– la démarche expérimentale pour les états de l'eau,

– la démarche technologique pour fabriquer un jeu électrique,

– la démarche créative pour faire la maquette de la classe.

Ne pas renoncer aux récits augmentés

Les récits ont une assez mauvaise réputation. Ils ont été le mode privilégié d'enseignement de l'histoire-géographie pendant très longtemps. On leur a fait deux principaux reproches : celui de rendre les élèves passifs, et celui d'être plus édifiants que scientifiques. Maria Montessori a essayé d'éviter ces écueils. En ponctuant ses récits d'expériences ou de démonstrations concrètes, elle soutenait l'attention des enfants, et elle s'appuyait sur des données scientifiques. Cependant, ses récits avaient tout de même une valeur d'édification morale importante.

Aujourd'hui, les récits peuvent également faire partie de l'enseignement, et pas seulement en histoire. Il n'est pas inutile de les introduire à des moments bien choisis, afin de permettre aux élèves de comprendre et de

6. Bulletin officiel spécial, n° 11, 26 novembre 2015.

s'approprier ce qu'ils ne peuvent ni expérimenter, ni observer. Le maitre qui raconte tient compte de son auditoire, peut enrichir son exposé de photos, de vidéos, de maquettes… Ainsi, le travail sur le système solaire peut comporter des animations pour comprendre la rotation autour du Soleil, des films en images de synthèse, des maquettes… Des films documentaires adaptés peuvent aussi constituer un récit enrichi d'images pertinent.

Se préparer aux grandes questions des enfants… et y répondre

Les enfants sont de grands métaphysiciens. Ils se passionnent pour les questions des origines. Ils adorent les dinosaures, veulent toucher du doigt les débuts de l'histoire, et demandent sans se lasser : et avant, et avant ? Ils se passionnent pour les aventures cosmiques, les planètes et l'espace, repoussant les frontières de leur conception des distances. Ils veulent comprendre le sens de la mort lorsqu'un oiseau mort est retrouvé dans la cour de l'école.

Lors des moments qui explorent l'espace lointain, le temps d'avant, l'énergie… ils posent mille questions. Il vaut mieux s'y préparer, car il est toujours délicat d'y répondre sur l'instant avec des mots scientifiquement exacts, mais compréhensibles pour eux, et surtout en ménageant la laïcité et les croyances de chacun. Ne pas répondre revient souvent à laisser la place au fantasme ou aux représentations erronées. Certains livres pour enfants peuvent nous aider à trouver les mots.[7]

7. Je pense notamment aux livres de la collection « Mine de rien » de Catherine Dolto-Tolitch.

Les arts

L'éducation sensorielle, destinée aux plus jeunes enfants, propose aux élèves d'affiner leurs perceptions auditives et visuelles : le tri des dégradés de couleurs, les boites à sons, les clochettes... C'est un départ vers l'éducation artistique.

Les arts plastiques

Maria Montessori et le dessin décoratif

Chez Montessori, il s'agit uniquement de dessin, à une époque qui ne connait pas le développement des autres arts à l'école. Les enfants commençaient à créer des motifs décoratifs à l'aide des formes emboitées qui servaient d'emporte-pièces, exerçant autant la main que l'œil et que l'apprentissage des formes géométriques. Maria Montessori avait également remarqué que ces travaux favorisaient la concentration des enfants, et elle préconisait de profiter de ces moments où leur main est occupée pour leur lire des histoires. De nos jours, on utilise parfois les mandalas de la même manière, pour leur pouvoir de concentration et d'attention.

Maria Montessori considère que les dessins d'enfants ne sont la plupart du temps que des gribouillages, des « horribles barbouillages » et qu'il faut les outiller avant de leur permettre d'être libres. Ces exercices préparatoires sont donc indispensables : « La préparation sensorielle et manuelle au dessin n'est qu'un alphabet, mais sans cet alphabet l'enfant n'est qu'un illettré qui ne peut pas s'exprimer. »[1] C'est lorsque l'enfant a acquis un certain contrôle de ses mouvements qu'il peut s'exprimer librement par le dessin, mais surtout quand il grandit intérieurement, grâce à l'ambiance et l'autodiscipline.

Maria Montessori proposait ensuite aux enfants de pratiquer le dessin d'observation, afin que les élèves puissent explorer eux-mêmes le réel. L'éducation sensorielle qu'elle proposait dès 3 ans, par exemple le tri des couleurs, permet aux élèves une grande précision. Cette capacité à observer les aide ensuite à reproduire un détail de la nature environnante.

---

1. Maria Montessori, *Pédagogie scientifique*, tome III, éditions ESF, 1970.

Élise et Célestin Freinet et le dessin libre

Alors que bien des éléments rapprochent ces deux précurseurs des pédagogies actives, leur vision du dessin enfantin semble très différente. Célestin Freinet et sa femme Élise, elle-même artiste, ont initié le dessin libre : l'enfant apprend à dessiner seul, par le tâtonnement expérimental.

Ils préconisent que l'élève produise le plus souvent ce qu'il souhaite, sans directive ni règles, en favorisant les expériences tâtonnées et la familiarisation avec les différentes techniques, pour permettre les inventions sous toutes les formes. La liberté devient aussi source d'émancipation, d'autonomie et d'efficacité.

Freinet innove donc pour l'époque, bannissant la « leçon de dessin » et toute la pédagogie traditionnelle qu'elle représentait, à savoir une pédagogie du modèle à reproduire, une pédagogie du réalisme et de l'objectivité, essentiellement une pédagogie de la rationalité.

« Il faut laisser les enfants personnaliser leurs dessins et ne jamais les inviter à faire juste et les encourager en disant : "Comme c'est bien ! On dirait que c'est réel..." »

« L'important n'est pas la ressemblance à l'objet extérieur, mais la façon dont il est pensé, accueilli, utilisé par une personnalité déjà formée. »[2]

Cependant, il n'est pas question là encore que de liberté. Si le choix du dessin et de la technique revient à l'enfant, l'enseignant reste celui qui doit faire progresser. Élise Freinet propose par exemple de se faire envoyer des dessins qu'elle critique en conseillant la manière de faire encore mieux ressortir l'originalité de chacun. C'est ce qu'elle appelle « la part du maitre ». Pour permettre une progression, une étape importante est d'afficher les créations et d'en discuter, de verbaliser.

Et dans la classe ?

Après plus d'un siècle d'histoire artistique, le rapport aux arts plastiques a bien changé. En premier lieu, l'explosion de tous les mouvements artistiques non figuratifs a radicalement changé notre conception du travail artistique, qui n'est plus forcément lié à la représentation du réel. L'enseignement du dessin n'a donc plus grand-chose à voir avec l'enseignement académique.

Cette évolution change également notre réception des œuvres des enfants. Pour notre regard, une œuvre d'art n'est pas seulement une prouesse technique. La beauté et la puissance artistique peuvent résider dans une apparente simplicité. Nous pouvons donc apprécier les productions de nos élèves avec une échelle de valeur différente, et les faire travailler à partir d'œuvres plus

2. Élise Freinet, *L'Enfant artiste*, 1963.

accessibles. Nous avons aussi la possibilité, grâce aux techniques modernes, de leur donner accès aux œuvres les plus variées pour affiner leur regard.

Ce que nous enseignent simultanément Maria Montessori et les Freinet, c'est que l'art enfantin est une trace de l'intériorité de l'enfant, et que l'on doit l'accompagner dans cet apprentissage susceptible d'aboutir à « ce geste sublime qui signe sur la toile les traces de la divinité créatrice »[3].

Notre enseignement devra donc déplacer le curseur entre la liberté et le cadre, comme nous le demandent les programmes : « La recherche de réponses personnelles et originales aux propositions faites par le professeur dans la pratique est constamment articulée avec l'observation et la comparaison d'œuvres d'art, avec la découverte de démarches d'artistes. Il ne s'agit pas de reproduire mais d'observer pour nourrir l'exploration des outils, des gestes, des matériaux, développer ainsi l'invention et un regard curieux. »[4]

Pour cela, voici plusieurs propositions :

– On peut continuer **le travail sensoriel des boites des couleurs** : il s'agit de petites plaquettes représentant toutes les nuances d'une couleur, que l'on peut facilement fabriquer à l'aide des nuanciers des magasins de peinture ou de décoration. L'enfant doit les classer, les comparer, voire les reproduire en dosant la force qu'il emploie avec un crayon de couleur.

– Le travail préparatoire de la main grâce aux **formes à dessin** est un travail intéressant, il est très apprécié des enfants et constitue un bon départ pour la main mais aussi pour la concentration. L'atelier peut donc faire partie des ateliers libres et permettre aux élèves de s'exprimer dans un cadre donné.

– Si le dessin d'observation n'est plus dans l'air du temps, les enfants peuvent avoir besoin d'enrichir leur palette de formes de base et leur sens des proportions. On peut pour cela utiliser des **fiches d'apprentissage** du dessin, et les ajouter dans les ateliers. Il existe également des livres (*J'apprends à dessiner*). Les élèves sont souvent bloqués car ils ne parviennent pas à mettre sur le papier leurs idées ou leurs représentations. Ils sont souvent très heureux de pouvoir progresser dans ce dessin figuratif, dans un premier temps.

– **Sortir**, aller dans les lieux où l'art se donne à voir, est indispensable. Comme pour le domaine scientifique ou artistique, il faut montrer le réel. Une peinture montre la richesse des coups de pinceau, une sculpture se montre sous toutes ses faces, chaque œuvre dévoile ses proportions, sa matière, le jeu de la lumière… Cette approche sensible est indispensable, est peut être souvent complétée par les ateliers pédagogiques proposés par de nombreux musées ou lieux d'art.

---

3. Maria Montessori, *Pédagogie scientifique*, éditions ESF, 1970.
4. Bulletin officiel spécial, n° 11, 26 novembre 2015.

– Pour permettre aux élèves d'affiner leur regard en leur donnant accès à de nombreuses œuvres, on peut prévoir des **cartes de nomenclature** représentant des peintures ou des sculptures célèbres, celles sur lesquelles on a travaillé.

– Proposer des moments de **dessin plus libres**, afin que les élèves puissent s'exprimer. Souvent, dans les classes, ils sont transformés en reproducteurs d'un modèle magistral. Certes, ce n'est plus la leçon de dessin à l'ancienne, mais la part de créativité réelle de l'enfant est souvent faible.

– Réserver des temps à l'expression du ressenti, à l'**analyse des productions**. C'est comme ça que l'enfant peut se décentrer, peut faire évoluer son geste ou ses choix artistiques.

L'éducation musicale

Maria Montessori et le solfège

La musique est très importante dans l'œuvre de Maria Montessori et dans l'enseignement proposé par les écoles affiliées. Elle a fait appel à une professeur de musique spécialisée pour construire son parcours. Mais en premier lieu, il s'agit pour elles d'enseigner le solfège, et cette éducation musicale ne fait plus partie du monde de l'école ; les exercices préconisés pour la lecture de notes et la composition de gammes seraient plutôt utiles aux écoles de musique.

Elle a également beaucoup travaillé sur le développement de l'écoute. Dès la maison des enfants, l'éducation sensorielle propose des activités dans ce but : les cloches à associer sont un matériel très sophistiqué de cloches toutes de la même taille mais produisant des sons différents, que l'élève devait ranger ou associer. Ce travail sensoriel devait permettre à l'enfant d'affiner son oreille, afin qu'il puisse ensuite chanter le plus justement possible. Il servait également à construire la gamme et les notions musicales.

Elle a donc développé une autre partie de cet enseignement : celui du rythme et de l'écoute musicale. Pour cela, elle préconise de travailler par le mouvement, comme pour le reste de sa pédagogie. Elle nous invite ainsi à suivre l'une des préconisations des programmes : « la mobilisation du corps dans le geste musical contribue à l'équilibre physique et psychologique. »[5] L'enfant doit pour cela pouvoir suivre la musique longtemps pour s'en imprégner et la suivre avec son corps. Comme dans les autres domaines, la répétition est un facteur important. Maria Montessori

5. Bulletin officiel spécial, n° 11, 26 novembre 2015.

préconise de faire écouter longtemps la même musique, afin que les élèves qui ont le plus de mal à suivre le rythme puissent aussi progresser. Elle explique également qu'il est préférable d'éviter de marquer les temps (en tapant des mains, avec un tambourin) ou de servir de modèle. Si l'on veut que cette écoute s'intériorise, il faut juste laisser le temps à l'enfant, lui faire écouter de nombreuses fois la même musique, pour qu'il puisse sentir la pulsation et le rythme et les suivre. Ce n'est qu'à cette condition qu'on pourra arriver à éveiller la sensibilité de l'enfant : « L'enfant est "pris par la musique" ; il obéit avec son corps à l'ordre musical et se perfectionne toujours davantage dans cette obéissance de ses muscles. »[6] Vouloir des élèves qui sachent écouter activement une musique suppose donc un apprentissage qui doit commencer par le mouvement.

On peut imaginer que les contraintes de l'époque ne permettaient pas d'aller beaucoup plus loin : en effet, il était nécessaire d'avoir un piano et un enseignant capable d'en jouer pour enseigner l'écoute musicale. C'est maintenant beaucoup plus simple matériellement de proposer aux enfants une variété de morceaux à écouter.

Enfin, Maria Montessori trouvait très important que les enfants aient accès à une pratique instrumentale. Elle leur propose souvent les instruments avant le chant : c'est une activité de mouvement, quand le chant est une activité statique. Les instruments simples que nous pouvons utiliser dans une classe sont en effet des instruments qui apprennent aux enfants à contrôler leur mouvement, à écouter les autres, à prendre leur place.

Et dans la classe ?

L'écoute

Chaque enseignant sait combien développer l'écoute est toujours un passage important pour nos élèves, pour les aider à apprendre la concentration et à n'utiliser que l'ouïe. Ce travail lent d'écoute et d'attention est donc encore très important dans nos classes de primaire. Nous avons souvent tendance à vouloir bruler les étapes, à proposer une écoute rapide, à rapidement donner le rythme et à poser quelques questions. Nous avons peur de lasser. Or, certains enfants ont vraiment besoin de ce temps. Les élèves ne se lassent pas de ces répétitions, au contraire : ils ont l'impression de maitriser de mieux en mieux, ils prennent des repères. On peut donc leur proposer très régulièrement ces exercices, par exemple à la fin d'une séance d'EPS. Ce moment où ils doivent juste marcher sur la musique est aussi efficace pour leur permettre de se calmer et de se recentrer qu'une séance de relaxation.

---

6. Maria Montessori, *Pédagogie scientifique*, tome III, éditions ESF, 1970.

Lorsque les enfants ont pratiqué ces exercices, il est important de leur proposer à l'écoute des morceaux du patrimoine, afin qu'ils puissent analyser l'effet produit par la musique et l'exprimer. La parole et la verbalisation viendront alors leur permettre de mettre des mots sur ce qu'ils auront ressenti en bougeant. L'écoute seule n'est pas toujours suffisante pour que les enfants de cet âge puissent ressentir et exprimer des émotions. Comme dans bien d'autres domaines, le mouvement va servir de guide, la verbalisation va permettre les progrès.

La production

Souvent, le chant résume tout le travail musical en classe. Or, il n'est pas l'activité principale de l'éducation musicale, alors que l'écoute ne viendrait que donner quelques éléments d'histoire de l'art. Le chant juste est corrélé à une très bonne écoute, et c'est ce que doivent découvrir les élèves. C'est en écoutant qu'ils amélioreront leur pratique vocale.

Il est également très formateur pour les élèves de les initier à une pratique instrumentale et à la production collective, avec des instruments très simples que l'on peut trouver en classe, voire faire fabriquer aux élèves.

Les autres matières

Maria Montessori a peu évoqué les autres enseignements, qui ne faisaient pas partie de la culture scolaire de l'époque : l'apprentissage d'une langue vivante, l'éducation physique et sportive… Si on a mis en place les principes montessoriens dans la classe, il y a fort à parier qu'ils rejailliront dans ces disciplines. L'esprit d'entraide pourra s'exercer en EPS, tout comme le contrôle des mouvements.

Pour l'apprentissage d'une nouvelle langue, on peut essayer d'associer aussi souvent que possible un mouvement : comptine gestuée, jeux de « Simon says », échauffement d'EPS en anglais… On peut également imaginer la mise en place d'ateliers autonomes d'anglais (ou d'une autre langue) : les comptines ou les histoires étudiées en classe à réécouter à volonté au coin lecture pour s'imprégner de la sonorité de la langue, des cartes de nomenclature en anglais quand on découvre l'écrit… À l'enseignant de faire preuve d'imagination. Quand les principes sont acquis, on peut imaginer fabriquer son matériel en fonction de sa classe.

Conclusion

Nous voici à l'issue de ce travail. Il me reste à développer pourquoi j'ai voulu partager cette expérience avec vous. J'ai pu expérimenter dans ma classe des pans entiers de la pédagogie de Maria Montessori, en essayant surtout d'en garder l'esprit. J'ai parfois eu du mal à renoncer à mes vieilles habitudes, à lâcher mes anciennes méthodes, à abandonner le contrôle de mes élèves, à faire confiance à leur envie d'apprendre. J'ai parfois eu la tentation de revenir à un cadre plus strict, plus rassurant, plus connu. Ce qui m'a toujours fait avancer, c'est l'engagement et le bonheur de mes élèves. Lorsque je restais loin d'eux, coincée dans un fonctionnement traditionnel, je perdais les plus fragiles, les plus rapides, les plus rêveurs, les plus agités… La plupart s'ennuyaient dans un enseignement qui ne leur était pas adapté, et je perdais parfois le simple plaisir d'enseigner. Prendre le temps de m'assoir à côté d'eux, d'observer leurs progrès, de leur proposer un atelier, un nouveau matériel, d'écouter leurs besoins, et de comprendre leurs réussites et leurs difficultés… m'est vite devenu indispensable. Les moments de libre choix sont devenus des moments de calme, sans tension, réclamés par les élèves dans les moments d'énervement ou de fatigue. Les commentaires des élèves m'ont souvent surprise par leur justesse, leur capacité à se situer dans leurs apprentissages. Leurs progrès étaient visibles et évaluables. L'entraide entre eux était réelle. Bien sûr, certains moments ont été et sont plus difficiles : parfois, on ne trouve pas la clef pour aider certains élèves ; parfois, on sait qu'ils ont besoin d'un temps qu'on ne peut pas leur donner ; parfois, on hésite sur les solutions à apporter, et parfois même on choisit la mauvaise ; parfois, des élèves ne respectent plus le cadre et profitent de leur liberté sans discipline. Mais Maria Montessori nous dit de faire confiance aux enfants, de les observer, de leur permettre d'apprendre seuls, de grandir à leur rythme. Aussi étrange que cela puisse paraitre, en tant qu'enseignants, nous avons du mal à faire confiance à nos élèves. C'est pourtant en construisant cette confiance que nous pourrons en même temps construire l'école bienveillante et inclusive dont chacun rêve, enfants, enseignants et parents.

Au-delà d'une organisation de la classe nous permettant de prendre en compte les particularités de chaque élève, Maria Montessori nous propose aussi une vision de l'éducation, de l'enfant et de l'Humanité. Elle nous invite à accueillir chaque enfant comme il est, dans son individualité. Elle voit en lui le futur adulte qu'il s'agit d'éduquer à la paix, elle met en lui son espoir de faire changer la société. Elle nous invite à faire de nos classes des lieux d'apprentissage de la coopération, de l'entraide et de la confiance.

Nous pouvons tenter de la suivre, chacun dans notre contexte. L'école dans laquelle nous exerçons ne nous fournira pas tous les espaces nécessaires à la mise en place totale de sa pédagogie. Mais nous pouvons nous en inspirer : choisir du matériel sensoriel, encourager le travail en autonomie, mettre en place des moments de libre choix, adapter les parcours des élèves…

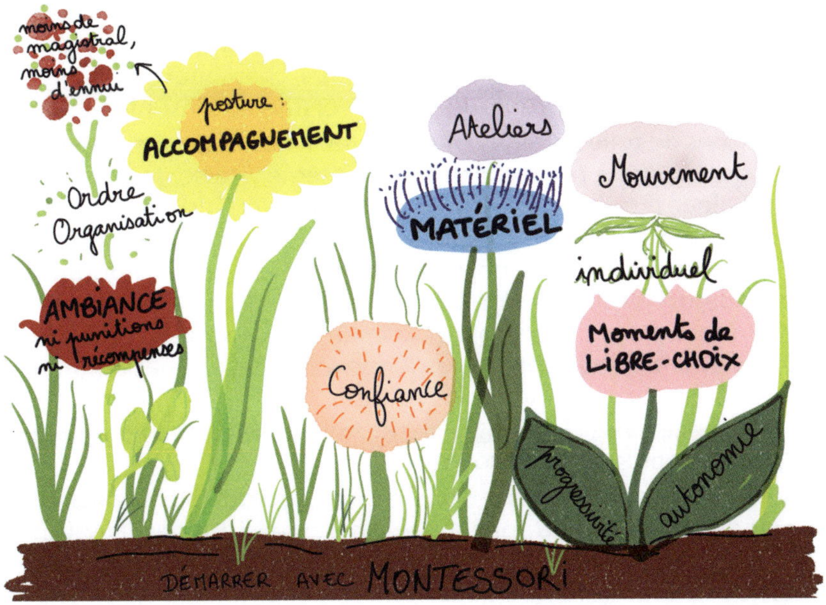

J'espère que ce livre pourra vous aider sur ce chemin en vous proposant des éléments qui vous permettront de mettre en œuvre votre expertise dans votre classe. Notre autonomie et notre responsabilité sont indissociables d'une grande capacité à réfléchir dans l'action et sur notre action, en tenant compte de notre expérience et de nos connaissances. Notre professionnalité d'enseignant s'inscrit dans tous nos gestes, dans ces microdécisions que nous prenons toute la journée. Si nous n'avons pas de références, nous menons notre classe sans réelle réflexion. Lorsque nous avons des références, même si nous n'en sommes pas conscients, nos gestes s'affinent, nos décisions sont étayées par nos connaissances. J'ai souhaité que ce livre apporte une toile de fond de connaissances devant laquelle déployer votre enseignement, qu'il vous donne envie de vous lancer à votre tour.

Maria Montessori, qui était avant tout médecin, tenait au caractère scientifique de ses découvertes. Aujourd'hui, les découvertes des neurosciences corroborent souvent ses intuitions, et insistent sur la nécessité de rendre les élèves actifs. Comparant les professeurs à des jardiniers, Maria Montessori nous invite à garder cet esprit curieux de connaissances théoriques : « Derrière le bon jardinier, le bon cultivateur, se cache le scientifique. Le scientifique scrute les secrets de la nature et acquiert, en les découvrant, une connaissance approfondie lui permettant non seulement d'avoir un bon jugement mais aussi de transformer la nature. Le cultivateur moderne, qui multiplie les variétés de fleurs et de fruits ou qui améliore les forêts, modifiant la face de la terre, suit des principes techniques qui viennent de la science et non d'habitudes. »[1]

Pour enrichir votre jardin, je vous ai proposé des graines, des graines de Maria Montessori, mais aussi d'autres auteurs, chercheurs, pédagogues ou didacticiens, afin que votre jardin soit diversifié et ainsi plus résistant...

Nous plantons de telles graines chaque jour. Nous le savons, toutes ne germeront pas, toutes ne pousseront pas à la même vitesse, toutes n'iront pas au bout de leur floraison. Toutes ne sont pas adaptées à notre jardin, à sa terre, à son ensoleillement. Il faudra sélectionner patiemment les graines qui poussent le mieux dans notre environnement. Et sans doute parfois, un orage de grêle ou une forte sècheresse compromettront la récolte. Nous avons beau nous faire appeler « maitre » ou « maitresse », nous ne sommes pas maitres de tout ! Alors, nous replanterons patiemment, nous prendrons soin, nous regarderons pousser, attentifs à intervenir au bon moment si nécessaire. Et petit à petit, saison après saison, notre jardin sera de plus en plus beau et solide.

Si après la lecture de ce livre, vous recherchez des outils plus concrets, vous pouvez allez faire un tour sur le blog : www.grainesdelivres.fr. Vous y trouverez des tuteurs et des cloches de forçage, ou plutôt quelques séances toutes prêtes ou quelques ateliers à imprimer. Ils ne conviendront peut-être pas à votre jardin. Il faudra les bricoler. Vous trouverez certainement des usages plus efficaces ou vous aurez envie de les mettre au goût du jour. Ils sont là pour ça.

Un jardin montessorien n'est pas forcément plus beau que les autres. Il garde une beauté un peu sauvage, il n'aime pas les tailles trop affutées, les allées toutes droites et les massifs tous identiques. Mais c'est un jardin durable, tourné vers l'avenir, qui n'empoisonne pas son environnement et qui révèle des trésors à qui sait le regarder. Il demande du travail, mais il apporte aussi beaucoup de satisfactions.

1. Maria Montessori, *La Formation de l'homme*, Desclée de Brouwer, 1949.

NOTA DE LA AUTORA

ANTES DE SEGUIR CUALQUIERA de las sugerencias y tratamientos descritos en este libro, te recomendamos encarecidamente que prestes especial atención a tu estado físico y consultes con tu médico o con un profesional de la salud. Dado que todos somos distintos, deberías ser prudente y hablar con tu médico o con un profesional de la salud antes de adoptar las técnicas, los tratamientos o los cambios en el estilo de vida que se plantean en este libro. La autora y la editorial renunciamos de forma expresa a cualquier responsabilidad por los posibles efectos adversos que pudieran derivarse del uso o de la aplicación de la información contenida en este libro.

Las recetas que aparecen en este libro deben seguirse al pie de la letra. La autora y la editorial no se responsabilizan de tus necesidades específicas ya sea por cuestiones de salud o por alergias que puedan requerir supervisión médica. La autora y la editorial no son responsables de las reacciones adversas a las recetas contenidas en este libro.

Todas las posturas de yoga marcadas con asterisco (*) no deberían practicarse durante el embarazo. En general, te recomendamos encarecidamente que consultes con tu médico o con un profesional de la salud antes de seguir cualquiera de las sugerencias y tratamientos descritos en este libro.

Puedes descargar el vídeo de una clase de yoga completa para cada uno de los temas que abordamos en *Retox* en <www.RetoxBook.com>.

Consiste en introducir elementos que te harán fuerte en cuerpo y mente, así como en la vida. Se trata de aprovechar todo lo que tú y el mundo tenéis que ofrecer, y de añadir a todo ello un toque de recomendaciones y soluciones sencillas, claras y factibles con el fin de mejorarlo. No se trata de privarte de nada ni de realizar ajustes en ti mismo o en tu estilo de vida, sino de asimilarlo todo y avanzar en ese marco. El método retox te ofrece las herramientas para prosperar al margen de lo que la vida te depare; es la clave de tu éxito.

La retoxificación es el paso siguiente, para ti y para nuestro mundo. Consiste en detoxificarse de los métodos anteriores que no han funcionado, o que son demasiado desalentadores o exigentes como para considerarse realistas en todo momento, para luego introducir nuevas formas de dar lo mejor de ti mismo un día cualquiera, en tu vida real. El método retox no cambiará tu mundo, sino que te hará mejor persona dentro de él.

La retoxificación implica depurarse para ensuciarse. Descansar para rabiar. Meditar para trabajar. Respirar para activarte. Comer para prosperar. Sudar para centrarse. Dormir para ir de fiesta. Yo me retoxifico para vivir.

La filosofía I.AM.YOU. y el método retox llevados a un escenario global por primera vez en una sesión gratuita de yoga con dos mil personas en Barcelona.

PARTE I

Del Detox al Retox

DEJA YA LA ABSTINENCIA

La forma de empezar es dejar de hablar y comenzar a hacerlo.

WALT DISNEY

DETOXIFICARSE, ES DECIR, DEPURAR TOXINAS y eliminar los placeres de la vida en aras de alcanzar la pureza, o bien aferrarse a un dogma nutricional, son acciones contraproducentes. Lo único que hace la privación es llevar a un exceso de compensación y, la mayoría de las veces, genera estrés y amargura. Está abocada al fracaso, ya que no podemos, ni debemos, mantenernos en un estado de abstinencia (¿quién iba a querer realmente tal cosa?). Seguir paso a paso un programa restrictivo que te haga promesas exageradas sobre un «nuevo yo» es estresante y desalentador; si no alcanzamos nuestras metas, nos culpamos a nosotros mismos en vez de al sistema. Transformar y reestructurar toda tu vida no es realista. A menos que te retires a una cabaña en la cima de una montaña, no escaparás de la rutina. Y, aun así, seguirán acosándote las situaciones de estrés de la vida en general, como la interacción con los seres queridos, la imagen corporal y los quehaceres cotidianos de la existencia. Así es la vida en el siglo XXI. Escapar no es la solución, pero sí lo es la retoxificación.

Aunque soñemos con la pureza, lo normal es que en este mundo reine la polución. La mayoría de nosotros es incapaz de evitar la vida urbana moderna. Las toxinas psíquicas y físicas han calado en todos los aspectos de nuestra existencia, el estrés ha impregnado de forma permanente nuestra cultura y, hablando en boca de todos, a veces tan solo queremos ponernos cómodos en el sillón, tomarnos una copa, relajarnos de una maldita vez y no pensar en nada. Lo capto. Pero ¿y si te dijera que puedo ofrecerte un modo de enfrentarte a todo y sentirte mejor de lo que nunca has imaginado? La respuesta es la retoxificación, que consiste en abrirte y lanzarte para sentirte completo. La retoxificación tiene que ver contigo y con tu vida, la vida que estás viviendo ahora, la vida que quieres amar.

Seamos sinceros: nadie, yo incluida, cree realmente que el mundo necesite otro libro de yoga, de dietas o de autoayuda. Te prometo que este no es uno de ellos. Lo que necesitamos es un marco que los integre todos en una solución optimizada, una solución que pueda aplicarse en cualquier momento y en cualquier lugar a la vida que realmente llevas, a las cuestiones cotidianas a las que te enfrentas de verdad. Una solución que destile el verdadero valor de todas las teorías sobre el bienestar y la mejora personal, y lo instile en tu vida real con una dosis pura de realidad, con el fin de que nosotros, en tanto que individuos y sociedad, podamos mejorar de un modo eficiente y realista, y arrasar.

En eso consiste la retoxificación.

El método retox se ocupa de los detalles esenciales del viaje auténtico, crudo, frenético y extático que es la vida en la actualidad. Te permite vivirla sin el dolor, las tensiones y el malestar (tanto físico como psíquico) que puede conllevar un estilo de vida activo, y te da también una nueva sensación de vitalidad. Saca, además, la mejor versión de ti mismo para que puedas superar fácilmente los retos más habituales de la vida. Aplicar el método retox es como tomarte una y otra vez tu cóctel favorito.

El método retox va desgranando el yoga hasta llegar a sus elementos más científicos y anatómicos, y ofrece consejos prácticos para un alivio rápido. Integra la filosofía del yoga tibetano, en tanto que es una psicología basada en la lógica que permite desarrollar la fuerza mental y la agilidad. A eso le añade consejos nutricionales realistas, factibles y nada dogmáticos, que simplemente te harán sentir mejor. El retox es una solución multidimensional de trescientos sesenta grados, palpable y eficaz. Y viene de la mano de alguien que vive como tú: viene de mí.

Lo más seguro es que me encuentres bailando encima de una mesa subida a unos tacones de aguja, bebiendo champán, a veces hasta altas horas de la madrugada. Al día siguiente, es probable que me veas de nuevo al amanecer, caminando a toda velocidad por la acera, con un cruasán y un café en la mano, lista para enfrentarme a una ajetreada jornada laboral en la ciudad. Soy una mujer apasionada (de la vida), tan indulgente como disciplinada.

Lo que hace mi viaje posible, tanto en mi actual vida de empresaria como en mi trayectoria profesional inicial en Wall Street, son las sencillas prácticas que me permiten mantener el cuerpo, la cordura y el bienestar general. Los llamo «cócteles retox» porque combinan potentes ingredientes de tradiciones milenarias con la ciencia moderna, y pueden tomarse en cualquier momento de la rutina diaria. Constan de una parte de yoga, una parte de nutrición y una parte de actitud mental, y se mezclan con una dosis de realidad pura; cada uno está pensado para afrontar un desafío específico de la vida. Desgloso las causas de lo que puedes estar experimentando y ofrezco un remedio, una solución integral y holística que no te haga parecer un bicho raro, sentirte molesto o poner los ojos en blanco.

Yo, personalmente, soy aprensiva a los grupitos de yoga que van descalzos, a los abrazos injustificados de desconocidos, a las dietas maestras de depuración y eliminación que matan de hambre, a las normas de alimentación que van en contra de dos mil años de historia de la humanidad y a la repetición del *om shanti*. Y sobre todo a la expresión «deja la mente en blanco».

Me gusta ser realista, centrarme en los hechos objetivos y en la ciencia. La anatomía. La biología. La fisiología. Los textos filosóficos de la Antigüedad. La vida real. Y en vez de navegar a la deriva en un mar de reglas que prometen un cuerpo mejor y una vida de ensueño, yo utilizo principios simples como base para tomar el control, y aplicar el método retox, en el marco de la vida que llevamos.

Esta californiana criada en pistas de atletismo, canchas de baloncesto, pistas para correr y piscinas se marchó al este de Estados Unidos para estudiar en la universidad de Princeton y, tras graduarse, se mudó a la ciudad de Nueva York para lidiar en los parqués de Wall Street operando en nombre de Morgan Stanley. En mis primeros años en la ciudad era una ávida deportista y una adicta a correr, y recorría una media de casi cien kilómetros a la semana después de pasar larguísimas jornadas en el parqué, tratando de mantenerme lo más fiel posible a mis saludables raíces californianas en aquella jungla urbana que yo había acabado adorando. Trabajé mucho, me esforcé mucho y sudé aún más, y casi todo a diario.

Tomé contacto con el yoga por primera vez a regañadientes, al límite del odio, sesgada por las imágenes mentales de hippies de Berkeley sin afeitar y por el temor a estar perdiendo el tiempo de esa forma tan estática. Sin embargo, un día, mientras caminaba por la calle Bowery vestida con unos pantalones cortos Adidas de los setenta de color azul marino, herencia de mi padre, me di cuenta de que mis piernas parecían mucho más gruesas que las de mi novio, un roquero flacucho. Eran el doble de grandes, para ser exactos. ¿Cómo podía ser? Yo no paraba de correr, de nadar y de excluir los carbohidratos de mi dieta. Sí, trabajaba quince horas al día, pero eso no explicaba lo que vi saliendo de debajo de esos pantalones cortos de estilo retro (y eso fue antes de la fiebre del *spinning*).

Fuimos a cenar fuera, al Bowery Bar, donde la cabeza me empezó a ir a mil, dando vueltas en silencio a lo que la vida le estaba haciendo a mi cuerpo. Después de rechazar una cestita de patatas fritas con salsa, un sacrilegio para cualquier californiano, mi novio interrumpió mis lamentos mentales y me preguntó qué me pasaba. Avergonzada, me señalé las piernas, ante lo cual me dijo con total naturalidad que fuera a yoga. Lo miré y puse los ojos en blanco. «Pero, ¡qué dices!»

Furiosa por su estúpida sugerencia, decidí demostrar lo equivocado que estaba y probar el yoga. A la mañana siguiente, me enfundé mi ropa de baloncesto (unos enormes pantalones cortos con forro de malla y una camiseta XXL) y me compré un café expreso doble, ya que había leído en alguna parte que aumentaría mi frecuencia cardíaca y me haría sudar en esas «fáciles» clases de yoga. Me lo bebí de un trago, entré en el estudio y me senté en la clase. Mala idea.

Me ahorraré los detalles, pero fue horrible, y duro, tanto que fingí un calambre y salí a media clase, empapada en sudor, hecha un lío y desconcertada. Por no mencionar que me sentí totalmente abatida por el mar de modelos y bailarines que hacían que todo pareciera facilísimo. Negándome a creer lo nefasta que era, volví a otra clase de yoga en el mismo estudio, una semana después. Esa vez sí sobreviví, pero por los pelos, y regresé tres días más tarde. Y luego al día siguiente, y al otro, y luego más y más días seguidos... En resumidas cuentas, de repente me vi practicando yoga siete días a la semana y, por cierto, sin correr ni un solo día. ¿Adónde habíamos ido a parar?

Aun así, las clases me daban un poco de grima con esos cánticos, esos discursos oscurantistas entre *asanas*, y lo que yo percibía como un aura de santa superioridad. Tan solo quería tener unas piernecillas de jilguero, y en ningún momento fui a la primera clase en busca de una nueva fe o religión. Tampoco anhelaba una nueva familia ni un grupo de apoyo. Por suerte, no había sufrido ningún trauma personal que tratara de superar; ni padecía lesiones y, afortunadamente, tenía un buen trabajo. El rock and roll era mi *kumbayá*, y lo sigue siendo, y las endorfinas han sido mi única droga.

En esa época me resultaba difícil y estresante encontrar el equilibrio entre mi intensa y veloz trayectoria profesional en Wall Street, y mi saludable y ajetreada vida social y familiar. Sufría insomnio, había engordado y padecía trastornos digestivos, ansiedad y una creciente lista de síntomas, según el día. Pero el yoga parecía ayudar. De hecho, el mismo yoga del que me mofaba acabó finalmente mejorando mi físico, mi mente y mi vida. Tras meses practicándolo a diario, me di cuenta de que aprendido desde una perspectiva diagnóstica y anatómica, el yoga puede ser una de las herramientas más eficaces que existen. Decidí meterme de lleno.

Resulta bastante irónico que acabara profundizando en el estudio del yoga, asistiendo a clases diarias, talleres semanales y conferencias mensuales, y leyendo exhaustivamente libros de anatomía y textos originales de yoga de la Antigüedad. Empecé a practicar yoga en todas partes, ya estuviera en un viaje de negocios o en una visita familiar. Y eso fue mucho antes de que estuviera de moda y se convirtiera en un fenómeno de masas. Inventé rutinas que aunaban mis conocimientos y mi pasión por el atletismo y la anatomía, y no solo eso, sino que me atreví incluso a acompañarlas de una brutal mezcla musical. Me había convertido en una adicta al yoga y en una estudiante de doctorado privado en yoga, con un par de narices.

Como era de esperar, mi práctica me hizo enfrentarme a la temida meditación. Mis maestros me instaron a meditar una hora cada mañana, repitiendo mantras al son de «no existe el estrés, el estrés está en mí» (¡mentira!, ¿viven de verdad en el mundo real?), o «paz y amor para todos» (vale, pero ¿cómo me ayuda a mí eso en este momento?), o, como he mencionado, mi más odiado «inhala, exhala, deja la mente en blanco» (como si eso ayudara). Yo ya me despertaba a las cinco de la mañana para estar en el parqué de la bolsa antes de las cinco y media. ¿De verdad creían que podía levantarme una hora antes? Y menos para estar sentada con los ojos cerrados hablando conmigo misma.

Me topé con un obstáculo, y ninguno de mis maestros parecía capaz de ayudarme a sortearlo. Así que decidí desempolvar mi vena friki de Princeton e ir al origen, buscar libros originales sobre la teoría del yoga y la meditación, e identificar a sus maestros en la actualidad. Esta aventura académica me acabó llevando al mundo de la filosofía tibetana, que aplica la lógica al pensamiento y, francamente, a la propia existencia. Bajo ese prisma, la meditación era un mero ejercicio de gimnasia cerebral, que vinculaba la respiración con pensamientos y servía para fortalecer y agilizar la mente. Esto sí que podía entenderlo, y aplicarlo a lo esencial de mi trayectoria profesional y de mi vida en Nueva York.

Con la filosofía tibetana de base, la meditación ya no me intimidaba y los mantras ya no eran superfluos. Era tan solo una herramienta para fortalecer mi mente, y yo necesitaba una mente fuerte para superar las interminables horas de locura en el parqué bursátil y en las calles de la ciudad. Al igual que las posturas de yoga en sí, la meditación me hizo más fuerte en mi interior y allanó el camino para que tomara las riendas y creara la trayectoria profesional y la vida con las que soñaba. Me gustó.

En ese momento contaba con un nuevo enfoque para ocuparme de mi cuerpo y de mi mente. Sin embargo, me faltaba algo, la alimentación. Déjame decirte que la dependencia que tenía el parqué bursátil de los sándwiches de beicon para desayunar, las hamburguesas de White Castle, los productos de Starbucks, las copiosas cenas de negocios y otras muchas joyas de la comida rápida, unida al presupuesto de una recién llegada a Manhattan, no lo ponían fácil. Pensé que sabía qué comer, pero me había olvidado cómo. De niña, mamá me hacía la cena cada noche de la semana y los domingos era tradición cenar carne. El resto de las veces comíamos casi de todo y siempre estábamos sanos. Mi lista de platos favoritos medía un kilómetro de longitud, y abarcaba de todo, de pizza a paella, pero siempre empezaba con una ensalada.

Mi pasión por la lechuga hizo que fueran bastante fáciles los primeros años de la segunda década de mi vida, así como la primera transición al vegetarianismo asociada a la práctica del yoga. Empezó como un experimento, que yo disfracé de financiero ante mis amigos y familiares. Sin embargo, en realidad me hice vegetariana a raíz de una conferencia a la que asistí en el estudio de yoga. La experta insistía en que hacer yoga mientras se ingerían productos de origen animal era una práctica inútil, que provocaba sufrimiento y agonía. Decía también que la salud, la verdadera salud, no podía lograrse a menos que uno fuera vegano, sobre todo en el mundo tóxico actual.

Aunque me parecía un poco descabellado, me picó la curiosidad. Al fin y al cabo, el yoga me hacía sentir increíblemente bien, y eso que comía carne. Así que ¿y si la suprimía durante algún tiempo, para probar? ¿Me haría sentir aún mejor? Estaba dispuesta a intentarlo. En el peor de los casos, ahorraría dinero para salir a tomarme más cócteles, algo que sin duda causaba furor en Nueva York.

Se suponía que el experimento solo iba a durar dos semanas, pero acabó prolongándose casi siete años. A mi mente le encantaba, pero lo que yo no sabía es que mi cuerpo lo odiaba. Tenía las uñas y el cabello frágiles, se me hinchaba el estómago después de cada comida y me encontraba siempre mal, y lo achacaba todo al trabajo, no a la dieta.

Aunque fuera una vegetariana comprometida, eso no significa que no echara de menos comer carne. Recuerdo que una vez me desperté a medianoche, con los ojos abiertos como platos y sin poder volver a conciliar el sueño. Había soñado con hamburguesas. Jugosas y suculentas hamburguesas de ternera acompañadas de todo tipo de guarniciones. El sueño era tan vívido que me desperté sobresaltada, salivando. Pero al día siguiente no hice nada al respecto, salvo quedarme mirando fijamente los platos de carne de todos los que me rodeaban. Oficialmente, la carne era mala y yo era una vegetariana en toda regla. Sin embargo, al echar la vista atrás y ver mi fuerza de voluntad para no comer carne, me doy cuenta de que yo era en realidad una auténtica yoguívora, nada más.

A pesar de lo que les dijera a los demás, sobre todo a los tipos que me rodeaban en el parqué, sabía que, en el fondo, la única razón para convertirme en vegetariana era la presión social que al principio encontré en el mundo del yoga y que más tarde se reafirmó a raíz de todos los blogs, revistas y conferencias. Yo era más que una simple vegetariana; era una yogui, una yoguívora que solo comía frutas y verduras, una oveja en el caldero de los seguidores de una doctrina alimentaria. Había caído presa de aquellos mismos cultos que tanto había odiado, era la última víctima de su dogma. Me había permitido creer que, al seguir una dieta restrictiva, había abierto las puertas a una salud duradera, por no hablar de la aceptación de la «gente guay» del estudio de yoga. Ostentaba el hecho de ser vegetariana como si fuera una insignia de honor; era una persona preocupada por la salud y conscientemente saludable. Sin embargo, de lo que tardé años en darme cuenta es de que la dieta yoguívora de moda que adopté estaba acabando conmigo, célula a célula.

Entonces, un día, mientras estaba sentada desayunando en el banco que había fuera de mi pastelería favorita, se me sentó un tipo al lado. Se presentó, y yo, al volver la vista hacia él, me di cuenta enseguida de que era uno de los maestros de yoga más célebres del mundo. Entablamos una conversación, en la que abordamos la filosofía del yoga y las mejores clases de la ciudad. Le conté un poco sobre mí y mi viaje al mundo del yoga, y al acabar, me dijo: «Así que eres vegetariana a pesar de convivir con los demonios de Wall Street. Tiene que ser difícil. Me imagino que estás rodeada de carnívoros, puesto que quienes se aprovechan de la gente todos los días deben consumir carne animal». Creo que se me salieron los ojos de las órbitas. ¿Hablaba en serio? Lo único que pude murmurar en respuesta fue: «Bueno, la verdad es que no…».

Su actitud crítica y de superioridad era ridícula. Vaya montón de patrañas. ¿Y yo me tenía que tragar toda esa basura por el hecho de ser vegetariana? Ni hablar. No quería más dogmas en mi vida. No me educaron para seguir a la gente y las tendencias a ciegas, sino más bien para tener un espíritu crítico y razonar de un modo deductivo. Ese encuentro casual me hizo replantearme detenidamente mis decisiones alimentarias. Finalmente me di cuenta de que me había hecho vegetariana porque creía que tenía que hacerlo, no porque realmente quisiera.

Al día siguiente, salí a comerme una hamburguesa. Desde aquel primer mordisco carnívoro, me zambullí de lleno en el estudio de la nutrición, decidida a averiguar qué dieta me convenía más. Me documenté sobre las principales teorías nutricionales y alimentarias, así como sobre las propiedades bioquímicas del organismo. Me empapé de los estudios científicos y leí con detenimiento un libro tras otro en los que se fomentaba un estilo de alimentación u otro. Llegué a la conclusión de que había algunas formas de alimentación que eran óptimas para mi cuerpo o mi vida, mientras que otras eran totalmente absurdas. Así que opté por basar mi dieta personal en datos científicos sólidos, en vez de en los antojos de la sociedad, y lo más importante, decidí escuchar a mi cuerpo para determinar qué alimentos me sentaban bien y me fortalecían.

Todo aquello empezaba finalmente a cobrar forma. Tenía el yoga para apaciguar mis problemas físicos, podía aplicar la filosofía tibetana para potenciar mi resiliencia psíquica y seguía un método de alimentación que se regía por los dictados de mi cuerpo, no por lo que el mundo me obligaba a comer o, para el caso, a no comer. ¿Acaso había descubierto el secreto del bienestar que todo el mundo andaba buscando?

Debía de haberlo encontrado, ya que la gente empezó a pedirme consejo. Los tíos del parqué bursátil, mis amigos e incluso la gente que acudía al estudio de yoga empezaron a hacerme preguntas, sobre cómo tener más energía, cómo bajar el colesterol sin pastillas, cómo evitar los dolores de cabeza y, por supuesto, cómo perder peso. Al menos una vez al día durante la jornada laboral escuchaba: «Oye, californiana, ¿podrías ayudarme a…?». Al principio no le presté demasiada atención, dado que siempre estaba dispuesta a ayudar a los demás y compartir mis conocimientos. Pero pronto me di cuenta de que esas personas acudían a mí, una veinteañera en el mundo de las finanzas, para pedir consejos de salud y bienestar porque no tenían a nadie más a quien recurrir. Se pasaban el día buscando en Google y acudían a expertos durante toda la semana, pero aun así les faltaba encontrar a alguien que hablara su idioma. Yo, por mi parte, destilaba toda mi palabrería y les ofrecía soluciones que funcionaban realmente en el contexto de sus desplazamientos, su trabajo, su familia y su vida social. Tal vez estaba a punto de hacer un descubrimiento…

A su vez, empecé a enseñar yoga a mis amigos sin cobrar. Me imaginaba que iba a seguir en Wall Street hasta los cuarenta años más o menos, que dejaría mi trabajo para montar una empresa financiera, que tendría uno o dos hijos y que luego, aparte, enseñaría yoga una vez por semana como *hobby*. Así de fácil. Por alguna ambiciosa razón hiperimpulsora, creí conveniente empezar a formarme para el siguiente nivel, en ese preciso momento. Primero convencí a mi novio para que me dejara darle una clase una vez a la semana (al fin y al cabo, él había sido quien me había animado a hacer yoga, para empezar), y después me apunté a un curso oficial de formación de profesores de yoga los fines de semana. Al cabo de un tiempo, se corrió la voz entre nuestros amigos de que yo hacía a mi novio temblar empapado en sudor y de que era bastante divertido. Así que decidí pasar al siguiente nivel, y empecé a reunir a un pequeño grupo de amigos en mi apartamento los sábados por la mañana, ofreciéndoles clases y almuerzo gratis si luego evaluaban mi forma de enseñar mientras nos tomábamos un *bloody Mary*. Aceptaron; benditas sean sus almas..., y sus músculos.

Aunque profirieron duros comentarios (criticaban la entonación de mi voz, la velocidad, la audibilidad, la intensidad —por lo general, demasiado intensa—, la lingüística, etc.), se trataba de valoraciones reales de gente real, de todos los ámbitos sociales y niveles de condición física. Repetían una y otra vez, invitando siempre a alguien nuevo, normalmente a alguien a quien yo no conocía. Pronto mi apartamento acabó atestado de docenas y docenas de personas a la hora de la clase, una sesión de yoga que «no se parecía a ningún otro yoga», que dirían algunos. Los sudorosos participantes solían acercarse a mí después de la clase para comentarme que aquello era distinto, que provocaba realmente un cambio palpable, que era una sesión cardiovascular y terapéutica, que era guay, que no era dogmática, que era la mejor clase a la que habían asistido en la ciudad de Nueva York. Que aunque fueran antiyoga, estuvieran recién aterrizados en el mundo del yoga, o estuvieran ya cansados del yoga, conectaban conmigo. Y así fue como siguieron apareciendo por casa los sábados y yo continué con mis clases. «Qué guay —pensé—. Este es un buen punto de partida para cuando haga esto como un *hobby* a partir de los cuarenta.» Vaya, el hombre propone...

Cuanto más se llenaban mis clases, más estudiaba. Quería hablar con propiedad, necesitaba saber de lo que hablaba. Lo que no quería bajo ningún concepto era convertirme en otro de esos maestros que vomitaban los mismos clichés sobre el yoga, como «abre tu corazón hacia el cielo». Estaba cansada de todo aquello. Así que intensifiqué mis estudios para sacarme a la vez los títulos de anatomía y de profesora de yoga avanzado. Busqué a los mejores eruditos tibetanos, y fui nombrada «Diosa del Sol» en la tradición tibetana de la filosofía del yoga Sakya del venerado maestro Jetsun Luding. Si iba a hacerlo, lo haría bien; aunque tan solo estuviera preparándome para mi futuro *hobby* a diez o quince años vista. Me puse en plan técnico con la anatomía y en plan erudito con la filosofía, y me obsesioné con la prevención de lesiones. Comencé a enviar un correo electrónico cada semana en el que ponía de relieve el tema psicológico o físico de la clase del sábado siguiente, además de añadir un par de consejos nutricionales, y me obstiné en planificar la siguiente sesión en mi apartamento. No podía pensar en nada más.

Pero, mira por dónde, Lehman Brothers se fue a pique, lo cual desbarató totalmente mi mundo laboral, además de tirar por la borda mis ahorros y mis perspectivas profesionales. El parqué bursátil era un campo de minas, cubierto de oleadas transversales de estrés, miedo y depresión. A pesar de las rondas de despidos, Morgan Stanley me ascendió ese invierno, alabando mi capacidad para mantener la calma y proteger los intereses de mis clientes y de la empresa a la vez, sobre todo en aquel tumultuoso entorno. Estaba eufórica, aunque dispersa. La cantinela diaria del «Oye, californiana...» pasó a repetirse cada hora y las peticiones de ayuda se volvieron más dinámicas (¿qué hacer para vencer la ansiedad, la incertidumbre, el insomnio?). También se acabó sabiendo que yo impartía clases de yoga gratuitas los fines de semana, y algunos compañeros de trabajo incluso empezaron a asistir a ellas. «Diferente y duro», es lo único que comentaban el lunes; «No es el típico yoga». «¡Qué bien!», pensaba yo. Sabía que mis profesores de yoga en Nueva York me habían enseñado muy bien, entre ellos

Schuyler Grant, Elena Brower, Yogeswari, Dharma Mittra y la efímera Lady Ruth (como se conoce a Ruth Lauer-Manenti), pero a mí me entusiasmaba oír que lo que yo ofrecía mejoraba lo que había aprendido, y seguía aprendiendo, de ellos, y que lo llevaba a un nuevo plano, a un terreno sudoroso, original y vibrante.

Decidí tener dos trabajos oficiales. El primero, el remunerado, el formal, el derivado de mi educación en Princeton: vicepresidenta de renta fija en Morgan Stanley. El segundo, mi proyecto paralelo: una visión del yoga y del bienestar con la que la gente real con una vida real no solo podía conectar, sino también sacar partido fácilmente y con regularidad. Pero entonces me di cuenta. El éxito de mi trabajo principal iba totalmente asociado a la existencia de mi proyecto paralelo. No me habían despedido, sino ascendido; me respetaban internamente, los clientes me adoraban, y lo hacía bien, y todo ello sintiéndome mejor que nunca tanto física como mentalmente. Había controlado mis trastornos digestivos, no sufría ningún tipo de dolor y rebosaba energía a pesar de dormir normalmente cuatro horas por la noche. El éxito de mi trayectoria profesional estaba supeditado a la vivacidad del proyecto que me apasionaba. Estaban irrevocable y estrechamente interrelacionados. Esto era demasiado importante como para guardarlo en secreto.

Así que el 15 de abril de 2009, el día de la declaración de impuestos en Estados Unidos, llegué al trabajo y presenté mi dimisión. Mis superiores pensaron que me habían entendido mal. «No —les dije—. Lo digo en serio. De hecho, dejo el trabajo para montar una empresa de bienestar centrado en el yoga.» Me pidieron que me tomara algún tiempo para reflexionar, mirándome con lástima, como si hubiera acabado perdiendo la cabeza. Mis padres, en la otra costa de Estados Unidos, creyeron que estaba totalmente chiflada, temiendo tal vez que estuviera tirando por la borda mi costosa educación y convirtiéndome a otra religión. Nada más lejos de la realidad. Simplemente tenía que hacerlo.

Tras años de estudio diario, había descubierto una táctica para refinar todo el parloteo sobre el bienestar que circulaba por ahí y empaquetarlo de una manera palpable y eficaz, que lograra generar un cambio en aquellos malos momentos en que más lo necesitábamos. Y ahora dependía de mí compartirlo para que todo el mundo pudiera sentirse magníficamente bien, sin importar ni dónde ni cuándo.

Había nacido I.AM.YOU.

I.AM.YOU., la plataforma del método retox, es un enfoque holístico del estilo de vida, basado en el yoga, la alimentación, la actitud y la música, con el objetivo de ayudarnos, en tanto que luchadores de la vida moderna, a tomar las riendas de nuestra salud y felicidad. Se dirige no solo a los adictos al yoga y al bienestar, comprometidos con su propia salud y espiritualidad, sino también a aquellos de nosotros dispuestos a dar prioridad a nuestra trayectoria profesional, nuestra vida social y nuestra familia antes que a la salud, si fuera necesario. Llevamos prendas de cuero, comemos carne, salimos de fiesta, nos damos nuestros caprichos y a veces acabamos desgastándonos al servicio de algo que creemos más trascendente. Y necesitamos soluciones específicas que nos permitan avanzar en medio de todo eso.

Urbano y natural. Zapatos de tacón y zapatillas deportivas. Flamenco y punk. Ropa grunge y trajes. Tutús y sudaderas con capucha. Mezclando la ciencia y las tradiciones antiguas con las experiencias de la vida moderna, I.AM.YOU. y el método retox te enseñan a sanarte a ti mismo para que puedas sanar a los demás. En la esterilla, en la oficina y en la calle. Con una práctica filosófica, científica y física intensa y profunda, I.AM. YOU., y ahora el método retox, te ayudan a encontrarte a ti mismo en tu interior. A deconstruir la persona que crees que eres para reconstruir la que quieres ser.

Emprendedora desde pequeña.

02

EL RETORNO DEL RETOX

La mente en su propio lugar y en sí misma
puede hacer un cielo del infierno, un infierno del cielo.

JOHN MILTON

SIN DUDA, EL YOGA ESTÁ en todas partes. De los anuncios televisivos del Chase Bank a los anuncios de Tampax, pasando por nombres de ordenador portátil, parece que allí donde mires hay alguien haciendo la postura del árbol o del perro hacia arriba en un intento de vender casi cualquier cosa. El sector dedicado al equipamiento para el yoga ha aprovechado el tirón y ha subido como la espuma gracias a los calcetines de yoga, los accesorios de yoga, las vitaminas para el yoga (las que aseguran dotar de una mayor flexibilidad para realizar las posturas de aperturas de piernas son mis favoritas), las chaquetas de yoga, los DVD de yoga, el vino yogui y una interminable lista. No importa si te interesa el yoga o no; ellos te lo venden.

Sin embargo, antes no solía ser así. Cuando empecé a practicar yoga, mucho antes de toda esta fiebre, tenía que ocultárselo a mis compañeros de trabajo y apenas se lo comentaba a mis amigos. Escondía la esterilla de yoga cerca del ascensor para que nadie pensara que era mía, y salía a toda velocidad de la oficina para ir a clase a fin de evitar que me vieran cargando con ella. No podía permitirme el lujo de ser la única mujer del grupo, y mucho menos de ser la única yogui, así que lo mantuve en secreto. Como he dicho antes, hace unos seis años y medio, cuando me marché de Morgan Stanley, mis compañeros me miraban como si me precipitara al abismo. Ahora, la mayoría de ellos tienen acciones en alguna empresa dedicada al yoga y lo practica al menos de vez en cuando, si no con regularidad. El yoga se ha popularizado entre las masas, ante tus narices, y está aquí para quedarse.

Pero ¿qué es realmente el yoga? ¿Es tan solo una vía para vendernos más cosas en aras de la relajación y el zen? ¿Es una forma de hacer estiramientos y ser felices? ¿O es la última versión del porno suave, en la que mujeres en bikini y ropa interior posan seductoras noche y día para las redes sociales? El yoga, el verdadero yoga, es, afortunadamente, muchísimo más.

El yoga, que podría decirse que es una de las tradiciones más antiguas del mundo, data del año 2500 a. C., cuando la civilización del valle del Indo, que gobernaba los territorios que actualmente ocupan la India, el Tíbet y Nepal, representó imágenes de las primeras posturas de yoga en varios objetos recientemente descubiertos. En el año 400 d. C., Patanjali, un médico, filósofo y bailarín, escribió el primer libro sobre el yoga. En *Yoga sutra* o, como yo lo llamo, la biblia del yoga, describe los pasos hacia la iluminación. A los practicantes de yoga occidentales les sorprenderá que ese libro no mencione las *asanas* o posturas de yoga, sino que se centre totalmente en la mente, así como en su funcionamiento interno y en la necesidad de meditar. En el año 1400, Svatmarama, otro erudito indio, escribió *Hatha Yoga Pradipika*, un enfoque más integral que incluye quince posturas de yoga, consejos nutricionales y técnicas de meditación y excitación sexual. No fue hasta 1965 cuando las posturas que tanto nos obsesionan a todos pasaron a un primer plano en la literatura sobre el yoga. B. K. S. Iyengar escribió *La luz del yoga*, una enciclopedia de todas las posturas de yoga y sus variaciones. En el libro incluye algunos apuntes medicinales y científicos, pero poca anatomía.

Desde entonces, el yoga ha adquirido un espíritu propio, o quizá debería decir el espíritu de Occidente. Aunque existen demasiados estilos y teorías como para recogerlos aquí, hay una constante en todos ellos: la definición del yoga como «unión», derivada del sánscrito «yugo».

El yoga conecta la respiración y el movimiento, el pensamiento y la acción. Es una filosofía, una ciencia y, sobre todo, una práctica que une cuerpo y mente, el yo tangible y el intangible. Eso es lo que me enganchó tanto. Después de años y años, de kilómetros y kilómetros de correr sin rumbo, por fin empecé a sudar con un propósito, que cuidaba de mi interior en la misma medida en que tonificaba mi exterior. Cambiar al yoga me dio las piernas largas y flexibles que quería, y me reguló el sistema digestivo para que funcionara perfectamente, lo que yo tanto anhelaba. Por no mencionar que me proporcionó más energía de la que ya tenía. Pronto me di cuenta de que no era un mero método de entrenamiento ni de estiramientos para ganar flexibilidad, sino un intrincado sistema de mejora integral, dirigido tanto a los músculos como al estado de ánimo.

Según la teoría del yoga, todos tenemos dos cuerpos, el físico y el energético, o, dicho de un modo más sencillo, el externo y el interno, el tangible y el intangible. El cuerpo tangible es todo aquello que puede tocarse, como músculos, ligamentos, tendones, huesos, órganos y tejidos, mientras que el intangible consta de lo que sabes que está ahí, pero no puedes palpar. Se considera el cuerpo sutil, alojado en lo profundo de nuestro armazón, y es el que rige nuestra forma de sentir, pensar y percibir. Piensa en cuando te levantas por la mañana: ¿por qué un día te despiertas de muy buen humor y otro día con un humor de perros? En ese caso es el cuerpo intangible el que actúa. La medicina tradicional china basa sus principios en ese cuerpo intangible, sirviéndose de agujas para mover la energía de un canal principal a otro. El cuerpo intangible se representa de un modo similar en la teoría del yoga, es decir, como miles de canales de energía, entre los que destacan los tres principales: el izquierdo, el derecho y el central, llamado *uma* en tibetano.

El objetivo del yoga en su sentido más tradicional es alcanzar la iluminación. Para mí, eso significa gozar de buena salud, ser feliz, ser afortunado, convertirse en el auténtico yo, sin necesidad de validación externa. Según se dice, la iluminación se alcanza cuando toda la energía circula por el canal central del cuerpo. El yoga no es más que una herramienta para lograrlo. ¿Y cómo lo hace? Pues a través del cuerpo tangible o de la mente intangible.

Imagina un fregadero atascado. Tienes dos formas de arreglarlo: golpear por la parte exterior de la tubería y manipularla con una llave inglesa, o verter líquido desatascador por la tubería. Las posturas de yoga, o *asanas,* son lo mismo que golpear la parte exterior de la tubería. Al realizar las posturas, te levantas, te doblas, te retuerces, te estiras, te alargas, te agachas, saltas, aguantas el equilibrio, etc., siendo el cuerpo externo el foco principal. Sin embargo, cada una de las posturas no solo afecta a tu yo externo, sino también a tu interior, algo así como si te pusieran una aguja de acupuntura en un lugar concreto. Si la secuencia o clase completa de yoga se estructura correctamente, la combinación de las series de posturas tiene el mismo efecto que un tratamiento de acupuntura completo, dado que desplazan la energía desde los canales laterales al interior del canal central. Las posturas permiten acceder al cuerpo intangible. El propósito primordial de las posturas no es levantarte el trasero o tonificarte los abdominales, sino únicamente cambiar el flujo interno de energía.

Así que, si las posturas son el golpeteo metálico en las tuberías, ¿qué es el líquido desatascador? Esa poción mágica guarda una relación exclusiva con la mente. Tus pensamientos desplazan la energía por el interior de tu organismo al igual que las poses. Piensa un instante en una ocasión en que te enfadaste mucho e insultaste a alguien; ¿cómo te sentiste físicamente después? Supongo que quizá te dolía el estómago o te ardían el pecho o el abdomen, o ambos a la vez. Y apuesto a que experimentaste un sentimiento totalmente distinto cuando te dieron una noticia increíble o una agradable sorpresa. Es probable que te sintieras liviano, tal vez incluso efervescente en tu interior. Tus pensamientos, y a partir de ellos tus percepciones, reacciones y sentimientos, dictan el estado de tu yo interno. Los pensamientos positivos llevan energía al canal central, mientras que los negativos la mantienen atrapada y enmarañada en los canales laterales. En el yoga auténtico, tu forma de pensar es tan importante como tu forma de moverte. (No te preocupes, analizaremos esto más a fondo dentro de un rato.)

La respiración, basada en la inhalación y exhalación de aire por la nariz, es la tónica que une lo tangible y lo intangible. En el yoga, la respiración se llama *ujjayi* y es, sin duda, la parte más importante de la práctica. Esta técnica convencional, en la que se inspira y espira por la nariz, con los labios cerrados, sirve de medio de conexión entre todo el cuerpo, el interior y el exterior, el exterior y el interior. Sin una respiración adecuada, el yoga no actúa del modo en que está pensado.

De hecho, los médicos y científicos occidentales han demostrado recientemente que respirar por la nariz, como se hace en el yoga, ayuda a crear ondas cerebrales suaves, propias de estados de relajación. Respirar por la boca, por el contrario, estimula la aparición de ondas cerebrales erráticas, más en línea con conductas o pensamientos extremos. La respiración afecta al cerebro y, de ahí, a todo lo demás. Si no respiras correctamente por la nariz, es evidente que te moverás, te estirarás y, con suerte, sudarás, pero no será necesariamente yoga, sino tan solo otra clase de calistenia. El yoga, el auténtico, se asocia irremediablemente a la respiración. No funciona de otro modo.

La respiración es lo que, tradicionalmente, ha hecho tan potente el yoga. Es el nexo de unión entre el interior y el exterior, el exterior y el interior. Por desgracia, la gran mayoría de estudios, maestros y métodos prestan poca o ninguna atención a esa piedra angular histórica, y se centran en su lugar en el dominio de la postura de equilibrio sobre las manos o en la meditación. Sin embargo, el método retox se ancla firmemente en la verdadera esencia del yoga. Si el yoga tal como fue concebido ha funcionado durante miles de años, ¿por qué darle de lado? ¿Por qué hacer todos esos movimientos «extraños» en una esterilla de caucho de sesenta por ciento cincuenta centímetros si no están consiguiendo realmente ninguna diferencia significativa?

Me preocupo por cómo funciona todo, para que sea realmente efectivo para ti. Me importa la respiración, la selección de las posturas y, a partir de ahí, tu alineamiento en cada una de ellas. La colocación de los brazos en la pose del guerrero, la posición de las rodillas en la postura de la silla o el ángulo del cuello en la postura sobre la cabeza. La anatomía es importante. Por suerte, soy una friki total de la anatomía.

El cuerpo humano es mágico. Su composición (de las arterias a los músculos, de los órganos a la piel que lo mantiene todo unido) y su funcionamiento son por sí solos el milagro universal. La anatomía es el estudio de las estructuras del cuerpo humano, mientras que la fisiología estudia cómo cooperan todas esas estructuras. Llevo mucho tiempo obsesionada con ambas disciplinas.

En la época en que practicaba deportes de competición, solía pasar las mismas horas en la sala de entrenamiento que en la pista deportiva. Sin duda, esto se debía, en parte, a mi infinidad de lesiones. Por muy frustrantes que fueran esas lesiones (odiaba estar en el banquillo), aceptaba a su vez lo que me enseñaban. Todas y cada una de ellas me abrieron el camino para aprender sobre un grupo muscular o articular en profundidad, su funcionamiento, sus contracciones y su fortalecimiento. Solía ofrecerme voluntaria durante unas horas a la semana para vendar tobillos, manejar electroestimuladores y observar de cerca a terapeutas y entrenadores mientras nos guiaban a nosotros, los maltrechos atletas, a través de un sinfín de ejercicios y tratamientos. Pensaba que era lo más. Me fascinaba tanto que monté un negocio de entrenamiento personal un verano, inundando la ciudad de Woodside de folletos y anuncios, ansiosa de ayudar a la gente a ponerse más fuerte y gozar de mejor salud ejercitando los músculos. Supongo que podemos considerarlo un augurio...

Esa fascinación por la anatomía y la fisiología favoreció, como es lógico, mi experiencia en el mundo del yoga. A partir de esa primera clase semifunesta con mi atuendo de baloncesto presté mucha atención a los efectos musculoesqueléticos y fisiológicos de cada postura, a las poses que podía hacer y a las que eran una quimera. Sí, respiraba y trataba de estar presente, pero también llevaba a cabo un estudio de campo de la anatomía del yoga desde la perspectiva de una atleta empedernida y de una friki de la anatomía. Conforme practicaba yoga, podía sentir que los músculos y las articulaciones interactuaban de una forma totalmente nueva, inconcebible en los deportes o entrenamientos convencionales. También empecé a percibir algunos riesgos, como posturas en las que estoy bastante segura de que no debería estar mi atlético armazón larguirucho con su metro ochenta de estatura, los alineamientos que parecían ir en contra de la naturaleza del cuerpo humano y, lo más peligroso, la tensión reiterada en los ligamentos, que nunca deberían estirarse.

Todo aquello me fascinaba. Iba a clase, sudaba la camiseta y después corría a casa para consultar mi libro de anatomía mientras esperaba a que me trajeran la cena. Al día siguiente volvía a clase y retenía en la mente esa imagen del músculo o de las articulaciones mientras entraba en la misma postura. A partir de ahí trataba de optimizarla, activando lo necesario, relajando lo necesario y protegiendo lo que podría estar en peligro. Diseccionaba las posturas de yoga, una a una, día tras día. Cuando al fin empecé a dirigir mis propias clases, lo que se conoce a menudo como «autopráctica», las abordé también desde una perspectiva anatómica. Solía abrir la biblia de la anatomía, el *Atlas de anatomía humana,* elegir un grupo muscular, una articulación o un elemento fisiológico, observarlo con atención hasta que se me quedaba plasmado en el cerebro y, a continuación, desarrollar una clase centrada por completo en esa parte anatómica. Esa costumbre reforzó en gran medida mi cuerpo y mi práctica de yoga, además de reducir el riesgo de lesiones. Cogí lo que estaba aprendiendo de mis increíbles maestros y de los textos antiguos sobre el yoga y le di un toque friki con un poco de ciencia pura y dura. En eso consiste el método retox.

El cuerpo humano se creó como una máquina optimizada que sabe cómo mantenerse, repararse y protegerse, abastecerse y revitalizarse, por dentro y por fuera. Y eso hay que respetarlo. Conocer su funcionamiento es fundamental para saber cómo moverlo. El yoga físico o *hatha yoga* puede ser peligroso. No digo que lo sea impepinablemente y que debas salir huyendo de ahí ahora mismo, sino que puede serlo, igual que lo es caminar por la calle con zapatos de tacón. La mayoría de las posturas, si se enseñan o se practican mal, pueden infligir algún daño en cualquier articulación, ligamento o tejido conectivo, y, de hecho, lo infligen. La probabilidad de que se produzca una lesión es alta, pero, si se tiene una base sólida de conocimientos anatómicos, no tiene por qué ocurrir.

El cuerpo humano es el cuerpo humano; a cada uno de nosotros nos han dado uno, y todos funcionan igual. Sin embargo, cada uno de nosotros es único. Mi cuerpo no se diseñó necesariamente para ser capaz de hacer lo mismo que puede hacer el tuyo y que, de hecho, hace sin esfuerzo. Tampoco debería ser así. Pero mi cuerpo sí sabe cuándo algo le sienta mal, aunque el maestro de yoga no lo sepa, y suele enviarme ese mensaje a través del dolor o de una lesión, que no se va ni con toda la meditación del mundo. Y créeme que sé de lo que hablo.

Hace unos años me hice daño en el hombro en un accidente de buceo. Se me quedó el hombro mal, muy mal, pero me negué a reconocerlo durante muchos meses después del incidente, tratando de curarme de forma holística en lugar de ir al cirujano, aunque intuyera que la lesión era importante. Seguí practicando con mis profesores de yoga, les informé de la lesión y les pedí que me ayudaran a practicar yoga para poder curarla. Ellos, como buenos yoguis compasivos que eran, aceptaron con fervor. Sin embargo, tras semanas de asistir a sus clases, me di cuenta de que me había metido en la boca del lobo. Me hacían practicar las mismas posturas de siempre, sosteniendo que si meditaba sobre la lesión, desaparecería, y que «la práctica lo sana todo». Yo me mostraba escéptica, y tenía una mejor base intelectual y anatómica que ellos, pero estaba desesperada.

Y, mira por dónde, la lesión no desapareció. De hecho, no hizo más que empeorar. A pesar de que me lo mandasen hacer, se suponía que yo no podía unir (abrazar) los brazos por detrás de la espalda, respirar en la postura del perro hacia arriba ni practicar posturas de equilibrio sobre la cabeza. Conforme iba haciendo todo aquello, sabía que cada vez me iba fastidiando más, pero había caído en la trampa de mi propia carrera profesional y de la industria. Tras seis meses de dolor y agonía, mi marido me obligó a ir al cirujano, que no solo realizó una cirugía reconstructiva total del hombro, sino que me contó cómo ocurrió la lesión y cómo el yoga la había agravado. Desde que realizó esa labor impecable y yo me recuperé sin dolor, ese médico, considerado el mejor cirujano ortopédico de Estados Unidos, me ha dedicado docenas de horas para hablarme de todos los elementos claves de la anatomía y el yoga. Allí, en su consulta, a la luz de los fluorescentes, hemos diseccionado las posturas, una a una, repasando los riesgos anatómicos, los beneficios y las contradicciones de cada una de ellas. Hemos comparado las posturas con las morfologías corporales y las dolencias, las metas físicas y las limitaciones. De hecho, a raíz de este proceso, hay muchas posturas que, francamente, ya no enseño, y ni siquiera las practico yo misma. Resulta que desde una perspectiva estrictamente médico-ortopédica, no todas le sientan genial a todo el mundo. ¡Qué fuerte! Gracias a este conocimiento, ahora rechazo determinadas posturas de yoga y me siento aún más segura a la hora de dirigir clases con un intenso enfoque anatómico. Si no está roto, ¿por qué romperlo?

Ahí es donde me distancio del yoga tradicional, así como de donde extraigo más valor. Siento respeto por la anatomía y la fisiología como ciencias que son, y las uso en mi beneficio, que ahora es el tuyo. Considero que el cuerpo es tanto la cura como la causa, tanto la fuente autosuficiente de mejora como la posible fuente de lesión. Así es como he creado un enfoque del yoga que puede hacerte realmente más fuerte, esbelto y flexible, hacerte sentir más relajado, y todo lo demás que esperes conseguir, pero de un modo seguro y realmente eficaz.

Lo que diferencia a I.AM.YOU. y al método retox es el enorme respeto por la tradición del yoga (su unión de los cuerpos interno y externo, tangible e intangible) y el enfoque en la anatomía. Este yoga es técnico y, como tal, funciona.

HAZ UN MATE

Uno de los aspectos más fascinantes del yoga, del auténtico, es el modo en que lo abordaron las sociedades. En la India, iba firmemente unido a la religión, en concreto al hinduismo. Los textos sobre el yoga se consideraban, y se siguen considerando, libros religiosos, y las posturas, un modo de invocar al dios en las alturas. Se animaba a niños y adultos, hombres en su mayoría, a practicar las posturas de yoga como una forma de prepararse para meditar o rezar sentados.

Las semillas del retox ya están sembradas. I.AM.YOU Studio, Nueva York.

Sin embargo, en el Tíbet, otra de las cunas del yoga, aunque menos conocida, a nadie se le permitía realizar posturas hasta que dominaba la meditación. Eso está bien. No podías hacer una de las posturas del guerrero hasta que dominabas tu mente. Se creía que si la mente no estaba en plenas condiciones, el cuerpo no importaba o, peor aún, que corría el riesgo de lesionarse y enfermar. De hecho, se dice que los monjes tibetanos tenían que meditar durante veinte años antes de que se les permitiera practicar una postura.

Este énfasis en el poder de la mente no me resultaba tan extraño. Al fin y al cabo, crecí en California. Matt Blanchard, mi entrenador de baloncesto en secundaria, fue la primera persona que me inició en la meditación, aunque yo no fuera consciente en aquel entonces. Cada día acabábamos nuestro entrenamiento de dos horas sentándonos en círculo en un extremo de la pista para «visualizar». Nos pedía que cerráramos los ojos y nos centráramos en nuestra respiración. En ese momento teníamos que visualizarnos lanzando un tiro en suspensión y encestando sí o sí. En la línea de tiros libres, metiendo dos canastas seguidas. En la cancha, capturando un rebote crucial. Ganando el partido. Allí estaba yo, sentada, con la barbilla apoyada en las rodillas flexionadas (como no era nada flexible era incapaz de sentarme cruzando las piernas), imaginando mentalmente los resultados que quería tener en la cancha. Día tras día, año tras año, Matt me hizo visualizar mi éxito, inspirado en Michael Jordan. Quién lo iba a decir, estaba meditando.

Como ya he mencionado antes, la meditación no es una práctica compleja, ni debería ser desalentadora. Años más tarde, en Nueva York, al enfrentarme de nuevo a la meditación, enfundada aún en mis pantalones cortos de baloncesto y con la misma falta de flexibilidad, me acordé de esas prácticas de visualización pubescente y me di cuenta de que en realidad llevaba una década meditando, solo que de un modo que era acorde con mi personalidad, mis metas y mi vida.

La meditación solía tener muy mala fama, sobre todo porque se creía, erróneamente, que era demasiado esotérica o que era una de esas tonterías de la nueva era. En la actualidad es una práctica ampliamente aceptada, conocida como «conciencia plena» *(mindfulness)* o «pensamiento consciente». Yo le doy una vuelta de tuerca más, desde la perspectiva filosófica y psicológica, y lo llamo «actitud».

La actitud mental es una práctica basada en la gimnasia cerebral. Consiste en entrenar la mente para que funcione como tú quieras, para que puedas sentir y vivir como has soñado. No se trata de estar sentado por estar, sino de visualizar y, a partir de ahí, crear tu yo ideal y tu mundo ideal, de dentro afuera.

¿Cómo? Los filósofos del yoga tibetano, los primeros gurús de la meditación, la conciencia plena y la actitud, afirman que existen más de ochenta y cuatro mil *nadis* (canales psíquicos), cada uno de ellos representado por un canal de energía en el cuerpo intangible. Estos se clasifican según la forma en que gira tu mente, normalmente de dos maneras: una en la que tiene percepciones correctas y otra en la que tiene percepciones incorrectas. Las percepciones correctas son fáciles de entender; cuando las tienes, te sientes feliz, saludable y afortunado. En cambio, las percepciones incorrectas son valoraciones mentales intangibles que conforman una experiencia que te hace sufrir, ya sea de un modo leve o intenso. La actitud mental pretende entrenar el cerebro para que cree siempre percepciones correctas, con lo que podrás desterrar el sufrimiento de tu vida y de tu cuerpo. (El sufrimiento, por cierto, puede desencadenarlo algo tan banal como perder el tren.)

Si cambias tu forma de pensar, puedes cambiar tu energía. Y si cambias tu energía, cambias tu cuerpo intangible. El cambio de tu cuerpo interior da forma a tu cuerpo exterior, y, a partir de ahí, tú creas tu mundo.

Tu mente, eso que todos sabemos que está ahí, aunque no podamos tocarlo, es el núcleo de

Día de partido con mi equipo del instituto, California.

todo. Es tu verdadera esencia, moldeada al cien por cien por tus percepciones. Cada vez que tu ojo ve algo, tu mente tiene un minúsculo instante para percibirlo y etiquetarlo. Esas etiquetas, que analizaremos más adelante en profundidad, son tus percepciones, eso que conforma tu personalidad y el mundo en que vives. Piensa en la loca y furiosa de tu jefa. Para alguien es una madre increíble y una buena esposa. No es ella, sino más bien la percepción que tienes de ella, lo que rige tu experiencia.

Existe un diminuto lapso de tiempo entre lo que tu ojo ve y lo que tu mente percibe.

El objetivo de la filosofía del yoga tibetano es dotarte de suficiente agilidad como para meterte en ese espacio y crear las etiquetas que realmente quieres y, a partir de ahí, crear tus percepciones y experiencias. No se trata de hacer caso omiso de tus pensamientos ni de deshacerte de ellos, sino de ser capaz de sacarles partido, tomando el control de las semillas que se siembran y del modo en que brotarán.

Sin embargo, cambiar tu forma de pensar requiere práctica, igual que un jugador de balon-

cesto necesita practicar el tiro en suspensión. Para eso sirve la actitud mental. Es una cancha de entrenamiento cerebral, una serie de rutinas dirigidas a ejercitar el músculo de la mente. La actitud te mantiene en buena forma para afrontar el partido que jugamos a diario en la vida moderna y, si tienes suerte, para ganar también el campeonato.

TAN SOLO ES COMIDA; ¡COME!

¿Crees realmente que nuestros antepasados se pensaban tanto lo que comían como lo hacemos ahora? De ser así, estaríamos todos muertos. La comida es comida. Su existencia, en todo su esplendor, se remonta a una época anterior a la aparición del ser humano. El problema no es la comida, sino la relación que tenemos con ella.

A menudo me viene a la mente mi abuela, mi mejor amiga y directora de Inspiración. Tiene ochenta y siete años, es feliz, está en forma y goza de una salud de hierro. Come entre tres y cinco veces al día, siempre con pan. Las hamburguesas son una experiencia religiosa para ella, suele comerse un par a la semana, y siempre toma postre para rematar el almuerzo y la cena. Aunque su plato está también repleto de frutas y verduras, nunca le da muchas vueltas a lo que come. Lo que le importa sobre todo es que la comida le aporte vitalidad, y recalca que hay que disfrutar plenamente de cada bocado. La educaron así. La consecuencia es que está sana como un roble, no toma ninguna pastilla, tiene más energía que todos nosotros juntos y siempre está lista para comerse el mundo. ¿Acaso no es eso lo que queremos todos?

¿Cuál es tu postura frente a la comida? ¿Comes a ciegas y no tienes paciencia para escuchar lo que te pide el cuerpo? ¿O te has subido al carro de alguna dieta y te da demasiada pereza replanteártelo? ¿Estás atado a tus malos hábitos y te sientes incapaz de cambiar? ¿O simplemente estás demasiado cansado y agobiado como para pensar en todo eso?

No quiero que te obsesiones con lo que comes, pero sí que te olvides de los dogmas alimentarios y te centres en el valor intrínseco de los alimentos. Que prestes atención a sus características energéticas en vez de a sus efectos nocivos. Que seas consciente de sus propiedades terapéuticas. La comida es energía, además de ser un medicamento. De hecho, la mayoría de las hierbas que se utilizan en las recetas en la medicina tradicional china proceden de una fuente alimenticia natural, como la cáscara de naranja, los cereales y las verduras secas, por nombrar algunas. Necesitamos ingerir todo tipo de alimentos para fortalecer nuestro organismo, tener más energía y seguir con vida. Lo que no tenemos que hacer es obsesionarnos con nuestra alimentación.

Obsesionarse con la alimentación es agotador, y nada divertido. Sin embargo, en tanto que sociedad, tenemos un deseo profundamente arraigado de aferrarnos continuamente a la última doctrina alimentaria, surcar esa ola y luego saltar a la siguiente. Esta sucesión interminable de saltos de una tendencia a otra no hace más que dar de comer a la industria alimentaria y sus empresas multimillonarias, a la vez que acaba con nuestras posibilidades de ser seres humanos sensatos y saludables.

Por cierto, ¿a quién sigues tú? ¿A la máquina publicitaria o a tu cuerpo? ¿Al representante de Hollywood o a la persona reflejada en el espejo? ¿A la industria que quiere que gastes o a tu propio ser, que quiere vivir?

En los últimos treinta años hemos pasado de la liga contra la grasa a la liga contra los hidratos de carbono. De ser todo trigo (con sus evidentes alergias al gluten al canto) a ser todo carne. De todo sin gluten a todo sin lactosa. De bajo en grasa a entero. Se trata de un bucle que no ha creado la evolución ni las necesidades reales de nuestro organismo, sino una industria que busca

Horneando el postre diario con mi madre y mi hermana, California.

nuevas fuentes de ingresos, así como egos ansiosos de subirse a un nuevo pedestal. Si hubiéramos escuchado realmente lo que nuestro cuerpo quería y necesitaba durante todo ese tiempo, habríamos oído cómo pedía alimentos sencillos e integrales, lo mismo que comían nuestros antepasados y que come mi abuela todos los días.

Sin embargo, año tras año, al abrazar una dieta milagrosa tras otra, nos obsesionamos con lo que no debemos comer, basando en cierto modo nuestra autoestima en cuánto somos capaces de eliminar y en lo estrictos que podemos ser. Pero ¿no sería mejor para el caso que se basara en cómo nos sentimos realmente?

La histeria por la dieta detox es el ejemplo perfecto de una tendencia alimentaria estúpida. El 90 por ciento de quienes acuden a mí después de completar algún proceso para depurar toxinas están resfriados, se están reponiendo de una gripe, se sienten débiles o han recuperado todo el peso que perdieron (o bien presentan todos estos síntomas a la vez). Sin embargo, se tiran de cabeza una y otra vez, normalmente porque creen que deben hacerlo.

Ahora bien, existen dos tipos de toxinas, las tangibles y las intangibles. Las tangibles se presentan en formatos muy diversos y siempre son elementos que introducimos físicamente en nuestro organismo. Lo abarcan todo, desde el alcohol a los alimentos procesados, la contaminación, el chocolate, los productos químicos, etc. Suelen denominarse «exotoxinas». Nosotros, como sociedad, nos obsesionamos con esas toxinas, lo que a menudo nos lleva a hacer esos arduos ayunos y depuraciones a base de zumos que he mencionado, por una parte, y a eliminar productos y alimentos de verdad, por la otra.

Las toxinas intangibles se presentan en forma de sentimientos, como la ira, el estrés, la preocupación, la pena, la tristeza y la manía, principalmente. A veces se denominan «endotoxinas». En la medicina tradicional china, cada uno de esos sentimientos lo procesa un órgano específico (por ejemplo, el estrés se procesa en el hígado; el miedo, en los riñones; la preocupación, en el bazo). Esas toxinas se eliminan de la misma manera que las tangibles que ingerimos y son igual de tóxicas para nuestro organismo.

Así que, si alguien se apunta a un ayuno a base de zumos depurativos para tratar de eliminar las toxinas físicas de su organismo, pero está estresado o irritado por el reto que supone y la logística que comporta, por su vida, o porque en realidad se muere de hambre, está añadiendo un sinfín de toxinas a su cuerpo y no da ningún paso hacia la «depuración». Básicamente, se está matando de hambre sin ningún motivo. Si no lo digo, reviento: ¿de qué sirve?

Aunque elimines todas las toxinas físicas de tu dieta y de tu entorno (algo, por cierto, imposible), puedes crear toxinas con tu mente. Esas toxinas, por muy intangibles que sean, afectarán también a tu cuerpo físico tangible, así que las dietas de eliminación y los regímenes alimentarios restrictivos no son la solución. El método retox sí.

Porque en el método retox se come para vivir. No hay «trampa» porque no hay más que comida. O al menos debería haberla. Millones de personas matarían, en un sentido bastante literal, por poder acceder como nosotros a los alimentos integrales. Rechazarlos porque crees que debes hacerlo es un insulto para los necesitados, así como para esas células que te mantienen con vida. No estoy diciendo que te des un atracón de comida rápida, sino que aceptes la comida como tal. La comida es tu medicina. Tu combustible. Es la esencia de lo que te mantiene vivo, en el más literal de los sentidos. Yo seré tu guía en este proceso, para que lo único que tengas que hacer sea comer.

03

MANTENER LA COMPOSTURA

Debemos liberarnos de la esperanza de que algún día el mar esté calmado. Hay que aprender a navegar con vientos fuertes.

ARISTÓTELES ONASSIS

SUDA. COME. RESPIRA. ESO ES, básicamente, lo único que tienes que hacer. Ay, pero es que es tan complicado hoy en día… ¿Paleodieta o dieta baja en grasas? ¿Vegano o pescetariano? ¿Ir en bici, correr o hacer pilates? Pero ¿quién tiene tiempo para ir al gimnasio? Y, si vamos, ¿qué se supone que tenemos que hacer allí? Por mucho que estemos ocupadísimos corriendo de aquí para allá, haciendo todo lo que «tenemos» que hacer, no nos detenemos a tomar aliento. Sin embargo, moverse, comer, ser feliz y gozar de buena salud no tienen por qué ser metas complicadas, enmarañadas en teorías contrarias que reclaman por separado tu atención y tu dinero. La razón de ser del retox es que la vida debería ser sencilla. Sabemos de forma innata lo que necesitamos, así que todas las respuestas están en nuestro interior. Tan solo tenemos que escuchar.

Pero seamos realistas; puede ser difícil no perder la compostura. A menudo me da la sensación de que hay veinte cosas que compiten a la vez por mi atención y mi energía, y tengo que hacer malabares con todas ellas con una sonrisa en la cara, y sin ponerme nerviosa, sin ventilarme una botella de vino por la noche o sin olvidarme de hacer algo. Así es la vida para la mayoría de nosotros. ¿Y sabes qué? Que a veces queremos hacerlo todo. Queremos lograr nuestros objetivos, gozar de una excelente forma física y, sí, ¡divertirnos! En consecuencia, es posible que no comamos bien, que no nos movamos lo suficiente, que no durmamos bastante o que no tengamos tiempo de darnos un respiro. Quizá acabemos desbordados, trabajando en exceso y extralimitados. Pero así es la vida cuando se vive a tope.

En los próximos capítulos he deconstruido los veinte principales problemas a los que nos enfrentamos en este viaje malabárico que es la vida moderna, abordándolo todo, de los dolores de cabeza al estrés, de la adicción al iPhone a los problemas para dormir, del dolor de espalda al sedentarismo en la oficina, de la sensación de verse gordo a luchar por alcanzar el éxito. Tengo un cóctel retox para cada problema, y puedes utilizarlos todos según te convenga, quizá rotando entre ellos, u optando por uno cada día en sustitución de tu martini diario, o como complemento a este. También puedes usarlos de una manera más específica, tomándotelos como un chupito para atajar lo que te aflija en ese momento.

Sin embargo, en este capítulo te ofrezco un plan para la vida en general, para que seas tú mismo y mantengas totalmente la compostura todos los días. Yo lo llamo el plan de estabilidad vital (PEV).

En el centro del PEV retox estás tú, tu persona, tangible e intangible. El objetivo del plan es garantizar que dispongas de conductos que te vayan suministrando energía continuamente, de tal forma que puedas simplemente afrontar el día a día sin tener que pensar en ello. El plan incluye yoga, nutrición y actitud, es decir, sudar, comer y respirar.

Los alimentos nutren a las células del cuerpo; los pensamientos afectan a la función cerebral. El modo en que nos sentimos en un momento dado, lo que somos en un día cualquiera y lo que necesitamos para mantenernos con vida son aspectos interconectados. Lo que comes afecta a cómo se siente tu cuerpo. Lo que siente tu cuerpo afecta a tu percepción mental. Lo que percibe tu mente rige tus pensamientos y tu estado de ánimo. A su vez, tu estado de ánimo determina lo que te apetece comer, y el ciclo continúa, en todas las combinaciones posibles.

Para sentirte genial necesitas contar con un PEV holístico al que recurrir, que entienda que cada día es diferente y que, por tanto, requieres de cosas distintas para seguir el ritmo. A veces eso significa comerte un bistec y dormir bien. Otros días puede requerir sudar la gota gorda. Y otros, pasar cinco minutos tranquilo y a solas respirando. Sería absurdo que te sugiriera una sola cosa que fuera eficaz para mantenerte sano y feliz todos los días; no funcionamos de ese modo, aunque el negocio de la autoayuda y del bienestar, así como la industria alimentaria, hayan sacado provecho de la creencia popular de que sí nos han hecho así. El PEV retox adopta una visión panorámica y te ofrece un poco de todo lo necesario para dar lo mejor de ti en un día cualquiera.

Concíbelo como las mejores prácticas para enfrentarte a la vida diaria. Póntelo en bandeja todos los días, y tómate además un cóctel retox si surge algo concreto. No solo te sentirás diferente, sino que también serás una persona distinta.

YOGA

Voy a contarte un secreto que estoy casi segura de que la multimillonaria industria del yoga no quiere que sepas: se ha demostrado científicamente que el yoga reduce la tasa metabólica basal. Es decir, que te hace quemar menos calorías por hora mientras estás en reposo. ¿Cómo es posible y por qué querríamos malgastar horas practicándolo si lo único que hace es ralentizar el metabolismo? Buena pregunta, mi querido Watson.

¿Recuerdas que anteriormente mencionábamos que el verdadero propósito de las *asanas* —o posturas— del yoga era dirigir la energía hacia el canal central del cuerpo? Retomando ese tema, te diré que las posturas canalizan la energía con el objetivo de preparar el cuerpo para meditar. Cuando la energía se dirige al canal central, te sientes sano, afortunado y tranquilo, tal como se ha señalado anteriormente, y por ello eres capaz de permanecer sentado durante largos períodos de tiempo. El único impedimento para estar sentado durante mucho tiempo es que te entre hambre. (Si supieras la de tentempiés que he comido mientras escribía este libro...) Las posturas de yoga no se concibieron forzosamente para acelerar el metabolismo, puesto que eso hubiera sido nefasto para el estómago y para la meditación, sino que se pensaron para ralentizar el metabolismo, de forma que uno pudiera sentarse, cerrar los ojos y quedarse así durante horas, quizá incluso días, cada vez.

Así que cuando practicas yoga en el mundo actual, dominado por las largas jornadas frente a la mesa de trabajo, el estrés y las sórdidas fuentes de alimentación, debes asegurarte de que aumente tu tasa metabólica basal, en vez de que se reduzca aún más. Esta ha sido una de las premisas del yoga por las que aboga I.AM.YOU. desde el minuto cero. Eso significa prestar atención al saludo al sol y al saludo a la luna, las dos series de posturas que se ha demostrado realmente que aumentan la tasa metabólica. A eso le añado mi flujo de calentamiento esencial del método I.AM.YOU., un enfoque moderno y vibrante de los saludos que se centra firmemente en la anatomía en combinación con el ejercicio cardiovascular. De hecho, en un estudio realizado en alumnos de I.AM.YOU. que llevaban monitores de frecuencia cardíaca y otros dispositivos de monitorización del estado de salud y las calorías, se ha demostrado que esa secuencia aumentaba la frecuencia cardíaca y quemaba hasta tres veces más calorías que cualquier otra clase de yoga que habían realizado utilizando los mismos dispositivos.

Además de quemar calorías, activar el metabolismo y ejercitar el sistema cardiovascular, el yoga debe incluir a diario elementos de fuerza y flexibilidad, sin olvidar, por supuesto, la respiración. He destilado la práctica para convertirla en un cóctel retox para ti, de modo que puedas sudar y ejercitarte todos los días de una manera que les resulte eficaz a tu agenda y a tu cuerpo.

No te preocupes por la cantidad de tiempo que tengas. Basta con recurrir a estas soluciones de yoga retox y ponerlas en práctica a toda costa, siempre que puedas. Puedes practicar las soluciones en la oficina en tu mesa de trabajo o en el coche mientras esperas para recoger a tu hijo; cada una de ellas adapta una postura de yoga tradicional para hacerse frente a la mesa de trabajo o en una silla. Usa las soluciones rápidas dondequiera que estés en ese momento del día; se trata de posturas de yoga puras y duras cuyas propiedades anatómicas y fisiológicas son beneficiosas para el problema en cuestión. Realiza la secuencia completa como parte de una clase o práctica normal de yoga, o dedica tan solo el tiempo que tengas antes de cenar o ir al trabajo, o mientras el bebé duerme. Es un esquema de una clase completa de yoga I.AM.YOU., adaptado al tema que nos ocupa. Por regla general, deberías aguantar en la primera y segunda posturas. A continuación, pasa a realizar el resto de las posiciones en las dos primeras líneas en forma de flujo, normalmente un saludo al sol o una variación, aguantando solo una respiración en cada una de ellas. Después, mantén el resto de las posturas entre cinco y ocho respiraciones cada una, o lo que mejor te siente. ¿Preparado para lanzarte al retox?

SOLUCIONES EN LA OFICINA

RESPIRACIÓN CON LOS ANTEBRAZOS CRUZADOS

Inhalando, levanta los brazos junto a las orejas. Exhalando, flexiona los codos y aprieta un antebrazo contra otro. Respira en esta posición, imaginando que el aire inhalado sube por el brazo derecho y atraviesa tus antebrazos, y después el aire exhalado baja por el brazo izquierdo y se desplaza a tu centro; hazlo durante tres respiraciones. Repítelo en la otra dirección tres veces más. Si tienes tiempo (si no, la próxima vez), empieza con lo que tradicionalmente se denomina *kapalabhati*.* Inhala profundamente hasta un nivel en que te sientas cómodo. Empieza a realizar breves expulsiones de aire por la nariz; céntrate en exhalar, puesto que la inhalación será una reacción automática, ya que el diafragma va bombeando la pared abdominal. Debería darte la sensación de que estás medio estornudando, medio sonándote la nariz. (En caso de embarazo, sáltate la respiración *kapalabhati*.) Aguanta estas expulsiones de aire durante un minuto, vigorizando tu cuerpo con cada bombeo.

LA PINZA EN LA SILLA

Siéntate en el borde de la silla con los pies separados a la anchura de las caderas. Extiende las piernas hacia delante y coloca los pies en flexión para que los talones presionen contra el suelo. Inhala y siéntate con la espalda bien recta. Exhalando, flexiona el tronco hacia delante, alargando las manos hacia los tobillos o las pantorrillas. Deja colgar la cabeza y aguanta así de cinco a quince respiraciones.

TORSIÓN SUAVE*

Inhalando, siéntate con la espalda bien recta. Exhalando, haz una torsión hacia la derecha. Mira por encima del hombro derecho. Aguanta ahí cinco respiraciones y después repítelo al otro lado.

BRAZOS DE ÁGUILA

Abre totalmente los brazos extendidos a los lados. Lleva un brazo contra el otro y cruza el derecho por debajo del izquierdo. Flexiona los codos, y si puedes, haz que se toquen las palmas de las manos. Al inhalar, lleva los codos en línea con la barbilla. Al exhalar, baja la barbilla. Respira por la parte alta de la espalda, aguantando de tres a diez respiraciones. Después repítelo al otro lado.

SOLUCIONES RÁPIDAS

SALUDO AL SOL

Empieza de pie, con los pies juntos y las manos contra el pecho como si rezaras. Inhalando, extiende los brazos sobre la cabeza. Exhalando, flexiona el tronco hacia delante, llevando la frente a las espinillas. Inhalando, extiende la columna vertebral, mirando hacia delante. Exhalando, lleva las manos a la esterilla y da un paso y luego otro, o salta, a la postura de la tabla, flexionando los codos hacia atrás. También puedes quedarte en *chaturanga*. Inhalando, estira los codos, bascula sobre los dedos de los pies hasta que el empeine toque el suelo, y levanta el pecho; es la postura del perro hacia arriba. Exhalando, retrocede para apoyarte de nuevo sobre los dedos de los pies, levanta los glúteos hacia el techo y presiona los talones hacia el suelo; se trata de la postura del perro hacia abajo. Cierra los ojos o mírate el ombligo, y mantente así cinco respiraciones. A continuación, inhala y da un paso y luego otro, o salta, para llevar los pies entre tus manos. Exhalando, flexiónate hacia delante. Inhalando, lleva los brazos sobre la cabeza y mira hacia arriba. Exhalando, lleva las manos al corazón. Repítelo de cinco a diez veces.

LA PINZA

Siéntate en el suelo, con las piernas estiradas frente a ti, y coloca los pies en flexión para que los talones presionen contra el suelo. Inhala y siéntate con la espalda bien recta. Exhalando, flexiona el tronco hacia delante, llevando la cabeza hacia las rodillas. Deja la cabeza colgando y aguanta así de cinco a quince respiraciones.

LA VELA

Túmbate en el suelo. Eleva los pies hasta que queden por encima de la cabeza y sujeta la espalda con las manos. Inhalando, estira las piernas hacia el techo. Mírate los dedos de los pies o cierra los ojos, y aguanta así diez respiraciones, o hasta un máximo de cinco minutos.

MANTENER LA COMPOSTURA

NUTRICIÓN

La retoxificación consiste en nutrir tu interior, comer lo que quieras, disfrutarlo y seguir adelante. Sin sentimiento de culpa. Sin restricciones. Sin estrés. En la filosofía retox, la alimentación se basa en seis principios simples. Una vez interiorizados, te sentirás libre y ya no tendrás que dar demasiadas vueltas al tema de la comida, estarás abierto al puro placer de comer y dejarás actuar a tu eficiente metabolismo innato.

NADA DE SENTIMIENTO DE CULPA

Sentirse culpable es un desperdicio total de energía, sobre todo en lo que respecta a la alimentación. Resulta que te has regalado una comilona y te aprietan un poco los pantalones, o que te has dado un homenaje con un cremoso helado. No pasa nada, siempre y cuando lo hayas disfrutado.

La culpa empaña la satisfacción que sientes al comer, lo cual anula el efecto de la nutrición interna e intangible que se obtiene de la experiencia y de los alimentos. Si te corroe el remordimiento durante la comida, o una vez acabada, tu cuerpo tiene casi todos los números para experimentar una reacción adversa a lo ingerido. En su lugar, deja que tu cuerpo se centre en sacar partido de los alimentos que le has suministrado y, luego, lógicamente, en quemar el resto.

Y ya que estamos metidos en el tema, déjame que te hable de toda esta idea de entregarse a los deseos, la complacencia, un concepto derivado del verbo en latín *indulgere,* que significa «ser indulgente, complacer». Para complacerse a uno mismo hay que dejarse llevar por la voluntad propia, por un capricho o deseo. Sin embargo, en el mundo del bienestar, el hecho de complacerse o darse un capricho va ligado a la culpa. ¿Por qué ingerir chocolate, carne de ternera o pizza es un capricho? Todos ellos aportan nutrientes que es probable que te pida el cuerpo, como antioxidantes, vitamina B o calcio, por nombrar algunos. ¿Lanzarte a comer un plato de ensalada enorme es darte un gustazo? Debería serlo, a tenor del significado de esa palabra, pero, curiosamente, en la sociedad actual no lo es porque la ensalada es verdura. La cuestión es que el cuerpo necesita otros nutrientes aparte de verduras, así que no debes avergonzarte de ingerir cualquier alimento que pertenezca a otro grupo alimentario. Según la filosofía retox, no te estás dando ningún capricho si tu cuerpo te manda comer algo. Sin embargo, esa es la clave: escuchar a tu cuerpo. Estate atento a lo que comes. Mastica, recréate y saborea plenamente lo que te llevas a la boca. Y nada de sentirte culpable.

PRIORIZA LA NATURALEZA SOBRE EL DOGMA

¿No estás un poco harto de escuchar a tus amigos parlotear sobre el gluten, las grasas y el azúcar durante la cena, mientras evitan adrede los hidratos de carbono y analizan minuciosamente todo el menú, volviendo locos a los pobres camareros? ¡Yo sí! ¡Qué pérdida de tiempo y, por qué no decirlo, qué deprimente! El dogma nutricional ha impregnado nuestra conciencia, dejando poco margen para la satisfacción. ¡Ya basta!

Los alimentos naturales son, en general, buenos para el organismo, aunque algún médico o famoso «experto» en salud predique por ahí que no lo son. Repasemos uno a uno los parias nutricionales que existen en la actualidad.

EL GLUTEN. Lleva miles de años en la naturaleza. Si lo ingieres tal como lo creó la madre naturaleza, y sin que sea el plato fuerte de todas las comidas, es probable que no tengas ningún problema. Si lo ingieres con regularidad de un modo procesado, como es tan habitual en los tentempiés preparados, los alimentos envasados, los agentes espesantes, etc., quizá no te sientas tan bien. En la actualidad puedes encontrar gluten y sus derivados en cientos de alimentos en los que nunca se suponía que iba a estar presente, como caramelos, salsas, sopas enlatadas y barritas de proteínas y energéticas, por nombrar algunos. No es de extrañar que la gente haya desarrollado alergia al gluten.

Si ingieres gluten únicamente en su estado natural y no sobrecargas tu dieta con esa sustancia, es probable que no tengas ningún problema, a menos que el médico te haya diagnosticado una intolerancia o alergia al gluten. Úsalo como guarnición, no como plato principal, y procura que represente una pequeña proporción de todo lo que comes. Asimismo, presta atención a qué tipos de gluten te afectan. Por ejemplo, la salsa de soja y el gluten procesado me hacen sentir hinchada y me provocan fuertes dolores de estómago. Los cereales y la pasta al natural me hacen feliz. Tomo pasta de calidad una o dos veces por semana, como pan si me apetece, y casi a diario me doy el capricho de comer cruasanes y galletas recién horneados, pero no tomo nada de gluten en ninguna otra forma. El gluten es un elemento más de mi dieta, pero no es de ningún modo el plato fuerte de todas las comidas.

Mira, si no quieres ingerir gluten, perfecto. Pero si quieres ingerirlo, no tienes por qué preocuparte. Tan solo debes ser sincero contigo mismo y no ocultar tu dieta sin carbohidratos bajo el disfraz de «sin gluten»; a mí no me engañas.

LOS LÁCTEOS. Como casi todo en la vida, al final lo que importa es tu propio cuerpo. En primer lugar, observa cómo te hacen sentir los productos lácteos. Si te dan dolor de estómago, evítalos. Si te hacen sentir vigoroso, como es habitual en muchas culturas del mundo, adelante, sigue con ellos. A continuación, decide cómo vas a disfrutar de ellos. Elige cuándo y cómo tomar lácteos, y asegúrate de que encajen en el contexto de tu ingesta diaria total, como guarnición, no como pilar, lo mismo que en el caso del gluten.

Por ejemplo, a mí no me gusta el helado, y beberme un gran vaso de leche me da dolor de estómago, pero la boca se me hace agua con el queso y con un buen capuchino. Así que ingiero productos lácteos en forma de quesos curados, que me encantan, y de pizza, que me vuelve loca. Suelo echarme leche de almendras en el café, a menos que esté en Italia o sepa que el lugar donde me tomo el capuchino es de fiar (no le veo sentido a tomarme un capuchino mediocre). Si mantienes el equilibrio y no te propasas, es probable que todo vaya bien.

EL ALCOHOL. Es evidente que si este libro se titula *Retox*, no concibo el alcohol como algo excluido. Sin embargo, su abuso sí que lo está. Puedes beber alcohol si crees que le va bien a tu cuerpo y a tu mente, teniendo en cuenta los riesgos que comporta para la salud y compensándolo con una alimentación correcta y con la práctica de ejercicio físico. En lo que respecta al tipo de alcohol que ingerir, tendrás que seguir leyendo.

CARNE Y HUEVOS. Ya lo he mencionado antes, pero ser vegano o vegetariano no es la única solución sistemática para gozar de buena salud para siempre. La carne en sí no es mala para tu salud. El *Homo sapiens* sobrevivió exclusivamente a base de carne durante años, tal como te dirán quienes abogan por la paleodieta de moda. La clave para comer carne es asegurarse de que está limpia, bien tratada, y tan libre de antibióticos y hormonas como sea posible. Si compensas su ingesta con grandes raciones de verduras, disfrutarás de una comida saludable y sustanciosa.

Yo misma fui consciente de las propiedades curativas de la carne roja al poco tiempo de dejar de ser vegetariana. Mi ginecólogo descubrió un crecimiento celular anormal en las paredes de mi útero. Los especialistas querían extirparlo de inmediato mediante cirugía por miedo a que fuera cáncer, pero eso comportaba un enorme riesgo para mi fertilidad en el futuro. Yo estaba destrozada. Mi médico de medicina tradicional china, mis asesores y mi ginecólogo me sugirieron que cambiara mi alimentación y viera qué pasaba. Yo estaba dispuesta a probar cualquier cosa.

Me lancé de inmediato a la dieta «destructiva», añadiendo ternera orgánica alimentada con pasto cuatro veces a la semana y huevos con la yema dos veces a la semana a mi dieta, ya rica en espinacas, brócoli y bayas. A los seis meses de empezar a comer así, el crecimiento anómalo había desaparecido, y no ha vuelto desde entonces. Sin medicinas ni cirugía. Mi cuerpo me había enviado un potente mensaje: a pesar de todas las bondades de las espinacas, la col rizada y las verduras que ingería, necesitaba comer carne de vacuno y huevos para estar sana. No tenía más remedio que escuchar.

La carne no es necesariamente mala. Lo único que hay que hacer es ingerirla con conocimiento de causa. Prioriza la carne de vacuno orgánica y alimentada con pasto, así como el pescado salvaje frente al de piscifactoría. Sé selectivo con el pollo y cómelo solo si te apetece realmente o si sabes que es ecológico. Come poca carne de cerdo, dado que, por naturaleza, cuesta más de digerir y es más fuerte para el organismo que otras carnes. Repasaré estos consejos con más profundidad en capítulos posteriores, pero, mientras tanto, ¡no te cortes y enciende la barbacoa!

EL AZÚCAR. Tu organismo, sobre todo el cerebro, necesita azúcar para funcionar. Punto y final. La glucosa, que se sabe que es el principal combustible de los organismos vivos, es un azúcar, y constituye la fuente más importante de energía para el cerebro. Una concentración baja de glucosa afecta negativamente a los procesos tanto psicológicos como fisiológicos, y provoca a menudo confusión mental, letargo, falta de memoria, ineficiencia en la toma de decisiones y falta de energía, entre otros factores.

EL JUEGO DEL TRUEQUE

¿Qué hacer si te encanta todo a todas horas? Haz lo mismo que yo, jugar al trueque. Es una forma divertida de mezclar y ajustar lo que te encanta a lo que te apetece y necesitas. Solo hay que intercambiar algunos alimentos para poder disfrutar de otros. Aquí tienes algunos ejemplos:

- **Saltarse el cóctel helado y azucarado, y disfrutar de la copa de alcohol con agua con gas y una espiral de piel de fruta, y luego tomar postre.**
- **Tomar los margaritas preparados con ingredientes frescos en vez de la mezcla que se vende ya elaborada.**
- **Exprimir o triturar fruta real y añadirla a un vaso de agua con gas en vez de tomar zumo de fruta.**
- **Quitar el queso del sándwich, y comer a cambio las patatas fritas.**
- **Optar por una ensalada en vez de pizza, pero tomar a cambio helado de postre.**
- **Disfrutar de la carne, pero en contrapartida tomar judías verdes en vez de crema de espinacas.**
- **Tomar sándwich de huevo para desayunar, pero excluir el pollo en la ensalada del almuerzo.**
- **Tomar patatas fritas y guacamole, pero evitar los tacos y el pescado fritos.**
- **Comer un cruasán por la mañana y verduras por la noche.**
- **Disfrutar de la cesta de pan, pero pedir pescado en vez de pasta.**

Las fuentes más ricas de glucosa son los azúcares naturales que se encuentran en alimentos como la fruta y la miel. Las verduras y los cereales también contienen glucosa, pero no tanta. Eliminar el azúcar, o afirmar que hay que suprimir su consumo y después bañarlo todo con agave y tomar un zumo al día, es un asco de dogma, además de ser hipócrita. Todo ser humano vivo y activo necesita azúcar. No hay vuelta de hoja. Lo que no precisa son azúcares artificiales, como los presentes en los alimentos procesados y envasados. Si te limitas a tomar azúcar en su forma natural, comiendo un poco de fruta (¡pero no demasiada!, porque tomar demasiada fruta es igual de nocivo) y una mayor cantidad de verduras, y, si te gusta, tomando algo dulce una vez al día, proporcionarás a tus células el combustible que necesitan para todas las acciones que realizan. Y, como estás a punto de comprobar, es de suma importancia que nutras a tus células.

Así que, en lugar de ser don Restrictivo, sé más tú mismo. Come lo que te gusta, por no hablar de lo que le gusta a tu cuerpo, y sigue los dictados naturales de tu organismo. Si quieres dejar de comer carne por un tiempo, y tu cuerpo te lo pide, adelante, no lo dudes. Si quieres aumentar la ingesta de productos lácteos, hazlo también. Escucha lo que te pide el cuerpo y nunca tendrás problemas.

Comer de un modo que se adapte más a ti, a diferencia de comer con restricciones, será liberador y te ayudará a encontrar tu peso corporal natural y tus patrones digestivos, así como a encontrarte a ti mismo.

PRIORIZA LOS NUTRIENTES A LAS CALORÍAS

Y ahora llegamos a una de las lecciones más importantes del libro: los nutrientes son la base que te sustenta; las calorías, tu combustible. No cabe duda de que los necesitas a ambos, pero, cuando te dispongas a comer, opta por los alimentos con más nutrientes en vez de aquellos con menos calorías.

Retomemos el tema de las células que abordábamos antes, en este capítulo. Tú y cualquier organismo vivo estáis formados por células, que son la base de la existencia. Tienes en tu interior billones de células, y todas ellas necesitan determinados nutrientes para mantenerte con vida y en buen estado. Debes alimentarlas, y lo digo en sentido literal. Si no les aportas los nutrientes que necesitan, no serán capaces de desempeñar la función que tienen asignada, que es mantenerte con vida y con buena salud. En palabras de la doctora Terry Wahls: «Los alimentos que ingerimos aportan energía a las células para estimular las reacciones químicas que hacen posible la vida». Debes alimentarte a nivel celular, en vez de contar calorías.

Nutrientes > Calorías

Por ejemplo, pongamos por caso que puedes elegir entre dos platos principales: pollo a la plancha o filete de ternera a la plancha. Nueve de cada diez dietistas y consejeros de salud te dirán que te decantes por el pollo, al ser la opción baja en calorías, una «fuente de proteínas magra». Al adoptar la filosofía retox, te pido que pases a otro nivel. El pollo tiene proteínas, sin duda, pero la ternera es igual de proteica y, además, aporta gran cantidad de hierro, zinc, fósforo y vitamina B. De hecho, una ración de ochenta y cinco gramos de ternera proporciona la misma cantidad de vitamina B_{12} que siete pechugas de pollo de ochenta y cinco gramos, y la misma cantidad de hierro que tres vasos de espinacas. Así que ahora la cuestión radica en la calidad del bocado. Quizá quieras pensar un momento en cómo te sientes: ¿cansado, agotado, débil o con necesidad de una inyección de energía? Opta entonces por la ternera, ya que sus nutrientes son justo lo que te está pidiendo el cuerpo. Lo importante es evitar contar calorías y, en su lugar, fijarnos en la composición nutricional de los alimentos que tenemos delante.

Pongamos otro ejemplo. Tienes ante ti una barrita energética sin grasa que contiene cien calorías; elige tu marca favorita. ¿Te comerás esa barrita o te «darás el capricho» de comerte un aguacate de trescientas calorías? Si te fijas únicamente en el recuento de calorías, puede que te sientas obligado a decantarte por la barrita. La filosofía retox aboga por elegir el aguacate por sus omegas y grasas esenciales. Tiene más calorías, sí, pero muchos más nutrientes. Tu cuerpo necesita esos nutrientes para generar y mantener las mitocondrias o motores de las células.

La importancia de los nutrientes ha pasado a ocupar un lugar destacado en el ámbito científico en el marco de la nutrigenómica, que es el estudio de cómo los alimentos afectan a nuestros genes. Ingerir determinados alimentos puede afectar a nuestro ADN y, de ese modo, modificar nuestra expresión genética, el riesgo de padecer enfermedades en el futuro y la longevidad. Básicamente, puedes mejorar tu salud a través de la alimentación. Esa es la nutrición por la que aboga la filosofía retox. He aplicado esta teoría, cuya mayor defensora es la doctora Wahls, una y otra vez con mis clientes.

Déjame que comparta contigo dos anécdotas que ilustran el poder de los nutrientes como sustento celular. La primera tiene como protagonista a Jeff, un joven de Filadelfia de treinta y seis años que está casado y tiene dos hijos. Acudió a mí tras ser diagnosticado con esclerosis múltiple (EM) para que le diera clases de meditación con el objetivo de mantener su mente bajo control. Después de algunas sesiones, saqué el tema de la alimentación y me di cuenta de que comía lo que objetivamente podía considerarse «saludable», pero no de una forma que le permitiera aportar a sus células lo que necesitaban para combatir la enfermedad. Aceptó que le asesorara y supervisara su dieta, lo cual implicó introducir un 90 por ciento de verduras, sobre todo de hoja verde y brócoli. Nos aseguramos de que todo estuviera cocinado con ajo y aceite de oliva, y de que tomara bayas y tomates como tentempié. El otro 10 por ciento lo completamos con proteínas naturales de animales alimentados con pasto o de manera natural, en concreto carne roja y salmón. Solo ha presentado un brote de EM en los dos años posteriores al cambio de dieta, y afirma sentirse más fuerte que nunca.

La segunda anécdota la protagoniza Marie, una mujer de Long Island de cuarenta y dos años de edad. Le diagnosticaron de repente un cáncer de mama en estadio IV, por lo que tenía que someterse a una mezcla de quimioterapia agresiva, radioterapia y mastectomía doble. Acudió a mí después de varias intervenciones quirúrgicas, pero antes de recibir quimioterapia y radioterapia, ya que quería realizar estiramientos y meditar. Al preguntarle por su dieta, me dijo que era vegetariana y que no tomaba gluten. Le pregunté si estaría dispuesta a probar algunos cambios. Afortunadamente me respondió: «Cualquier cosa con tal de seguir viva». Para empezar, le recomendé tomar un vaso de consomé de huesos (hecho con pollo y ternera orgánicos) al día, para que no tuviera que masticar el animal en estado sólido y, aun así, obtener los nutrientes que necesitaban sus células. A partir de ahí eliminamos el 90 por ciento de su ingesta diaria de frutas, agave y otras fuentes naturales de azúcar, y lo sustituimos por una dieta compuesta de hortalizas, verduras de hoja verde, tomates y bayas. Finalmente, añadió salmón y carne roja una vez a la semana, como dosis celulares medicinales. Te diré que si ves a Marie ahora nunca te imaginarías que ha pasado por lo que pasó. No se le cayó el pelo y está llena de energía, experimenta una remisión de la enfermedad y se la ve radiante por dentro y por fuera.

Los nutrientes alimentan las células, que a su vez articulan tu organismo. Así que, cuando decides qué comer, considera tu alimentación en conjunto, así como la calidad de cada bocado. Opta por los alimentos ricos en nutrientes frente a los bajos en calorías o sin grasa. Piensa que así estarás nutriendo tus cimientos celulares y, a su vez, tu organismo, que gozará de buena salud tanto en el presente como en el futuro.

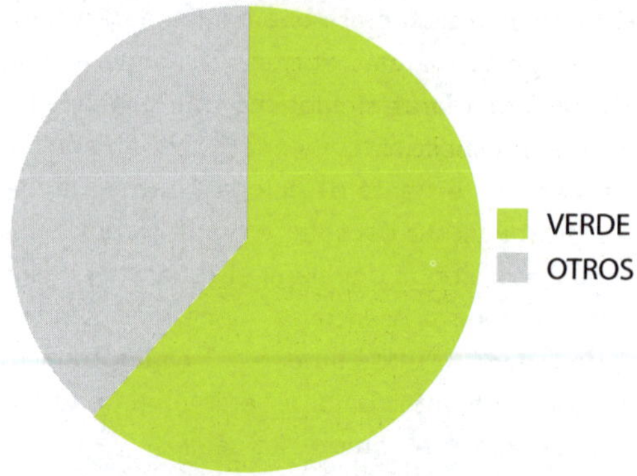

I.AM.YOU studio
DETOX TO RETOX®

AGUA Y VERDURA COMO BASE

Pasemos ahora al tema de qué hay que comer en concreto. En primer lugar, realmente no debería tener que escribir esto, pero lo haré por si acaso: los alimentos procesados son malos; la comida rápida es peor. En ambas modalidades se manipula la composición genética de los alimentos, una estructura natural, centenaria y repleta de nutrientes, para transformarlos en algo que dure más, sepa mejor o tenga algún tipo de atractivo visual o una mejor textura. No digo que no tengas que comerlos, sino más bien que los tomes de forma excepcional, eligiendo el que quieras. Nachos con salsa, genial. Doble hamburguesa con beicon de ese antro de comida rápida, no tanto. ¿Lo captas? Elige bien tus batallas, y cíñete a los alimentos de verdad. Así estarás mucho más atractivo.

Esto me lleva a tu nueva mejor amiga, el agua, o tal como la llama un seguidor del método I.AM. YOU. desde hace mucho tiempo, una *celedración* o celebración de la hidratación. Haz del H_2O tu bebida favorita, mañana, tarde y noche. Vale, no voy a aguarte la fiesta, tómate un zumo recién exprimido en la playa, espero que adornado con una de esas sombrillas, pero la mayoría de las veces hidrátate con agua. ¿Ha quedado claro y cristalino? El agua engrasa la maquinaria que es tu cuerpo tangible y ayuda a depurar todas las toxinas que genera la vida diaria. Por suerte, para la mayoría de los que vivimos en el mundo occidental desarrollado, es un recurso al que podemos acceder libremente.

Partiendo de esa base, trata de que entre el 60 y el 80 por ciento de tu dieta conste de verduras verdes. Sé que quizá no sea posible lograrlo en todas las comidas, todos los días, así que quiero que consideres una media de tres días. Si agrupas tus platos al cabo de setenta y dos horas, debes intentar que entre el 60 y el 80 por ciento de todo su contenido sea verdura. De todas formas, tu cuerpo necesita la misma cantidad de tiempo para digerirlo todo, así que toma verdura cuando puedas, y no te estreses si no es posible. Mis amigos me llaman la Reina Verde, ¡y ahora quiero que te conviertas tú también en un miembro de mi casa real!

DESCANSO DE DIEZ A DOCE HORAS

Tu cuerpo necesita una media de setenta y dos horas para procesar totalmente lo que, ingieres. Eso son tres días. Por tanto, tu cuerpo trabaja casi sin descanso para digerir y metabolizar lo que le das, lo que significa que también tienes que darle un respiro de vez en cuando para que pueda ponerse al día contigo y con tu vida.

Intenta dejar de diez a doce horas entre la cena y el desayuno. Eso quiere decir que, si acabas de cenar a las ocho de la noche, procures no desayunar hasta las seis u ocho de la mañana del día siguiente. Si cenas muy tarde, trata de alargar al máximo el tiempo hasta el desayuno, o limítate a tomar líquidos calientes como té, agua caliente y café hasta que hayan pasado las diez horas.

Este descanso permite que el sistema digestivo se ponga al día y se recupere, para así funcionar de un modo más eficiente en lo sucesivo, permitiendo que te sientas con más energía, así como más esbelto.

LA REGLA DE LOS DOS TERCIOS

Aquí está el número que has estado esperando: 2/3. También se conoce como 66,666 por ciento, por si las fracciones no son lo tuyo.

Al aplicar la filosofía retox, tu objetivo es que dos de cada tres comidas sean «saludables», y una de cada tres sea lo que quieras (también podría ser que por regla general fuera saludable). Otra manera de verlo es que dos de cada tres alimentos en tu plato sean auténticos nutrientes, lo cual es comparable a la proporción del 60 al 80 por ciento de verduras descrita anteriormente, y que el otro tercio sea lo que quieras. Puedes aplicarlo en cada comida o en el conjunto de comidas diarias o semanales. La proporción es la misma.

Esto se parece mucho a la regla por excelencia de «Si no te comes la verdura, no hay postre» con la que hemos crecido. Mi madre nos daba postre después del almuerzo y de la cena todos los días. Pero había dos condiciones: en primer lugar, teníamos que hornearlo con ingredientes frescos y, en segundo lugar, teníamos que acabarnos antes la ensalada que ponía como guarnición, dos hortalizas y la carne o los cereales que servía de primero. Ahora me como un cruasán o una pieza de repostería por la mañana, y dejo el resto del día para las bondades de la verdura y los alimentos ricos en nutrientes. Y tan contenta.

RETOX

Ya hemos hablado de los hábitos. Ahora bien, ¿qué hay que comer?

La nutrición no tiene que ver con el plato en sí, sino con los ingredientes. Lo que comes determina en lo que te conviertes. Cada componente alimenticio es clave para tu floreciente bienestar. Por eso, la dieta retox se basa totalmente en los ingredientes y en su integración en una comida, no va de preparar un pollo al vino perfecto (aunque si se te da bien, ¡adelante!).

Seamos sinceros, cocinar en un entorno urbano moderno no tiene por qué ser pan comido. Entre ir a la tienda, hacer cola, cargar con todo de vuelta a casa, preparar los ingredientes, cocinar y después abordar la temida limpieza, puede acabar siendo caro, confuso…, un calvario. Por eso vamos a implementar el método retox. Las recetas que proporciono en los capítulos de la segunda parte («El laboratorio retox») son claras, sencillas y, como cabe esperar, rápidas. Aquí no hay nada de toda esa patraña de comidas preparadas en diez minutos, de recetas seudosimples con dudosos efectos saludables. Todas las recetas del libro sirven para la vida diaria, incluso si no padeces uno de los trastornos a los que se dirigen.

Sin embargo, el método retox no implica que haya que cocinar forzosamente todos los días. Sé que eso no es realista. Simplemente, pretende que comas lo que necesitas, sin importar de dónde salga la comida. Si te va bien, cocina todos los días, por supuesto, o quizá solo una vez a la semana, preparando sobrante para otros días. Pero, mientras sigues el método retox, eres libre de comer fuera y de pedir comida a domicilio siempre que quieras. Simplemente, céntrate en el refugio retox que encontrarás más abajo.

El refugio retox te proporciona una base con la que hacer comidas sobre la marcha, sin líos ni engorros, o en la que centrarte al encargar comida a domicilio o salir a comer fuera. Si almacenas estos artículos en casa con frecuencia y los buscas en los menús antes de realizar tu pedido, la nutrición se convertirá en algo totalmente natural para ti.

REFUGIO RETOX

Espinacas baby
Lechuga: hoja de roble, romana
Aguacate
Tomate
Calabacín

Pimiento
Brócoli, fresco o congelado
Limón
Naranjas o clementinas
Melón cantalupo
Arándanos azules
Cebolla
Ajo
Tortillas de maíz
Almendras
Quinoa
Pimienta negra
Menta
Palomitas caseras
Infusión de manzanilla
Aceite de oliva
Vinagre balsámico
Huevos de corral
Salmón salvaje
Carne magra de ternera alimentada con pasto, picada
Leche de almendras

LA DIETA RETOX FUERA DE CASA

Como mucho fuera de casa, tal vez el 50 por ciento de las veces; la otra mitad del tiempo preparo las recetas que verás en los siguientes capítulos. No me siento culpable por ello porque me encuentro genial, y sé qué pedir, que es a lo que te voy a ayudar ahora.

CONTROLA TU HUMOR. Comer es una experiencia compartida. Si empiezas a quejarte del menú, el servicio o la comida, todo el mundo lo pasará mal, lo cual probablemente quita sentido al hecho de comer en compañía. Lo mismo ocurre si se interroga al personal sobre el origen de los alimentos. Si eres amable y disfrutas de la experiencia de comer, saldrás de allí totalmente nutrido, por dentro y por fuera.

PIDE SIEMPRE VERDURA DE GUARNICIÓN. No hay excusas: allí donde vayas siempre habrá algún plato de verdura en el menú.

EVITA MEZCLAR PROTEÍNAS. Profundizaremos en eso más tarde, pero por ahora te diré que intentes pedir un solo tipo de proteína en cada comida. Es decir, si pides un entrante con pescado, procura que el plato principal sea vege-

tariano. O si pides un plato principal con ternera, empieza con un entrante vegetariano. Mezclar proteínas añade más presión a tu sistema digestivo y podría dejarte aletargado al día siguiente.

QUE NO TE DEN PÁNICO LOS ALIMENTOS NO ORGÁNICOS. Es probable (esperemos) que no te caigas muerto allí mismo si los alimentos no son orgánicos, así que disfruta de la comida. Sin embargo, sí que debes ser consciente, sin necesidad de montar una escena, de cuál es su origen. Si el menú dice «pescado blanco» o pescado a secas, pregunta de qué tipo es específicamente. Muchos «pescados blancos» se crían en piscifactorías en China en condiciones muy poco óptimas (la tilapia, la merluza, el bacalao y el abadejo se disputan este dudoso honor). Asegúrate de que el pescado sea salvaje y de que la ternera se haya alimentado con pasto. Aún mejor sería que te dijeran la procedencia de la carne que sirven. Yo preferiría que evitases el pollo, ya que no sabes realmente cómo se ha criado ni de dónde procede, y que consumieras mucha verdura.

HIDRÁTATE. Asegúrate de pedir agua, a ser posible del grifo y sin hielo, al sentarte. Procura que sea tu bebida principal y, si después tomas vino o cócteles, iguala la cantidad que ingieras de estas bebidas a la de agua.

CAMBIA LA GUARNICIÓN. A menos que sepas que esas patatas fritas son auténticas y naturales, cámbialas por una guarnición de judías verdes, que dan la misma placentera sensación al cogerlas que las patatas fritas, o por una guarnición de ensalada. Haz lo mismo con otros tipos de patatas fritas y cereales que no sean esenciales para el plato o para tu nutrición de ese día. Con este acto eliminarás ese tonto sentimiento de culpa que probablemente tengas y harás que un plato como una hamburguesa sea una comida vegetariana al 50 por ciento.

TEN CUIDADO CON LOS INGREDIENTES OCULTOS. Por supuesto, en un restaurante nunca puedes saber cómo preparan cada plato, pero existen pautas delatadoras. Los restaurantes asiáticos suelen utilizar mucho glutamato monosódico (GMS) y aceites de difícil digestión. Los mexicanos espesan a menudo el guacamole con nata y queso. Las grandes cadenas italianas suelen cocer la pasta por adelantado, lo cual la reblandece y la deja sin sustancia cuando vuelven a cocerla para servirte tu plato. Las cadenas de comida para llevar añaden con frecuencia azúcar, kétchup, miel, y otros edulcorantes y espesantes a sus aderezos para ensaladas. También suelen usar aceite de muy baja calidad. Asimismo, añaden harina, gluten procesado, nata y azúcar a las sopas que crees que son sencillas e inmaculadas. Los bares, las cafeterías y los restaurantes concurridos utilizan a menudo huevos en polvo en vez de la versión fresca y real. Consúltalo si puedes, haz preguntas educadas y amables, y deja que la dieta retox te ayude a refinar el paladar para ser capaz de identificar estos obstáculos por ti mismo.

Por tanto, ¿qué hay que pedir? Aunque hay consejos al respecto a lo largo del libro, he aquí algunas pautas.

MEXICANO. Céntrate en lo que lleve tortillas de maíz y no esté frito (normalmente los tacos), y decántate por la verdura, la carne o el pescado, pero solo si conoces el origen y la calidad, como se ha mencionado antes. Pasa de la crema y el queso en los tacos, y añade más salsa solo si lo necesitas. En cuanto a las quesadillas, pídelas vegetarianas y sin crema ni guacamole, pero con extra de salsa o pico de gallo. Pide nachos (yo también soy humana), pero asegúrate de que el guacamole esté hecho con aguacates frescos y no con nata (lo sabrás distinguir porque habrá tropezones y tendrá un color verde puro, en vez de un verde blanquecino como el de una baldosa de cocina de 1950), y pide más salsas. Úntalos principalmente en las salsas y moja en el guacamole una proporción mucho menor de nachos. Olvídate de los frijoles y del arroz, que son precisamente los que sobrecargarán tu sistema digestivo.

Si te limitas a las proteínas magras, la verdura y las tortillas de maíz, te darás cuenta de que la comida mexicana puede ser una opción realmente saludable.

ITALIANO. Apellidándome Imparato, bajo ningún concepto te aconsejaré que te abstengas de la pasta. Lo que sí te diré es que te asegures de pedir un entrante con verdura, como un antipasto, una ensalada o sopa. Si vas a tomar pasta con verduras, puedes pedir incluso jamón curado o carpacho. No tomes mucho pan para poder disfrutar realmente de la pasta, y opta por una que no esté rellena ni sea densa. Evita los raviolis y *tortellini* rellenos de queso, así como los ñoquis, que son básicamente pequeñas bombas para tu organismo. Decántate por los espaguetis y el cabello de ángel, los *rigatoni*, los macarrones y las docenas de tipos de pasta que pueden potenciarse con una fabulosa salsa. Quizá pienses que un *risotto* vegetal es una buena opción para evitar el gluten, pero no es necesariamente más saludable, ya que muchos llevan una base de nata, mantequilla y queso. Es mejor comer pasta al *pomodoro*, que más tarde te enseñaré a preparar. Pide siempre una ensalada verde de guarnición, y tal vez incluso otra verdura más. Los italianos saben cómo comer bien, así que tan solo tienes que explorar y disfrutar.

PIZZERÍA. ¡La pizza es uno de mis grupos alimenticios favoritos! Asegúrate de pedir una ensalada con la pizza, y limítate a ingredientes simples o vegetales. Acompáñala con agua y disfruta.

ASADOR. En mis años de vegetariana, un amigo y yo solíamos ir a un asador a cenar una vez por semana, y yo comía solo verdura. Aparte de los restaurantes italianos, no hay mejor establecimiento en el que un vegetariano pueda comer. Para empezar, enloquece con las ensaladas (pero pídelas sin beicon) y come espárragos, judías verdes y verduras salteadas con lo que sea que pidas como plato principal. No tomes salsa o, como mucho, salsa a la pimienta o chimichurri (lo importante es que no lleve nata). Disfruta de un puré de patatas; no hay mejor combinación que el bistec y el puré de patatas, lo único que tienes que hacer es pedir verdura de acompañamiento.

HAMBURGUESERÍA. Tómate una hamburguesa, mejor sin queso, beicon ni mayonesa, ¡y pide verdura de guarnición! Si el bollo de pan es de mala calidad (y todos sabemos lo decepcionante que puede ser eso), cómete la mitad o déjalo. Si las patatas fritas son excepcionales, come algunas, pero duplica la cantidad de verduras que tomes más tarde ese día.

ÁRABE O TURCO. Tanta verdura y aceite de oliva, y tantos platos a la parrilla, hacen las delicias de la dieta retox. Córtate con el humus y los entrantes a base de yogur para no colapsar tu sistema digestivo, y cambia los fritos como el falafel por algo fresco y a la parrilla.

LA TIENDA DE COMIDA PARA LLEVAR DEL BARRIO. Comer fuera no es siempre una experiencia épica. A menudo, es el trabajo el que lo impide, aunque esto quizá no suceda en Europa. Las tiendas de comida para llevar suelen ser nuestro principal sustento entre semana, y puede ser muy fácil pulir los hábitos en ellas. A quienes les gusten los sándwiches, deben ser conscientes de lo que ponen entre el pan. ¿Te encanta de veras la carne asada o el jamón? ¿O podrías tomar pavo para aguantar el día? Opta por los embutidos limpios (lo ideal es el pavo asado *in situ*), rechaza la mayonesa, añade verduras como aguacates, tomates, lechugas, cebollas y tal vez incluso pepinos y brotes, al estilo californiano. Deja la carne para los platos principales de calidad en un buen restaurante o en casa, evita la carne de cerdo y plantéate no añadir queso. ¿De verdad crees que sabrá muy diferente si no le pones esa loncha de un queso cualquiera? No lo creo. Si te compras una ensalada, pide aceite de oliva y vinagre para aliñarla, y observa cómo se baña en el oro líquido.

CAFETERÍA. El mejor lugar para desayunar en Nueva York se encuentra en la esquina de la calle 47 con Broadway, justo enfrente de la oficina de Morgan Stanley. Se trata de una cafetería sencilla regentada por mi amigo griego Akos. La mayoría de la gente ve la leche en polvo, los bollos y la repostería en el escaparate y pasa de largo, pero, cuando adoptas la filosofía retox, sabes cómo encontrar lo bueno (auténticos huevos orgánicos a la plancha). Asegúrate de que el establecimiento donde desayunes sirva huevos auténticos. Te comas el huevo entero o solo la clara, asegúrate de que los huevos sean frescos y no salgan en estado líquido de un tetrabrik, como sucede en numerosas cafeterías.

RECETAS

Utiliza estas recetas como comida de referencia. ¡Son fáciles, deliciosas y muy nutritivas!

Huevos revueltos retox

2 vasos de espinacas baby
1 cucharadita de aceite de oliva virgen extra
1 diente de ajo picado
2 huevos
Sal y pimienta al gusto

Lava las espinacas y sécalas bien. Calienta el aceite en una sartén pequeña antiadherente a fuego medio. Añade el ajo y sofríelo hasta que empiece a dorarse. Incorpora las espinacas y tápalo, dejando que cueza unos cinco minutos o hasta que se ablanden. Mientras tanto, rompe los huevos en un bol y bátelos con un tenedor hasta que queden esponjosos. Si quieres, añade una pizca de sal y pimienta. Cuando las espinacas estén cocidas, escúrrelas, incorpora los huevos a la sartén y deja que se haga todo, removiendo de vez en cuando, hasta que esté listo, unos dos minutos.

Frutero retox

¼ vaso de arándanos azules
1 cucharadita de semillas de lino molidas
½ melón cantalupo, sin semillas

Mezcla los arándanos y las semillas de lino, y viértelos con ayuda de una cuchara en el melón. ¡Es fantástico que puedas comerte el frutero!

Bol retox

Es una increíble opción para el almuerzo o la cena. Puedes poner las verduras que quieras. ¡Es difícil que te salga mal! Utiliza las que más te gusten (combinadas) y asegúrate simplemente de usar dos verduras distintas, ya que cuantos más colores haya, mejor. Mis favoritas son el brócoli, los pimientos rojos, las judías verdes, los espárragos y los guisantes.

½ vaso de arroz integral o quinoa, cocidos
1 vaso de verduras cocidas
1 vaso de espinacas baby o col rizada
2 cucharaditas de aceite de oliva virgen extra
1 cucharada de zumo de limón recién exprimido
Pimienta negra recién molida, al gusto
½ aguacate laminado
1 huevo orgánico frito (opcional)

Haz un lecho de arroz integral o quinoa. Cúbrelo con las verduras y añade un puñado de espinacas baby o col rizada. Aliña con aceite de oliva y limón, y añade pimienta al gusto. Cúbrelo todo con el aguacate laminado y, si quieres, con un huevo. ¡A disfrutar!

Ensalada retox

Si pudiera, te daría decenas de recetas de ensaladas, de verdad, porque me encanta la ensalada. Pero mi editor y tú seguramente me mataríais. Así que me limitaré a darte las bases generales de una buena ensalada y tú puedes elegir los ingredientes específicos.

3 vasos de verdura para ensalada al gusto
½ vaso de hortalizas verdes al gusto
½ vaso de hortalizas no verdes al gusto
1 cucharadita de almendras laminadas, frutos secos o semillas al gusto
Aliño para ensaladas (véase la nota inferior)

Coloca una base de tus hojas de ensalada favoritas: espinacas, lechuga romana, col rizada, lechuga iceberg, rúcula…, lo que más te guste. Incluso puedes poner un par de hojas de cada una y mezclarlas. Añade dos hortalizas verdes (pepino, brócoli, pimiento verdes…), cocidas o crudas, y una hortaliza de otro color (remolacha, zanahoria, tomates cherry, col lombarda…). Si te gusta que tenga un toque crujiente, échale frutos secos o semillas.

NOTA. Aliña la ensalada con aceite de oliva y vinagre, con aceite de oliva y limón, o bien utiliza este aliño retox: dos partes de aceite de oliva, una parte de vino tinto o vinagre balsámico, una pizca de pimienta negra y una cucharadita de mostaza de Dijon. Agítalo o remuévelo, viértelo sobre la ensalada, y a disfrutar.

Tacos retox

Ahí va otra receta que puedes adaptar a tu gusto. Los tacos son una de las maneras más fáciles y rápidas de retoxificarte; yo como tacos al menos tres veces por semana. La ternera, el pescado o las espinacas son su ingrediente principal.

85 g de carne de ternera, en láminas finas y a la plancha, o bien 140 g de pescado blanco salvaje, laminado y a la plancha, o bien 3 vasos de espinacas, salteadas con 2 cucharaditas de aceite de oliva y 2 dientes de ajo picados
1 tomate mediano troceado
½ cebolla roja picada
½ limón (en zumo)
Sal al gusto
½ aguacate
2 tortillas de maíz
Cilantro (opcional)
Lechuga romana (opcional)

Mientras el ingrediente principal que elijas está en los fogones, mezcla el tomate y la cebolla roja en un bol con unas gotitas de zumo de limón y sal, si quieres. Tritura el aguacate en otro bol pequeño con una pizca de sal. Una vez hecho el ingrediente principal, calienta las tortillas en una sartén, o envuélvelas en papel de cocina húmedo y mételas al microondas a intervalos de treinta segundos hasta que se calienten. Unta el aguacate en las tortillas y añade, a continuación, el ingrediente principal. Vierte por encima la salsa de tomate y cebolla, y ponle si quieres un poco de cilantro. Si has optado por el pescado o la ternera, puedes añadir incluso un poco de lechuga romana picada en la parte superior para darle un toque crujiente. Enrolla los tacos y ¡que empiece la fiesta!

ACTITUD

La búsqueda interminable del equilibrio. Un deseo casi tan universal como tratar de adelgazar esos últimos dos kilos. Como sociedad, nos esforzamos mucho por lograr el equilibrio, y aun así nunca hemos estado tan descompensados. ¿Sabes por qué? Porque el equilibrio no existe.

Ya no existe el equilibro entre la vida laboral y la personal, al menos en el mundo actual. Si te empeñas con todas tus fuerzas en alcanzarlo, te sentirás siempre estresado e infeliz. Para mantener la compostura hay que aceptar la realidad y, a continuación, crear un plan de estabilidad vital que mejore tu experiencia real.

En la actualidad, vivimos para trabajar y trabajamos para vivir; la vida y el trabajo son dos conceptos irremediablemente interrelacionados, ya que estamos en un mundo con información instantánea y accesible a todas horas. A menos que la sociedad global decida implosionar y regresar a una forma de vida que no hemos visto desde antes de la revolución industrial, siempre estarás haciendo malabares con tu vida y con tu trabajo de un modo que no parece necesariamente equilibrado o justo. Cuidar de los niños es a la vez un trabajo y ley de vida, y responder correos electrónicos un domingo es a la vez vida y trabajo. Tal vez esto no sea lo correcto, pero lo cierto es que es así. Por eso, atrás ha quedado la interminable búsqueda del equilibrio y se impone un chute directo de filosofía retox.

RETOX

Hay cinco hábitos para conseguir una mente fuerte, ágil y llena de energía, que esté equilibrada por naturaleza, sin estar sometida a la presión de equilibrar la vida laboral y la personal. Si los practicas todos los días, estarás en constante equilibrio, como las mareas.

COME ACOMPAÑADO. Asegúrate de comer al menos una vez al día con alguien que te importe. Hay varias opciones, como dar un paseo rápido para comprar el almuerzo con un compañero de trabajo que te haga reír, cenar con un amigo o tomarte un batido de pie con tu pareja frente a la encimera de la cocina. Si comes en presencia de otra persona, te sentirás realmente nutrido y satisfecho en tu interior.

HABLA CON ALGUIEN A QUIEN QUIERES. Coge el teléfono y llama a tu abuela, chatea durante veinte minutos con tu amigo al otro lado del país, habla por Skype con tu padre o siéntate cara a cara con tu pareja. Aunque es probable que cambie cada día dependiendo de tu horario, asegúrate de haber pasado tiempo conversando con alguien a quien quieres y que te quiera.

NÚTRETE FÍSICAMENTE. Suda la camiseta y cébate. Consulta las secciones referidas al yoga y a la nutrición de este capítulo para saber cómo y por qué.

INSPIRA LUZ. Dedica un minuto al día a conectar con tu respiración y, a partir de ahí, conecta la respiración con tus pensamientos, tu cuerpo con tu mente, tu ser con el mundo. Empieza así...

Siéntate en un lugar cómodo, allí donde te encuentres y como estés mejor. Puedes sentarte frente a tu escritorio, en el suelo, en la mesa, en el tren, o donde sea. Tan solo tienes que asegurarte de tener la columna vertebral bastante recta y de no estar totalmente encorvado. Apoya los brazos con delicadeza sobre los muslos o las rodillas, como estés más cómodo, y cierra ligeramente los ojos.

Concéntrate en la punta de tu nariz y empieza a sentir tu respiración. Respira por la nariz con naturalidad, tal vez incluso empieces a notar la vibración del aire al pasar por tu labio superior con cada inspiración y espiración. Tan solo tienes que sentarte, relajarte y respirar. Una vez te sientas cómodo y seas consciente de tu respiración, empieza a seguir la respiración con tu mente, comenzando por la exhalación.

Exhala-inhala, exhala-inhala, exhala-inhala.

Ahora empieza a contar las respiraciones, exhala-inhala uno, exhala-inhala dos, exhala-inhala tres... Intenta llegar hasta diez respiraciones.

Cada vez que tu mente se disperse y pierda la concentración en la respiración, empieza a contar de nuevo. Si te quedas bloqueado, limítate a respirar un poco sin contar y comienza de nuevo. Con cada inhalación permites que el cerebro se desconecte para poder volver a conectarse. Con cada exhalación permites que entre claridad a la vez que llevas energía a todo tu ser.

Si tienes tiempo, cuando la respiración sea ya fluida, lleva la atención a tu coronilla. Mira desde allí hacia el interior de tu cuerpo y observa todo lo que sabes que está ahí. Ahora empieza a escanear tu cuerpo de arriba abajo, eliminando todo su contenido interno. Con el ojo de la mente despójate de los huesos, los músculos, los ligamentos, los tendones, los órganos y los tejidos. Despéjalo todo para convertirte en un armazón vacío, de forma que seas tú por fuera, pero estés vacío por dentro. Ahora vuelve a subir flotando a donde estabas al principio, en la parte superior de la cabeza, baja la mirada de nuevo hacia el interior de tu cuerpo y llénate de una luz azul perfecta. Azul como un cielo despejado o como un mar cálido. Llena cada rincón de tu cuerpo de esa luz. Observa cómo te inunda por dentro esa luz azul infinita, cómo resplandeces por fuera.

Ese es tu cuerpo de luz azul. Encuéntrate con él una vez al día, quizá durante tu rutina diaria o, simplemente, cuando estés en un mal momento. En la tradición tibetana de la filosofía del yoga se dice que este ejercicio te protegerá y te dará energía.

DA LAS GRACIAS. Sé que estás ocupado. Todos lo estamos. Pero dedica un segundo al día para agradecer la situación en que te encuentras. Despierto. Activo. Vivo. Si reconoces la suerte que tienes de estar vivo, estarás plantando las semillas para seguir gozando de una vida maravillosa. Dedica un rato al día para decir: «Gracias, vida».

Banda sonora retox:
«Let's Dance», DAVID BOWIE

Manteniendo la compostura frente a tres mil personas en la primera clase de yoga masiva en Panamá, It's Free.

04

¿HAS TENIDO HOY TU DOSIS DE RETOX?

La cura para todo es siempre agua salada:
el sudor, las lágrimas o el mar.

ISAK DINESEN

LA CLAVE PARA GOZAR DE una excelente salud es muy simple: tan solo hay que adoptar la filosofía retox. ¿Y cómo se hace?

Empieza por preguntarte: «¿He tenido hoy mi dosis de retox?».

¿Hoy has hecho algo por ti? ¿Has añadido algo a tu jornada que te haya ayudado a ser la mejor versión de ti mismo? ¿Has realizado alguna actividad, has seguido un proceso mental o has comido algo que te equilibre, te dé energía o te inspire? ¿Has conectado con la comida, pero no como si fuera un paria, sino como si fuera tu medicina, o has ejercitado el músculo mental? ¿Has prestado atención a tu anatomía corporal y quizá le hayas dado incluso la oportunidad de sudar? ¿Has hecho algo hoy para reconstruir, reparar o rejuvenecer una parte de tu cuerpo tangible o intangible? ¿Has conectado contigo mismo?

Yo practico el retox entre conexiones aéreas y en las cenas, antes de acostarme y en el coche. Aplicar la filosofía retox de forma habitual te convierte en la mejor versión posible de ti mismo en cualquier momento. Es la cura y la solución, el ímpetu y la inspiración. Es la hora feliz para el cuerpo, la mente y la vida. No se trata de hacer un retiro, depurar ni desconectar, sino que consiste en incorporar lo que necesitas en un día concreto.

Cada día lleva su propio tempo, y cada uno de nosotros va a su propio ritmo. El plan retox es un concierto para todos nosotros. Simplemente, sírvete lo que se te antoje, lo que te guste y lo que sepas que tienes que aprender a querer del modo más idóneo y reconfortante posible.

¿Cómo?

Casi todos nosotros, si no todos, nos encontramos a menudo con estos veinte problemas, o al menos los hemos sufrido alguna vez en el pasado. (Sí, tú también: los hombres sufren en ocasiones síndrome premenstrual; estoy casi segura.) Así que te sugiero que concibas el laboratorio retox como una barra libre. Experimenta y haz tus pinitos probando su variada oferta de forma sistemática, ya sea para tratar algo específico o en aras de seguir gozando de buena salud de por vida.

Si padeces un trastorno o problema agudo, es posible que solo te centres en ese cóctel hasta que desaparezca. Si estás entre varias aguas, alterna entre remedios, tomando cada uno de ellos una o dos veces por semana. Si quieres gozar de una excelente salud, ve alternando todos los cócteles, tomando uno por día, y combínalos con lo que tu cuerpo o tu vida requieran y anhelen en concreto.

El método retox funciona si te empapas de todo esto a diario. Lo cierto es que hay tanto entre lo que elegir que nunca te sentirás limitado. Te he proporcionado veintiuna rutinas completas de yoga, ochenta y cinco soluciones en la oficina, y setenta y cinco soluciones rápidas para tu cuerpo. He creado setenta y cinco recetas que puedes preparar con poco o ningún esfuerzo en un santiamén, y he propuesto decenas de tentempiés fáciles y apetecibles para que nunca pases hambre, te desesperes ni te aburras. Y he elaborado veintiún planes mentales que fusionan la conciencia plena, la psicología, la filosofía y la vida pura y dura para cultivar tu mente y tu actitud.

Tienes ante ti todo lo que necesitas. El laboratorio retox está a tu alcance, es práctico, auténtico y, sobre todo, no es abrumador. Nada te puede salir mal.

Tan solo acuérdate de preguntarte: «¿He tenido hoy mi dosis de retox?».

PARTE 2

El Laboratorio Retox

QUEBRADEROS DE CABEZA

ALIVIO Y PREVENCIÓN DEL DOLOR DE CABEZA

El equilibrio empieza en el interior

PANAREA, SICILIA. EN ALGÚN MOMENTO entre el almuerzo y la cena, un día de verano perfecto de 2011. Estaba tumbada en la cubierta de un barco con mi bikini blanco, en medio de las aguas cristalinas, con el débil murmullo volcánico del Estrómboli a lo lejos. Aparte de los seis amigos que iban en el barco conmigo, no había nadie a la vista, tal como correspondía a unas idílicas vacaciones en el mar. Habíamos pasado la mañana nadando, navegando y comiendo, y en aquel momento nos encontrábamos descansando, como era propio de un auténtico marinero siciliano; al fin y al cabo, había sido una mañana muy ajetreada. La vida era perfecta, si no fuera por el insoportable dolor de cabeza que no me daba tregua. Como si fuera un batería de un grupo de rock de los noventa, se estaba volviendo loco, golpeando mi lóbulo frontal con toda su intensidad y fuerza.

¿Qué había hecho yo para merecer esto? Rara vez me dolía la cabeza, y mucho menos en vacaciones. ¿Sería el sol? ¿Algo que había comido? ¿Esa italiana que me había estampado su anillo en la cabeza una semana antes en un mercado cerca de Palermo? (Dejemos esa historia para otro momento.) En cualquier caso, tres o cuatro aspirinas parecían la solución, pero con la excursión a nado de tres kilómetros hasta la costa y con nuestro patrón dormido, no albergaba ninguna esperanza de conseguir esas pastillas durante un buen rato. Sin embargo, tenía que conseguir pararlo. Ya.

Me senté en la cubierta de popa del barco y traté de pensar en algo que ayudara. Aunque costaba pensar con claridad con todo ese golpeteo, empecé con algunas técnicas de respiración, seguí con un par de posturas de yoga modificadas y apliqué después una antigua táctica inspirada en la medicina tradicional china (como se explica más adelante). Puse en práctica, una a una, las técnicas que suelo reservar para mis clientes, y una a una, mitigaron el golpeteo en mi cabeza. Al poco tiempo, empecé a ver de nuevo las islas distantes con claridad, sentí que se me relajaba la mandíbula e incluso les dije unas cuantas palabras a mis amigos, que en ese momento estaban despiertos y charlando. La presión fue remitiendo lentamente. El método retox estaba surtiendo efecto. Sobreviviría.

El dolor de cabeza es un fenómeno interesante porque está causado por varios motivos. Puede asociarse al estrés y la presión. O al resfriado o la gripe. Puede deberse a la tensión muscular y a la alineación esquelética. En otros casos lo provocan la fatiga visual y los cambios hormonales. Y en casos como el mío, no tiene un origen evidente.

Aunque el dolor de cabeza tenga causas diversas, e incluso se deba a una mezcla de diferentes factores, lo desencadena casi siempre lo que comemos o pensamos, o ambas cosas a la vez. A menudo se reduce a nuestra comida y nuestros pensamientos. Sí, la aspirina puede aliviar la presión craneal, pero la combinación de respiración y movimientos de yoga, ajustes alimentarios y técnicas mentales te permite no solo poner fin al golpeteo de un modo natural, sino también prevenir la aparición de futuros solos de batería propios de un concierto de heavy metal.

YOGA

El yoga dirigido a aliviar el dolor de cabeza cumple una doble función. En primer lugar, oxigena el cerebro para aliviar la presión craneal y crear espacio para alojar los vasos sanguíneos dilatados en la cabeza. En segundo lugar, ayuda a realinear las vértebras, y relaja los músculos y los huesos que unen la cabeza al resto del cuerpo. Utilizaremos una combinación de *pranayama* (técnicas de respiración específicas del yoga) con posturas unidas a la respiración básica del yoga que describí en el segundo capítulo. Vamos allá.

RETOX

SOLUCIONES EN LA OFICINA

ESTIRAMIENTOS DE CUELLO

Levanta el brazo izquierdo y sujétate la cabeza por la parte exterior derecha, un poco por encima de tu oreja derecha. Inclina la cabeza hacia la izquierda y hacia abajo, llevando la barbilla hacia la parte superior izquierda del pectoral. Aguanta respirando en esta posición. Luego repítelo al otro lado.

BRAZOS DE ÁGUILA CON INCLINACIÓN DE CABEZA

Abre totalmente los brazos extendidos a los lados. Lleva un brazo contra el otro y cruza el derecho por debajo del izquierdo. Flexiona los codos y, si puedes, haz que se toquen las palmas de las manos. Lleva los codos en línea con la barbilla e intenta apretar los antebrazos entre sí. Aguanta así tres respiraciones. Después, inclina la cabeza, llevando la barbilla hacia el pecho. Aguanta así entre tres y cinco respiraciones.

GATO/VACA EN EL ESCRITORIO

Sentado, coloca las yemas de los dedos sobre la mesa frente a ti. Inhalando, levanta el esternón, estirando así toda la parte superior del pectoral. Exhalando, redondea la espalda como un gato. Repite y aguanta la posición en la que te sientas bien.

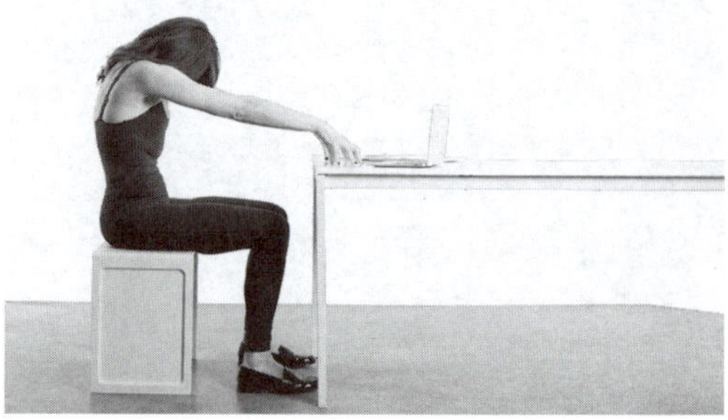

¡Una de regalo!

RESPIRACIÓN ALTERNA POR LAS FOSAS NASALES*

Haz el saludo *shaka* con la mano derecha, cerrando el puño y extendiendo solo el pulgar y el meñique. Tapa la fosa nasal derecha con el pulgar derecho e inhala por la fosa izquierda. Tapa la fosa izquierda con el meñique. Quita el pulgar y exhala por la fosa derecha. Tapa la fosa derecha con el pulgar e inhala por la izquierda. Sigue así mientras te sientas bien, pero intenta realizar al menos diez rondas de respiraciones.

ALIVIO PARA LA CABEZA

Colócate a cuatro patas en el suelo, con los hombros alineados con las muñecas y las caderas alineadas con las rodillas. Inhalando, mira hacia arriba, arqueando la espalda. Exhalando, redondea la columna vertebral, llevando la frente hacia la pelvis. Inhalando, apóyate en la yema de los dedos, manteniendo la espalda redondeada. Exhalando, baja las palmas de las manos, manteniendo la espalda redonda y relajando aún más la cabeza. Inhalando, arquea la espalda y mira hacia arriba. Repite de cinco a diez veces.

ROTACIONES DE CABEZA

Colócate a cuatro patas en el suelo, con los hombros alineados con las muñecas y las caderas alineadas con las rodillas. Coloca la coronilla en el suelo. Haz rodar suavemente la coronilla de izquierda a derecha, de delante atrás, respirando por la nariz. Pasa tiempo en la posición en la que sientas el estiramiento más intenso.

LA GUIRNALDA ANTIJAQUECA

Colócate de pie con las rodillas ligeramente flexionadas y los pies juntos. Sube de puntillas, flexiona las rodillas y ponte de cuclillas con las rodillas bien abiertas. Deja caer la cabeza y relaja el cuello. Estira los brazos hacia delante o hacia los lados, o bien sujeta la parte posterior del cuello, o bien deja los brazos colgando. Aguanta así, respirando.

¡Una de regalo!

MOJAR LA CABEZA CON AGUA TIBIA

Abre el grifo de la ducha o la bañera. Pon la cabeza bajo el agua tibia y masajea con suavidad la cabeza con el agua.

QUEBRADEROS DE CABEZA

NUTRICIÓN

Al recordar ese terrible dolor de cabeza en Sicilia, llegué a la conclusión de que se debía principalmente a lo que había comido ese día: un café con leche, un trozo de queso, salami y boles de fruta recién recogida por una *mamma* del pueblo en mi último viaje a la orilla.

Aunque ese dolor de cabeza en Sicilia fue el primero que había tenido en mucho tiempo, llegó un momento en que pasaron a ser frecuentes. Aplicando el método de ensayo y error, me di cuenta de que los dolores de cabeza venían por los hábitos alimentarios. Desde entonces he evitado tomar productos lácteos, azúcar y alimentos picantes en exceso, pero ese día en el barco metí la pata hasta el fondo, tentada por la abundancia de delicias italianas a mi alrededor.

Muchos de mis clientes viven atormentados por dolores de cabeza muy agudos, a veces acompañados incluso de migraña. En todos los casos, el dolor de cabeza suele aparecer entre dos y doce horas después de que actúe su factor desencadenante, que puede ser cualquier cosa, desde algo que hayas comido a algo en tu entorno, así que lo primero es evaluar la causa de la cefalea, tanto para tratarla como para saber evitarla en el futuro.

Si los factores desencadenantes son ambientales, lo único que puedes hacer, por lo general, es salir de ese entorno o evitar esas situaciones por completo. El ruido de una taladradora fuera de tu edificio puede acabar taladrándote la cabeza. Las emanaciones tóxicas como las que desprenden la pintura, los esmaltes de uñas o los gases también pueden provocar dolor de cabeza. El estrés es otro factor culpable, ya que en ese estado solemos contraer los músculos y acumulamos tensión en los hombros, el cuello y la mandíbula. Tanto las posturas de yoga del apartado anterior como las técnicas mentales que están por venir pueden ser de ayuda en este tipo de cefalea.

Básicamente, el dolor de cabeza es la reacción del cuerpo frente a algo que no le gusta. Muy a menudo, ese «algo» es una alergia provocada por los alimentos. Tu sistema inmunológico detecta el alimento y avisa a las células y los vasos sanguíneos del cuerpo para que se inflamen. Se ha demostrado que determinados alimentos desencadenan específicamente la inflamación craneal y provocan dolor de cabeza, sobre todo si ya tienes propensión a ello. Al realizar ajustes en la dieta, puedes identificar las causas y aprender así a controlar la situación.

A continuación encontrarás los alimentos que hay que evitar y aquellos cuyo consumo debe aumentarse para reducir la frecuencia de las cefaleas hasta acabar con ellas con el tiempo, así como cuatro recetas que pueden calmar los síntomas del dolor de cabeza en el presente.

DETOX

Ingerir cualquiera de los siguientes alimentos puede provocar dolor de cabeza. Lo que tarde en aparecer dependerá del tiempo que tarde tu cuerpo en digerirlo y de lo alerta que esté el sistema inmunológico a ese elemento concreto.

Una forma sencilla de determinar si alguno de estos alimentos es un factor desencadenante en tu caso es eliminarlos de tu dieta durante una o dos semanas. Si los dolores de cabeza empiezan a remitir, es probable que uno de ellos sea el culpable. Para determinar cuál o cuáles son, vuelve a introducir poco a poco los alimentos, uno a uno. Al eliminarlos temporalmente, es posible que hayas curado la alergia por completo, pero lo más probable es que reintroducirlos te ayude a identificar los factores desencadenantes concretos.

FRUTA Y AZÚCAR. El azúcar es un agente inflamatorio. La fruta, aunque sea natural, está repleta de azúcares. Y el azúcar se asocia estrechamente a la cefalea vascular. Evita el consumo de azúcar de todo tipo para permitir que tu cuerpo se neutralice.

COMIDA PICANTE. Si te echas demasiada salsa picante, es posible que empieces a sudar y se te ponga la cara roja. Esta reacción se desencadena en realidad en el interior de todo tu cuerpo. La comida picante provoca una inflamación celular que afecta también a las células del cráneo. Esto aumenta la presión craneal y provoca el dolor de cabeza. Evita todos los alimentos picantes y deja literalmente que se te relaje la azotea.

ALIMENTOS GRASOS. El queso, el aguacate, la yema de huevo, las natillas, los aliños aceitosos, la carne y cualquier frito pertenecen a esta categoría. Los alimentos grasos se asocian a la migraña, y somos especialmente sensibles a ellos si se ingieren por la mañana, ya que con el estómago vacío su absorción es más directa. Puedes eliminarlos del todo o evitarlos por un tiempo para ayudar a tu hígado a ser más eficiente.

LÁCTEOS. Aunque la mayoría de los productos para la intolerancia a la lactosa se centran en la digestión, algunas de las consecuencias más dolorosas de la incapacidad para procesar la lactosa son las cefaleas. Se ha demostrado que la mala absorción, o absorción incompleta, de la lactosa provoca dolor de cabeza, así que, si los productos lácteos te suponen un problema, tal vez quieras pasarte a la leche de almendras, de cáñamo o de coco para preparar tus cafés con leche.

GLUTAMATO MONOSÓDICO (GMS). Esta sustancia se considera tan adictiva como la nicotina. No es un aditivo que esté solo presente en la comida china barata, en la comida rápida o en los Doritos, sino que la mayoría de los alimentos sin grasa y sin azúcar contienen algún tipo de GMS para mejorar su sabor. Los «aromatizantes» y «aromas naturales» que figuran en las etiquetas de los alimentos suelen estar compuestos por muchos aditivos, como el GMS. El kétchup, las sopas en lata, las patatas fritas de bolsa, las salsas, los cubitos de caldo, los caldos preparados y los aliños contienen, por lo general, GMS. Esta sustancia se encuentra también oculta en la gelatina, el extracto de levadura, la maltodextrina, la proteína de soja hidrolizada, aislada y texturizada, y el caseinato de calcio. El GMS provoca un tipo de dolor de cabeza en el que normalmente sientes como si te estuvieran presionando el cráneo con una cinta apretada. Al ceñirte a las recomendaciones de la dieta retox y consumir alimentos no procesados, deberías poder eliminar fácilmente el GMS de la dieta y evitar así que te ataque la cabeza.

RETOX

Los alimentos y las bebidas pueden aliviar el dolor de cabeza tanto como una aspirina. Procura tomar estos alimentos con regularidad, sobre todo cuando creas que te va a entrar dolor de cabeza.

AGUA. La deshidratación está directamente relacionada con el dolor de cabeza. Asegúrate de beber agua continuamente durante todo el día; que sea sin gas y esté a temperatura ambiente.

MENTA. Usada como paliativo en la medicina oriental, la menta mejora la función hepática, reduce la inflamación y calma los espasmos musculares. Incluir la menta en tu dieta diaria debería ayudarte a poner fin a los dolores de cabeza. Trata de picar menta fresca y añadirla a las ensaladas, poner hojas enteras en una jarra o en un vaso de agua, preparar un té, o añadirla como guarnición a todo lo que comas.

JENGIBRE. El jengibre actúa como un potente antiinflamatorio, inhibiendo directamente la inflamación. Reduce el dolor y los espasmos musculares. Añádelo a sopas, salteados, zumos de verduras frescas, aliños para ensaladas, o prepara una infusión con jengibre y agua caliente.

TENTEMPIÉS

Infusión de menta poleo o té a la menta
Ensalada de espinacas baby
Jengibre confitado
Semillas de girasol (a menos que sufras migrañas)

Zumo de zanahoria de Chata

Puedes prepararlo con una licuadora o con una batidora de vaso de alta velocidad.

3 zanahorias grandes, peladas y troceadas

1 trozo (6 mm) de jengibre, pelado

1 o 2 hojas de menta

Licua o bate las zanahorias, el jengibre y las hojas de menta. Bébelo a temperatura ambiente.

Limonada

½ limón

240 ml de agua a temperatura ambiente

½ cucharada de bicarbonato sódico

Exprime el limón en un vaso. Añade el agua y el bicarbonato sódico y remuévelo.

Pasta antijaqueca

225 g de pasta de alforfón

1 lata (390 g) de corazones de alcachofa (en agua)

1 manojo de menta fresca

½ vaso de cebolleta picada

2 cucharadas de semillas de girasol (opcional)

4 cucharadas de aceite de oliva virgen extra

Pon a hervir una olla grande con agua. Cuando hierva, agrega la pasta y cuécela de ocho a doce minutos, según las indicaciones del envase. Mientras se hace la pasta, trocea los corazones de alcachofa y pica la menta. Una vez cocida la pasta, escúrrela y ponla en un bol. Añade las alcachofas, la menta, la cebolleta y las semillas de girasol (si las quieres poner y no sufres migrañas). Rocíalo todo con aceite de oliva y mézclalo. Puedes servirlo caliente o frío.

Sopa balsámica

1 cucharada de aceite de oliva virgen extra

1 cebolla amarilla picada

2 dientes de ajo picados

2 bolsas (250 g) de espinacas baby

1 manojo de menta fresca, picada gruesa

2 rodajas de jengibre, del tamaño de un euro, pelado (opcional)

1 vaso de caldo de pollo (la opción vegetariana es con caldo de verduras o agua)

2 pellizcos de sal

Calienta el aceite en una cazuela a fuego medio. Añade la cebolla y el ajo y rehógalos hasta que la cebolla quede transparente; ten cuidado de no quemar el ajo. Agrega las espinacas, la menta y el jengibre (si lo quieres poner). Cuando las espinacas empiecen a pochar, añade el caldo (o agua) y la sal. Una vez las espinacas estén totalmente cocidas, retira la cazuela del fuego. Pásalo por la batidora de mano o ponlo en una batidora de vaso por tandas, hasta que quede un puré sin grumos.

ACTITUD

Aunque en el exterior hay muchas causas posibles para el dolor de cabeza, en el interior, en la mente, solo hay una, un desequilibrio intangible dentro de ti.

Si tu cuerpo está en equilibrio, hay ecuanimidad *(upseva)* y no sufres dolores de cabeza. Si existe un desequilibrio, como cuando un guitarrista toca más alto que otro, el batería de tu cabeza se desata.

La razón de ser de los estudios del yoga tibetano relativos al cuerpo interior es entender los diversos elementos que deben estar equilibrados. Afirman que existen cinco vientos o grupos de fuerzas principales, que circulan por tres canales energéticos. Mantenerlos equilibrados implica ocuparte de los diversos componentes de tu día a día, desde cómo te tratas a ti mismo a cómo ves a tu jefe, pasando por cómo juzgas el trabajo ajeno. Toda percepción que tengas y cada acción que lleves a cabo fortalecen o debilitan uno de los vientos.

Si puedes mantener los vientos más o menos en equilibrio, pueden fluir correctamente y dejas de padecer dolores de cabeza.

RETOX

Cierra los ojos y apoya las palmas de las manos sobre los muslos, con los codos relajados. Siéntate en silencio. A ser posible, procura que sea un lugar oscuro. Con los ojos cerrados, identifica dónde está el núcleo del dolor en tu cabeza. Al inhalar, visualiza cómo asciende el aire por tu fosa nasal derecha, directo hacia ese foco de dolor. Al exhalar, visualiza cómo la corriente de aire sale directa desde ese foco por la fosa izquierda.

Inhala ahora por la fosa izquierda hasta el foco de dolor, recordando que tus manos están en reposo y que estás utilizando solo la mente. Exhala desde ese foco por la fosa derecha. Inhala por la fosa derecha, llevando el aire directamente al foco de dolor. Exhala desde ese foco por la fosa izquierda. Inhala por la fosa izquierda y exhala por la derecha.

Repítelo durante diez o más respiraciones. A continuación, permanece sentado y respira con normalidad por ambas fosas nasales. Centra la atención en tu cabeza. Cada vez que inhales, imagina que se te expande el cráneo. Cada vez que exhales, imagina que las células inflamadas se van alejando y adoptan una forma transparente, expansiva y libre. Repítelo hasta que visualices con tanta firmeza la expansión del cráneo como el alejamiento y desaparición de las células. Podría requerir dos, cinco o diez minutos.

Practica esta meditación retox durante tanto tiempo como sea necesario, o durante el tiempo que tengas. Los efectos durarán hasta mucho después.

Banda sonora retox:
«Learn to Fly», FOO FIGHTERS

El equilibrio empieza en el interior

Prevención del dolor de cabeza. Autopráctica capturada en secreto por mi marido, Italia.

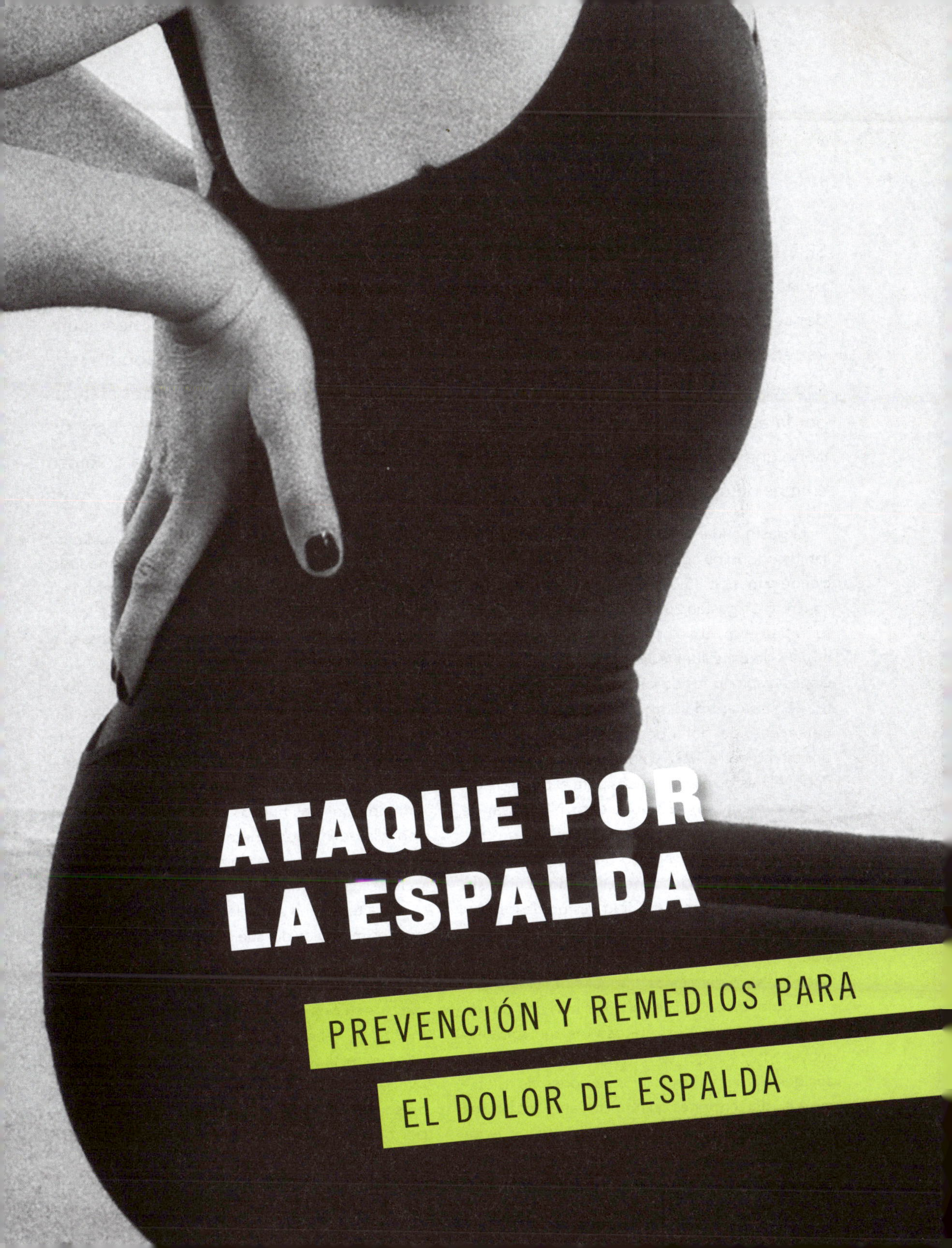

ATAQUE POR LA ESPALDA

PREVENCIÓN Y REMEDIOS PARA EL DOLOR DE ESPALDA

Disuelve el tuyo disipando el suyo

SEGÚN EL ESTUDIO SOBRE LA carga mundial de morbilidad de 2010, el dolor de espalda es la principal causa de incapacidad en el mundo. La mitad de los estadounidenses admiten sufrir dolor de espalda, y el 80 por ciento lo padecerán al menos una vez en su vida. El dolor de espalda consta como la principal causa de baja laboral; cada año se pierde una media de 186 millones de jornadas laborales a causa de esos ataques por la espalda, con un coste para los empresarios de 50.000 millones al año. Esto supone una tragedia para las empresas, y para la sociedad en su conjunto; resulta doloroso en más de un sentido.

El gasto anual en asistencia sanitaria para paliar los episodios agudos de dolor de espalda asciende a más de 90.000 millones de dólares y, en concreto, se gastan 26.000 millones de dólares en su tratamiento. El dolor de espalda es el segundo motivo de consulta médica después de las infecciones respiratorias de las vías altas, como el resfriado. La cantidad de dinero gastada en el tratamiento del dolor de espalda aumentó un 65 por ciento entre 1997 y 2005. En ese mismo período, el gasto en analgésicos para el dolor de espalda aumentó un 423 por ciento. Y, a pesar de los tratamientos, el 62 por ciento de quienes padecen un episodio agudo afirman seguir sintiendo dolor a los doce meses. Aunque el gasto aumenta, no se puede decir lo mismo de los porcentajes de recuperación y del retorno de la inversión, motivo por el que he creado un enfoque retox holístico para estos ataques por la espalda.

El dolor de espalda en sí no es más que un síntoma angustioso y estrepitoso de un problema subyacente. Aunque se remedie con un sinfín de analgésicos, antiinflamatorios, sesiones de fisioterapia e intervenciones quirúrgicas, en pocos casos se trata el origen. Los médicos suelen atribuir el dolor a problemas en las vértebras, en la musculatura de la espalda y en los tendones, pero a menudo pasan por alto las verdaderas causas ocultas en un nivel más profundo. Por mi experiencia, el dolor de espalda se debe principalmente a tres causas: la pelvis, la mente y la información errónea.

LA PELVIS. La pelvis es una estructura ósea en forma de cuenca (de hecho, *pelvis* es una palabra latina que significa «cuenco»), que conecta la base de la columna vertebral con la parte posterior de las piernas. Consta de una cintura pélvica formada por dos huesos coxales que (en teoría) son bilateralmente simétricos, el sacro y el coxis. Los músculos y tejidos alojados en el interior de la pelvis se conocen como suelo pélvico.

Para tener una espalda sana es imprescindible que los músculos del suelo pélvico estén fuertes y estables, así como que la pelvis esté equilibrada.

Si la pelvis está ladeada o desequilibrada respecto a su posición natural, descoloca todos los músculos, tendones, ligamentos y huesos que tiene conectados. Entre ellos figuran los músculos lumbares, la columna vertebral, los glúteos, los músculos del muslo y la articulación sacroilíaca, por nombrar algunos. Para prevenir el dolor de

TEST DE ALINEACIÓN PÉLVICA

Quiero que hagas estos dos experimentos. En primer lugar, coloca dos básculas separadas unos quince centímetros entre sí. Pon un pie en cada báscula y lee el peso que te da cada una. Quiero creer que las dos básculas no dan el mismo resultado; en mi caso, ¡la diferencia entre los resultados ha sido de 0,90 a 5 kilogramos! La diferencia de peso en cada báscula indica un desequilibrio en la pelvis. Para el segundo experimento, túmbate en una superficie plana y dura, como el suelo. Coloca una tabla de madera, un libro grande o una bandeja en la parte superior de los huesos de la cadera, también conocidos como pelvis. Observa si la tabla está plana o no (muy probablemente, no lo esté). Esto muestra una mala alineación de la pelvis.

espalda, la pelvis debe estar correctamente alineada y los músculos pelvianos tienen que estar fuertes, a lo que el yoga retox contribuye de un modo sobresaliente.

Quizá no estemos hechos para estar siempre equilibrados y alineados, pero deberíamos estar en una posición lo más neutra posible para evitar los ataques de dolor de espalda. Más de tres cuartas partes de quienes entran en el estudio I.AM. YOU. con problemas de espalda presentan una mala alineación de la pelvis, que no se había diagnosticado correctamente hasta que acudieron a verme. El yoga retox dirigido al dolor de espalda se centra en la alineación y la fuerza muscular de la pelvis con el objetivo de dotarnos de la mayor simetría y fortaleza posibles.

LA MENTE. Los datos estadísticos sugieren que, en gran medida, la causa del dolor de espalda es emocional, sobre todo en las edades comprendidas entre los treinta y sesenta años. Sí, has leído bien, amigo mío, a menudo el dolor de espalda está en tu mente. Se ha demostrado que la ansiedad, la preocupación, el estrés, la ira y la depresión son causas tremendamente intangibles del dolor de espalda. También desempeña un papel el síndrome de miositis tensional (SMT), un trastorno que provoca dolor a raíz de las alteraciones fisiológicas de determinados músculos, tendones y ligamentos de la parte postural (posterior) del cuerpo a causa de un estado bioquímico mental.

Tal como Morrissey menciona en la canción «Still Ill» de su grupo The Smiths, la mente puede, de hecho, mandar sobre el cuerpo. Por naturaleza, tendemos a aferrarnos mentalmente al dolor de espalda, por lo que se reaviva, tanto en sentido literal como metafórico, cada vez que nos enfadamos, nos estresamos, nos preocupamos, o si algo va mal. Si puedes redirigir la energía y el estado de ánimo para que no la tomen con tu espalda, podrás aliviar la tensión y evitar los episodios de dolor, tanto crónicos como agudos, en el futuro. Tengo un plan mental retox para ayudarte a lograrlo.

LA INFORMACIÓN ERRÓNEA. Muy a menudo, se diagnostica que el dolor de espalda es bastante grave cuando en realidad es, sin lugar a dudas, común y corriente. Las espeluznantes pruebas médicas, los medicamentos adictivos y una jerga compleja pueden complicar una cuestión anatómica sencilla. Un simple ajuste de la pelvis, un cambio en el patrón respiratorio, la secreción de líquidos o un cambio de actitud mental pueden aliviar totalmente el dolor de espalda. Solo hace falta que alguien interesado en proporcionar un remedio holístico a largo plazo se dé cuenta, y a partir de ahí ofrezca soluciones factibles, que es justo lo que yo voy a hacer aquí.

Fijémonos en Andrew, mi ejemplo modélico de recuperación de un ataque por la espalda. Este empresario de Manhattan de treinta y ocho años de edad trabaja doce horas al día y viaja sin cesar por motivos de trabajo. Antes de conocerle, él llevaba dieciocho meses sufriendo un intenso dolor lumbar. Llegó una mañana al estudio I.AM.YOU. aturdido, incapaz de sentarse o mantenerse erguido, y comenzó a relatar los diagnósticos que la retahíla de médicos y fisioterapeutas a los que había visitado le habían hecho sobre su dolor de espalda, que en el presente era más intenso que nunca. En ese primer encuentro lo observé atentamente mientras escuchaba su relato, examinando su postura al estar de pie, su forma de sentarse y su manera de caminar, en busca de los indicios que pudiera darme su pelvis. Le propuse a continuación una rutina de yoga y respiraciones que se centraba en la alineación de la pelvis, así como en el fortalecimiento de su suelo pélvico y los músculos respiratorios. Le enseñé a meditar para que lo hiciera al menos tres veces por semana en casa, y cambié algunos de sus hábitos que, sorprendentemente, ningún médico ni fisioterapeuta le habían indicado que eran malos para su espalda. A los dos meses, a Andrew ya no le dolía la espalda, aplicando tan solo mis métodos retox, y evitando la cirugía y los medicamentos.

El dolor de espalda puede ser muscular, esquelético o emocional, o todo a la vez, por lo que contar con una solución holística es más importante que nunca. En las páginas siguientes esbozo un plan que es a la vez preventivo y calmante, por lo que, al margen de lo que te provoque el dolor de espalda ese día, sabrás cómo calmarlo sin pastillas, y evitarás que reaparezca con tanta intensidad en el futuro.

YOGA

Apuesto a que a ti o a algún conocido tuyo con dolor de espalda os han recomendado practicar yoga. Sin embargo, no todos los tipos de yoga son buenos para el dolor de espalda. El yoga dirigido a tratar ese dolor debe centrarse sobre todo en la anatomía y la alineación, y seguir estas normas fundamentales:

- Las flexiones posteriores (aquellas en las que arqueas la espalda) están prohibidísimas. En serio, a nadie le importa lo sexi que estés en una de esas posturas.
- Si el médico te lo ha prohibido, no lo hagas. Las flexiones anteriores suelen entrar también dentro de esta categoría.
- Respira. La respiración es un bálsamo para el dolor de espalda. El principal músculo que interviene en la respiración, el diafragma, conecta con las vértebras lumbares de la columna y con el suelo pélvico. Al concentrarte en la respiración, automáticamente fortaleces y tonificas el diafragma y los músculos a los que está conectado, es decir, la espalda. Asegúrate de respirar plena y profundamente, usando los pulmones y el diafragma con su máxima potencia.
- Además, una respiración tranquila envía mensajes a tu cerebro de que todo va a salir bien. Cuando estés en pleno ataque de dolor, tratando de evitarlo, o en medio de una postura o estiramiento de yoga para la espalda, recuerda inspirar y espirar lentamente y con calma, dejando que el cuerpo sienta que todo va bien. Si te olvidas de respirar, se te tensa el cuerpo, lo cual provoca aún más dolor de espalda. Respira en todo momento para que mejore, y así será.
- Practica los *bandhas*. ¿*Bandha* qué? *Bandha* es una palabra que escuchaba decir a mis maestros todos los días en clase, un concepto del que pasé por considerarlo una «chorrada hippy yogui» hasta que finalmente entendí por experiencia propia de qué iba todo aquello, y me convencí de que

es una de las herramientas más secretas y potentes para aliviar el dolor de espalda después de la respiración.

En sánscrito, *bandha* significa «bloquear, sostener, apretar»; también hace referencia a una cerradura. En el cuerpo existen tres *bandhas* principales, así como un cuarto que lo une todo. Los *bandhas* ayudan a regular y controlar todos los sistemas internos (hormonal, sexual, metabólico, digestivo), así como a fortalecer el suelo pélvico y la musculatura más profunda de la espalda, que es lo que nos importa aquí. Cada uno de los tres *bandhas* se dirige a una parte distinta del dolor de espalda. (Nota: los *bandhas* no deben practicarse durante el embarazo.)

MULA BANDHA. El *mula bandha* se centra en la fuerza y la estabilidad del suelo pélvico. Es también el *bandha* más fácil de explicar. Imagínate que estás en medio de un atasco de tráfico de tres horas para llegar al aeropuerto, la autopista se ha convertido en un estacionamiento y tú tienes que hacer pis. La musculatura que contraes instintivamente para contener y aguantar dentro lo que se muere de ganas de salir a chorros puede considerarse grosso modo *mula bandha,* o al menos la región del *mula bandha*.

En sánscrito, *mula* significa «raíz», así que *mula bandha* es el «bloqueo de la raíz». Para encontrarlo, sentado, de pie o en una *asana,* debes contraer la zona entre el ano y los testículos si eres hombre, o contraer los músculos en la base inferior del suelo pélvico, detrás del cuello uterino, si eres mujer. Al principio se contraerá también el esfínter anal, pero con el tiempo y la práctica serás capaz de centrarte en la región del *mula bandha* disociándola del resto de zonas.

¡Espero que no te hayas quedado helado! Recuerda que yo también pensaba que todo esto eran sandeces frikis del yoga. Pero lo cierto es que el *mula bandha* debe mantenerse durante toda la práctica de yoga, y activarse en distintos momentos del día, porque estimula los nervios pelvianos, el sistema genital, el sistema endocrino y el aparato excretor, y se ha demostrado también que alivia el estreñimiento y la depresión. Y lo más importante es que activa y fortalece la musculatura del suelo pélvico de difícil acceso. Practicar el *mula bandha* con regularidad evitará el dolor de espalda sin que nadie se dé cuenta siquiera.

UDDIYANA BANDHA.* El *uddiyana bandha* se centra en calmar el dolor en las zonas lumbar y dorsal, así como en estabilizar toda la espalda mediante la fuerza abdominal. En sánscrito, *uddiyana* significa «volar alto o levantarse», así que este «bloqueo del vuelo» consiste en levantar tus entrañas. En el plano tangible, eso incluye el diafragma, el estómago, la musculatura de la espalda y los órganos abdominales; en el intangible se refiere a tu energía.

Para encontrar el *uddiyana bandha* hay que empezar de pie, con los pies separados unos noventa centímetros (véanse las fotos de la página 84). Inhala por la nariz y levanta los brazos junto a las orejas. Exhala por la boca y haz una flexión anterior colocando las manos justo por encima de las rodillas. Sin inhalar, cierra los labios, estira los codos y nota cómo la pared abdominal y los órganos suben hacia atrás en dirección a la espalda. Tienes que sentir como si todo en tu interior se succionara hacia arriba y hacia la parte posterior de tu cuerpo. Si lo haces correctamente y tienes la posibilidad de verte de perfil en un espejo, deberías verte una cintura diminuta y observar cómo las costillas sobresalen visiblemente por encima del abdomen u ombligo. Aguanta así el mayor tiempo posible y sal del *bandha* inhalando por la nariz e irguiéndote con la espalda recta, levantando los brazos junto a las orejas, y luego exhalando de nuevo por la nariz mientras bajas los brazos.

El *uddiyana bandha* será uno de los elementos más transformadores para calmar y prevenir el dolor de espalda. Cuando la pared abdominal presiona hacia la parte posterior a los órganos y tejidos de la cavidad abdominal, el *uddiyana bandha* masajea suavemente la musculatura interna más profunda de la zona lumbar. A su vez, fortalece también la musculatura abdominal necesaria para estabilizar la espalda. Lo mejor es que es una manera infalible de conseguir unos abdominales marcados y lisos sin ni siquiera hacer abdominales. Pero esa es solo una de las ventajas del método retox.

Esta es la forma más fácil de aprender el *uddiyana bandha*. Prueba a hacerlo de pie cuando tengas la oportunidad.

JALANDHARA BANDHA. El *jalandhara bandha* se centra en aliviar el dolor cervical, el de la parte alta de la espalda. Casi seguro que será la única papada que querrás, e intentarás, tener. En sánscrito, *jal* significa «garganta», *jalan* significa «red» y *dharan*, «corriente o flujo». Por tanto, simplificando, el *jalandhara bandha* puede considerarse un bloqueo de la garganta que controla el flujo de energía en los nervios y vasos sanguíneos del cuello.

Para encontrar el *jalandhara bandha*, siéntate con la espalda recta, ya sea cruzando las piernas en una posición cómoda o apoyándote en las espinillas con los glúteos sobre los talones. Coloca las palmas de las manos sobre las rodillas. Haz una inhalación lenta y profunda por la nariz, lleva a continuación la barbilla hacia el cuello y levanta ligeramente el esternón. Ejerce presión en las manos y estira los codos, mete aún más la barbilla y aguanta así el mayor tiempo posible. Para salir, levanta la barbilla, inhala aún más hasta llenar totalmente los pulmones y exhala. Si has notado una desagradable papada o te preocupaba que alguien te sacara una foto de perfil, ¡lo has hecho bien!

El *jalandhara bandha* es muy potente, ya que comprime los senos de las principales arterias del cuello y, de ese modo, ayuda a regular los sistemas circulatorio y respiratorio, además de alargar los músculos posteriores de la zona cervical. El *jalandhara bandha* provoca de inmediato una relajación mental y alivia el estrés y la ira, lo cual será de ayuda en la parte psicológica del dolor de espalda. Además, la presión en la garganta ayuda a equilibrar el tiroides y el metabolismo, lo que puede ayudar a mitigar el aumento de peso abdominal, otra causa habitual del dolor de espalda.

MAHA BANDHA. Este es el *summum*. En sánscrito, *maha* significa «grande», *y maha bandha* es la combinación de los tres *bandhas* mencionados.

Siéntate en un asiento cómodo, o sobre las espinillas, o con las piernas cruzadas en el suelo, y coloca las palmas de las manos sobre los muslos o las rodillas. Inhala profundamente por la nariz y exhala por la nariz hasta sacar todo el aire. Aprieta sin cesar hasta que salga hasta la última gota de aire. Sin inhalar, activa el *mula bandha*, y a continuación realiza el *uddiyana bandha*. Inhala un poquito de aire y eleva el pecho, y desde esa posición activa el *jalandhara bandha*. Aguanta así, presionando con las palmas hacia abajo, el mayor tiempo posible. Cuando ya no puedas más, levanta la cabeza, inhala profundamente y suelta todos los *bandhas*.

La práctica de cada uno de estos *bandhas* te ayudará a lograr que el dolor de espalda sea agua pasada.

La mayoría de quienes acuden al estudio I. AM.YOU. para aliviar el dolor de espalda lleva bastante tiempo sufriéndolo. Después de pasar por un sinfín de médicos, pastillas, fisioterapias, clases fortuitas de yoga y quiroprácticos, acaban llamando a mi puerta, al oír que yo adopto un enfoque distinto, la perspectiva retox. Las posturas y rutinas propuestas a continuación han ayudado a muchísimos estudiantes a controlar y prevenir el dolor de espalda, y pueden ayudarte a ti también. Si te duele algo, aunque sea solo un poco, di «basta» y sigue adelante. ¿Preparado?

¡Una de regalo!

SENTARSE CON LA COLUMNA NEUTRA. A menudo provocamos el dolor de espalda sin ni siquiera darnos cuenta. Al sentarte, asegúrate de tener los pies firmemente apoyados en el suelo, separados a la anchura de las caderas y sin cruzarlos. Coloca las manos en la zona lumbar y balancéate adelante y atrás sobre los isquiones hasta que encuentres una posición en la que las palmas se queden planas contra la columna, sin que haya ninguna curvatura. Esa es la posición neutra. Lleva el ombligo hacia la columna. Eleva el esternón. Eleva los hombros hacia las orejas y después bájalos por la espalda para abrir el pectoral. A continuación, coloca una mano en la parte posterior del cuello y mueve arriba y abajo la barbilla. Cuando la parte posterior del cuello quede estirada, relaja los brazos. Esta es la posición neutra de la columna que previene el dolor de espalda. Repítelo hasta que la postura resulte natural.

SOLUCIONES EN LA OFICINA

LA MONTAÑA

Ponte de pie con los pies a la anchura de las caderas. Levanta los dedos de los pies y presiona con los talones en el suelo. Activa tus cuádriceps y tira hacia arriba de las rótulas. Lleva el ombligo hacia la columna vertebral. Levanta el pecho. Eleva los hombros hacia las orejas y luego bájalos por la espalda. Gira las palmas de las manos hacia el frente, en una posición que te resulte natural. Baja los dedos de los pies al suelo. Respira. Repítelo hasta que salga natural. Esa es la posición que deberías adoptar al estar de pie.

ELEVACIONES PARA ALIVIAR EL DOLOR DE ESPALDA

Siéntate llegando al borde de la silla. Coloca las manos en el asiento junto a las caderas, o en los apoyabrazos. Inhala y levanta el trasero, presionando hacia abajo con las manos, relajando los músculos y la tensión de la zona lumbar. Quédate así varias respiraciones, siempre y cuando te sientas bien, y repite con frecuencia.

MEDIO TOBILLO A RODILLA

Apoya el tobillo derecho sobre la parte inferior del cuádriceps izquierdo, justo por encima de la rodilla. Flexiona el pie derecho. Presiona hacia abajo con la mano derecha sobre la cara interna del muslo derecho o de la rodilla derecha. Si quieres, puedes realizar una flexión anterior con el tronco. Aguanta así, y después repítelo al otro lado.

LA PINZA EN LA SILLA

Siéntate en el borde de la silla con los pies separados a la anchura de las caderas y las piernas extendidas hacia adelante. Coloca los pies en flexión para que los talones presionen contra el suelo. Inhala y siéntate con la espalda bien recta. Exhalando, flexiona el tronco hacia delante, alargando las manos hacia los tobillos o las pantorrillas. Deja colgar la cabeza y aguanta así de cinco a quince respiraciones.

¡Una de regalo!

RESPIRACIÓN TORÁCICA O POSTERIOR

El hecho de que el diafragma esté conectado tanto a la columna vertebral como a la caja torácica hace que respirar bien sea imprescindible para prevenir el dolor de espalda. Inhalando, llena de aire la parte posterior de los pulmones y expande el diafragma por completo. Imagina que el aire infla la parte posterior del tronco. Exhalando, crece como si te tiraran de la coronilla. Repítelo lo más a menudo posible hasta que se convierta en algo natural.

GATO/VACA

Ponte a cuatro patas, con los hombros alineados con las muñecas y las caderas alineadas con las rodillas. Inhalando, mira hacia arriba, arqueando la columna vertebral. Exhalando, redondea la columna, llevando la frente hacia la pelvis. Repite de cinco a diez veces al día.

PIERNAS A NOVENTA GRADOS Y ABDOMINALES

Tumbado, asegúrate de que toda la espalda y los omóplatos toquen el suelo. Eleva las piernas a noventa grados, sin levantar la espalda del suelo. Relaja el rostro y los hombros, y respira. Si te sientes con fuerza, empieza a bajar las piernas hacia el suelo, pero solo hasta el punto en que puedas seguir manteniendo toda la espalda en el suelo. Tal vez solo logres bajarlas cinco centímetros. Sube y baja las piernas diez veces, o mantente con las piernas a noventa grados de diez a veinte respiraciones.

DIAMANTE

Siéntate en el suelo y junta las plantas de los pies, con los talones separados entre treinta y sesenta centímetros del cuerpo. Flexiona el tronco hacia delante, tratando de llegar con la frente a los talones o arcos de los pies. Respira en esa posición, estirando la lumbar durante ocho a veinte respiraciones.

ATAQUE POR LA ESPALDA

NUTRICIÓN

Cuando vivía en Florencia, Italia, a los veintipocos años, salí con algunos italianos. Gracias a ellos descubrí el arte florentino, la *grappa*, cómo estar orgullosa de la elegante señorita oculta tras mi fachada de marimacho californiano, y la importancia de no tomar nunca jamás un capuchino después de una comida. También me ayudaron a hablar bien el italiano, empezando con la expresión *mal di schiena*. El *mal di schiena* es un dolor de espalda anodino que padecían todos los italianos a los que conocí. ¿La cura? Un rápido trayecto en Vespa a casa de su *mamma*, que preparaba *pastasciutta*, o perfecta pasta al dente con una salsa casera, acompañada de un plato cardiosaludable a modo de guarnición. No estoy segura de qué le echaban las *mammas* a la salsa, pero, fuera lo que fuera, funcionaba, igual que la nutrición del método retox te funcionará a ti.

Voy a desglosar la dieta retox para el dolor de espalda en doce puntos: los seis primeros guardan relación con los hábitos y los seis siguientes, con los alimentos.

DETOX

Si corriges estos hábitos, estarás bien encaminado para sufrir menos dolores de espalda:

CIGARILLOS. Todos sabemos que fumar es malo para la salud (si aun así te empeñas en razonar que no lo es, o que no eres fumador aunque fumes, ¡déjalo ya!). Lo creas o no, el hábito de fumar está ligado al dolor de espalda. Los fumadores activos y exfumadores son tres veces más propensos a padecer dolor de espalda que los no fumadores. El hábito de fumar, tanto en el pasado como en el presente, afecta negativamente al flujo de oxígeno hacia los tejidos medulares, lo cual aumenta la probabilidad de padecer dolores de espalda y su intensidad. Así que deja el tabaco de una vez por todas.

TACONES. Me daría vergüenza decirte cuántos pares de zapatos de tacón tengo... Me encantan. De hecho, los cuatro días antes de dejar mi trabajo en Morgan Stanley estuve llevándome a casa en secreto más de una docena de pares que tenía debajo de la mesa de mi oficina. Lo cierto es que los tacones altos pueden causar un intenso dolor lumbar. Para mantener el equilibrio mientras andamos pavoneándonos subidas a nuestros tacones de aguja, la pelvis se nos inclina hacia delante, lo cual ejerce presión sobre los músculos y nervios de la zona lumbar y altera nuestra curvatura vertebral natural. Para evitar dolores de espalda provocados por tus caros zapatos de tacón, guárdalos en el bolso o debajo de la mesa de la oficina, como hacía yo, y póntelos solo cuando lo necesites de verdad, y opta por llevar zapatos planos o de tacón bajo el resto del tiempo.

COCHES. ¿Sabías que cada vez que sales de un coche podrías estar sentando las bases para sufrir un importante episodio de dolor de espalda en el futuro? La mayoría de nosotros salimos de un coche con una pierna primero y luego la otra, torciendo mal la columna lumbosacra, y luego intentamos coger algo que se ha quedado dentro del coche, con lo cual extendemos mal la columna torácica y la supralumbar. Esta combinación suele provocar un inexplicable dolor de espalda, que tarda más en remitir que la mayoría. Procura girar todo el cuerpo en bloque hacia el exterior del coche y salir con ambas piernas a la vez. Una vez fuera del coche, inclínate para coger lo que te hayas dejado dentro.

SILLAS. Aunque no es de extrañar que estar sentado pueda causar dolor de espalda, no podemos eliminarlo de nuestra vida por completo. Al margen de si estás sentado en el despacho, en el coche, o en el sofá de casa, procura asegurarte de que tienes la pelvis en una posición neutra y de que está bien equilibrada por ambos lados. Descruza las piernas y coloca ambos pies en el suelo de forma que aguanten el mismo peso; ese es el nuevo ideal de postura sexi. A continuación, ponte las manos en la zona lumbar, con los dedos hacia abajo, y arrastra hacia arriba la columna con los talones de las manos. Finalmente, lleva hacia atrás la parte anterior de los hombros y nivela la barbilla, cerciorándote de que no está ni demasiado baja ni demasiado alta, manteniendo así la columna cervical en posición neutra. Si quieres, también puedes introducir un leve *jalandhara bandha*. Además, opta por un asiento que sea relativamente firme, ya que los asientos blandos y esponjosos te hacen más propenso a encorvarte y desalinear la pelvis.

SUEÑO. Por contradictorio que parezca, dormir boca abajo casi siempre provoca dolor de espalda, por lo que tienes que cambiar tu posición. Al dormir boca abajo, queda afectada toda la alineación de la columna vertebral. Se ejerce presión en las articulaciones y los músculos, lo que a su vez puede inflamar los nervios de la espalda y provocar un hormigueo en las extremidades. Asimismo, se ejerce una intensa presión en la columna cervical, lo cual provoca un estiramiento excesivo en un lado de los músculos del cuello y una contracción extrema y, por lo tanto, tensión en el otro lado. Procura dormirte boca arriba, o de lado como segunda mejor opción, y tu espalda será muchísimo más feliz.

POSTURA. Otro inevitable hábito cotidiano que puede provocar dolor de espalda es estar de pie. Cuando estés de pie, comprueba primero que tienes el peso repartido por igual en ambas piernas, dado que tener más peso en una que en otra causa el desequilibrio pelviano del que ya he hablado antes. A continuación, asegúrate de tener la columna lumbar en posición neutra y de que no estés sacando estómago. Lo mejor para verificarlo es colocar las manos en la parte baja/media de la espalda y llevar la musculatura de la espalda hacia ellas. A continuación, comprueba que no estés encorvado ni arquees la parte superior de la espalda. Haz una respiración profunda e imagina que alguien te tira de la coronilla con una cuerda. Sentirás alivio en la espalda y es probable que, de repente, te sientas también más alto.

RETOX

No existe ningún alimento que por sí solo quite el dolor de espalda o lo prevenga, sino que será una combinación saludable de alimentos en tu dieta diaria la que podrá aliviar, y aliviará, ese dolor, además de ayudar a prevenirlo.

CEREZAS. Las cerezas están llenas de nutrientes y de color. Los pigmentos que les dan su color rojo son compuestos polifenólicos flavonoides conocidos como glucósidos antocianínicos. Estas antocianinas actúan como sustancias antiinflamatorias, al inhibir las enzimas ciclooxigenasas (COX-1 y COX-2), además de tener propiedades analgésicas. Asimismo, las altas concentraciones de melatonina en las cerezas pueden relajar el sistema nervioso, lo cual puede ayudar a desvincular las emociones de los ataques de dolor de espalda. Empieza el día tomando cada mañana un gran bol de cerezas o cómelas durante la jornada a modo de tentempié.

JENGIBRE. El jengibre es un remedio ancestral para el dolor muscular en todas las culturas. Añádelo al zumo de la mañana, úsalo rallado en tus platos o ensaladas, o saboréalo en un té de jengibre fresco, y te ayudará a relajar la musculatura de la espalda.

ARÁNDANOS ROJOS. A menudo, el dolor de espalda se debe a la irritación de los riñones, ubicados en la parte posterior del tronco, en la zona lumbar. Los arándanos rojos son los alimentos más efectivos para favorecer la buena salud renal, así que procura beber medio vaso de zumo puro de arándanos, tomarte un refresco a base de zumo de arándanos y agua con gas, o añadir arándanos secos a las ensaladas y los salteados.

CÚRCUMA. Reservada normalmente para los restaurantes veganos *hippies* y para los curris indios, la cúrcuma es en realidad una especia con potentes propiedades antiinflamatorias que pueden aliviar el dolor y mejorar la función nerviosa y celular. Procura espolvorearla en todo lo que comas.

GUINDILLAS. Las guindillas contienen capsaicina, el principio activo que les da el toque picante. La capsaicina es un analgésico que alivia el dolor por vía tópica e interna, ya que estimula las terminaciones nerviosas hasta que dejan de ser capaces de transmitir la sensación de dolor. Si existe una exposición crónica a la capsaicina, que no recomiendo, las neuronas acaban perdiendo los neurotransmisores que necesitan para transmitir el dolor. Sin embargo, las guindillas, si se consumen con moderación, resultan beneficiosas. Procura añadir unas pocas rodajas a tus platos cuando cocines y, si eres realmente fanático, pon unas cuantas rodajas en tus sándwiches.

ÁRNICA. La primera vez que usé el árnica fue después de caerme por una empinada escalera de mármol de treinta y cinco escalones con mis nuevos y flamantes zapatos de tacón de charol rojo, pero eso no viene al caso. El árnica es una planta con aspecto de margarita que tiene unos increíbles efectos antiinflamatorios en contusiones y heridas. Procura hervir árnica en agua caliente y añadirla al agua durante el baño, o frotarla sobre la espalda si te duele. Si eso te supone demasiado esfuerzo, compra crema de árnica, aunque la infusión será mucho más eficaz para aliviar el dolor de espalda agudo.

TENTEMPIÉS

Bol de cerezas
Jengibre confitado
Arándanos rojos secos

RECETAS

Bacalao dorado

1 cucharada de aceite de oliva virgen extra

2 dientes de ajo

1 cebolla amarilla grande, picada

4 filetes (170 g) de bacalao de Alaska salvaje (o pescado salvaje al gusto)

2 limones (en zumo)

1 cucharadita de cúrcuma

Calienta el aceite en una sartén grande a fuego medio. Añade el ajo y sofríelo hasta que empiece a dorarse. Agrega la cebolla y rehógala hasta que quede transparente. Exprime el zumo de limón sobre el pescado y espolvorea cúrcuma por encima. Fríe el pescado cinco minutos por cada lado o hasta que se desmenuce fácilmente con un tenedor. Sírvelo con una guarnición de arroz y verduras.

Brócoli picante

4 cucharadas de aceite de oliva virgen extra

2 guindillas picadas

3 vasos de ramilletes de brócoli

Calienta el aceite en una sartén grande a fuego medio. Añade las guindillas y rehógalas hasta que empiecen a ablandarse. Agrega el brócoli, remueve y déjalo medio tapado con una tapa. Deja que se haga hasta que el brócoli esté tierno, unos diez minutos.

Verduras para el dolor de espalda

3 cucharadas de aceite de oliva virgen extra

½ vaso de piñones

½ vaso de arándanos rojos secos

3 vasos de verduras (espinacas, brócoli, coliflor, calabacines, o una mezcla)

Calienta dos cucharadas de aceite de oliva en una sartén grande a fuego medio. Añade los piñones y rehógalos hasta que empiecen a dorarse. Agrega los arándanos rojos y remueve. Deja que se haga todo de dos a tres minutos y añade a continuación las verduras. Rocíalo con la cucharada restante de aceite, tápalo y déjalo al fuego hasta que las verduras estén tiernas. Es un estupendo acompañamiento o aperitivo.

ACTITUD

¿Y si alguien te dijera que te va a quitar el dolor de espalda, en ese mismo momento y lugar, para siempre, sin que tengas que hacer nada? Te caerías de espaldas, ¿verdad? Me alegro de que te guste la idea, porque eso es lo que vas a hacer por otra persona.

La meditación *tonglen* es una antigua práctica budista tibetana que se remonta a principios del siglo XI y que se basa en dar y tomar, o enviar y recibir. *Tong,* o *jampe* en tibetano, significa «dar», es decir, dar a alguien lo que quiere. *Len,* o *nyingje* en tibetano, significa «tomar». Se refiere específicamente a la identificación y eliminación del dolor y del sufrimiento de otra persona. En realidad es una de mis meditaciones preferidas porque sirve para quitarle el dolor a alguien y darle felicidad. ¿Y qué hay mejor que eso?

El *tonglen* no es una práctica esotérica, sino que ejercita simplemente el poder mental para transformarte de dentro afuera. Se dice que convierte el dolor en compasión, el malestar en alivio. Al practicar el *tonglen,* alejas de ti el foco del dolor, lo cual permite que tu mente, y a su vez tu cuerpo, irradie una luz indolora.

Esta práctica mental, por sí sola, no puede quitar el dolor de espalda, pero puede ayudarte a aliviarlo para que empieces a curar y prevenir los achaques de dolor. He enseñado la meditación *tonglen* a decenas de personas con dolor de espalda, incluso a las estrellas de Hollywood y los directivos más escépticos y poderosos, y en todos los casos ha demostrado ser una práctica fundamental para que remitiera su dolor. Confía en mí, funciona.

RETOX

Siéntate cómodamente en una silla o en el suelo, con la columna larga y extendida. Cierra los ojos con suavidad y concéntrate en la punta de tu nariz. Empieza a sentir tu respiración, a notar cómo entra y sale el aire por las fosas nasales.

Lleva ahora tu atención a la coronilla. Mira desde allí hacia el interior de tu cuerpo con el ojo de la mente y observa todo lo que sabes que está ahí, los músculos, los huesos, los tejidos y los órganos. Empieza poco a poco a despejar todo lo que ves, todo tu interior, hasta convertirte en un armazón vacío, de forma que seas tú por fuera, pero estés totalmente vacío por dentro.

Vuelve a concentrarte en la coronilla y baja desde allí la mirada de nuevo hacia tu interior, ahora despejado e inmenso. Llena tu cuerpo de una luz azul resplandeciente, como la de un cielo o mar perfecto. Llena cada rincón de tu cuerpo de esa luz. Ese es tu cuerpo de luz azul.

Ahora visualiza a alguien enfrente que está sufriendo. Puede ser un familiar con dolor de espalda, un compañero de trabajo que pasa por un mal momento o alguien con quien te has cruzado en la calle que parecía un poco irritado. Sea quien sea, préstale atención. Observa su aspecto, cómo viste y dónde está.

A continuación, imagina que vas quitándole poco a poco el dolor con tu respiración, como si con cada inhalación saliera de su cuerpo una columna de humo negro. Observa cómo la columna de humo sale de él y forma una nube justo debajo de tu nariz y de tu cuerpo de luz azul.

En tu próxima inhalación, inspira esa nube negra de dolor. Observa cómo sube por las fosas nasales, hasta alcanzar la coronilla, y luego baja a la zona del corazón, donde se disuelve en tu radiante cuerpo de luz azul, como si fuera una nebulosa de Disney en el cielo.

Permanece sentado con ese radiante cuerpo de luz azul que tienes, y observa cómo el cuerpo de tu amigo está también totalmente radiante, brillante, despejado y sin dolor. Es posible que incluso sientas que tu propio dolor se ha disuelto también.

Banda sonora retox:

«No, No, No», EVE

Disuelve el tuyo disipando el suyo

I.AM.YOU. viaja a la plaza que más me gusta del mundo, con nuestro mixólogo residente como disc-jockey. Dos mil personas, Madrid.

REMEDIOS PARA LA RESACA

RECUPERACIÓN Y PREVENCIÓN

Me refugio en mí

ESTÁ TU PRIMERA RESACA. TU peor resacón. Y la nebulosa que hay en medio.

Personalmente, llegué tarde a Resacalandia en comparación con mis compañeros; nunca me llamó esa tradición estadounidense de beber cerveza de un barril haciendo el pino en las oscuras entradas de los institutos californianos horas antes de los entrenamientos deportivos matutinos. Pero cuando llegué, entré por la puerta grande. Pasé un verano en Madrid aprendiendo español, trabajando y, sobre todo, fascinada por la libertad y la sensación de autoconocimiento con que me encontré en esa gran ciudad a miles de kilómetros de casa. Reuní la suficiente valentía como para mudar de piel y cambiar mi vestimenta marimacho por las faldas y camisetas ajustadas de Zara, y me dediqué a retozar por toda la ciudad día y noche, hablando con todo el mundo que tenía la paciencia necesaria para descifrar mi español básico. Fui despojando capas de mi personalidad y descubriendo una confianza en mí misma que ni siquiera sabía que me faltara. Me sentía genial.

Una de mis últimas noches en Madrid, cogí mi nuevo carné de tía guay y segura de sí misma y me llevé a un grupo de amigos trotamundos por toda la ciudad. Me puse a presumir de mi buen nivel de español y de mi don de gentes, y me lo bebí todo por el camino. Cuando me desperté a la mañana siguiente, me dolía todo; mi carné de tía guay se había transformado sin duda en un pasaporte hacia Resacalandia.

No podía con el almuerzo, lo que, como es lógico, preocupó a Dolores, la señora de la casa donde yo vivía. Su marido, Fernando, por su parte, me echó un vistazo y me hizo pasar a su estudio. «Siéntate —dijo—. ¿Qué bebiste anoche?» Abrió su mueble bar, lleno de botellas y vasos de cristal un poco polvorientos, y esperó mi respuesta. Mientras miraba perpleja los estantes, sin saber por dónde empezar, me ofreció un vaso de chupito lleno de un líquido transparente que olía a gasolina. Me pregunté si estaba intentando matarme. Él miró el vasito de orujo asintiendo con la cabeza, cerró el mueble bar y me dejó sola en la habitación para que viviera plenamente mi resaca. Pillé la idea.

Seamos realistas, las resacas son un fastidio. Pero como aprendí más tarde en Wall Street, hay noches en que sabes que vas a acabar fatal, tanto si lo quieres como si no. Cenas con clientes, fiestas de Navidad en grupo, cócteles de celebración, y la lista continúa. Sí, claro, puedes rechazar una copa cuando te la ofrezcan, pero todos sabemos que a veces ese rechazo puede salir caro en los negocios, sea justo o no. Y, además, tomarse unas cuantas copas puede hacer llevadera una reunión de trabajo insoportable.

Y luego está la vida social. Salir una noche con los amigos, charlar y reírte mientras te tomas unos cócteles es divertido. Pero a veces te olvidas de controlarte, y ese es el billete directo a Resacalandia. Solo se vive una vez, y debemos hacerlo al máximo, incluso si eso implica beber un poco más de la cuenta de vez en cuando. Yo ya lo he probado, por buenas y malas razones, y mi experiencia personal, como sufridora de resacas en primera persona y como remediadora de resacas ajenas, me ha permitido saber cuál es la mejor forma de aliviarlas.

En este capítulo voy a mostrarte cómo prevenir la resaca, incluso cuando bebas en exceso. A continuación te ofreceré consejos para aliviarla mediante el yoga y remedios alimentarios para esos deslices inevitables.

YOGA

¡Decirle a un instructor de yoga que tienes resaca es una blasfemia total! La primera vez que fui a yoga con resaca porque había tenido una interminable cena de negocios la noche anterior, el profesor no me dejó en paz durante lo que me pareció toda la clase, pontificando acerca de los males del alcohol, el café, la carne, el queso, el capitalismo y el cuero, ya puestos. «En serio, cállate ya, por favor, que me va a explotar la cabeza», pensaba mientras intentaba hacer la postura del árbol, tambaleándome con el viento etílico de mi respiración.

Sin embargo, conforme avanzaba en mi práctica personal de yoga y en mis estudios, no tardé en aprender que el yoga puede ayudar realmente a los resacosos, ya que es una de las pocas actividades físicas que penetra en las capas más profundas del cuerpo, es decir, en los órganos. La clave del yoga específico para aliviar la resaca es practicar posturas concretas dirigidas a sanar aquellos lugares atacados por el alcohol. (Además, no todas las antiguas tradiciones del yoga prohíben el alcohol, así que no hay necesidad de sentirse culpable.)

La gran mayoría de mis alumnos ha venido a verme con resaca al menos en una ocasión. He tratado a cientos de ellos con mis métodos retox. Aunque un estudiante intente ocultar su resaca, yo me doy cuenta. Los ojos brillantes, el pelo alborotado, el ligero aroma a vodka que rezuma por sus poros, las mallas del revés... Pido al estudiante que se quede al acabar la clase, pero no para soltarle un sermón, sino para darle algunos consejos sencillos que le ayuden a mitigarla.

He reunido una combinación de posturas para depurar toxinas, oxigenar la sangre y escurrir el hígado, el órgano responsable de procesar todo el alcohol.

SOLUCIONES EN LA OFICINA

RESPIRACIÓN DE LIMPIEZA CON TORSIÓN*

Siéntate en tu silla y coloca las yemas de los dedos en las caderas, o en los hombros. Inhala hasta un punto que te resulte cómodo. Empieza a realizar breves expulsiones de aire por la nariz; céntrate en exhalar, puesto que la inhalación será una reacción automática, ya que el diafragma va bombeando la pared abdominal. Debería darte la sensación de que estás medio estornudando, medio sonándote la nariz. Mientras bombeas, con cada exhalación, haz una torsión a la izquierda y a la derecha. Sigue bombeando y girando en las exhalaciones de lado a lado de treinta a sesenta segundos. Acaba en el centro. Relaja los brazos y respira normal.

LA PINZA CON LOS PUÑOS EN EL ABDOMEN*

Cierra las manos y coloca los puños en el abdomen, por debajo de la caja torácica, de forma que se toquen los nudillos. Inhala profundamente y, al exhalar, aprieta los puños contra el abdomen. Inhala de nuevo, y en la siguiente exhalación haz una flexión anterior, manteniendo los puños apretados contra el abdomen, y ahora ejerciendo también presión hacia arriba.

FLEXIÓN POSTERIOR PARA ALIVIAR LOS RIÑONES

Apoya las manos a los lados del cuerpo o en la silla a tu espalda. Inhalando, eleva el pecho. Exhalando, haz una flexión con la parte baja y media de la espalda. Respira hacia los riñones y, si quieres, deja caer la cabeza hacia atrás. Aguanta así de tres a diez respiraciones.

SALUDO AL SOL

Empieza de pie, con los pies juntos y las manos contra el pecho como si rezaras. Inhalando, extiende los brazos sobre la cabeza. Exhalando, flexiona el tronco hacia delante, llevando la frente a las espinillas. Inhalando, extiende la columna vertebral, mirando hacia delante. Exhalando, pasa a *chaturanga* o a la postura de la tabla. Inhalando, pasa a perro hacia arriba. Exhalando, pasa a perro hacia abajo. Cierra los ojos y mantente así cinco respiraciones. A continuación, inhala y da un paso y luego otro, o salta, para llevar los pies entre tus manos. Exhalando, haz una flexión anterior. Inhalando, pon los brazos sobre la cabeza y mira hacia arriba. Exhalando, lleva las manos al corazón. Repítelo de cinco a diez veces.

LA SILLA CON TORSIÓN*

Ponte de pie con los pies juntos. Inhalando, flexiona las rodillas para entrar en la postura de la silla y extiende los brazos hacia arriba. Exhalando, haz una torsión hacia la derecha, llevando el codo izquierdo por fuera de la rodilla derecha, con las palmas de las manos juntas y los pulgares en el esternón. Mira hacia arriba y aguanta la postura de cinco a diez respiraciones. Luego repítelo todo al otro lado.

EL CORREDOR CON FLEXIÓN POSTERIOR Y TORSIÓN

Empieza en la postura del corredor, con la pierna derecha delante. Inhalando, eleva el brazo izquierdo hacia arriba y atrás. Exhalando, coloca la mano derecha en el muslo que queda atrás. Haz una torsión y arquea la espalda hacia atrás, mirando hacia la palma de la mano o al suelo. Realiza de cinco a diez respiraciones, y luego repítelo al otro lado.

¡Una de regalo!

EL PINO EN LA PARED

Coloca las manos en el suelo, a un palmo de la pared. Eleva una pierna en el aire. Date impulso para elevar la otra pierna hasta que ambos talones toquen la pared. Apoya el cuerpo en la pared, haz fuerza con las manos, mira hacia abajo y respira. Mantente en esta postura el mayor tiempo posible para estimular la circulación.

REMEDIOS PARA LA RESACA

NUTRICIÓN

Los consejos de nutrición para remediar la resaca se dividen en tres partes: el antes, es decir, lo que haces antes de salir para preparar al cuerpo para las toxinas que invadirán el torrente sanguíneo; el durante, esto es, cómo gestionas el consumo de alcohol en el momento, y el después, o sea, lo que ingieres más tarde para hacer que todo desaparezca.

DETOX

En el caso de la resaca, la fase detox no consiste tanto en eliminar alimentos o hábitos como en preparar al cuerpo para afrontar mejor una noche en la que correrán litros de alcohol.

EL ANTES

ALIMENTOS MÁGICOS. Estos alimentos ayudan a aumentar las concentraciones de enzimas que tu organismo necesita para descomponer el alcohol que le llega: brócoli, espárragos, espinacas y tomate. Cómelos juntos en ensalada, tómalos de aperitivo en forma de *crudités,* o cuece el brócoli y los espárragos y tómalos a modo de tentempié durante el día o en el trabajo. Si eres más de zumos, lícualos y bébete el zumo antes de que empiece la fiesta.

SÁLTATE LO DE SALTARTE COMIDAS. Puede ser tentador, sobre todo para quienes estén preocupados por su peso, comer poco el día en que se tiene previsto beber. Pero ¡eso no hará más que agravar la situación! Saltarse las comidas o comer poco antes de beber va más en detrimento de tu cuerpo que la pequeña cantidad de calorías extra que se te acumularán en la cintura. Sin una alimentación adecuada, al alcohol le resulta más fácil atacar a los órganos y al torrente sanguíneo, con lo cual tendrás casi todas las papeletas para tener resaca. Asimismo, puede dañar las paredes del estómago, lo que es posible que provoque esa asquerosa sensación en la barriga al día siguiente. Asegúrate de comer con normalidad el día en que vayas a beber y, si es posible, toma los alimentos mágicos a modo de tentempié antes de salir.

HIDRATACIÓN. El alcohol te deshidrata. La deshidratación es en realidad una de las principales causas del dolor de cabeza y de la resaca. Asegúrate de hidratarte tomando uno o dos litros de agua sin gas a temperatura ambiente antes de salir.

EL DURANTE

1/2. Bébete un vaso lleno de agua por cada dos copas que te tomes. Lo ideal sería una proporción 1/1, pero sé que puede ser una misión imposible llegar al baño en un bar atestado de gente.

PONTE HASTA ARRIBA DE TAPAS. Muchas culturas no sirven alcohol sin acompañarlo de una tapa. España, Italia, Hong Kong y Colombia son algunos de mis países favoritos a ese respecto. Si estás en un restaurante, pide un aperitivo para el grupo. En una fiesta, sitúate cerca de la mesa de aperitivos. Incluso los frutos secos o el pan te ayudarán a absorber el alcohol, a proteger las paredes del estómago y a reforzar tu organismo.

GENTIL TONIC. El Gentil Tonic del método I.AM.YOU. debería ser la bebida más de moda en la ciudad. El agua con gas con una espiral de piel de lima o limón tiene exactamente el mismo aspecto que un cóctel con ginebra o vodka. Si quieres, y puedes, abstenerte, o si has bebido bastante pero no quieres acabar en un estado lamentable, pide un Gentil Tonic.

RETOX

Después de pasarte la noche bebiendo, necesitas volver a poner tu cuerpo en plena forma. Con estos sencillos consejos irás por el buen camino para superar el resacón.

EL DESPUÉS

AGUA CALIENTE CON LIMÓN. La mañana después de la noche épica, llena una jarra con agua caliente y exprime medio limón dentro. Esto te ayudará a eliminar las toxinas de los órganos y del torrente sanguíneo y, además, contribuirá a que el organismo genere la bilis necesaria para eliminar las toxinas de todo el cuerpo.

SIGUE BEBIENDO... AGUA. Mantente hidratado. Además, el agua ayudará a depurar las toxinas.

PLÁTANOS, PATATAS Y AGUACATE. Tu cuerpo ha perdido mucho potasio, así que es buena idea reponerlo. Los plátanos, una patata hervida o al horno, o un aguacate con sal pueden obrar milagros a la vez que le sientan bien a tu estómago revuelto.

LOS CARBOHIDRATOS SON BUENOS. Hoy no es el mejor día para seguir una dieta baja en carbohidratos. Para que se asiente el estómago revuelto, hay que tomar carbohidratos para absorber parte del alcohol y mezclarlo con comida mientras se procesa en el organismo. El pan, las galletas saladas, la pasta y el arroz favorecen el alivio de la resaca.

PIDE CON MODERACIÓN. En el pasado, mis amigos y yo pensábamos que no había nada mejor después de una noche de fiesta por la ciudad que ir a un bar de camino a casa. Solían pedir hamburguesas con queso, patatas fritas, a veces con queso, y montones gigantes de tortitas, todo con zumo de naranja. En cambio, yo, que era el bicho raro, pedía una gran ensalada con todos los ingredientes bien picados, o una tortilla de verduras. Cada uno de nosotros daba por sentado que hacía lo mejor para absorber todo el alcohol del organismo. Vaya, ¡lo aprendieron por las malas! El queso, las salsas picantes, el azúcar y el zumo de naranja figuran entre las peores opciones. Las sustancias inflamatorias presentes en todos ellos empeoran la resaca en cuanto entran en el organismo, a pesar de que en el momento puedan saber como un pedacito de cielo.

TENTEMPIÉS

Pera
Plátano
Hinojo
Miel
Alcachofa
Remolacha

RECETAS

Ensalada antirresaca

3 vasos de verduras picadas (lechuga iceberg o romana, espinacas o una mezcla)

¼ de bulbo de hinojo, en rodajas finas

½ vaso de tomates cherry o uva, cortados en mitades o cuartos

½ vaso de ramilletes de brócoli cocidos y picados

½ vaso de remolacha troceada

1 o 2 cucharadas de aceite de oliva virgen extra

½ limón (en zumo)

En un bol grande, mezcla las verduras, el hinojo, los tomates, el brócoli y la remolacha. Riégalo con el aceite de oliva y el zumo de limón.

Huevos revueltos antirresaca

3 huevos
1 cucharadita de aceite de oliva
4 puntas de espárragos
½ vaso de tomates cherry o uva, cortados en mitades o cuartos
Pimienta negra al gusto

Rompe los tres huevos en un bol y bátelos ligeramente. Calienta el aceite en una sartén pequeña. Añade los espárragos y los tomates, y rehógalos hasta que los espárragos estén blandos. Vierte el huevo y déjalo al fuego hasta que cuaje. Si quieres, decóralo con pimienta negra recién molida.

Pasta salteada

1 paquete (450 g) de pasta a tu gusto
1 cucharada de aceite de oliva virgen extra
2 dientes de ajo picados
1 lata (390 g) de corazones de alcachofa, escurridos y picados
1 vaso de tomates cherry o uva, cortados en mitades
Pimienta negra recién molida, al gusto

Pon a hervir una olla grande con agua. Cuando hierva el agua, añade la pasta y cuécela según las indicaciones del envase. Mientras cuece, calienta aceite en una sartén grande a fuego medio. Añade el ajo y sofríelo durante un minuto. Agrega las alcachofas y los tomates, y rehógalos hasta que se ablanden, unos siete minutos. Cuando la pasta esté cocida, escúrrela y échala directamente en la sartén. Mézclala con las verduras y, si quieres, sazónala con pimienta negra.

Agua de alcachofa

2 alcachofas

Quita los tallos a las alcachofas y corta un par de centímetros de la parte superior de las hojas. Llena una olla grande con agua y llévala a ebullición. Añade las alcachofas y déjalas hervir durante treinta minutos, o hasta que puedas sacarles fácilmente las hojas inferiores. Retira las alcachofas y guárdalas para comértelas como tentempié. Deja enfriar el agua y bébete un vaso. Esto ayudará a tu hígado a liberar sus propias toxinas y las de todo el organismo.

Zumo antirresaca

1 remolacha pelada y picada

1 pepino troceado

1 tallo de apio

½ limón, sin cáscara y sin la parte interna blanquecina de la cáscara

1 trozo (6 mm) de jengibre pelado

Un puñado de cilantro

Un puñado de menta fresca

Ponlo todo en una licuadora o batidora, y ¡a dis-disfrutar!

ACTITUD

Seguramente no sea algo que quieras oír de alguien como yo, pero me he despertado muchas mañanas y ya antes del mediodía he confesado que necesito un trago. Te lo juro. Yo culpo a las dificultades y tribulaciones matutinas, por supuesto. ¿Soy alcohólica? No. Tan solo una mujer moderna, trabajadora y sincera que se pone cientos de sombreros distintos y hace malabares con todos esos roles que adopta. Y a veces quiero un alivio rápido.

En esos días de estrés, mi reacción por defecto en tanto que urbanita californiana y extrabajadora de Wall Street es encontrar una galleta de chocolate, quemarla sudando en la esterilla y después tomarme una copa. Para ser totalmente sincera, me he pasado esas caóticas mañanas sopesando si esa noche debería relajarme con un malbec o un tempranillo. Lo cierto es que ni un vino afrutado ni uno correoso harán maravillas, ya que ambos son billetes gratuitos a Resacalandia.

Una resaca se define, literalmente, como algo que ha sobrevivido del pasado. En el mundo actual, ese algo al que solemos referirnos normalmente son las toxinas. Tal como he señalado antes, existen toxinas tangibles (como el alcohol, los cigarrillos, el chocolate, el queso, el azúcar, los alimentos procesados, las sustancias químicas y la contaminación) e intangibles (como el estrés, la ira, la preocupación, la ansiedad, la depresión, la tristeza y los sentimientos extremos).

Así, las resacas pueden adoptar muchas formas. Algunas surgen de dos vasos de vino y una cena completa, mientras que otras las causan cinco chupitos de tequila sin cenar. Otras resacas las motiva una pelea con tu novio, o una eterna jornada de trabajo en la oficina. Hay también resacas provocadas por niños que no dejan de gritar y por esposas quejumbrosas. Existen resacas motivadas por un día de compras compulsivas y por comer demasiados ositos de goma. Las resacas no solo se deben al alcohol que ingieres, sino más bien a una serie de toxinas que saturan tu organismo. Estas herramientas mentales retox te ayudan a abordar la causa oculta y evitar que se repita una y otra vez.

Analicemos un mal día. Sales de trabajar y ¿qué haces para sentirte mejor? O metes a los niños en la cama y ¿adónde vas? ¿A qué recurres cuando algo no marcha bien? ¿A un nuevo par de zapatos o a un conjunto de ropa interior? ¿Al chocolate o a una tarrina de medio litro de helado? ¿A una doble sesión de *spinning*? ¿A poner heavy metal a todo volumen? ¿Al whisky?

En la filosofía del yoga tibetano se considera que todos ellos son refugios. Denominado *sangye choe* en tibetano y *namo* en sánscrito, el refugio es el lugar al que huyes cuando quieres sentirte mejor. Es lo que haces para calmarte o hallar consuelo. Sin embargo, en algún momento, esos refugios no funcionan. Entonces, ¿qué? Llega el momento de profundizar más para encontrar un refugio más auténtico, que es a lo que te voy a ayudar.

RETOX

La próxima vez que envíes un mensaje de texto a un amigo diciéndole que el día te ha ido fatal y que necesitas una copa, párate a pensar y recuerda esto: la bebida no va a mejorar el día. Sin embargo, tienes en tus manos el poder de hacer realidad lo que sí va a mejorar tu día, tu persona y tu mundo. Así que vete a tomar algo, pero, mientras esperas a que te sirvan tu refugio alcohólico del día, prueba a hacer este ejercicio.

Coge un trozo de papel y dóblalo por la mitad; si quieres, también puedes usar una servilleta del bar o una nueva nota en el iPhone.

Si existe un foco emocional en ese momento, como algo que te molesta, algo que celebrar o algo que te da ganas de huir o escapar, escríbelo en la parte superior. Si no puedes identificar nada, deja en blanco ese espacio.

En el lado izquierdo del papel, anota todo lo que te apetecería hacer en ese momento para calmarte. Tal vez sea apoltronarte en el sofá, sudar durante horas en una sauna o en el gimnasio, llorar, correr, comer hasta reventar o simplemente meterte entre pecho y espalda ese martini que ya casi puedes saborear. Recuerda, yo he sido sincera al contarte que me refugio en las galletas, el ejercicio y el vino tinto, así que sé sincero contigo mismo.

Ahora dedica un instante, aunque sea un nanosegundo, a cerrar los ojos y respirar.

Abre los ojos, y debajo de cada elemento de refugio, anota un efecto secundario negativo que tenga. Por ejemplo, para el antojo del martini podrías escribir «una resaca»; para la pizza y el helado, «sentirme como una foca»; para la sesión de compras compulsivas, «gastar el dinero que no tengo».

Dedica otro instante a cerrar los ojos y respirar.

Abre los ojos y escribe en el lado derecho del papel lo que te hace realmente feliz, lo que te hace sentir genial, como cuando estás de vacaciones sin preocupaciones. No te cortes, anótalo todo.

Dedica otro nanosegundo a cerrar los ojos y respirar.

Ahora envíate un mensaje de texto mentalmente y comprométete a dedicarte plenamente a una actividad que te haga sentir genial en las próximas veinticuatro horas. Tal vez sea hacer yoga o cocinar, llamar a tu madre para charlar o ir a un museo, leer un libro o invitar a casa a un amigo. Sea lo que sea, hazlo. Ese es tu verdadero refugio.

Y si lo que te hace sentir mejor es tomarte unas cuantas copas, apuesto a que no tendrás el mismo grado de resaca al día siguiente, porque en vez de refugiarte en la bebida, te estarás tomando una copa porque te apetecía realmente, por dentro y por fuera.

Banda sonora retox:
«Shimmy Shimmy Ya», PRINCE FATTY

Me refugio en mí

En el emblemático bar Niagara del East Village, en Nueva York. Fotografía de Mick Rock.

EL NUEVO CLUB DE LAS ALTURAS

VIAJAR DE FORMA SALUDABLE

Haz un viaje a tu interior

ALGUNOS DÍAS MIRO MI BOLSA de viaje con asco. Sinceramente, no me puedo creer que tenga que cargar con ella por otro aeropuerto o estación de tren; preferiría tirarla por la ventana. Otros días veo mi maleta reluciente, rebosante de oportunidades, suplicando que me la lleve a otro viaje. En ambos casos, rara vez tengo opción, ya que viajo por trabajo, para ver a la familia y, a veces, por placer.

En el mundo actual, coger un avión puede ser algo tan normal como subirse al autobús, al tren o al metro. Sin embargo, volar tiene un efecto único y específico en el cuerpo. El aire del avión se recicla, es agotador pasar los controles de seguridad y cargar con el equipaje, y a menudo el servicio deja mucho, si no todo, que desear.

Si eres como Peter, un vendedor de publicidad digital que realiza dos vuelos de ida y vuelta a la semana, necesitas un plan de mantenimiento físico y mental. Peter vino a verme demacrado y hecho un desastre; me recordó a una maleta destartalada y perdida, esperando a que la encontraran. Me contó de inmediato lo mucho que viajaba y me habló, a continuación, de sus dolores de espalda, jaquecas, calambres en las piernas, insomnio, pies hinchados y trastornos digestivos. No tardé en notar su piel seca y pálida, sus ojos apagados y su postura encorvada. Al haber pasado yo misma por temporadas en que viajaba mucho más que Peter, le adoctriné de inmediato para que entrara en el nuevo club de las alturas, un plan retox diseñado específicamente para aliviar y prevenir los males que provoca viajar.

Este capítulo muestra posturas de yoga que ayudan a superar el desfase horario, la hinchazón y todo el resto de desagradables efectos secundarios que se asocian a volar. Incluye consejos sobre cómo comer durante el vuelo y en el aeropuerto, y un plan de reconstitución mental para que te mantengas tranquilo y alerta durante todo el viaje. Peter y un sinfín de viajeros de todo el mundo siguen estas recomendaciones antes, durante y después de sus viajes, lo cual convierte su experiencia en un auténtico viaje hacia una deslumbrante salud interior.

YOGA

No soy uno de esos bichos raros que se despatarran en el suelo de la terminal en la postura de la paloma o hacen el pino. Es de muy mal gusto. Sin embargo, sí soy una tía muy viajada que saca tiempo para practicar yoga con el objetivo de sentirme e intentar parecer despampanante vaya a donde vaya. Prueba las «Soluciones en la oficina» en el asiento del avión, las «Soluciones rápidas» en el pasillo antes o después del viaje, y la secuencia completa antes o después de despegar, o en ambos momentos. Las posturas se dirigen a los músculos y las fascias más afectadas por el viaje, y estimulan los sistemas circulatorio y metabólico para que te sientas revitalizado, fuerte, esbelto y nada afectado por el desfase horario adondequiera que vayas.

SOLUCIONES EN LA OFICINA

RESPIRACIÓN ENERGÉTICA*

Eleva los brazos rectos y forma una «v» con ellos. Inhala hasta un nivel en que te sientas cómodo. Empieza a realizar breves expulsiones de aire por la nariz; céntrate en exhalar, puesto que la inhalación será una reacción automática, ya que el diafragma va bombeando la pared abdominal. Debería darte la sensación de que estás medio estornudando, medio sonándote la nariz. (En caso de embarazo, sáltate la respiración *kapalabhati*.) Aguanta estas expulsiones de aire durante un minuto, vigorizando tu cuerpo con cada bombeo.

ESTIRAMIENTO LATERAL

Eleva los brazos rectos. Sujétate la muñeca izquierda con la mano derecha. Inhalando, crece mucho y tira hacia arriba. Exhalando, inclínate a la derecha. Asegúrate de tener ambos isquiones apoyados en la silla para que el estiramiento se realice por el lado izquierdo. Aguanta ahí, y después repítelo al otro lado.

ORACIÓN SECRETA

Lleva los brazos a la espalda y junta las manos como si estuvieras rezando. Si te resulta demasiado difícil, cógete de los antebrazos con las manos opuestas. Extiende la parte frontal del pectoral. Quédate así y respira con normalidad, o añade la respiración energética.

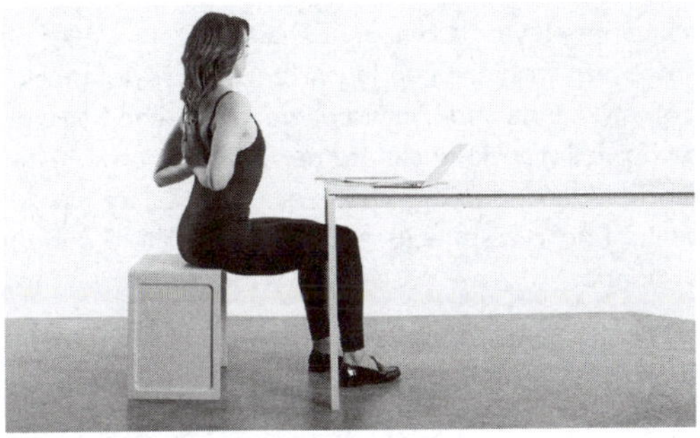

MEDIO TOBILLO A RODILLA

Apoya el tobillo izquierdo sobre la parte inferior del cuádriceps derecho, justo por encima de la rodilla. Flexiona el pie izquierdo. Presiona hacia abajo con la mano izquierda sobre la cara interna del muslo izquierdo o de la rodilla izquierda. Si quieres, puedes realizar una flexión anterior con el tronco. Aguanta así, y después repítelo con el otro lado.

SAUCE LLORÓN

Empieza de pie. Inhalando, lleva la rodilla izquierda hacia el pecho. Coloca la planta del pie izquierdo en la entrepierna derecha, por encima o por debajo de la rodilla, pero no sobre la rodilla. En la próxima inhalación, eleva los brazos. Exhalando, deja caer el antebrazo izquierdo en la parte superior del muslo izquierdo. Inhalando, estira el brazo derecho hacia el techo. Exhalando, inclínate hacia la izquierda, estirando el lado derecho del cuerpo. Quédate así de cinco a ocho respiraciones, y luego repítelo con el otro lado.

FLEXIÓN EN ÁNGULO ABIERTO

Siéntate con las piernas abiertas en forma de «v». Extiende los brazos hacia delante y haz una flexión anterior. Aguanta en esa posición de ocho a veinte respiraciones.

TABLA LATERAL ROTADA

Coloca el cuerpo en posición de tabla con los hombros alineados con las muñecas y el cuerpo paralelo al suelo. Rota sobre la mano izquierda, apoyando el borde interno del pie derecho y el borde externo del pie izquierdo, con un pie delante del otro. Levanta el brazo derecho junto a la oreja y mira hacia arriba. Eleva las caderas y estírate desde los tobillos hasta el dedo corazón. Aguanta en esa posición de cinco a diez respiraciones, y luego repítelo con el otro lado.

LA VELA

Túmbate en el suelo. Eleva los pies juntos y llévalos hasta que sobrepasen la cabeza; sujeta la espalda con las manos. Inhalando, estira las piernas hacia el techo. Mírate los dedos de los pies o cierra los ojos, y aguanta así diez respiraciones, o hasta un máximo de cinco minutos.

EL NUEVO CLUB DE LAS ALTURAS

NUTRICIÓN

Viajar no es una excusa para comer mal. Los viajes le exigen tanto a tu organismo que intoxicarlo no tiene sentido. Claro que puedes llevarte un paquete de tus golosinas favoritas para comértelas mientras ves la peli durante el vuelo, pero no trates de convencerme de que acudir a McDonald's o Dunkin' Donuts es necesario para no pasar hambre durante el vuelo. Te pasará factura cuando llegues a tu destino.

Decidir qué comer puede ser complicado, pero no imposible. En el nuevo club de las alturas, la nutrición se divide en tres fases: el antes (lo que haces antes de llegar al puerto de salida), el durante (cómo afrontas y eliges lo que comes en el trayecto) y el después (lo que ingieres a posteriori para paliar los efectos del viaje).

DETOX

EL ANTES

HIDRATACIÓN. Volar y viajar te dejan deshidratado, así que es fundamental que te mantengas superhidratado. Procura duplicar la cantidad de agua que bebes el día antes del viaje y tomarte un litro de camino al aeropuerto. Tal vez tengas que salir volando al baño antes de pasar el control de seguridad, pero será por una buena causa. Bébete otro litro más antes de despegar, haciendo una parada rápida en el baño de camino a la puerta de embarque, si lo necesitas.

LLENA EL DEPÓSITO. Puede ser tentador evitar comer antes de pasarte una serie de horas sentado, y resulta fácil «no tener tiempo» para comer mientras correteas de aquí para allá preparando el viaje. Sin embargo, mantener estables las concentraciones sanguíneas de azúcar es clave para controlar el estrés y adaptarte al viaje y al

destino. Asegúrate de comer con normalidad el día anterior y el mismo día del viaje, centrándote en los alimentos de oro.

ALIMENTOS DE ORO. Estos alimentos te ayudarán a estabilizar el sistema metabólico y a reforzar las defensas para que te sientas fuerte y tranquilo durante el viaje:

- **Verduras cocidas.** Ingiere hasta la saciedad verduras cocinadas como el brócoli, las espinacas, las judías verdes y los calabacines. El factor «verde» mantendrá activos tu piel y tu organismo, y, al estar cocinadas las verduras, será más fácil su digestión, lo cual mitigará la hinchazón durante el vuelo.
- **Sopa.** Pide sopa en la última comida antes del despegue. El calor reconfortará tus órganos internos, reforzará el sistema inmunológico y prevendrá trastornos digestivos en pleno vuelo.
- **Vitamina C.** Ingiere una gran cantidad de alimentos ricos en vitamina C para que tu sistema inmunológico pueda protegerte mientras te mueves entre los cientos de personas a tu alrededor. Céntrate en el brócoli, los kiwis, las naranjas y otros cítricos.

EL DURANTE

DA TRAGOS. Sin duda, los baños suelen estar asquerosamente sucios, pero aún peor está tu sistema interno si se deshidrata. Cómprate un litro de agua de camino a la puerta de embarque y, ya en el avión, pide dos vasos de agua, sin hielo, siempre que el personal de vuelo pase a tu lado. Cada vez que vayas al baño, hazte con uno o dos vasos de agua más. Tu objetivo debería ser beber como mínimo un litro en un vuelo corto, y dos o tres en un vuelo de media o larga distancia.

HAZTE VEGANO. Viajar es una de las escasas ocasiones en que recomiendo hacerse vegano. Evita la carne, los huevos y los quesos durante el vuelo, ya que no harán más que inflamar tu sistema digestivo y dificultarán la digestión durante el vuelo. Por no mencionar que, en el aeropuerto, la calidad de esos alimentos suele ser mediocre, se producen en masa y están llenos de hormonas y otras sustancias químicas que probablemente nunca querrías ingerir en tierra. Limítate a la pasta, las galletas saladas, la fruta y las verduras en el aeropuerto y durante el vuelo.

ELIGE LAS OPCIONES INTELIGENTES. Vale, puedes llevarte tus propias comidas y tentempiés para el viaje, pero, seamos realistas, ¿quién tiene tiempo para eso? Y si a veces lo haces, ¿te pareces a mí y sueles olvidártelo todo en la nevera de casa? Yo suelo comprar algo saludable en el aeropuerto; por cierto, eso es más fácil de encontrar de lo que cree la mayoría de la gente. Todavía tengo que pisar un aeropuerto en cualquier lugar del mundo en el que no pueda adquirir algunos de los siguientes alimentos o todos ellos.

En lo que respecta a tentempiés, centra tu atención en los frutos secos, los arándanos azules, las pasas, los plátanos, las manzanas, los chips de quinoa, las ensaladas y los palitos vegetales. Si la comida es más contundente, busca hamburguesas vegetarianas, sándwiches vegetales, verduras al vapor de los restaurantes asiáticos, ensaladas, platos de verduras y tal vez incluso sopa.

EVITA EL CAFÉ Y EL ALCOHOL. Vale, si estás de luna de miel, tómate esa copa de champán sin dudarlo, pero durante la mayor parte del trayecto evita el alcohol, el café y el té con teína. Todos ellos causan deshidratación e inflaman el sistema digestivo, por lo que es probable que te sientas aún más hinchado al aterrizar.

RETOX

EL DESPUÉS

PIENSA EN VERDE. La verdura es tu poción mágica. Cómela cruda, cocinada o en ensalada, procurando que sea el eje principal de comidas y tentempiés a lo largo de las próximas veinticuatro horas. Céntrate en la lechuga, las espinacas, el brócoli y el aguacate. Todas las verduras te revitalizarán e hidratarán, además de ayudar a tu circulación sanguínea a estar en perfecto estado.

FRESCO COMO UNA LECHUGA. Cuantos más alimentos frescos y crudos comas después de aterrizar, mejor. A la hora de realizar comidas importantes o tomar un aperitivo, opta por cualquiera de las frutas de bajo índice glucémico y verduras que puedas encontrar. Esto te ayudará a sentirte menos hinchado y a que tu sistema digestivo funcione de nuevo a pleno rendimiento.

ACEITE DE OLIVA. Piensa que el aceite de oliva es un lubricante para tu sistema digestivo, que está un poco anquilosado. Tómate una cucharada de aceite solo o vierte este saludable aliño en las ensaladas.

CAFÉ. Disfruta de un café solo calentito después de aterrizar. Te ayudará a reducir la hinchazón y te mantendrá más alerta ante lo que te depare el día.

AGUA. Elemental. Bébete un litro en las seis horas posteriores al aterrizaje.

Toma alimentos cocinados antes, sin gluten y veganos durante, y crudos y frescos después.

Y, sí, soy consciente de cuántas visitas al baño se necesitan en este plan retox. No te preocupes, ¡tienes que matar el tiempo de alguna forma!

ACTITUD

Tienes dos opciones: puedes pensar que el viaje es un auténtico rollo y quejarte en voz alta y para tus adentros antes, durante y después del viaje, o puedes convertirlo en una experiencia positiva que deseas, solo para ti. No, no me he vuelto loca. En el primer caso te sentirás agotado y se intensificarán los aspectos ya de por sí difíciles del viaje; en el último caso te sentirás lleno de energía y relajado en un nido de meditación secreto. Depende de ti, y te voy a explicar por qué y cómo.

La filosofía del yoga tibetano ensalza y prescribe el *pratyahara* como un paso en el camino hacia el éxito, la libertad y la felicidad (una palabra que no se suele asociar mucho con los viajes). El *pratyahara* es la abstracción de los sentidos, un puente entre el mundo exterior y el interior. Al replegar los sentidos hacia el interior, damos a los cinco sentidos que rigen nuestra continua experiencia corporal, mental y vital la oportunidad de relajarse y limitarse a existir. Al practicar el *pratyahara*, se renueva la sensibilidad con la que percibimos nuestra realidad, ampliando la capacidad de percepción y alimentando el verdadero yo.

El problema es que hay tanto bullicio y tanta estimulación externa incesante que nuestra capacidad de introspección se ve obstaculizada. Nos bombardean constantemente con mensajes de correo electrónico, llamadas telefónicas, anuncios, colores, gente, olores, recados, factores de estrés, mensajes de texto y un sinfín de exigencias subliminales y directas, y todo ello pone a prueba nuestra verdadera esencia y nos deja agotados, sin energía y con ganas de huir.

En el mundo actual, un viaje es sin duda una de las mejores y más efectivas ocasiones para practicar el *pratyahara*. El viaje es para ti una incubadora; el *pratyahara* es tan solo la puerta de entrada.

Tanto si estás volando como si vas a toda velocidad en tren, viajar te regala un período de tiempo puro y libre solo para ti. Puedes optar por no responder llamadas o correos electrónicos (siempre puedes decir que no funcionaba Internet en el avión), y no puedes hacer deporte ni recados. Solo estáis tú y tu tiempo, en un receptáculo perfectamente confinado y atemperado. A pesar del trajín y las molestias, el viaje es una abstracción forzosa de los sentidos, algo de lo que es probable que tu cuerpo se haya visto privado. Tienes tiempo para leer y ver películas sin interrupción, para escribir y dormitar, para dibujar y dejar volar la mente. Nadie puede molestarte, nadie puede obligarte a estar en otro lugar si no es en el asiento 27B. Estás solo contigo mismo.

RETOX

Este plan me ha permitido a mí misma y a decenas de mis clientes de la alta sociedad descubrir la valiosa cara oculta de los viajes, y convertir nuestros trayectos en sesiones de meditación y nutrición de varias horas para aquellas partes de nosotros que la vida cotidiana nos obliga a desatender. Procura aplicar estas prácticas si viajas con frecuencia y empezarás a disfrutar de tus viajes de un modo totalmente nuevo.

EL DÍA ANTES DE VOLAR. Hazte con dos libros, dos o tres películas y tu serie preferida. Descarga tu música favorita y carga tus dispositivos.

EN EL AEROPUERTO. Acapara todos los periódicos y las revistas que nunca tienes tiempo de leer.

AL EMBARCAR. Ponte los auriculares y escucha cualquier música que te apetezca. Una vez sentado, deja un libro, los periódicos y la mitad de las revistas en tu regazo. Hojea los cotilleos de la revista del corazón y recibe la última dosis de correos electrónicos y redes sociales mientras esperas a que se cierren las puertas.

MIENTRAS EL AVIÓN RUEDA POR LA PISTA. Apaga el teléfono móvil, cierra los ojos y dejar volar la mente. Quizá notes incluso que con la presurización de la cabina te entra un poco de sueño. ¡Eso es bueno! ¿Atascado en la pista? No te preocupes porque, literalmente, no tienes adónde ir salvo a tu interior.

EN EL AIRE. Disfruta. Lee. Mira. Deja la mirada perdida. Haz garabatos. Mímate. Siéntete libre, sin culpabilizarte por lo que deberías o no deberías estar haciendo. La introspección es tu única opción, así que será lo único a lo que deberías dedicarte. De modo que surca cualquier ola que te lleve allí.

AFRONTAR LOS DESAFÍOS. ¿Hay un bebé berreando detrás de ti? Sube el volumen de los auriculares. ¿Turbulencias? Abróchate el cinturón de seguridad, cierra los ojos y concéntrate en tu respiración. ¿Un olor desagradable? Ponte la capucha de la sudadera, o rocía un fular con tu perfume favorito y enróllatelo al cuello. ¿La comida es asquerosa? No te preocupes. Será fantástica dondequiera que aterrices, y además tienes un plan, más arriba, para superar el vuelo.

AL ATERRIZAR. Quítate la sudadera, suelta todo lo que estés leyendo, haz una gran respiración profunda y practica alguna postura de yoga retox. Es posible que te sientas aún más tranquilo y revitalizado que cuando despegaste.

CONTROL DE SEGURIDAD PERSONAL. Al margen de la fase del viaje en que estés, recuerda que siempre puedes cerrar los ojos y tomar conciencia de tu respiración diciendo:

Inhala, «serenidad».
Exhala, «protégeme».

Inhala, «serenidad».
Exhala, «protégeme».

Cada vez que el ajetreo del viaje se te haga cuesta arriba, repite este mantra retox y haz una introspección. Utiliza la respiración y la mente para alejar lo malo y atraer lo bueno.

Banda sonora retox:
«East to the West», MICHAEL FRANTI

Lista para subirme a otro avión en otro aeropuerto más, Arizona. Fotografía de Emily Nolan.

DESINFLAR AL BEBÉ EXTRATERRESTRE

DESHACERSE DEL MICHELÍN ABDOMINAL

Échale agua al agua

SIN DUDA HAY UN DON Draper en mí. Al menos me veo reflejada en él por mi fascinación por el traje perfecto y por las camisas abotonadas y almidonadas. De hecho, yo llevaba una de esas camisas la primera vez que cobró vida el bebé extraterrestre. Yo tenía veinticuatro años y estaba sentada en la mesa de contratación de la oficina cuando alguien me tocó el hombro. (En Wall Street, eso rara vez es una buena señal.) Al alzar la vista, vi que era el infame Ben de Londres. Tenía fama de ser un genio, más parecido al profesor chiflado que a Albert Einstein, y ahora dirigía mi grupo en Londres y estaba logrando unos beneficios espectaculares. «Vamos», me dijo.

Nos sentamos en una oficina para charlar y no tardó mucho en soltar: «Quiero que te vengas a Londres conmigo. Estamos abriendo una oficina en Turquía y quiero que nos ayudes». Apenas podía creer lo que estaba escuchando. ¿Ser elegida para formar parte de una nueva unidad de negocio de la empresa, volver a vivir en el extranjero, pero esta vez con un trabajo, y poder viajar gratis con frecuencia a un país que siempre me ha fascinado? Mi lóbulo cerebral izquierdo aceptó. A continuación dijo: «Y queremos que empieces dentro de dos semanas». El lóbulo derecho de mi cerebro entró en pánico. Me explicó un poco más su visión, que al hemisferio izquierdo le encantó, y luego me dio una semana para pensármelo, lo cual hizo temblar al derecho.

Volví a mi mesa para seguir trabajando y durante el resto del día no solo noté un frenético partido de pimpón mental, sino también un bultito que empezaba a ejercer presión en la camisa abotonada. Al acabar la jornada, el partido de tenis de mesa se había acabado por agotamiento, pero yo tenía una protuberancia del tamaño de una pelota de fútbol que presionaba contra la parte inferior de mi camisa; de hecho, el bulto era tan grande que casi podía sostener en él una botella pequeña de agua. Nunca antes había visto algo así. Y no se marchó. Me sentí embarazada, al estilo *de La loca historia de las galaxias,* con un extraterrestre listo para salir disparado de mi barriga y ponerse a bailar. Había nacido el bebé extraterrestre.

Bromas aparte, mi bebé extraterrestre me generó uno de los estados físicos más incómodos que haya experimentado jamás. Tuve que llevar las camisas de trabajo por fuera del pantalón, desenterrar mis conjuntos de jerséis holgados y asegurarme de que mi novio no se colocara en un ángulo en el que pudiera ver al bebé.

Recurrí a mis profesores de yoga, que me aconsejaron hacerme vegetariana, cosa que ya era. Llamaba a mi madre y a mi abuela todos los días en busca de remedios caseros. Como último recurso, acudí a los dos mejores gastroenterólogos de Nueva York, lo que, como es lógico, dio lugar a un sinfín de carísimas pruebas, todas ellas con resultados normales, así que me diagnosticaron el síndrome del intestino irritable (SII), un diagnóstico general, vago e inútil. Acabé mudándome a Londres cuatro semanas después de la charla con Ben, tras media docena de visitas médicas, y con una barriga que me hacía parecer una embarazada de cuatro o cinco meses. Huelga decir que mi bebé extraterrestre se vino conmigo.

Insatisfecha con los diagnósticos de los distintos médicos, con las pastillas recetadas y con los remedios recomendados, decidí tomar cartas en el asunto y probar nuevas formas naturales de deshacerme del desagradable michelín y la hinchazón en el fondo de mi vientre. Tras meses y meses de experimentación y estudio, averigüé que existen factores desencadenantes agudos de carácter tanto alimentario como mental que provocan la aparición del bebé extraterrestre, así como determinadas posturas de yoga que pueden mitigar el dolor y el tamaño del bebé con mucha rapidez.

Una vez hube descubierto la clave de mi propia anticoncepción divina, empecé a utilizar las mismas herramientas en mis amigas y compañeros, que también llevaban en sus entrañas a sus propios bebés extraterrestres. Rápidamente se corrió la voz de que yo era una especie de comadrona chamánica que expulsaba a alienígenas, y desde esas primeras mujeres a los actuales adeptos del método I.AM.YOU. de todo el mundo me llegan peticiones semanales de soluciones retox para «desinflar al bebé extraterrestre» o, lo que es lo mismo, aplastar esa cosa hasta que desaparezca.

Hay quien acude a mí sabiendo exactamente cuál es el problema, mientras que otros describen una molestia no identificada e hinchazón, demasiado tímidos como para entrar en detalles conmigo. Sin embargo, todos parecen encontrar consuelo en el nombre campechano que le he puesto a ese trastorno molesto, frecuente y a veces bochornoso, por no hablar del alivio que les proporcionan los cócteles retox que les sirvo.

Veamos el caso de Desiree, una joven de Boston bastante tranquila de treinta años de edad. Nuestros caminos se cruzaron en un parque, en la fiesta de cumpleaños de un amigo en común. Cada vez que alargaba el brazo para coger un aperitivo, hacía una mueca como de dolor. Le pregunté qué le pasaba, pero ella era demasiado tímida para contármelo a pesar de mis ganas de ayudar. Afortunadamente, alguien pasó una bandeja de *crudités*, y así surgió la oportunidad de ahondar en su malestar. Rechacé educadamente las verduras crudas, aduciendo que tenía que tener cuidado con ellas para evitar que apareciera mi bebé extraterrestre, mirando a Desiree a propósito mientras hablaba. Al cabo de unos minutos, me preguntó qué había querido decir con eso; le respondí lo que te acabo de contar, y de inmediato se levantó la camisa para mostrarme lo mucho que sufría. Le dije que soltara la zanahoria que tenía en la mano, que no se estresara y que me dejara ayudarla. Afortunadamente, lo hizo.

Al acabar la fiesta, le había dado a Desiree (y a otros cuantos invitados) las herramientas para deshacerse de su bebé extraterrestre, así como para evitar que regresara en el futuro. Analizamos lo que había comido en los últimos días, lo cual me permitió identificar con rapidez algunos culpables con los que Desiree tenía que acabar, y que ella había creído erróneamente que eran remedios. A continuación le pedí que hiciera algunas posturas de yoga en el césped, a las que siguió más adelante una secuencia más larga, ya en la esterilla, dirigida a la anatomía interna que permite acabar con el bebé extraterrestre.

A las veinticuatro horas de soltar la zanahoria y compartir su problema, el bebé extraterrestre de Desiree había menguado; a los pocos días, había desaparecido por completo. Ahora por fin sabe lo que provoca la aparición de su bebé extraterrestre, así como el modo de volver a tener un abdomen deshinchado e indoloro. He aquí cómo lo hizo.

YOGA

El objetivo de las posturas de yoga integradas en el cóctel para desinflar al bebé extraterrestre es aliviar los síntomas, reducir la inflamación y calmar el malestar. Es como si tú empezaras a moverte y tu bebé extraterrestre se alejara bailando.

SOLUCIONES EN LA OFICINA

PUÑOS EN EL ABDOMEN*

Cierra las manos y coloca los puños en el abdomen, por debajo de la caja torácica, de forma que se toquen los nudillos. Inhala profundamente y, al exhalar, aprieta los puños contra el abdomen. Inhala de nuevo, y en la siguiente exhalación haz una flexión anterior, manteniendo los puños apretados contra el abdomen, y ahora ejerciendo también presión hacia arriba. Si quieres, puedes extender las piernas y hacer una flexión anterior completa, llevando la frente a los muslos.

MASAJE ABDOMINAL

En la medicina tradicional china, la distensión abdominal y los trastornos digestivos indican que está bloqueado el *chi* («energía») en el estómago y el bazo. He adaptado una de sus técnicas a tu vida diaria frente a la mesa de la oficina. Siéntate en una silla cómoda. Si tienes las manos frías, caliéntalas frotándolas entre sí. Frota el estómago en círculos concéntricos hacia la izquierda alrededor del ombligo. Luego repítelo hacia la derecha. Lo ideal sería hacerlo un centenar de veces a cada lado, pero, si vas justo de tiempo, hazlo tantas veces como puedas. Repítelo cuando puedas y te apetezca.

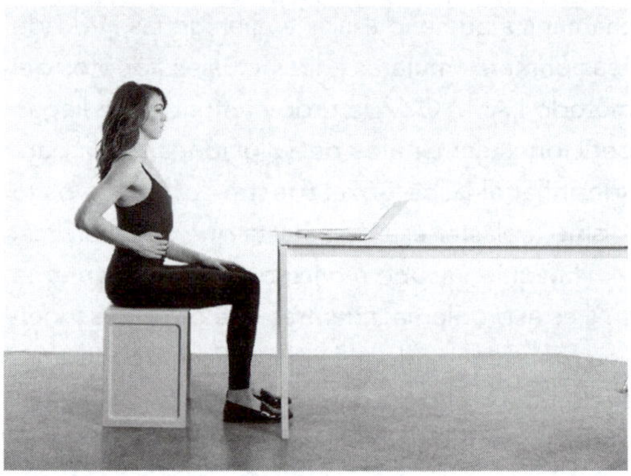

TORSIONES EN LA SILLA*

Siéntate con la espalda bien recta en la silla, con los pies apoyados por igual en el suelo. Inhalando, crece con la espalda; exhalando, haz una torsión hacia un lado, asegurándote de tener ambos isquiones apoyados en el asiento. Aguanta así de cinco a diez respiraciones, y después repítelo con el otro lado.

SOLUCIONES RÁPIDAS

RESPIRACIÓN DE LIMPIEZA INTENSA*

Ponte de pie con la espalda bien recta y los pies muy separados. Inhala por la nariz y eleva los brazos. Exhala por la boca mientras haces una flexión anterior, doblando las rodillas. Pon las manos en los muslos y, cuando te quedes totalmente sin aire, sella los labios y estira los codos. Aguanta ahí, llevando el abdomen hacia la columna. Sigue en apnea. Si lo estás haciendo bien, casi puedes notar como si el estómago se te hubiera subido a la garganta. Ahora bombea el estómago contra la pared abdominal, ya sea en línea recta o en círculos. Esto es algo que tienes que ir experimentando, mediante un proceso de prueba y error. Cuando tengas que inhalar, detén los bombeos e inhala por la nariz, elevando los brazos junto a las orejas y estirando las piernas. Exhalando, lleva las manos hacia el corazón.

LA SILLA CON TORSIÓN*

Ponte de pie con los pies juntos. Inhalando, flexiona las rodillas para entrar en la postura de la silla y extiende los brazos hacia arriba. Exhalando, haz una torsión hacia la derecha, llevando el codo izquierdo por fuera de la rodilla derecha, con las palmas de las manos juntas y los pulgares en el esternón. Mira hacia arriba y aguanta la postura de cinco a diez respiraciones. Luego repítelo todo con el otro lado.

SENTADILLA CON TORSIÓN*

Ponte de pie con los pies juntos. Flexiona las rodillas y baja el cuerpo hasta quedar apoyado en los metatarsos, de forma que el fémur de ambas piernas quede paralelo al suelo. Coloca la parte posterior de tu mano izquierda en el exterior de la pierna derecha y eleva el brazo derecho. Aguanta ahí de cinco a diez respiraciones y luego repítelo al otro lado.

¡Una de regalo!

COMPRESIÓN ABDOMINAL CON RODILLO*

Haz un rodillo bien proporcionado enrollando una manta o toalla. Túmbate boca abajo encima del rodillo, de forma que presione entre la pelvis y las costillas más bajas. Lleva la frente al suelo o apoya una mejilla, y respira de uno a cinco minutos.

DESINFLAR AL BEBÉ EXTRATERRESTRE

NUTRICIÓN

Ahí va un cotilleo embarazoso: ¿sabes cuando vas a un balneario y te ponen rodajas de pepino en los ojos para reducir la hinchazón? Pues cuando tenía veinticuatro años pensaba que, por esa regla de tres, ese mismo remedio podía aplicarse al vientre. Así que empecé a comer uno o dos pepinos al día y a beber zumo de pepino para tratar de deshinchar el abdomen y deshacerme del bebé extraterrestre. ¿Y sabes qué? ¡Que no funcionó! De hecho, lo empeoró, y mucho, igual que todas las ensaladas ligeras que comía para intentar «poner mi sistema digestivo en marcha». Ahora, tras años de experimentación y estudio, he descubierto el porqué.

Cuando estás hinchado y sufres dolor de estómago, dolor abdominal o diarrea, o todo a la vez, tienes los intestinos irritados por dentro y, francamente, están cabreados contigo. En concreto, se inflaman las vellosidades, que son esos diminutos pelillos que recubren las paredes intestinales. Dado que los intestinos tienen una longitud superior a seis metros, una inflamación microscópica puede convertirse en una distensión abdominal gigante.

En el marco del cóctel para desinflar al bebé extraterrestre, el objetivo de la nutrición es muy sencillo: debes evitar aquellos alimentos de los que tu sistema digestivo se queja a nivel bioquímico. Aunque cada uno de nosotros seamos un poco distintos, por suerte hay muchos alimentos que son factores desencadenantes del bebé extraterrestre en casi todos nosotros. Con tan solo eliminarlos puede notarse una gran diferencia.

DETOX

Evita los siguientes alimentos:

BERENJENA. Las semillas se quedan atascadas en los intestinos y los inflaman.

PEPINO. Lo mismo que la berenjena.

FRUTOS SECOS. Al igual que las semillas, los frutos secos, tras ser descompuestos, se quedan atascados en las vellosidades intestinales.

SEMILLAS DE CHÍA. Al igual que los trocitos de frutos secos, se quedan atascadas en las vellosidades y, aún peor, se expanden.

SALSA DE SOJA. Posee una de las mayores concentraciones de gluten que existen en un alimento. El gluten presente en la salsa de soja, aunque sea la variedad sin sodio, provoca una inflamación en todo el cuerpo, sobre todo en el intestino.

PRODUCTOS DERIVADOS DE LA SOJA. Muchas personas tienen una alergia leve a la soja sin saberlo. Observa si te hinchas después de comer tofu, leche de soja u otros productos derivados de la soja y, si es así, elimínalos de tu dieta.

SALSAS PICANTES. Las especias inflaman el cuerpo por dentro y por fuera, y al ingerirlas pueden dar lugar a todo tipo de síntomas como los que provoca el bebé extraterrestre.

ALIMENTOS CRUDOS. Están repletos de nutrientes, sin duda, pero a tu sistema digestivo también le cuesta muchísimo descomponerlos. A menudo los alimentos crudos atraviesan los intestinos a medio descomponer, sobre todo si comes deprisa o estresado, lo que irrita aún más tus intestinos.

ALIMENTOS PROCESADOS. Todos los alimentos procesados contienen aditivos y sustancias químicas, y muchos llevan gluten o uno de sus derivados para mejorar la textura, la consistencia y el sabor. Ese gluten, muy distinto del gluten natural presente en el trigo fresco, repercute directamente en el bebé extraterrestre. Lo mismo ocurre con el GMS, los derivados de la soja y la goma xantana, un ingrediente habitual de los alimentos sin gluten.

RETOX

DESINFLAMANTES INSTANTÁNEOS

AGUA TIBIA. Bébete un vaso de agua sin gas tibia tres veces al día, al menos treinta minutos antes de comer. Esto te ayudará a calmar las vellosidades y poner en marcha tu sistema interno.

ARROZ. El arroz es tu amigo. Un bol de arroz blanco al vapor ayuda a absorber el exceso de acidez en el estómago y a calmar al bebé extraterrestre como si fuera un arrullo.

ALIMENTOS COCINADOS. El estómago y el sistema digestivo tienen que hacer menos esfuerzo para descomponer los alimentos que están cocinados. Al esforzarse menos, el sistema digestivo puede recuperarse y desempeñar su función con menor irritación (léase inflamación). Si estás en el apogeo del embarazo del bebé extraterrestre, elimina por completo cualquier alimento crudo hasta que tu organismo recupere la normalidad. A modo preventivo, procura tomar una comida al día en la que todo esté cocinado, tal vez incluso dos en los fríos meses de invierno, en los que el cuerpo necesita calor para poder funcionar como la seda.

TÉ. Las infusiones de manzanilla, menta o diente de león calman al instante el estómago.

TENTEMPIÉS

Galletas saladas
Vasito de arroz
Patata asada al horno con piel
Raíz de regaliz
Jengibre confitado

Sopa de verduras de Chata

1 cucharada de aceite de oliva
1 cebolla amarilla picada
1 lata (170 g) de tomate triturado
2 cucharaditas de sal
1 zanahoria picada
2 tallos de apio picados
1 calabacín picado
1 patata a tacos

Lleva a hervir una olla grande de agua, llena hasta dos tercios de su capacidad. Mientras esperas a que hierva el agua, calienta el aceite en una sartén pequeña. Agrega la cebolla. Cuando la cebolla esté tierna, incorpora el tomate triturado y la sal. Añade la zanahoria, el apio, el calabacín y la patata al agua hirviendo. Cuando la mezcla de tomate y cebolla empiece a volverse anaranjada, viértelo todo en la olla con el agua y las verduras. Remueve y tápalo. Déjalo cocer hasta que las verduras estén blandas, unos veinte minutos. ¡A disfrutar!

Arroz con calabacín

1 vaso de arroz, sin cocer
3 cucharadas de aceite de oliva
2 dientes de ajo picados
3 calabacines grandes troceados
Nata agria para decorar (opcional)

Cuece tu tipo de arroz preferido según las indicaciones del envase o cómpralo ya cocido. En una sartén grande, calienta el aceite y el ajo a fuego medio. Añade el calabacín troceado a la sartén. Remueve un par de veces y deja que se haga hasta que el calabacín se ablande. Sirve el arroz con el calabacín por encima. Si quieres, riégalo con una cucharada de nata agria.

Espinacas salteadas

1 cucharada de aceite de oliva
2 dientes de ajo, laminado fino
2 bolsas (250 g) de espinacas baby

Calienta el aceite en una sartén grande. Incorpora el ajo y rehógalo hasta que empiece a dorarse. Añade las espinacas a la sartén y remueve. Tápalo y deja que se haga hasta que las espinacas estén totalmente pochas, unos cinco minutos. Sírvelo como guarnición o úsalo de aperitivo.

Puré de patatas alienígena

4 boniatos pelados y troceados
1 cucharada de mantequilla
Sal al gusto

Mete los boniatos en una olla grande y llénala de agua. Lleva a ebullición; después, baja el fuego y deja que cuezan los boniatos hasta que se ablanden, de ocho a diez minutos. Escúrrelos bien y pásalos a un bol grande. Añade la mantequilla y la sal. Aplástalos con el tenedor o bátelos con una batidora de varillas.

ACTITUD

¿Recuerdas que antes te decía que los hemisferios derecho e izquierdo de mi cerebro empezaron a pelearse a raíz de la propuesta de Ben de que me mudara a Londres? Un hemisferio lo deseaba con todas sus fuerzas, consciente de que sería brutal para mi trayectoria profesional y mi crecimiento personal, mientras que el otro tenía miedo de irse tan lejos y dejar atrás mi vida, mi familia y mis seres queridos. El punto entre ambos hemisferios, el nervio vago, se quedó destrozado.

Como habremos oído todos, el intestino se considera a menudo un segundo cerebro. Esto se debe precisamente a que el nervio vago conecta el tronco encefálico con el abdomen. Se trata de un nervio craneal (es decir, cerebral) que está conectado con los nervios que van al colon y a los intestinos (es decir, los nervios que van al bebé extraterrestre), y transmite mensajes de ida y vuelta entre el cerebro y el intestino. ¿Qué significa eso? Que el intestino tiene línea directa con la mente, y la mente, con el intestino.

Esta conexión entre cuerpo y mente es lo que hace que la actitud sea un ingrediente tan potente del cóctel para desinflar al bebé extraterrestre. Si puedes aprender a dominar tu mente intangible, puedes aprender a dominar a tu bebé extraterrestre, que es bastante tangible. No me refiero en absoluto a que pases de tu mente o dejes de pensar, como propugnan muchas de las filosofías del yoga más populares al pedir que «dejemos la mente en blanco», sino que la guíes en una dirección mejor. De este modo, podrás prevenir y controlar la aparición de esos bebés anatómicos tan poco atractivos, que se produce cuando se envían mensajes desagradables allí abajo, y sentirte increíblemente libre.

La clave de todo esto reside en el concepto del agua. Los filósofos tibetanos hablan de *chula chu chapka*, o «echar agua al agua».

Si viertes un vaso de agua en una piscina llena de agua, no serás capaz de diferenciarlas. El agua del vaso se disolverá o se perderá en la inmensidad de la piscina, como quien no quiere la cosa. En cambio, si echas un vaso de aceite en el agua, el aceite se quedará flotando, no se disolverá, y contaminará el agua de diversas formas. El agua de la piscina, tras verterse el aceite, habrá cambiado visiblemente para siempre.

Cada segundo del día se vierten en tu cuerpo pensamientos y sentimientos. Algunos pasan desapercibidos, como si se echara agua al agua. Otros mejoran tu vida, endulzando y calmando las aguas. Y otros se comportan como el aceite en el agua, atascándose en tu sistema digestivo y perturbándolo, de un modo tangible e intangible. A través del nervio vago, estos pensamientos se transmiten directamente a los intestinos y al sistema digestivo, donde se quedan atascados, casi como si de una mancha de petróleo se tratase. Esa «marea negra» se manifiesta externamente en forma de hinchazón y molestias abdominales, o, lo que es lo mismo, el bebé extraterrestre.

El objetivo del proceso para desinflar al bebé extraterrestre es retoxificar tu mente de tal forma que pueda percibir y procesar los acontecimientos y sentimientos a tu alrededor, con tanta fluidez como si vertieras agua en el agua. Se trata de transformar la mugre atascada en un flujo fluido y continuo. Mis clientes, como Desiree y Kendra, se han dado cuenta de que esto no solo merma al bebé extraterrestre, sino que también les hace más conscientes de todos los pensamientos que están invitando a entrar a su sistema digestivo.

Kendra es una emprendedora y una madre treintañera que dejó su trabajo en una empresa después de dar a luz y montó su propia consultoría para poder trabajar desde casa. Sin embargo, había subestimado totalmente las exigencias de trabajar por cuenta propia, por no hablar de las de tener un niño pequeño. Tenía grandes metas, tanto para su trayectoria profesional como para su familia, carecía de personal de apoyo y estaba sometida a muchísimo estrés. Se pasaba la mayor parte del tiempo corriendo de aquí para allá como una loca, haciendo mil tareas a la vez, pero al final se dio cuenta de que ni su empresa ni su hijo sacaban lo mejor de ella. Lo único que parecía prosperar y crecer era su bebé extraterrestre.

Al principio acudió a I.AM.YOU. para perder algunos kilos, pero pronto empezamos a centrarnos en su bebé extraterrestre, y determiné que el de Kendra se gestaba casi totalmente por el estrés emocional. Ella utilizó este ejercicio mental para acabar con su bebé extraterrestre, y también para mantenerlo alejado durante todos sus futuros embarazos.

RETOX

Coge un trozo de papel y escribe todo aquello que haya sido desagradable, o poco agradable, en los dos últimos días. Anota todo lo que haya pasado, lo que te estrese, lo que te preocupe o cualquier cosa que te haga estar de todo menos supersonriente y feliz. Puedes escribir una palabra o un párrafo entero. Lo que te nazca. Al acabar, deja el papel a un lado.

A continuación, siéntate con la espalda bien recta, encuentra una postura cómoda y cierra los ojos. Lleva tu atención a la coronilla y desde ahí observa todo aquello que sabes que está ahí, los huesos, los ligamentos, los tendones, los intestinos, el estómago, la sangre, los músculos. Obsérvalo todo y, después, empieza a despejar poco a poco todo lo que ves como en el PEV (página 40).

Con el ojo de la mente despójate de todo el contenido interno de tu cuerpo hasta convertirte en un armazón vacío, de forma que seas tú por fuera pero estés vacío por dentro. Tómate el tiempo que necesites.

Vuelve a concentrarte en la coronilla, y llénate de un rayo de luz azul resplandeciente, del color de un cielo o mar perfecto. Llena cada rincón de tu cuerpo de esa luz.

Permanece sentado con tu cuerpo de luz azul durante diez respiraciones. Si te viene a la mente un pensamiento estresante, desagradable o perturbador, visualiza cómo entra más luz azul en tu cuerpo. Visualiza cómo la luz se vierte sobre ese pensamiento estresante, o sobre lo que sea que te venga a la mente, y lo disuelve por completo.

Tómate el tiempo necesites y, cuando hayas terminado, sigue con tu día dentro de ese cuerpo fluido de luz azul.

Banda sonora retox:
«Confusion», NEW ORDER

Échale agua al agua

Echando agua al agua, en sentido literal. Turquía.

FURIA DE TITANAS

TRATAR EL SPM Y EL CÍRCULO VICIOSO

Viene de mi interior

LA PELI DE MIEDO SUELE desarrollarse así…

Camino hacia mi armario para vestirme. A pesar de las decenas de prendas que tengo frente a mí, no tengo nada que ponerme. Camiseta tras camiseta, pantalón tras pantalón, falda tras falda, nada me queda bien, me veo como una foca. Empieza a crecer un pequeño montón en medio de la habitación, son prendas que me he quitado indignada a tirones mientras buscaba algo, cualquier cosa. La falta de tiempo me obliga al final a ponerme «lo que sea» y salir al mundo… con un hermoso grano en la barbilla.

A lo largo de las siguientes horas, me enfado por la cola que hay en el sitio donde compro el café. Le ladro a mi madre por teléfono y me enzarzo en un intercambio de mensajes de texto absurdos y extremos con mi marido. Me empieza a doler la espalda y estoy cansada, aunque me acabe de tomar un café. Me aprieta la ropa por la cintura, así que almuerzo una ensalada. Entonces me entra hambre y me dan ganas de comer pizza, hamburguesas y dulces a más no poder. Estoy sumamente nerviosa, preocupada por lo que pasará dentro de unos meses, y todo el mundo me molesta, sobre todo la chica que me hace la manicura, que se niega a pintar toda la uña. Me meto después en una guerra sin cuartel con mi operador de telefonía móvil porque me cuelan reiteradamente cargos en la factura, gritando como una loca, pero convenciéndome a mí misma de que estoy razonando, y en ese momento decido que el chocolate es la única solución. Me dirijo a la panadería, sintiendo ya los efectos calmantes que el primer bocado producirá en todo mi organismo, pero, cuando llego allí, se les han acabado las galletas de chocolate. Me pongo a llorar.

Cuando me doy cuenta de que estoy llorando por unas galletas, entonces lo entiendo todo. Se trata del síndrome premenstrual (SPM).

Ser mujer se asocia a un montón de trastornos físicos a menudo desagradables, que yo categorizo en general como «furia de titanas», aunque también nos vendría al pelo lo de «mujeres al borde de un ataque de nervios». Entre la menstruación, el síndrome premenstrual, los intentos de quedar embarazadas, las pruebas de embarazo, el posparto, la perimenopausia y, finalmente, la menopausia, las mujeres tenemos un cuerpo y una vida que parecen sacados de otra dimensión totalmente distinta, y mi marido dice a menudo que deberíamos venir con un manual de instrucciones y una etiqueta de advertencia.

En este capítulo se tratan a fondo las cuestiones femeninas, las fluctuaciones y desequilibrios hormonales, y se utilizan las posturas de yoga, una nutrición sencilla y una meditación rápida para ayudar a las mujeres a lograr el equilibrio total. Se centra en el SPM y en los períodos, ya que es algo que todas las mujeres sufrimos y donde el método retox tiene una trayectoria impresionante.

Veamos el caso de Cristina, una alumna del estudio I.AM.YOU. de treinta y seis años de edad, originaria de Minnesota. Cuando la conocí, se sentía abatida diez días al mes. Y cuando digo abatida, quiero decir *abatida*. Cristina llevaba sufriendo SPM agudo desde que era adolescente. Solía tener un SPM tan fuerte que muchas veces ni siquiera podía levantarse de la cama. Sufría calambres intensos, náuseas y dolor de espalda, y ninguno de ellos se calmaba con los distintos medicamentos que sus médicos le habían recetado a lo largo de los años. Una vez pasado el punto álgido del SPM, cuando Cristina lograba ir a rastras al trabajo, su rendimiento se veía deslucido y empañado por una «mala actitud», según sus jefes. No hacía planes sociales ni ejercicio en esos días, sino que se limitaba a quedarse en casa y acurrucarse hecha una bola, vestida con la ropa más holgada que pudiera encontrar. Esta fue su rutina habitual durante un tercio del mes, todos los meses, durante más de veinte años.

Como otros muchos, Cristina acudió a mí desesperada en busca de ayuda, aunque no estaba demasiado convencida de que yo pudiera ofrecerle algo que todos los especialistas y las pastillas no le hubieran dado ya. Le pedí que confiara en mí, y eso hizo. Nos embarcamos en un programa completo basado en el cóctel retox para el SPM, empezando por el yoga.

YOGA

Entiendo que cuando estás con el SPM o tienes el período, la idea de practicar ejercicio físico parece terrible y, para ser sincera, normalmente tiene las de perder frente a una manicura y un masaje de espalda, seguido de un helado en el sofá. Sin embargo, el yoga es fundamental para tu bienestar en esos días. Si se practica según la metodología retox de I.AM.YOU., el yoga es una herramienta indispensable para hacer remitir el SPM y las molestias menstruales. Asimismo, ayuda a equilibrar las hormonas el resto del mes para que los ciclos menstruales sean menos dolorosos y, con el tiempo, pasen incluso desapercibidos.

RETOX

SOLUCIONES EN LA OFICINA

RESPIRACIÓN ANTIFURIA

Siéntate con la espalda bien recta y apoya las manos donde te resulte cómodo, puede que incluso en el abdomen. Inhalando, cuenta hasta cinco. Exhalando suavemente por la boca, cuenta hasta cinco. Repítelo de cinco a diez ciclos.

LA GUIRNALDA EN EL ESCRITORIO

Siéntate en el borde de la silla con los pies juntos en el suelo. Abre bien las rodillas hacia los lados. Inhalando, siéntate con la espalda bien recta. Exhalando, inclina el tronco entre tus piernas y deja colgar la cabeza. Respira en esa posición tantas veces como puedas.

TORSIÓN SUAVE*

Inhalando, siéntate con la espalda bien recta. Exhalando, haz una torsión hacia la derecha. Mira por encima del hombro derecho. Aguanta ahí cinco respiraciones y después repítelo por el otro lado.

LA PINZA EN LA SILLA

Siéntate en el borde de la silla con los pies separados a la anchura de las caderas. Extiende las piernas hacia delante y coloca los pies en flexión para que los talones presionen contra el suelo. Inhala y siéntate con la espalda bien recta. Exhalando, flexiona el tronco hacia delante, alargando las manos hacia los tobillos o las pantorrillas. Deja colgar la cabeza y aguanta así de cinco a quince respiraciones.

LA GUIRNALDA

De pie, con los pies juntos, sube de puntillas, flexiona las rodillas y ábrelas bien hacia los lados. Deja caer los antebrazos al suelo entre las rodillas, deja caer la cabeza y relaja el cuello. Aguanta así, respirando.

EL NIÑO EN «V»

Siéntate sobre los talones con las rodillas abiertas y los pies juntos, de forma que las espinillas formen una gran «v». Lleva la frente al suelo, dejando que el pecho caiga entre las piernas. Extiende los brazos al lado del cuerpo. Aguanta en esa posición, respirando.

PIERNAS CONTRA LA PARED

Túmbate con el trasero pegado a la pared. Lleva las piernas a la vertical y apóyalas en la pared, con los pies juntos o dejándolos caer hacia los lados. Abre los brazos en horizontal, o coloca una mano en el abdomen y la otra en el corazón. Respira en esa posición mientras te resulte cómodo.

DIAMANTE RECOSTADO

Túmbate boca arriba con las rodillas flexionadas. Junta los talones y deja caer las rodillas hacia los lados. Coloca una mano en el abdomen y la otra, en el corazón. Si quieres, ponte una manta pesada encima del abdomen. Cierra los ojos y haz treinta respiraciones.

FURIA DE TITANES

NUTRICIÓN

Cartagena, Colombia. 1 de enero de 2004. Acababa de disfrutar de tres mágicos días en esta antigua ciudad colonial a orillas del mar Caribe, deleitándome con sus vivos colores, olores, sabores y sonidos, y con el realismo mágico que ha hecho célebre la ciudad. Pero mis vacaciones habían llegado a su fin, y estaba en el aeropuerto esperando pacientemente para embarcar en mi vuelo de regreso a esa jungla urbana gris que es Nueva York. Cuando me disponía a subir las escaleras que llevaban a la puerta del avión, una azafata me detuvo.

—Lo siento, no puede subir al avión —me dijo.

—¿Por qué? —le pregunté, perpleja y preocupada.

—¡Porque está embarazada! —exclamó con una mirada horrorizada en su rostro perfectamente maquillado.

Estoy bastante segura de que la expresión de mi cara sin maquillar era de desconcierto. Aun así, me pidió que regresara a la puerta de embarque, recogiera mi equipaje y solicitara la devolución del billete, informándome de que, por política, la aerolínea no permitía volar superado el sexto mes de gestación. Pero yo no estaba embarazada, le dije, primero con calma, y luego más alterada. Seamos realistas, ¡en el fondo me estaba llamando gorda!

La conversación siguió y siguió, haciéndome sentir peor conmigo misma cada segundo que pasaba. Finalmente, mi novio les convenció de la verdad, de que yo no estaba embarazada; era tan solo una estadounidense muy hinchada, en mitad de su período.

Cuando finalmente embarcamos, decidí en ese preciso instante que iba a averiguar por qué mis síntomas del SPM eran tan intensos y cómo podía controlar la hinchazón y los calambres para que nunca más se repitiera esa bochornosa escena. De vuelta en Nueva York, empecé a analizar cómo afectaba mi dieta al SPM, y así nació el plan retox que compartí con Cristina y que voy a compartir contigo ahora mismo.

DETOX

Evita los siguientes alimentos para calmar la furia:

LÁCTEOS. Aunque muchos estudios occidentales afirman que los productos lácteos son beneficiosos para el SPM, la medicina tradicional china y los estudios más recientes en medicina funcional han hallado que, en realidad, los lácteos intensifican los efectos del SPM, lo cual agrava el ciclo en sí y los síntomas. Los lácteos inflaman el organismo, y durante ese momento del mes pueden empeorar la hinchazón y los calambres. Si tratas de eliminar los lácteos durante un mes, es probable que notes que el siguiente período se suaviza mucho y desaparece el dolor.

AZÚCAR. Por mucho que el cerebro te diga que quiere ese caramelo o ese *brownie,* lo único que conseguirás es sentirte más abatida, porque tener más altibajos es lo último que necesita tu cuerpo, que ya está desbocado. Procura reducir la ingesta de azúcar tanto natural como procesada justo antes del período y mientras dure, sustituyendo la fruta y los dulces por frutos secos o verduras.

SOJA. Los productos derivados de la soja pueden causar distensión. Además, se ha demostrado que la leche de soja altera las concentraciones hormonales. Aunque creas que sustituir la ingesta regular de lácteos por productos derivados de la soja será beneficioso para tu organismo, en realidad estos últimos alteran aún más el equilibrio hormonal del cuerpo y fomentan los dolorosos calambres y la hinchazón. Pasa de la soja.

CAFEÍNA. Me encanta el café, créeme, pero mientras estoy con el SPM o la menstruación, cambio el normal por el descafeinado. La cafeína puede aumentar la ansiedad y el estrés, lo cual nos pone de peor humor (o incluso más insoportables) de la cuenta. Si vas a tomar un café igualmente, que sea solo o con leche de almendras.

BRÓCOLI Y COLIFLOR. Sé que esto puede sonar ilógico, dado que mucha gente se siente hinchada al ingerirlos, pero el brócoli y la coliflor son potentes agentes depuradores que acaban con los estrógenos de más que circulan por el cuerpo. Durante la menstruación, aumentan las concentraciones de estrógenos y bajan las de progesterona, lo cual provoca un desequilibrio hormonal. Añadir brócoli y coliflor puede ayudar a equilibrarlo. Tan solo asegúrate de que estén cocidos para facilitar su digestión.

HINOJO Y SEMILLAS DE HINOJO. Ambos contienen aceite volátil y ácido alifático, que se ha demostrado que acaban con el dolor abdominal asociado a la menstruación. Asimismo, ayudan a regular la motilidad gástrica para evitar la formación de gas en el sistema digestivo. Córtalo a láminas y mastícalo a lo largo del día, o cocina con semillas de hinojo por la noche.

CARBOHIDRATOS. ¡No son tus enemigos! Se ha demostrado que los hidratos de carbono complejos calman los sistemas que intervienen en el SPM, sobre todo los asociados a los cambios de humor. Opta por cereales naturales como el arroz y la avena, y la patata.

ALAZOR Y AZAFRÁN. Estas especias de intensos colores se utilizan en la medicina oriental para reforzar el sistema circulatorio. Se ha demostrado que alivian el dolor causado por el estancamiento sanguíneo, como el dolor menstrual, y ayudan a mantenerte fuerte mientras menstruas. Procura añadir una gota de sus aceites a un vaso de agua o usarlos para cocinar.

CARNE DE TERNERA. Debería ser tu aliada. Durante el período, pierdes sangre y, con ella, hierro. Come carne roja orgánica varias veces a lo largo de tu ciclo y te sentirás más fuerte y estable.

INFUSIÓN DE MANZANILLA. La manzanilla relaja el cuerpo, los músculos y la mente. Si te tomas una taza, te tranquilizarás casi de inmediato, además de notar menos hinchazón, calambres y dolor de espalda.

TENTEMPIÉS

Brócoli y ramilletes de coliflor cocidos
Nachos de maíz con salsa suave
Avena
Ensalada de hinojo y judías verdes (véase la receta en la página 146)

Paella antifuria

- **1 cucharada de aceite de oliva virgen extra**
- **1 diente de ajo picado**
- **1 cebolla picada**
- **4 tomates troceados**
- **1 vaso de col rizada o espinacas picadas**
- **1 calabacín troceado**
- **1 vaso de guisantes, frescos o congelados**
- **Una pizca de sal**
- **2 pellizcos de azafrán**
- **3 vasos de arroz o quinoa, cocidos**

Calienta el aceite en una cazuela grande. Incorpora el ajo y la cebolla, y rehógalos hasta que la cebolla esté transparente. Añade los tomates y remueve. Déjalo tapado en el fuego durante quince minutos. Agrega la col rizada o las espinacas, y el calabacín. Remueve y tapa la cazuela. Cuando el calabacín esté tierno, en unos cinco minutos, añade los guisantes, la sal y el azafrán. Remueve. Incorpora el arroz o la quinoa. Remueve y tapa la cazuela. Cuando la quinoa haya adquirido el color del resto de las verduras, ¡está listo para servirse!

Ensalada de hinojo y judías verdes

- **450 g de judías verdes, sin las puntas**
- **1 bulbo de hinojo**
- **3 cucharadas de aceite de oliva virgen extra**
- **1 cucharada de vinagre balsámico**
- **½ cucharadita de orégano**
- **Sal y pimienta al gusto**

Cuece al vapor las judías verdes en una cazuela o vaporera, o saltéalas en una sartén. Mientras se hacen, lamina el hinojo y colócalo en una ensaladera. Añade las judías verdes, el aceite, el vinagre, el orégano, la sal y la pimienta, y mézclalo todo.

Sopa de brócoli

1 cucharada de aceite de oliva virgen extra

4 dientes de ajo picados

2 cabezas de brócoli o 2 bolsas (450 g) de brócoli congelado, troceado

2 vasos de caldo de verduras (o caldo de pollo, o agua)

Sal y pimienta al gusto

Calienta el aceite en una olla grande a fuego medio. Incorpora el ajo y rehógalo hasta que se dore. Añade el brócoli y el caldo, y salpimiéntalo al gusto. Llévalo a ebullición y después baja el fuego y tapa la olla, dejando que cueza a fuego lento durante veinte minutos, o hasta que el brócoli esté tierno. Retira la olla del fuego y tritúralo todo con una batidora de mano hasta que quede un puré. También puedes triturar la sopa en una batidora por tandas.

La ternera es tu aliada

Todos conocemos las consecuencias de la menstruación. Perder hierro significa que debe entrar hierro. Así que ve a comprar tu corte de ternera preferido, a ser posible orgánico y alimentado con pasto. Si se trata de un bistec, háztelo a tu gusto en la sartén o la parrilla. Para mí, en el caso del bistec, eso significa bien hecho y unos veinte minutos al fuego (lo sé, pero ni siquiera los franceses han podido convencerme). A ti puede gustarte poco hecho, vuelta y vuelta, un par de minutos cada lado. Y si quieres algo más suave, puedes comprar carne de ternera picada y hacer hamburguesas. Elabóralas a tu gusto en una sartén o en una parrilla, y sírvelas con una guarnición de verduras.

ACTITUD

Si estás leyendo este capítulo, lo más probable es que te sientas sumamente irritable, de mal humor y nerviosa de entrada, así que te lo voy a soltar rápido, sin rodeos y a lo bruto. Si eres hombre y estás leyendo esto para comentárselo luego a tu parienta, dale el libro a ella y deja que le dé yo el mensaje en vez de dárselo tú... (que conste que te lo he advertido).

No son ellos. Eres tú.

Lo digo en serio.

Viene de tu interior, no del exterior.

La odiosa mujer que se te coló en tus narices. Tu malvada jefa que te pidió que asumieras un nuevo proyecto. La cerda de tu amiga que no quiso quedar para cenar. La pesada de la monitora del gimnasio que no dejaba de parlotear con su voz de pito durante la clase. Tu madre, que llama una y otra vez para saludarte. El operador de atención al cliente que no descolgará el teléfono por mucho que aprietes el cero. El malo de tu marido que se va dejando las cosas tiradas por casa a propósito. Todo esto viene única y exclusivamente de tu interior.

Lo más probable es que esa gente no tenga ni idea de que te están volviendo loca, porque no es ni de lejos su intención. Así que tu deseo de clavarles un cuchillo, o quejarte por lo que te han hecho, viene directamente de tu mente. Es tu problema, no el suyo. Bueno, vale, el problema se magnifica por una intensa mezcla de potentes hormonas que tan solo estás empezando a controlar con el yoga y la nutrición del plan retox..., pero, incluso cuando domines los movimientos físicos y la alimentación, tu mente y tu estado de ánimo seguirán siendo los mismos.

El hecho de que venga de tu interior, y no del exterior, es uno de los principios más potentes de la filosofía del yoga tibetano en los que se basa el método I.AM.YOU. Eso implica que tú, tú misma, creas cada experiencia en cada momento de cada día. Y eso es algo intenso y genial.

Pongamos el ejemplo de tu jefa, que te asigna un nuevo proyecto. Tú puedes ponerte furiosa porque está dándote más trabajo de mala manera cuando ya vas a tope, puedes disgustarte, murmurar para tus adentros durante horas, enviar mensajes de queja a tus amigos hasta que te duela el pulgar y luego despotricar aún más mientras te tomas una copa de malbec. O bien esa misma jefa puede darte ese mismo proyecto nuevo, y tú puedes estar emocionada porque confía en ti, sentirte orgullosa de ti misma por ser valorada dentro de la empresa, y estar entusiasmada de poder usar tu energía y capacidad a tope, y de paso tal vez incluso aprender algo nuevo. La misma jefa y el mismo nuevo proyecto, pero dos reacciones y percepciones totalmente distintas, lo cual es extensible a toda experiencia vital.

Créeme, sé que puede ser muy difícil asimilar en los días de apogeo del SPM, pero es la clave para controlar los cambios de humor durante el ciclo femenino. Te lo diré sin rodeos: es la clave para conservar tu puesto de trabajo, a tus amigos y a tus seres queridos.

No solo tienes el poder de controlar tus experiencias, sino que encarnas ese poder. Sencillamente porque nada de eso viene de fuera, sino que todo viene de tu interior. Esa es la mágica realidad que lo explica todo.

Para ayudarte a desarrollar ese poder, he creado una meditación rápida y fácil que puedes hacer dondequiera que estés, al margen de quien te esté volviendo loca y de lo irracionalmente (o racionalmente) disgustada que te sientas.

RETOX

Este plan mental retox va a tiro hecho.

Cada vez que alguien diga o haga algo que te moleste, responde con amabilidad, con una actitud positiva y amable.

Si la mujer al otro lado de la calle te mira con mala uva, sonríele. Si el técnico no logra reparar tu frigorífico y tienes que comprar uno nuevo, agradécele de verdad su esfuerzo. Si el camarero se equivoca con el almuerzo que has pedido, dile que no pasa nada, que sabes que va a tope y que tienes suerte de poder comer bien. Si tu hija te está dando la lata, dile lo mucho que la quieres. Si tu pareja está distante, dale las gracias por estar presente en su vida.

Por cada cosa negativa que se presente en tu camino, saca de ti algo positivo y compasivo. Es posible que al principio no tengas ganas, pero a las pocas horas notarás un impresionante cambio en tu manera de pensar, tu estado de ánimo y tu vida.

Banda sonora retox:

«Take the Power Back», RAGE AGAINST THE MACHINE

No viene del exterior; viene de mi interior

Sacando la furia a golpe de rock, Nueva York. Fotografía de Mick Rock.

E + M... Y LA F ESENCIAL

ESTABILIDAD, MOVILIDAD Y FLEXIBILIDAD

Confío en mí

NO TE PREOCUPES, QUE ESTE capítulo es para todos los públicos, aunque con supervisión paterna.

En el terreno del retox, E + M son las iniciales de *estabilidad* y *movilidad*. Y el eje fundamental de todo ello es la flexibilidad, algo que solía traerme sin cuidado, en gran medida porque no soy flexible por naturaleza y prefiero centrarme en la fuerza y la resistencia. De hecho, yo solía mirar por encima del hombro con prepotencia a la gente flexible, tachándola de creída, como si fueran ellos los bichos raros, aunque en secreto me muriera de envidia de lo gráciles y gozosos que parecían. Este complejo de superioridad que tenía yo por el hecho de no ser nada flexible llegó realmente a su máxima expresión en esa primera clase de yoga de la que ya te he hablado. A ver, la verdad, ¿quién tiene tiempo para estirar cuando podrías estar quemando calorías? Yo solía pensar que la flexibilidad estaba sobrevalorada.

Sin embargo, cuando empecé a pasar más horas en Wall Street y a recorrer más kilómetros después del trabajo para liberar estrés y quemar el alcohol a base de sudar, todo empezó a dolerme sin prisa pero sin pausa. Las lumbares y las rodillas se resentían a diario. Tenía las caderas, sobre todo la izquierda, echas un desastre, y el dolor no se calmaba por muchas inyecciones de cortisona, ejercicios de autoliberación miofascial o descanso que les diera. Los hombros me daban una punzada de dolor cada vez que movía los brazos, así que trataba de relajarlos patéticamente con masajes en el centro de estética (al fin y al cabo, era más práctico), y a menudo era incapaz de girar el cuello hacia uno u otro lado, al menos un par de veces al mes. Y lo más nefasto de todo era que agacharme para calzarme los zapatos de tacón o atarme las zapatillas deportivas era…, bueno, de todo menos elegante. Era patético. Y yo tenía veintidós años.

Lo cierto es que la flexibilidad es importante, ya que genera movilidad. La flexibilidad y la movilidad combinadas estabilizan el cuerpo y, en consecuencia, la mente. La flexibilidad no está hecha únicamente para los bailarines, los yoguis y los niños pequeños, sino para todos los seres humanos, de todas las edades, y es fundamental para gozar de buena salud.

El problema es que conforme envejecemos y nos volvemos más sedentarios, el cuerpo se va poniendo rígido y los tejidos pierden humedad, lo cual nos hace perder flexibilidad, nos agarrota y nos hace más propensos a sufrir lesiones. Piensa en lo que le ocurre a una uva que está al sol: empieza siendo redonda, suave y jugosa, pero con el tiempo se encoge, pierde humedad y se seca, adoptando la forma rígida de una pasa. Eso es lo que le ocurre a tu cuerpo, sobre todo si no prestas atención a su necesidad de mantenerse flexible y móvil.

Antes de que empieces a burlarte de mí, quiero que hagas una prueba. Agáchate y tócate los dedos de los pies. Venga, hazlo. Y ahora ponte de pie con la espalda recta, ponte de puntillas manteniendo el equilibrio y eleva el pie derecho del suelo y cuenta hasta diez. ¿Cómo ha ido? Supongo que la primera parte fue ligeramente dolorosa y la segunda no fue elegante ni de lejos. No te preocupes, estás en el mismo bando en el que yo me encontraba, junto con la mayoría de la gente de más de veinte años en la actualidad.

Por mucho que pienses que el tándem E + M no está hecho para ti y que, en consecuencia, pases del tema de la flexibilidad..., sí está hecho para ti y sí te importa. O, por lo menos, a la máquina física y tangible que es tu cuerpo sí le interesa. Es crucial para prevenir lesiones, para dormir bien y, en general, para ir por el mundo.

En este capítulo he creado un plan de tres partes para volverte fuerte y flexible, de modo que puedas gozar de estabilidad y movilidad. He basado el yoga en la física y la anatomía pura y dura; la nutrición, en las propiedades bioquímicas de los alimentos que te vuelven más ágil, y la actitud, en el modo de encontrar tu zona de confort. ¡En marcha!

YOGA

El yoga es tanto una ciencia como una filosofía. Como ocurre en toda ciencia, se necesitan datos, así que es hora de ponernos frikis. La flexibilidad radica en los tejidos conectivos del organismo, aquellos que nos unen por dentro para dar sostén a nuestra estructura corporal; los ligamentos, los tendones y las fascias son los más importantes. Casi todo el yoga, si se enseña bien, nutre esos tejidos, proporcionándoles sangre oxigenada y oxígeno para favorecer la regeneración celular, la lubricación y otros agentes curativos.

Sin embargo, tienes que saber la diferencia que existe entre los tendones, los ligamentos y la fascia, y tener cuidado de tratar a cada uno de la forma adecuada. Los tendones conectan los músculos con los huesos; son relativamente rígidos y no deben estirarse. Los ligamentos conectan los huesos entre sí en el interior de las cápsulas articulares (piensa en el manguito del rotador); son un poco más dúctiles, pero solo deben estirarse un poquito. Su función es limitar la flexibilidad y mantenerte a salvo. La fascia envuelve las fibras musculares y las separa en grupos funcionales. Imagina que rellenas unas medias con bolas de calcetines; los calcetines son los músculos y las medias de nailon, la fascia. La fascia representa alrededor de un tercio de la masa corporal total y es responsable de cerca del 40 por ciento de lo que llamamos *flexibilidad*. Es el único tejido conectivo que puede estirarse de forma segura.

En lo que respecta al yoga y a la flexibilidad, las lesiones y frustraciones suelen deberse a tres motivos:

- **Recibir malas enseñanzas.** Se enseñan mal las posturas y la anatomía, y las posiciones se centran erróneamente en los tendones y los ligamentos, que rara vez deben estirarse.
- **Pasar por alto la fascia.** La importancia de la fascia se subestima totalmente en lo que respecta a la flexibilidad, la estabilidad y la movilidad, lo cual impide que el alumno avance a pesar de su esfuerzo continuo.
- **Sentir indiferencia hacia la física.** Entre los numerosos aspectos que me fascinan de la física está el concepto newtoniano de que para cada fuerza hay una fuerza igual y opuesta. Para cada arriba hay un abajo, para cada dentro hay un fuera. Para cada acción hay una reacción. Resulta que Newton era, en realidad, un yogui, porque este es, en efecto, uno de los pilares fundamentales en las prácticas tanto tangibles como intangibles del yoga.

En cada postura de yoga (que esté correctamente alineada) se fortalece un músculo y se elonga otro. Existe una acción de anclaje a la tierra y una acción de elevación. Hay un impulso de avance y un empuje de retroceso. En cada postura de yoga asistida (que se realice de forma segura) existe una acción de conexión a tierra y una acción de elongación. Una fuerza estabilizadora y una movilizadora. Estas pueden apreciarse de un modo muy evidente en el muslo frontal en la postura del guerrero II, en la que el cuádriceps se fortalece y el tendón de la corva se elonga; en la postura de equilibrio sobre las manos, en la que las manos presionan hacia abajo, mientras que el torso se eleva desde los hombros; en la postura asistida de flexión anterior sentado, donde se ancla la pelvis al suelo y se elonga la columna vertebral. En el ámbito de la anatomía, esto se denomina «inhibición recíproca», dado que cuando se contrae un grupo muscular, el sistema nervioso autónomo libera el grupo muscular opuesto. Si no contraes uno, el otro no se estirará. Y, si lo hace, puede estirarse mal, con la consiguiente lesión en ese lugar o en otro. Así de sencillo.

A tenor de nuestra recién descubierta pasión por la física y las fuerzas opuestas, voy a compartir contigo dos magníficas historias opuestas relacionadas con el E + M de la filosofía retox. La primera la protagoniza Mark, un informático friki de treinta y tres años de edad, lo que traducido a un lenguaje más profesional sería un genio de la programación en Internet. Vino a verme solo porque su jefe y un buen amigo suyo le habían obligado a hacerlo, ya que se había quejado de un dolor crónico e incapacitante en la espalda y la muñeca, así como de sufrir dolores de cabeza. Preocupados de que estuviera realmente enfermo, le habían enviado a un médico que solo quería recetarle analgésicos y que le había recomendado una clase de yoga de moda que no le sirvió de nada. Entonces me encontraron. Me di cuenta al instante de que los problemas de Mark estaban firmemente arraigados en una necesidad desesperada de adquirir E + M... y algo de F.

Antes de encontrar su verdadera vocación, que era ser programador, Mark había sido deportista universitario de élite en Míchigan. Tenía el cuerpo acostumbrado a un entrenamiento intenso y a lograr frecuentes hazañas sobrehumanas en el campo de fútbol. En la actualidad, programaba, practicaba crossfit, hacía pesas, seguía programando y corría. Su cuerpo lo odiaba. Mark estaba tan rígido que ni siquiera podía agacharse hacia delante y, en consecuencia, tenía la circulación estancada. Presentaba un sinfín de lesiones al azar, que no eran propias de alguien de treinta y tres años, y notaba que rendía poco al correr, en el circuito de crossfit y en el gimnasio. Él pensaba que necesitaba un buen estiramiento, y así fue, pero al estilo retox.

Tras la primera hora realizando ejercicios juntos, Mark ya era una persona distinta. Podía agacharse hacia delante, casi llegaba con las manos hasta la mitad de sus cuádriceps, y afirmaba sentirse «ligero y libre». Seguimos trabajando juntos, practicando las secuencias más largas que encontrarás en este capítulo, y le mandaba hacer las «Soluciones en la oficina» una vez al día. Ahora llega a tocarse los dedos de los pies, se abre de piernas, y corre y levanta pesas como en su época de universitario. Todo eso gracias al yoga retox.

Charlotte, por su parte, había sido gimnasta toda su vida. Al graduarse en la universidad en Ohio, transformó esa pasión en una carrera profesional como bailarina en Miami. Era el polo opuesto a Mark, ya que podía ponerse la pierna detrás de la cabeza sin pestañear, pero, al igual que él, sufría una retahíla de lesiones que no eran propias de un cuerpo de treinta y cinco años de edad. Ella también necesitaba remediarlo atacando el tándem E + M de la filosofía retox, pero en su caso, centrando su flexibilidad innata en la E más que en la M, es decir, en la estabilidad más que en la movilidad.

Dado que el yoga retox se basa firmemente en la anatomía, con Charlotte pude utilizar exactamente las mismas posturas que con Mark; tan solo cambiamos ligeramente el enfoque y el propósito detrás de cada una de ellas. A las pocas semanas, Charlotte tenía la misma flexibilidad de siempre, pero era infinitamente más fuerte y no le dolía nada.

Así que, tanto si te pareces a Mark, como a Charlotte, como a mí..., ¡ponte en marcha!

SOLUCIONES EN LA OFICINA

ESTIRAMIENTO LATERAL

Eleva los brazos rectos. Cruza la muñeca izquierda por detrás de la derecha. Inhalando, crece hacia el techo, tirando hacia arriba. Exhalando, inclínate a la izquierda. Asegúrate de que tienes los isquiones apoyados en la silla para que el estiramiento se realice desde el lugar correcto. Aguanta en esa posición, y luego repítelo con el otro lado.

SENTADILLA AMPLIA EN LA SILLA

Separa los pies por fuera de la silla, con los dedos hacia delante o un poco abiertos hacia los lados. Abre mucho las piernas y coloca los codos en la cara interna de los muslos. Inhalando, extiende la columna vertebral. Exhalando, presiona con los brazos estirados hacia atrás, contra las piernas. Aguanta en esa posición y respira mientras te sientas cómodo.

ESTIRAMIENTO DE HOMBRO Y PECTORAL

Sentado o de pie, junta las manos por detrás de la espalda. Intenta que las palmas se toquen. Inhalando profundamente, crece con la espalda y estira los codos. Exhalando, lleva las manos hacia abajo y hacia atrás, en la dirección en la que mejor te sientas. Aguanta ahí de cinco a diez respiraciones, y después repítelo cuanto sea necesario.

MEDIO TOBILLO A RODILLA

Apoya el tobillo izquierdo sobre la parte inferior del cuádriceps derecho, justo por encima de la rodilla. Flexiona el pie izquierdo. Presiona hacia abajo con la mano izquierda sobre la cara interna del muslo izquierdo o de la rodilla izquierda. Si quieres, puedes realizar una flexión anterior con el tronco. Aguanta en esa posición, y después repítelo con el otro lado.

PERRO HACIA ABAJO CON RODILLA FLEXIONADA

Empieza en la posición del perro hacia abajo. Inhalando, eleva la pierna izquierda en el aire. Exhalando, flexiona la rodilla izquierda y abre la pelvis. Lleva el talón izquierdo hacia el glúteo y mira por debajo de la axila izquierda. Toca con el talón derecho en el suelo. Aguanta en esa posición de cinco a diez respiraciones, y luego repítelo con el otro lado.

MEDIA LUNA EXTENDIDA

Ponte de pie con las piernas a la anchura de las caderas. Lleva el peso a la pierna derecha y eleva la pierna izquierda estirada hacia atrás. Apoya la mano derecha en el suelo, debajo del hombro derecho. Inhalando, levanta el brazo izquierdo hacia el techo y abre la pelvis hacia el lado. Exhalando, lleva el brazo izquierdo estirado al lado de la oreja. Pon en punta el pie izquierdo. Aguanta así de cinco a diez respiraciones, y después repítelo con el otro lado.

LA PIRÁMIDE

De pie, con las manos entrelazadas por detrás de la espalda, da un paso hacia atrás con la pierna izquierda de forma que quede una separación de sesenta a noventa centímetros. Baja el talón al suelo y pon los dedos de los pies en un ángulo de cuarenta y cinco grados. Estira la pierna derecha, que ha quedado delante. Inhalando, alarga la columna. Exhalando, haz una flexión anterior sobre la pierna frontal. Activa los cuádriceps y lleva la cadera derecha hacia atrás. Aguanta ahí de cinco a diez respiraciones, y después repítelo con el otro lado.

MEDIA PINZA

Sentado en el suelo, lleva la rodilla derecha hacia el pecho. Coloca el talón del pie lo más cerca posible de la ingle y deja caer la rodilla hacia el lado. Gira el pecho hacia la pierna izquierda. Inhalando, siéntate con la espalda bien recta. Exhalando, flexiona el torso hacia la pierna izquierda, tratando de llegar a la rótula con el lado derecho de la caja torácica. Inhalando, levanta el brazo derecho. Exhalando, llega al pie con ambas manos. Aguanta en esa posición de cinco a diez respiraciones, y después repítelo con el otro lado.

NUTRICIÓN

Se puede alimentar la flexibilidad y nutrir la estabilidad. De hecho, muchos alimentos deterioran directamente tu movilidad, volviéndote más rígido a cada bocado, y otros mejoran tu flexibilidad y tu equilibrio interior, de la fascia a los músculos, de la energía a la mente. Es fácil pensar que, por no tener tiempo o por estar atrapado en una oficina, es imposible ejercitar E + M; sin embargo, con estos consejos alimentarios retox puedes lograr un cuerpo más atractivo, abierto, móvil y ágil, mordisco a mordisco.

DETOX

EL EQUILIBRO DEL PH ES IMPORTANTE

Dicho de un modo muy simple, un pH corporal entre neutro y alto dota de mayor estabilidad, movilidad y flexibilidad. Un pH inferior indica que hay más acidez en el cuerpo. Cuanto mayor es la acidez, más inflamación existe, y a mayor inflamación, más rígido, menos flexible y menos móvil se vuelve el cuerpo.

pH bajo = más acidez = más inflamación
= más rigidez
pH alto = más alcalinidad = menos
inflamación = menos rigidez
E + M saludable = pH más alto

El ejemplo más evidente es alguien con artritis, como Gloria, que, a pesar de gozar de buena salud en general, de ser una persona fuerte y de haber sido bailarina, llevaba algún tiempo sufriendo artritis, lo cual pone de relieve los efectos de la acidez en la E + M corporal. Cada vez que come alimentos muy ácidos, se le entumecen las manos y los nudillos, apenas puede agacharse, y menos aún levantarse de la cama, le duele el cuerpo y se queda un tanto inmóvil. El ácido aumenta la inflamación de las articulaciones afectadas por la artritis, a menudo en menos de una hora. Cuando Gloria sigue una dieta muy alcalina, puede correr, saltar y bailar como cuando era una niña. Por ello trabajamos juntas para limitar los alimentos ácidos en su dieta diaria y añadir los alimentos alcalinos que se incluyen más adelante con el fin de ganar flexibilidad.

Evita los siguientes alimentos, que son muy ácidos: tomates crudos, arándanos rojos, queso, leche, marisco, soja, productos derivados de la soja, como la leche de soja, cacahuetes, maíz, piña y café solo.

RETOX

Incorpora estos alimentos alcalinos a tu dieta: ajo, verduras de hoja verde, algas, brócoli, aguacate, manzana, melocotón, pepino, remolacha, lechuga, guisantes, melón cantalupo, limón, arándanos azules, almendras, huevos, semillas, miel y espirulina.

EL IMPERIO DE LOS ELECTROLITOS

Por mucho que me encante el Gatorade de limalimón, existen fuentes mucho mejores y naturales de electrolitos, que nuestros músculos y tejidos necesitan para activarse, contraerse, relajarse y moverse. Los principales iones de los electrolitos (sodio, potasio, calcio, magnesio, fosfato de hidrógeno y bicarbonato) se ionizan al diluirse en agua y otros disolventes, y se encargan de la función muscular y nerviosa, así como de la hidratación y del equilibrio del pH sanguíneo. Si no tienes suficientes electrolitos, se te debilitan los músculos, se quedan inmóviles o incluso se contraen notablemente, lo que solemos conocer como «calambre».

El potasio es uno de los electrolitos más importantes, dado que ayuda a regular los líquidos corporales. Procura incorporar plátanos, aguacates, naranjas, boniatos, sandía, zanahorias, carne de ternera orgánica picada y lentejas a tu dieta. Otros alimentos ricos en electrolitos son las espinacas, las alcachofas y las verduras verdes cocidas.

EL AZUFRE Y LOS MICRONUTRIENTES, EL OTRO ESTRATO DE E + M

Estas diminutas partículas influyen, respectivamente, en la creación y la salud de los tejidos conectivos:

AZUFRE. El azufre es necesario para sintetizar el sulfato de glucosamina y el sulfato de condroitina, los cuales favorecen la formación de tejido conectivo en el organismo, sobre todo de la fascia. Incorpora estos alimentos ricos en azufre a tu dieta diaria: brócoli, coles de Bruselas, col, coliflor, ajo, puerros, perejil, cebolleta, cebolla y rábanos.

MANGANESO, COBRE Y ZINC. Estos tres micronutrientes son imprescindibles para el buen estado de la fascia. Añade estos alimentos ricos en micronutrientes a tu dieta para alimentar tu fascia, el elemento más importante de la flexibilidad: cacao, semillas de sésamo, ostras, frutos secos, semillas de calabaza, carne de ternera, salvado y lino.

Además de incluir estos elementos en la dieta, he aquí otros dos consejos para ganar flexibilidad con el plan retox.

ALIMENTOS COCINADOS. Los alimentos calientes y cocinados ayudan al cuerpo a procesar y conservar los electrolitos y micronutrientes mejor que los alimentos crudos. En vez de comerlo todo crudo, procura saltear o cocer al vapor las verduras. En vez de tomarte un zumo cuando tienes prisa, decántate por una sopa. Trata de tomar al menos una comida caliente al día; lo idóneo sería que incluyera alimentos cocinados de las listas anteriores de alcalinos o micronutrientes.

AGUA. Aunque debería ser bastante evidente, se olvida con facilidad cuando estamos ocupados y estresados. La humedad va ligada a la movilidad y la agilidad, y el cuerpo necesita agua para mantener la humedad. Piensa en la diferencia entre una rama u hoja fresca y húmeda, y una seca; la primera se mueve cuando la tocas, mientras que la otra se astilla y se rompe. Ponte como objetivo beber tres litros de agua al día, y cuatro si eres muy activo.

TENTEMPIÉS

Higos
Pasas
Rodajas de sandía
Espárragos cocidos fríos
Almendras
Gajos de naranja
Rábanos

Bol de desayuno E + M

1 plátano en rodajas

1 vaso de cerezas, deshuesadas y laminadas

½ manzana laminada

1 naranja pelada y desgajada

1 cucharadita de miel

½ limón (en zumo)

1 cucharada de semillas de lino molidas y/o 2 cucharadas de almendras laminadas finas

Pon toda la fruta en un bol. Rocíala con la miel y el zumo de limón, y mézclalo todo. Esparce por encima las semillas de lino o las almendras laminadas, o ambos ingredientes a la vez; mézclalo todo, ¡y a disfrutar!

Zumo E + M

2 vasos de espinacas

1 tallo de apio

1 naranja pelada

1 vaso de papaya

½ limón, sin cáscara y sin la parte interna blanquecina

Mete todos los ingredientes en una licuadora o batidora de vaso de alta velocidad, ¡y a disfrutar!

ACTITUD

Vamos a retroceder en el tiempo y a ocuparnos de los antiguos textos de yoga antes de que nos alteremos. La conexión entre la estabilidad y la movilidad se remonta al primer libro sobre yoga, *Yoga sutra* de Patanjali, cuyo segundo capítulo habla de *sthira sukham asanam*.

Sthira significa «estabilidad» en sánscrito, aunque también se traduce como «confiable». *Sukham* significa «movilidad», además de traducirse también como «fluido y lleno de paz». No puedes tener un cuerpo o una mente estables sin tener movilidad. Y es imposible tener movilidad sin estabilidad. Patanjali afirma que puedes triunfar si gozas de estabilidad y movilidad a la vez; con firmeza y paz puedes lograr el éxito y la armonía. ¿El quid del mensaje? Flexibilidad y confianza.

Sin sentar una base estable en la que creas, no puedes progresar ni crecer como persona. Y, si no te permites avanzar y surcar las olas de la vida, no podrás adquirir firmeza y estabilidad. La confianza es el lubricante que hace posible la fuerza y el movimiento.

La confianza es la creencia de que todo saldrá bien. Es una señal de que sabes que puedes doblarte sin romperte. Te permite ser capaz de adaptarte, de rendir. La flexibilidad es confianza en uno mismo, es la confianza en que todo se equilibra y en que vas a estar bien. La pregunta es: ¿cómo potenciarla? En primer lugar, escucha. Escucha a tu cuerpo, a tu mente, a tu interior. Así le permitirás que crezca en paz, consciente de que, allí donde te lleve la vida, contarás con el apoyo del tándem E + M. En una palabra, tu mente se vuelve flexible y te permite confiar en ti mismo, con lo cual te vuelves flexible y, a raíz de esto, puedes gozar de estabilidad y movilidad en esta vida.

Una vez pongas en práctica este patrón, el tándem E + M se convertirá en algo natural, y estarás radiante tanto por dentro como por fuera.

RETOX

Esta práctica es muy sencilla.

Siéntate en un asiento cómodo, ya sea en una silla, en el autobús o en el coche. Si estás en casa o en un lugar tranquilo, cierra los ojos. Si estás conduciendo, por favor, mantenlos abiertos.

Inhala, diciéndote a ti mismo: «Aquí estoy».
Exhala, diciéndote a ti mismo: «Confío en ti».

Inhala: «Aquí estoy».
Exhala: «Confío en ti».

Repítelo todo el tiempo que puedas, al menos una vez al día. Te abrirá la mente, el cuerpo y la vida a nuevos e increíbles niveles.

Banda sonora retox:
«Burn», ELLIE GOULDING

Entreteniendo a los transeúntes, Nueva York.

SOÑAR CON DORMIR
REMEDIOS NATURALES
PARA DORMIR

Hazle sitio y déjale entrar

KENTUCKY, EL ESTADO DEL PASTO azul, la sede del Derbi de Kentucky, de excelentes caballos de carreras y del tabaco fuerte. Limitando al norte por el río Ohio y al oeste por el Misisipi, Kentucky se convirtió en un estado en 1792 y comparte fronteras con otros siete estados. Kentucky luchó en el bando de la Unión durante la guerra de Secesión, pero miles de sus ciudadanos se unieron al ejército confederado. De hecho, tanto Abraham Lincoln como Jefferson Davis, presidentes en bandos contrarios durante la guerra, nacieron en Kentucky, a menos de ciento sesenta kilómetros de distancia el uno del otro. Fascinante, ¿verdad?

Mi obsesión un tanto casual por Kentucky empezó cuando tuve problemas para dormir por primera vez. Estresada e incapaz de relajarme para sumirme en un sueño tranquilo, solía dar vueltas en la cama, con los ojos abiertos como platos, enojada, y al final acababa totalmente disgustada por estar todavía despierta. Trataba de contar ovejas, vacas, cerdos y pájaros; paseaba por los pasillos, veía aburridos programas de televisión y me quedaba mirando el techo. Entonces encontré Kentucky, agazapado en medio de la edición de 1990 de la *Enciclopedia mundial*, en el volumen 11, J-K. Es una edición impresa, por si tienes dudas. Por alguna razón, leer acerca de Kentucky era lo único que me tranquilizaba para poder dormir.

Dejar que te embargue un sueño ligero al final del día y despertar con el canto de los pájaros es un lujo que a menudo solo está reservado para un día de vacaciones o para la inocencia de la juventud. Conforme envejecemos, se acorta la diferencia entre el día y la noche, con jornadas de trabajo continuo hasta mucho después de anochecer y mañanas con niños, jefes, entrenamientos y quehaceres que empiezan antes de amanecer. La tecnología provoca aún más confusión, de forma que al cuerpo le cuesta más entrar en cada uno de sus estados naturales. La mayoría de las veces tratamos de dormir unas cuantas horas, durante las cuales no dejamos de movernos y nos despertamos varias veces. Tal vez incluso sucumbamos a tomar somníferos para poder cerrar los ojos. Entre 50 millones y 70 millones de estadounidenses sufren insomnio. Más del 43 por ciento de los estadounidenses de edades comprendidas entre los trece y los sesenta y cuatro años afirma que rara vez duerme bien por la noche entre semana. Más del 60 por ciento tiene problemas para dormir cada noche y más del 63 por ciento no logra dormir lo necesario. Más del 15 por ciento dice dormir menos de seis horas por la noche, pero mi experiencia me hace pensar que esa cifra es mucho mayor.

Lo cierto es que el insomnio no es una enfermedad, sino un trastorno causado muy a menudo por la vida moderna. Parte del reto de dormir bien consiste en identificar qué obstaculiza el sueño. El problema es que, en general, quienes duermen mal están demasiado cansados como para determinar el origen del problema, así que optan por aguantarse o darse a las pastillas. Las pastillas para dormir son una mina de oro para la industria farmacéutica (en el año 2011, las ventas del zolpidem genérico en Estados Unidos superaron los 2.800 millones de dólares y las de eszopiclona, los 912 millones). Eso supone casi 4.000 millones invertidos en un sueño artificial e inducido.

El problema de atiborrarte a pastillas para dormir es que ocultan el motivo por el que el cuerpo te mantiene despierto. El sueño es algo natural y, como tal, tu cuerpo quiere dormir y sabe hacerlo. El reto es acabar con los obstáculos artificiales que impiden dormir para que pueda surgir el sueño natural. A veces el problema se debe a una mala alimentación, y otras, a una bajada de la concentración de melatonina o a la fatiga suprarrenal. Podrías estar despierto por el desfase horario, por las malas costumbres a la hora de dormir (como utilizar dispositivos electrónicos, conectarte a redes sociales o tener mascotas en la cama) o por las temidas e infames trampas mentales. También podría deberse a un desequilibrio en los sistemas energéticos internos, que veremos más adelante, o al hábito moderno y generalizado de irse a dormir tarde y levantarse pronto. En realidad, podría aburrirte hasta dormirte con el sinfín de elementos que podrían estar motivando tu falta de sueño ideal, pero preferiría limitarme a ayudarte, como hice con Valerie y muchos otros.

Cuando conocí a Valerie, ella tenía treinta y tres años, y se escondía detrás de capas de corrector para tapar las bolsas de debajo de sus bonitos pero agotados ojos azules. Dormía alrededor de tres horas y media cada noche, por lo general con interrupciones, solía tomar zolpidem e incluía la palabra «cansada» en casi una de cada dos frases. Estoy bastante segura de que contactó conmigo albergando en secreto la esperanza de que yo convirtiera nuestra sesión en una *shavasana* (léase «siesta») de una hora de duración. A pesar de su apretada agenda, comenzamos a trabajar juntas con dos condiciones: primero, nada de pastillas para dormir, y segundo, solo cócteles retox. La noche después de nuestra primera sesión, Valerie se quedó dormida en menos de media hora después de irse a la cama. Una semana más tarde durmió seis horas por primera vez en dos años. Y, en la actualidad, un año después, duerme seis horas por noche entre semana, de siete a ocho el fin de semana, y solo se despierta de vez en cuando. No ha tomado ninguna pastilla para dormir desde que empezamos y ha cambiado las ojeras por un aspecto radiante.

Si estás leyendo esto, supongo que, al igual que Valerie, tienes problemas para conciliar el sueño o para dormir sin interrupción, o bien no duermes en absoluto. Perfecto, ya que este capítulo es como una pastilla yogui para dormir totalmente natural, que te prepara el cuerpo para dormir y te permite descansar de forma ininterrumpida; asimismo, te ofrece recetas y consejos nutricionales para ayudar a tu organismo a relajarse, y una práctica de meditación asociada a la respiración para ayudarte a despejar cuerpo y mente para el tranquilo descanso que se merecen. ¿No es un sueño hecho realidad?

YOGA

El yoga retox dirigido a estimular el sueño se asocia totalmente al mecanismo interno que controla el sueño. Se centra en tus hormonas y en tu energía interna, de un modo muy similar a la medicina tradicional china. Cuando estás despierto por la noche, existe un desequilibrio en tu organismo, que la medicina tradicional china trata con agujas y la filosofía retox, con posturas y respiración.

La medicina tradicional china cuenta con el denominado «reloj orgánico», un sistema que ayuda a localizar los focos de los problemas. En la teoría del reloj orgánico, determinadas horas del día se asocian a órganos específicos del cuerpo. Existen catorce flujos principales de energía *(chi)* o, como los denomina el yoga, canales de energía, cada uno de ellos vinculado a un período de dos horas, y cada uno asociado a un órgano, a su funcionalidad, a sus pensamientos y emociones. Si te despiertas cada noche a la misma hora o te cuesta irte a dormir antes de una determinada hora, es probable que tenga que ver con un desequilibrio relacionado con el canal correspondiente. Por ejemplo, si sueles despertarte entre la una y las tres de la madrugada, las horas del hígado, tal vez estés disgustado, enfadado o estresado, o tengas que dar un descanso a tu hígado, amante del chocolate, el queso, el aguacate, la carne y el vino.

El yoga retox que recomiendo en esta sección va dirigido a recuperar tu equilibrio natural, ayudando a que la energía fluya libremente para que el cuerpo pueda tanto caer en un sueño profundo como dormir toda la noche. Prueba a practicar las «Soluciones en la oficina» para ir poniéndote a punto durante el día, y las «Soluciones rápidas» o la secuencia completa por la noche, ya sea justo antes de una cena ligera o un par de horas antes de acostarte, para que tu cuerpo esté equilibrado al máximo cuando te dispongas a tener dulces sueños.

RETOX

SOLUCIONES EN LA OFICINA

UTTANASANA EN EL ESCRITORIO

Ponte de pie frente a tu mesa de trabajo, con las piernas separadas a la anchura de las caderas. Haz una flexión anterior y lleva las manos hacia los tobillos o las espinillas. Aguanta así de cinco a diez respiraciones.

CABEZADITA EN EL ESCRITORIO

Exhala todo el aire por la nariz o por la boca. Con los labios cerrados, inhala una tercera parte de la capacidad total del pulmón. Haz una pausa. Inhala otra tercera parte. Haz otra pausa. Inhala el tercio final. Haz una nueva pausa. Expulsa todo el aire. Repítelo diez veces.

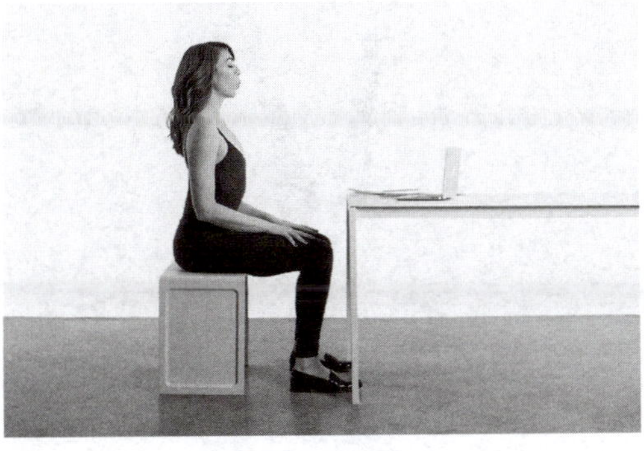

ESTIRAMIENTO DE BARBILLA A PECHO

Deja caer la barbilla hacia el pecho. Inhala completamente, estirando a lo ancho el pectoral. Si quieres, puedes ponerte las manos detrás de la cabeza para intensificar el estiramiento. Exhalando, relaja los brazos y las manos a tu espalda o en tu regazo.

MASAJE EN LA SIEN

Coloca los pulgares a ambos lados de la frente, dejando que los dedos se apoyen en el cráneo allí donde resulte natural. Empieza a realizar movimientos circulares con los pulgares, presionando con tanta intensidad como sea placentero. Masajea las sienes de tres a veinte respiraciones, quizá mientras estás al teléfono, mirando la pantalla, haciendo cola, viendo la televisión o sentado en el coche y, al menos, una vez antes de acostarte.

SOLUCIONES RÁPIDAS

LA PINZA DE PIE

Separa los pies un poco más de la anchura de las caderas. Inhalando, pon la espalda bien recta. Exhalando, haz una flexión anterior con el tronco. Si te resulta cómodo, rodea las piernas por detrás con los brazos, sujetando la cara interna de las pantorrillas, o llegando incluso a pasar la cabeza por entre las piernas y sujetarla. Cierra los ojos y aguanta en esa postura entre cinco y diez respiraciones.

FLEXIÓN ANTERIOR CON BLOQUE

Sentado en el suelo con las piernas extendidas hacia el frente, coloca un bloque, una almohada o libros apilados sobre los muslos. Inhalando, pon la espalda bien recta. Exhalando, haz una flexión anterior con el tronco y deja reposar la frente en el bloque, justo por encima de las cejas. Deja caer los brazos a los lados de tus piernas y aguanta la postura.

EL ARADO

Tumbado en el suelo, eleva las piernas y pásalas por encima de la cabeza hasta que los dedos de los pies toquen el suelo. Pon los pies en flexión, estira las piernas y entrelaza los dedos de las manos por detrás de la espalda. Alinea las caderas encima de los hombros y aguanta ahí de cinco a veinte respiraciones.

PIERNAS CONTRA LA PARED

Túmbate en el suelo con el trasero pegado a la pared. Lleva las piernas a la vertical y apóyalas en la pared, con los pies juntos o dejándolos caer hacia los lados. Abre los brazos en horizontal, o coloca una mano en el abdomen y la otra en el corazón, y respira así mientras te resulte cómodo. También puedes pasar a la postura de la vela (página 114).

SOÑAR CON DORMIR

NUTRICIÓN

La alimentación estimula el organismo, tanto proporcionándole energía para mantenerlo en un estado de vigilia, como relajándolo y preparándolo para dormir. A menudo, el insomnio, la imposibilidad de dormir toda la noche, o ambos a la vez, se asocian directamente a la dieta, algo que los médicos que recetan las pastillas rara vez mencionan. Valerie insistía en que comía bien, pero, cuando finalmente miré con la lupa retox lo que tomaba, me di cuenta de que estaba alterando, sin saberlo, sus patrones de sueño. Le di las siguientes pautas, que la ayudaron a dormir mejor en cuestión de días. A continuación figuran algunos de los alimentos inhibidores del sueño, seguidos de alimentos y recetas que lo favorecen.

DETOX

Si te cuesta conciliar el sueño, estas serán tus peores pesadillas alimentarias:

CAFEÍNA. Ante todo, si tienes problemas para dormir, no tomes cafeína antes de acostarte. Obviamente, esto incluye el café, pero también el chocolate, los tés y los refrescos. A partir de las 14.00 horas, deja a un lado las reconfortantes tazas de té verde, negro y blanco, y cámbialas por las versiones sin teína, análoga a la cafeína del café. Aunque muchos tés contienen teína y te mantienen despierto, se ha demostrado que la infusión de manzanilla relaja el organismo y ayuda a conciliar el sueño. Bebe a lo largo de la tarde y tómate una taza justo antes de acostarte. Limita el consumo de chocolate, café y otros productos con cafeína a antes de la hora del almuerzo.

VERDURA CRUDA. La verdura cruda cuesta muchísimo de digerir, y aún más si vas a ponerte en horizontal. Comerla para cenar o antes de acostarte puede agravar la indigestión y mantenerte despierto más tiempo de lo deseado. Cambia la verdura cruda por la versión cocinada por la noche, reservando las grandes ensaladas para almorzar.

COMIDA PICANTE. Aunque la idea de tener sueños picantes pueda ser tentadora, se ha demostrado que los alimentos picantes alteran los patrones de sueño, acortando las fases de sueño profundo, lo cual induce a dormir menos en general. Además, el aumento de la temperatura corporal que provoca la comida picante dificulta conciliar el sueño. Reserva el picante para el día y tómatelo con calma por la noche.

CARNE ROJA. La carne roja contiene tirosina, que estimula la producción de cortisol, la «hormona del estrés» que contrarresta el sueño. Asimismo, es rica en proteínas, lo que dificulta la digestión mientras intentas quedarte dormido. Deja la carne para el almuerzo o resérvala para las noches en que tengas intención de dar más vueltas en la cama.

RETOX

Estos alimentos te ayudarán a tener dulces sueños:

CARBOHIDRATOS. Son compañeros de los sueños. Los hidratos de carbono como el arroz, el pan y otros cereales estimulan la liberación de insulina. La insulina elimina los aminoácidos que inhiben el triptófano, un inductor del sueño, lo cual permite que circule por el organismo más triptófano y sea así más fácil dormir. Procura comer arroz, tortillas de maíz, pasta o pan con la cena. Sí, otra razón para comer carbohidratos.

QUESOS Y LÁCTEOS. El calcio de los productos lácteos ayuda al triptófano a sintetizar melatonina, una inductora del sueño. Prueba a comer queso fundido o unas cucharadas de yogur antes de acostarte para ayudar al cuerpo a subirse al tren del sueño.

Nota: se ha demostrado que la combinación de hidratos de carbono y lácteos facilita la absorción de triptófano por parte del cerebro y estimula el sueño. ¡Buenas noticias para todos los amantes de la pizza y las quesadillas!

VITAMINA B_6. Convierte el triptófano en niacina y serotonina, lo que a su vez regula los patrones del sueño. Si bajan las concentraciones de B_6, eso puede impedir dormir bien, al alterarse el metabolismo del triptófano y, así, limitarse las concentraciones de serotonina en el organismo. Procura añadir a tu dieta más alimentos con B_6, como los pistachos, el atún, el salmón, las semillas de girasol y la carne de ternera magra.

MAGNESIO. El insomnio crónico es uno de los principales síntomas del déficit de magnesio. Incluir en tu dieta muchos alimentos ricos en magnesio, como los cereales integrales, las espinacas, los plátanos, los frutos secos, las semillas y el pescado, te ayudará a dormir.

TENTEMPIÉS

Pistachos
Semillas de girasol
Plátanos
Infusión de manzanilla

Leche retox

Esta es una versión retox del remedio popular del vaso de leche caliente, más sabroso y efectivo.

Calienta un vaso de leche de almendras en una vaporera, en un cazo o en el microondas. Sírvela en una taza, ¡y a disfrutar! Si quieres, puedes añadir una pizca de canela. El calor relajará el organismo, mientras que, como es lógico, el magnesio y el triptófano presente en las almendras reducirán y relajarán la función nerviosa y muscular para que puedas conciliar el sueño.

Quesadillas

- **1 cucharadita de aceite de oliva virgen extra**
- **2 tortillas de maíz**
- **¼ vaso de queso rallado (cheddar o a tu gusto)**

Calienta el aceite en una sartén a fuego medio. Pon dos tortillas de maíz en la sartén y caliéntalas alrededor de un minuto. Pon queso en una mitad de cada una de las tortillas y ciérralas doblando por encima la mitad vacía. Deja que se hagan por cada lado hasta que se derrita el queso. Tómalas para cenar o antes de acostarte.

Sigue respirando así, inhalando y exhalando por la nariz, de forma calmada y rítmica, mientras te haga sentir bien. Deja que el cuerpo se vaya sumiendo en un sueño tranquilo.

Banda sonora retox:
«Today Was a Good Day», ICE CUBE

Dejando que el sueño surja del interior. Löle White Tour, Yoga por la Paz, dos mil personas. Barcelona.

Hazle sitio y déjale entrar

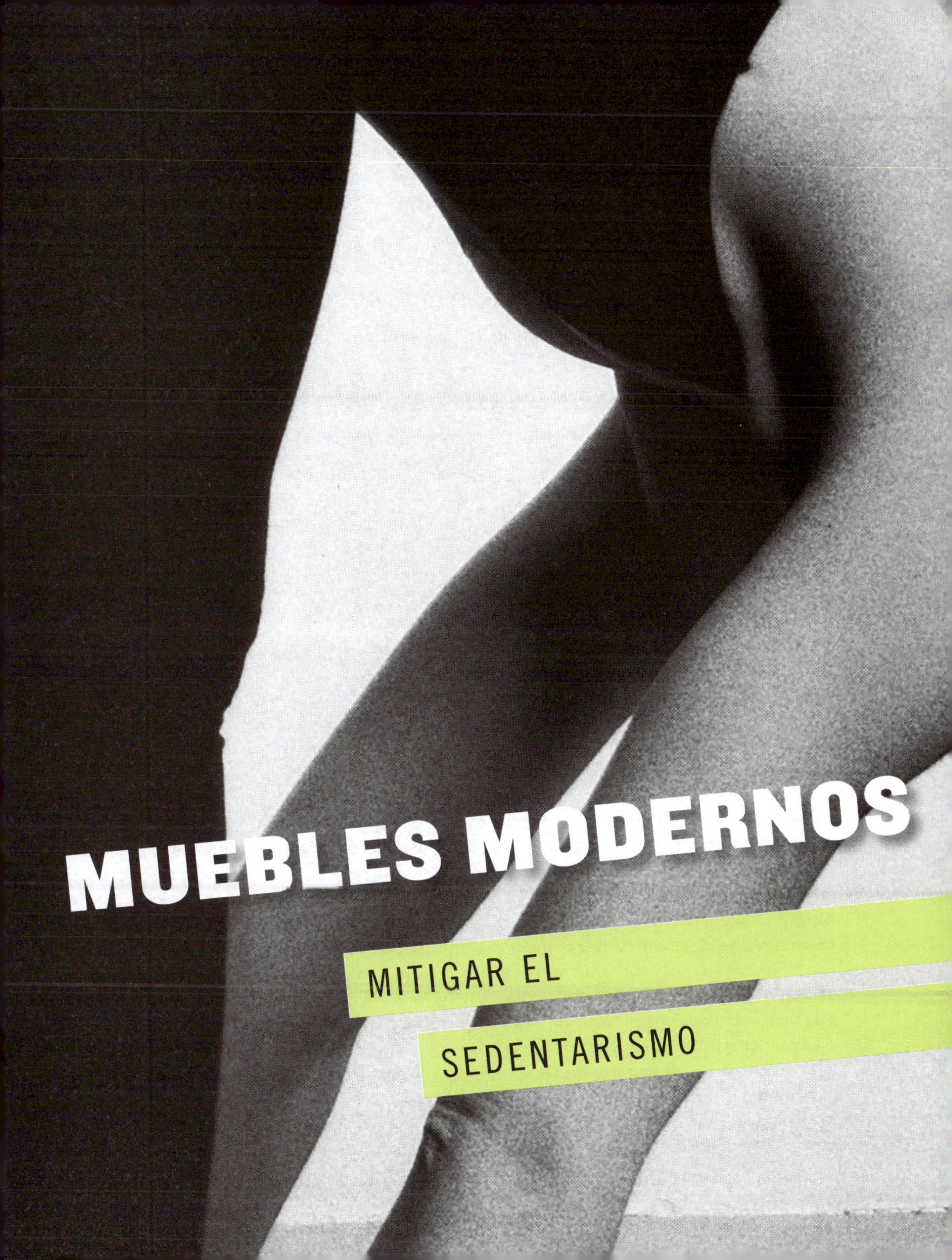

MUEBLES MODERNOS

MITIGAR EL SEDENTARISMO

Crea tu playa mental

ES PROBABLE QUE NUNCA HAYAS oído a nadie decir que sufre por estar encadenado a su tumbona junto a la piscina, ¿verdad? Yo tampoco. ¿Y por estar encadenado a una mesa de oficina, al asiento del conductor o a un puesto de trabajo? Bueno, esa es otra historia.

¿Sabes por qué? Porque los seres humanos no están hechos para sentarse y mirar al infinito durante horas y horas. Nuestros cuerpos se crearon para correr, caminar, recolectar, cazar, caminar, escalar, dormir, tumbarse, holgazanear y, sí, de vez en cuando, sentarse, pero nunca jamás en sillas duras, ni siquiera en las sillas más de diseño ni en las más ergonómicas. Nuestros cuerpos se diseñaron para resistir la presión y el trabajo duro, pero ejercitando los músculos físicos, no solo la mente.

Ahora bien, como todos sabemos, sentarse ocho horas al día encorvado en una silla frente al teclado se ha convertido en algo habitual. Sentarnos al volante o llevar a los niños de aquí para allá nos roba una enorme cantidad de horas al día. Y cuando no estamos haciendo nada de eso, lo más probable es que estemos sentados con la cabeza gacha, con un dispositivo electrónico en mano, revisando el correo electrónico, poniéndonos al día en las redes sociales, viendo un vídeo, leyendo un artículo o escuchando un *podcast*... Yo, por mi parte, me siento como un mueble más. En conjunto, calculo que, en la actualidad, una persona normal se pasa sentada diez o más horas al día. Eso supone tres o cuatro veces más de lo que el cuerpo humano está pensado para sentarse, ¡y más tiempo del que una persona corriente pasa durmiendo! Simplemente, nuestros cuerpos no se diseñaron para esta forma de vida. De hecho, se ha demostrado que estar sentado más de seis horas al día aumenta hasta un 40 por ciento las probabilidades de fallecer antes que alguien que pasa sentado menos de tres horas al día, incluso si practicas ejercicio.

Aunque se adopte la mejor de las posturas, el mero hecho de estar sentado durante más de unos pocos minutos reduce un 90 por ciento la concentración de enzimas digestivas activas que descomponen la grasa, y se ha demostrado que estar más de dos horas así baja un 20 por ciento la cifra de colesterol bueno. El hecho de estar sentado hace bajar la tasa metabólica basal a una caloría por hora y reduce un 24 por ciento la concentración de insulina. En quienes se pasan sentados más de cuatro horas y media al día aumenta la probabilidad de padecer depresión y obesidad, y aquellos con trabajos sedentarios presentan el doble de probabilidades de sufrir una enfermedad cardiovascular que quienes no los tienen.

Esto es solo una parte de lo que les sucede a tus funciones internas; pero lo que le ocurre al sistema musculoesquelético es igual de malo, o peor. La postura encorvada, el redondeo de la columna, el aumento de la presión en el sacro, los posibles desequilibrios en la pelvis, y la extensión de la cabeza y los brazos añaden una nueva dimensión que sienta realmente las bases para un sinfín de trastornos de espalda, hombro y rodilla.

La sociedad ha avanzado hasta llevarnos a ese punto, pero no así nuestro cuerpo, y somos incapaces de evolucionar lo suficientemente rápido como para soportar ese estilo de vida, y quizá nunca lo logremos. Este dilema entre el diseño original del cuerpo físico frente a lo que se le exige que haga es el quid del reto que se nos plantea en tanto que muebles sedentarios.

Si te duelen o se te resienten las caderas o la lumbar, y sueltas un quejido sordo al levantarte de la cama por la mañana, sentarte en una silla baja o subir a un coche, te has convertido sin duda en un mueble moderno. Tal vez hayas notado un michelín en el bajo vientre que no se va por mucha dieta o abdominales que hagas. Y de vez en cuando, aunque no se lo cuentes a nadie, te tumbas boca abajo porque te duele la espalda.

John es el ejemplo perfecto. Vino a verme en octubre de 2014, cuando era un joven e importante ejecutivo de muy alto nivel en una multinacional de medios de comunicación. Tenía la ambición de triunfar a toda costa, pero el trabajo le hacía sentir abatido. Nunca había practicado yoga, pero iba a un entrenador personal una vez por semana, hacía pesas y corría en la calle dos días a la semana. Una chica que le gustaba le sugirió que probara el yoga. Ansioso por conquistarla, se comprometió a una sesión privada conmigo. Aunque sea de rebote, bienvenido sea.

El día después de conocernos por primera vez, recibí un correo electrónico en el que me pedía que programase tres sesiones de yoga a la semana, alegando que ya se sentía mejor que hacía una década, cuando se había graduado en la universidad. Tras dos semanas de práctica de yoga, actitud y nutrición, ese talante que estábamos engendrando y potenciando juntos pasó a ser habitual. A las pocas semanas, sus molestias y dolores habían desaparecido totalmente. Poco después, tuvo que ir a estrecharse los trajes y, al cabo de un año, a confeccionarse trajes totalmente nuevos porque el sastre ya se los había metido tres veces. Todo nuestro trabajo en equipo había aliviado sus dolores hasta tal punto que acabó optimizando sus entrenamientos, así como reforzando su metabolismo.

En la actualidad, John puede tocarse los dedos de los pies y casi abrirse de piernas. No cambió su vida, ni tenía por qué. Sigue en el mismo trabajo y con mayor responsabilidad, lo que le retiene en la oficina más tiempo que antes, pero ahora dispone de recursos que mantienen su dolor y su peso a raya.

YOGA

Desde el punto de vista anatómico, estar sentado y encorvado, aunque sea un poco, frente a un escritorio o mesa, en un bar, en el coche o en cualquier asiento, tensa los músculos de la parte frontal del cuerpo y debilita los músculos equivalentes en la parte posterior, algo que la mayoría de la gente ni siquiera sabe. Por lo general, se cree que el dolor de espalda viene de la parte posterior del cuerpo y, así, se intenta tratar con yoga o ejercicios centrados en la espalda, pero dado que estar sentado afecta a la parte tanto frontal como posterior del cuerpo, esos esfuerzos solo abordan la mitad del problema, y por eso se sigue sufriendo dolor.

El verdadero problema no tiene por qué estar allí donde crees que te duele, sino en la musculatura que sustenta la parte frontal y posterior del cuerpo. Estar sentado hace que los músculos que recorren la columna vertebral (el erector de la columna) se estiren por la forma en que te encorvas, te hundes en el asiento y te inclinas hacia el teclado, el volante, el teléfono, el iPad o la mesa de la oficina. A su vez, los músculos de la pared abdominal (el recto del abdomen, o allí donde se dibuja la «tableta de chocolate») se acortan, se ven empujados hacia atrás por el estiramiento de los músculos a lo largo de tu columna, y los flexores de la cadera se tensan al mismo tiempo, lo cual te hace sentir más rígido de lo que estás en realidad.

Judy acudió a mí temiendo haberse convertido en un sedentario mueble moderno. En tanto que madre y ama de casa, no dejaba de correr de aquí para allá ocupándose de los niños y de la casa, pero entre llevarles en coche, hacer llamadas telefónicas, pagar las facturas, ayudarles con los deberes y esperar a que acabaran las clases particulares, las clases de piano y las visitas al dentista, en realidad se pasaba sentada la mayoría de la jornada y solía sentirse agotada al acabar el día. Y todo ese tiempo sentada se hacía patente, desde los clásicos hombros encorvados al michelín abdominal, desde la ralentización del metabolismo a dolores y molestias varias. Sin duda, era una mamá mueble.

Como yo sabía que ella tenía poco margen para alterar su jornada (estaba a merced de los horarios de sus hijos), creé un plan de dos partes. La primera consistía en utilizar las piernas para estar de pie y caminar. No, no le mandé caminar varios kilómetros al día ni llevar a los niños caminando al colegio en vez de en coche, sino que yo quería que estuviera de pie y caminara cada vez que pudiera durante el día. En lugar de sentarse en la mesa de la cocina mientras hablaba por teléfono, la mandé recorrer el pasillo de punta a punta. En vez de sentarse en el coche a esperar a que acabaran las clases, tenía que quedarse de pie fuera y apoyarse contra el coche. En vez de ir en coche de un lado del centro comercial al otro, tenía que recorrer esa distancia a pie. Y en lugar de trastear con su dispositivo electrónico en el sillón para hacer una pausa, tenía que poner en práctica el yoga retox.

SOLUCIONES EN LA OFICINA

DE PIE

En sentido literal, limítate a estar de pie. Lo más raro que pueden pensar quienes te rodean es que vas a ir al baño. Cada hora ponte de pie durante al menos un minuto, o más. Mientras estás de pie es el momento perfecto para hacer y recibir llamadas, hablar con los compañeros, o simplemente pensar.

EL BASTÓN

Si no puedes estar de pie, siéntate bien erguido tengas la silla que tengas. Ponte las manos en las caderas. Presiona hacia abajo con las manos y levanta el esternón. Estira la parte posterior del cuello dejando caer la barbilla ligeramente. Extiende todo lo que puedas hacia los lados las clavículas y lleva el abdomen hacia la columna. Si puedes, levanta los brazos hacia el techo. Aguanta en esa postura de cinco a diez respiraciones, varias veces al día. Nadie lo notará.

RESPIRACIÓN CON APERTURA DE HOMBROS*

Entrelaza los dedos de las manos por detrás de la espalda, con los codos rectos. Inhala hasta un nivel en que te sientas cómodo. Empieza a realizar breves expulsiones de aire por la nariz; céntrate en exhalar, puesto que la inhalación será una reacción automática, ya que el diafragma va bombeando la pared abdominal. Debería darte la sensación de que estás medio estornudando, medio sonándote la nariz. (En caso de embarazo, sáltate la respiración *kapalabhati* y respira con normalidad en esta postura.)

ESTIRAMIENTO CERVICAL Y CRANEAL

Coloca las manos detrás de la cabeza, con los dedos pulgares descansando en la base del cráneo. Inhalando, eleva el cráneo, estirando la parte posterior del cuello. Exhalando, usa las manos para empujar suavemente la barbilla hacia el pecho. Aguanta así de cinco a diez respiraciones, con los ojos abiertos o cerrados.

ESTIRAMIENTO LATERAL

Eleva los brazos rectos. Sujétate la muñeca izquierda con la mano derecha. Inhalando, crece mucho y tira hacia arriba. Exhalando, inclínate a la derecha. Asegúrate de tener ambos isquiones apoyados en la silla para que el estiramiento se realice por el lado izquierdo. Aguanta ahí, y después repítelo con el otro lado.

SALUDO ANTISEDENTARISMO

Empieza de pie, con los pies juntos y las manos contra el pecho como si rezaras. Inhalando, extiende los brazos sobre la cabeza. Exhalando, flexiona el tronco hacia delante, llevando la frente a las espinillas. Inhalando, extiende la columna vertebral, mirando hacia delante. Exhalando, pasa a *chaturanga* o a la postura de la tabla. Inhalando, pasa a perro hacia arriba. Exhalando, pasa a perro hacia abajo. Inhalando, lleva el pie izquierdo entre tus manos y eleva los brazos al techo para entrar en la postura del corredor. Exhalando, pasa a *chaturanga*. Inhalando, pasa a tabla. Exhalando, perro hacia abajo. Cierra los ojos y aguanta así cinco respiraciones. A continuación, inhala y da un paso y luego otro, o salta, para llevar los pies entre tus manos. Exhalando, flexiónate hacia delante. Inhalando, lleva los brazos sobre la cabeza y mira hacia arriba. Exhalando, lleva las manos al corazón. Repítelo de cinco a diez veces.

LUNA CRECIENTE

Empieza en la postura del bajo paso extendido, con el pie izquierdo entre las manos y la pierna derecha detrás. Apoya en el suelo la rodilla que queda detrás. Inhalando, eleva los brazos hacia el techo. Exhalando, relaja hacia el suelo la cara posterior del cuádriceps y el flexor de la cadera. Otra opción es apoyar las manos en el muslo frontal o en el suelo detrás de ti para arquear la columna. Asegúrate de tener la rodilla frontal alineada con el tobillo. Respira en esa postura, y después repítelo con el otro lado.

EL PUENTE CON LAS MANOS JUNTAS

Túmbate con las piernas a la anchura de las caderas, las rodillas flexionadas y los pies planos en el suelo. Inhalando, eleva los glúteos y la lumbar para entrar en la postura del puente. Exhalando, entrelaza los dedos de las manos a tu espalda y tira con los puños hacia los talones. Lleva el esternón hacia la barbilla. Aguanta así de cinco a diez respiraciones; luego suelta las manos y quédate así mientras te resulte cómodo.

MUEBLES MODERNOS

NUTRICIÓN

Lo entiendo, es complicado sacar tiempo para una comida saludable en medio de tu ajetreado día. Resulta especialmente difícil si tienes que comer en la mesa del despacho mientras trabajas. Pero ¡no es imposible! Tan solo tienes que aprender algunos trucos para darle a tu cuerpo forzosamente sedentario lo que necesita para funcionar sin sobrecargarse. Aquí van tres cosas que hay que recordar:

LA EXPERIENCIA ES IMPORTANTE

La experiencia de comer es tan importante como la comida en sí. Seguramente todos estemos de acuerdo en que comer en la mesa del despacho no es ni mucho menos tan placentero como sentarte en la terraza de un café francés con una copa de vino rosado, pero solo porque tengas que almorzar en una aburrida y deprimente mesa de oficina no significa que tenga que ser malo, o malo para ti. Si puedes mejorar la experiencia de comer, lo que comas sabrá mejor y te saciará. A continuación te doy algunos consejos para que comer en el despacho sea más glamuroso:

- Hazte un mantel individual con hojas de papel de impresora. O, si tienes un despacho privado, guarda un mantel en el cajón de la mesa. Esta sencilla y fina división física entre la comida y el trabajo ayudará a desviar momentáneamente la atención de tu mente del trabajo para que puedas centrarte en la comida.
- Si tienes que trabajar mientras comes, intenta leer en vez de teclear o responder a mensajes de correo electrónico. Tiene un efecto mucho menos negativo.
- Guarda una botella o dos de tu salsa picante, aceite de oliva o vinagre favorito en un cajón de la mesa. Este toquecito puede ayudar a transformar el sabor de la comida para que pase de ser algo que tienes que comer a algo con lo que realmente disfrutas.
- Al acabar, ve a lavarte las manos o simplemente ponte un ratito de pie, una forma sutil de marcar el fin de la comida.

ENCONTRAR EL MOMENTO OPORTUNO ES FUNDAMENTAL

Cada uno tiene su propio ritmo digestivo. Aprende a estar en sintonía con tu cuerpo y a comer solo cuando tu cuerpo te lo pida. Comer únicamente por ser una determinada hora o porque todo el mundo está comiendo puede confundir a tu metabolismo interno, y en realidad te hace comer más de lo necesario, es decir, engordar. Ahí van algunos consejos para evitarlo:

- Acaba con la costumbre de comer un tentempié tan pronto como te sientas en la oficina por la mañana o después de una reunión vespertina (una técnica de escaqueo habitual). Procura trabajar como mínimo durante una hora antes de comer algo. Te ayudará a salirte del horario habitual y a empezar a prestar atención al cuerpo. Deja de comer en función de la hora y come cuando tengas hambre de verdad.
- A menos que esté totalmente fuera de tu control (por ejemplo, una conferencia en la empresa con descansos fijos para comer), no te sientas obligado a comer cada vez que lo hagan tus compañeros. Y no te sientas forzado a comer lo mismo que ellos. Deja a tu criterio qué, cuándo y dónde comes.
- En el caso de que decidas pedir comida con tus compañeros, dedica un instante a mirar el menú. Siempre hay algo saludable; pídelo con seguridad en ti mismo.
- Tómate tu tiempo para comer. Mastica despacio y saborea cada bocado, no solo para

disfrutar de la comida, sino para estimular las primeras fases de la digestión, que tienen lugar en la boca.

LO NATURAL NO SIEMPRE ES BUENO

¿Los alimentos naturales son buenos para ti? Sí, pero algunos de ellos no son la mejor de las opciones si eres sedentario. Hay muchos alimentos que podrían ser tentempiés buenos y saludables, pero que, si se ingieren cuando se está inactivo, lo que hacen en realidad es ralentizar el metabolismo y contribuir a que se acumulen los kilos. Estos son algunos alimentos habituales en la oficina con los que hay que tener cuidado.

DETOX

FRUTA AZUCARADA. Sin duda, la fruta es mejor que el chocolate, pero ten cuidado con la fruta con un alto contenido en azúcar, como el mango, la pera, el melón verde y el melocotón. Si no quemas la fructosa, fermentará en tu organismo, ralentizará la digestión, quizá provoque distensión abdominal (el famoso bebé extraterrestre) y añadirá kilos a tu cintura.

YOGUR. El yogur es rico en hidratos de carbono y azúcar, los cuales, si estás inactivo, se adhieren a tu sistema digestivo y ralentizan la digestión. Si comes yogur por los probióticos, cerciórate de que los ingredientes sean puros y de que lo comes antes de nada a primera hora de la mañana. Evita comer yogures con probióticos o de otro tipo a modo de tentempié o después de las comidas, ya que ralentizan el metabolismo.

HUMUS. ¿Todo natural? A veces sí. ¿Repleto de grasas e hidratos de carbono que tu trasero apoltronado no quemará forzosamente? Sí al cuadrado. Limita al mínimo la cantidad de humus y, cuando lo comas, mézclalo con *crudités* como el apio y el brócoli para aligerar el sistema digestivo y que pueda seguir siendo eficiente. Además, fíjate en que el humus solo tenga garbanzos, aceite de oliva, pasta de sésamo y quizá sal y ajo, y nada de aceite de canola u otros ácidos.

MANTEQUILLA DE FRUTOS SECOS. Al igual que el humus, la mantequilla de frutos secos está repleta de energía y grasas que, si no se queman, se te pegan al cuerpo.

CHIPS Y TENTEMPIÉS SIN GRASA. Quizá no tengan grasa, pero sí que están llenos de GMS y aditivos, necesarios para darles sabor. Se ha demostrado que las sustancias químicas presentes en los aditivos provocan directamente un aumento de peso y, a menudo, obesidad, además de dolores de cabeza.

RETOX

TENTEMPIÉS

- Almendras, crudas o tostadas
- Bayas, a ser posible arándanos azules y frambuesas
- Plátano
- Ensalada
- Palomitas de maíz, totalmente naturales, sin sabor a queso, y hechas sin grasa adicional
- *Crudités:* judías verdes, brócoli o zanahorias
- Café descafeinado con leche de almendras
- Limonada (el zumo de medio limón en un vaso de agua caliente)

Sopa de tomate

Siempre me gusta tener a mano unas cuantas latas de sopa de tomate natural y orgánico. Opta por las que tengan menos de cinco ingredientes, como la de la marca Amy's. Sin embargo, cuando tengo tiempo, me gusta preparar una olla grande de esta sopa casera y guardarla en el frigorífico para tomar como tentempié o plato principal cualquier día de la semana.

3 cucharadas de aceite de oliva virgen extra

4 dientes de ajo picados

½ cebolla amarilla en daditos

900 g de tomates troceados

Sal y pimienta al gusto

Calienta el aceite en una olla grande y pesada a fuego medio. Incorpora el ajo y la cebolla, y rehógalos hasta que el ajo empiece a dorarse. Añade los tomates, dos pizcas de sal, y pimienta al gusto. Tápalo y déjalo cocer hasta que los tomates estén totalmente blandos. Apaga el fuego, y échalo todo en una batidora para triturarlo, o bien bátelo con una batidora de mano dentro de la olla. Si los tomates no son especialmente jugosos, quizá tengas que añadir medio vaso o un vaso de agua mientras bates. Cuando no queden grumos en la sopa, ya estará lista.

Explosión de aguacate

Guarda uno o dos aguacates en la mesa de tu despacho o llévate uno en la cartera por la mañana. Como tienen la piel bastante gruesa, aguantan tiempo, no ensucian y no necesitan frigorífico.

Abre el aguacate con un cuchillo y échalo a cucharadas en galletitas saladas o en pan, lo que te guste y tengas a mano. Solo si es muy necesario, pon una pizca de sal encima. Si no tienes pan o galletitas, córtalo en tiras como es habitual y cómetelo directamente de la cáscara con una cuchara.

Tabulé con quinoa

Me sirve tanto de tentempié como de plato principal, y a menudo duplico las cantidades y lo hago de una vez para toda la semana, usándolo incluso como guarnición de una ensalada más grande o de un plato principal.

½ taza de quinoa cocida
2 ramilletes de perejil, picado fino
½ cebolla blanca en daditos
1 tomate en daditos
1 cucharada de aceite de oliva virgen extra
1 limón (en zumo)

Mezcla la quinoa, el perejil, la cebolla y el tomate en un bol. Alíñalo con el aceite de oliva y el zumo de limón. Mézclalo todo, ¡y a disfrutar!

Tortilla

Un plato básico de la cocina española, al estilo retox fácil.

2 cucharaditas de aceite de oliva virgen extra

1 cebolla amarilla picada

2 calabacines troceados

8 huevos (o 6 claras de huevo y 3 huevos enteros)

Una pizca de sal

Calienta el aceite en una sartén grande a fuego medio. Incorpora la cebolla y rehógala hasta que se ablande. Añade el calabacín y remueve, baja el fuego y tápalo. Mientras se hace la verdura, bate los huevos en un bol grande y echa sal. Cuando el calabacín esté totalmente cocido, vierte los huevos y vuélvelo a tapar. Deja que se haga hasta que cuaje la parte superior o, si eres atrevido, coloca un plato encima de la sartén y dale la vuelta a la tortilla en el plato. Desliza de nuevo la tortilla en la sartén y deja que se haga tres minutos más, o hasta que lo que antes era el fondo esté cuajado. Puedes tomarla para desayunar o para cenar acompañada de una ensalada, comértela en el trabajo a modo de tentempié, o llevártela en el coche para el camino.

Máquina vegetal

Prepárala una vez a la semana y podrás tomarla el resto de la semana.

450 g de ramilletes de brócoli, frescos o congelados

2 calabacines laminados

1 caja (285 g) de champiñones laminados

1 pimiento rojo picado

1 guindilla en rodajas (opcional)

2 vasos de espinacas baby

2 vasos de col rizada (opcional)

Pon cuatro mililitros de agua en una cazuela grande y añade el brócoli. Tápalo y deja que cueza hasta que prepares el resto de las verduras. Cuando el brócoli esté de color verde brillante, añade los calabacines a la cazuela y remuévelo todo. A continuación, incorpora los champiñones, el pimiento rojo y, si quieres, la guindilla. Cuando las verduras estén blandas, agrega las espinacas y la col rizada. Remuévelo todo bien y deja que cueza hasta que las verduras se pongan pochas. Puede comerse caliente, frío o a temperatura ambiente, aliñarse con una vinagreta, o añadirse a una base de cereales o pasta. Las opciones son infinitas.

ACTITUD

He tenido un montón de trabajos en mi vida: camarera en Menlo Park, becaria en el departamento editorial de una revista de Nueva York, lavaplatos en Palo Alto, desarrolladora de negocios en prácticas en Madrid o ayudante del responsable de negociación en Silicon Valley. Y, por supuesto, mi puesto de limonada de cada verano para sacarme algo de calderilla. En vista de todo eso, empezar a trabajar en las salas de negociación de Morgan Stanley debería haber sido pan comido.

Pero, en realidad, la transición no podría haber sido más dura. Levantarme a las cinco de la madrugada para sentarme encadenada a mi mesa y quedarme a menudo haciendo modelos financieros hasta las nueve o diez de la noche, dependiendo de lo que me mandara mi jefe. Tener que pedir permiso para ir al baño, e incluso, si me lo concedían, contar tan solo con un par de minutos para ir corriendo y volver en plena jornada bursátil. El sonido incesante de los teléfonos, los gritos de las compraventas y de los precios que flotaban sobre los ordenadores y las mesas, y las inevitables figuras del jefe déspota y el compañero malintencionado.

No me malinterpretes, me encantaba mi trabajo. Me enganchó aquel caos y toda la adrenalina que llevaba asociada. Era una especie de subidón. Lo difícil era sentarse allí todo el día y gestionar todo aquello: el alboroto, las peticiones, las quejas y el estrés.

Fui dándome cuenta de todos los trastornos que sufrían mis compañeros y empecé a experimentar algunos en mis carnes: el dolor de espalda, un extraño aumento de peso incontrolable, apatía y, sobre todo, estrés. Llamé a mi madre agotada una noche después de volver del trabajo y me dijo: «Imagina que estás en un barco mirando el mar». Sí, claro, mamá.

A la semana siguiente estaba desesperada. Habían despedido a la mitad del grupo (una de las muchas rondas de despidos de las que fui testigo en Wall Street), todos estaban estresados y aterrados, y pagaban su rabia con nosotros, los pipiolos, y una nube baja y oscura flotaba sobre el parqué. Decidí probar eso de «imaginar que estaba mirando el mar». Funcionó; bueno, a medias, porque el mar estaba embravecido y yo me sentía mareada.

Salto ahora en el tiempo unos años, hasta el momento en que me apunté a un curso nocturno de filosofía del yoga tibetano. No es casualidad que la clase tuviera lugar semanas después de la caída de Lehman Brothers y de la crisis bursátil tangencial, así como de las nuevas rondas de despidos que tuvieron lugar en mi empresa. Albergaba la esperanza de que la sabiduría ancestral pudiera darme una nueva perspectiva o algunas técnicas de supervivencia.

La clase comenzó con una presentación sobre el nirvana. «Oh, Dios, otra vez ese rollo», pensé. ¿Cómo se suponía que iba a encontrar la «paz interior» sentada en el suelo de parqué, intentando que no se me arrugara el traje, antes de tener que regresar a la zona de combate del parqué bursátil para cubrir durante el turno de noche las horas de apertura de las bolsas asiáticas? Pero, oye, había ido allí a intentar ser mejor persona, así que decidí escuchar.

El nirvana tiene muchas connotaciones en la sociedad occidental, desde la violenta sacudida de la cabeza al ritmo de «Smells Like Teen Spirit» al estado trascendente de los budas sentados en una flor de loto, flotando sobre la Tierra. Lo que aprendí esa noche y en estudios posteriores fue que *nirvana* significa en realidad «trascender o superar algo malo». La antigua raíz *nir* significa «trascender», *va* significa «conquistar o ganar» y *ana* es «aquel que hace esas cosas». En la lengua tibetana tradicional, la palabra es *nanyalemdepa; nanyen* es «pena o algo negativo», y *lemdepa* significa «trascenderlo o superarlo».

Llegar al nirvana es trascender toda la conmoción que te rodea para poder ser tú mismo. Es como meterte en una burbuja, en un campo de fuerza protector, para reaccionar de un modo distinto al enfrentarte a algo o a alguien que te perturba. No es tan solo liberar la mente; esa es la filosofía del yoga de pega. Más bien, el nirvana consiste en ver las cosas y pasar flotando por encima de ellas o, como diría mi madre, «como si estuvieras mirando el mar». No hacen falta *om shantis* ni signos de la paz, sino más bien dejar que la mirada se centre en el interior de nuestro propio mundo, un mundo en el que puedes visualizarte a ti mismo obrando, pensando y actuando de la manera deseada, en vez de reaccionar frente a los demás. Ese es el estado que se quiere alcanzar.

No puedes controlar las exigencias que se suceden en tu jornada: el jefe insistirá en que quiere ese informe, tu hija de tres años estallará en un berrinche si no consigue lo que quiere y no podrás eliminar ese atasco aparentemente inevitable en el que te quedas atrapado cuando ya llegas tarde a una cita. Pero sí puedes trascender esos momentos sin dejar que dicten tus acciones y sentimientos, y sin dejar que te definan. Si trasciendes el lugar donde estás, siempre podrás ser tú mismo.

RETOX

Cierra los ojos, donde quiera que estés. Visualiza tu lugar favorito. Puede ser un bosque, una playa, un sofá en casa, la mesa de la cocina donde creciste, la cima de una montaña, tu parque favorito, etc. Deja que sea el primero que te venga a la mente. Escucha en tu mente el susurro de las hojas, el sonido de las olas al romper, el viento que sopla…, huele el aire, fíjate en los detalles. Déjate llevar hasta allí.

Visualiza lo que llevarías puesto, el aspecto de tu piel, tu peinado. Imagina quién estaría contigo, o si estarías solo. Deja que tu mente se llene de cualquier mínimo detalle del lugar. En sentido literal, debes estar presente.

Retén ese lugar en la mente, con los ojos cerrados y respirando, tanto tiempo como puedas o quieras. Al abrir los ojos, decide llevarte esta visión contigo.

Repítelo con suficiente regularidad para que la imagen se quede grabada a fuego en tu mente. La próxima vez que tengas un día de mierda en casa o en el trabajo, o cuando la situación se vuelva insostenible, puedes transportarte mentalmente a ese lugar. Tal vez empieces a notar que eso se convierte en tu tumbona mental en la playa.

Banda sonora retox:
«Smells Like Teen Spirit», NIRVANA

Crea tu playa mental

Creando mi playa mental. I.AM.PARADISE. Escape, Colombia.

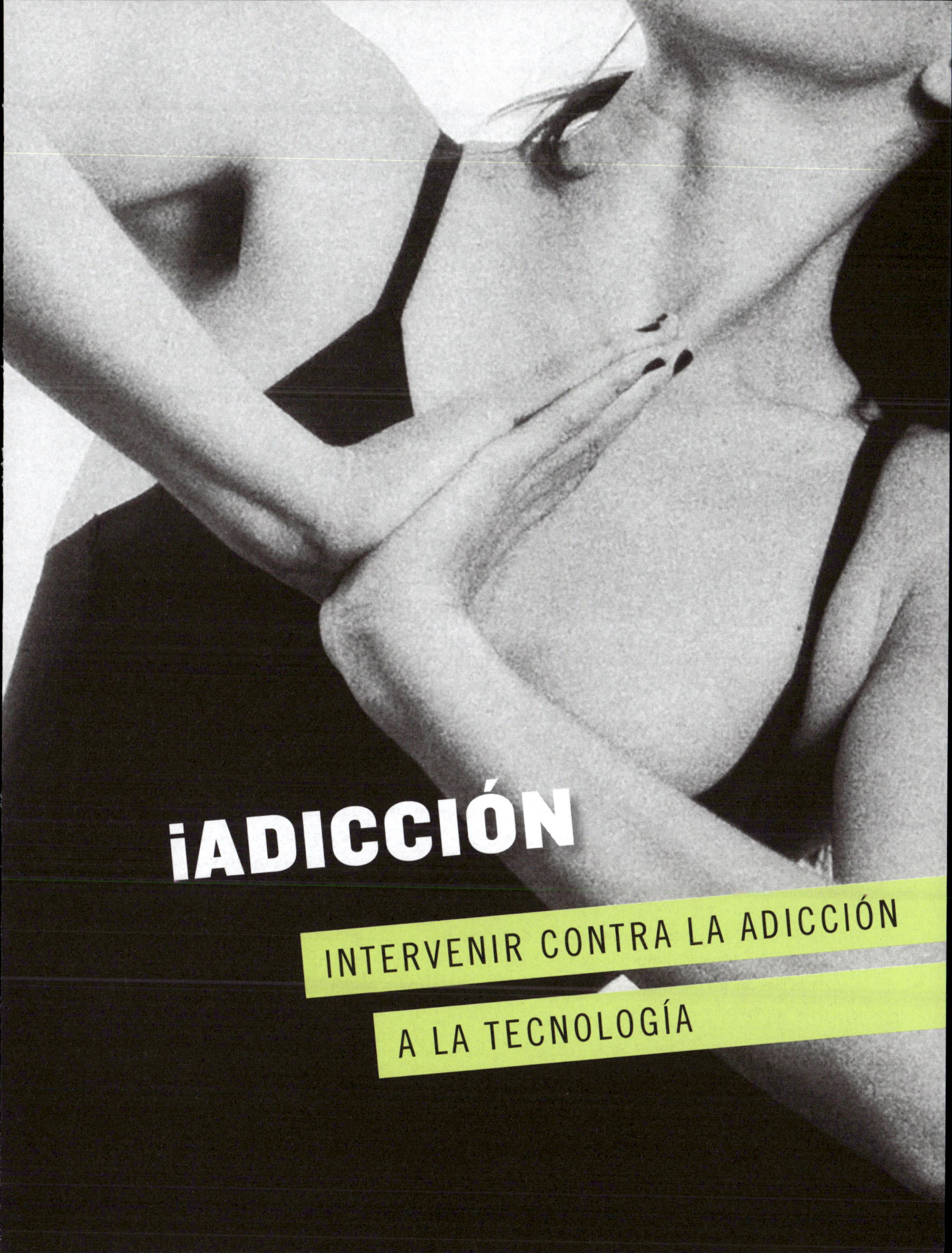

¡ADICCIÓN

INTERVENIR CONTRA LA ADICCIÓN A LA TECNOLOGÍA

Felicidad tangible > navegación intangible

ME LLAMO LAUREN IMPARATO Y soy adicta. A mi iPhone. De hecho, soy iAdicta.

Apenas hay un momento en que no tenga el teléfono, el ordenador portátil o el iPad a mi vera. A veces llevo los tres conmigo: uno en el bolsillo, otro en la mano y otro en mi bolso. Me sorprendería que no te pasara lo mismo, tal vez incluso metiendo por medio una BlackBerry o un Kindle. La marca del dispositivo es irrelevante; basta con que tenga una pantalla e información. Lo importante es que, si lo tienes al alcance de la mano la mayor parte del día, habrá llegado el momento de intervenir.

La iAdicción ha pasado a ser algo habitual en la vida moderna. Aunque pueda costarnos identificarla en nosotros mismos, existen algunas señales evidentes de dependencia electrónica. Quizá puedas reconocerte en alguna de estas situaciones:

Por la mañana

Cuando me despierto, voy rodando hacia el borde de la cama, alargo bien el brazo... para agarrar el teléfono, y me pongo a mirar de inmediato el correo electrónico, Facebook e Instagram, y todo ello con la visión aún borrosa y bajo las sábanas.

Respondo a unos cinco mensajes de correo electrónico antes de empezar oficialmente mi jornada laboral, y a menudo hago alguna llamada rápida entremedias.

Por la noche

Cojo mi teléfono al menos una vez durante la cena para revisar el correo electrónico y las redes sociales.

Los vuelvo a revisar por última vez mientras me dirijo a la cama, con la excusa de que solo estoy usando la luz del teléfono para guiarme y evitar tropezar en la oscuridad.

Mi oración vespertina es vaciar la bandeja de entrada.

Entremedias

Actualizo mi correo electrónico al menos una vez cada media hora.

Tengo miles de fotos en mi teléfono (de escenas al aire libre, momentos divertidos y platos de comida) y a veces me obsesiono con el ángulo de la luz en la foto.

Lo primero que hago en la cola de la farmacia o de la tienda es cargar un sitio web de noticias para poder leer mientras espero, con la excusa de que eso me hará más culta, pero por lo general me limito a navegar por decenas de Instapics.

Ir de pasajera en un coche me da la oportunidad de ponerme al día con el correo electrónico y las llamadas.

Se me corta la respiración cuando se me cae el teléfono, rezo en silencio para que no se haya roto y chillo como una niña en una tienda de golosinas si no le ha pasado nada.

Rara vez apago el teléfono. Si lo hago durante el vuelo, lo vuelvo a encender antes de que hayan quitado la señal de abrocharse el cinturón.

Uso mi teléfono como una vía de escape: del trabajo, del jefe, de los pasajeros a mi alrededor, de los niños, de la vida.

Compruebo a cuánta gente le ha gustado mi última publicación en las redes sociales.

Escribo más correos electrónicos, mensajes de texto y mensajes instantáneos a mis amigos de lo que hablo con ellos por teléfono o cara a cara.

Tengo una aplicación para todo, incluso una que me ayuda a estar menos conectada a los medios digitales.

Y sobre todo...

Tengo las piernas llenas de moratones de ir chocándome contra los postes y el mobiliario urbano solo por llevar la cara enterrada en el teléfono. En mi fuero interno estoy agradecida de tener solo esos moratones, ya que me he sorprendido a mí misma caminando de cinco a treinta minutos absorta en mi dispositivo y llegando a mi destino sin recordar haber cruzado ni una sola calle. No me han atropellado (por suerte), pero me he chocado con gente...

Podría seguir y seguir, pero entonces tendríamos que cambiar el título del capítulo por el de #confesiones.

La iAdicción es un problema, dado que afecta a todo nuestro cuerpo y nuestra vida, del sueño al sexo, de la autoestima al aumento de peso, de las relaciones a la familia, del dolor de espalda al de cabeza, de la trayectoria profesional a los amigos. Más de un tercio de los divorcios se deben a casos de iAdicción, desde la falta de comunicación cara a cara a las discusiones para acabar con los encuentros amorosos por Facebook. Una de cada tres peleas entre amigos o miembros de la pareja comienza por algún motivo digital. A mí, sin ir más lejos, me dan ganas de clavarle un cuchillo a mi marido cada vez que entierra la cabeza en su teléfono «un minuto» durante una conversación, y lo cierto es que he tenido un deseo apremiante de lanzar por la ventana los teléfonos de mis compañeros de cena antes de que nos sirvan siquiera los entrantes.

Más del 50 por ciento del estrés laboral agudo se debe a la sobrecarga digital, en concreto a los correos electrónicos recibidos cuando se está fuera de la oficina o los fines de semana. La principal causa de depresión es la iAdicción, en particular a las redes sociales. Más del 25 por ciento de los accidentes de tráfico se producen por enviar mensajes de texto o por hablar por teléfono al volante, y el hecho de enviar mensajes mientras se conduce aumenta un 23 por ciento las probabilidades de sufrir un accidente. El 10 por ciento de las visitas a Urgencias por parte de peatones se debe a accidentes sufridos por estar pendientes del teléfono mientras caminan (tomo nota).

Por si fuera poco, el problema de salud más prevalente en todo el mundo (la falta de sueño, que engloba tanto la mala calidad del sueño como el insomnio) se origina en la propia pantalla de tu dispositivo. Se ha demostrado que la luz «azul» de onda corta que emiten las pantallas reduce la síntesis de melatonina, la hormona secretada por la glándula pineal que controla los ciclos de sueño y vigilia. Conforme tus ojos van absorbiendo la frecuencia de la luz, tu cuerpo genera menos melatonina, y a su vez esta reacción bioquímica no te deja dormir. Además, la disminución de la síntesis de melatonina aumenta el riesgo de cáncer, debilita la función inmunológica y altera la función metabólica (es decir, provoca un incremento de peso).

Así que tenemos que preguntarnos ¿por qué somos tan adictos? ¿Buscamos continuamente la satisfacción digital, o sencillamente nos evadimos del presente? ¿Qué noticias creemos que pueden superar a los bellos momentos de la vida real que se nos escapan? ¿Vivimos para gustar o nos gusta vivir?

En muchas ocasiones no nos damos cuenta de que somos, de hecho, iAdictos. Otras veces podemos ser conscientes de nuestra dependencia digital, pero no sabemos qué hacer al respecto. El reto está en la complejidad de la iAdicción; no hay una sola parte del cuerpo, la mente y la vida que se salve de la iAdicción, lo cual hace que el cóctel retox holístico sea fundamental y eficaz, tal como descubrió Edward, uno de mis alumnos. Con un puesto envidiable en una sociedad de inversión, Edward encarnaba al típico iAdicto. Cada noche solía quedarse literalmente dormido con el teléfono en la mano. Tenía tres ordenadores portátiles, uno de escritorio, un iPad y un kilo de cargadores y cables para todos ellos. Si no estaba liado con los dispositivos del trabajo, consultaba las estadísticas de Fantasy Football y deportivas, echaba un vistazo a una revista en Internet o escuchaba música con una aplicación. Aunque sus amigos trataban de quedar con él, Edward no podía alejarse de sus pantallas. En parte era por trabajo, cierto, pero principalmente se debía a su adicción personal, de la cual se dio cuenta de que podía ser un problema cuando su enésima novia lo dejó por «no conectar ni comunicarse». Con una vida vacía ante sí, limitado a la mera relación con sus pantallas, yo sabía que había llegado el momento de una intervención retox.

El cóctel retox para la iAdicción se sirve del yoga para hacer frente a las consecuencias físicas y tangibles en nuestro sistema musculoesquelético del hecho de no soltar nuestros dispositivos durante horas, así como para mejorar el estado de ánimo y ayudar a dormir. La sección de nutrición se centra en sensibilizarnos más y dinamizar nuestros sistemas estancados, mientras que la parte sobre actitud disecciona las verdaderas razones por las que nos resulta imposible dejar el teléfono, y por qué, a partir de ahora, tenemos que hacerlo.

YOGA

Tal vez sufras algunas de las consecuencias físicas de la iAdicción: tensión en los dedos, las muñecas y las palmas de las manos de apretar fuerte el dispositivo y teclear. Rigidez en los hombros y el cuello por redondear la columna para mirar a la pantalla. Confusión mental por recibir información de forma incesante y déficit de atención por estar siempre saltando rápidamente de una cosa a otra. Visión borrosa por mirar fijamente a una pantallita muy iluminada. Insomnio o dificultad para conciliar el sueño por la reducción de la síntesis de la melatonina en el organismo. Y el malestar general que se deriva de vivir la vida a través de una lente digital e intangible.

Edward padecía todos esos síntomas y utilizó el yoga retox para calmarlos, así como para empezar a mitigar su adicción. Como auténtica iAdicta que soy, he adaptado las herramientas de yoga necesarias para combatir los efectos físicos de la adicción. Algunas de ellas son evidentes, otras más sutiles; algunas puedes sentirlas activamente, y es posible que otras no estén asociadas en absoluto con la iAdicción.

SOLUCIONES EN LA OFICINA

ESTIRAMIENTO CON BRAZOS DE ÁGUILA Y FLEXIÓN POSTERIOR

Abre totalmente los brazos extendidos a los lados. Lleva un brazo contra el otro y cruza el derecho por debajo del izquierdo. Flexiona los codos y, si puedes, haz que se toquen las palmas de las manos. Presiona los codos y antebrazos entre sí para estirar la zona cervical. Al inhalar, arquea la espalda hacia atrás, elevando los antebrazos. Al exhalar, quédate arqueado, pero deja caer la cabeza, llevando la barbilla al pecho. Aguanta así, y después repítelo con el brazo izquierdo cruzado por debajo del derecho.

SACUDIDA DE CABEZA

Inhala profundamente. Haz una exhalación fuerte por la boca, sacando la lengua, y moviendo la cabeza enérgicamente de izquierda a derecha. Repítelo de una a tres veces.

EL ORADOR INVERTIDO

Junta los dorsos de las manos enfrente de ti, con los dedos apuntando hacia abajo. Presiona los dorsos de las manos entre sí y haz un estiramiento de las muñecas y los antebrazos frente a ti. Aguanta así de cinco a veinte respiraciones. Como opción, puedes iniciar la respiración dinámica (página 365), inhalando y exhalando de un modo enérgico y uniforme. Puedes tener los ojos abiertos o cerrados, lo que mejor te vaya allí donde estés. Inhala, exhala, inhala, exhala, inhala, exhala. Ten cuidado de no hiperventilar; para ello, activa tus músculos para controlar las vigorosas inhalaciones y exhalaciones.

ESTIRAMIENTO DE MUÑECA

Estira el brazo derecho frente a ti y pon las puntas de los dedos hacia abajo. Con la mano izquierda presiona la mano derecha hacia abajo en dirección a tu cuerpo. A continuación, eleva la mano derecha y utiliza la izquierda para presionar la palma y los dedos de la mano derecha hacia tu cuerpo. Aguanta cinco respiraciones en cada estiramiento, y después repítelo al otro lado.

ONDULACIONES DE LA COBRA*

Tumbado boca abajo, coloca las yemas de los dedos a ambos lados del pectoral, bastante lejos de este. Separa los dedos. Inhalando, eleva del suelo la parte superior del cuerpo, dejando colgar la cabeza. Aguanta en esa postura durante varias respiraciones. En la siguiente inhalación, presiona aún más con las yemas de los dedos para levantar más el pecho y la cabeza. Exhalando, baja lentamente la parte superior del cuerpo, dejando que sea el pectoral el que guíe, seguido de la cabeza. Repite estas ondulaciones lentas de tres a ocho veces.

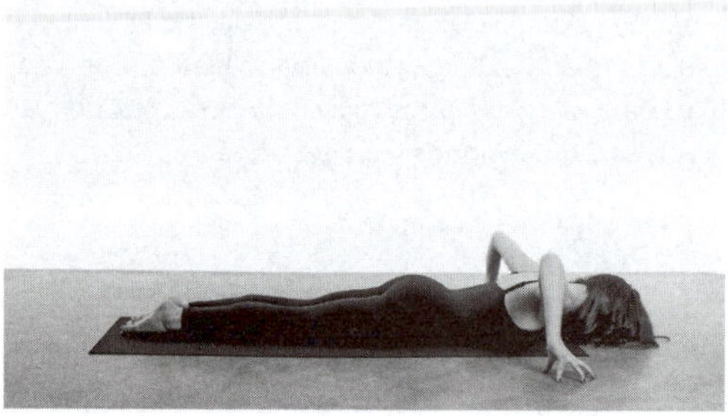

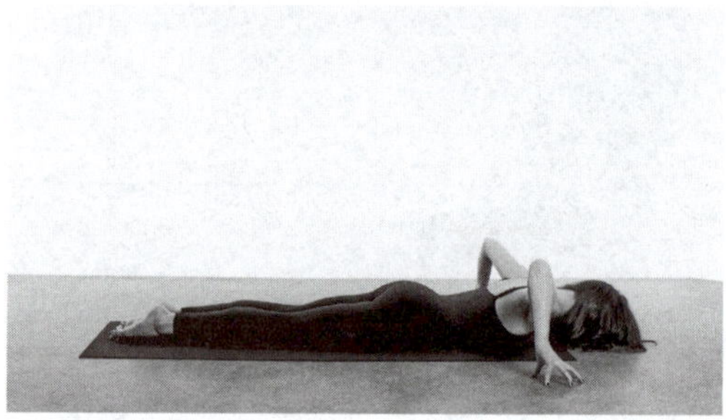

EL CAMELLO

Ponte de rodillas y coloca las manos en las caderas. Inhalando, eleva el esternón. Exhalando, arquea la espalda hacia atrás, con las manos en las caderas o bien dejando caer las manos a las pantorrillas o los pies. Echa la cabeza hacia atrás solo si te sientes cómodo. Aguanta en esa postura de cinco a diez respiraciones.

ESTIRAMIENTO INTENSO DE MUÑECA

Ponte a cuatro patas en el suelo, con las caderas alineadas con las rodillas y los hombros alineados con las muñecas. Gira las manos de forma que los dedos corazón apunten hacia las rodillas. Inhala en esa posición. Exhalando, inclínate hacia atrás lo máximo que puedas mientras te sientas cómodo. Aguanta así de cinco a diez respiraciones.

NUTRICIÓN

Mi compañero de mesa en el restaurante suele ir enfundado en polipiel negra..., vamos, que lleva una funda de iPhone. Triste pero cierto. Como al menos una vez al día, si no dos, con un dispositivo. Y no solo lo tengo a mi vera, sino que lo uso activamente, ya sea leyendo, navegando, enviando correos o actualizando las redes sociales. Solía pensar que eso era «eficiente», dado lo mucho que hay que hacer en un día y lo mucho que quiero, y necesito, acometer y zanjar en mis horas de vigilia, pero a raíz de mi propio estudio personal, así como del de los clientes a los que asesoro a nivel nutricional, me he dado cuenta de que lo único que consigo es comer más, saborear menos y sentirme fatal. De hecho, cuando mando a los clientes a los que hago *coaching* nutricional que alejen los teléfonos mientras comen (algo que siempre va acompañado de quejas), empiezan a cumplir sus objetivos de pérdida de peso y mejora del estado de salud en el transcurso de dos semanas.

Fijémonos en el caso de Amanda, una madre con dos hijos que es sumamente activa, enérgica y se involucra en todos los aspectos de la vida de sus hijos. Le molestaban esos cuatro kilogramos y medio que había engordado después de tener a su último hijo y no conseguía perderlos a pesar de haber probado todas las dietas de moda y un moderno programa de adelgazamiento. Acudió a mí con la esperanza de que yo pudiera obrar un milagro, lo cual conseguimos juntas.

En general, Amanda comía de forma bastante saludable. Sabía que la comida rápida era mala, que la verdura era buena y que había que comer equilibrado. Cocinaba para sus hijos y su marido todas las noches, evitando los ingredientes procesados, y practicaba ejercicio tres veces por semana. Rápidamente me di cuenta de que sus objetivos en cuanto a salud y peso guardaban más relación con la forma en que comía que con lo que comía.

Al ser una madre con el tiempo justo, Amanda había adquirido el hábito de comer mientras trasteaba con el iPhone. Solía leer algo para sentirse conectada y mejorar su autoestima, comprar artículos para la casa por Internet, indagar sobre algo en relación con su familia, o simplemente evadirse con las redes sociales. Ella, al igual que yo, pensaba que de ese modo era eficiente y aliviaba el estrés, al tiempo que se evadía de su propio mundo durante unos pocos minutos, pero lo que hacía en realidad era ralentizar su metabolismo y boicotear su pérdida de peso. Decidí desintoxicarla del móvil y le prohibí usarlo durante todas las comidas. A la semana empezó a perder peso.

DETOX

Sobre todo, aleja el teléfono. Por eficiente o placentero que parezca comer mientras contemplas una pantalla, puede hacerte engordar. Como he mencionado antes, la luz azul de onda corta que emiten las pantallas reduce las concentraciones de melatonina. Además de inducir el sueño, la melatonina ayuda a controlar el aumento de peso, al estimular la producción de «grasa *beige*», un tipo de células adiposas que queman las calorías al instante en vez de almacenarlas. La grasa *beige*, también conocida como «grasa adelgazante» o «grasa buena», ayuda a regular el control del peso corporal, de ahí sus beneficios metabólicos.

Más pantallas = menos melatonina = menos grasa *beige* buena = más grasa asquerosa

Menos pantallas = más melatonina = más grasa *beige* buena = más esbelto y en forma está el cuerpo

Aleja el teléfono o iPad mientras comes. Si estás sentado frente a tu mesa en la oficina, echa un vistazo al periódico impreso o habla con un compañero que tengas al lado, aunque solo sea un rato.

Prestar atención a una pantalla en vez de estar pendientes de comer hace que nos olvidemos de masticar. Es fácil atiborrarnos sin pensar cuando estamos absortos contestando correos electrónicos o intentando acabar un informe. Sin embargo, masticar es, en realidad, la primera fase de la digestión. Cuanto menos mastiques, más tiene que esforzarse tu estómago y el resto de tu sistema digestivo. Y la mala digestión puede provocar muchísimos problemas de salud. Así que mastica a conciencia de cinco a diez veces cada bocado. Es totalmente realista y factible, y mucho mejor para tu organismo.

Si estás mirando a la pantalla mientras comes, es muy probable que ni siquiera te fijes en lo que te llevas a la boca. Dedica un instante a echar un vistazo a cada bocado antes de metértelo en la boca, aunque sea un nanosegundo. Esto te ayudará a comer más despacio, a masticar y a estar más presente en los momentos de la vida real fuera de tu mundo digital.

RETOX

A continuación figuran algunos nutrientes beneficiosos para los iAdictos:

LUTEÍNA. Al pasar tanto rato atentos a la pantalla, es fundamental cuidar todavía más los ojos. La luteína es un carotenoide que se concentra en la mácula, la zona ocular básica para la visión central. Protege los ojos de la tensión y de los fotones de luz azul de alta energía, así que es buena idea aumentar su consumo si eres iAdicto, tanto en recuperación como empedernido. Procura añadir alimentos ricos en luteína, como los huevos con la yema, las espinacas, la col rizada, el brócoli, los guisantes, las zanahorias y el kiwi, a tu dieta de manera habitual.

MELATONINA. Ingerir alimentos con melatonina te ayudará a aumentar las reservas que tu iAdicción está agotando. Procura tomar a modo de tentempié bayas de Goji, almendras e hinojo laminado. Añade cilantro a las ensaladas y platos cocinados, y ten siempre un plato de cerezas a tu vera.

ESPECIAS. Dale potencia a tu comida para que te despierte y te saque de tu iAdicción mientras comes. Pica algunas guindillas, añade una pizca de salsa picante, espolvorea un poco de curry... lo que te apetezca. Un poco de picante te obligará a prestar atención a lo que comes.

TEXTURAS. Incluye varias texturas en las comidas para tomar consciencia de lo que comes. Mezcla lechugas con trocitos crujientes como frutos secos o nachos triturados. Sirve judías verdes como acompañamiento de una sopa, añade guisantes a los macarrones con queso o toma almendras mezcladas con pasas como tentempié. La variedad de texturas enviará un mensaje al cerebro a través de tu exigente paladar para que se centre en los hechos interesantes que están pasando en la boca en vez de en la pantalla.

TENTEMPIÉS

Huevo duro
Zanahorias
Kiwi
Bayas de Goji cubiertas de chocolate
Almendras

Huevos revueltos picantes

1 cucharadita de mantequilla o aerosol antiadherente/aceite vegetal

1 guindilla a tu gusto

2 huevos

Calienta la mantequilla en una sartén pequeña. Pica una guindilla (o chile, chile jalapeño o chile habanero, lo que te guste o tengas) y échala a la sartén. Rehógala para que el jugo impregne cada rincón. Déjala así con el fuego bajo mientras cascas y bates los huevos. Saca los trozos de guindilla de la sartén y echa los huevos. Hazlos como unos huevos revueltos normales. Si quieres, puedes dejar los trozos de guindilla mientras se hacen los huevos, pero que sepas que tendrás una digestión pesada. Una vez listos los huevos, disfrútalos tal cual o añadiéndoles alguna especia.

Zumo para iAdictos

1 puñado de col rizada

2 puñados de espinacas baby

1 mango pelado y a dados

1 mandarina pelada y desgajada

1 kiwi pelado y a dados

Pon en una batidora o licuadora la col rizada, las espinacas, el mango, la mandarina y el kiwi, y prepara un zumo que sirva de aperitivo o desayuno.

Mezcla iAdictiva

1 vaso de brócoli cocido, picado
½ vaso de guisantes, crudos o cocidos
1 zanahoria troceada
1 cucharadita de aceite de oliva virgen extra
1 cucharadita de zumo de limón recién exprimido
Sal y pimienta al gusto
Cilantro fresco picado (opcional)

Pon todas las verduras en un bol. Alíñalas con el aceite de oliva y el zumo de limón, y salpiméntalas. Si quieres, esparce un poco de cilantro por encima. Disfruta de esta ensalada fresca y crujiente como guarnición.

iSalsa para mojar

1 vaso de quinoa cocida
½ vaso de alubias negras (o frijoles negros)
1 pimiento rojo picado
1 cebolla blanca picada
Salsa picante a tu gusto
Cilantro (opcional)

Cuece la quinoa según las indicaciones del envase o cómprala ya cocida. Mezcla las alubias negras, el pimiento rojo y la cebolla, y júntalo todo con la quinoa. Añade tu salsa picante preferida, como *sriracha*, búfalo, chipotle o el tabasco de toda la vida, y remuévelo todo. Si no te gusta el picante, alíñalo con aceite de oliva y zumo de limón. Si quieres, decora con cilantro. Esta salsa para mojar va bien con apio, palitos de pimiento verde o nachos de maíz.

iEnsalada máxima

1 vaso de col rizada, picada gruesa y sin los tallos
½ limón (en zumo)
4 cucharadas de aceite de oliva virgen extra
2-3 vasos de espinacas baby
1 vaso de lechuga romana picada
½ vaso de brócoli picado, al vapor
¼ vaso de maíz, fresco o congelado (descongelado)
1 zanahoria picada
1 pimiento amarillo picado
¼ taza de almendras picadas
1 cucharada de vinagre balsámico

Remueve la col rizada en la mezcla de zumo de limón y dos cucharadas de aceite de oliva hasta que se ablande. Incorpora las espinacas y la lechuga romana. Añade el brócoli, el maíz, las zanahorias, el pimiento amarillo y las almendras. Alíñalo todo con el resto del aceite de oliva y el vinagre, y mézclalo bien.

ACTITUD

Volviendo a las #confesiones…

Me emociono cuando a alguien le gustan mis publicaciones, y me siento decepcionada (en secreto) si nadie reacciona. Leo información insustancial de gente al azar en Facebook. Actualizo la bandeja de entrada de mi correo electrónico sin cesar, esperando noticias de cualquier tipo. Además del correo electrónico, tengo como mínimo otra plataforma para comunicarme con los amigos, como Messenger, Viber, WhatsApp y las redes sociales. Domino los emoticonos y las pegatinas. Estoy deseando ir de vacaciones a un lugar cuya foto he visto en Internet. En el último mes he comprado más aplicaciones que libros. Nunca salgo de casa sin mi móvil.

Dale al «me gusta» si compartes algo de esto.

Todos esos son los molestos síntomas intangibles de ser iAdicto. Hasta el momento, los expertos en el tema han recomendado diversos métodos de autocontrol, como consultar el correo electrónico solo dos veces al día, cerrar o eliminar las aplicaciones molestas y apagar el teléfono el resto del tiempo. Pero todos sabemos que eso no funciona. Yo misma lo probé durante cuarenta días seguidos y no conseguí más que ir a todo gas el día en que fui libre, y he observado lo mismo en un sinfín de alumnos y compañeros. Sin embargo, hay otra manera… más científica y realista que el autocontrol.

En primer lugar, vamos a analizar minuciosamente la adicción y la calidad del iAdicto desde un punto de vista científico. La adicción es la dependencia física y mental de una sustancia. El cerebro se altera por el deseo que despierta un objeto. Se pierde el control sobre el uso y se siente un apego continuo al objeto, a pesar de conocerse las consecuencias adversas. Esto casi siempre guarda relación con un cierto grado de placer que se genera en el cerebro.

Todas las sustancias que generan placer liberan dopamina, un neurotransmisor, en el núcleo accumbens, un grupo de células nerviosas debajo de la corteza cerebral. Es lo que a menudo se denomina «sistema de recompensa del cerebro». La función original de la liberación de dopamina es, en realidad, llevarnos a hacer lo imprescindible para sobrevivir, como comer, dormir y movernos. Todas las sustancias adictivas, ya sean drogas, alimentos, el azúcar, el sexo o los dispositivos, crean un acceso directo al sistema de recompensa del cerebro al inundarlo de dopamina.

Por tanto, cuando coges tu dispositivo móvil y ves o lees algo que te gusta, las células nerviosas del cerebro liberan dopamina, lo cual transmite un mensaje bueno, positivo y placentero al cerebro. El cerebro lo registra y altera su respuesta futura, que hará que te sientas feliz en el momento y que ansíes más dopamina. Tu ansia de dopamina es tanto emocional como bioquímica. No podemos alterar nuestras funciones bioquímicas innatas, pero sí podemos controlar los vínculos mentales con la iAdicción.

Ser iAdicto se reduce a una cosa, anhelar más placer. Esto puede venir en forma de atención, amor, satisfacción, buenas noticias, aprobación, información o afecto, entre otros. El dispositivo en sí representa un oasis independiente de placer digital que siempre está disponible. Cada vez que miramos el teléfono, ya sea para revisar la bandeja de entrada o las redes sociales, buscamos placer y navegamos en busca de satisfacción. El teléfono nos sirve de vía de escape de nuestro entorno (el tren atestado de gente, una cola fastidiosa, los gritos de los niños) sin tener que movernos. Esta distracción es a menudo un placer en sí misma. Y así, con solo pulsar unas cuantas veces la pantalla, podemos huir a un mundo sin problemas, sin contrariedades, sin exigencias; es un camino amarillo de clics que lleva a Oz.

El correo electrónico es su propia caja de Pandora, que absorbe nuestro tiempo conforme leemos y escribimos. Cada vez que comprobamos nuestro correo electrónico, contenemos la respiración con la esperanza de recibir buenas noticias.

A pesar del gran baile de correos banales que van y vienen, nos aferramos al sueño eterno que lleva adjunto todo ello. Nos pirramos por el correo electrónico, con la esperanza, aunque sea una vez, de que nos toque el premio gordo.

Las redes sociales complican aún más el asunto, al manipular nuestros deseos, proporcionando un caldo de cultivo para un posible refuerzo positivo incesante (¿se marcó como favorito tu tuit?) y para el amor puro y simple (¿cuántos «me gusta» tuvo tu última publicación?). Para cuando nos hemos recorrido el teléfono en lo que viene a ser una comprobación rutinaria, el centro de recompensa del cerebro está saturado de dopamina, y sigue pidiendo más a nivel bioquímico, físico y emocional, lo cual te va convirtiendo en un iAdicto con cada clic.

En la filosofía retox, la expresión utilizada para combatir la iAdicción es *aparigraha,* que significa «no posesividad o desapego». Es la antítesis de querer o codiciar más (más dopamina, más placer, más satisfacción), el círculo que nos asedia a los iAdictos en el mundo moderno actual. *Aparigraha* es, en realidad, el quinto de los diez principales pasos que los antiguos filósofos del yoga insistían en dominar con el fin de encontrar la verdadera felicidad y antes de pisar siquiera una esterilla de yoga. A primera vista puede parecer que estamos constantemente pendientes del teléfono por una buena causa, pero si entendemos el concepto de *aparigraha,* sabemos que se trata simplemente del ansia de obtener más placer, lo que en realidad nunca conseguirá llenarnos. Como ves, cuanto más nos aferramos sin saberlo, menos tenemos en realidad; cuanto más miramos hacia fuera, menos podemos contemplar el interior, donde reside nuestra auténtica naturaleza y satisfacción. Cuanto más busquemos la satisfacción intangible, menos felicidad tangible tendremos.

El mayor riesgo de ser iAdicto es perder la auténtica felicidad mientras se está incesantemente a la caza de distracciones digitales. Eso puede pasar, y pasará.

Para ayudarte a vencer la iAdicción y encontrar la verdadera felicidad, aquí y ahora, he creado un programa mental en dos partes. La primera se basa en una práctica diaria para sacar la mente y el corazón de la pantalla y devolverlos a la realidad. La segunda es un plan de seis pasos para iniciar una desintoxicación digital, ya sea de dos semanas o de dos minutos. He utilizado ambas con todo el mundo, desde ejecutivos de alto nivel a adolescentes, e incluso con mi marido. La actitud retox para vencer la iAdicción ha sido un gran éxito para todos los que la han puesto en práctica, al reprogramar el cerebro para evitar buscar el placer allí donde no se encuentra realmente.

RETOX

PLAN DIARIO

1. **Aléjate.** Lánzale un beso. Adiós.
2. **Camina.** Date un paseo. Puede ser una vuelta de treinta segundos por tu sala de estar, un paseo hasta el dispensador de agua fría, una excursión por las montañas o una vuelta a la manzana. Lo que puedas y te apetezca hacer, pero sin el teléfono.
3. **Interactúa.** En el paseo, interactúa con alguien con quien te cruces. Si ves a alguien, habla con él o simplemente salúdale. Sonríele, coméntale algo que has leído, pregúntale algo, comparte una anécdota, hazle un cumplido acerca de su vestuario, o simplemente levanta la barbilla para saludar a la vieja usanza.
4. **Conecta.** Cuando estés con alguien, intenta mirarle a los ojos mientras interactuáis. Mírale a la cara, observa sus expresiones, y escucha o presta atención a su respuesta. Empápate de sus reacciones físicas, de sus sentimientos y de la satisfacción que le produce que le prestes atención, aunque

te limites a asentir con la cabeza para confirmar que estás atento.

5. **Valora.** Cierra los ojos, aunque sea un segundo, y deja que el cerebro asimile lo que acaba de suceder, la generación física de satisfacción, el torrente físicamente inducido de dopamina hacia el centro de recompensa, y el deseo de repetirlo todo. Sin el teléfono.

CONSEJOS PARA INICIAR UNA DESINTOXICACIÓN DIGITAL

El plan retox para vencer la iAdicción que acabo de exponer debe practicarse a diario. A continuación te ofrezco seis pasos más para ayudarte a llevar una vida menos esclava, e incluso a emprender una desintoxicación digital breve (o prolongada):

1. Dúchate y vístete antes de mirar el teléfono.
2. ¡El modo avión es tu amigo! Apaga el teléfono o ponlo en modo avión antes de irte a la cama, entre reuniones, durante las comidas, y cuando no estés esperando realmente noticias urgentes.
3. Compra un periódico o revista de verdad y deja que se te manchen los dedos de tinta.
4. Elimina de tu teléfono todas las aplicaciones que no sean fundamentales. Ya sabes a las que me refiero... Admítelo, afronta la realidad de que no puedes dejar de navegar por ellas, y ¡elimínalas!
5. Deja el teléfono en casa o en la mesa de tu oficina para hacer algún recado cada día, además de practicar lo anterior.
6. Mira hacia el infinito y deja vagar la mente de uno a tres minutos al día.

Banda sonora retox:
«Hypnotize», THE NOTORIOUS BIG

Felicidad tangible > Navegación intangible

Guardando un rato el móvil en el bolsillo, Texas.

EL CONEJITO DE DURACELL

LA SOLUCIÓN A LA FALTA DE ENERGÍA

El que algo quiere, algo le cuesta

A LOS VEINTIPOCOS AÑOS TRABAJABA de cinco de la mañana a seis de la tarde, hacía deporte de siete a nueve de la noche, cenaba y me iba de fiesta hasta las dos de la madrugada. Después me levantaba con bastante buen aspecto, y vuelta a empezar. Y eso los siete días de la semana. Sin café. ¡Qué tiempos aquellos!

¿Cómo lo hacía yo? ¿Y cómo lo hacías tú?, quizá te preguntes ahora que solo puedes salir adelante con la ayuda de tu dosis vespertina de cafeína y estás deseando acurrucarte en el sofá para ver un maratón de series de Netflix en vez de tomarte un martini a medianoche un día laborable cualquiera. ¿Eras sobrehumano, joven o un inconsciente? ¿Y qué nos pasa ahora?

La falta de energía es un fenómeno demasiado habitual: los «no puede ser» a las seis de la mañana cuando suena la alarma; el decaimiento a las tres de la tarde; las anulaciones de reservas para cenar a las siete de la tarde fruto de la pereza; a la mayoría de nosotros, todo eso nos ocurre casi a diario. Lo normal es sentirnos flojos; tener las pilas cargadas es tan solo un espejismo en nuestras mentes letárgicas y apáticas.

No temas, no eres mayor. No eres aburrido. No te has quedado sin energía, sino que tan solo está oculta bajo las capas de la vida. Ahora depende de mí, de ti y del método retox desenterrarla.

Te voy a contar la historia de Karen, antaño una fan de las siestas durante el fin de semana y de los chutes de azúcar por la tarde que evitaba salir por la noche. En realidad, Karen tenía tan poca energía siempre que no es que esas fueran sus pasiones, sino más bien necesidades vitales. Se sentía siempre cansada, le apetecía constantemente tumbarse en la cama, darse un chute de cafeína o de azúcar, o buscaba la forma de escaquearse para hacer cualquiera de esas cosas. Esto, a sus treinta y cuatro años, no tenía ningún sentido, y suponía un trágico derroche de una bella y vivaracha personalidad que le hacía falta a este mundo.

Cuando Karen se puso en contacto conmigo, se sentía abatida, desanimada, y agotada. Estaba harta de sentirse siempre cansada, aburrida de no tener nunca energía y totalmente confusa sobre qué era lo correcto que debía hacer en cuanto a dieta, patrones de sueño y ejercicio físico para sentirse alegre y animada. Frustraba cualquier intento de relación, uno tras otro, ya que estaba demasiado agotada (o vaga) para salir a tomar algo, a cenar o incluso al cine. No podía tener novio, ya que estaba demasiado cansada para llevar una vida sexual saludable. Le apretaba la ropa y tenía la piel fatal, ya que había ido aumentando el consumo de cafeína y azúcar a través de los refrigerios diarios. Y ella era..., ¿cómo lo digo?, aburrida e insufrible, ya que se quejaba sin cesar de lo cansada que estaba y utilizaba su falta de energía como una muleta, y así iba absorbiendo la energía vital de todos los que la rodeaban. Sinceramente, no era nada agradable tener a Karen cerca; no creo siquiera que a ella le gustara tenerse cerca.

Por suerte, tengo experiencia en eso de dar inyecciones de energía a la gente desde que trabajaba en el parqué bursátil, donde nuestra reunión diaria a las siete de la mañana se celebraba a las dos horas de estar ya en plena jornada laboral y una hora antes de que cualquier persona normal entrara al trabajo. Todos a mi alrededor se tenían en pie gracias a los enormes cafés con leche de Starbucks (con chutes extras de expreso), subsistían a base de grasientos almuerzos que encargaban fuera y de carreras a las cuatro de la tarde a la máquina expendedora, y se hundían en sus sillas un milímetro por minuto, rogando que acabara el día. Mis compañeros criticaban constantemente mis meriendas atípicas (sopa de tomate, ensalada o medio aguacate en vez de patatas chips o un donut), mis frecuentes cafés descafeinados y mi animado parloteo. Solían preguntarme si podían «enchufarse» a mi «fuerza natural». Les respondía que en parte sí era natural, pero que, en realidad, mi energía se debía en gran medida al modo en que sudaba, comía y pensaba. Empecé a compartir mis secretos con mis compañeros de Morgan Stanley, después con mis clientes de I.AM.YOU., más tarde con Karen y ahora contigo. Te prometo que estos consejos retox para llenarte de energía funcionan y son mejores que el número 4D de la máquina expendedora. Lograrán cambios permanentes en tu nivel de energía, por dentro y por fuera.

YOGA

Tiene su gracia que la mayoría de la gente asocie el yoga con la relajación. Por mí puedes ir a hacer yoga para relajarte, adelante, lo que sea con tal de calmarte. Sin embargo, el yoga nunca jamás se pensó como método de relajación, sino como instrumento para desarrollar la energía.

Como hemos comentado antes, el yoga está pensado para cultivar y aumentar tu energía natural. Las posturas, si están alineadas, se practican correctamente y se combinan con una respiración adecuada de yoga, tienen por objeto concentrar y ampliar las reservas de energía innatas. De forma similar a las agujas de acupuntura, se dice que descubren reservas de energía atrapadas y ocultas en los canales internos del organismo y que, a continuación, llevan esa energía al canal central, donde puede aumentar y tú puedes prosperar. El yoga consiste, en realidad, en mover y potenciar la energía, no en relajarla.

El yoga retox para paliar la falta de energía no incluye la práctica de la postura del niño durante veinte minutos. ¡Lo siento! Sino que mueve tu interior para revitalizar tu exterior. Trata de descubrir y estimular toda la energía que ya tienes, pero que no siempre puedes encontrar. Vamos allá.

RETOX

SOLUCIONES EN LA OFICINA

DE PIE

Ponte de pie allí donde estés. Lleva el ombligo hacia la columna. Levanta el pecho. Rueda con los hombros hacia las orejas y después bájalos por la espalda. Inhalando, eleva los brazos hacia el techo. Haz cualquier tarea que tengas que hacer mientras estás de pie, o limítate a estar de pie unos instantes para permitir que tu cuerpo se cargue de energía.

RESPIRACIÓN ENERGIZANTE*

Eleva los brazos rectos hacia el techo y ábrelos en una «v». Inhala hasta un nivel en que te sientas cómodo. Empieza a realizar breves expulsiones de aire por la nariz; céntrate en exhalar, puesto que la inhalación será una reacción automática, ya que el diafragma va bombeando la pared abdominal. Debería darte la sensación de que estás medio estornudando, medio sonándote la nariz. (En caso de embarazo, sáltate la respiración *kapalabhati*.) Aguanta esas respiraciones durante un minuto, revitalizando tu cuerpo con cada bombeo.

TORSIONES*

Inhalando, siéntate con la espalda bien recta. Exhalando, haz una torsión hacia la derecha, llevando el codo izquierdo por fuera de la rodilla derecha y los pulgares hacia el esternón. Aguanta en esa postura de diez a treinta segundos. Inhalando, vuelve al centro. Exhalando, haz una torsión a la izquierda, llevando el codo derecho por fuera de la rodilla izquierda y los pulgares hacia el esternón. Mantente ahí de diez a treinta segundos. Repite a izquierda y derecha.

EL BASTÓN FLOTANTE

Empieza sentado con las manos junto a las caderas o en los apoyabrazos. Extiende las piernas frente a ti y coloca los pies en flexión. Inhalando, haz fuerza hacia abajo y eleva las caderas de la silla. Quédate flotando mientras estés cómodo, o intenta flotar durante tres a cinco respiraciones. Repítelo tantas veces como quieras.

FLUJO ENERGÉTICO

Empieza en la postura de la tabla. Inhala en esa pose. Exhalando, flexiona los codos a noventa grados y pasa a *chaturanga*. Inhalando, pasa a perro hacia arriba. Exhalando, flexiona los codos, apoya de nuevo las puntas de los pies y vuelve a *chaturanga*. Inhala para pasar a la tabla. Exhalando, pasa a perro hacia abajo. Repite la secuencia de tres a cinco veces.

EL CORREDOR ENERGÉTICO*

Empieza de pie. Da una zancada hacia delante con la pierna derecha e inhala hasta un nivel en que te sientas cómodo. Empieza a realizar breves expulsiones de aire por la nariz; céntrate en exhalar, puesto que la inhalación será una reacción automática, ya que el diafragma va bombeando la pared abdominal. Debería darte la sensación de que estás medio estornudando, medio sonándote la nariz. (En caso de embarazo, sáltate la respiración *kapalabhati*.) Cuenta hasta cincuenta y cuatro bombeos, y después repite otros cincuenta y cuatro bombeos con la pierna izquierda delante.

POSTURA SOBRE LA CABEZA, PREPARACIÓN O COMPLETA

Empieza a cuatro patas o en la postura del niño. Entrelaza los dedos de las manos y apoya los antebrazos en el suelo. Apoya la coronilla en el suelo. Estira las piernas como si estuvieras en el perro hacia abajo, levantando los glúteos hacia el techo. Camina lentamente con los pies hacia las manos, tal vez incluso de puntillas. Si te sientes bien y quieres pasar a la opción avanzada, lleva una rodilla hacia el abdomen y luego la otra, formando una bolita. No quites bruscamente los dedos de los pies, ni saltes o des un bote bajo ningún concepto. Si quieres hacer la postura sobre la cabeza completa, estira las piernas hacia el techo. Haz la opción con la que te sientas cómodo; lo importante es que los pulmones y el corazón estén un rato por encima de la cabeza.

EL CONEJITO DE DURACELL

NUTRICIÓN

Se gasta más energía tratando de averiguar qué hay que comer y beber para tener energía de la que te aporta lo que acabas ingiriendo. Me cansa el mero hecho de pensar en el proceso.

Desde el punto de vista científico, la energía es, en realidad, un concepto muy sencillo. Es la capacidad de hacer funcionar un objeto o sistema. En el terreno de la alimentación, hablamos de calorías. Básicamente, una caloría es una unidad de calor que sirve para indicar la cantidad de energía que producirán los alimentos en el cuerpo humano. Aparte de lo que he mencionado antes en el PEV (página 40), rara vez hablo de calorías, sobre todo porque obsesionarse con ellas suele dar lugar a hábitos alimentarios neuróticos y nada saludables (y yo misma he perdido ya demasiado tiempo de mi vida sufriendo algunos de ellos). Dicho esto, consideremos simplemente que una caloría es una unidad de energía y que no todas las calorías son iguales. Para aumentar tu energía, debes mejorar la calidad y la cantidad de calorías. Así de claro.

La nutrición retox dirigida a paliar la falta de energía se basa en un plan de alimentación optimizado y eficiente que aporte energía. Si sigues estas recomendaciones, preservarás tu vigor para lo que realmente importa y superarás el día con un brío natural que no ha logrado dar ninguna sustancia estimulante artificial.

DETOX

El primer paso para potenciar la energía es eliminar y olvidarte de ciertos mitos nutricionales que, en realidad, reducen tus reservas de energía y te impiden ser tu verdadero yo enérgico. Aferrarte a esos mitos no solo mina tu energía, sino que puede provocar un aumento de peso, estropear la piel, desatar estados de ánimo imprevisibles y causar trastornos digestivos, dolores de cabeza y una retahíla de cosas a las que no tienes ni tiempo ni energía para enfrentarte.

MITO: LAS BEBIDAS ENERGÉTICAS PUEDEN DAR UNA INYECCIÓN DE ENERGÍA DE FORMA RÁPIDA Y SEGURA. Sé que se venden como horas de energía pura en un solo trago, y además con pocas calorías, pero estas chicas malas te están destrozando por dentro y por fuera. Tu cuerpo está pensado para procesar ingredientes orgánicos integrales como combustible natural, no para engullir líquidos químicos que son un combustible instantáneo artificial. Las bebidas y los chutes energéticos alteran la producción natural de energía del organismo y generan poco a poco una dependencia de la falsa energía externa, en vez de estimular tu mecanismo interno innato. Tal vez te dé la impresión de que esos chutes te hacen sentir genial, pero en realidad te están dejando seco por dentro. Apártalos y deja que tu cuerpo empiece a revitalizarse a sí mismo como sabe.

MITO: LOS ALIMENTOS BAJOS EN CALORÍAS SON LAS MEJORES OPCIONES SI NECESITAS ENERGÍA; NO TE PESARÁ HABERLOS COMIDO. Cuando echas un vistazo a la máquina expendedora o a una selección de aperitivos, quizá tenga más sentido decantarse por los envases bajos en calorías. Sin embargo, a la mayoría de los alimentos bajos en calorías se les inyectan aditivos para darles sabor y alargar la fecha de caducidad. Aunque tengan pocas calorías, se trata de calorías malas, cargadas de sustancias químicas, que es probable que te hagan coger kilos, tener pensamientos mediocres, confundan a tu cerebro y ralenticen todo tu sistema. Pasa de las opciones bajas en calorías y opta por frutos secos repletos de energía. Tal vez tengan más calorías, pero recuerda que las calorías son energía, y que estas calorías de calidad aportan a tu organismo el combustible que necesita para su día a día.

MITO: EL AZÚCAR ES TU ENEMIGO. Lo cierto es que el cerebro necesita glucosa para fun-

cionar y que, si no se la das, no rendirá y te sentirás débil, cansado y hecho un asco. Ahora bien, que conste que no te estoy proponiendo que agarres un puñado de ositos de goma o un donut gigante con glaseado de virutas de colores, sino que tomes azúcar en su estado puro, ya que es un elemento fundamental necesario para nuestro organismo. Así que deja las golosinas y cómete una naranja.

MITO: LOS BATIDOS DE PROTEÍNAS EN POLVO PUEDEN DARTE MÁS POTENCIA. Las proteínas son cruciales para mantener una alta concentración de energía, pero las proteínas artificiales pueden estancar tus sistemas internos y, por ende, la salida al exterior. Dado que las proteínas en polvo son artificiales, el cuerpo no sabe cómo procesarlas de forma natural. En consecuencia, se necesita más energía para metabolizarlas, una energía que podrías estar invirtiendo en otro lugar. Si te limitas a ingerir proteínas reales como la quinoa, la carne de ternera de calidad y los huevos, tu cuerpo funcionará como una máquina ágil y eficiente.

MITO: LOS REFRESCOS SIN CALORÍAS SON UNA BEBIDA TONIFICANTE. Los refrescos *light* no tienen calorías (es decir, energía). Son simplemente una mezcla de sustancias químicas y cafeína. Y los edulcorantes artificiales que te «ahorran» las calorías no son ni mucho menos inofensivos. El aspartamo y sus cómplices se han asociado al cáncer. Asimismo, se ha demostrado que disparan la liberación de insulina del mismo modo que el azúcar, lo cual pone al cuerpo en modo de almacenamiento de grasa (sobre todo alrededor del abdomen), provoca retención de agua en el rostro y genera un aumento de peso.

MITO: PUEDES COMER FRUTA TODO EL DÍA PARA TENER ENERGÍA. Sí, es necesario un poco de azúcar en la dieta. Sin embargo, atiborrándote de fruta a modo de tentempié tan solo conseguirás sentirte más cansado que antes. Cuanto mayores nos hacemos y más anquilosados estamos, más nos cuesta descomponer toda la fructosa de la fruta, que se queda sin metabolizar en tu sistema y lo ralentiza, lo cual hace que te sientas letárgico. Hazte con una pieza o una porción de una fruta con mucha agua, como una raja de sandía o un vaso de arándanos azules, y emprende el camino con energía.

MITO: EL YOGUR O EL HUMUS ES EL PERFECTO TENTEMPIÉ REPLETO DE PROTEÍNAS. Sí, estas opciones convenientemente envasadas contienen proteínas y pueden parecer una inyección fácil de energía limpia. Sin embargo, la medicina tradicional china los considera alimentos húmedos y fríos cargados de carbohidratos y grasas que quizá te hagan sentir aletargado. Es posible que tu «opción saludable» no haga más que minar tu energía.

DETOX

Detoxifícate de los aperitivos de la izquierda y retoxifícate con el sustituto de la derecha:

EN VEZ DE...	**TOMA...**
Yogur	½ aguacate
Humus	½ vaso de garbanzos
Uvas	Arándanos azules
Melón verde	Melón cantalupo
Fruta deshidratada	Fruta fresca
Cacahuetes	Nueces o avellanas
Café con leche desnatada	Descafeinado con leche de almendras
Batido	1 manzana o ½ plátano
Pollo	Pescado
Refrescos	Agua con gas con lima, naranja o bayas
Té negro	Infusiones
Café con leche	Café americano con un poco de leche de almendras
Barrita de proteínas	Chute de quinoa (véase la receta en la página 228)
Patatas fritas chips	Chips de quinoa
Caramelo	Pasas o bayas de Goji, sin nada o cubiertas de chocolate
Barrita de chocolate con caramelo	Un puñado de pepitas de chocolate

RETOX

Estos consejos energizantes te ayudarán a aumentar al máximo tu energía y tus capacidades:

COCINA LOS ALIMENTOS. Volvamos a la palabra *caloría,* una unidad de calor. Los alimentos cocinados y calentados son las calorías a tu alcance que necesitas; son una fuente natural y duradera de energía. Procura que en cada comida, la mitad o la totalidad de los alimentos estén cocinados para que tu cuerpo pueda aprovechar fácilmente las calorías y te permita sentirte vivaz en todo momento. Cambia la ver-

EL TEST DE LA CARNE

Quiero que pruebes algo. Hazte vegetariano por un día y come solo alimentos aptos para vegetarianos, incluso en la cena. Duerme lo normal, y después haz un seguimiento de cuándo te entra hambre a la mañana siguiente, qué te apetece comer y la energía que sientes. Otro día come sobre todo verduras, según la regla de los dos tercios del capítulo «Mantener la compostura» (página 51), pero incluye un bistec para cenar. Duerme la misma cantidad de horas que la vez anterior, y comprueba después cuándo te entra el hambre a la mañana siguiente, lo que se te antoja comer y la energía que sientes. Es posible que experimentes lo que han demostrado un sinfín de estudios, que la carne roja, repleta de proteínas, permite mantener un alto nivel de energía de forma prolongada y da sensación de saciedad.

Chute de quinoa

Puedes tomarlo a diario como tentempié o incluso para desayunar. Es una guarnición fantástica para el almuerzo o la cena, pero para convertirlo en un plato principal hay que servirlo sobre una ensalada o ponerle encima un huevo o medio aguacate.

1 vaso de quinoa cocida
1 pimiento picado
1 vaso de guisantes frescos, enlatados o congelados
¼ vaso de almendras fileteadas
1 cucharada de aceite de oliva
Sal y pimienta al gusto

Mezcla todos los ingredientes en un bol grande.

E² (Energía al cuadrado: bistec con espinacas)

Aunque puedes comprar tu corte favorito de carne de ternera magra, orgánica y alimentada con pasto, yo siempre me decanto por un filete fino. Si eliges un corte distinto, ajusta el tiempo de cocción.

1 filete (110 g) de ternera
Aerosol antiadherente para cocinar
1 cucharadita de aceite de oliva virgen extra
3 dientes de ajo, picado fino
1 bolsa (250 g) de espinacas baby

Precalienta el horno a 230 °C.

Calienta a fuego alto una sartén pesada resistente al horno y, a continuación, rocía con el aerosol antiadherente para cocinar o con aceite de oliva. Seca la carne de ternera con papel de cocina, incorpórala a la sartén y deja que se haga treinta segundos por cada lado. Mete el filete en el horno y deja que la carne se cueza hasta que sea de tu agrado. Dependiendo del grosor del filete, poco hecho serán de siete a doce minutos y muy hecho, de quince a veinte. Mientras se hace la carne, calienta el aceite en una sartén. Añade ajo y rehógalo hasta que empiece a dorarse. Incorpora las espinacas y remuévelo todo. Después tápalo y déjalo al fuego dos o tres minutos hasta que se pongan pochas. Sirve la carne con las espinacas, y notarás cómo te invade la energía y se mantiene durante todo el día siguiente.

ACTITUD

El que algo quiere, algo le cuesta. Esa es la premisa de la mayoría de los proyectos estadounidenses por excelencia, y fue el lema que llevaba escrito en la espalda de mi camiseta favorita en el instituto. Los primeros filósofos del yoga tibetano capturaban esa misma esencia en una palabra, *tapas*. ¡Pero no tiene nada que ver con las tapas de comer! *Tapas* proviene de la raíz sánscrita *tap*, que significa «arder o quemar». *Tapas* significa «disciplina, esfuerzo, pasión, devoción y sufrimiento a través del dolor». Es un esfuerzo reiterado, casi como el de avivar un fuego, para lograr una meta superior y obtener salud, felicidad, éxito y libertad. El que algo quiere, algo le cuesta.

Hay tres tipos de *tapas* o esfuerzos: el del cuerpo, que se esfuerza mucho físicamente; el del discurso, que se esfuerza mucho para comunicar, y el de la mente, que se esfuerza mucho para pensar y crear emociones. Todos ellos agotarán temporalmente tus reservas y te harán sentir aletargado, cansado, perezoso y necesitado de un empujón, pero acabarán propulsándote a tu siguiente nivel, ya sea a un carácter más vivaz y resistente, a la confianza en ti mismo o a un marcador externo del éxito que sea más tangible, como un logro en tu trabajo o en tu vida familiar.

Los filósofos del yoga creen que *tapas* es el único camino hacia el éxito. Se trata de trabajar mucho, de cansarse y de repetirlo todo, porque sabes que es la única manera de convertirte en la mejor versión de ti mismo. Es un ardiente esfuerzo para lograr un objetivo, la voluntad de afrontar dificultades, invertir más energía de la que pensabas que tenías y no elegir el camino más fácil. Así cultivas la integridad, una personalidad fuerte, el coraje y la sabiduría. A través de ese esfuerzo descubres tu verdadera naturaleza, tus auténticas capacidades, tu verdadero tú. Básicamente, tienes que pasar por momentos bajos de energía para llegar a un estado personal sublime.

Según los filósofos del yoga, la falta de energía denota simplemente un fuego débil. Para tener más energía debes avivar el fuego. Tienes que superar las oleadas de falta de energía y tan solo centrarte más, esforzándote continuamente hasta que el fuego y tú ardáis con intensidad para largo sin que ni siquiera te lo pienses dos veces.

Tapas es tu fuego y tu combustible, el remedio y la enfermedad. Es toda la energía en tu interior. Partiendo de esa base, es fácil darse cuenta de que la clave para potenciar la energía no es necesariamente dormir más, practicar más yoga o comer verdura. El secreto retox para gozar de energía es tanto mental como físico, si no más. Es un esfuerzo continuo, con un propósito.

RETOX

Esta es una forma sencilla, directa y segura de dar un vuelco a tu energía incluso antes de que te des cuenta.

En primer lugar, deja de decir que estás cansado. Si sigues repitiéndolo, se hará realidad. Piensa ahora en alguien a quien amas, alguien importante en tu vida o simplemente alguien que piensas que podría necesitar una inyección de energía. Visualízalo.

Ahora elige algo que vas a hacer por esa persona todos los días. Puede ser enviarle un mensaje para ver qué tal está, llevarle una flor, recogerla en algún lugar, prepararle el desayuno o dedicarle una oración. Puede ser sencillo y discreto, o rebuscado y alocado, lo primero que te venga a la mente.

Escoge una acción para una persona. Ahora decide y comprométete a hacerlo por esa persona cada día durante un total de diez días.

No le digas lo que estás haciendo. Tan solo avívale el fuego a esa persona, así como al yo energético que te resultará de todo ello.

Banda sonora retox:
«Days Go By», DIRTY VEGAS

Compartiendo energía con diez mil personas en la Gran Pradera de Central Park en el marco del Lolë White Tour.

El que algo quiere, algo le cuesta

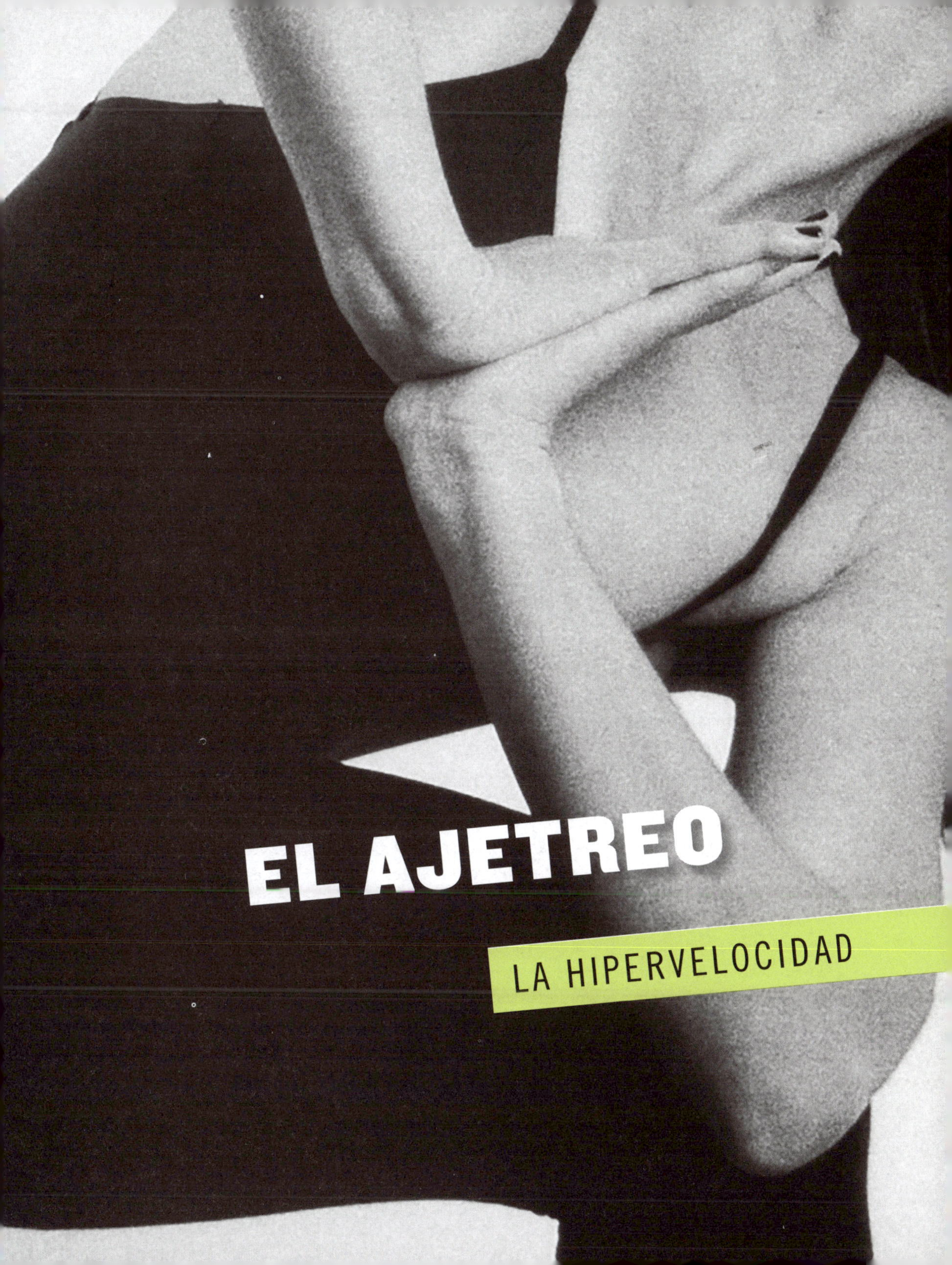

EL AJETREO

LA HIPERVELOCIDAD

Todo llegará

SALÍ DEL VIENTRE DE MI madre a hipervelocidad. De bebé nunca dejaba de moverme, emitir sonidos o buscar distracciones, ni siquiera cuando mi abuelo polaco, criado en Texas, me empapaba el chupete en whisky. No conseguí dormir toda la noche de golpe hasta casi cumplidos los dos años, y ni una sola vez dormí la siesta, por mucho que los vecinos y familiares congregados se esforzaran en acunarme para dormirme (Dios mío, si estás escuchando esto y alguna vez me bendices con un hijo, por favor, haz que duerma). Debió de ser bastante intenso para mis padres, sobre todo para mi madre, que era una ejecutiva de alto nivel y a jornada completa en IBM.

Como tal vez era de esperar, a los cuatro años de edad, y por primera vez, me mandaron callar, quedarme quieta y no hacer nada. Estaba correteando por el jardín, escudriñando los matorrales de enebro que flanqueaban el lado izquierdo de la casa, cuando Vicky, la niñera, salió de dentro con mi hermana pequeña. Contenta de tener a alguien con quien hablar, le pregunté por qué las hojas del enebro eran distintas a las del romero, y le empecé a explicar mis recientes observaciones botánicas. Me mandó sentarme en la escalera de entrada, a lo que, yo siempre obediente, accedí, y me dijo muy en serio que no pensara tanto, que preguntara menos y que me quedara más rato sentada. A mí no me hizo mucha gracia.

Esa noche, mientras mi madre trataba de calmar la enésima otitis de mi hermana con un diente de ajo caliente (sí, en nuestra familia usábamos antiguos remedios caseros, ¡y sin duda funcionaban!), le pregunté por qué Vicky me había dicho eso. Ella me subió a la encimera de la cocina, rozando con sus pulseras de oro los baldosines blancos y negros, y me dijo que Vicky no tenía razón, que preguntar, pensar y tener curiosidad era extremadamente importante, que era fantástico tener energía y ser activo, y que, sobre todo, nunca hiciera caso a nadie que me dijera lo contrario. No encuentro las palabras para explicar lo claro que lo tengo hoy en mi mente; quizá fuera la primera vez que me dieron ánimos para seguir adelante, mental y físicamente. Lo siguiente que recuerdo de esos años es que mi madre estaba en casa a tiempo completo, probablemente para poder apoyar y guiar mi hipervelocidad natural.

La hipervelocidad es un estado de pensamiento y movimiento constante y acelerado. Se origina en la mente a raíz de una tortuosa conversación interna. La voz mental da vueltas en bucles, que suelen estar formados por una serie de listas de tareas pendientes, cosas que podrían hacerse más rápido, cosas que podrían haberse hecho, los «qué pasaría si…», los «tengo que hacer» y, si hay suerte, una idea novedosa. Pasamos a ocuparnos de lo siguiente mientras seguimos haciendo lo anterior, preocupados por lo que viene después. Este incesante modelo de pensamiento suele causar una reacción física que nos impulsa a estar siempre activos, a estar siempre en marcha, o, como dice mi madre, el «vamos, vamos, vamos».

La vida moderna no solo estimula la hipervelocidad, sino que es la hipervelocidad en sí misma. En la actualidad existe una presión incesante para «rendir», y además de forma rápida y eficiente, ya sea atendiendo otra llamada, publicando algo más en las redes sociales, comprobando de nuevo el correo electrónico, haciendo más recados o, me atrevería a decir, fingiendo estar ocupado. Nos obstinamos en lograr «cosas», calibrando en cierto modo nuestra autoestima según la cantidad de «cosas» que hagamos. Nuestra cultura está obsesionada con los logros y la eficiencia, enamorada de la multitarea y de recorrer a toda velocidad las listas de tareas pendientes. Parece que, si no vas a hipervelocidad, fracasas.

El problema es que nuestra existencia colectiva va a hipervelocidad, y esa hipervelocidad le resulta agotadora a nuestra existencia individual. Crea un motor fisiológico interno que nos lleva al límite, desafiando nuestra esencia natural. A pesar de tener beneficios científicamente probados, rara vez dejamos vagar a nuestra mente, y mucho menos nos permitimos no hacer nada y limitarnos a estar presentes. Nos centramos constantemente en el próximo objetivo o tarea, en el siguiente «hacer» o «tener que hacer» que, de una u otra manera, satisfaga a nuestra autoestima. Y lo peor de todo es que, muchas veces, la primera respiración del día es la última que hacemos antes de tratar de conciliar el sueño. Tal vez la sociedad moderna vaya llenando el depósito de combustible, pero nosotros somos los que conducimos los vehículos con hiperpropulsores de hipervelocidad.

Cuando era más joven, nunca pensé que la hipervelocidad supusiera un problema. Cuanto más podamos hacer, mejor, ¿no? Pero entonces, un día, al cumplir los treinta, me di cuenta. Sentada en un banco, en un parque de Praga, tuve una crisis nerviosa y empecé a llorar histérica sobre la Budvar de mi novio, diluyendo con éxito la primera cerveza checa que se tomaba en nuestras vacaciones. Llevaba diez años sin dormir más de cinco horas por noche, trabajaba de quince a diecisiete horas al día, cinco o seis días a la semana, y estaba penosamente enganchada a mi correo electrónico. Nadie me obligaba a ello, ya que en ese momento trabajaba totalmente para mí. Aun así, no podía renunciar a nada, era incapaz de parar, no podía negarme. Estaba hiperpropulsándome hacia la muerte.

Estoy convencida de que mis seres queridos lo veían venir, ya que mis padres llevaban meses soltándome el sermón de que «bajara el ritmo» y mi novio había apagado la alarma de mi despertador algunas mañanas durante la semana en un intento de que yo durmiera más (aunque no funcionaba realmente, era una idea ingeniosa). Yo misma era consciente de un cambio en mi estado de ánimo, al pasar de ser una persona alegre a estar de mala leche, así como de mi ferviente deseo de tachar cosas de mi lista de tareas, a la vez que la iba cargando cada vez más. No dejaba de meter con calzador más y más citas en aras de la eficiencia, con lo cual acababa corriendo por la ciudad, llegando sudorosa y agotada mental y físicamente adondequiera que fuese. Mi práctica de yoga personal pasó a ser un desastre total, con respiraciones superficiales y un ritmo hiperacelerado; la misma clase que impartía en noventa minutos me llevaba cuarenta si la hacía por mi cuenta. Y, sobre todo, nada de lo que hacía era especialmente divertido. Incluso estando de vacaciones en Praga, no podía relajarme y disfrutar. Finalmente me di cuenta de que había llegado la hora de hacer un cambio radical.

Si seguía a ese ritmo, acabaría quemada. Así que decidí convertirme en mi propia paciente, y apliqué las mismas técnicas retox para combatir la hipervelocidad que llevaba meses compartiendo con Vanessa, una clienta de treinta y nueve años de edad, analista financiera y comentarista de televisión en Manhattan. No dormía más de cuatro horas por noche, dirigía un equipo de sesenta personas en todo el mundo y, literalmente, no sabía cómo parar. Su visita quincenal al estudio I.AM.YOU. lo resume todo: se desabrochaba la blusa mientras escribía en su iPhone, terminaba una llamada de trabajo en su BlackBerry mientras me miraba gesticulando, se ponía los pantalones de yoga e intentaba no caerse mientras se tambaleaba subida a los tacones. Vanessa le ladraba bruscamente a todo el mundo (yo incluida) que ella creía que le estaba haciendo perder el tiempo o que no era eficiente. Vivía por y para la velocidad, la multitarea y el «hacer cosas», algo con lo que puedo identificarme totalmente.

Aun así, Vanessa, la personificación de la hipervelocidad obsesiva, se obligó a acudir a mí con la mera intención de «sentirse mejor». Aunque al principio se negaba a hacer o escuchar cualquier cosa que yo dijera, seguía viniendo a por más, e incluso dejaba los teléfonos lejos durante nuestras sesiones y me informaba después mediante un rápido correo electrónico de cómo se sentía cada noche. Día a día, yo fui reduciendo su hipervelocidad y, en poco tiempo, Vanessa se dio cuenta de que estaba más tranquila, era más eficiente en el trabajo, dormía mejor y era más feliz. Y, además, había perdido unos cuantos centímetros alrededor de la cintura y los muslos, la ascendieron y, aunque suene como una comedia romántica cursi, encontró el amor verdadero.

El método retox para combatir la hipervelocidad no se basa en echar el freno, dejar vagar la mente o hacer menos, sino que consiste en recapacitar para poder aprovechar tu energía interna y guiarla directamente allí donde quieras triunfar, en el cuerpo, la mente, la trayectoria profesional y la vida. A continuación figuran las herramientas que utilicé en el caso de Vanessa, en mí misma y en un sinfín de otros seres hiperveloces en las ciudades más caóticas, estresantes y exigentes del mundo.

YOGA

El yoga es la forma más rápida de saber si sufres de hipervelocidad. Si te niegas a cerrar los ojos durante más de veinte segundos, realizas respiraciones breves y superficiales, y te marchas o te planteas irte antes de entrar en *savasana*, o evitas el yoga por completo, presentas una sobrecarga mental y física. Oye, lo entiendo. La meditación, los molestos «estiramientos» que no queman calorías y el hecho de estar tumbado inmóvil cuando tienes muchísimo que hacer es aparentemente una pérdida de tiempo. En tanto que mujer hiperveloz, me solidarizo totalmente contigo, pero te estoy pidiendo que le des una oportunidad al yoga retox para paliar la hipervelocidad. Es una especie de especialidad de la casa I.AM.YOU.

Verás, la mayoría de los enfoques que tratan ese estado mediante el yoga y el bienestar no están diseñados por alguien realmente hiperveloz, o que entienda siquiera la hipervelocidad, y menos que trate con decenas de alumnos hiperveloces en el lugar más hiperloco del mundo, Manhattan, cada semana. Otros expertos suelen proponer una meditación matutina regular y prolongada, y algo de yoga suave y estático centrado en el estiramiento..., lo que, como es lógico, anima a cualquiera con el grado de actividad básica al que nos referimos, o casi, a desterrar el yoga por completo o a colarse simplemente en la clase para hacer las partes «necesarias» y luego salir corriendo. Yo misma he pasado por eso.

El yoga retox, en cambio, está pensado para aprovechar tus ciclos de hipervelocidad y guiarte entonces hacia un estado más tranquilo y relajado a partir de ahí. En primer lugar, te dejo que pases por tus ciclos de energía mental y física (¿por qué oponer resistencia?). Te distraigo un poco con la música y los movimientos marchosos, incluyo algunos retos cardiovasculares y de fuerza que te obliguen a centrarte únicamente en lo que está pasando, y te presiono lo suficiente para que tengas que prestar atención al momento, liberando así algo de gasolina. Con el yoga retox, llegas finalmente a un punto en el que imploras con paciencia que haya calma, en cuerpo y mente, y yo te complazco. Piensa que es como una meditación en movimiento que te hace sudar y que te cambia manualmente de marcha en tu interior (y a la vez te ayuda a quemar grasa, aunque eso ya es una de las ventajas de ser multitarea).

SOLUCIONES EN LA OFICINA

RESPIRACIÓN DEL LEÓN

Haz una inhalación profunda. Exhala con fuerza por la boca, sacando la lengua, y si quieres, bajando también la cabeza. Repítela de una a cinco veces.

TALONES DE LAS MANOS A LA FRENTE

Coloca los talones de las manos en la frente, ya sea justo en las cejas o por encima de ellas, como te sientas mejor. Relaja los dedos y ejerce tanta presión en la frente con los talones como te resulte placentero. Realiza de cinco a diez respiraciones por la nariz.

LA SILLA PLANEADORA

Levanta los glúteos del asiento presionando con los pies en el suelo. Quédate suspendido en la postura de la silla con las palmas de las manos en los muslos. Aguanta así de tres a diez respiraciones o durante tanto tiempo como te sientas cómodo.

EL ÁNGULO

De pie, apoya las manos en la mesa. Inclínate hacia delante en un ángulo de cuarenta y cinco grados. Haz presión sobre la mesa y activa los tríceps. Inhalando, presiona lo suficiente para que los pies se queden flotando a un par de centímetros del suelo. Trata de coger fuerzas para aguantar de una a tres respiraciones, y luego repítelo mientras te sientas bien.

¡Una de regalo!

MIRADA PERDIDA

No puede ser más fácil. Deja lo que estés haciendo y simplemente echa un vistazo a tu alrededor. Mantén la mirada fija allí donde aterricen los ojos. Quédate así el tiempo que quieras, respirando con naturalidad.

FLUJO PARA LA HIPERVELOCIDAD

Empieza en la postura de la tabla, con los hombros alineados con las muñecas, los codos rectos y el cuerpo paralelo al suelo. Inhala en esa postura. Exhalando, flexiona los codos a noventa grados, asegurándote de que los hombros no estén más bajos que los codos. Inhala para pasar a la tabla, estirando los codos. Repítelo de una a tres veces.

TABLA CON TRES APOYOS

Desde la postura de la tabla, eleva el pie derecho lo más alto posible. Aguanta ahí de una a cinco respiraciones. Después baja el pie derecho y repítelo todo con el izquierdo. Asegúrate de tener las muñecas alineadas con los hombros y los codos rectos, y de elevar el abdomen en todo momento.

FLEXIÓN AMPLIA EN ÁNGULO ABIERTO

Siéntate con las piernas abiertas al máximo en forma de «v». Coloca los pies en flexión. Inhalando, siéntate con la espalda bien recta. Exhalando, haz una flexión anterior con el tronco entre las piernas. Extiende los brazos hacia adelante, con las palmas hacia el suelo, o agárrate los dedos gordos de los pies. Intenta llegar al suelo con la barbilla. Aguanta en esa posición de cinco a diez respiraciones, utilizando activamente los brazos y sin perder la flexión de los pies.

NUTRICIÓN

Poco después de mi significativa caída en el bloque del Este, puse mi cabeza en orden y creé un nuevo paradigma para gozar de una intensa, que no hiperveloz, existencia, que duró hasta que llegaron los infames planes de boda. Me había jurado a mí misma que nunca me convertiría en esa clase de mujer, y mi novio y yo habíamos acordado no pelearnos durante la organización de la boda, así que, en teoría, todo iba genial. Sin embargo, un día, después de tener una conversación telefónica, digamos, «animada» con un proveedor de bodas mientras estaba parada de pie en la esquina de la Quinta Avenida y la calle 19 (mis disculpas a cualquiera que pasara por allí), me sorprendí saliendo a toda velocidad de una tienda de zumos, con una botella de trece dólares de zumo verde en la mano, ansiosa por engullir mi «almuerzo» a las cuatro de la tarde por tercer día consecutivo. Me bebí de un trago la primera parte, pero después me detuve en seco y me di cuenta de que, efectivamente, había vuelto la hipervelocidad. Tiré la botella a la basura y decidí sentarme a comer algo decente, como un par de trozos de pizza y una ensalada en el local de la esquina. Tenía que cortar la hipervelocidad de raíz antes de convertirme en un monstruo de novia, trastornada y demacrada.

Al igual que todo lo demás cuando se va a hipervelocidad, la alimentación tiende a ser extrema. O comemos demasiado rápido, o no probamos bocado. A menudo ni siquiera controlamos lo que hemos comido o dejado de comer, engulléndolo todo mientras estamos activamente enfrascados en otra cosa. Todo esto hace estragos en nuestra digestión, al ralentizarla cuando no comemos y después exigirle demasiado cuando finalmente comemos, y a menudo puede llevar a una intensa distensión abdominal del tipo bebé extraterrestre, a dolores de cabeza y más.

La metodología retox te da pistas para averiguar si vas a hipervelocidad y consejos para combatirla, además de recetas que no solo te nutrirán en tus días de locura, sino que también te calmarán conforme te preparas para afrontarlos.

DETOX

Evita estos hábitos, o úsalos como pistas para identificar tu hipervelocidad:

1. «Olvidas» sentarte. Casi todos los que van a hipervelocidad se «olvidan» de vez en cuando, incluso los más comilones, como yo.
2. Haces como mínimo una comida al día caminando, en mitad de un desplazamiento en un transporte o en el coche. Si comes en un lugar público mientras estás en ruta, eres culpable del cargo de hipervelocidad.
3. Te acabas el plato antes que quienes te rodean. Comes tan rápido que te quedas mirando perplejo a los demás, preguntándote cómo es posible que tarden tanto.
4. Apenas masticas. Los grandes bocados que devoras van del plato a tu estómago casi de golpe.
5. No puedes recordar lo que comiste el día anterior. La alimentación ha bajado tanto en tu lista de prioridades que simplemente no puedes, o te trae sin cuidado, recordar cómo nutriste tu cuerpo unas horas antes.

RETOX

Aquí van algunos consejos para ayudarte a controlar tu tendencia a la hipervelocidad:

1. Haz tres comidas al día, además de tomar tentempiés. A continuación te ofrezco rece-

tas con ideas para preparar y llevarte algo rápido.

2. Haz una pausa y siéntate a la mesa. Come como un ser humano normal.
3. Toma aire entre bocado y bocado para ralentizar el ritmo general de la comida. Adopta este nuevo patrón: inhala, mete bocado, mastica, tres respiraciones profundas completas, repite.
4. Reduce el consumo de café, té verde y negro, y todos los refrescos con cafeína (¡de todos modos hay que evitar en general los refrescos!). La cafeína casi te hace sentir en la gloria cuando vas a hipervelocidad; procura suprimirla o al menos reducirla a solo una taza antes del mediodía para que el cuerpo pueda intentar seguir un ritmo normal durante el resto del día.
5. Cocina al fuego o al horno una vez a la semana. Haz que cocinar alimentos deliciosos y aromáticos sea una emotiva meditación que te sirva para cambiar manualmente a una marcha más equilibrada, nutriendo el cuerpo y la mente a la vez. Las salsas para pasta y la repostería al horno son lo mejor.

TENTEMPIÉS

Almendras
Palomitas
Zanahorias
Clementinas (fáciles de pelar)
Sopa (si no bajas la velocidad, te quemarás)

Fritada de champiñones y espinacas para salir volando

Llévate un trozo cada mañana cuando salgas por la puerta para tener energía para lo que te depare el día.

- 1 cucharadita de aceite de oliva virgen extra
- 1 envase (280 g) de champiñones laminados
- 2 vasos de espinacas baby, bien lavadas y escurridas
- 6 huevos
- Sal y pimienta al gusto
- Escamas de guindilla (opcional)

Calienta el aceite en una sartén grande a fuego medio. Añade los champiñones y las espinacas. Deja que se hagan mientras cascas los huevos en un bol y los bates; si quieres utilizar solo claras de huevo, pon doce claras, o combínalas mitad y mitad (tres huevos enteros, seis claras).

Antes de que las verduras estén totalmente hechas, añade la mezcla de huevo a la sartén. Salpiméntalo y, si quieres, ponle escamas de guindilla. Tápalo durante diez minutos o hasta que los huevos estén totalmente hechos. Dale la vuelta sobre un plato cuando esté listo y córtalo en trozos.

Ensalada californiana

Puedes preparártela en casa o componerla en un bufé de ensaladas.

- 1 lechuga romana, picada fina
- 1 pinta (470 ml) de tomates cherry, cortados por la mitad
- ½ pepino picado
- 1 tallo de apio picado
- ½ zanahoria picada
- ½ vaso de garbanzos en lata, lavados y escurridos
- ½ aguacate picado

Aliño

- 1 cucharada de mostaza de Dijon
- ¼ vaso de aceite de oliva virgen extra
- 2 cucharadas de vinagre balsámico o de vino tinto

Pon todos los ingredientes de la ensalada en un bol grande. En un bol pequeño, mezcla todos los ingredientes del aliño hasta que empiece a espesar. Mezcla la ensalada con el aliño y disfruta de cada bocado.

Pasta al pomodoro

Está científicamente demostrado que la pasta al dente es mucho mejor para el cuerpo que la pasta demasiado cocida. No tengas la pasta en agua más de doce minutos, ya que puede ponerse blanda.

1 cucharada de aceite de oliva virgen extra
2 dientes de ajo, picado fino
½ cebolla blanca picada
3 vasos de tomates troceados
3 pizcas de sal
1 paquete (450 g) de pasta a tu gusto
Queso parmesano (opcional)

Calienta el aceite en una sartén grande a fuego medio. Agrega el ajo y sofríelo durante dos minutos; a continuación, añade la cebolla y rehógalo todo hasta que la cebolla esté completamente blanda y transparente. Incorpora los tomates a la sartén, echa sal, remuévelo y tápalo. En todo caso, que no te entre el pronto hiperveloz y levantes la tapa; deja que se vaya haciendo a fuego medio. A los diez minutos remuévelo un poco, tápalo y deja que siga haciéndose.

Mientras cuecen los tomates, pon a hervir una olla grande con agua. Cuando hierva, échale sal e incorpora la pasta, cociéndola según las indicaciones del envase.

Una vez los tomates estén completamente cocidos y se haya formado una salsa con su jugo, vierte la pasta recién hervida y escurrida a la sartén con la salsa. Remueve para mezclarlo, espolvoréalo con parmesano si quieres y ¡a disfrutar!

Galletas con pepitas de chocolate

Hornear es una actividad relajante, ¡y el olor de estas galletas es divino! Lame el bol mientras esperas a que se horneen las galletas y deja que el olor embriague tu cuerpo.

2 huevos
1 cucharadita + 1 chorrito extra de extracto de vainilla pura
¾ de vaso de azúcar moreno
¾ de vaso de azúcar blanco
2 barritas de mantequilla sin sal, ligera
2 vasos de harina (a tu gusto: normal, de trigo integral o de almendras)
1 cucharadita de sal
1 cucharadita de bicarbonato sódico
½ vaso de semillas de lino (opcional)
½ vaso de nueces picadas (opcional)
1 bolsa (340 g) de pepitas de chocolate (semidulce, con leche o negro)

(la receta continúa)

Precalienta el horno a 180 °C.

En un bol grande, mezcla los huevos, la vainilla, el azúcar moreno y blanco, y la mantequilla, hasta que no queden grumos. Añade lentamente la harina, la sal y el bicarbonato sódico. Cuando la masa esté ligada y sin grumos, puedes decidir dar un paso más y añadir las semillas de lino o las nueces, o ambos ingredientes a la vez. Mézclalo todo bien. Agrega las pepitas de chocolate y mézclalo todo.

Ve cogiendo la masa con una cuchara, forma bolitas y colócalas en una bandeja de horno forrada con papel para hornear u otro elemento antiadherente. Hornéalo de doce a quince minutos.

ACTITUD

Al ser una adolescente hiperveloz por naturaleza, adicta al sudor, las endorfinas, la velocidad y el movimiento de avance hacia delante, el tenis era lo más parecido a un infierno que podía haber imaginado. Atrapada y enredada, incapaz de comunicarme o interactuar con nada que no fuera un gofre metálico pinchado en un palo y una bola peluda. Aun así, mis padres insistieron en que jugara al tenis, alegando que sería «bueno» para mí y, como de costumbre, tenían razón.

Tras semanas de sufrimiento (concretamente, agonía por hipervelocidad) en la escuela de tenis, en las que me gritaban que «echara el freno» cada dos lanzamientos, curiosamente le cogí el suficiente gusto a ese deporte como para entrar en el equipo del instituto, y al final incluso me convertí en la capitana y acabé en los campeonatos estatales del norte de California. No soy Steffi Graf, pero empecé a descubrir la naturaleza rítmica del tenis, que te obliga a bajar la velocidad, a detenerte y, sobre todo, a ser paciente.

Mi instinto natural en el tenis es golpear la pelota lo más rápido posible, volver corriendo al centro de la pista antes de que se complete el golpe, devolver la pelota, prepararme para el siguiente golpe, golpear de nuevo rápidamente, alzar la vista para ver adónde va la pelota antes de acabar el golpe, enfadarme conmigo misma, correr de nuevo hacia el centro, martirizarme por no jugar bien y repetirlo todo. ¡A mí me vas a contar lo que es la hipervelocidad!

Esta forma de jugar al tenis regida por la hipervelocidad hacía finalmente que las pelotas salieran disparadas hacia arriba o chocaran contra la red, que me angustiara y que escupiera palabras que no son aptas para un libro. En esa situación, el partido no tiene nada de divertido, ni para mí ni para quienes me rodean, del mismo modo que no hay nada placentero en la hipervelocidad. Centrarte en adónde va la pelota en vez de en el golpe te predispone a lanzar mal y a jugar un mal partido. Sin embargo, mi padre, el mismo hombre que me arrastró a mi primera pista de tenis, me resolvió el problema, al recordarme que la única forma de jugar bien es simplemente bajar la velocidad, marcar el movimiento completo y ser paciente. Resulta curioso que fuera lo mismo que los antiguos budistas tibetanos decían acerca de la vida.

Kshanti, «paciencia» en sánscrito, es una de las seis cualidades necesarias para alcanzar la felicidad, la salud y el éxito, o como lo llaman los budistas tibetanos, la iluminación. Va asociada a la bondad, la generosidad, el esfuerzo gozoso, la calma y la sabiduría, aunque para mí, y para la mayoría de mis clientes asolados por la hipervelocidad, la paciencia es lo que supone un mayor reto. Según la teoría del budismo tibetano, la paciencia no tiene que ver con volverse apático, indiferente o distante (golpear la pelota perfectamente para que pase por encima de la red y ganar son sin duda el objetivo), sino con respirar de forma sistemática durante el proceso y evitar enojarse cuando no salga bien.

A alguien que adolece de hipervelocidad es probable que la paciencia no solo le parezca una locura, sino algo innecesario, un total impedimento para la eficiencia, la eficacia y la optimización. Sin embargo, tal como he aprendido a lo largo de los años, la paciencia es el elemento más importante para el bienestar y el éxito, tanto si te preocupa la iluminación como si no.

Sin paciencia te pierdes todo lo que ocurre a tu alrededor, así como todas las futuras oportunidades que se te presentan. Puedes seguir moviéndote a hipervelocidad todo cuanto quieras, pero sin una pizca de paciencia y una dosis de retox, es probable que pases de largo todo lo que deseas sin ni siquiera darte cuenta. Por suerte, tengo la solución.

RETOX

En el caso de la hipervelocidad, lo más fácil es tumbarse en el suelo y limitarse a mirar, idealmente al cielo, aunque el techo va igual de bien. Ahora en serio, déjate caer en el asiento, libérate de todo (tanto de tus pensamientos como de tus sentimientos) y, como si estuvieras colocado al más puro estilo Woodstock, alza la vista y deja la mirada perdida. Esto obligará a tu mente a no hacer otra cosa que estar presente, activará el modo automático y estimulará todo tipo de nutrición interna y creatividad. Hacer esto tan solo un minuto al día cultivará la mente y el cuerpo para que vayan a una marcha que les resulte idónea.

Si quieres algo un poco más potente, prueba una de las antiguas meditaciones budistas tibetanas más sencillas, dirigida a generar *kshanti* y reducir la hipervelocidad.

Siéntate en un asiento cómodo, allí donde estés y como mejor te encuentres. Puedes sentarte frente a la mesa de la oficina, en el suelo, encima de la mesa, en el tren, etc. Tan solo debes asegurarte de tener la columna vertebral bastante estirada y de no estar totalmente encorvado. Deja los brazos relajados y las manos ligeramente apoyadas en los muslos o las rodillas, lo que te resulte más cómodo, y cierra suavemente los ojos.

Concéntrate en la punta de tu nariz y empieza a notar la respiración. Respira por la nariz con naturalidad, tal vez comenzando incluso a sentir la vibración del aire conforme pasa por el labio superior al entrar y salir. No tienes más que quedarte sentado, relajarte y respirar.

Una vez estés cómodo y sientas la respiración, empieza a seguirla con la mente, inhalando y exhalando. Cuando te acostumbres a la respiración, quiero que digas mentalmente:

Inhala, «paciencia».
Exhala, «todo llegará».

Con cada respiración permites que el cerebro salga de un bucle perpetuo, lo que le aporta lucidez a la vez que revitaliza todo su ser, y sienta las bases para que tu cuerpo, tu mente y tu vida sigan una trayectoria realmente optimizada y eficiente.

Banda sonora retox:
«9 to 5», DOLLY PARTON

Lista para golpear la pelota, California. >

Todo llegará

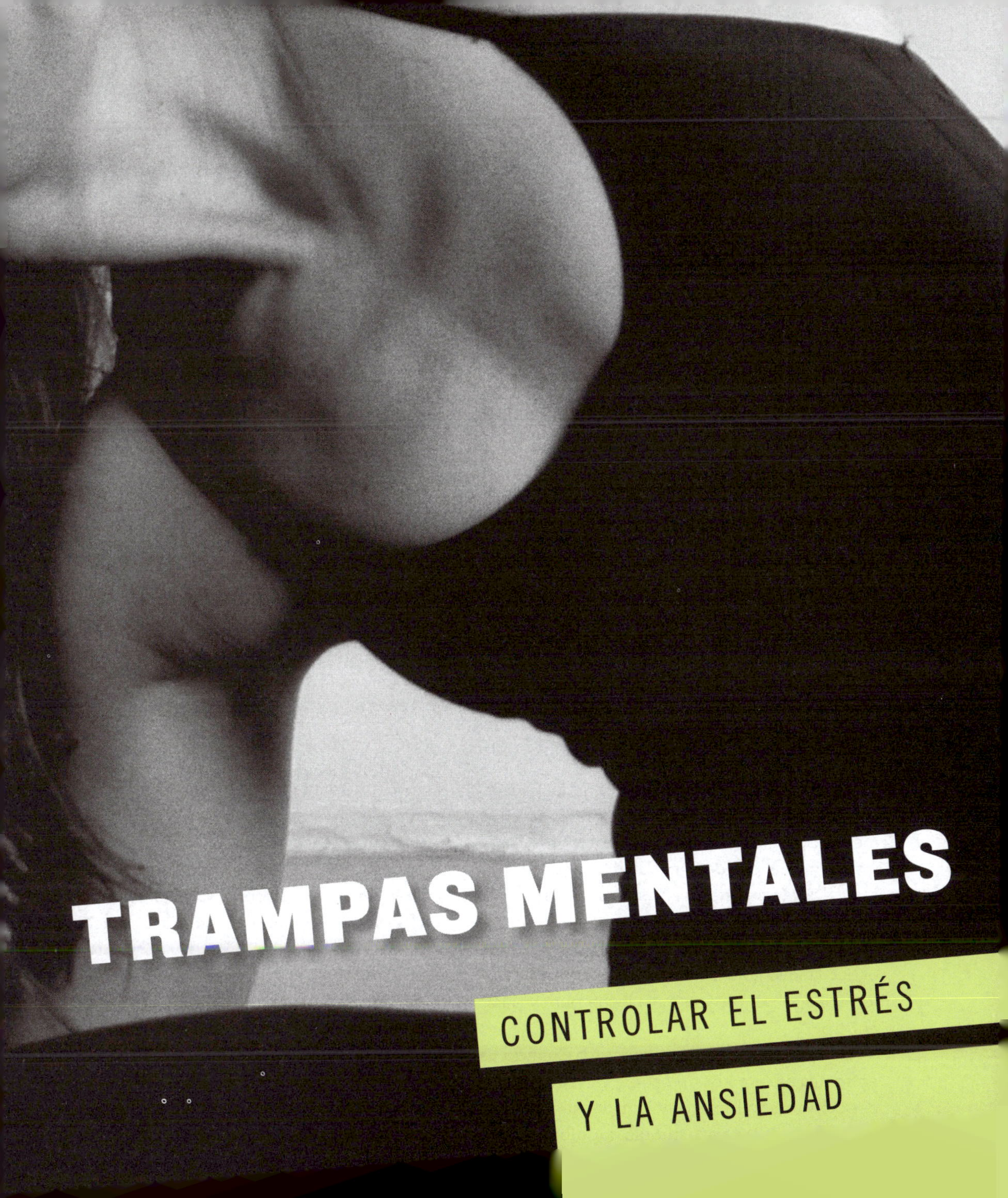
TRAMPAS MENTALES
CONTROLAR EL ESTRÉS
Y LA ANSIEDAD

Concéntrate en respirar, no pierdas los nervios

CREO QUE NO CONOZCO a nadie que no se ponga trampas mentales. Apuesto a que tú también tienes una, igual que yo. No es nada de lo que avergonzarse o sentirse incómodo; las trampas mentales son algo habitual hoy en día.

Las trampas mentales se caracterizan por un estrés y ansiedad extremos. En la mayoría de los casos, el estrés se asocia a la preocupación por controlar el presente, y la ansiedad, a la preocupación por controlar el futuro. El estrés afecta al 75 por ciento de los estadounidenses y al 60 por ciento de la población mundial. La ansiedad es el trastorno mental más prevalente en Estados Unidos, puesto que afecta a más de cuarenta millones de adultos. Se dice que, en China, el 86 por ciento de la población activa sufre estrés agudo, y el 91 por ciento de los australianos afirma tener mucho estrés en al menos un ámbito de su vida. Por desgracia, las trampas mentales hacen furor.

Lo que me fascina de las trampas mentales es que afectan a todo el individuo. Empiezan en la mente, desde donde se extienden a todo el organismo, lo cual provoca una retahíla de trastornos mentales y físicos indeseables, desde el aumento de peso al acné, el dolor de espalda, el insomnio, la falta de memoria, el dolor de cabeza, la diarrea, el debilitamiento del sistema inmunológico, la infertilidad, el cáncer y la mala leche pura y dura, entre otros.

Su epicentro está en el cerebro. Cuando te enfrentas a un factor de estrés, ya sea una percepción intangible (como un pensamiento o preocupación) o un estímulo tangible (como encontrarte cara a cara con un tigre devorador de hombres o, en el mundo actual, con un jefe cabreado o con un niño que berrea), el cerebro activa el sistema nervioso simpático, lo cual desencadena una respuesta de lucha o huida. Se trata de una reacción natural intrínseca que tenemos desde el principio de los tiempos para poder comer, crecer, vivir y sobrevivir. Este estado se caracteriza por un aumento de la frecuencia cardíaca y respiratoria, tensión muscular, ralentización de la digestión y agudización de los sentidos. Básicamente, nos prepara para atacar o salir corriendo. Cuando se desencadena la respuesta de lucha o huida, el hipotálamo, ubicado justo encima del tronco cerebral, segrega corticotropina. Esto estimula la hipófisis, también conocida como «glándula maestra», situada justo debajo del hipotálamo, lo cual hace que se segregue hormona adrenocorticotrópica y que, por tanto, se activen las glándulas suprarrenales. En este punto es donde las trampas mentales empiezan a ponerse interesantes. Las glándulas suprarrenales se sitúan justo en la parte superior de los riñones, lo cual significa que el estrés ha salido ya del cerebro y ha llegado hasta el centro del cuerpo. Cuando el cerebro envía el mensaje de estrés, las glándulas suprarrenales van a todo gas, generando y liberando adrenalina y cortisol, la principal hormona relacionada con el estrés. El cortisol nos da energía, al transformar las proteínas y liberar el azúcar almacenado, y la adrenalina nos sube de revoluciones al hacernos estar más alerta y concentrados. La combinación, dirigida en su totalidad por las glándulas suprarrenales, nos prepara realmente para luchar o huir, y pone en marcha una reacción en cadena de eventos que afecta a todas las áreas del cerebro y, por tanto, del organismo.

La respuesta de lucha o huida es beneficiosa cuando estamos ante un peligro real, al permitirnos escapar del tigre o enfrentarnos a una adversidad. El problema es que, en la actualidad, esa respuesta se desencadena constantemente, tanto si el peligro es real como si no. El estrés constante al que estamos sometidos tiene a las glándulas suprarrenales disparadas y provoca fatiga suprarrenal, una afección que causa agotamiento extremo, antojos de alimentos dulces y salados, alopecia y dolor y malestar generalizados, entre otros síntomas.

Lo cierto es que el mundo ahí fuera no va a cambiar; estamos constantemente sometidos a estrés, y las trampas mentales no van a desaparecer. No hay ni una sola parte de tu cuerpo, tu mente o tu vida que no se vea afectada por las reacciones bioquímicas y fisiológicas causadas por el estrés y la ansiedad, lo cual hace que el cóctel retox holístico sea idóneo para ti.

Alex, una mujer de Ohio, divorciada recientemente, tiene dos hijos menores de ocho años, un trabajo a tiempo completo en una empresa y un nuevo pretendiente serio. Como si la angustia y las discusiones que llevaron a su divorcio no fueran suficientes, Alex tiene ahora que hacer malabares entre una nueva pareja; la pensión alimenticia que le pasa a su ex; un ambiente de trabajo caótico y estresante; lograr un equilibrio entre el tiempo que se dedica a sí misma, a sus hijos y a su nueva relación, y, bueno, criar a unos niños curiosos y llenos de energía. Esto tiene toda la pinta de trampa mental, ¿no?

Cuando conocí a Alex, sufría dolores de cabeza frecuentes, dolor de cervicales y hombros, y alopecia. Me contó que tenía problemas para dormir y se preguntaba si la falta de sueño le estaba causando problemas de memoria (olvidaba cosas constantemente, ¡e incluso una vez se olvidó de recoger a los niños de la guardería!). Sufría acidez y distensión abdominal, y le sobraban al menos nueve kilos en el perímetro de la cintura. Tras escuchar por todo lo que estaba pasando Alex, supe claramente que tenía que atacar el estrés y la ansiedad, desde todos los ángulos a la vez, al más puro estilo retox. Al principio, Alex estaba demasiado angustiada como para oír siquiera lo que yo le decía, y también demasiado estresada como para reunir la energía necesaria para cuestionarme, lo que, por suerte, obró a mi favor.

Utilizamos el yoga para mejorar su función suprarrenal y remediar el insomnio, el aumento de peso, la mala memoria y los trastornos digestivos; empezamos con rutinas de yoga en casa dos veces por semana y posturas de «deberes» que tenía que hacer durante treinta segundos en el trabajo, en la ducha o después de acostar a los niños. Le entregué por escrito un plan compatible con la vida familiar y laboral, cuyo objetivo era depurar y reforzar los órganos más afectados por el estrés, como el hígado, los riñones y las glándulas suprarrenales. Y utilicé planes mentales retox centrados en la actitud con el fin de afianzar un método cotidiano que le permitiera hacer frente a los factores de estrés de la vida antes de que desencadenasen una reacción de huida o lucha.

Alex se sintió aliviada después de nuestra primera sesión y, hasta la fecha, sigue el método retox periódicamente, alegando que ahora se siente mejor que nunca. Aunque no han cambiado los factores de estrés a su alrededor, sí lo ha hecho la forma de enfrentarse a ellos, que se basa precisamente en el cóctel retox que voy a compartir contigo.

YOGA

No sé tú, pero, cuando estoy estresada y alguien me dice que me relaje, me pongo de los nervios. Aún es peor cuando entro en una clase dirigida del gimnasio con la esperanza de expulsar la trampa mental sudando y hay un monitor de Blablalandia que parlotea sobre relajarse y «dejar la mente en blanco» en lugar de someternos a una rutina que nos haga bombear sangre. En ambos casos me estreso y angustio aún más, y eso hace que tenga todos los números de padecer estos trastornos durante el resto del día. Tal vez te identifiques conmigo.

El estrés y la ansiedad crean un estado de hiperactividad en cuerpo y mente. El habitual yoga de «relajación», antiestrés, que pasa directamente a un intento de meditación tranquila y basada en los estiramientos, es muy chocante para la mayoría de los organismos, y puede crear aún más factores de estrés a los que tendrás que enfrentarte; por ello, algunas personas (yo incluida, y quizá tú) son incapaces de desestresarse automáticamente en la postura de la paloma. El método retox cuenta con un proceso, parecido a una receta, para combatir las trampas mentales con el yoga.

El primer paso es elegir las posturas y los patrones de respiración que equilibrarán las hormonas y aliviarán los principales grupos musculares y sistemas orgánicos. El segundo paso es movilizar, agitar y expulsar por el sudor la adrenalina que corre por tu organismo, desactivando así la respuesta de lucha o huida. El tercero es finalmente relajarse.

Con esta receta de yoga retox, tu cuerpo y tu mente pueden combatir este estado de ansiedad y estrés de dentro afuera. Las glándulas suprarrenales descansarán, los músculos liberarán tensión, la mente se tranquilizará y todo el cuerpo redescubrirá su esperada homeostasis natural.

RETOX

SOLUCIONES EN LA OFICINA

LIBERACIÓN SUPRARRENAL

Coloca las manos en la parte media de la espalda, con los dedos hacia abajo. Procura alinear las manos con los riñones. Inhala, imaginando que llevas la respiración a las manos. Exhalando, presiona suavemente la espalda con los talones de las manos. Respira. Para intensificarlo un poco, inhala contando hasta cinco. Exhala, contando hasta cinco. Repítelo durante treinta a sesenta segundos.

RESPIRACIÓN DEL LEÓN ANTIESTRÉS

Haz una inhalación profunda. Exhala con fuerza por la boca, sacando la lengua. Baja la cabeza y, si quieres, sacúdela mientras exhalas. Repítelo de una a cinco veces.

TORSIÓN SUAVE*

Inhalando, siéntate con la espalda bien recta. Exhalando, haz una torsión hacia la derecha. Mira por encima del hombro derecho. Aguanta ahí cinco respiraciones, y después repítelo con el otro lado.

ESTIMULACIÓN CEREBRAL

Coloca las manos en la coronilla. Inhala, llevando la respiración a las manos a través del ojo de la mente. Exhala en esa postura. Repítelo tres veces, y después, aguantando en esa posición, respira de forma que lleves la respiración por todo el cráneo, subiendo desde el tronco encefálico hasta las manos.

¡Una de regalo!

REAJUSTE LINGUAL

Relaja la lengua y déjala suelta hacia la parte posterior de la boca. Tenla así mientras trabajas, conduces, haces cola o atiendes una llamada, y limítate a estar presente.

FLUJO ANTI-ESTRÉS

Empieza en perro hacia abajo, con los pies separados a la anchura de las caderas, las manos en el suelo a la anchura de los hombros, los glúteos hacia el techo y las piernas rectas. Inhala para pasar a la postura de la tabla, poniendo el cuerpo paralelo al suelo. Exhalando, pasa a perro hacia abajo. Inhalando, pasa a la tabla. Exhalando, pasa a perro hacia abajo. Repítelo de cinco a diez veces.

CABEZA A RODILLA EN TORSIÓN*

Siéntate con las piernas abiertas en forma de «v». Inhalando, eleva el brazo derecho hacia el techo. Exhalando, alárgalo hacia la pierna o el pie derechos y agarra uno u otro, dejando caer el codo al suelo o sobre un bloque, o incluso en el muslo. Inhalando, eleva el brazo izquierdo. Exhalando, alárgalo hacia la pierna o el pie derechos y agarra uno de los dos. Haz una torsión y deja caer la cabeza, intensificando la torsión y respirando en una posición en que te sientas cómodo durante cinco a diez respiraciones. Repítelo después con el otro lado.

COMPRESIÓN SUPRARRENAL CON RODILLO

Haz un rodillo largo y apretado con una manta o toalla gruesa. Colócalo en el suelo y túmbate en él, con el rodillo debajo de la franja de los riñones (o de las glándulas suprarrenales), o en la parte media de la espalda. Si te sientes bien, lleva los brazos junto a las orejas. Relájate y respira en esa postura el máximo tiempo que puedas.

NUTRICIÓN

Si padeces este estado de estrés y ansiedad, la comida es tu penicilina. A la hora de tratar el trastorno, cuándo comes y cómo lo haces es tan importante como qué ingieres realmente. Estos consejos retox te ayudarán a frenar los síntomas, a restituir la función del hígado y de las glándulas suprarrenales, que se han sobrecargado, y a inspirarte a comer en calma.

DETOX

FUERA DOGMAS. Seas consciente o no, obligarte a ti mismo a seguir algún dogma nutricional autoimpuesto probablemente te esté estresando. A menos que tengas una alergia grave demostrada, olvida las últimas tendencias y limítate a comer los alimentos reales e integrales que te pide el cuerpo, aunque contengan el «temido» gluten, carne, lácteos o azúcar. Llevamos siglos consumiendo esos alimentos; no son nocivos *per se*. Así que dale a tu mente una cosa menos de la que preocuparse.

¡COME! Cuando el cuerpo pasa largos períodos de tiempo sin recibir alimento, las glándulas suprarrenales liberan cortisol y adrenalina, las hormonas del estrés de las que ya hemos hablado. Esto quiere decir que, si no comes, estresas aún más a tu organismo desde el punto de vista bioquímico. Asegúrate de regular la concentración sanguínea de azúcar comiendo cada dos o tres horas; esto es importante aunque no tengas hambre. Toma siempre un buen desayuno, y procura seguir un patrón alimentario normal con abundantes tentempiés.

MIRA EL RELOJ. Las glándulas suprarrenales siguen un ritmo circadiano natural al que debes prestar atención. Desayuna entre las seis y ocho de la mañana (o al menos antes de las diez), al-

muerza alrededor de mediodía y, si puedes, cena hacia las seis o siete de la tarde. Si sales tarde del trabajo o tienes un compromiso social, haz una ligera «precena» con alimentos sólidos y saludables antes de la cena. Esto apaciguará el sistema digestivo a la vez que ayudará a recuperarse a las glándulas suprarrenales.

LOS ALIMENTOS DE CONSUELO NO CONSUELAN DEMASIADO. Sé que cuando estás estresado no hay nada que te apetezca más que un *brownie,* un helado o unas patatas fritas, pero los típicos alimentos de consuelo suelen estar cargados de calorías y grasas saturadas. Por tanto, atascarán tu sistema digestivo y es posible que incluso te sientas como una bola, además de culpable por habértelos comido, lo que a su vez podría generar más estrés al intentar encontrar tiempo para hacer más ejercicio con el fin de quemarlos. Cuando sufras un estado de ansiedad y estrés, procura tomar alimentos saludables y olvídate de la comida basura.

DEJA LA CAFEÍNA. El aroma de una taza perfecta de café o té puede calmar de entrada tu mente, pero la cafeína que contiene no hará más que sumarse a la adrenalina y, por tanto, a la ansiedad que ya estás experimentando. Pásate al descafeinado durante los brotes extremos y dale un respiro al cuerpo.

NADA DE ZUMOS. Veo a más gente estresada tomándose un zumo de lo que imaginarías. ¿Y sabes qué? Que no funciona. Sustituir una comida sólida por un zumo lleva al organismo a pensar que lo estás privando de comida, así que entra en modo de lucha o huida y, por tanto, en modo inanición. Además, corretear como un loco con una botella de zumo, sin darte la posibilidad de sentarte, tomarte un respiro y, ¡Dios nos libre!, masticar, aumenta el estrés y la ansiedad. Ingiere alimentos de verdad cuando padezcas estos síntomas; el cuerpo ya está lo suficientemente angustiado en esa situación.

PICOTEA. Picar entre horas es un comportamiento nervioso habitual y, de hecho, puede ser terapéutico para equilibrar la concentración sanguínea de azúcar, como se ha mencionado antes, así como para alejar esa energía cargada de cortisol y adrenalina. No dudes en tomar tentempiés, pero que sean alimentos saludables que ayuden a calmar las glándulas suprarrenales, el hígado y las hormonas. Las bayas, las naranjas y las judías de soja *(edamame)* son buenas opciones. Este tipo de tentempiés te mantendrán ocupado y distraído sin hacerte engordar ni generarte más estrés.

RETOX

Ahora que sabemos el «cómo», vamos a centrarnos en el «qué». En vez de darte una larga lista de alimentos para tomar que es probable que encuentres en cualquier blog (y que pueden ser realmente beneficiosos o no), voy a clasificarlos según el modo en que afectan a las dos partes del cuerpo más perjudicadas por el estrés: las glándulas suprarrenales y el hígado.

LAS GLÁNDULAS SUPRARRENALES

Tal como se ha comentado al inicio del capítulo, cuando padeces un estado de ansiedad y estrés mental, las glándulas suprarrenales van a todo gas; por tanto, necesitas nutrirlas. El mejor modo de hacerlo es evitar la cafeína, comer con regularidad e incluir los siguientes alimentos en tu dieta:

QUINOA. La quinoa es un hidrato de carbono complejo que ayuda a regular las concentraciones sanguíneas de azúcar. Toma medio vaso de quinoa a modo de tentempié o guarnición, prepara la bomba de quinoa con guisantes (página 260) o añádela a las ensaladas o los salteados.

MANZANILLA. Ve tomando una infusión de manzanilla a lo largo del día, ya que ejerce un efecto calmante natural en el organismo.

SAL. Sí, este es uno de esos momentos en que necesitas sal. Cuando las glándulas suprarrenales se sobrecargan a causa del estrés, generan cortisol y, al aumentar las concentraciones de cortisol, se reducen las de una hormona esteroidea denominada aldosterona. La aldosterona ayuda al organismo a mantener las concentraciones de sal y agua con el fin de regular la presión arterial y los electrolitos. De hecho, si te mareas o te sientes aturdido mientras padeces ese estado de ansiedad y estrés, es posible que tengas poca aldosterona. Así que ¡dale caña a tu salero! Añade una pizca más de sal a lo que cocines (siempre preferible a las salazones crudas) o espolvorea un poco de sal marina de calidad en la comida. Ten a tu alcance galletas, palomitas y anacardos salados para picar.

NARANJAS. Las glándulas suprarrenales necesitan vitamina C para desempeñar su función, que incluye la producción y regulación de hormonas. Además, el estrés debilita el sistema inmunológico, por lo que tomar más vitamina C reforzará tus defensas y evitará que enfermes. Comer una naranja para desayunar o como tentempié a lo largo del día proporciona una dosis saludable de vitamina C.

RAÍZ DE REGALIZ. La raíz de regaliz contiene hormonas vegetales que simulan los efectos del cortisol, lo que significa que puedes engañar al cuerpo haciéndole creer que ya ha tenido bastante sin que las glándulas suprarrenales se vuelvan locas. Prueba a tomar una cucharada al día de extracto de raíz de regaliz, o bien consigue caramelos orgánicos de raíz de regaliz puro, o de regaliz negro con altas concentraciones de raíz, y ve picando.

SUEÑO. El sueño no es un alimento, lo sé, pero es el principal nutriente que ayuda a restituir la función de las glándulas suprarrenales. Si estas se encuentran agotadas, es posible que te cueste conciliar el sueño, pero tendrás que intentarlo. Métete en la cama media hora antes o pon la alarma treinta minutos más tarde, aunque eso signifique ir al trabajo con el pelo mojado durante un tiempo. Tu cuerpo te lo agradecerá.

EL HÍGADO

El estrés y la ansiedad agotan al hígado tanto como el alcohol. En la medicina tradicional china, el hígado es el principal órgano que procesa el estrés, o *ya li*. Regula el flujo de todo el *chi* («energía») por todo el cuerpo. Cuando sufres esos trastornos, debes asegurarte de nutrir al hígado, aportándole los alimentos que necesite para estar fuerte y relajado.

ALCACHOFAS. Las alcachofas son uno de los agentes depuradores y tonificantes más potentes para el hígado. Tómalas de tentempié o de entrante, o bébetelas como en la receta de la página 105.

REMOLACHA. Al igual que las alcachofas, la remolacha es excelente para el hígado. Añade unas rodajas a la ensalada o en el plato siempre que puedas.

NADA DE VICIOS. Al menos temporalmente. El aguacate, el azúcar, el chocolate, el café (incluso el descafeinado) y el alcohol, es decir, todo aquello que a mí, personalmente, se me antoja cuando estoy estresada, son sumamente agresivos para el hígado. Sí, incluso el aguacate. Dales fiesta y en un par de días notarás el cuerpo mucho más ligero y radiante.

PROTEÍNAS. El hígado necesita un aporte adicional de nutrientes para reforzarse aún más durante los brotes de ansiedad y estrés mental. Asegúrate de comer una pequeña ración de ternera orgánica o pescado salvaje al menos una vez al día.

LIMÓN. El hígado produce bicarbonato, una base que reduce el ácido. Cuando estás estresado y el hígado va a todo gas, merma su capacidad para regular las concentraciones de ácido en el organismo, sobre todo si tomas alcohol, café y azúcar. Ten a mano rodajas de limón para aderezar comidas y bebidas para compensar.

TENTEMPIÉS

Chips de quinoa
Nachos de maíz
Agua con rodajas de limón y pepino
Naranjas
Regaliz

RECETAS

Bomba de quinoa con guisantes

La quinoa para las glándulas suprarrenales y los guisantes para el hígado.

1 vaso de quinoa cocida
1 vaso de guisantes, frescos o congelados
1 limón (en zumo)
¼ vaso de aceite de oliva virgen extra
Sal al gusto

Pon la quinoa en un bol grande. Añade los guisantes, el zumo de limón, el aceite de oliva y una pizca de sal. Sírvelo como tentempié, como guarnición, o de lecho para un trozo de salmón o un huevo si necesitas un poco más de brío.

Sándwich de queso fundido

Se ha demostrado que el queso fundido relaja el organismo, sobre todo combinado con hidratos de carbono. Las verduras son para tonificar el hígado.

2 rebanadas de pan a tu gusto
1 loncha de queso a tu gusto (el gruyer o cheddar son los que mejor quedan)
2 rodajas de tomate (opcional)
1 corazón de alcachofa (opcional)

Mientras calientas una sartén o una sandwichera, prepara un sándwich de pan y queso, y añádele, si quieres, el tomate o la alcachofa (o ambos a la vez). Ponlo en la sartén o sandwichera, y déjalo hasta que se derrita el queso. Sírvelo solo o acompañado de un platito de pepino laminado, como el que solía hacernos mi madre, y disfrútalo.

Pisto de superalimentos

Esta es una versión retox de uno de mis platos españoles favoritos.

1 cucharada de aceite de oliva virgen extra
1 cebolla mediana picada
3 dientes de ajo picados
6 tomates grandes troceados
Sal al gusto
1 pimiento verde grande, troceado
2 calabacines picados
½ vaso de guisantes, frescos o congelados
1 vaso de quinoa cocida
Parmesano recién rallado (opcional)

Calienta el aceite en una sartén a fuego medio. Incorpora la cebolla y el ajo, y rehógalos hasta que la cebolla esté transparente; ten cuidado de que no se queme el ajo. Añade los tomates y una pizca de sal, tápalo y deja que se haga a fuego lento durante quince minutos. Agrega el pimiento y los calabacines, tápalo de nuevo y déjalo cocer hasta que las verduras se ablanden, unos siete minutos. Añade los guisantes y la quinoa, remueve y déjalo al fuego hasta que se calienten. Si quieres, puedes decorarlo con queso parmesano recién rallado y acompañarlo de pan crujiente. ¡A disfrutar!

Pasta senza stress (pasta sin estrés)

2 cucharadas más 1 cucharadita de aceite de oliva virgen extra, dividido
Sal al gusto
110 g de pasta seca (mi preferencia son los macarrones)
1 filete (170 g) de salmón (el salvaje es siempre la mejor opción)
1 lata (390 g) de corazones de alcachofa, picados
Pimienta negra recién molida, al gusto
Menta o albahaca fresca, para decorar (opcional)

Lleva una olla de agua a ebullición. Añade una cucharada de aceite de oliva y una pizca de sal al agua y cuece la pasta según las indicaciones del envase, de diez a doce minutos. Mientras cuece la pasta, calienta una cucharadita de aceite de oliva en una sartén pequeña a fuego medio. Saltea el filete de salmón, cuatro minutos por un lado y tres minutos por el otro. Cuando la pasta esté cocida, escúrrela y ponla en un bol poco profundo. Añade los corazones de alcachofa, la cucharada que sobra de aceite de oliva y la pimienta negra, y mézclalo todo. Coloca el salmón encima de la pasta y decóralo con más pimienta negra y, si quieres, con menta o albahaca fresca.

ACTITUD

No quiero estresarte ni mucho menos, pero el estrés y la ansiedad mentales son la peste bubónica de nuestro tiempo. Circulan por casi todos los entornos sociales y laborales, y causan estragos en todos los ámbitos socioeconómicos y globales. Dada su prevalencia, y la facilidad con la que se transmiten y propagan el estrés y la ansiedad entre nosotros, estos trastornos mentales parecen la versión actual de la peste negra, una pandemia lenta, angustiosa y estresante.

Pero ¿sabes qué es lo que da más miedo? Que el estrés es el nuevo concepto de felicidad. Nosotros, como sociedad, estamos obsesionados casi de un modo enfermizo con el estrés, y lo llevamos como una medalla al honor colgada al pecho, una prueba de nuestra propia valía y de nuestra constante aportación a la humanidad. Piensa en la frecuencia con la que se incluye el adjetivo «estresado» en la respuesta a una pregunta muy sencilla: «¿Cómo estás?». Parece que, si no estás estresado, no debes de estar haciendo lo suficiente o no eres lo suficientemente importante. Como he mencionado antes, casi todos los casos de estrés y ansiedad se asocian al deseo de controlar (el estrés se preocupa por controlar el presente, y la ansiedad, el futuro). Sin embargo, la filosofía del yoga tibetano nos enseña que no puedes controlar nada en el presente salvo tu mente. Eres incapaz de controlar tu entorno, los resultados de cualquier acción o cualquier momento futuro. Lo único que puedes controlar son tus pensamientos y percepciones; solo puedes controlar tu mente.

El pánico, el estrés y la ansiedad nunca compensan. Sin embargo, estar centrado y calmado cuando todo el mundo enloquece sí compensa. Por ello es tan importante la filosofía retox.

El mundo ahí fuera no va a cambiar. Es real, intenso e irremediablemente ajetreado. Sin embargo, también es sereno y organizado, y está abierto a un sinfín de posibilidades. Nos corresponde a nosotros crear la paz que tenemos ya en nuestro interior para encontrar la calma en el mundo que nos rodea. Es cosa tuya acabar con el estrés y la ansiedad, y evitar que atormenten tu ser y, por ende, todo lo que te rodea. Nadie más que tú puede liberarte del estrés; nadie más que tú puede calmar tu ansiedad.

Esta es una técnica retox fácil y eficaz que he aplicado en primera persona, así como en cientos de seguidores del método I.AM.YOU. asolados por el estrés y la ansiedad. Ayuda a reducirlos, y calma la mente para evitar generar más. Imagínate que es una dosis a lo bestia de alprazolam retox.

RETOX

Coge un bloc de notas, una libreta grande o una hoja de papel en blanco. Sí, papel de verdad, del de toda la vida, y un boli (¡madre mía!). Ahora quiero que empieces a hacer una lista de todo lo que tienes que hacer. Llamar al médico. Enviar los cheques por correo. Comprar papel higiénico. Enviar por correo electrónico el informe. Programar una reunión con tu jefe. Mirar vuelos para las vacaciones de verano. Absolutamente todo. Imagina que es una lista de tareas gigante.

Sigue anotándolo todo, línea por línea, punto por punto. Suéltalo todo en el papel.

Cuando termines, toma distancia y arranca la página. Déjala a un lado y empieza a reescribir la lista, pero esta vez, organízala de algún modo que tenga sentido para ti. Yo suelo poner las llamadas en una zona, dejando un par de líneas en blanco a continuación (porque, inevitablemente, surgirá algo más), pongo los correos electrónicos en otra zona, las entregas tangibles relacionadas con el trabajo en otra, los recados en otra, y así sucesivamente.

Básicamente, se trata de reescribir la lista en secciones. Cuando acabes, toma distancia, pero deja la libreta abierta, con el boli al lado.

Todo lo que contiene esa hoja es lo que te estresa y angustia. Y está todo ahí, en un solo lugar. Cabe todo en una página, y no resulta realmente tan estresante si miras línea por línea. Lo que te estresa es el conglomerado de todos esos elementos, y los posibles elementos futuros que puedan añadirse a la lista, así como sus consecuencias.

Así que, en vez ponerte de los nervios y dar vueltas a la mente en interminables círculos improductivos y angustiosos, céntrate en la lista y repásala con calma en el orden que quieras. Ve punto por punto, y, cuando termines algo, coge el boli y táchalo. Elimínalo de la lista; sácalo de la cesta.

Pronto te darás cuenta de que la lista se va reduciendo cada vez más, con calma y serenidad, y de que te has librado milagrosamente de la ansiedad y el estrés.

Banda sonora retox:

«Knee Deep», ZAC BROWN BAND Y JIMMY BUFFET

Concéntrate en respirar, no pierdas los nervios

Dedicando un momento a respirar, Grecia.

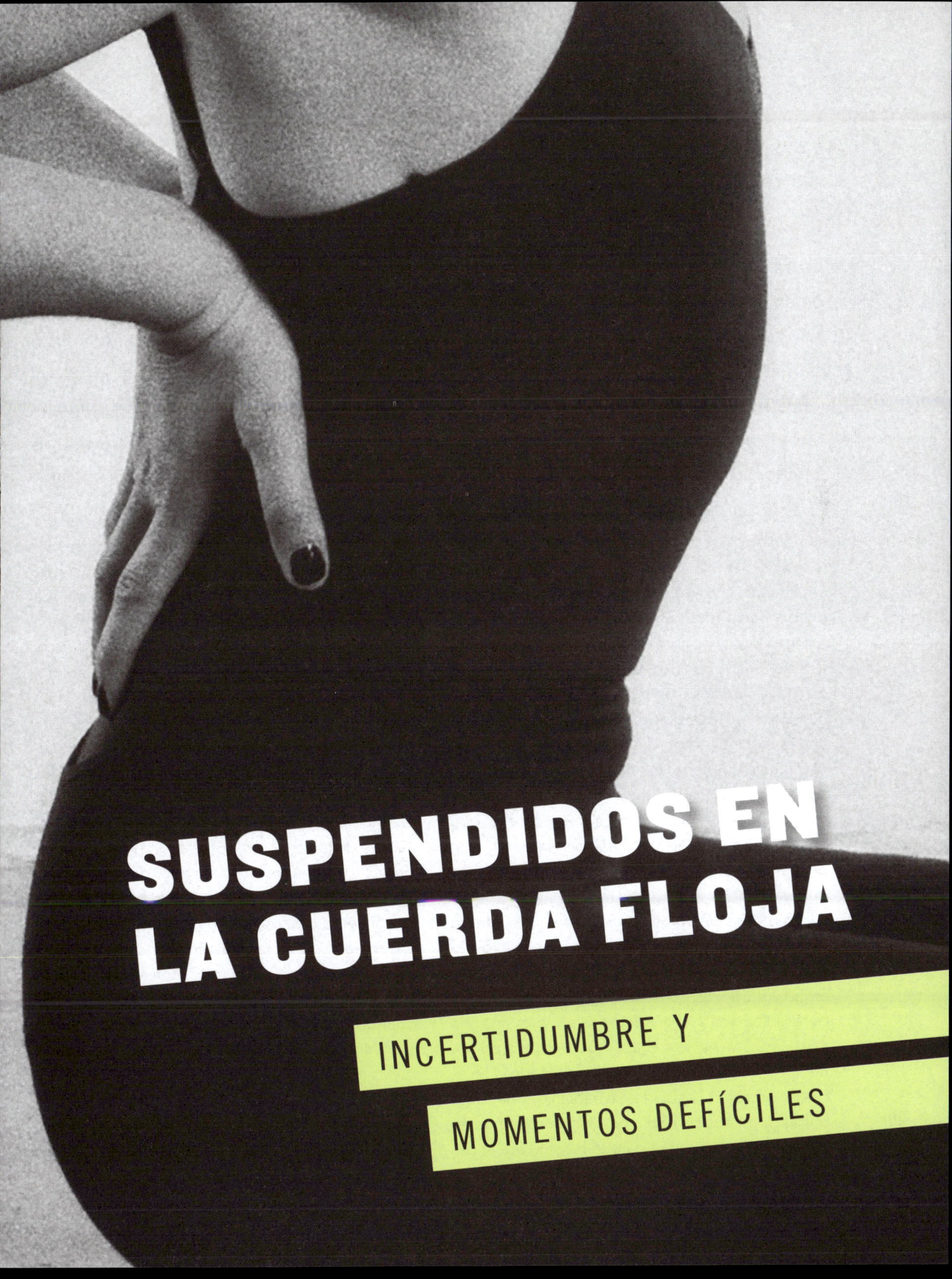

SUSPENDIDOS EN LA CUERDA FLOJA

INCERTIDUMBRE Y MOMENTOS DEFÍCILES

Confío en el cambio

EL 14 DE SEPTIEMBRE DE 2008, la vida me sonreía. Estaba almorzando con un grupo de amigos para celebrar por adelantado mi cumpleaños, bebiendo champán y lista para zambullirme en el bufé de pasta bajo el inmaculado horizonte neoyorquino. Recuerdo claramente haber pensado en lo feliz que era. Me iba de fábula en el trabajo, con mi novio ni te cuento, y aprovechaba al máximo todo lo que Nueva York tenía que ofrecer. Me encantaban mi trabajo, mi pareja, mi ciudad y mi vida. Había confluido todo. Los veintiocho iban a ser increíbles.

El 15 de septiembre de 2008, el día de mi cumpleaños, mi vida era un tremendo caos. Lehman Brothers se había declarado en quiebra, arrastrando consigo a la industria financiera a un desbarajuste total. El precio de las acciones de Morgan Stanley cayó en picado hasta alcanzar cifras de un solo dígito, reduciéndose así el valor de mis ahorros más de tres cuartas partes en menos de un día. La empresa perdió rápidamente una gran cantidad de clientes cruciales y anunció por lo bajo una serie de despidos inminentes. Mis padres, unas personas muy trabajadoras, perdieron una parte de sus ahorros. Y me enteré de que a la madre de mi novio le habían detectado un cáncer en estadio IV. Mi vida era oficialmente un desastre.

En menos de veinticuatro horas, pasé de un estado de seguridad y felicidad a un agujero negro de incertidumbre en el que todo estaba patas arriba. Ignoraba si conservaría mi trabajo a finales de esa semana y si el sector financiero seguiría existiendo. Mi novio se había vuelto a casa por un tiempo indefinido para cuidar de su madre, decenas de personas conocidas se habían quedado sin trabajo y mi abuela había perdido la mitad de su jubilación. La vida en el parqué bursátil era el paradigma del infierno, con una sucesión incesante de chillidos, ataques de pánico y gritos desesperados de ayuda. Estaba confundida, asustada, agotada y penosamente suspendida en la cuerda floja de la incertidumbre. Me sentía como una «mujer suspendida», a merced de la vida y sus circunstancias desconocidas y en constante cambio, tan solo una enclenque fémina pendiendo de un hilo.

«Mujer suspendida» es un término que he acuñado para designar el modo en que nos sentimos en las fases ambiguas e inciertas de la vida. Cuando estás suspendido, crees que no eres capaz de dictar tu futuro, sobre todo porque no tienes ni la más remota idea de adónde ir. Te sientes desconcertado y no sabes dónde poner tu energía ni cómo llevar el timón de la nave de tu vida. Parece que vayas tambaleándote entre un sinfín de opciones en tu trayectoria profesional, tu salud y tu vida personal, incapaz de discernir dónde, cuándo o cómo llegar a buen puerto. Te sientes perdido, fuera de control y cualquier cosa menos fuerte y firme. Dudas entre posibles resultados y oportunidades, y te invade una sensación total de vacilación e indecisión, teñida a menudo de miedo. Te encuentras en algún lugar entre donde estás ahora y donde querrías estar, aunque no seas capaz de definir ninguno de esos dos lugares. ¿Te suena?

Las exigencias, el estrés y el cambio continuo de la existencia actual han hecho que estar suspendidos en la cuerda floja sea un fenómeno omnipresente y típico de la vida moderna. A veces la suspensión se deriva de un reto profesional o de un cambio en tu vida personal; otras veces, de cambios en la familia o problemas de salud, pero, sea como sea, siempre te atormenta. Te sientes atrapado y flotando a la vez, tambaleándote entre una cosa y la otra, sin saber qué es esa otra cosa ni dónde acabarás aterrizando. Te sientes apartado de todo lo que ocurre y, aun así, sumamente sensible a cualquier suceso aleatorio que podría afectarte. En consecuencia, te quedas suspendido en tu realidad actual, con miedo de actuar y temeroso de que nunca llegues a tocar tierra firme y vuelvas a experimentar la alegría, la confianza en ti mismo, el éxito o la seguridad. Cuestionas tu valía y tus objetivos, y tal vez incluso tu vida entera.

Sin duda, ese era el caso de mi cliente, Jeff, que parecía estar suspendido de un hilo de muchos kilómetros de longitud. Jeff dirigía su propia empresa con sede en Colorado y su mujer era una importante abogada que ejercía en Nueva York. Al ser el fundador y su propio jefe, trabajaba desde su apartamento de Manhattan, pero viajaba con frecuencia al oeste del país para garantizar el buen funcionamiento de las oficinas y la producción. Llevaba algunos meses sin venir al estudio I.AM.YOU. y, cuando por fin apareció de nuevo en clase, parecía demacrado, confundido, infeliz y enfermizo. Pude ver en sus ojos y en su desconcertante energía que estaba suspendido, algo que me confesó él mismo al cabo de unos días.

Jeff estaba destrozado, y se sentía desconcertado tanto en su vida laboral como personal. Los continuos viajes le agotaban y le separaban de las personas y los lugares que amaba, por no hablar del día a día de su empresa. A pesar de ser el fundador, quería cambiar de negocio y de trayectoria profesional, pero no tenía una respuesta clara de cómo hacerlo, y mucho menos de qué hacer. En el terreno personal, Jeff ya no conectaba con su esposa, con la que llevaba seis años casado, que trabajaba entre doce y veinticuatro horas al día, y después salía a menudo hasta el amanecer en vez de regresar a casa, incluso cuando él estaba en la ciudad. Habían hablado de divorciarse, pero seguían viviendo juntos y fingían ser una pareja feliz cuando aparecían en público. Se peleaban con frecuencia y reinaba una intensa tensión que lo impregnaba todo. Jeff trataba de ser positivo y paciente, intentando tomar el control de la situación, o al menos vislumbrar un resquicio de oportunidad, pero estaba sumamente confundido y cuestionaba todas las decisiones que había tomado en su vida. Era un auténtico desastre, suspendido en la cuerda floja.

Jeff había seguido el método retox conmigo en una ocasión anterior y había superado graves problemas de peso y renales, llegando a perder trece kilos y recuperando su buena salud, así que estaba dispuesto a probar las técnicas retox para afrontar esa nueva crisis. Lo primero que hice fue pautarle un programa regular de yoga, aunque fueran tan solo cinco minutos al día. A continuación incorporé nuevos alimentos a su dieta, tal como explicaré en las páginas siguientes, y modifiqué totalmente sus hábitos alimentarios. Por último, comentamos las estrategias que podía usar a diario para estar centrado, con los pies en la tierra, y las técnicas que podían servirle de andamios sobre los que caer cuando estuviera suspendido en la cuerda floja y empezara a descontrolarse realmente.

Un año más tarde, Jeff es más feliz que nunca junto a su esposa, con quien conecta totalmente como pareja. Vendió su primer negocio por una notable cantidad de cambio saludable, y ahora dirige una nueva empresa en Nueva York. Estuvo suspendido en la cuerda floja por un tiempo, pero resurgió como un gladiador en la cima del mundo.

YOGA

He aquí el quid de la cuestión: cuando sientes que la vida no está donde quieres que esté, tu experiencia exterior es tan solo un reflejo de tu cuerpo interior intangible. Si sanamos el interior, curamos el exterior.

Como hemos comentado antes, se dice que el cuerpo intangible y toda la energía en su interior discurren por miles de canales presentes en el organismo. Así lo predican la mayor parte de las filosofías y medicinas tradicionales orientales, desde la acupuntura (que utiliza agujas para movilizar la energía) al taoísmo (que se sirve tan solo de la respiración) o el yoga (que utiliza posturas combinadas con la respiración). Como hemos visto, cuando existe seguridad, protección, éxito y equilibrio en nuestras vidas, nuestra energía se desplaza fácilmente por los tres canales principales en la línea central del cuerpo. Cuando las cosas van de fábula, cuando te sientes como una estrella de rock o un gladiador, cuando eres el rey del mundo, se dice que la energía se encuentra en el *uma*, el canal más central de los tres, conocido en otras filosofías tradicionales del yoga como *sushumna*. Sin embargo, la mayor parte del tiempo, sobre todo cuando nos encontramos suspendidos en la cuerda floja, la energía se dispersa a través de miles de canales por todo el cuerpo, muy lejos de tu canal central, lo cual genera caos en el cuerpo físico y la mente.

El objetivo del yoga en el caso de alguien que esté suspendido en la cuerda floja es llevar la energía al canal central, lo cual le da fuerza y focalización, y le permite estar más centrado. A continuación encontrarás algunas cosas que puedes hacer para ayudarte a cortar el hilo que te mantiene suspendido y aterrizar de pie, sonriendo.

SOLUCIONES EN LA OFICINA

RESPIRACIÓN ENERGIZANTE EN «V»*

Eleva los brazos hacia el techo dibujando una «v». Cierra los puños y extiende los dedos pulgar e índice. Inhala hasta un nivel en que te sientas cómodo. Empieza a realizar breves expulsiones de aire por la nariz; céntrate en exhalar, puesto que la inhalación será una reacción automática, ya que el diafragma va bombeando la pared abdominal. Debería darte la sensación de que estás medio estornudando, medio sonándote la nariz. Mantén los brazos y las manos en alto mientras realizas el bombeo, entre treinta segundos y un minuto. Repítelo a diario. En caso de embarazo, mantén los brazos en «v» y respira con normalidad.

EL ÁNGULO SENTADO

Inclínate hacia delante en un ángulo de cuarenta y cinco grados. Inhalando, extiende los brazos junto a las orejas. Mírate la punta de la nariz. Respira en esa postura.

FLEXIÓN POSTERIOR POTENCIADA CON PUÑOS

Puede hacerse sentado o de pie. Entrelaza los dedos de las manos por detrás de la espalda. Extiende los codos y estira a lo ancho el pectoral. Inhalando, eleva el esternón; exhalando, arquea la espalda hacia atrás. Flexiona la espalda hasta un punto que te resulte cómodo. Quédate en esa postura y respira durante tanto tiempo como te sientas bien.

POTENCIA DE BRAZOS

Sentado o de pie, inhala y eleva los brazos junto a las orejas. Exhalando, entrelaza los dedos de las manos, apuntando con los dedos índices hacia el techo. Tira de las manos hacia arriba, aumentando el espacio entre las caderas y los dedos índices. Baja ligeramente la barbilla y respira.

EL CORREDOR EN ÁNGULO

Empieza de pie con el pie izquierdo delante. Da un paso hacia atrás con la pierna derecha estirada y flexiona la rodilla izquierda noventa grados. Lleva los brazos junto a las orejas. Haz una flexión anterior con el torso en un ángulo de cuarenta y cinco grados. Empuja la cadera izquierda hacia atrás y coloca el abdomen sobre el muslo, manteniendo la pierna de atrás totalmente recta. Aguanta en esa postura de cinco a veinte respiraciones, y después repítelo con el otro lado.

EL ÁRBOL

Empieza de pie. Inhalando, acerca la rodilla derecha al pecho. Exhalando, coloca el pie derecho en la entrepierna izquierda, por encima o por debajo de la rodilla, pero no encima. Presiona la cara interna del muslo con el pie. Lleva las manos al corazón como si rezaras. Aguanta ahí de cinco a diez respiraciones, y después repítelo con el otro lado.

EL PLANO INCLINADO

Siéntate con las piernas extendidas frente a ti. Apoya las manos en el suelo a la altura de los muslos. Inhalando, levanta los glúteos y las piernas del suelo, presionando el suelo con manos y pies. Exhalando, deja caer la cabeza hacia atrás y haz de cinco a diez respiraciones en esa postura.

POSICIÓN FETAL

Túmbate boca arriba y acerca las rodillas al pecho. Rueda hacia el lado derecho. Apoya la cabeza en el brazo derecho. Respira en esa posición.

SUSPENDIDOS EN LA CUERDA FLOJA

NUTRICIÓN

Cuando estás suspendido, pendiendo de los hilos de tu mente, debes invertir más en las raíces de tu cuerpo. Una de esas raíces es la alimentación, es decir, lo que comes y cómo lo comes.

DETOX

LA HORA DE COMER. Sé que puede darte la impresión de que, si no haces una pausa para comer, ahorrarás tiempo y así podrás invertirlo en crear soluciones para centrarte y tener los pies en el suelo, pero en realidad no conseguirás más que intensificar tu incertidumbre y la sensación de estar suspendido. Así que siéntate a comer. Disfruta al menos de una comida relajada al día: busca una mesa tranquila en la esquina de la cafetería o lee algo divertido mientras almuerzas, queda para cenar con algún amigo o disfruta de un picnic en el parque. Pero por nada del mundo comas en el coche ni mientras caminas o trabajas activamente, ya que lo único que conseguirás es desestabilizar todo el sistema digestivo, lo cual te alejará aún más de la estabilidad.

NADA DE ZUMOS. Evita los zumos si te encuentras suspendido en la cuerda floja. Aparte de contener alimentos crudos y de tomarse normalmente mientras se hace algo más, su ligera consistencia hace que el cuerpo siga flotando liviano, que es justo lo que tratamos de remediar. Si te gusta tomar las verduras en estado líquido, mejor tómalas cocidas en sopa.

RETOX

ALIMENTOS COCINADOS. Como buena californiana, me encantan las ensaladas, créeme. Sin embargo, cuando uno se siente inseguro y per-

dido, necesita alimentos consistentes y cocinados para poder tener los pies en la tierra. Asegúrate de hacer dos comidas al día que contengan alimentos cocinados. Ya sea una tortilla de verduras o un filete a la plancha con una guarnición de verduras, come un plato caliente y reconfortante.

DESAYUNO. Personalmente, no es que me guste mucho desayunar, pero sé que es fundamental para la salud corporal general, y totalmente imprescindible si te encuentras suspendido. Prueba a tomar un bol de avena, que te ayudará a bajar la presión arterial y a afianzar tu organismo para el día que tiene por delante. O elige algo que dé consistencia al cuerpo, como una tortilla de patata. Y asegúrate de no desayunar en el coche, en el tren o caminando. Si desayunas en tu mesa de oficina, en una reunión o con tus hijos, perfecto, pero siéntate a comer donde sea, como sea.

¿NO QUIERES COCINAR? Ningún problema. Elige con cabeza cuando pidas comida o salgas a comer. Al echar un vistazo al menú de comida para llevar o a la carta del restaurante, fíjate primero en las guarniciones. Elige primero dos guarniciones de verdura cocida; después retrocede y escoge el plato principal. De este modo te asegurarás de comer algunos nutrientes cocinados que te ayuden a tener los pies en el suelo.

Sopa de verduras con lentejas de Chata

1 cucharada de aceite de oliva virgen extra
1 diente de ajo picado
1 cebolla picada
2 tallos de apio picados
2 zanahorias picadas
1 cucharada de sal
1 vaso de lentejas
3 vasos de agua o caldo de verduras

Calienta el aceite en una cazuela a fuego medio. Incorpora el ajo, la cebolla, el apio y las zanahorias. Añade sal, remueve y tápalo. Cuando la cebolla empiece a dorarse por los bordes, en unos diez minutos, añade las lentejas y el agua o el caldo de verduras. Remueve y tápalo. Deja que cueza a fuego lento, tapado, hasta que las lentejas estén cocidas, unos quince minutos. El toque secreto de I.AM.YOU. es triturar las lentejas con un pasapurés o un tenedor en el último par de minutos, probarlo y añadirle más sal si se quiere.

Pollo al limón

1 pechuga de pollo, deshuesada y sin piel
2 cucharadas de mantequilla
1 limón (en zumo)
Sal y pimienta al gusto

Calienta una sartén pequeña a fuego medio. Añade la mantequilla y deja que se funda. Mientras tanto, exprime el limón sobre la pechuga de pollo. Pon el pollo en la sartén y deja que se haga cuatro minutos por cada lado, o hasta que esté bien hecho. Salpiméntalo y sírvelo con una guarnición de verduras.

Hamburguesas de ternera

No puede ser más fácil.

450 g de ternera orgánica, picada
Sal y pimienta al gusto

Prepara cuatro hamburguesas con la carne o cómpralas ya hechas. Hazlas a la plancha o en una sartén a tu gusto; incluso en el caso de quererlas muy hechas, no serán más de cinco minutos. Sírvelas con una guarnición de verduras.

Puré de patatas de mamá

Requiere un poco de esfuerzo, pero vale la pena. Con un bocado volverás a sentirte seguro y como en casa.

6 patatas peladas y cortadas en dados
1 barrita de mantequilla salada
2 cucharadas de leche
2 cucharadas de sal

Llena una olla grande de agua y llévala a ebullición. Añade las patatas y hiérvelas hasta que estén blandas y cocidas. Escúrrelas y vuelve a meterlas en la olla. Incorpora la mantequilla y la leche y tritúralo todo con un triturador manual para puré, o si quieres que las patatas queden ligeras y esponjosas, bátelas con una batidora eléctrica.

ACTITUD

Los días posteriores a la caída de Lehman Brothers en el otoño de 2008 fueron unos de los más estresantes de mi vida. No lograba sentirme tranquila, segura o capaz ni un solo momento; creo, con motivo, que envejecí cinco años cada día que pasé en el parqué bursátil después de la quiebra. Sin saber qué hacer al respecto, además de ponerme de los nervios (o beber), me entregué a mi estudio del yoga con más intensidad que nunca, y en ese momento me di cuenta de que los filósofos del yoga tibetano son los gladiadores de la mente, los amos de la sensatez y la coherencia.

Tienen un dicho, *dak chik rang-wan-chen ki dak mepa,* o como me gusta traducirlo de una manera sencilla: «Todo cambia, nada es permanente».

El mejor modo de entender esa idea es pensar en las nubes, formadas por miles de partículas en constante movimiento y cambio. Esas partículas son transparentes y maleables, imposibles de coger físicamente. A pesar de ser partículas vacías que cambian constantemente, nuestra mente las agrupa y forma algo que nos parece desde lejos una masa sólida y compacta. Vemos una nube, pero en realidad se trata de millones de partículas transparentes que flotan, se mueven y se desplazan. Para cuando empezamos a ser conscientes de ello, la nube se ha desplazado y transformado, adoptando una forma totalmente nueva.

Al igual que las nubes del cielo, la naturaleza de nuestro mundo y todo nuestro ser cambian constantemente. Todo cambia permanentemente, y todo lo que ves, tocas y haces se transforma por naturaleza. Del mismo modo que una nube no adoptará una forma sólida permanente, tampoco la adoptará tu realidad. Es imposible, porque, tal como nos enseñaron los antiguos filósofos tibetanos, todo cambia, nada es permanente.

Cuando lo entiendas de verdad, nunca más te sentirás suspendido, porque sabrás que estar suspendido, o en constante cambio y transformación, es la auténtica naturaleza de la vida. Esta es tu arma más potente, la que te convertirá en un gladiador de por vida.

RETOX

Siéntate en un asiento cómodo, donde mejor te vaya.

Al inhalar, debes decirte a ti mismo:
«Confío en mí».
Al exhalar, debes decirte a ti mismo:
«Confío en el cambio».

Repítelo sentado con los ojos cerrados, inhalando y exhalando por la nariz todo el tiempo que te apetezca. Hazlo todos los días. Si quieres hacerlo en la calle, di la secuencia para tus adentros mientras caminas, conduces o viajas en algún medio de transporte. Tú eres tú. Y todo llegará. Lo prometo.

Banda sonora retox:
«Sultanas de merkaíllo», OJOS DE BRUJO

Confío en mí; confío en el cambio

Confianza. Wall Street, Nueva York.

MELANCOLÍA

TRISTEZA, SOLEDAD Y DESÁNIMO

Cada uno recoge lo que siembra

TODOS NOS SENTIMOS TRISTES DE vez en cuando. Me sucede a menudo que tengo la moral por los suelos, me siento una fracasada y me pregunto cuándo me pasará algo bueno, si es que me pasa. Si no me crees, la próxima vez publicaré una foto de mis ojos hinchados en Instagram, o solo tienes que preguntarle a mi madre, que siempre sabe que me pasa algo desde el instante en que empiezo a decir «hola, mamá» por teléfono. Solía pensar que esos momentos de falta de autoestima y tristeza eran un síntoma de locura, pero en realidad son bastante normales; al fin y al cabo, somos humanos.

A pesar de esforzarnos al máximo por llevar una vida feliz y equilibrada, a veces nos convertimos en los protagonistas de nuestra propia balada de música *country*, abrumados por la tristeza y la soledad, el fracaso en las relaciones, la sensación de incompetencia y la falta de confianza en nosotros mismos. A veces, las canciones son especialmente duras (una desgracia familiar o una ruptura, un despido o un cambio importante de vida o del estado de salud) y nos sumergen en una espiral de tristeza en la que somos incapaces de sonreír, saltar de la cama y ver el lado positivo de las cosas. Nos sentimos desesperados y constantemente agotados, perdemos el interés por cosas que solían encantarnos. Andamos por ahí a punto de llorar, y lo que queremos es escondernos eternamente solos en una cueva profunda y oscura.

Si esto te resulta familiar, no estás solo. Sin embargo, si te sientes así cada día durante dos semanas o más, y eso está afectando a tu capacidad para llevar tu casa y rendir en el trabajo o en tus estudios, entonces es posible que necesites tratamiento, así que deberías consultarlo con un profesional cualificado. Si tienes ideas suicidas, ponte en contacto con un profesional médico o, al menos, coméntaselo a un familiar o amigo de confianza.

No tienes por qué quedarte atrapado en un pozo de tristeza o depresión. Existen herramientas que pueden ayudarte; yo misma puedo ayudarte. Hay esperanza, y volverás a sonreír. Al leer la inspiradora historia de Suzanne, te darás cuenta de que hay solución.

Suzanne es una de las personas más bellas y radiantes que he conocido. Es tan atlética como creativa (*sumamente* sería el adverbio que iría con ambos adjetivos), graciosísima, generosa y cariñosa. Lo tiene todo. Pero la vida no la trataba así cuando la conocí. De hecho, estaba pasando unos años difíciles en los que la vida la abofeteaba por todos lados y no le daba tregua.

Unas semanas después de llevarla a comprar un anillo de compromiso, su novio desde hacía siete años, con el que vivía, rompió con ella de buenas a primeras mientras ella se arreglaba para salir una noche. Así, tal cual, desde el sofá de la otra habitación. Al cabo de un mes, él se dio cuenta de que había cometido un error, le suplicó que volvieran, llamó a todos los amigos y familiares de Suzanne en busca de apoyo, y profesó hasta la saciedad su amor eterno. Ella lo perdonó, pero solo sirvió para que él volviera a dejarla a la mañana siguiente por mensaje de texto.

Por si eso fuera poco, su situación laboral no era nada halagüeña. Hace dos años tenía un trabajo sin futuro y un jefe déspota. En vista de lo abatida que estaba, sus amigos y familiares la convencieron de que lo dejara. Por suerte, pronto consiguió un trabajo en una empresa de nueva creación, haciendo lo que le gustaba. A los ocho meses de empezar en su nuevo puesto, la despidieron en el marco de una reducción de plantilla, y a pesar de patearse las calles cada día no había logrado encontrar otro trabajo. Cuando nos conocimos, su mejor amiga se había suicidado, su perro tenía cáncer, había engordado nueve kilos y apenas le quedaban ahorros. Juro que no me lo invento. Estaba sin trabajo, sin pareja, sin blanca, con sobrepeso y totalmente derrumbada. A esa maravillosa chica le costaba encontrar una razón para vivir y, aun así, quería con todas sus fuerzas volver a ser feliz.

Como mucha gente en su estado, Suzanne había hecho sus pinitos con los cócteles de Prozac y Zoloft, y había comprado y leído todos los libros de autoayuda habidos y por haber. Contaba que, visto en retrospectiva, se daba cuenta de que los diversos métodos la hacían sentir un poco mejor conforme pasaba las páginas, pero que, inevitablemente, ese efecto positivo iba desapareciendo. Se metió de lleno en el yoga, intentaba meditar durante una hora al día, se hizo vegana y trataba de quemar la grasa del trasero todos los días, pero nada funcionaba. No lograba encontrar la «verdadera felicidad», o ese milagro que todos los libros prometían, y carecía de la paciencia para probar más tácticas que le hicieran perder el tiempo.

A través de una larga lista de amigos suyos de las redes sociales, comenzó a seguir @iamyoustudio en Internet, y una de mis publicaciones le tocó la fibra sensible. Me escribió para pedirme una consulta de *coaching* y concertamos una cita. Poco después, empezamos con un plan retox, comenzando con las prácticas de actitud y nutrición, y le puse deberes diarios de yoga, con algunas «Soluciones rápidas». Le ofrecí remedios que la ayudarían realmente, y ella los puso realmente en marcha.

Fue duro, pero Suzanne lo consiguió. Se curó a sí misma, mental y físicamente, y dio un giro a su vida aplicando las técnicas retox día tras día; gracias a ellas logró su propia felicidad verdadera. Ahora tiene un trabajo genial en una empresa mucho mejor; un hombre que no solo la ama, sino que la inspira todos los días; ha encontrado un montón de *hobbies* y amigos nuevos, y está más guapa que nunca.

La melancolía no dura eternamente, pero es un asco. Puedes curarte a ti mismo, te curarás a ti mismo, tienes que curarte a ti mismo; el mundo te necesita. Estas herramientas retox funcionarán, y yo te daré la mano durante todo el proceso. Si Suzanne pudo hacerlo, tú también. Lo prometo.

YOGA

No hay nada más desalentador que el hecho de que alguien te haga perder el tiempo o de que algo en lo que inviertes tiempo no funcione. Por eso, a partir de ahora, vamos a ahorrarnos todo el rollo sobre el yoga y ponernos manos a la obra.

El yoga, en general, no curará tu soledad ni tus bajones para siempre. Con toda sinceridad, si la clase no es enérgica o no está dirigida, en realidad podría hacerte sentir peor, al darte demasiado tiempo para pensar con calma en un «relajante» silencio, haciendo que tu mente caiga en el olvido del lado oscuro. Al igual que una clase de *spinning* a la luz de las velas que te haga sudar, es posible que te haga sentir mejor, lo cual es fantástico, pero, en lo que respecta al método retox, lo que pretendo es que los resultados sean duraderos.

El desánimo es una mezcla de cambios bioquímicos y mentales en tu interior que debe abordarse con una mezcla precisa de respiración asociada a movimientos centrados en la anatomía, con el fin de que puedas curarte y estar radiante otra vez por dentro y por fuera. Todas las herramientas que te doy en la sección de yoga las he seleccionado porque estimulan los pulmones, aumentan las concentraciones de serotonina (tu Prozac natural) y adrenalina (tu energía natural), y reducen las de monoaminooxidasa, que es la enzima que descompone la serotonina. La secuencia completa ayuda a generar endorfinas, el elixir total de la felicidad. Se hace hincapié en las flexiones posteriores, ya que en la medicina tradicional china se cree que alivian la depresión, y en respiraciones específicas asociadas a todo para que tu mente no pueda perderse en lo que sea que te esté arrastrando hacia abajo.

¿Nos recuperamos juntos?

SOLUCIONES EN LA OFICINA

RESPIRACIÓN DEL LEÓN CON FLEXIÓN POSTERIOR

Cruza los antebrazos por encima de la cabeza, cogiéndote de los codos. Inhalando, siéntate con la espalda bien recta. Exhala con fuerza por la boca, sacando la lengua mientras arqueas tu espalda ligeramente para hacer una flexión posterior. Repítelo de una a cinco veces.

TORSIÓN PROFUNDA*

Desde la postura de la respiración radiante, con las muñecas cruzadas por encima de la cabeza, baja el brazo izquierdo por fuera de la pierna derecha y lleva el brazo derecho por detrás de ti. Mira hacia arriba y aguanta en esa posición de cinco a diez respiraciones. Vuelve a cruzar las muñecas por encima de la cabeza, y repítelo con el otro lado.

RESPIRACIÓN RADIANTE*

Eleva los brazos y cruza las muñecas por encima de la cabeza, con los dedos hacia arriba. Lleva la parte posterior de la cabeza hacia los brazos e incluso haz una ligera flexión posterior con la parte alta de la espalda. Inhala hasta un punto que te resulte cómodo. Empieza a realizar breves expulsiones de aire por la nariz; céntrate en exhalar, puesto que la inhalación será una reacción automática, ya que el diafragma va bombeando la pared abdominal. Debería darte la sensación de que estás medio estornudando, medio sonándote la nariz. (En caso de embarazo, sáltate la respiración *kapalabhati* y respira con normalidad.)

GRAN FLEXIÓN POSTERIOR

Coloca las manos en el respaldo de la silla o entrelaza los dedos de las manos por detrás de la espalda. Extiende los codos y estira a lo ancho el pectoral. Inhalando, empieza a arquear la espalda. Exhalando, usa el peso de los brazos para intensificar la flexión posterior. Hazlo sentado o de pie, y aguanta la postura de cinco a diez respiraciones.

SALUDO AL SOL B

Empieza de pie, con los pies juntos y las manos contra el pecho como si rezaras. Inhalando, flexiona las rodillas, eleva los brazos hacia el techo y mira hacia arriba en la postura de la silla. Exhalando, flexiona el tronco hacia delante y estira ambas piernas, llevando la frente a las espinillas. Inhalando, extiende la columna vertebral y mira hacia delante. Exhalando, pasa a *chaturanga* o a la postura de la tabla. Inhalando, pasa a perro hacia arriba. Exhalando, pasa a perro hacia abajo. Inhalando, da un paso hacia delante con el pie izquierdo, baja el talón derecho, sube los brazos y junta las palmas de las manos para entrar en guerrero I. Exhalando, baja las manos y apóyalas, retrocede con el pie izquierdo y baja a *chaturanga* o a la postura de la tabla. Inhalando, perro hacia arriba. Exhalando, perro hacia abajo. Repítelo con el otro lado. A continuación, inhala, y da un paso y luego otro, o salta, para llevar los pies entre las manos. Exhalando, haz una flexión hacia delante. Inhalando, flexiona las rodillas y sube los brazos para pasar a la posición de la silla. Exhalando, ponte de pie, con las piernas estiradas y las manos en el corazón. Repite el ciclo completo de dos a cinco veces.

MEDIA COBRA*

Túmbate boca abajo con las piernas rectas, las palmas de las manos a la altura del pecho y los codos flexionados. Inhalando, eleva el pecho y activa los músculos del pecho y los brazos, sintiendo casi como si tiraras del pecho hacia delante mientras arrastras las manos hacia atrás. Exhalando, presiona con el empeine de los pies en el suelo. Aguanta en esa postura de cinco a diez respiraciones. Para intensificarla un poco, entrelaza los dedos de las manos por detrás de la espalda, estira los codos y levanta aún más el pecho.

LA RUEDA

Túmbate boca arriba con las rodillas flexionadas y los pies separados a la anchura de las caderas. Pon las manos junto a las orejas. Inhalando, empuja contra el suelo y levanta todo el cuerpo. Exhalando, deja colgar la cabeza. Aguanta en esa postura de cinco a ocho respiraciones, y después repítelo de una a tres veces. Si esto es demasiado para ti, deja los brazos junto al torso y eleva solamente los glúteos y la parte baja de la espalda en la postura del puente.

NUTRICIÓN

Sé que quieres ahogar tus penas en el chocolate y el helado. También sé que otras veces no tienes ninguna gana de comer. Tal vez eso te haga sentir un poco mejor en el momento, pero yo puedo ayudarte a ser feliz comiendo. En serio.

Se ha demostrado que muchos desequilibrios nutricionales causan propensión a la tristeza y hacen que se tarde más en superarla. De hecho, los estudios están revelando ahora que cuando se equilibra la dieta con determinados alimentos nutricionales, pueden aliviarse los sentimientos de tristeza, depresión, culpa, soledad, desesperación y falta de energía. Esto, combinado con la elección de alimentos y recetas agradables, conforma el plan de nutrición retox que aumentará con creces tu ración de felicidad.

DETOX

Primero tenemos que deshacernos de los hábitos alimentarios que predisponen a la melancolía.

NADA DE BASURA. Quizá comer helado, dulces, patatas chips, chocolate y otro tipo de comida basura te alivie en el momento, pero no es la solución. Se ha demostrado que las sustancias químicas presentes en los alimentos procesados te hacen un 58 por ciento más vulnerable a la depresión. Además, es probable que las grasas y las calorías vacías te hagan engordar, lo cual podría hacerte sentir aún peor. Básicamente, estás tirando piedras sobre tu propio tejado al zambullirte en un helado con salsa de chocolate caliente.

DATE CAPRICHOS. No elimines todos los alimentos que te hacen feliz. Considéralos caprichos, es decir, bocaditos y trocitos de felicidad que estás deseando comer en el contexto de todas las demás cosas buenas que ya estás comiendo.

SÁLTATE LO DE SALTARTE COMIDAS. No comer tampoco es la solución. El cuerpo necesita nutrientes para sintetizar las hormonas que te hacen estar feliz, sano y fuerte. Si no comes, no serás feliz. Así que, aunque no quieras, debes hacerlo. Programa las comidas como si fueran reuniones o citas, y oblígate a asistir.

COME ACOMPAÑADO. Comer no es solo el acto de ingerir alimentos, sino una experiencia. Sal a comer fuera con gente que te caiga bien o te levante el ánimo, tal vez incluso con alguien divertido. Ve con un compañero de trabajo a comprar el almuerzo, organiza cenas y almuerzos con tus amigos y haz del hecho de comer una actividad social en la que participar.

RETOX

Ahora vas a bombardear tu organismo con generadores de felicidad bioquímicos. ¿Trato hecho?

AMINOÁCIDOS. La serotonina, el elixir natural de la felicidad, se compone de aminoácidos. Si aumentas el consumo de determinados aminoácidos, puedes ser más feliz. Algunos alimentos ricos en aminoácidos que levantan el ánimo son el mango, la remolacha, algas como el sargazo gigante y la espirulina, las semillas de sésamo, las avellanas, los garbanzos, el pavo y el arroz integral.

OMEGA 3. Un reciente estudio ha demostrado que las poblaciones que consumen más pescado presentan cifras más bajas de depresión que las que no lo hacen. ¿El motivo que explica la felicidad? Los omega 3, que son ácidos grasos esenciales, lo que significa que el cuerpo no puede producirlos y, por tanto, deben ingerirse. Procura añadir alimentos ricos en omega 3 a cada comida, como el salmón, el atún fresco, las sardinas, las ostras, las nueces, las semillas de lino y el arroz integral.

VITAMINA B Y ÁCIDO FÓLICO. Quienes presentan bajas concentraciones de vitamina B y ácido fólico tienden a reaccionar de un modo menos positivo que quienes las tienen altas. Los estudios han llegado incluso a demostrar que es más probable que estén tristes y abatidos. Incluye los siguientes alimentos en tu dieta, que son ricos en ambos nutrientes: carne de ternera, lentejas, huevos, brócoli, verduras de hoja verde y semillas de calabaza.

VITAMINA D. ¿Has notado que quienes viven en lugares soleados siempre parecen estar sonriendo? Desde el punto de vista bioquímico, eso se debe a que obtienen más vitamina D de su mejor fuente, el sol. Quienes no tenemos la suerte de vivir en un paraíso bañado por el sol tenemos que asegurarnos de ingerir más vitamina D, que en realidad es difícil de encontrar en concentraciones considerables en los alimentos habituales y que no se absorbe con facilidad a través de las vitaminas. Estos alimentos, que contienen vitamina D natural, deben combinarse con unos minutos al sol: setas *shiitake*, salmón rojo, bagre, atún y huevos de gallinas criadas en libertad.

TENTEMPIÉS

Mango
Avellanas y nueces
Semillas de calabaza
Huevo duro

Desayuno en el jardín de la alegría

Cómete un trozo de esta fritada para desayunar cada mañana.

8 huevos orgánicos
1 cucharada de aceite de oliva virgen extra
1 vaso de espinacas baby
1 vaso de setas shiitake picadas
1 vaso de brócoli picado
Sal y pimienta al gusto

Casca los huevos en un bol grande y bátelos. Resérvalos. Calienta el aceite a fuego medio en una sartén grande resistente al horno. Añade las espinacas, las setas, el brócoli, la sal y la pimienta, y rehógalos hasta que las verduras estén blandas. Vierte los huevos en la sartén y déjalos al fuego, sin tocarlos, hasta que cuajen los lados, unos dos minutos. Tápalo y deja que se haga de diez a trece minutos hasta que cuaje todo. Deslízala en un plato y córtala en raciones triangulares.

Ensalada de la felicidad

2 vasos de espinacas baby (o una mezcla de verduras de hoja verde)
½ aguacate troceado
1 vaso de remolacha picada
¼ vaso de avellanas
2 cucharadas de aceite de oliva virgen extra
1 cucharada de vinagre balsámico

Pon las espinacas, el aguacate, la remolacha y las avellanas en un bol. Aliña la ensalada con aceite y vinagre. Mézclalo todo, y ¡a disfrutar!

Atún rebozado a la pimienta

1 trozo (140 g) de atún salvaje
1 limón (en zumo)
¼ vaso de pimienta negra molida gruesa
¼ vaso de semillas de sésamo
1 cucharada de aceite de oliva virgen extra
1 diente de ajo, picado fino

Mete el atún en un bol y cúbrelo con el zumo de limón recién exprimido. Pon la pimienta y las semillas de sésamo en una fuente plana. Reboza el atún con la pimienta y las semillas de sésamo, cubriéndolo totalmente.

Calienta el aceite y el ajo en una sartén pequeña a fuego alto. Añade el atún a la sartén y hazlo un minuto por cada lado. Sírvelo con una guarnición de espinacas salteadas o con una ensalada aliñada con aceite de oliva virgen extra y zumo de limón.

Risotto de arroz integral

1 cucharada de aceite de oliva virgen extra
2 dientes de ajo picados
1 tomate grande troceado
3 puñados de espinacas baby
1 vaso de champiñones picados
2 vasos de ramilletes de brócoli
Sal y pimienta al gusto
2 vasos de arroz integral cocido
Una pizca de azafrán
Parmesano rallado (opcional)
Escamas de guindilla (opcional)

Calienta el aceite en una sartén grande a fuego medio. Sofríe el ajo hasta que empiece a dorarse. Añade el tomate, las espinacas, los champiñones y el brócoli. Salpiméntalo y déjalo al fuego hasta que las verduras se ablanden. Incorpora el arroz y el azafrán, y remuévelo, dejando que el jugo de las verduras empape el arroz. Sírvelo caliente o frío; si quieres, puedes ponerle por encima queso parmesano o escamas de guindilla, o ambas cosas a la vez.

Nachos retox

Sé que he dicho que nada de alimentos de consuelo, pero los alimentos de consuelo retox sí que están permitidos.

1 cucharada de aceite de oliva virgen extra
2 dientes de ajo picados
2 vasos de espinacas baby
½ libra de carne de ternera orgánica picada
½ cebolla blanca picada
1 tomate troceado
½ aguacate troceado
Nata agria, jalapeños laminados, cilantro fresco, para decorar (opcional)
Nachos de maíz azul con sésamo

Calienta el aceite en una sartén a fuego medio. Añade el ajo y sofríelo hasta que empiece a dorarse. Incorpora las espinacas y saltéalas hasta que se pochen, unos cinco minutos. Sácalas de la sartén y deja que se enfríen en un plato. En la misma sartén, añade la carne picada, separándola con una cuchara de madera mientras se va haciendo. Cuando la carne esté bien hecha, retírala y ponla encima de las espinacas. Cúbrela con la cebolla, el tomate y el aguacate. Puedes decorarlo, si quieres, con un poquito de nata agria, jalapeños y cilantro. Sírvelo con nachos, ¡y a mojar!

ACTITUD

La vida es bella y te mereces ser feliz de inmediato, así que lo voy a decir sin más dilación:

> Tu realidad es un reflejo de tus pensamientos.
> Tu mundo es un reflejo de tu mente.

Puedes transformar rápida y fácilmente tu realidad para que sea radiante y bella si cambias tus pensamientos. Al cambiar tu forma de pensar, transformarás tu realidad. Si reformas tu mente, cambiarás tu mundo. La clave para salir de la melancolía y subir al gran escenario feliz de la vida es alterar el bucle de pensamientos en el que tu mente se ha quedado atascada. Son esos pensamientos los que definen tu mundo y tu existencia en él.

RETOX

Toma lápiz y papel. Cierra los ojos un rato y respira por la nariz, sentado con la espalda recta. A continuación, abre lentamente los ojos y pasa por estos cinco pasos:

1. **Analizar.** En una cara del papel escribe todos los sentimientos que te agobien y te depriman. Anota su origen, detalles acerca de ellos, y los adjetivos que usa tu mente para describirlos. Tus sentimientos, de la ira a la frustración, de la soledad a la mera tristeza. Anótalo todo. En la otra cara de la hoja escribe todo lo que quieres sentir, todo lo que quieres lograr o tener en la vida, y todo lo que te falta ahora y te está haciendo sentir decaído. Escribe todo lo que te venga a la mente en el lado correspondiente de la hoja, por banal o ridículo que pueda parecer. Anota todo lo que se te pase por la cabeza.
2. **Identificar.** Relee la lista de sentimientos que no te gustan y táchalos con ganas con una gran «X» o un borrón. ¡Hazlo con brío! Después dale la vuelta al papel, echa un vistazo a los lugares donde quieres estar (felicidad, trabajo, embarazo, aumento de sueldo, autoestima, amor, lo que sea) y rodéalos con un círculo. Pueden ser sentimientos generales como «estar jovial» o «ser feliz», o tal vez se refieran a algo concreto como un puesto de trabajo, un cargo o una persona. En cualquier caso, rodea con un círculo los que quieras conseguir. Da la vuelta a la página y tacha más cosas que no quieras. A continuación, vuelve a lo que sí deseas y rodea más elementos con un círculo.
3. **Declarar.** Ahora repite en voz alta o en tu mente lo que has rodeado con un círculo; repítetelo una y otra vez, tal vez mientras practicas yoga o corres, o mientras estás en espera al teléfono o caminando por tu casa. Quizá se lo cuentes a un amigo o familiar, o quizá te lo quedes para ti, pero lo que quiero es que repitas en tu mente y en voz alta lo que rodeaste con un círculo. Esas declaraciones son el inicio del cambio a lo que quieres que suceda realmente.
4. **Dar.** Este es el ingrediente secreto. Ahora dale a alguien lo mismo que has declarado que deseas. Al hacerlo, estás sembrando las semillas para que venga a ti. Por ejemplo, si quieres que alguien te cubra de regalos, sorprende a alguien con un pequeño regalo, aunque sea una galleta de la panadería o una flor. Si quieres dinero, dona algo de dinero. Si quieres amistad, sé un buen amigo. Si quieres que tu pareja te preste atención, ve dejándole caer dosis extras de afecto y amor.

5. **Respirar.** Haz este ejercicio al menos una vez al día:

Inhala, diciendo: «Voy a ser feliz».
Exhala, diciendo: «Ya lo soy».

Repasa todos los días esa lista. Tacha mental y físicamente lo que no quieras, y vuelve a rodear con un círculo y a declarar lo que deseas. Hazlo activamente, con lápiz y papel, y luego sigilosamente en tu mente, sin importar donde estés, e incorpora también la visualización repetida acompasada con la respiración. La repetición entrenará la mente y guiará tus pensamientos hacia la realidad que esperas encontrar en el mundo con el que has soñado. Es posible, sucederá y ocurrirá a través de ti.

Banda sonora retox:
«Boom Boom», JOHN LEE HOOKER

Segura y feliz, Nueva York. Fotografía de Mick Rock.

Cada uno recoge lo que siembra

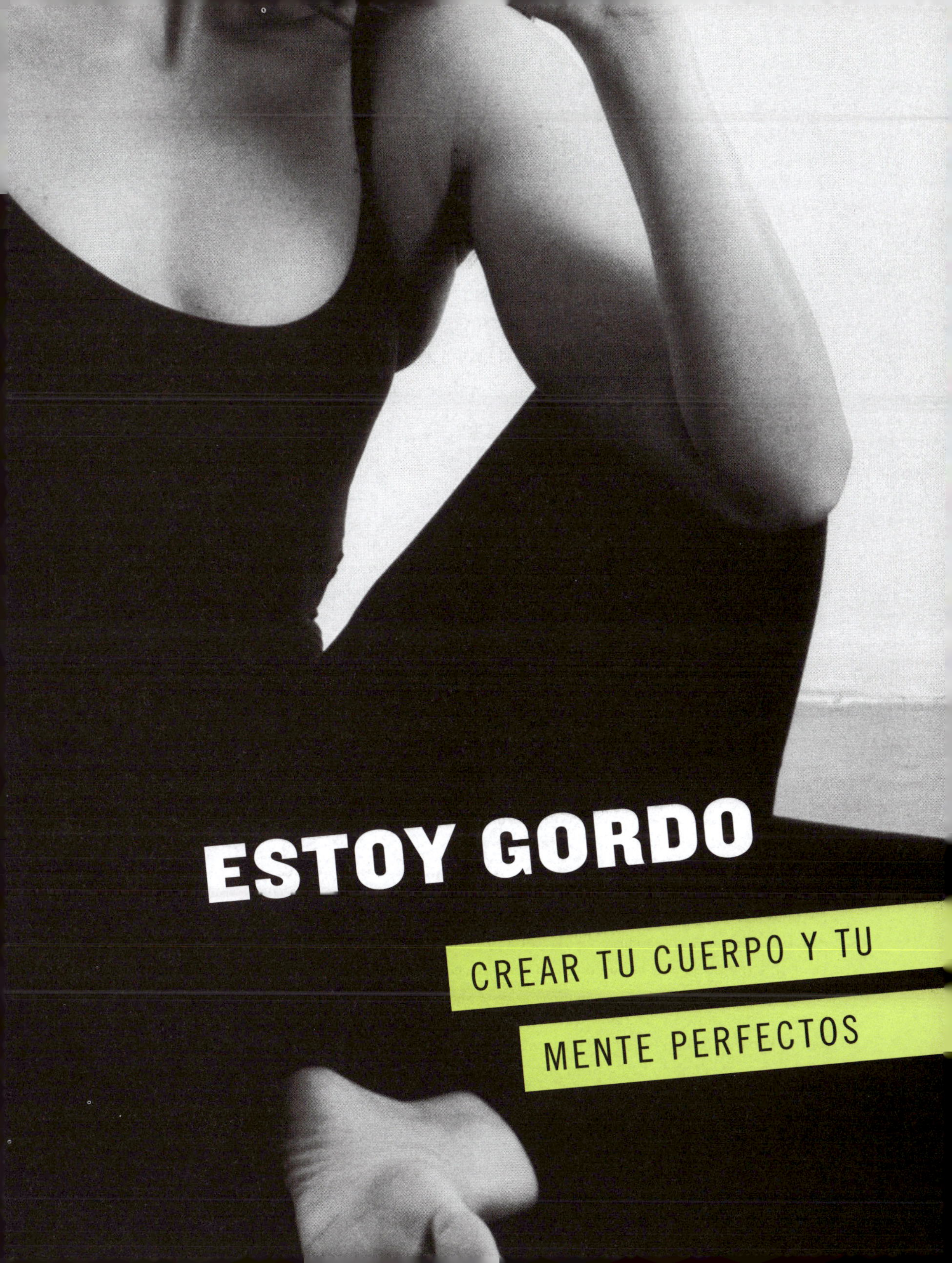

ESTOY GORDO

CREAR TU CUERPO Y TU MENTE PERFECTOS

Soy lo que elijo ver

LOS LUNES ME PONGO MI ropa de gorda. ¿Acaso estoy gorda los lunes? No, pero yo me siento sin duda así, y por eso mismo tengo una sección especial en el armario para los «lunes de gordura», que consta de camisetas y pantalones holgados, jerséis enormes, y prendas de yoga anchas y largas. Está todo en mi armario, separado del resto y listo para ponérmelo en mis días de gordura. Todo esto suena bastante ridículo porque, en teoría, es imposible que los domingos me sienta una chica atractiva y esbelta, y los lunes me convierta en una foca obesa, pero a mi parecer, los lunes estoy gorda, y punto.

Ahora bien, no te lo tomes a mal, ni me odies, pero lo que hace que mis lunes sean totalmente absurdos es que nunca he estado realmente gorda. Sí que he tenido kilos de más, sí, muchas veces, y en ocasiones más de los que me gustaría, pero no he estado tan gorda como me he sentido y me he visto en el espejo. Esto se debe, en parte, a la genética, pero sobre todo a que el ejercicio ha sido fundamental en mi rutina diaria, toda mi vida, al igual que incluir verduras en todas las comidas y evitar los alimentos procesados. Mis padres me criaron así en California, y yo seguí esa rutina. La combinación de ejercicio y alimentación me ha permitido mantenerme sana y fuerte a pesar de todos mis excesos epicúreos. Así que sé que sentirme gorda es un poco descabellado, pero es lo que hay. Seguro que este libro se vendería probablemente mejor si contara que tenía un sobrepeso enorme y decidí empezar a practicar yoga, dejé de comer carne, gluten y azúcar, y acabé perdiendo veinte kilos. Pero eso no sería cierto y, como espero que sepas llegado este punto, a mí me gusta ser sincera y directa. Y por eso mismo no puedes odiarme por decir la verdad. ¿Verdad?

Curiosamente, la vez que llegué a sentirme más gorda fue cuando más flaca estaba. En 1999, en el segundo año de universidad, me convencí de que estaba gordísima. Y vaya si me lo creí. Me puse un límite de ochocientas calorías al día, con un delicioso menú que constaba de café, ositos de goma, yogur helado, mostaza, y un poco de atún en lata con pepinillos, digno de una estrella Michelin. Corría entre ciento diez y ciento treinta kilómetros a la semana, iba caminando a todas partes y me miraba esa «gorda» barriga en el espejo siempre que podía. Como no tenía báscula, no puedo decir cuánto pesaba, pero sí sé que siendo una chica atlética de diecinueve años de edad, con una estatura de un metro ochenta, la ropa de las tallas 34 y 36 me quedaba muy holgada, algo que me ponía contentísima. Mis padres y mis amigos íntimos no paraban de decirme que estaba demasiado flaca, y ponían en práctica creativos métodos para hacerme engordar, pero yo no les prestaba atención, ni entendía por qué no veían lo mismo que yo. Estaba gorda y tenía que adelgazar. Tal vez así tendría tanto éxito y sería tan atractiva como mis compañeras de Princeton.

Seguí con esta insalubre tontería durante casi un año. Entonces, un día, mientras corría como hacía a diario, bajo un espectacular cielo azul, me desplomé, retorciéndome de dolor. Logré regresar al coche medio renqueando, medio arrastrándome, y conduje hasta un centro sanitario, donde me hicieron radiografías y una resonancia magnética. Me había roto el fémur. La doctora me prohibió correr durante tres meses. A lo sumo, podía nadar sin batir las piernas, pero ella me recomendaba reposo absoluto. Me volví loca. Me iba a poner gordísima. Se había acabado el mundo.

Al cabo de unos días, la doctora me llamó para que fuera a su consulta. Al principio estaba muy entusiasmada, porque tal vez iba a decirme que el diagnóstico era erróneo y que el dolor se debía a algún tipo de contusión, y que podría seguir corriendo. Pero no tuve esa suerte.

Me sentó en una silla verde de polipiel en el centro médico universitario con una expresión seria en el rostro y me dijo: «Lauren, quiero decirte algo. Te has fracturado el fémur no porque estés corriendo demasiado, sino porque no comes lo suficiente para sustentar a tu cuerpo». Me explicó a continuación que el modo en que se había fracturado el hueso se debía totalmente a la desnutrición y que, si no cambiaba mi alimentación, se me caería todo el cuerpo a pedazos y nunca más podría correr ni practicar deporte.

Lo oí alto y claro. No me entraba en la cabeza no volver a correr nunca más, así que sabía que tenía que comer mejor. La vida me había dado un aviso, tenía que centrarme ya. No estaba gorda. Todo estaba en mi mente.

A veces pensamos que estamos gordos, pero no es cierto. Otras veces tenemos unos kilos de más, pero nos llegamos a creer que estamos más gordos de lo que realmente estamos. Ambos estados nos abocan a una vorágine de tormento, al sentimiento de culpa, a los hábitos no saludables y, lo peor de todo, a la autocrítica y el diálogo interior negativo. Nos quedamos atrapados bajo el peso de nuestra mente, incapaces de ver cómo somos realmente, consumiéndonos mentalmente a medida que nos fustigamos, olvidándonos de cuidar de ese yo que odiamos. Tenemos que romper los espejos mentales que nos deforman cual espejos de feria. Solo entonces podremos convertirnos en el yo perfecto en el cuerpo perfecto.

La sensación de estar gordo no depende solo de la cifra de la báscula, sino que se basa en la percepción que tenemos de nosotros mismos y de cómo interactuamos con ella. Tiene que ver con la sensación física de tener más sobrepeso del que tenemos, y con el correspondiente tormento mental y los consiguientes baluartes físicos que eso crea. A menudo, pensar que se está gordo es una idea totalmente irracional y fluctúa de un día para otro, es una mera sensación generada por algo que hemos comido, el estrés, la retención de líquidos, las hormonas, un comentario al azar, o por cómo hemos dormido. Otras veces es cierto que nos sobran algunos kilos, pero nos aferramos a la carga mental y física de nuestra imagen inflada, y nos vence el desánimo de no poder remediarlo. Nos sentimos metafóricamente lastrados, incapaces de ponernos en marcha en ese mismo momento para perder esos kilos de más. Al margen de si tenemos que adelgazar o no, nuestra mente inclina nuestra báscula emocional en una dirección que nos impide ser lo que estamos destinados a ser: radiantes, brillantes, con una luz interior y exterior.

En las páginas siguientes voy a darte consejos de yoga, así como una secuencia completa para quemar la grasa tanto literal como figurada; consejos nutricionales para afrontar no solo esos días en que te sientes gordo, sino también los días previos en los que tal vez estés engendrando esa sensación sin saberlo, y un plan mental para mantenerte lejos del abismo de la gordura. He aplicado estos métodos en mí misma, así como en cientos de clientes de Estados Unidos, y he comprobado cómo hemos transformado nuestra relación con la mente, el cuerpo y la vida, por dentro y por fuera.

YOGA

Vale. Sé que el yoga da la imagen de ser fácil y suave, de ser una actividad que sirve para complementar un entrenamiento intenso en vez de ser un entrenamiento en sí mismo. Bueno, pues ese no es el caso del yoga retox. Practicado correctamente, el yoga retox te hará sudar, te dará firmeza y te moldeará, te fortalecerá por dentro y por fuera. El yoga retox está hecho para ti, para que, cuando te mires en el espejo, veas tu auténtica belleza.

RETOX

SOLUCIONES EN LA OFICINA

RESPIRACIÓN INTENSA*

Eleva los brazos rectos y dibuja una gran «v» con ellos. Inhala hasta un nivel en que te sientas cómodo. Empieza a realizar breves expulsiones de aire por la nariz; céntrate en exhalar, puesto que la inhalación será una reacción automática, ya que el diafragma va bombeando la pared abdominal. Debería darte la sensación de que estás medio estornudando, medio sonándote la nariz. (En caso de embarazo, sáltate la respiración *kapalabhati;* tan solo mantén los brazos arriba y respira con normalidad.) Aguanta estas expulsiones de aire durante un minuto, vigorizando tu cuerpo con cada bombeo.

BRAZOS DE GUERRERO

Sentado, extiende los brazos hacia los lados. Abre mucho los dedos de las manos, activándolos. Contrae los tríceps y aguanta en esa posición de cinco a veinte respiraciones. También puedes practicar la respiración intensa en esta postura.

ABDOMINALES EN LA SILLA

Siéntate con la espalda bien recta y eleva los brazos junto a las orejas. Inhala profundamente. Exhalando, inclínate hacia atrás, manteniendo la espalda recta y activando el centro de tu cuerpo. Si esto es demasiado para tu lumbar, estira los brazos hacia delante o déjalos apoyados en los muslos. Aguanta ahí de una a cinco respiraciones, y después repítelo tantas veces como te sientas cómodo.

ELEVACIÓN DE LA SILLA

Empieza sentado, respirando con normalidad. Al inhalar, eleva los glúteos del asiento. Quédate suspendido encima del asiento, en una postura parecida a la de la silla. Aguanta así de cinco a diez respiraciones, o aguanta una respiración y repítelo diez veces.

ABDOMINALES CON BLOQUE

Tumbado en el suelo, alarga los brazos junto a las orejas. Sujeta un bloque o unos libros entre las manos en el suelo. Sube las piernas a noventa grados. Inhalando, coloca los pies en flexión. Exhalando, baja los talones hacia el suelo. Tal vez puedas bajarlos solo unos centímetros, o quizá ponerlos a cuarenta y cinco grados, como en la fotografía, o tal vez dejarlos a un par de centímetros del suelo; dependerá del buen estado de tu espalda, de la fuerza en el centro del cuerpo y sobre todo, de lo que te resulte cómodo y factible. Inhalando, eleva de nuevo las piernas hasta ponerlas a noventa grados, esta vez levantando los glúteos. Exhalando, lleva las piernas por detrás de la cabeza, de forma que toques el bloque o el suelo con los dedos de los pies. Inhalando, regresa a la posición inicial a noventa grados. Cuanto más lento lo hagas, mejor. Repítelo de cinco a diez veces.

TABLA QUEBRANTAGRASAS*

Empieza en la postura de la tabla normal o en la versión con los antebrazos en el suelo. Exhala todo el aire. Inhala hasta un nivel en que te sientas cómodo. Empieza a realizar breves expulsiones de aire por la nariz; céntrate en exhalar, puesto que la inhalación será una reacción automática, ya que el diafragma va bombeando la pared abdominal. Debería darte la sensación de que estás medio estornudando, medio sonándote la nariz. (En caso de embarazo, sáltate la respiración *kapalabhati;* tan solo quédate en la tabla y respira con normalidad.) Activa y eleva los muslos. Presiona hacia abajo con las manos. No pasa nada si empiezas a temblar, pero baja las rodillas al suelo si la postura es demasiado intensa. Aguanta las expulsiones de aire durante treinta segundos, después pasa a la postura del niño con las rodillas en el suelo y el pecho reposando en los muslos.

LA SILLA EXTENDIDA

Ponte de pie con los pies juntos. Inhalando, flexiona las rodillas y levanta los brazos junto a las orejas. Exhalando, inclínate hacia delante hasta mitad de camino, de forma que el torso esté suspendido encima de los muslos. Siéntate más y mírate los pulgares. Asegúrate de tener las rodillas alineadas con los tobillos y los brazos activados, y de que el abdomen se separa activamente de los muslos. Aguanta en esa posición de cinco a veinte respiraciones.

NUTRICIÓN

Sentirse gordo es lo peor. Puede provocar ansiedad, depresión, autotortura y sentimiento de culpa, todo ello con un telón de fondo de baja autoestima y no teniendo ganas más que de esconderte. Aunque el complejo de gordo está arraigado en la mente, muchas veces estamos de verdad un poco gordos físicamente, nos aprieta la ropa y nos sentimos como una foca. En ambos casos, solemos esforzarnos por elegir bien los alimentos, en vez de sucumbir a la basura que sabemos que no deberíamos comer o seguir la última dieta de moda, suprimiendo elementos al azar en un intento desesperado de controlar un poco la situación. En los casos más graves, decidimos darnos un atracón o vomitar la comida (ambos comportamientos son modos subconscientes de autoflagelación). ¿Y sabes qué? Que todo ello no conseguirá más que hacerte sentir, y estar, más gordo.

Cuando estudiaba en la universidad, mi mente pensaba que estaba gorda, así que racionalicé una forma de alimentación extrema que me hizo estar flaca por fuera; sin embargo, esa dieta nada saludable no aliviaba cómo me sentía por dentro. De hecho, me hacía sentir como una foca, potenciando mi complejo. Tuve suerte de que me dieran aquel susto justo entonces, y me juré a mí misma que nunca más haría aquella dieta para adelgazar. En la actualidad, en esos días en que me siento gorda, sé que primero debo averiguar la causa, y después afrontarla; todo ello voy a compartirlo contigo justo como hice con Kelly.

Kelly era una animada joven del sur de California que vivía en Manhattan. Era una chica perfeccionista que trabajaba en el mundo de las ventas diez horas al día, tras lo cual entrenaba dos horas. Entró una noche en el estudio I.AM.YOU. para asistir a una simple clase de yoga, al haber oído que era la mejor sesión de entrenamiento de la ciudad, e inmediatamente después compró un paquete de clases y se apuntó al servicio de *coaching* personalizado. Como hago siempre, le pedí que definiera tres objetivos para el programa de *coaching*, y ella respondió: «Perder los kilos que me sobran, quedarme muy delgada y tener buena salud». Unos deseos muy válidos, salvo que con su metro setenta y cinco de estatura, su talla 38 y ese cuerpo esquelético que tenía, yo no lograba ver de qué kilos de más me estaba hablando, así que decidí centrarme en su tercer requisito, gozar de buena salud.

A la semana de empezar el asesoramiento, me di cuenta de que Kelly tenía complejo de gorda, como tantas mujeres obstinadas que conozco. Algunos días, su dieta estaba contaminada con todo tipo de alimentos que delataban su complejo, como los que yo solía comer: yogur helado, bebidas verdes y atún en lata. Otros días abundaba un popurrí de alimentos que la hacían sentir gorda de cintura y de cara, aunque ella creyera que la ayudaban a bajar kilos y a mantenerse delgada. Muy pronto se hizo evidente que necesitaba un cambio radical de dieta.

Al oír mi plan por primera vez, Kelly se mostró muy reacia, pero le prometí que pasaría de «estar gorda» a «estar buenísima» en cuestión de semanas. Por suerte, decidió confiar en mí. En primer lugar, le hice casi triplicar su ingesta calórica diaria. Kelly llevaba tanto tiempo con fobia a los alimentos que eso le resultó duro, pero cuando empezó a incorporar alimentos que la saciaban y vio que no engordaba, se subió al carro. Luego le pedí que dejara de ser vegetariana. No había suprimido la carne por razones éticas, sino tan solo porque pensaba que era conveniente para ingerir poca grasa. También le hice dejar sus queridos zumos verdes y la animé a apartar de su mente cualquier dogma nutricional sobre el que hubiera leído (¡y parecía haber leído todos los libros sobre dietas habidos y por haber!). Al acabar el mes, Kelly tenía los brazos, la espalda, los abdominales y los muslos definidos, disponía de muchísima energía y se sentía mejor que nunca. Al final acabó engordando un par de kilos, y aun así bajó una talla de ropa, y ya no piensa que está gorda. ¿Lo mejor? Que Kelly ya no se tortura más a sí misma y se permite comer todo lo que le gusta. Incluso ha relajado sus entrenamientos a unas pocas veces por semana para poder descansar y recuperarse. Si ella y yo hemos podido cambiar, tú también puedes.

Bueno, tal vez no te identifiques porque la cifra en tu báscula es en realidad superior a lo que debería ser. Pero eso no hace que tu complejo de gordo sea menos absurdo. Mira el caso de Gail, un ama de casa con tres hijos que había engordado después de cada embarazo y a la que le acabaron sobrando dieciocho kilos. Su médico le había dicho que tenía que perder algo de peso, pero Gail no necesitaba que un profesional se lo dijera. Lo sabía tan solo con mirarse en el espejo. Probó varias dietas, y algunas incluso funcionaron durante un tiempo, pero al final la cifra de la báscula no se movía, los pantalones le apretaban y Gail se encerraba llorando en el baño porque nada le sentaba bien.

Empezó a venir a clase porque creía que el yoga sería una manera suave de empezar a realizar ejercicio. Se sentía demasiado pesada para hacer algo más enérgico. Bueno, pues después de su primera clase se dio cuenta de lo enérgica que podía ser una clase de yoga retox; sin embargo, yo no le iba a permitir darse por vencida. Le pedí que me dejara ayudarla. Conversamos acerca de sus hábitos alimentarios y no tardó en hacerse evidente que Gail era una adepta a las dietas en serie. Saltaba de una dieta a otra, buscando siempre la fórmula mágica para adelgazar, y acababa siempre decepcionada al sentirse igual de gorda que antes. Admitió también que se daba atracones de vez en cuando, pero siempre de «alimentos» que pensaba que no le harían engordar, como el yogur helado, los cereales secos, los pepinillos y los confites para helado; sí, correcto, no el helado, sino solo los confites. Es posible que sepas a lo que me refiero...

Lo primero que hice fue prohibir esos alimentos que se prestaban a «atracones». Quizá sean bajos o no tengan grasas, pero están repletos de azúcar y sustancias químicas, y son simplemente asquerosos. Entonces, al igual que en el caso de Kelly, le hice olvidar a Gail todos los dogmas sobre las dietas. El pan, los lácteos, la carne roja..., no había nada prohibido. Ya no existían los alimentos «malos» y «buenos». Le pedí a Gail que tan solo se fijara en cómo la hacían sentir determinados alimentos.

De manera lenta pero segura, Gail aprendió a confiar en su cuerpo para saber cuándo tenía hambre y qué necesitaba. Ya no se daba atracones e iba perdiendo peso. Siguió practicando yoga, y ahora está más esbelta y tonificada, y es más flexible. Todavía le queda peso por perder, pero, al mirarse en el espejo, ve a alguien que está haciendo grandes avances y, aún más, ve a su verdadero yo y le gusta lo que ve.

Mi experiencia con Kelly, Gail y un sinfín de clientes, junto con mi propia vivencia personal, me ha revelado algunos hábitos alimentarios habituales propios de quienes tienen complejo de gordo. Echa un vistazo a la siguiente lista y mira cuántos de esos elementos te suenan:

- Le echas especias picantes y mostaza a todo. Le pones salsa picante, guindilla en polvo, hojuelas de pimiento rojo o mostaza a todas las comidas.
- Te «encantan» los pepinillos. Los tomas a menudo como tentempié y no es raro que te comas todo el bote de una sentada.
- El apio es otro de tus tentempiés recurrentes. Te encanta su crujido y el hecho de que

tenga calorías negativas (gastas literalmente más calorías para comértelo de las que contiene en realidad).

- Tienes dependencia del café. Te tomas como mínimo uno al día, aunque normalmente más, y a menudo es el sustituto de una comida.
- Bebes zumos con frecuencia. Crees que estás totalmente lleno y saciado después de una semana de tomar zumos y que el zumo equivale realmente a una comida.
- Siempre estás masticando chicle. Gastas al menos un paquete de chicles al día.
- Los refrescos *lights* son uno de los pilares de tu dieta. Crees que conforman su propio grupo alimentario.
- Temes al pan y a la pasta. La idea de dar un gran bocado a cualquiera de ellos te pone de los nervios, literalmente. Así que a veces finges ser alérgico.

DETOX

Hay alimentos que, solos o combinados, nos hacen sentir gordos, lo que casi siempre me lleva a mi sección del armario para los lunes de gordura. Esos alimentos y combinaciones alimentarias inclinan la báscula y pueden hacer que te sientas gordo cuando en realidad no lo estás, así que trata de limitarlos o suprimirlos por un tiempo, hasta que tu mente se reinicie y reconozcas a la hermosa persona que eres realmente.

POLLO. A menos que sepas de dónde procede, procura aligerar tu dosis semanal. Las hormonas presentes en los pollos producidos en masa, aunque sean de corral, afectan no solo a la calidad y al sabor de la carne, sino que se almacenan en tus tejidos adiposos, y se ha demostrado que ejercen un efecto en todo tu organismo, desde el sistema inmunológico a la fertilidad, el aumento de peso y la retención de líquidos. Suprime el pollo durante una o dos semanas, sustituyéndolo por pescado (salvaje, no pescado chino de piscifactoría) o por más verduras.

MANTEQUILLA DE FRUTOS SECOS. ¿Alguna vez te has parado a pensar cuántos frutos secos hay que moler para obtener una cucharada de mantequilla de frutos secos? Sí, las almendras, los anacardos y los cacahuetes aportan proteínas y tienen beneficios nutricionales, pero no siempre es necesario tomarlos a pegotes, porque se te pegarán, en sentido figurado, y tal vez literal, sobre todo si no los quemas justo después. Opta por un puñado de frutos secos en vez de tomarlos en mantequilla.

COL RIZADA. Es verde, y me encanta, pero también cuesta muchísimo digerirla. Tal vez estés engullendo col rizada para adelgazar, pero podría estar ralentizando tu digestión y provocándote retención de líquidos, ya que tu sistema digestivo las pasa canutas para descomponerla toda. Cuando te sientas gordo, cambia la col rizada por verduras de más fácil digestión, como las espinacas baby y la lechuga (romana, mantecosa y de hoja de roble).

FRUTA. La fruta es buena, sí, pero no si haces explotar una bomba de azúcar y carbohidratos en tu organismo todos los días. Conforme envejecemos, perdemos la capacidad de metabolizar la fructosa, el azúcar de la fruta, por lo que, si no correteas de un lado a otro y la quemas, fermenta en tu cuerpo y te hace sentir gordo. Procura aligerar el consumo de fruta y limitarte a aquellas con poco azúcar, como los arándanos azules, las frambuesas, los albaricoques y el melón cantalupo, y dar un descanso al mango, la papaya, la piña, los plátanos, las manzanas y las peras por un tiempo.

SOJA. Los productos de soja, como el tofu y la leche de soja, pueden hacer que se te hinche la zona abdominal. Asimismo, se ha demostrado que bajan la concentración corporal de testosterona, una hormona esteroidea que se sabe que reduce la grasa abdominal y aumenta la musculatura. Unas cuantas gotas de salsa de soja pueden crearte complejo de gordo durante varios días. Si solo comiste sushi, ¿por qué te sientes gordo? Ahora ya lo sabes. Si reduces la ingesta de soja, te sentirás y lucirás más esbelto en un santiamén.

ENSALADAS. Me encanta la ensalada. Sin embargo, muchas de las ensaladas que sirven en los restaurantes pueden contribuir al aumento de peso y, aún peor, a crearte un complejo de gordo sin que te des cuenta. Y es un asco pensar que comes sano cuando en realidad te está provocando un complejo de gordo. Cuando comas ensalada, recuerda estos puntos:

- Elige una fuente de proteínas para la ensalada, o pasa totalmente de las proteínas para dar un respiro a tu sistema digestivo. Los garbanzos, los frutos secos o el atún son ideales si te decantas por incluir proteínas.
- Incluye pocas verduras con mucho azúcar, como la remolacha y el maíz.
- No pongas queso por defecto, a menos que te apetezca de verdad o que sea tu fuente de proteínas de ese día.
- Cuidado con la base de col rizada.
- Nada de fruta, ya que añade calorías y fructosa a la ensalada, lo cual altera la digestión, provoca distensión y ralentiza el metabolismo.
- Elige el aliño con cautela, pero no dejes de aliñar la ensalada. Me horrorizo cada vez que veo a alguien pedir una ensalada sin aliñar o echarle simplemente vinagre balsámico. Hay que ablandar las verduras crudas con aceite de oliva para que al sistema digestivo le cueste menos procesarlas. De lo contrario, te estás destrozando los intestinos y es posible que, en consecuencia, llegues a sentirte hinchado y, aún peor, gordo. Asimismo, necesitas un poco de grasa para facilitar la absorción de determinadas vitaminas presentes en la ensalada. No obstante, la mayoría de los aliños que vienen ya preparados están repletos de azúcares y aditivos, incluso los «saludables». Los aliños cremosos quedan evidentemente descartados. Las vinagretas contienen muchas veces azúcar, miel e incluso kétchup, además de demasiada sal, otra instigadora del complejo de gordo. Opta por un buen aceite de oliva junto con vinagre balsámico, vinagre de vino tinto o zumo de limón.

CÓCTELES. Me encanta tomarme una copa, créeme, pero a menudo esos maravillosos brebajes perfectos llevan azúcar, agave, miel, zumos de frutas e incluso refrescos. Sigue unos pasos sencillos a la hora de beber, limitándote al vodka y la ginebra, cambiando los refrescos por agua con gas, y decantándote por el vino frente a los cócteles excesivamente elaborados. Esto también te ayudará a prevenir la resaca.

PROTEÍNAS. Sin duda necesitamos proteínas para sobrevivir (acuérdate de mi fractura de fémur si se te olvida). Sin embargo, no es necesario un exceso de proteínas de origen animal, como muchas industrias quieren hacernos creer. Procura reemplazar una ración diaria de proteínas por una de verdura. Puedes incluso cambiar tu dieta para que no haya más de una proteína animal al día, ya sea tomando huevos por la mañana, o pescado o carne de ternera orgánica por la noche. O bien ingerir dos proteínas de origen vegetal al día, como la quinoa o los garbanzos.

Además, evita mezclar proteínas en una misma comida. Es decir, si comes un bistec de segundo, toma una ensalada de primero, en vez de tartar de atún, o, si echas atún a la ensalada, descarta ponerle judías. El organismo digiere cada proteína de forma distinta, así que, si incluyes dos tipos diferentes en una misma comida, le dificultas la tarea a tu sistema digestivo. Sobre todo, evita las proteínas artificiales procesadas, como las que vienen en barritas y en polvo, ya que el cuerpo no sabe cómo descomponerlas.

HUMUS. Tiene muchas proteínas, sí, pero también es muy calórico. Medio vaso suele tener más de doscientas calorías, veinticuatro gramos de grasa y treinta y cinco gramos de carbohidratos. Si a eso le añades el pan o los aperitivos con los que lo acompañas y tu relativamente sedentario estilo de vida (creo), el humus te hará sentir gordo a la fuerza. Procura suprimirlo durante una o dos semanas, y después cómelo únicamente si te apetece de verdad, y acompañado de una pequeña guarnición de *crudités,* en la primera mitad del día, para que puedas quemarlo y aprovechar sus proteínas.

YOGUR. Aunque muchos estudios han revelado que el yogur ayuda a acelerar el metabolismo y quemar grasa, una ración media de yogur contiene ciento cincuenta calorías, dieciocho gramos de carbohidratos y ochenta gramos de sodio. Si no lo quemas, sin duda notarás como si se te hubiera pegado y, por tanto, te sentirás gordo. Además, la medicina tradicional china dice que los productos lácteos fríos ralentizan la digestión, lo cual podría darte un poco más de volumen del que te gustaría.

RETOX

¿Quieres dejar de sentirte gordo? Lo único que tienes que hacer es ingerir grasas y comer con regularidad. Parece contradictorio, pero es cierto. El cuerpo necesita grasa para quemar grasa y requiere energía para restituirse, crecer y funcionar. Suprimir las grasas de la dieta y saltarse comidas no hace más que transmitirle al cuerpo el mensaje de que entre en modo inanición, lo cual le hará aferrarse a las reservas de grasa. Come, come y come. Y así te pondrás cañón.

TENTEMPIÉS

Tiras de aguacate
Huevo, como te guste
Atún
Pasas
Caja de arándanos azules
Tomate troceado (con o sin sal)
Vaso de caldo o sopa de verduras

Ensalada adelgazante

En esta receta utilizamos lechuga mantecosa (trocadero o francesa) porque es la más fácil de digerir.

- 3 vasos de lechuga mantecosa
- ½ vaso de tomates uva, cortados en mitades
- ¼ de cebolla roja picada
- 1 zanahoria rallada
- 1 vaso de judías verdes, cortadas en trozos de 2 cm
- ½ vaso de garbanzos de bote, lavados y escurridos
- ½ cucharada de mostaza de Dijon
- 1 cucharada de aceite de oliva virgen extra
- 1 cucharada de vinagre de vino tinto
- Pimienta negra al gusto

Pon la lechuga en un bol grande. Añade los tomates, la cebolla, la zanahoria, las judías verdes y los garbanzos. En un bol pequeño mezcla la mostaza, el aceite de oliva y el vinagre. Mézclalo bien y viértelo sobre la ensalada.

Salmón adelgazante

Puedes prepararlo en el horno o en los fogones. Tú eliges.

- 1 filete (170 g) de salmón
- 1 cucharadita de aceite de oliva virgen extra
- ½ limón (en zumo)
- Pimienta negra recién molida, al gusto
- 4 dientes de ajo cortados por la mitad

Precalienta el horno a 200 °C.

Forra una bandeja de horno con papel de aluminio. Coloca el salmón, con la piel hacia abajo, en la bandeja y rocíalo con el aceite de oliva, el zumo de limón y la pimienta negra. Hornéalo hasta que el salmón esté bien hecho, unos doce minutos.

Si prefieres hacerlo en los fogones, prepara el salmón de la misma manera. Calienta una cucharadita de aceite de oliva en una sartén a fuego medio y añade el salmón, con la piel hacia arriba. Déjalo al fuego hasta que se dore por un lado, unos cuatro minutos. Dale la vuelta y deja que se haga otros tres minutos, hasta que esté bien hecho.

Salteado de calabacín

El calabacín tiene propiedades diuréticas y no puede ser más delicioso.

- **4 calabacines**
- **2 cucharadas de aceite de oliva virgen extra**
- **½ cebolla amarilla picada**
- **2 dientes de ajo picados**

Corta los calabacines en rodajas o a cuartos. Calienta el aceite en una sartén a fuego medio. Añade la cebolla y el ajo, y rehógalos hasta que ambos empiecen a dorarse. Incorpora el calabacín a la sartén, remuévelo todo y tápalo. Deja que se haga hasta que el calabacín se ablande, unos quince minutos, removiendo de vez en cuando. Sírvelo decorado con una tira de aguacate a modo de sabroso plato principal, o ponlo de guarnición para un plato de pescado o carne de ternera.

Sopa de pollo

Un tazón de sopa de pollo retox te aporta toda la energía y los nutrientes que necesitas para afrontar el día y fortalecer el cuerpo por dentro y por fuera.

- **1 pechuga con hueso de pollo grande, a ser posible orgánico**
- **½ cebolla blanca picada**
- **2 dientes de ajo**
- **1 tallo de apio picado**
- **1 zanahoria grande picada**
- **3 vasos de agua**
- **½ cucharadita de sal**

Pon agua a hervir. Cuando hierva, añade todos los ingredientes. Déjalos cocer durante veinte minutos o hasta que el pollo esté tierno. Bébete el caldo solo o desmenuza el pollo en el caldo para preparar una sopa en toda regla.

ACTITUD

No voy a dorar la píldora: creer que estás como una vaca hoy cuando ayer no te sentías tan mal es solo una cuestión de que estás tonto. No tienes un aspecto notablemente diferente al de ayer. Sentirse gordo es algo totalmente mental. Y es agotador, extenuante y, al final, una pérdida de energía. Aunque sí tengas algunos kilos que perder, decirte a ti mismo que estás gordo y fustigarte por ello no te ayuda a conseguir tus objetivos. De hecho, fustigarte no hará más que ponerte más obstáculos.

Si te pareces un poco a mí, el complejo de gordo desencadena un feroz partido de pimpón mental en el que en el centro de la pista se suceden varias iteraciones de «estoy gordo/no estoy gordo», «no comas/tengo hambre», «estoy horrible/me veo genial», las cuales te agobian, te estresan y te dejan al borde de la locura.

Tener complejo de gordo es una cuestión mental: nos vemos tangiblemente gordos a través de nuestra mente intangible. Se trata de la percepción de uno mismo frente a su verdadero aspecto, por lo que alinear ambos elementos es la clave del plan mental retox que explicaré aquí. Sé que, en esos momentos en que la mente toma el control, se distorsiona la percepción de la realidad, lo cual hace que sea sumamente difícil inducir un cambio positivo, y aún más ser objetivo, darte cuenta de que irradias belleza, fortaleza y sensualidad. Sin embargo, es posible, igual que lo fue para mi amiga Caroline.

Caroline es una madre joven de Oklahoma que dejó su trabajo después de tener a su segunda hija y decidió centrarse en el trabajo más duro de todos, la maternidad. Nos conocimos en un proyecto de acción social en la Nación Navajo y nos hicimos amigas hablando de la vida, del amor y, bueno, comiendo nachos. Caroline había estado en forma toda su vida, pero, tras el nacimiento de su segunda hija, se había dejado. Al principio estaba demasiado cansada para perder los kilos ganados durante el embarazo, incapaz de encontrar la energía para hacer ejercicio o cocinar sano mientras hacía malabares con dos crías y una casa. Pero de eso hacía cinco años. Desde entonces, Caroline se había quedado atrapada en su complejo de gorda, convencida de que ahora era gorda y no había nada que pudiera hacer para remediarlo. Engordó más de nueve kilos y se torturaba a menudo con dietas estrictas que no daban ningún resultado sostenible. Después de pasar hambre y darse atracones por igual, sin conseguir más que ponerse de mala leche, se dio por vencida, convenciéndose a sí misma de que era gorda de por vida, y se sumió en una innecesaria depresión motivada por el sobrepeso. Debía ayudarla. Tenía que inclinar la báscula en la mente de Caroline y ayudarla a redescubrir su verdadero y atlético yo.

Este plan retox basado en la teoría del yoga tibetano ayudó a Caroline a cambiar su percepción, alejándola de la tortura de la autocrítica y permitiéndole cruzar la fina línea hacia la realidad. Lo ponía en práctica todos los días, justo después de enviar a sus hijas al colegio o a la cama, y poco a poco fue reuniendo la fuerza interior necesaria para moldear su cuerpo tal como ella quería, sin dietas, básculas ni regímenes agotadores. Utilizó la mente para someter al cuerpo a un plan de belleza, y acabó perdiendo todos los kilos cogidos durante el embarazo y más.

RETOX

El plan mental retox para el complejo de gordo es facilísimo. Siéntate en un lugar tranquilo y lee la meditación que figura a continuación, permitiéndote cerrar los ojos y reflexionar cuando lo creas conveniente.

TODO CAMBIA, NADA ES PERMANENTE

Quizá me sienta o vea gordo ahora, pero eso no durará para siempre. Eso cambiará, mi cuerpo cambiará y yo cambiaré.

Mi cuerpo cambia cada nanosegundo de cada día. El yo de hace un minuto es diferente del yo actual. Si quiero que mi cuerpo cambie, tengo que guiarle en esa dirección y la seguirá. Si quiero dejar de sentirme gordo, tengo que dedicar un momento a entender que todo en el universo está cambiando, y que por ende yo también lo haré. No voy a estar atrapado en este estado de manera permanente; nada ni nadie lo está. Eso cambiará, mi cuerpo cambiará y yo cambiaré.

TODO EXISTE SEGÚN LO PERCIBO

La expresión más técnica en tibetano es *majamika sva tantrila,* es decir, los datos brutos están ahí, pero no hasta que tú los percibes; aparece y existe solo si se aparece ante un estado mental intacto.

Piensa en el típico test de las manchas de tinta de Rorschach. Cuando la gente observa la mancha de tinta negra en una lámina, los resultados varían; unos ven conejos, otros flores, otros rostros y otros símbolos sexuales. La mancha es la misma; lo que varía es nuestra percepción personal.

Yo me veo gordo en este momento, pero otra persona puede verme perfecto. De hecho, yo también puedo verme atractivo y perfecto mañana si me lo permito. Mi percepción actual es lo único que me hace gordo. La gordura no sale del espejo y viene hacia mí, sino que sale de mi mente. Me estoy poniendo la etiqueta de «gordo».

Depende de mí cambiar mi percepción. A partir de ahí, puedo cambiar cómo etiqueto mi propia imagen y transformar el modo en que existo para mí mismo y para el mundo que me rodea. Todo existe solo según lo percibo, así que, si me percibo como una persona delgada y bella, eso es lo que seré.

NO ESTOY GORDO

Yo soy yo, un yo en constante cambio, en perpetua evolución, totalmente maleable y radiante. Yo soy yo, así que empieza a crear el yo que quiero ver y sentir. No estoy gordo.

Siéntate, lee y relee estas líneas unas cuantas veces. Después anótalas en una tarjeta o en un trocito de papel, y ponlo junto a tu cama o en el bolso. Míralas todos los días y léelas en voz alta o para tus adentros. Si quieres que te causen más impacto, prográmalas en el móvil como recordatorios diarios, para que puedas salir de tu mente y adentrarte en tu yo real, radiante y fabuloso.

Banda sonora retox:
«Shake it Off», TAYLOR SWIFT

Soy lo que elijo ver

Venerando a mi verdadero yo. Estudio I.AM.YOU., Nueva York.

TENGO QUE...
ELUDIR LA
PRESIÓN SOCIAL

Diseña la vida que quieres y querrás la vida que tienes

EL VINO Y YO SOMOS viejos conocidos. De hecho, nuestra íntima relación se remonta a mucho antes de mi primer sorbo. Ya cuando cursaba primero de ESO, inspirada por un infame episodio de *I Love Lucy*, decidí hacer mi proyecto anual de ciencias sobre la fermentación y elaboración del vino. Al igual que Lucille Ball, mi heroína de aquel entonces, pisé uvas mezcladas en cubos, añadí distintas cantidades de levadura y azúcar en cada lote y finalmente estudié su fermentación conforme envejecían en botellas de cristal en el garaje. Lo llamé Laurennay (como Chardonnay, ¿lo pillas?), y utilicé a mi abuela de sumiller oficial. Casi diez años después, en la universidad, escribí mi tesina sobre el vino, en concreto sobre la latente batalla entre tradición y modernidad en La Rioja y la Toscana. Mientras mis amigos se sentaban en lóbregos laboratorios subterráneos haciendo pruebas de regresión para sus proyectos, yo me recorría España e Italia con unos pocos miles de dólares de la universidad en el bolsillo. No hace falta decir quién se divirtió más…

Ninguno de estos estudios *in vino veritas* estaba pensado como un acto de rebeldía o despilfarro; me los tomé muy en serio, tanto que gané el segundo premio en la feria regional de Ciencias y me hicieron una oferta para publicar mi tesina. En un principio, la universidad quería que escribiera sobre la ley de inmigración china y su impacto en la economía global y, aunque eso hubiera quedado impresionante en mi currículum, no me despertaba absolutamente ningún interés. Nunca he hecho nada porque creyera que tenía que hacerlo, ni me he limitado a tachar proyectos de una lista impuesta por la sociedad, medio aburrida, medio estresada y totalmente indiferente.

Las obligaciones mentales y físicas son la base de lo que yo llamo los «tengo que…», que encierran la presión personal y social para hacer cosas específicas y, además, hacerlas de una forma concreta. «Tengo que ir a una universidad de prestigio.» «Tengo que hacer un máster.» «Tengo que casarme antes de los treinta.» «Tengo que suprimir el azúcar y el gluten.» «Tengo que correr un maratón.» «Tengo que tener hijos.» «Tengo que dar el pecho.» «Tengo que preparar la comida del bebé con alimentos naturales.» «Tengo que dejar mi trabajo para ser una buena madre.» «Ahora tengo que vestir recatada.» «Tengo que mudarme a las afueras.» Tengo que… Tengo que… Tengo que…

Sinceramente, ¿quién te dice que lo hagas? ¿Por qué te sientes tan obligado a lograr algo o realizar esa tarea?

Cuando tenemos la cabeza enterrada en nuestros «tengo que...», nos perdemos lo que sucede realmente a nuestro alrededor. La vida se nos va mientras vamos tachando la lista de cosas que creemos que tenemos que hacer para tener éxito y ser felices. Empezamos a vincular logros específicos a la felicidad tal como la percibimos, identificando la aprobación social con el éxito. El problema es que los «tengo que...» a menudo te impiden ser realmente tú.

Si te ciñes continuamente a una lista de tareas pendientes, aquellas que crees que te harán feliz solo porque lo diga la sociedad, te estás encasillando en una imagen artificial de ti mismo en vez de existir como tu verdadero yo. Mientras vas sucumbiendo a lo que otros han definido como el camino hacia el éxito y la felicidad, sucederá una de estas dos cosas: o la vida se te escapará de las manos, o te sentirás deprimido. Tal vez ambas cosas. Mi alumna Krissie es un ejemplo perfecto de este estado, así como un modelo de recuperación satisfactoria con el método retox.

Krissie sufría un grave síndrome de «tengo que...». Esa chica del medio oeste de Estados Unidos se mudó a Nueva York después de graduarse en la universidad para empezar a trabajar en un banco de inversiones. Aunque su pasión era el diseño de interiores, pensó que forjarse una trayectoria profesional en la banca era el camino «correcto» para ella. Después de tener que aguantar banales presentaciones de PowerPoint, hojas de cálculo en Excel y jornadas de veinte horas, seis días a la semana, iba a la escuela de negocios, porque eso era lo que hacía todo el mundo en el sector de la banca. Allí conoció a un hombre, le atosigó sin cesar para que le pidiera matrimonio, eligió el anillo de diamantes de dos quilates que quería, organizó una boda por todo lo alto y se casó cuando tenía veinticinco años. Poco después de la boda, dejó su trabajo y se mudó a las afueras, donde compraron una casa, adoptaron un perro y empezaron con la planificación familiar. En pocos años había tachado casi todas las tareas de la lista de lo que tenía que conseguir en la vida, y se sentía realmente bien al respecto. Sin embargo, no era feliz.

Krissie lo hacía todo porque creía que tenía que hacerlo, no porque ella quisiera realmente. Cuando acudió a mí, tenía treinta años y se sentía fatal. Entre lágrimas, me dijo que su vida era un desastre (a pesar de la casa, el perro, los coches, su rico marido y, tengo que decirlo, su increíble armario). Pronto empezamos a aplicar métodos retox para ayudarla a encontrar su verdadero yo, sus propios sueños y pasiones, sus propias aspiraciones y su lista de deseos personal y auténtica. Ponía en práctica mi plan mental cada mañana, extendía la esterilla sola o conmigo tres veces por semana, y se liberó de sus dietas restrictivas autoimpuestas para poner a prueba el método de nutrición retox.

Lento pero seguro, Krissie empezó a sonreír, recuperando la alegría y el deseo de vivir de verdad. Mientras estaba inmersa en el proceso de retox, se dio cuenta de que le deprimían las afueras, echaba de menos trabajar y no estaba lista para formar una familia. El problema es que su marido sentía lo mismo. Ambos se habían forzado a recorrer un camino que la sociedad había trazado para ellos, en vez de seguir una trayectoria que les hiciera realmente felices. Al final, Krissie y su marido se mudaron de nuevo a la ciudad de Nueva York, donde ella se sacó un título en Diseño de Interiores. Ahora dirige su propio negocio, ha decidido esperar para tener hijos y está más apasionadamente enamorada de su marido y de la vida que nunca.

Solo porque pienses que tienes que hacer algo no significa que realmente estés obligado a hacerlo. Como dice Sinatra en su canción, tienes que hacerlo a tu manera (y yo añadiría que tienes que hacerlo con pasión e integridad). A continuación figuran algunas herramientas para que vivas a tu manera y te forjes tu propio destino.

YOGA

El yoga retox del método I.AM.YOU. es del tipo *vinyasa*, que fluye y enlaza la respiración con una secuencia de posturas. En conjunto, la práctica representa nuestro viaje fluido desde el nacimiento a la muerte, desde la postura del niño a *savasana*, la postura del cadáver.

La mayoría de nosotros nos esforzamos por estar justo aquí, en el momento presente, o como tantos gurús modernos lo han llamado, «el ahora». Sin embargo, por lo general, estamos atrincherados en el «tengo que...», y nos centramos sin cesar en el siguiente paso, meta o éxito asociado a esa obligación. Dejamos que los detalles y las obligaciones futuras nos inunden la mente, perdiendo así de vista el viaje en su conjunto. A veces levantamos la vista al cielo, como Krissie, y pensamos: «¿Cómo he llegado hasta aquí?».

Practicándolo correctamente, el yoga retox de I.AM.YOU. es una de las herramientas más potentes para remediar el «tengo que...». Te obliga a estar en el presente, justo donde estás, retorcido y sudoroso en una esterilla de caucho de sesenta por ciento cincuenta centímetros. Si se te va la mente hacia otra parte, es posible que, al igual que yo, pierdas el equilibrio y te caigas. Si te fuerzas a entrar en una postura porque te sientes obligado, te harás daño, como me pasó a mí en la postura sobre la cabeza hace casi diez años. (Por cierto, es un fastidio. Me fracturé tres huesos del pie y tuve que ir enyesada seis meses porque creí que tenía que clavar la postura sobre la cabeza como fuera.) Las obligaciones no funcionan en el yoga.

A Krissie le propuse las siguientes posturas y una secuencia más larga. Las practicó a diario, y poco a poco empezó a notar un cambio radical en su autoconsciencia, lo que finalmente le permitió deshacerse del «tengo que...» y adoptar el «quiero». Estas posturas te ayudarán a seguir su ejemplo, al crear un espacio habitual para que seas tú mismo y sintonices con lo que tu cuerpo y tu mente necesitan y quieren en realidad.

Prueba todas las posturas retox propuestas en diferentes días para poder descifrar lo que quiere y necesita tu cuerpo. Si algo no te sienta bien, no lo hagas y pasa a lo siguiente. Tan solo asegúrate de respirar a un ritmo constante, inhalando y exhalando por la nariz, en un flujo ininterrumpido. Deja que el yoga haga su trabajo y te guiará justo a donde debes estar, en cuerpo y mente, y en la vida. Lo único que quiero es que te centres en el presente y respires.

SOLUCIONES EN LA OFICINA

SÁCATELO DE ENCIMA

Inhala profundamente. Haz una exhalación fuerte por la boca, sacando la lengua. Mientras exhalas, baja la cabeza y sacúdela enérgicamente de lado a lado. Repítelo de una a cinco veces.

TORSIÓN LIBERADORA*

Siéntate cómodo en tu silla, con la espalda estirada y recta, y los pies planos en el suelo. Inhalando, eleva el brazo izquierdo. Exhalando, haz una torsión hacia la derecha. Mira por encima del hombro derecho y asegúrate de que tienes ambos isquiones apoyados en el asiento. Lleva el brazo derecho por detrás de ti si te resulta cómodo. Respira en esa postura, y después repítelo con el otro lado.

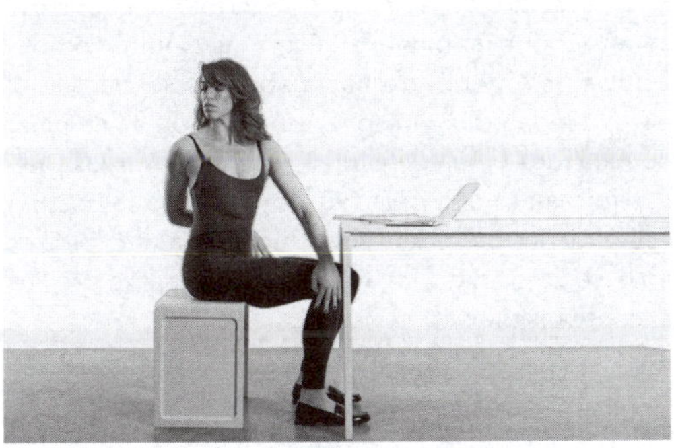

POSTURA LIBERADORA

Siéntate en el borde de la silla con los pies juntos y abre bien las rodillas hacia los lados. Flexiona el tronco hacia delante, apoyando los brazos y las manos donde te resulte cómodo y dejando caer la cabeza. Inhala profundamente por la nariz. Exhala por la boca, sacando la lengua si te sienta bien. Aguanta ahí de cinco a diez respiraciones normales.

FLEXIÓN POSTERIOR Y RESPIRACIÓN LIBERADORAS*

Coloca las manos detrás de ti donde te resulte cómodo. Inhalando, eleva el pecho. Exhalando, realiza una pequeña flexión posterior con la parte alta de la espalda. Deja caer la cabeza hacia atrás si no te duele el cuello. Respira en esa postura con naturalidad, o bien empieza a realizar breves expulsiones de aire por la nariz, centrándote en exhalar, puesto que la inhalación será una reacción automática, ya que el diafragma va bombeando la pared abdominal. Debería darte la sensación de que estás medio estornudando, medio sonándote la nariz. (En caso de embarazo, sáltate la respiración *kapalabhati*.) Aguanta así, respirando o bombeando, mientras te sientas bien.

SALUDO AL SOL A

Empieza de pie, con los pies juntos y las manos contra el pecho como si rezaras. Inhalando, extiende los brazos sobre la cabeza. Exhalando, flexiona el tronco hacia delante, llevando la frente a las espinillas. Inhalando, extiende la columna vertebral, mirando hacia delante. Exhalando, pasa a *chaturanga* o a la tabla. Inhalando, pasa a perro hacia arriba. Exhalando, pasa a perro hacia abajo. Cierra los ojos y aguanta en esa postura cinco respiraciones. A continuación, inhala y da un paso y luego otro, o salta, para llevar los pies entre tus manos. Exhalando, flexiónate hacia delante. Inhalando, lleva los brazos sobre la cabeza y mira hacia arriba. Exhalando, lleva las manos al corazón. Repítelo de cinco a diez veces.

EL CORREDOR CON TORSIÓN

Da una zancada para colocar el pie derecho delante entre tus manos y deja la pierna izquierda recta detrás. Puedes elevar la rodilla izquierda del suelo, a menos que te resulte demasiado duro. Inhalando, extiende hacia el lado el brazo derecho. Exhalando, extiende el brazo derecho por encima de la cabeza y haz una torsión para abrir el pecho. Aguanta así de cinco a diez respiraciones, y después repítelo con el otro lado.

PREPARACIÓN PARA LA POSTURA SOBRE LA CABEZA

Siéntate sobre las rodillas y entrelaza los dedos de las manos para formar un solo puño. Apoya los antebrazos y ese puño en el suelo. Los codos no deben superar la anchura de los hombros. Apoya la coronilla en el suelo, de forma que la parte posterior de la cabeza toque las muñecas. Estira las piernas como si estuvieras en el perro hacia abajo, solo que en el aire. Quédate ahí y respira. Una opción es caminar con los pies para acercarlos, y quizá elevar las piernas formando una bolita o completando la postura estirando las piernas hacia el techo. Mantén los pies en el suelo o en el aire. Aguanta ahí y realiza de diez a veinte respiraciones.

TENGO QUE...

NUTRICIÓN

Ha llegado la hora de enloquecer del todo.

Quiero que te olvides de todos tus dogmas alimentarios durante una semana. A menos que tengas un problema médico clínicamente probado o una alergia real, rompe con todas tus reglas. Olvídate de la prohibición del azúcar, el gluten y la carne. Básicamente, renuncia a renunciar a lo que has renunciado. Tan solo debes seguir tres pautas.

DETOX

1. Nada de comida rápida ni alimentos procesados.
2. Nada de refrescos.
3. Nada de saltarse comidas.

RETOX

Ahora, algo muy simple:

Come lo que se te antoje.

Sea lo que sea, a cualquier hora. Sí, has leído bien.

Cuando le propuse este plan a Krissie, casi empezó a sudar presa del pánico, pero, por suerte, creía en mí lo suficiente como para intentarlo. A lo largo del proceso se dio cuenta de que bebía zumos porque creía que tenía que hacerlo, aunque odiara su sabor y el sablazo que le daban a su monedero. Se percató de que la col rizada, a pesar de ser el alimento más de moda entre la humanidad, le provocaba intensos dolores de estómago y de que se moría de ganas de comerse una hamburguesa.

Al librarse de sus obligaciones alimentarias y nutricionales, Krissie empezó a darse cuenta de lo

que necesitaba y deseaba de verdad su cuerpo, que difería de lo que su mente le obligaba a comer. Acabó adelgazando, mejorando su digestión y recuperando la alegría de comer. Se liberó de la presión de seguir determinados dogmas contemporáneos y comenzó a hacer caso a los deseos de su yo natural, el que había estado oculto tras años de «tengo que…».

Así que ¿estás listo?

A partir de mañana, anota todo lo que comas y bebas, y cómo te sientes antes, durante y después de ingerirlo, con el fin de tener un historial de referencia que te sirva para ver en qué momento te sentiste mejor y en cuál podrías haberte sentido mejor.

ACTITUD

Acababa de regresar al campus tras un magnífico semestre en el extranjero, concretamente en Florencia. Iba flotando por el campus enfundada en mi recién estrenada ropa de cuero, disfrutando de mi nueva cultura del café, sin otra preocupación en el mundo que aprender, leer, escribir y vivir. *La dolce vita*. Una tarde, un amigo se sentó conmigo para tomarnos un *macchiato* (sí, yo era una misionera decidida a convertir a las masas) y me preguntó cómo iban mis entrevistas.

—¿De qué entrevistas hablas? —pregunté.

—¡¡¡Lauren!!! —exclamó él—. ¡Las prácticas de verano en bancos y consultorías! ¿No te has preparado las entrevistas ni has hecho ninguna? ¿En qué estás pensando?

Dejé la taza de café en la mesa y tuve un miniataque de pánico. ¿Entrevistas para empresas de consultoría? ¿Se supone que tenía que estar haciéndolas? Mierda.

Con la certeza de que había arruinado totalmente mi futuro, me puse las pilas y concerté entrevistas con varias empresas consultoras y bancos de inversión *boutique* de Manhattan, aunque no me apetecía lo más mínimo trabajar en ninguno de ellos. Cada vez que alguien me preguntaba por qué quería trabajar para su empresa, o por qué soñaba con trabajar en la banca de inversión, me sentía totalmente perdida. Solía regresar a la estación de tren, indignada por la futilidad de esas entrevistas, y preguntándome qué estaba haciendo con mi vida. Mientras esperaba el tren en la estación de Penn, me paraba en el quiosco y hojeaba las revistas, soñando despierta con ser redactora o trabajar en el mundo editorial. Más a menudo de lo que me gustaría admitir, arrancaba las primeras páginas de las publicaciones que me gustaban. Estaba obsesionada con el periodismo y rezaba en silencio para reunir las fuerzas para dejar esa farsa de la consultoría y la banca, y dedicarme a lo que me interesaba, que era el periodismo, durante el verano. Las páginas arrancadas me dieron una lista de posibles contactos que contrastar en Google.

Quizá huelga decir que, después de tres meses de continuas entrevistas para puestos que en realidad no quería, no me cogieron para las prácticas. Me sentía abatida, aunque aliviada, y decidí empezar a hacer llamadas en frío a los contactos de las páginas arrancadas de las revistas. Por suerte, me ofrecieron hacer prácticas en tres publicaciones, y acepté en una de ellas, lo cual me permitió pasar un verano en ensueño en Manhattan redactando artículos, editando y trabajando en el área de desarrollo de negocios para la nueva revista más guay de Nueva York.

Cada mañana, mientras caminaba por el Soho para ir a trabajar, me daba cuenta de que durante esa terrible sucesión de entrevistas intentaba forzarme a mí misma a trabajar donde no quería, a buscar una actividad que no encajaba con mi persona ni con quien quería ser. Puede ser difícil separar lo que realmente quieres de lo que crees que quieres o deberías querer. Yo tuve la suerte de que, aunque me despistara por un momento, al final pude hacer caso a mi corazón: hice prácticas en una revista cuando el resto estaba enterrado en un banco de inversión; trabajé de lavaplatos y de camarera mientras mis compañeros de clase hacían entrevistas con empresas consultoras; estudié literatura en lugar de economía para llegar a Wall Street; me salté la escuela de negocios para ir directa a emprender un negocio, y esperé nueve años para comprometerme, once para casarme, y no podría ser más feliz. Me enorgullece decir que lo he hecho a mi manera, siguiendo las reglas del juego, pero nunca obligándome a pasar por los aros sociales «normales» a menos que yo quisiera.

Lo cierto es que todo el mundo traza su viaje vital con diferentes rotuladores. Algunos se centran en el desarrollo profesional, otros en hitos personales como el matrimonio y la paternidad, otros en títulos universitarios y otros más en aventuras varias. El único camino equivocado es el que no te hace feliz, el que no te hace disfrutar al trazarlo, o del que no te enorgulleces. Los antiguos yoguis llamarían a este proceso *vinyasa krama*.

La esencia del yoga es el *vinyasa krama*. La palabra sánscrita *vinyasa* está compuesta por el prefijo *vi*, que significa «secuencia», y el sufijo *nyasa*, «elegida o colocada». Entera, la palabra *vinyasa* significa «mecanismo de unión o enlace». *Krama* significa «proceso ininterrumpido», una secuencia de cambios o acontecimientos que se desarrolla de un momento a otro. En conjunto, el *vinyasa krama* es tu viaje vital, una secuencia ininterrumpida de movimientos o acontecimientos que crean tu cuerpo, tu mente y tu experiencia vital.

Cuando nos sentimos obligados a algo («tengo que...»), interrumpimos la sucesión natural de acontecimientos en nuestra vida e imponemos en su lugar lo que nuestra mente moderna, intelectual e hipersensible cree que tiene que suceder. Nos centramos tanto en definir y materializar el siguiente paso que boicoteamos la evolución orgánica de la vida. Nuestro viaje vital es algo que vamos descubriendo a medida que avanzamos y que nos va a llenar más que cualquier cosa que podamos crear artificialmente. Si tratamos de controlar nuestro *vinyasa krama* personal en vez de dejarnos llevar y surcar sus olas, bloqueamos nuestro verdadero espíritu, nuestro verdadero destino y, con ello, la belleza de la vida.

La esencia de la vida, como el yoga, reside en la progresión de las transiciones que unen una experiencia a la siguiente. Si te centras sencillamente en hacer lo que quieres, y en hacerlo bien, con pasión e integridad, todo lo demás irá encajando. Llegarás hasta allí, y lo harás a tu manera.

RETOX

Según los budistas tibetanos, para alcanzar la iluminación o, como digo yo, para lograr el éxito y la felicidad, tienes que recorrer el camino con paz y alegría. Los budistas también afirman que los talones de los pies representan el pasado, la zona metatarsiana, el futuro, y la parte central de los pies es el camino de la vida. Explican que el tiempo solo existe en lo que respecta al futuro y al pasado; el resto es *vinyasa krama*, o la vida misma. No es de extrañar que crearan una práctica de meditación caminando hace miles de años. Yo la he adaptado a los tiempos modernos y al «tengo que...», creando así la solución retox definitiva.

Ponte de pie y prepárate para dar un paseo. Puede ser una larga caminata relajada, una corta excursión a la fuente de agua fría, o incluso el trayecto por el aparcamiento o por el andén del metro mientras te desplazas en algún medio de transporte. Antes de ir a ninguna parte, siente tu respiración y asegúrate de que fluye por la nariz.

Ahora empieza a caminar, a coordinar tus pasos con la respiración.

Inhala y pisa con el centro de tu pie izquierdo, diciendo: «¿Qué me hace feliz?».
Exhala y pisa con el centro de tu pie derecho, diciendo: «Ve a por ello».

Repite la respiración, los mantras y los pasos. Cuando la mente se distraiga, llévala de vuelta a tus pasos.

Haz esto el tiempo que puedas según tu disponibilidad; te garantizo que tu mente estará libre de cualquier distracción o «tengo que...».

Banda sonora retox:
«My Way»,, FRANK SINATRA

Diseña la vida que quieres y querrás la vida que tienes

En una sesión de fotos sobre el bienestar en el clásico bar Niagara de Nueva York. Fotografía de Mick Rock.

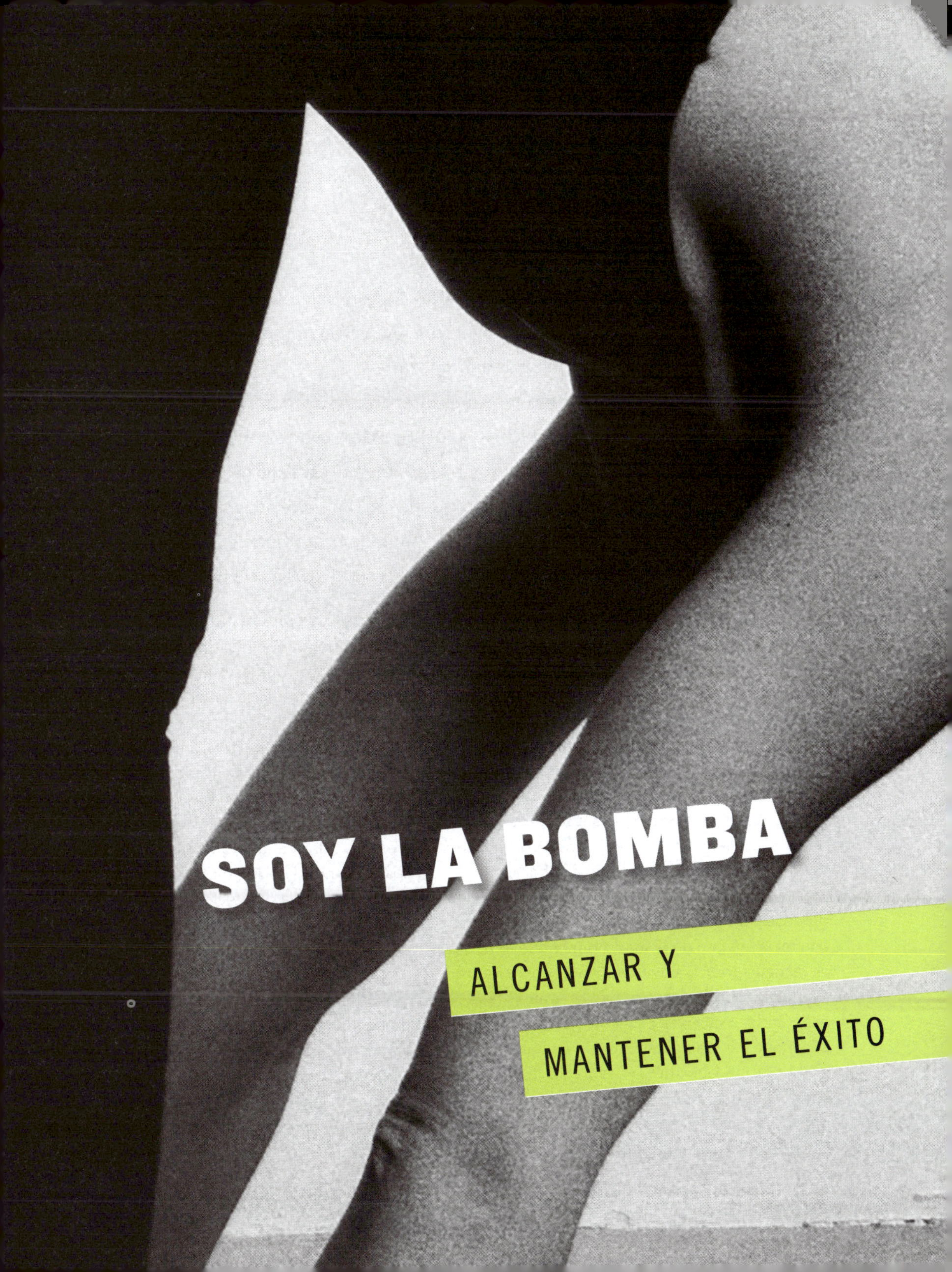

SOY LA BOMBA

ALCANZAR Y MANTENER EL ÉXITO

Si la vida te da limones, haz limonada

MIS PRIMEROS AÑOS COMO EMPRESARIA fueron bastante crudos. Lloré más en los primeros veinticuatro meses del proyecto I.AM.YOU. que en mis siete años en Wall Street, y eso que no soy llorona por naturaleza.

Uno de mis festivales lacrimógenos más intensos tuvo lugar a los siete meses de inaugurar mi empresa. Había contratado a un equipo de expertos en páginas web para que transformaran mi primer sitio web, muy básico, en algo sofisticado. Yo conocía a mi público objetivo y la imagen de marca que quería dar. Sabía el aspecto que quería que tuviera: blanco y negro, atrevido y despejado. Ahora lo único que necesitaba era que ellos lo codifican todo en un ecosistema apto para el mundo digital. Sencillo, ¿no? Ojalá.

Después de meses de una ardua interacción, el equipo web presentó el sitio final, momento en que el rímel empezó de repente a escurrirse por mis mejillas. Lo que habían creado no se parecía en nada a lo que yo había pedido o imaginado; era de color púrpura brillante y azul neón, tenía molestas ventanas emergentes, liosas barras de navegación y una retahíla de otras cosas. Me sentí consternada, derrotada, furiosa y, sobre todo, aterrada. Ese desastre me había costado una pequeña fortuna. Estaba condenada al fracaso.

Me pasé el día pensando desesperadamente qué hacer. ¿Lanzar el sitio web que odiaba y dar una mala imagen de la marca por la que lo había arriesgado todo y cuya creación había sido mi sueño? ¿Echar de nuevo mano a mis ahorros y rehacer todo el sitio web? ¿Darme por vencida y suplicar que me readmitieran en mi antiguo trabajo en el parqué bursátil? ¿O tan solo llorar en el sofá? Me decanté por la última opción, ya que parecía la más fácil para una fracasada como yo. Cuando mi novio llegó a casa del trabajo, le enseñé el sitio y empecé a despotricar sobre lo que yo había pedido en realidad y lo alejado de mis requerimientos que estaba ese... desastre. Con los ojos llorosos, gesticulando frenéticamente con las manos como buena italoestadounidense y divagando animada, fui detallando cómo lo quería, empezando desde el principio. Me pidió que hiciera una pausa para que pudiera pedir una pizza y cogió un montón de folios en blanco de la impresora. Durante las siguientes horas, mientras nos comíamos la pizza, dibujé exactamente el aspecto que quería que tuviera el sitio web y cómo quería que fuera la experiencia del usuario. Entonces le llevé esa pila de dibujos a otra empresa de desarrollo de webs, Free Association, que creó no solo lo que yo tenía en mente, sino que mejoró la experiencia del usuario mucho más de lo que yo había creído posible. Y todo dentro de mi presupuesto.

La moraleja de esta historia no versa sobre la pizza, ni sobre mis lágrimas, sino sobre el hecho de que no es fácil alcanzar el éxito. Es duro, complicado y frustrante. El éxito tiene un significado distinto para cada uno de nosotros y, partiendo de esa base, puede adoptar una forma única cada día. Puede consistir en emprender tu propio negocio o en acostar a tus hijos a su hora. En superar una enfermedad o aprender un nuevo idioma. En dar sustento a tu familia o cerrar un trato. En enamorarte o en romper una relación. En clavar la postura sobre la cabeza o dormir toda la noche. En lograr un ascenso o dejar el trabajo. Sea lo que sea, solo tú puedes definir tu propio éxito; es demasiado individual, demasiado personal, demasiado efímero, demasiado amorfo para que lo defina otra persona que no seas tú. Sin embargo, sea lo que sea el éxito para ti, todos nos montamos en la misma montaña rusa para alcanzarlo. Hay altibajos, días en que acabamos totalmente destrozados, recibiendo golpes de todas las formas y tamaños, y otros días en que nos comemos el mundo. Es una montaña rusa sin parangón, y una parte inevitable del proceso para llegar a donde quieras.

En esos primeros años del proyecto I.AM. YOU. bañados de lágrimas, también iba saltando por ahí, eufórica y extasiada, por los logros conseguidos de todas las magnitudes, desde impartir mi primera clase con entradas agotadas a salir por primera vez en la prensa. Esos hermosos momentos, esos éxitos, son los que todos aspiramos a conseguir en nuestra trayectoria profesional y vital. Son las eufóricas victorias que nos inspiran a seguir adelante, los triunfos que tratamos de atesorar para impulsarnos a avanzar. Se trata de la dulce sensación del éxito, de sentir que «eres la bomba», como me gusta decir a mí.

En el mundo de los emprendedores, como en todos los ámbitos de la vida, de la maternidad a la medicina, el amor, el entorno corporativo e incluso la aceptación del cuerpo, hay que pasar por altibajos, por penas y alegrías. Pero ¿cómo llegas allí en realidad? ¿Cómo puedes alcanzar el éxito y mantenerlo después?

Sueño + Ajetreo = Éxito.

Hay que tener un sueño para saber hacia dónde se quiere ir. Y después hay que tomar medidas para llegar hasta allí.

El éxito es un viaje. Sí, ir a la caza de alegrías es parte de él, pero el único modo de llegar a donde quieres es aceptar las inevitables penas y seguir adelante. Te encuentres lo que te encuentres por el camino, hay que mantener la mirada fija en el objetivo y avanzar. Así que para ser la bomba, si la vida te da limones, tienes que hacer limonada.

En el camino hacia el éxito debes acostumbrarte a lidiar con dos tipos de golpes conforme la vida te va lanzando limones. En primer lugar, los tangibles, aquellos cuyas consecuencias puedes ver claramente: no lograr un ascenso, no llegar a una cifra de ventas, que te den calabazas, no cerrar un acuerdo, o ver a tu hijo tirar la cena al suelo. Cada una de esas situaciones supone un golpe directo, una bofetada que puedes ubicar de forma material y lineal. Asimismo, hay golpes intangibles, que no tienes por qué ser capaz de explicar de un modo racional, pero que te dejan la misma huella: un tono extraño en un correo electrónico, un comentario en las redes sociales, que no te inviten a una cena, la distancia con tu pareja, etc. Aunque cuesta más asociar directamente estos supuestos a un éxito o un fracaso, lo cierto es que te machacan por dentro. Aprender a afrontar los golpes, tanto tangibles como intangibles, te prepara en cuerpo y mente, y en la vida, para alcanzar y mantener el éxito.

Los golpes son las semillas del éxito; la forma en que interactúas con ellos es la clave para alcanzar la gloria. Juntos (los golpes y tu actitud hacia ellos) moldean y crean tu victorioso destino. Si aprendes a afrontar los golpes, y a hacer limonada con los limones que te dé la vida, serás la bomba. Si dejas que te magullen y te maltraten, estarás perdido.

El cóctel retox para tener más éxito del que nunca soñaste y ser la bomba te ayuda a afrontar los golpes tanto tangibles como intangibles, y a interactuar con ellos. Empezaremos con el yoga, implicando a las capas más profundas y retando a las posibilidades de tu musculatura y tu respiración. Después pasaremos a la nutrición, asegurándonos de que no estás interponiéndote en tu propio camino. Y a continuación trazaremos un plan mental fácil, aprenderemos a no quedar atrapados en el golpe, y a gestar así nuestro propio éxito por dentro y por fuera. Este enfoque holístico del éxito es un reflejo de la trayectoria multidimensional que sigue el propio éxito y puede aplicarse a todas las etapas de la vida, de la paternidad a la sala de juntas.

YOGA

Que las clases de yoga retox de I.AM.YOU. son difíciles no es ningún secreto, ya que las he diseñado específicamente para que sean de las más duras que existen. ¿Acaso disfruto torturándote o es que soy masoquista? Pues nada de eso. Lo que sí me encanta es que sientas cómo te arde todo, que es el mejor entrenamiento para aprender a afrontar los golpes.

En el plan retox para que seas la bomba, uso las posturas de yoga y sus secuencias como una manifestación física del enfrentamiento a los golpes. Básicamente, te hago sentir dolor para hacerte fuerte, para que sepas que, si la sigues, la consigues. Así que, sí, quizá tiembles cuando te pida que aguantes las posturas o te sientas un poco machacado al día siguiente, pero eso es bueno. Significa que lo has conseguido, que lo bordaste en la esterilla y que puedes afrontar cualquier cosa que te lance la vida en tu camino hacia el éxito.

Casualmente, tengo dos clientes con el mismo nombre, hombre y mujer; ambos se llaman Morgan. Aunque no se conocían entre sí, ambos se esforzaban para alcanzar el éxito. A Morgan, el hombre, lo habían ascendido al puesto más alto de su empresa. Todos los acuerdos que había cerrado en los últimos dieciocho meses habían sido un gran éxito, y él y su prometida se llevaban mejor que nunca. Sin embargo, le daba pánico que todo se derrumbara; temía perder el éxito y no ser capaz de volver a estar jamás al mismo nivel. Morgan, la mujer, las estaba pasando canutas. Estaba siendo víctima de una serie de malos jefes, que creaban absurdos baluartes para evitar que hiciera bien su trabajo o usara simplemente sus habilidades para completar las tareas que tenía entre manos. Los jefes impedían que ella triunfara en la empresa en cada etapa del camino, y la llevaron a pensar que no conseguiría nada en la vida y a dudar de sus capacidades. Les di a los dos Morgan la misma pauta de yoga retox. El hombre creía que no era nada flexible y que el yoga no era lo suyo. La mujer pensaba que no estaba lo suficientemente fuerte o en forma. Los ignoré a ambos y me puse manos a la obra.

Durante las sesiones de yoga retox, los Morgan sudaron (mucho), y me maldecían en voz baja y lanzándome miradas bastante matadoras, pero nunca permití que tiraran la toalla. Les propiné un golpe tras otro, les mandé hacer una postura tras otra, una *chaturanga* tras otra. En ese taller trabajé la idea de que el que algo quiere, algo le cuesta, enseñándoles no solo sobre yoga, sino sobre la vida. Los Morgan exprimieron al máximo el yoga retox y rápidamente se dieron cuenta de que si eran capaces de practicar ese yoga, día tras día, podrían afrontar y triunfar en cualquier cosa.

El yoga retox te hace fuerte en cuerpo y mente. Te enseña que no solo eres capaz de triunfar, sino que lo conseguirás. Te propino golpes yoguis para que cuando salgas al ruedo de la vida estés totalmente preparado para luchar y ser la bomba, tal como lo has hecho en la esterilla poco antes.

SOLUCIONES EN LA OFICINA

BRAZOS DE VICTORIA

Siéntate con la espalda bien recta. Eleva los brazos junto a las orejas y ábrelos en una «v». Quédate así, respirando, realizando de diez a veinte respiraciones. Repítelo cada hora.

LA SILLA

Levántate de la silla. Inhala profundamente y flexiona las rodillas. Haz que los glúteos queden suspendidos sobre la silla. Aguanta en esa postura el mayor tiempo posible; tal vez un momento, o tal vez durante toda una llamada o mientras contestas un correo electrónico.

FLEXIONES EN LA MESA

Apoya las manos en el borde de la mesa. Inhalando, haz presión con las manos y estira los brazos. Exhalando, flexiona los codos hasta la mitad, dejando que apunten hacia atrás, como si hicieras una mini flexión. Inhalando, estira los codos. Repítelo diez veces.

FLOTANDO DE ÉXITO

Siéntate llegando hasta el borde de la silla y apoya también las manos en el borde. Inhalando, alarga la columna vertebral. Exhalando, presiona hacia abajo con las manos e intenta levantar los glúteos de la silla y los pies del suelo, cruzando los tobillos si puedes. Aguanta ahí flotando de una a cinco respiraciones. Repítelo de una a cinco veces.

VINYASA VICTORIOSA

Empieza en la postura de la tabla, con los hombros alineados con las muñecas, las piernas rectas y el cuerpo paralelo al suelo. Aguanta en esa posición tres respiraciones, o más si te apetece. Al exhalar, flexiona los codos hacia atrás para pasar a *chaturanga.* Mantente así durante tres respiraciones. Al inhalar, estira los codos y eleva la pierna izquierda para entrar en la tabla con tres apoyos (página 238). Aguanta ahí de una a tres respiraciones. Exhalando, flexiona los codos hacia atrás para entrar en *chaturanga* con tres apoyos, manteniendo la pierna derecha elevada. Aguanta en esa posición de una a tres respiraciones. Al inhalar, vuelve a la postura de la tabla.

GUERRERO III EXTENDIDO

De pie, con la espalda recta, inhala, inclínate hacia delante y levanta la pierna derecha extendida hacia atrás hasta que quede paralela al suelo. Deja que el tronco flote paralelo al suelo, manteniendo el equilibrio sobre la pierna izquierda. Apoya los dedos de las manos en el suelo, o deja los brazos suspendidos a lo largo del cuerpo o junto a tus orejas. Aguanta el equilibrio así entre cinco y diez respiraciones, y después repítelo con el otro lado.

MEDIA LUNA GIRADA*

Empieza en la postura del guerrero III, con la pierna derecha elevada. Inhalando, apoya la mano derecha en el suelo. Exhalando, eleva el brazo izquierdo estirado y haz una torsión. Lleva la mirada hacia el pulgar izquierdo, mantén el pie derecho en flexión y alarga el torso. Aguanta en esa postura de cinco a diez respiraciones, y después repítelo con el otro lado.

SOY LA BOMBA

NUTRICIÓN

En el camino hacia el éxito hay ya tantos obstáculos que lo último que quieres es complicarlo aún más, sobre todo con algo tan delicioso y básico como la alimentación. En lo que respecta a la nutrición, la clave para ser la bomba es descartar los alimentos que puedan diluir tus victorias e incorporar aquellos que puedan afianzarlas. Pero antes de empezar a salivar, voy a darte tres consejos para comerte el éxito a bocados.

TRES REGLAS PARA COMERTE EL ÉXITO A BOCADOS

1. **Come.** Que no te dé miedo la comida, puesto que es la aliada de toda persona exitosa. El cerebro y el cuerpo necesitan una ingente cantidad de energía para funcionar, por lo que privarlos de ella para sentirte o estar más delgado no va a beneficiarte a la larga. Come, come y come a lo largo del día, optando por tentempiés y platos como los que te propongo a continuación, garantizando así que nunca te quedes sin combustible y estés siempre listo para dar el siguiente paso.
2. **Des(-)ayuna.** No te mentiré, el desayuno no es ni mucho menos mi comida favorita del día. Sería muchísimo más feliz si me tomara mi cruasán y mi capuchino con leche de almendras hacia el mediodía. Pero, nos guste o no, el desayuno es la comida más importante. Tu cuerpo crece y se regenera de noche mientras duermes, y necesita energía para hacerlo. El desayuno, del latín *dis-iunare* («romper el ayuno»), te permite acabar con el ayuno nocturno y es fundamental para reponer la energía que el cuerpo ha consumido para regenerarse durante la noche. Es como si llenaras el depósito de combustible antes de despegar (y quizá recibir algunos golpes) hacia un nuevo día. Si no desayunas, te costará más conseguir todo lo que deseas y necesitas, y aún más lograrlo con el grado de calidad que, probablemente, te exijas a ti mismo. Asegúrate de desayunar durante las tres horas después de levantarte, aunque tengas que forzarte a comer algo. Tu cerebro, tu cuerpo y tu éxito te lo agradecerán.
3. **Comparte.** Comer y beber acompañado es obligatorio para ser la bomba. Trata de comer acompañado al menos una vez al día, aunque sea simplemente dar un paseo rápido con alguien para comprar el almuerzo, quedar con alguien en firme para cenar o tomar algo con un compañero después del trabajo. Hablar, compartir y comunicarte mientras te nutres, y distraerte, te ayudará a interiorizar las actividades del día, a reciclar tus conocimientos y a que surjan nuevas ideas e inspiración que te guíen hacia el éxito. Si comes y bebes solo, te quedarás atrapado solo en tu mente, incapaz de analizar realmente el entorno o reafirmar tus puntos fuertes. Si encuentras a alguien con quien conversar, tu camino hacia el éxito estará mucho más claro.

DETOX

Al igual que hay alimentos que pueden ayudarte a lograr el éxito, los hay que pueden frustrarlo. A continuación figura una lista de alimentos que hay que reducir o, mejor, suprimir por completo para que puedas convertir cuerpo y mente en una máquina depurada y magra que sea la bomba:

REFRESCOS. Son malos para ti, sobre todo los de tipo *light*, repletos de edulcorantes artificiales que se ha demostrado que provocan cáncer. Cíñete al agua o, si tienes que beber a la fuerza algo con sabor, añade trozos de fruta, bayas o un chorrito de zumo al agua con gas, prepara una limonada casera o tómate un té de hierbas helado y sin azúcar.

COMIDA RÁPIDA. Nada te supondrá un mayor lastre que la comida rápida. Se procesa con ingredientes de baja calidad y, francamente, ni siquiera debería considerarse comida de verdad. Nútrete con alimentos auténticos, frescos y simples para optimizar tu combustible, tu rendimiento y tu éxito.

FRITOS. La grasa presente en los alimentos fritos se te queda atascada y es difícil de digerir. Para estar ágil y en plena forma, cambia los fritos por los alimentos al horno o salteados en aceite de oliva.

CHOCOLATE. Sí, el chocolate negro tiene antioxidantes que favorecen la función cerebral y corporal, pero la mayoría de las tabletas están repletas de aditivos, azúcares y conservantes que te harán subirte a otra montaña rusa de altibajos, y eso es algo que no necesitas. Cambia el trozo diario de chocolate por un capuchino descafeinado o una pieza de fruta.

SOJA. Los productos de soja hinchan, y se ha demostrado que alteran las concentraciones hormonales. Lo último que quieres a la hora de trazar tu camino hacia el éxito es que las hormonas te vuelvan loco. Suprime todos los productos con soja, desde la salsa de soja a las barritas de proteína y las bebidas que la contengan.

CERVEZA. Puede hacer que te salga una barriga cervecera. Así de simple. Elige otra bebida.

CIGARRILLOS. Son repugnantes y muy de los años sesenta. Por no decir que, en la actualidad, fumar suele verse como un rechazo flagrante de 1) la realidad y 2) la salud. Evita que tus compañeros y jefes te vean fumar, y para ello no fumes nunca.

POLLO. No te quedes estancado en la rutina de comer pollo. Gran parte del pollo que circula por ahí es asqueroso, inyectado hasta los topes de antibióticos, hormonas y quién sabe qué más para mantener los márgenes de beneficio y las pechugas de pollo carnosas. Si comes demasiado pollo, es posible que acabes ingiriendo todas estas otras sustancias que tu cuerpo no necesita y que ni siquiera sabe digerir. Es mejor que comas esporádicamente pollo de calidad o, mejor aún, que lo cambies por salmón y atún.

Así que ahora que tienes algunas normas fundamentales sobre el cómo, pongámonos manos a la obra con el qué. Hay tres tipos de alimentos que favorecen el éxito: los que benefician al cerebro, los que aportan vitalidad y los que refuerzan el sistema inmunológico. Si ingieres los tres tipos, sentarás las bases para ser la bomba.

RETOX

ALIMENTOS PARA LA VITALIDAD

Es imposible que llegues a la cima si no tienes energía para emprender el viaje. Los alimentos son el combustible del organismo y tú necesitas disponer de los nutrientes adecuados para mantenerte fuerte.

BRÓCOLI. Sin duda, el brócoli necesita un nuevo relaciones públicas. Aparte de estar repleto de vitamina A, calcio, folatos para la reproducción y restitución celular, y fitonutrientes que ayudan a prevenir el cáncer, es rico en vitamina K, necesaria para la función cognitiva. Saltea o cuece al vapor una gran cantidad cada semana, compra algún envase de brócoli en la cafetería, y pídelo en ensalada o de guarnición siempre que puedas.

ARÁNDANOS AZULES. Este tentempié ideal para triunfar en la vida tiene azúcar, además de un índice glucémico bajo, lo que lo convierte en el combustible perfecto para que seas la bomba. Los arándanos azules también son ricos en antioxidantes, que neutralizan los radicales libres y protegen las células del organismo frente al envejecimiento y las enfermedades. Asimismo, se ha demostrado que mejoran la memoria y la función cerebral cognitiva. Tómalos a modo de tentempié a lo largo del día, cómete un puñado a la hora de desayunar, o añádelos a los batidos que te prepares para llevar.

TOMATES. Los tomates son ricos en licopeno, un antioxidante que se ha demostrado que previene el daño celular. Cómelos crudos a modo de tentempié o en ensalada, o, para potenciar su efecto, prepara una salsa o sopa de tomate.

SALVIA. Se ha demostrado que esta hierba antiinflamatoria mejora la función cerebral y corporal, además de potenciar la interconectividad de las distintas partes del cerebro y el cuerpo. Añádela a los salteados o esparce una pizca sobre sopas o ensaladas.

ESPINACAS. Popeye sabía lo que hacía. Se ha demostrado que las espinacas retrasan el envejecimiento y previenen el deterioro cognitivo y las enfermedades. Tienen mucho hierro, imprescindible para la producción de glóbulos rojos, así como para tu fuerza y resistencia. Por no hablar de que se considera un alimento funcional por sus nutrientes, antioxidantes y propiedades anticancerígenas. Incorpóralas como base en las ensaladas, tómalas como acompañamiento del plato principal en la cena, o añade un puñado al batido de desayuno que te prepares para llevar.

ALIMENTOS PARA EL CEREBRO

El cerebro es el instrumento más importante para el éxito. Requiere el doble de energía que cualquier otro órgano del cuerpo; consume alrededor del 20 por ciento de tu energía, mientras que solo representa cerca del 2 por ciento del peso corporal. Se autoabastece de glucosa y se mantiene a sí mismo con una mezcla de vitaminas y minerales. Tienes que alimentar a tu cerebro si quieres triunfar. No hay más remedio.

LAS CENAS DE NEGOCIOS

Todos sabemos que las cenas de negocios o las comidas de empresa son inevitables, pero lo que solemos olvidar es que a menudo son la clave del éxito. Sentarte a cenar y charlar con tus compañeros, jefes, clientes o contactos puede parecer tedioso, pero es justo en este entorno natural más relajado cuando forjamos relaciones, desarrollamos vínculos y aprendemos cosas nuevas. Si te has propuesto triunfar, las cenas de negocios serán tu talismán.

A pesar de todo, no te imaginas cuánta gente (tanto de la que ya ha alcanzado el éxito como de la que está en camino) se me queja de las cenas de negocios, alegando que se come como si no hubiera un mañana, los alimentos son calóricos, el pan y la carne son inevitables, y se bebe vino sin fin. Siempre me piden que les ayude a buscar excusas que puedan usar para escaquearse. Aunque puedo llegar a entenderles, nunca me he identificado con ellos. ¡Sobre todo porque a menudo paga un tercero!

Yo misma he ido a cientos de cenas de negocios, sobre todo durante mis años de vegetariana en Wall Street. Aunque temía pensar en qué y cómo iba a comer en el restaurante de sushi o en el asador siendo la única vegetariana en un grupo de hombres, sabía que evitar las cenas, profesando un dogma alimentario autoimpuesto, o comer como un pajarito, no me llevaría a ninguna parte. Así que creé un plan de alimentación para cenas de negocios que me sirvió cuando era una vegetariana en Wall Street y ya de carnívora cuando creé mi empresa de bienestar; desde entonces, ese plan ha ayudado a decenas de personas a darse un banquete sin engordar ni sentirse como una foca.

1. El agua es tu mejor amiga. Seguro que habrá bebidas alcohólicas. Ningún problema. Rechazarlas puede hacerte distinto del resto, y no en el buen sentido. Así que bebe con tus compañeros, pero asegúrate de igualar la cantidad de bebida y la de agua. Por cada

PESCADO. Los aminoácidos presentes en el pescado son un frenesí alimentario para las células del cerebro, al permitir la síntesis de neuronas y neurotransmisores. Estos últimos son cruciales para que el cerebro se mantenga perspicaz y activo. De entre los neurotransmisores, la dopamina beneficia a los sistemas inmunológico y nervioso; la serotonina rige los estados de ánimo, el sueño, la memoria y el aprendizaje; la acetilcolina favorece la memoria y el recuerdo, y la noradrenalina te mantiene alerta y concentrado. Los omega 3 y omega 6 son ácidos grasos esenciales. El DHA es el ácido graso esencial más abundante en el cerebro y es clave para la salud cognitiva y mental. Se ha demostrado que consumir pescado y aceite de pescado previene la atrofia cerebral y el deterioro cognitivo cerebral conforme envejecemos. Procura incluir muchos ácidos grasos como el salmón y el atún en tu dieta. Aquellos días en que no puedas obtener esos ácidos grasos a través de la alimentación, tómate un suplemento de aceite de pescado.

HUEVOS. Los huevos son una fuente crucial de B_{12}, una vitamina estrechamente asociada a la copa de alcohol, ya sea un vodka con tónica, o una copa de vino, bébete una de agua para compensar.

2. Tenlo claro. Si puedes elegir qué beber, a lo que te animo, limítate al grupo de bebidas menos nocivas. El vino es tu primera opción, seguido de la cerveza. Si la cena requiere tomar cócteles, opta por el vodka o la ginebra con agua con gas, o por un whisky solo o con hielo. Una vez te hayas decantado por alguna bebida, sigue con ella toda la velada. No mezcles, ya que es una receta para el desastre.
3. Si has salido a cenar, ¡cena! Elige platos con alimentos auténticos, no comida de pájaro, y cómetelos. Marear la comida te hace parecer indeciso. Inventar excusas para no comer te hace parecer voluble y aburrido, y da la impresión de que no eres de fiar. No digo que engullas el triple de salsa y de palitos de mozzarella fritos, sino que optes por una comida normal y completa, como la que te daba tu madre de niño, y que te la comas. Podrás quemarla al día siguiente si quieres.
4. Elimina los riesgos. Vale, puede que quieras o no quieras estar allí, pero lo estás, porque sabes que te ayudará a ser la bomba en el futuro. Ahora bien, ¿qué hay que pedir? Limítate a los platos que están claros y que sabes que te gustarán. Si estás en un local de sushi y sabes que no te gusta el pescado crudo, decántate por los platos con bacalao negro o *teriyaki*. En un asador, si no te apetece la carne roja, o directamente no comes carne, opta por el pescado asado. Si eres vegetariano y estás en cualquiera de esos dos lugares, pide guarniciones. Deja que los demás pidan primero, si es posible, para que puedas hacerte una idea del ritmo de la comida, y no vaciles cuando te toque pedir a ti. Y yo, que soy la mayor amante de las ensaladas del mundo, te digo que no pidas una ensalada de primero para cenar. Toma una cena correcta y completa, con una ensalada como guarnición o como entrante.

formación y función cerebral. El déficit de esta vitamina puede provocar un deterioro de la función cerebral, trastornos mentales, enfermedad de Alzheimer y demencia. Incluso si las concentraciones son ligeramente bajas, pueden aparecer síntomas como la falta de memoria y la fatiga mental. A pesar de lo que digan por ahí, no se puede obtener B_{12} de fuentes vegetales. Los huevos, seguidos de la carne y el pescado, son tu mejor opción. Además, la yema de los huevos contiene colina, un precursor del neurotransmisor acetilcolina que se ha mencionado antes. Comer huevos para desayunar, o incluso durante el día, puede ayudar a mejorar tu memoria y perspicacia mientras recorres el camino hacia el éxito.

CARNE. La creatina aporta energía a las células para poder desempeñar su función habitual, y sobre todo abastece de combustible al cerebro para favorecer el pensamiento crítico y permitirle resistir durante todo el día. Aunque la creatina también se encuentra en el pescado, la carne es la principal fuente (cada kilogramo de carne roja contiene cinco gramos de creatina), así que es una opción segura para que el cerebro resista todos los golpes. Asa un filete de calidad en la parrilla, come tacos de ternera mexicanos, prepara salsa con carne de ternera para la pasta italiana o prepárate una hamburguesa típica estadounidense con una guarnición de verduras.

FRUTOS SECOS Y SEMILLAS. No es que quiera convertirte en un pájaro ni mucho menos, pero comer frutos secos y semillas es beneficioso para la salud y la función cerebrales. Los antioxidantes y las grasas omega 3 previenen el daño celular cerebral, y las proteínas te abastecen de combustible para seguir adelante. Se sabe específicamente que las nueces mejoran la capacidad mental y aclaran las ideas, mientras que las semillas de lino, calabaza y sésamo añaden magnesio, zinc y, sobre todo, vitamina E a la ecuación. Tenlos cerca para poder tomarlos como tentempié, o incorpóralos a las ensaladas y los desayunos.

AZÚCAR Y CARBOHIDRATOS. Desde el punto de vista químico, la glucosa se clasifica como un carbohidrato, pero solemos referirnos a ella como un azúcar. A tu cerebro le resulta imposible funcionar sin glucosa, lo que significa que, si sigues una dieta sin azúcares ni hidratos de carbono, tu cerebro no estará funcionando de un modo óptimo. Prueba a consumir las frutas y verduras de la siguiente sección para alimentar, nutrir y proteger el cerebro, y no te preocupes si comes pasta, pan y azúcar. Tu cerebro lo necesita y, por ende, tú también.

AGUA. El cerebro pesa alrededor de 1,3 kilogramos y contiene un 75 por ciento de agua. Para mantener un grado de hidratación saludable, asegúrate de beber dos litros de agua al día (a ser posible, sin gas y a temperatura ambiente).

ALIMENTOS PARA EL SISTEMA INMUNOLÓGICO

No se puede ser la bomba si estás siempre enfermo. Al menos dos veces al día incluye un alimento que refuerce el sistema inmunológico para mantenerte fuerte para la batalla. Procura incorporar estos alimentos a tu dieta con regularidad para reforzar tus defensas y asegurarte de estar siempre listo para hacer limonada si la vida te da limones en el camino hacia el éxito.

AJO. Es el alimento natural que más refuerza las defensas. Échalo picado en salteados, añade unos cuantos dientes a la sopa o a las salsas y, si eres un auténtico bandido como mi abuela, mastica directamente un diente de ajo cada mañana.

VITAMINA C. Sabes que tanto tú como tu sistema inmunológico la necesitáis. Claro que puedes comer naranjas, pero los kiwis, los pimientos (sobre todo los rojos), la papaya y el brócoli contienen más vitamina C, esa potenciadora de las defensas, en cada bocado.

MIEL. La miel tiene muchas propiedades antibacterianas y antiinflamatorias. Se ha utilizado durante miles de años para reforzar las defensas y para conferir fuerza y resistencia. Ponte una cucharada en una tostada por la mañana, o toma una cucharadita con el té o como tentempié.

TENTEMPIÉS

Nueces y almendras
Mezcla casera de frutos secos, semillas y pasas
Verduras crudas: guisantes, zanahorias, pimientos, tomates cherry
Arándanos azules
Chocolate negro
Medio aguacate

Ensalada bomba

3 vasos de espinacas baby
1 pimiento rojo troceado
1 vaso de ramilletes de brócoli al vapor
½ tomate troceado
1 lata (85 g) de bonito del norte al natural
2 cucharadas de semillas de calabaza
2 cucharadas de nueces
2 cucharadas de aceite de oliva virgen extra
1 cucharada de vinagre balsámico

Pon todos los ingredientes de la ensalada en un bol grande. Mézclalos con el aceite de oliva y el vinagre.

Batido triunfal

1 vaso de fresas troceadas
1 vaso de arándanos azules
½ plátano troceado
1 cucharadita de semillas de lino molidas
1 puñado de espinacas
1 cucharadita de miel

Prepara un batido con todos los ingredientes y ¡a disfrutar!

Salmón para arrasar

1 filete (170 g) de salmón
3 cucharaditas de aceite de oliva
2 vasos de espinacas baby
1 vaso de brócoli troceado
1 vaso de quinoa o arroz silvestre, cocidos
1 cucharadita de semillas de lino o de sésamo (opcional)

Frota el salmón con una cucharadita de aceite de oliva. Calienta una sartén a fuego medio. Incorpora el salmón y sube el fuego al máximo. Deja que se haga tres minutos por un lado y otros cuatro o cinco minutos por el otro lado, hasta que esté bien hecho y se desmenuce fácilmente con un tenedor. Resérvalo. En la misma sartén, calienta las dos cucharaditas restantes de aceite de oliva a fuego medio. Añade las espinacas y el brócoli, y rehógalos hasta que las espinacas se pongan pochas y el brócoli esté tierno. Agrega la quinoa o el arroz, y mézclalo todo. Si quieres, espolvorea las semillas de lino o sésamo. Incorpora el salmón a la sartén y desmenúzalo con un tenedor. Mézclalo todo y sírvelo en un bol o sobre un lecho de lechuga.

Salsa boloñesa

- 1 cucharada de aceite de oliva virgen extra
- 1 cebolla amarilla picada
- 2 dientes de ajo picados
- 1 zanahoria picada
- 225 g de carne de ternera orgánica, picada
- 2 latas (800 g) de tomate triturado
- 1 cucharadita de orégano
- Sal y pimienta al gusto
- Una pizca de copos de chile (opcional)
- 1 paquete (340 g) de pasta a tu gusto

Calienta el aceite en una sartén grande a fuego medio. Incorpora la cebolla, el ajo y las zanahorias, y rehógalo todo hasta que las zanahorias se ablanden. Añade la carne, desmenuzándola con una cuchara de madera, y sofríela hasta que pierda su color rosado. Agrega el tomate triturado, el orégano, la sal y la pimienta al gusto, y copos de chile si quieres. Tápalo y deja que se haga a fuego lento entre quince y veinte minutos. Mientras cuece la salsa, pon a hervir una olla grande con agua. Cuando hierva, añade la pasta y cuécela según las indicaciones del envase. Una vez cocida, escúrrela e incorpórala a la sartén con la salsa. Mézclalo todo, sírvelo y ¡a disfrutar!

ACTITUD

Volvamos al tema de los golpes. Pero no te preocupes, que no voy a darte una paliza... aún. Por ahora voy a dejar que te la den los filósofos del yoga tibetano.

El quinto verso del *Yoga sutra* dice que la mente puede tener diferentes tipos de pensamientos (fluctuaciones mentales) que pueden causar aflicción o no. La palabra sánscrita para designar la «aflicción» es *klesha*. Proviene de la raíz *klish*, que significa «calamidad, espinoso, perturbar o molestar, ofuscar». Los *kleshas* son obstáculos mentales, dificultades en el camino. Son los golpes que puedes recibir en tu camino hacia el éxito.

Los *kleshas* se clasifican en seis grupos:

- La ignorancia, la falta de conocimiento y de capacidad para comprender.
- La atracción ignorante, que te guste algo por los motivos equivocados.
- La aversión ignorante, odiar algo por los motivos equivocados.
- La duda vaga, ya se trate de ser vago o titubear a la hora de hacer algo por pereza.
- El orgullo, la vanidad y el ego.
- Una cosmovisión errónea, no entender de dónde vienen las cosas o cómo funcionan realmente.

Ahora dedica un momento a pensar cuántas veces te has equivocado a causa de uno de estos *kleshas*. Yo, por ejemplo, te puedo dar como mínimo una docena de ejemplos de cada uno: pensar que era demasiado buena para algo, hablar mal de alguien sin conocerlo bien, tratar de conseguir algo porque creía que iba a impresionar a los demás, abstenerme de dar un paso porque era demasiado vaga para indagar en algo como era debido, etc. Todos estos son *kleshas*, golpes que afronté en mi camino hacia el éxito.

El objetivo del plan mental retox para ser la bomba es aprender a lidiar con los golpes a paso lento pero seguro, a hacer limonada con los limones que te vaya lanzando la vida, erradicando los *kleshas* y eliminando los obstáculos, liberándote de ellos sobre la marcha. Al hacerlo, no solo alcanzarás el éxito, sino que lo mantendrás mucho más tiempo de lo que lo creías posible. Arrasarás.

RETOX

Esta es una versión de la práctica budista tibetana denominada el «libro de las seis veces». En el método original se comprueba el estado mental seis veces al día, lo cual, sinceramente, puede resultar difícil en la vida real. La versión retox, por su parte, aprovecha la técnica de base, pero ofrece un sistema realista para erradicar los seis *kleshas* que puedan estar obstaculizando tu éxito. Así, crea una rutina para que lidies con los golpes y un marco para que arrases.

Saca un calendario o una agenda, o la aplicación del calendario del teléfono. Escribe «ignorancia» en la fecha actual. Escribe «atracción ignorante» en el día de mañana. Escribe «aversión ignorante» un día después. Al día siguiente, anota «duda vaga». Al otro, «orgullo» y, finalmente, «cosmovisión errónea». Repítelo todo en el mismo orden tres veces más hasta que se prolongue un total de veinticuatro días.

Todos los días, una vez al día, mira ese calendario. Si dice «ignorancia», escribe debajo una ocasión en que fracasaste o sucumbiste a la ignorancia. Debajo de eso, anota lo que harías para mejorarlo o cambiarlo la próxima vez. Al día siguiente, si pone «atracción ignorante», escribe algo que te atrajo sin tú saberlo. Debajo, anota lo que deberías haber mirado o hecho de un modo diferente. Repítelo, *klesha* tras *klesha*, día tras día.

Es como si fueran un síntoma y una anécdota, o como un golpe y su alivio.

Si algún día te olvidas de hacerlo, no te preocupes. Retrocede y hazlo cuando te acuerdes. Procura completar un ciclo de seis días (lo ideal sería completar los veinticuatro días planificados), para notar, casi como si fuera un milagro, un cambio fácil y triunfal hacia el éxito.

Banda sonora retox:

«I Won't Back Down», TOM PETTY

Pisando la alfombra roja tras llevar el método retox y I.AM.YOU. al Festival de Cine de Cannes, Francia.

Si la vida te da limones, haz limonada

VOLVER A SENTIRTE COMO UN NIÑO

EXPLORAR LA LIBERTAD Y LA DIVERSIÓN

Piensa menos; vive más

A LA LISTA DE RAZONES, más larga que las piernas de Gisele, de por qué yo nunca podría ser una supermodelo hay que añadir mis cicatrices. Ni te imaginas la de cicatrices que tengo. En la rodilla izquierda, cuatro circulitos por subir corriendo por una escalera mecánica. En el pulgar izquierdo, una señal de cinco centímetros de longitud por intentar convertir una tableta de chocolate en popitas de chocolate. En la rodilla derecha, una forma ovalada por caerme mientras practicaba el salto de vallas. En el hombro derecho, cuatro cicatrices de una operación quirúrgica de hombro tras hacer un clavado. En la pantorrilla izquierda, un extraño rectángulo fruto de un golpe con un palo de hockey. En el glúteo derecho, cuatro quemaduras en línea al bajar por un tobogán en un saco de patatas. En el párpado izquierdo, los vestigios de dieciséis puntos de sutura para coser un tajo que me hice en la cancha de baloncesto. En el meñique derecho, una marca en zigzag por caerme de un árbol. Y la lista sigue y sigue…

Cabría pensar que con todos esos recordatorios tangibles me habría vuelto más cuidadosa; lo hubiera sido, pero la niña en mi interior nunca escuchaba. Correteaba por el patio trasero, chillaba de emoción cuando llegaba Santa Claus, me desbordaba de entusiasmo la noche en que tocaba pizza, jugaba al béisbol en el patio delantero con los vecinos hasta el anochecer, patinaba comiéndome un helado… Sin duda, iba señalada de abajo arriba, pero cada cicatriz era como una insignia de honor, el pasaporte a una anécdota genial o a una experiencia memorable. ¡Todo era tan divertido! Era feliz y me sentía libre.

Ahora, al mirar mis cicatrices, ya no me siento invencible, sino que me preocupa tener más. Voy con más cuidado. Tal vez incluso me siento un poco asustada. No me queda más remedio que preguntarme qué ha pasado en todos estos años de juventud. ¿Cuándo nos volvimos todos tan serios? ¿Cuándo se volvió peligroso subirse a un árbol o pasó a ser ridículo acampar fuera en un tipi? ¿Por qué no disfrutamos ya con esas cosas? ¿Por qué no nos permitimos vagar por ahí sin un plan? Todo era emocionante en nuestra juventud, pura alegría de vivir. La vida era una retahíla de aventuras. Por lo general, no había estrés o motivo evidente que impidiera ser feliz. Claro que había momentos difíciles, como las peleas entre hermanos, ser objeto de burlas, perder un partido o recibir arañazos en el patio de recreo. Y es probable que algunos de nosotros experimentásemos un trauma real, como el divorcio de nuestros padres, la muerte de un ser querido, o una enfermedad infantil grave. Sin embargo, incluso en estas circunstancias, los niños se recuperan. Poseen una resistencia innata que les permite capear los momentos difíciles, levantarse y seguir adelante.

De niños, quizá nos daba miedo la oscuridad o el hombre del saco, pero no temíamos a la vida. Nos atrevíamos a lanzarnos; ansiábamos verlo y probarlo todo. No nos sonaban palabras como «fracaso», «asco», «lesión» y «estrés», meras etiquetas con connotaciones desconocidas, que rara vez considerábamos un riesgo. No es que de jóvenes no nos importara caernos, fracasar o asustarnos, sino que simplemente no dejábamos que nos preocuparan esas cosas y nunca permitíamos que nos detuvieran. Al contrario, nos importaba probarlo todo, pasar por todo, lanzarnos a todo. Éramos libres.

Demasiado a menudo echamos la vista atrás a la época en que éramos niños y recordamos la energía, la libertad, el deseo y la curiosidad que teníamos. Sin embargo, el milagro de la vida es que nuestra juventud no desaparece, sino que tan solo se oculta bajo las capas de nuestra armadura de adulto. Esa persona «lanzada», la que sonríe con admiración y asombro, es tu verdadero yo, que es feliz e inquieto y está lleno de energía por naturaleza. Si no pareces encontrarlo, no te preocupes; voy a sacar el niño que hay en ti con el método retox.

YOGA

Mis alumnos saben que he empezado muchas clases de yoga en el estudio I.AM.YOU. dando volteretas laterales. ¿Acaso soy gimnasta? Ni mucho menos. Pero sí creo que mis serios alumnos del estudio, centrados en conseguir objetivos, necesitan a menudo que les recuerden que son niños.

Esos días los envío a todos al fondo del aula y les mando dar una serie de volteretas laterales hasta la parte frontal de la sala. Si me siento realmente juguetona, les pido que vuelvan a sus esterillas haciendo también la rueda.

Deberías verles las caras; quizá tú estés dando volteretas laterales ahora mismo. Sé que puede dar vergüenza, pero ¿te daba corte cuando tenías diez años? Yo creo que no. Así que, ¿qué ha pasado en estos años? ¿Por qué algo divertido ha pasado a ser inapropiado y embarazoso? ¿Por qué la armadura de adulto proscribe el entusiasmo de la juventud?

Puedes volver a experimentar la alegría de la infancia. Eso es lo que quiere demostrarte el yoga retox. Con estas posturas y la secuencia más larga voy a ayudarte a quitarte con tus propias manos tu armadura de adulto hasta encontrar el niño que hay en tu interior, que desea con todas sus fuerzas reírse y divertirse, tal como hicimos desde que nacimos.

SOLUCIONES EN LA OFICINA

FLEXIÓN POSTERIOR EN EQUILIBRIO

Ponte de puntillas. Eleva los brazos. Inhalando, crece con el cuerpo. Exhalando, intenta hacer una ligera flexión posterior. Aguanta en equilibrio tantas respiraciones como puedas.

FONDOS DE TRÍCEPS EN LA SILLA

Siéntate en el borde de la silla y apoya también las manos en el borde. Presiona hacia abajo con las manos, estira los codos y eleva los glúteos. Inhala en esa postura mientras avanzas con los pies hacia delante hasta que los tobillos te queden alineados con las rodillas. Exhalando, flexiona los codos hacia atrás, bajando con el cuerpo por debajo del asiento. Inhalando, estira los codos. Exhalando, flexiónalos. Repítelo de tres a diez veces mientras te sientas bien.

TORSIÓN AMPLIA*

Sentado en la silla, abre los pies hacia los lados hasta donde te permita la mesa, con los dedos de los pies apuntando hacia fuera. Coloca el codo izquierdo en el muslo izquierdo. Inhalando, eleva el brazo derecho hacia el techo y mírate el pulgar. Exhalando, haz presión con el codo en el muslo para ayudarte a intensificar la torsión. Aguanta en esa postura de cinco a diez respiraciones, y después repítelo con el otro lado.

LA CUNA DE BEBÉ FLOTANTE

Sentado en una silla, cruza los tobillos. Apoya las manos sobre los reposabrazos o en el asiento junto a tus caderas. Inhala en esa postura. Exhalando, haz presión hacia abajo con manos y pies, y eleva los glúteos. Repítelo de una a cinco veces.

VOLTERETA LATERAL

Hazlo como cuando eras niño. Avanza con una pierna y apoya las dos manos en el suelo. Impúlsate hacia arriba. Da la voltereta lateral (o «rueda»). Aterriza. ¡Repítelo!

EL CUERVO

Empieza de cuclillas en el suelo. Apoya las manos en el suelo debajo de los hombros, con los dedos de la mano abiertos y extendidos. Lleva las rodillas lo más cerca posible de las axilas. Inhala en esta postura, presionando las rodillas contra la parte posterior de los brazos. Exhalando, véncete hacia adelante y, si puedes, levanta los pies del suelo, manteniendo el equilibrio sobre las manos. No tengas miedo de caerte, a menos que te acaben de operar la nariz esa misma mañana.

TABLA LATERAL CON TRES APOYOS

Empieza en la postura de la tabla, con los hombros alineados con las muñecas, las piernas extendidas y el cuerpo paralelo al suelo. Inhalando, pasa a la tabla lateral: traslada el peso a la mano derecha y al borde exterior del pie derecho, y eleva el brazo izquierdo hacia el techo. Como opción puedes levantar la pierna izquierda al máximo, agarrándote el dedo gordo del pie con los dedos índice y medio de la mano izquierda. Aguanta así cinco respiraciones, y después repítelo con el otro lado.

VOLVER A SENTIRTE COMO UN NIÑO

NUTRICIÓN

No sé en tu caso, pero de niña, mi hermana y yo solíamos devorar todo lo que mi madre nos ponía delante. Unos cuantos racimos de uvas verdes, media bandeja de lasaña, un cubo de ensalada y, lo mejor de todo, tacos y quesadillas. En la «noche mexicana», mi favorita, mi pobre madre estaba encadenada a la cocina, dando vueltas a las tortillas en los cuatro fogones durante una hora entera. Cada vez que llegaba a la mesa con una ronda, solíamos engullirlas y pedíamos más antes de que tuviera siquiera ocasión de sentarse a la mesa.

Entonces, justo un día antes del instituto, mi amiga Samantha me dijo que me iba a poner gorda. ¿Eh? Acababa de tomarme un par de tazones de sopa minestrone, pan de ajo, brócoli y una ensalada, y, por suerte, me sentía felizmente llena. Samantha me explicó que yo ya no era una niña y que no podía comer tantas calorías y salir impune. Yo no lo entendía. Si tenía hambre y me sentía bien, ¿cuál era el problema? ¿Por qué tenía que comer menos solo porque me hubieran quitado los aparatos de ortodoncia y hubiera dado forma a mi uniceja?

Se lo comenté a mi madre, que me dijo que no hiciera caso a Samantha y me comiera una galleta. Sin embargo, desde entonces me he dado cuenta de que, a medida que crecemos, solemos dejar de comer como niños y nos convertimos en robots obsesionados con las calorías y la salud. Con los años empezamos a abordar la comida como un proyecto de ciencias, en vez de considerarla un maravilloso y suculento placer. Confeccionamos listas interminablemente largas de alimentos prohibidos: nada de gluten, azúcar, carbohidratos, carne, lácteos, postres, nada de nada. Y después añadimos una penosa lista de obligaciones: suplementos, control de las raciones, zumos fríos y caros, y platos poco apetitosos y totalmente repugnantes. ¿Por qué nos hacemos esto a nosotros mismos? Sobre todo porque apostaría a que es probable que estuviéramos más sanos y fuéramos más felices de niños, cuando comíamos con libertad.

No puedes encarnar la juventud si comes como un aburrido vejestorio. Si quieres ser libre y feliz, y sentirte como un niño, tienes que comer con tanta libertad como ellos. A continuación te muestro cómo deshacerte de la armadura de adulto mediante la alimentación y descubrir tu felicidad sin restricciones.

DETOX

1. **NO TE LO PIENSES.** Por favor, deja de convertir cada comida y tentempié en una investigación científica sobre los misterios del bienestar. Simplemente sé consciente de lo que te apetece, añádele unas verduras, cualquier cosa que tengas a mano y te guste, y siéntate a comer. Eso es todo. Comerse demasiado la cabeza a la hora de comer le quita toda la diversión, lo que me lleva al siguiente punto…
2. **NO TE DES CAPRICHOS.** En serio, no te des ningún gustazo. Tan solo disfruta. Esa es una de las expresiones más perjudiciales en el ámbito del bienestar. ¿Desde cuándo es un capricho comerse un trozo de pizza? Es algo normal. Cómetelo. Deja de pensar que los alimentos placenteros que llevas toda la vida comiendo son ahora un capricho. Son alimentos que te gustan. Quítales esa tonta etiqueta y observa cómo se desvanece el sentimiento de culpa, y los kilos. (P. D.: Sabes que la comida basura procesada y la comida rápida siguen estando prohibidas, ¿verdad?)

RETOX

1. **ILUSIÓNATE.** Haz una comida al día en la que te diviertas y que estés esperando realmente con ilusión. Tal vez eso signifique cenar y tomar algo en un local nuevo, hornear algo en casa o dar un paseo con un amigo para comprar un tentempié. En todo caso, deja espacio para la diversión a la hora de comer. Eso ya es nutrición por sí solo.
2. **COME TUS ALIMENTOS FAVORITOS.** Todos tenemos alimentos favoritos, y quiero que los comas, porque privarte de lo que te encanta es como añadir otra capa a tu armadura de adulto sin motivo alguno. Come lo que te gusta, pero recuerda acompañar con verdura cada comida.
3. **RECUPERA LA COMIDA DE MAMÁ.** Si tuviste la misma suerte que yo, tu madre te preparaba comidas caseras. Quiero que las reincorpores a tu vida adulta. Y, si no comías así de pequeño, pruébalo ahora. Mamá nos alimentaba para que creciéramos y estuviéramos sanos, felices y fuertes, ¡así que no hay motivo para dejar de comer así de adultos! Haz al menos una comida al día que se asemeje a la de mamá. Proteínas (pescado, pollo de corral o carne de ternera), dos raciones de verduras cocidas, un poco de arroz o pan, y una ensalada de acompañamiento. Después de comerte todo eso, ¡también puedes tomar postre! A continuación te ofrezco algunas recetas retox, algunas de ellas originales y otras de cosecha propia, basadas en lo que me gustaba comer en casa. Y, si no tienes tiempo o no quieres cocinar, puedes pedir estos platos en un restaurante para llevar o para comer *in situ*. ¡Así que no te estreses por no tener a mamá cerca para cocinar!

TENTEMPIÉS

Trozos de manzana
Pasas
Palomitas de maíz sin mantequilla
Apio y zanahorias con aliño para untar
Chocolate caliente retox: leche de almendras caliente y una cucharada de cacao en polvo del bueno (puedes añadir un poco de vainilla o canela, si quieres)

Tacos para la noche mexicana

Los tacos son estupendos, fáciles y divertidos.

1 cucharadita de aceite de oliva
1 cebolla blanca, picada
225 g de carne de ternera orgánica picada
1 vaso de espinacas baby
2 tomates troceados
Un puñado de cilantro fresco, picado
1 jalapeño picado (opcional)
Sal al gusto
1 aguacate
½ limón (en zumo)
8-12 tortillas de maíz

Calienta el aceite en una sartén grande. Incorpora la mitad de la cebolla y sofríela hasta que quede transparente. Añade la carne picada, separándola con una cuchara de madera mientras se hace. Cuando la ternera pierda su color rosado, añade las espinacas y déjalas al fuego hasta que estén totalmente pochas. (Puedes cocinar las espinacas y la carne por separado si no quieres ponerlas juntas en los tacos.) Pon en un bol los tomates, la otra mitad de la cebolla, el cilantro y el jalapeño (si lo usas). Añade una pizca de sal y mézclalo bien. En otro bol, machaca el aguacate con una pizca de sal y con zumo de limón.

Cuando vayas a comer, calienta las tortillas de una en una en una sartén sin nada, o envuélvelas en un papel de cocina húmedo y ponlas al microondas durante treinta segundos. Para montar los tacos, unta el aguacate en la tortilla. Después coloca una hilera de carne y espinacas en el centro de la tortilla y vierte por encima la mezcla con tomate. Enróllalo y ¡a comer!

Estofado de verduras

2 cucharaditas de aceite de oliva virgen extra
1 cebolla picada
1 calabacín troceado
1 lata (800 g) de tomate triturado
Sal al gusto
1 lata (425 g) de maíz
2 vasos de espinacas baby
4 vasos de quinoa o arroz, cocidos

Calienta el aceite en una olla grande. Incorpora la cebolla y rehógala hasta que quede transparente. Añade el calabacín y remuévelo todo. Cuando el calabacín se ablande, agrega el tomate y una pizca de sal. Remuévelo, tápalo y déjalo a fuego lento durante quince minutos. Añade el maíz y las espinacas, y vuelve a taparlo; deja que cueza durante cinco minutos, hasta que todo se haya calentado y las espinacas estén totalmente pochas. Sírvelo sobre un lecho de quinoa o arroz.

Macarrones con queso retox

Esta receta requiere un poco más de esfuerzo, ¡pero vale la pena!

1 cucharada de aceite de oliva virgen extra
3 dientes de ajo picados
1 cebolla picada
2 tomates picados
1 zanahoria pelada y troceada
Sal al gusto
1/8 de cucharadita de copos de chile (opcional)
1 caja (450 g) de pasta a tu gusto (yo prefiero macarrones o rigatoni)
3 vasos de queso parmesano rallado

Precalienta el horno a 180 °C.

Calienta el aceite en una sartén grande a fuego medio. Incorpora el ajo y la cebolla, y rehógalos hasta que la cebolla quede transparente y el ajo se dore. Añade los tomates, la zanahoria y dos pizcas de sal, así como las copos de chile, si te gusta *arrabbiata,* o un poco picante. Remuévelo, tápalo y deja que se haga a fuego lento durante quince minutos. Mientras se hace la salsa, pon una olla grande de agua a hervir y cuece la pasta al dente, unos diez minutos, dependiendo del tipo de pasta. Una vez cocida, escúrrela e incorpórala a la sartén, añadiendo un puñado de queso mientras lo vas mezclando todo. (Si la sartén no es lo suficientemente grande, añade la salsa a la olla donde se coció la pasta.) Coge ahora una fuente de horno y extiende una capa de pasta en el fondo. Añade una capa de queso. Pon otra capa de pasta cubierta de otra capa de queso, y sigue así hasta que llenes la fuente hasta arriba. Acaba añadiendo una capa superior de queso, sobre todo por las esquinas. Coloca la fuente en el horno hasta que el queso se derrita y empiece a burbujear. Sírvelo acompañado de una ensalada y ¡a disfrutar!

ACTITUD

Mi padre me enseñó a esquiar. No fue fácil… para ninguno de los dos. Pobrecito, le arrollé literalmente la primera vez que fuimos a esquiar. Me impulsé con los palos para ir más rápido, pero no tenía ni idea de cómo detenerme hasta que él me frenó, con su cuerpo. Ambos nos desplomamos en el manto de nieve blanda, nos reímos, volvimos a subir por la montaña y nos dirigimos de inmediato a una pista de verdad. Yo no tenía ni idea de lo que hacía, pero no importaba. Confiaba en que podía hacerlo. Me creía invencible. Además, ¿qué era lo peor que podía pasar?

Pista tras pista, telesilla tras telesilla, mi padre me enseñó a esquiar, animándome a levantarme cada vez que me caía, lo que, por cierto, sucedía a menudo. Tras unos cuantos días comiendo barritas de Snickers en los telesillas y cogiendo un extraño moreno con las gafas marcadas del que me sentía orgullosa, me enamoré de ese deporte. Rezumaba libertad, y caer formaba parte de la belleza y la diversión. Eso era cuando tenía diez años. Si hago un salto a los treinta y cuatro años, de repente ya no encuentro esas caídas tan divertidas.

Tras catorce años sin esquiar (los mismos que llevo con mi marido colombiano, que adora el calor y evita los deportes de invierno), me dirigí a las pistas para recuperar mi polvorienta pasión precolombiana. Sin embargo, al bajar la vista hacia la brillante pendiente a mis pies, noté al instante un drástico cambio de actitud con respecto a la última vez que me había puesto los esquís: de repente estaba aterrorizada de caerme, y más aún de coger velocidad, toparme con la línea de seguridad, caerme y hacerme daño. Después de pasarme unos buenos quince minutos mirando fijamente cómo los valientes mocosos de entre dos y seis años de edad que no me llegaban ni a las caderas bajaban a toda velocidad por la montaña, inicié vacilante mi descenso, con la mandíbula apretada, las extremidades rígidas, y el cuerpo y la mente tensos por dentro y por fuera. Me centré en evitar la línea de seguridad de la montaña, deslizándome en horizontal una y otra vez, apretando la mandíbula, los palos y los dedos de los pies dentro de las botas. En el fondo sabía que, si me dejaba llevar por la pendiente y aprovechaba los conocimientos que ya tenía, podría deslizarme libremente hacia abajo sin esfuerzo, pero el adulto en mi interior estaba aterrado, demasiado consciente de los posibles riesgos y lesiones. Analizaba cada movimiento de mi cuerpo, cada bache en el terreno, cada persona que pasaba a mi lado. Estaba atrapada en mi mente, pensando cómo bajar por la montaña, bloqueando totalmente mi capacidad para bajar deslizándome por la pista. Fue una experiencia deprimente.

En los años que había pasado sin esquiar también había crecido, y me había llevado conmigo a las pistas todo el bagaje que viene con la aparente madurez. De repente era una auténtica adulta estancada y reacia al riesgo. Había perdido mi curiosidad infantil, mi capacidad de disfrutar de las cosas sin más, mi capacidad innata para lanzarme y divertirme sin importarme nada más. Quería flotar libre, pero no podía liberarme lo suficiente como para llegar a ese punto. Me había olvidado del *virya* y había creado una montaña insuperable en mi mente.

Virya significa «esfuerzo gozoso» en sánscrito. Es el entusiasmo por el mundo y por todo lo que ofrece, lo bueno y lo malo. El *virya* representa un irrefrenable deseo de participar en las actividades de la vida, sin juzgar ni contenerse. Vivir con *virya* es regocijarse en lo bueno, a la vez que simplemente se observa y se aprende de lo malo. Los antiguos filósofos del yoga creían que el *virya* era necesario para vivir feliz, con éxito y con buena salud. Lo consideraban la clave para la libertad. Tienes que involucrarte con esfuerzo gozoso o, de lo contrario, el mundo no te involucrará a ti. Según esos filósofos, sin *virya* nunca podrás vivir fuera de la trayectoria que tienes prevista ni descubrir tu verdadera naturaleza.

El *virya* resultaba mucho más fácil cuando éramos niños. Con un poco de suerte, no sabíamos nada de facturas ni de jefes, del cáncer o de la muerte. Nunca nos habían roto el corazón y aún no nos habían despedido. Sin embargo, ahora, siendo adultos conscientes, el *virya* a menudo supone un reto; el cerebro maduro, preocupado y excesivamente analítico interfiere en el gozo puro con el que crecemos. Ha llegado el momento de quitarnos las capas de la armadura de adulto y cultivar el *virya*. Tenemos que nutrir al niño que hay en nuestro interior para poder ser nuestro verdadero yo.

RETOX

Ser feliz y libre como un niño es simple, si lo permites. Al igual que en el ámbito de la nutrición y el yoga, no quiero que te lo pienses demasiado. Tan solo haz una nota con estas cinco cosas y ponla junto a tu cama, en tu escritorio o en el teléfono móvil, y esfuérzate por hacerlas, cuando puedas y como puedas, recordando divertirte a la vez. Al fin y al cabo, ¡no es más que la vida misma!

ATRÉVETE A HACERLO FATAL

Prueba algo nuevo, dispuesto a hacerlo mal, fatal. Puede ser una clase de baile, practicar yoga *bikram* o cocinar. Con el simple hecho de probar estarás desenterrando al niño que llevas dentro.

RÍETE DE TI MISMO

Cuando lo hagas fatal, o incluso cuando no sea así (¡qué suerte tienes!), ríete de ti mismo. Deja de tomártelo todo y a todos tan en serio, y ¡eso también te incluye a ti! Suelta una risita. Te sentirás más liviano después.

HAZ ALGO QUE TE ENTUSIASME

El entusiasmo está en todas partes si te dejas llevar. Tal vez esté en lanzar algunas canastas, probar una nueva panadería, experimentar con un nuevo cóctel o acurrucarte en el sofá a ver una película. Cada día haz algo que te entusiasme, algo que estés deseando hacer y que puedas recordar con alegría al día siguiente.

SORPRÉNDETE

La belleza está en todas partes, solo hay que verla. Esfuérzate por ver o notar algo pequeño y maravilloso cada día. Tal vez sea la forma de una hoja de árbol o el sonido de la gente riéndose a tu lado. Lo que sea y donde sea; maravíllate asombrado y disfrutándolo totalmente a diario. Te hará vivir más años.

ANÍMATE

La vida no es tan mala, incluso cuando es mala. Déjate sentirte animado e ilusionado, ser positivo y optimista. Esos sentimientos no denotan que seas un bicho raro de Marte, sino que en el fondo eres un niño feliz que, probablemente, está más sano y tiene más éxito que todos los adultos quejicas y abatidos que hay por ahí. Sé la versión feliz de ti mismo. ¿Qué tienes que perder?

Banda sonora retox:
«Fun Fun Fun», THE BEACH BOYS

Piensa menos; vive más

Liberando al niño que llevamos dentro antes de iniciar el Lolë White Tour frente a diez mil asistentes en Central Park. Elene Brower, su hijo Jonah y la mayor niña de todos, yo.

PURO ÉXTASIS

LOGRAR UN SUBIDÓN NATURAL

Cíñete a la verdad, no tergiverses

ME ENCANTA EL ÉXTASIS. PERO odio las drogas. El éxtasis al que me refiero es puro, efímero, efervescente; es una diminuta explosión de felicidad natural y placer que alimenta mi energía, impulsa mi ímpetu, dinamiza mis pasos y vigoriza mi sonrisa interna y externa. Ese es el éxtasis que tengo, y que quiero darte.

La primera vez que entré en éxtasis estaba bailoteando por mi habitación, preparándome para mi turno de lavaplatos y camarera en el café local. De negro de pies a cabeza, con pulseras de cuero y zapatillas deportivas fluorescentes, con la música tecno de Oakenfold saliendo a todo volumen de los altavoces estéreo, apenas oí que mi madre entraba en mi habitación. Apagó la música, tiró la revista *Time* sobre mi escritorio y me preguntó si, al igual que la chica de la portada, yo tomaba éxtasis. «Gracias, *Time*», pensé. Le respondí que no, que nunca lo había probado. Tan solo era feliz, cariñosa y animada por naturaleza. Ella me miró, supo que yo decía la verdad, me dio un abrazo y seguimos con nuestras vidas.

Eso fue a los veintipocos años, y deja que te diga que ha pasado mucha vida desde entonces. Por «vida» me refiero a pruebas y tribulaciones, retos y triunfos, peleas y amor. Ha habido batallas épicas y momentos de dulce rendición, ríos de lágrimas y optimismo a raudales. Solo en la última década he pasado por todo tipo de sentimientos negativos, pero siempre he sabido ver el lado positivo, aunque fuera solo un resquicio de luz, y aferrarme a ello. Eso me ha permitido ser feliz, estar llena de energía y tener esperanza durante toda mi vida, como se supone que debe ser normal en todos nosotros.

Sin embargo, la vida tiene una fastidiosa forma de interponerse en el camino, lo cual hace que la auténtica felicidad sea a veces un reto. El método retox te da acceso directo a un estado sublime; es una herramienta para encontrar y retener la locura increíblemente buena de la felicidad que se encuentra bajo todo el caos de la vida. Es como una dosis recetada de este éxtasis puro con el que yo avanzo por la vida, al que te harás adicto y del que deberías estar orgulloso. Vente de viaje conmigo. ¿Acaso no quieres también estar siempre feliz?

YOGA

El yoga no consiste en dejar la mente en blanco o dar abrazos, sino que pretende que aproveches tu potencia interna, tu energía innata y tu naturaleza intrínseca, y las uses para llegar adonde quieras. El yoga, el auténtico, está pensado para hacerte feliz y afortunado en todo momento. ¿Y sabes qué? Que no hay dibujitos de corazones, *om shantis,* tableros de visualización ni *kumbayás* que lo consigan. Tan solo hay tres cosas: la respiración, las posturas y la dedicación.

Antes de practicar las posturas retox para alcanzar el éxtasis puro, vamos a repasar la respiración. Dedica un momento a observar tu respiración, inhalando y exhalando por la nariz, conectando ambas acciones para lograr un flujo continuo. La respiración es el elemento más importante en el yoga. Es el ingrediente secreto que lo une todo y hace que todo funcione. Sin la respiración, la práctica no es más que una serie de posturas aleatorias que, sinceramente, a menudo parecen ridículas. La respiración es el vínculo entre las posturas y la dedicación, la conexión entre el cuerpo y la mente, entre tú y tu mundo. Tienes que respirar.

El segundo elemento más importante en el yoga es la dedicación. No basta con hacerlo por ti. Sinceramente, el trasero lo tienes bien. Cierra los ojos un segundo y visualiza la primera persona que te venga a la mente. Tal vez sea alguien que no parece alcanzar su estado sublime, alguien incapaz de encontrar la felicidad o que está pasando por una mala racha. Visualiza a esa persona enfrente de ti y decide practicar tu sesión de yoga retox en su honor. Cada vez que sientas dolor o tu mente se evada, vuelve a visualizar a esa persona y continúa.

El tercer elemento es la secuenciación de las posturas. Esta es la triple combinación que hace que funcione el yoga I.AM.YOU. Es la receta del más puro éxtasis. Así que nota tu respiración, elige a quién se lo dedicas y subamos hasta las nubes.

RETOX

SOLUCIONES EN LA OFICINA

LA MONTAÑA DE PUNTILLAS

Ponte de pie, si puedes (si no, hazlo sentado). Ponte de puntillas. Eleva los brazos hacia el techo. Abre los dedos de las manos. Aguanta en esa postura mientras te sientas bien.

FLEXIÓN POSTERIOR

Siéntate, inhala, crece con el tronco y apoya las manos en la silla, con los dedos hacia abajo. Exhalando, arquea la espalda hacia atrás. Deja caer la cabeza hacia atrás. Aguanta así de cinco a diez respiraciones.

TORSIONES RÁPIDAS*

Siéntate con la espalda bien recta. Inhala y extiende los brazos por encima de la cabeza. Exhala y lleva las puntas de los dedos a la parte superior de los hombros. Inhala y alarga la columna. Exhalando, empieza a hacer una torsión a izquierda y derecha tan rápido como puedas. Deja que se te despeine el cabello con el viento. Hazlo de diez a treinta segundos cada vez que necesites un chute. Opcional: añade la respiración dinámica *(kapalabhati)* mencionada en las «Soluciones rápidas».

TORSIÓN CON FLEXIÓN POSTERIOR*

Siéntate con la espalda bien recta. Inhalando, eleva el brazo izquierdo hacia el techo. Exhalando, haz una torsión hacia la derecha y lleva la mano derecha por detrás de los glúteos. Inhalando, alarga todo el costado izquierdo. Exhalando, haz una flexión posterior y una torsión. Aguanta ahí de cinco a diez respiraciones, y después repítelo con el otro lado.

¡Una de regalo!

SONRÍE

Vamos, ya sabes cómo hacerlo.

SOLUCIONES RÁPIDAS

RESPIRACIÓN DINÁMICA*

Siéntate con la espalda bien recta y las piernas cruzadas, con los tobillos tocándose entre sí frente a ti. Eleva los brazos junto a las orejas formando una «v». Cierra los ojos. Inhala hasta un nivel en que te sientas cómodo. Empieza a realizar breves expulsiones de aire por la nariz; céntrate en exhalar, puesto que la inhalación será una reacción automática, ya que el diafragma va bombeando la pared abdominal. Debería darte la sensación de que estás medio estornudando, medio sonándote la nariz. (En caso de embarazo, sáltate la respiración *kapalabhati*.) Vuelve a una respiración neutra y realiza tres respiraciones normales. Haz dos rondas más.

POSTURA SALVAJE

Empieza en perro hacia abajo con rodilla flexionada (página 156), con la pierna izquierda en el aire. Inhala en esa postura. Exhalando, flexiona la rodilla izquierda y abre la pelvis. Inhalando, deja caer la zona metatarsiana del pie izquierdo hasta apoyarla en el suelo por detrás de ti y eleva el brazo izquierdo. Mantén la pierna derecha estirada, la rodilla izquierda flexionada y el peso únicamente en los metatarsos del pie izquierdo. Deja caer la cabeza hacia atrás si te sientes bien y haz cinco respiraciones en esa postura. Después repítelo con el otro lado.

LA DANZA

Empieza de pie. Inhalando, flexiona la rodilla derecha, llevando el talón hacia el glúteo. Exhalando, agarra con la mano derecha la parte interna o externa del tobillo, lo que más cómodo te resulte. Inhalando, eleva el brazo izquierdo. Exhalando, tira de la pierna derecha hacia arriba y extiende hacia adelante el brazo izquierdo. Aguanta así cinco respiraciones, y después repítelo con el otro lado.

LA RUEDA CON TRES APOYOS

Túmbate boca arriba con las rodillas flexionadas y los pies apoyados en el suelo y separados a la anchura de las caderas. Apoya las manos junto a las orejas. Inhalando, levanta todo el cuerpo para entrar en la postura de la rueda (o arco invertido). Exhala aquí. Inhalando, eleva la pierna derecha recta hacia el techo, con el pie en punta. Aguanta así de una a cinco respiraciones, y después repítelo con la otra pierna. Si esto es demasiado para ti, puedes hacerlo desde la postura del puente, dejando los brazos junto al torso y elevando solamente los glúteos y la parte baja de la espalda.

PURO ÉXTASIS

NUTRICIÓN

Ahí va una idea descabellada: intelectualizar menos los alimentos y disfrutar más de la comida.

Es muy sencillo, ¿verdad? En el cóctel retox para alcanzar el más puro éxtasis, no solo es posible, sino que es el objetivo. Todos queremos estar en forma y sabemos que la alimentación es un ingrediente clave. Pero ¿acaso no estaría bien comer sin más, sin que cada comida se convirtiera en un proyecto? Este es el quid del método retox.

Sí, comer bien es fundamental, pero si crees en serio que ese zumo verde es la clave para hacerte ridículamente feliz, vas muy equivocado. La alimentación afecta totalmente a tu estado de ánimo, tu energía, tu rutina y tu actitud, como hemos visto, pero no hay un alimento, o grupo alimentario, que pueda retener con total seguridad el éxtasis que siempre anhelas. Si lo hubiera, todas las empresas importantes habrían encontrado la forma de patentarlo, envasarlo y venderlo veinte veces por encima de su valor.

Quizá no haya un alimento único, pero sí hay un método para nutrir el más puro éxtasis. Y, como el propio éxtasis, es primordial, básico y sencillo. Te lo voy a explicar.

Tal vez notes que aquí no hay una sección detox, ni tampoco recomendaciones alimentarias específicas o recetas. Eso es porque este capítulo pretende que no te estreses con la alimentación. Quiero que recuperes el gozo, el placer de comer. Quiero que escuches a tu cuerpo y que comas bien para vivir bien. La alimentación aporta a la vez combustible y diversión a nuestro cuerpo y a nuestra alma. ¡Buen provecho!

RETOX

En la numerología, el seis representa la armonía, el equilibrio, la sanación y la protección. Así que he definido seis pautas de nutrición para la felicidad extática, que nos vuelven a conectar de un modo armonioso con el lugar donde empezó el PEV.

DISFRUTA. Sobre todo date libertad para disfrutar de la comida. Intenta esperar la hora de comer con ilusión y saborear a fondo no solo lo que comes, sino también la experiencia de comer. Procura que sea una experiencia menos angustiosa, preocupándote menos de lo que comes, y más una experiencia de nutrición cultural. En Italia y España se suele hablar de comida mientras se come, recordando la fabulosa pasta que se cenó la noche anterior o planificando el tapeo de más tarde. Para las poblaciones mediterráneas, la alimentación no es motivo de culpa o estrés, sino que provoca deleite, lo cual es, en parte, la razón por la que gozan de tan buena salud.

DEJA DE FINGIR. Si no tienes una alergia real, clínicamente probada, no te la inventes. Es una tontería. Claro que puedes llamar «dieta sin gluten» a tu dieta sin carbohidratos, pero ¿por qué molestarse cuando el gluten no te causa ningún problema y el hecho de no comer carbohidratos no es solo una locura, sino un impedimento para gozar de buena salud? Come lo que te pida el cuerpo y lo que los seres humanos llevan comiendo miles de años, y deja de preocuparte por ello.

OLVÍDATE DE LA COMIDA BASURA. Los alimentos procesados, la comida rápida, los refrescos, las proteínas artificiales, los tentempiés bajos en grasas…, suprímelos todos. Tu cuerpo no está pensado para digerirlos; simplemente desconoce cómo hacerlo. Están repletos de ingredientes que quizá ni siquiera sepas pronunciar, y mucho menos explicar, y apenas garantizan, si es que lo hacen, la auténtica nutrición que necesitas.

PASA DE LA LIGA ANTICARNE. Engullir carne de mala calidad y producida en masa, o pescado de piscifactoría, criado de forma poco segura, no es buena idea. Pero tampoco lo es privar al cuerpo de proteínas y vitaminas fundamentales que han permitido sobrevivir a los seres humanos desde el inicio de los tiempos. Come carne, solo que elegida con cabeza. En vez de comprar un sándwich de carne asada en la tienda, espera y disfruta de un estupendo filete; en lugar de tomar por ahí otra pechuga de pollo más en ensalada, opta por preparar una deliciosa ensalada para cenar, pero con pollo orgánico, sin antibióticos; en vez de comprar rollitos de dudoso atún en el supermercado, sal a cenar sushi. Te recomiendo comer principalmente carne y pescado, siempre acompañado de suficientes verduras para dar verdor al plato.

AGUA. La necesitas, más de lo que crees, ya que tu cuerpo contiene un 65 por ciento de agua, y sin ella no puedes vivir. Bebe agua sin gas a lo largo del día, todos los días. Si te hidratas por dentro tomando de dos a tres litros al día, notarás un éxtasis inmediato, que se irradiará a través de los ojos y la piel, y te aportará energía en todos los ámbitos de tu vida.

VERDE, QUE TE QUIERO VERDE. La verdura es realmente fundamental para gozar de una salud extática. Así que cuanta más comas, mejor. Cocida o cruda, a modo de tentempié, guarnición o plato principal. Asegúrate de que entre dos tercios y tres cuartos de los alimentos que consumes al día sean verdura y todo irá bien.

Eso es todo. Es lo único que tienes que hacer en este viaje al más puro éxtasis. ¿Acaso podría ser más fácil?

ACTITUD

Voy a resumir toda la industria multimillonaria de autoayuda y sanación a través de la búsqueda de la felicidad en una frase:

> *Yogash chitta vritti nirodhah.*
> Nos sentimos completos al cesar las fluctuaciones de la mente.

Esta es la segunda línea del primer libro escrito sobre el yoga. Patanjali empieza diciendo que va a enseñarnos a sentirnos completos. Sigue con la frase citada («Nos sentimos completos al cesar las fluctuaciones de la mente») y afirma a continuación que, si no cesamos esas fluctuaciones, sentiremos tormento, angustia y sufrimiento, en vez de descubrir la verdad, el gozo y la euforia que constituye tu verdadera naturaleza y la de la vida misma.

Puedes quedarte dando vueltas atormentado en las corrientes submarinas de la ira, los conflictos y la agonía, o puedes emerger y flotar para alcanzar la verdad extática, sin saber siquiera que están ahí. En el primer caso, te hundes y sufres; en el segundo, gozas de la belleza, la felicidad y el éxito.

Con demasiada frecuencia, en Occidente, *yogash chitta vritti nirodhah* se traduce por «Deja la mente en blanco y observa qué pasa» o «Detén el parloteo de la mente». Sin embargo, estas traducciones acaban con el poder de la filosofía y casi te obligan a seguir un camino eterno hacia la mediocridad. Eso no es en absoluto lo que pretendían los filósofos tibetanos.

No alcanzas ni mantienes la felicidad si dejas en blanco la mente, ya que esta última te seguirá hasta cualquier isla tropical desierta a la que huyas. Conseguirás ser feliz, estar sano, tener éxito y situarte en el cenit de tu vida si dominas tu mente y le enseñas a ver tu auténtica naturaleza y la de tu mundo. La sabiduría radica en entender cómo funciona tu mente. Cada vez que ves algo con los ojos, la mente lo etiqueta en un complejo proceso de femtosegundos en el que amalgama percepciones y experiencias pasadas. En ese minúsculo instante que pasa entre que ves algo y tu mente lo etiqueta, creas tu realidad.

El objetivo es entrar en ese diminuto espacio que existe entre la observación y la percepción, y asegurarte de evitar que la mente tergiverse erróneamente lo que ves, creando así una percepción que no quieres tener. Si saturas tus pensamientos de positividad y felicidad, crearás percepciones similares y, al hacerlo, serás realmente feliz por dentro y por fuera.

Aunque tus ojos vean el mundo, tu mente es la que lo percibe. Y esas percepciones son las que dan forma a tu persona, tu mundo y tu realidad. Depende de ti decidir cuánto éxtasis quieres en tu vida. Eres tu propio camello. ¿Nos tomamos una pastilla juntos?

RETOX

Cada noche antes de acostarte, o al volver a casa del trabajo, quiero que dediques un instante a pensar en algo bueno que haya pasado ese día. Si hubo tres cosas, aún mejor, pero con una basta. Incluso en el peor de los días, sé que siempre hay una, así que búscala. Quizá sea un mensaje de texto de un amigo al que aprecias, un beso de tu pareja, un comentario positivo de tu jefe, un cielo azul perfecto, ese delicioso capuchino espumoso, tus brazos definidos gracias al yoga I.AM.YOU., etc. Sea lo que sea, deja que te venga a la mente.

> Inhala, piensa [en tu pensamiento].
> Exhala, di «gracias».
>
> Gracias.

Eso es todo. Da las gracias por lo bueno sin centrarte en lo malo y, día a día, discernirás la verdad, dejarás de tergiversar. Vas a ser a la vez tu propio camello, tu proxeneta y un adicto al éxtasis retox. Así harás espacio para que lleguen más cosas buenas y te arrastren a un viaje eterno hacia el más puro éxtasis, feliz, extático y libre, como todos queremos ser.

Banda sonora retox:

«Ask», THE SMITHS

Cíñete a la verdad, no tergiverses

Llegando al éxtasis durante una sesión fotográfica con Mick Rock, Nueva York.

VIVE LA VIDA
Vive como si fueras a morir mañana.
Aprende como si fueras a vivir siempre.
GANDHI

COMÉTELA. BÉBETELA. ÁMALA. VÍVELA.

Ojalá que el método retox te haya servido de inspiración. Aun así, os dejo a ti y a este libro un final abierto, no hay necesidad de cerrarlo con una conclusión, ya que la vida en sí es un ciclo continuo.

El aprendizaje es un proceso; la vida es una experiencia. No se trata de lo mucho que hayas aprendido del método retox, sino más bien de lo mucho que has vivido.

Recuerda que lo que está sucediendo hoy se convertirá en el pasado. El mañana sucederá para que puedas vivir el presente. El ayer sucedió para que ahora puedas hacerlo todo aún mejor.

Tú puedes ser, y serás, todo lo que siempre has soñado, en cada momento de cada día. Estarás en tu mejor momento, o quizá ya lo estés.

Todo lo que necesitas lo tienes ya en tu interior, y ahora dispones de las herramientas retox para guiarte en la dirección correcta. Saca la pasión que llevas dentro y te convertirás en la mejor versión de ti mismo.

Si persigues tus sueños y vas a buen paso, alcanzarás el éxito, signifique lo que signifique para ti. Solo tienes que ser flexible, vivirlo todo al máximo y no tener miedo de profundizar y ponerte manos a la obra. Cuando sientas que te vas alejando del lugar donde quieres estar, del modo en que te quieres sentir y de quién eres, vuelve a lo esencial:

«¿He tenido hoy mi dosis de retox?».

Todos somos uno, pero solo tú puedes cambiarte a ti mismo. Suda, diviértete y nútrete con lo que te haga falta para sentirte completo y realizado.

Así es el método retox. Así eres tú. Así es I.AM.YOU.

Y, si alguna vez se te olvida, dedica un instante a decir, como yo estoy haciendo ahora mismo:

Gracias, vida.

Besos, Lauren

Si puedes hacerlo allí, puedes hacerlo en cualquier parte. Depende de ti. I.AM.YOU. Invasión de Times Square por dos mil personas gracias a la empresa Athleta, Nueva York.

AGRADECIMIENTOS

UN BRINDIS:

Por mis amigos, compañeros, asesores, editores, alumnos, maestros y familiares; vuestra inspiración me ha guiado en el viaje por el método retox y por I.AM.YOU.

Por mi madre, por renunciar a la carrera profesional de sus sueños para que yo pudiera labrarme la mía en el futuro. Eres la persona más elegante y culta que conozco, ya sea animándome en cada bache, carrera y recital, o incluso enseñándome cómo sabe realmente un buen capuchino. Gracias por enseñarme a ser inteligente, a escuchar a mi cuerpo y a ser paciente.

Por mi padre, por dárnoslo todo, en sentido literal, sin medida. Yo no estaría donde estoy sin tu generosidad, tu paciencia y tus sacrificios. Y menos aún sentiría esta pasión por leer, escribir y correr.

Por mi hermana, por ser una intrépida luchadora. Por enseñarme que ser yo misma no siempre es lo más genial del mundo, pero siempre es genial.

Por Mick Rock, la definición de una auténtica estrella del rock y gurú. No tengo palabras para describir tu profesionalidad y talento. Gracias por creer. Has capturado a mi verdadero yo.

Por mi agente literaria, Linda Lowenthal, por cubrirme siempre las espaldas, preparada para la batalla, y convencida de que el mundo necesita aplicar el método retox. Por mi editor, Denise Silvestro, por tolerar mi visión y mi perfeccionismo. Por Walter Zamora, por entenderme a mí y el concepto de I.AM.YOU. antes de que yo siquiera lo hiciera, desde el logotipo hasta la infame «foto rápida», estando aún en Morgan Stanley, que aparece en la portada de este libro. ¿Ves como sí te gustan el yoga y el bienestar? 😊 Por Brittany Wright, por su desconocido e incomparable talento y creatividad. Por Joshua Rosenthal y el Instituto de Nutrición Integral, por darme la educación integral que necesitaba para cumplir mis sueños y completar el método I.AM.YOU.

Sobre todo por los seguidores del método I.AM.YOU. de todo el mundo y por el creciente equipo de Nueva York, por hacer vuestra la marca y por vuestra pasión total por la vida. Sois mi inspiración diaria, mis maestros, la motivación para levantarme cada día. Gracias por ser auténticos y por esas ganas de poner en práctica el método retox al estilo I.AM.YOU sin importar dónde ni cuándo. Tú eres lo que da sentido a I.AM.YOU. ¡¡¡Gracias!!!

Y principalmente por mi marido, el mixólogo residente de I.AM.YOU. y mi primordial alma gemela, sin el que nunca habría emprendido este viaje. Entre el ritmo de tu música y tu sabiduría has creado un jardín en el que yo y mis sueños podemos florecer. Gracias por creer en mí y en I.AM.YOU., por ser mi caja de resonancia en todos los sentidos y por inspirarme a ser mejor cada día. Eres mi mejor amigo, mi cómplice y mi vida.

Y ahora, bebamos.

¡Salud y *salute*!

CRÉDITOS DE LAS FOTOS

© Brittany Wright, wrightkitchen.com., por las fotos de la comida.
© Brad Harris, por las posturas de yoga y las de las portadillas de capítulos.
Página 141 © FreeYoga.
© Páginas 25, 32-33, 35, 37, 61, 96, 136, 165, 198, 214, 247, 264, 345, 372, 375, cortesía de Lauren Imparato.
Páginas 110, 150, 293, 325, © MICK ROCK 2015.
Página 121, © Emily Nolan.
Páginas 181 y 231, © Lolë.
Página 278, © Andrew Dolgin Photography.
Página 312, © Walt Lindveld.
Página 360, © Arnold Brower, www.arnoldbrower.com.

ÍNDICE TEMÁTICO

Los números de página en **negrita** se refieren a figuras; en *cursiva*, a fotografías.

B

C

D

E

F

G

H

I

J

K

L

M

Q

R

T

U

Y

W

Y

Z

RETOX

YOGA • ALIMENTACIÓN • ACTITUD